Tax Fraud & Forensic Accounting

Christian Hlavica • Frank Hülsberg •
Uwe Klapproth
Herausgeber

Tax Fraud & Forensic Accounting

Umgang mit Wirtschaftskriminalität

2. Auflage

Springer Gabler

Herausgeber
Christian Hlavica
München, Deutschland

Uwe Klapproth
München, Deutschland

Frank Hülsberg
Haan, Deutschland

ISBN 978-3-658-07839-3 ISBN 978-3-658-07840-9 (eBook)
DOI 10.1007/978-3-658-07840-9

Die Deutsche Nationalbibliothek verzeichnet diese Publikation in der Deutschen Nationalbibliografie; detaillierte bibliografische Daten sind im Internet über http://dnb.d-nb.de abrufbar.

Springer Gabler

Gedruckt auf säurefreiem und chlorfrei gebleichtem Papier

Springer Gabler ist Teil von Springer Nature
Die eingetragene Gesellschaft ist Springer Fachmedien Wiesbaden GmbH

Vorwort

Wirtschaftskriminalität – ein ernst zu nehmender Nachteil für Unternehmen

Wirtschaftskriminalität ist in den zurückliegenden Jahren zu einem zunehmend öffentlich diskutierten Thema geworden.

Durch die ausgeprägte öffentliche Aufarbeitung, aber auch wegen der verhängten empfindlichen Strafen ist das Problembewusstsein für dieses Thema seitens der Marktteilnehmer gefordert. Wie Ergebnisse zur Erforschung der Wirtschaftskriminalität belegen, werden wirtschaftskriminelle Handlungen von immer mehr Unternehmen als Gefahr für die Wirtschaft angesehen. Nicht zuletzt deswegen investieren immer mehr Unternehmen zunehmend in die Etablierung von Systemen zur Verhinderung und Aufdeckung von dolosen Handlungen. Damit verbunden ist die Schärfung eines sensibilisierten Bewusstseins für dieses Thema, aber auch eine verbesserte Kenntnis über Möglichkeiten und Grenzen der Verhinderung bzw. Aufdeckung von Wirtschaftskriminalität. Nicht zu unterschätzen sind die aus einer erhöhten öffentlichen Aufmerksamkeit resultierenden Reputationsschäden. Sowohl Unternehmen, als auch deren Führungskräfte und Aufsichtsräte sind demzufolge gefragt, das Risiko eines Reputationsschadens durch Schaffung wirksamer Corporate Governance- und Compliance-Strukturen zu reduzieren.

Von kleinen und mittelständischen Unternehmen wird das Thema Wirtschaftskriminalität offenbar immer noch unterschätzt. Dabei agieren diese Unternehmen im Zuge der Globalisierung und der damit einhergehenden internationalen Vernetzung und Digitalisierung längst in einem ähnlich komplexen Umfeld wie Großunternehmen und sind entsprechend den gleichen Risiken ausgesetzt. Immer wieder sind auch es kleine und mittelgroße Unternehmen, die dank ihrem hervorragendem Know-how ganze Industriezweige mit neuen Technologien revolutionieren. Aufgrund unzureichender Schutzmechanismen sind diese Unternehmen allerdings ein attraktives Ziel für wirtschaftskriminelle Handlungen. In vielen Fällen setzen kleine und mittelgroße Unternehmen leichtfertig auf das Prinzip Vertrauen und scheuen einen zusätzlichen Aufwand für die Schaffung von sinnvollen respektive angemessenen Kontrollen.

In Fällen, in denen Unternehmen einen Handlungsbedarf erkannt haben ist oft zu beobachten, dass diese sich auf die ursprünglich eingeführten Regelungen und Maßnahmen verlassen und diese nicht an ein sich veränderndes Umfeld anpassen. Augenfällig ist zudem, dass laut Studien die Anzahl der Aufdeckung von Wirtschaftskriminalität in etwa zur Hälfte auf einem Zufall beruht. Insofern erscheint es notwendig, der systematischen Aufdeckung und nachhaltigen Bekämpfung doloser Handlungen eine größere Beachtung schenken.

Das vorliegende Werk soll dem Leser als ein Praxisleitfaden für ein ganzheitliches Anti-Fraud-Management dienen. Auf Grundlage einer multidisziplinären fachlichen Ausrichtung bietet das Autorenteam einen breiten Einblick zum Thema Wirtschaftskriminalität. Neben Wirtschaftsprüfern, Steuerberatern, Certified Fraud Examiner, Compliance-Spezialisten und Juristen gehören Psychologen, Datenschutzfachleute, ehemalige Kriminalbeamte sowie Fachleute aus der Wissenschaft dem Autorenteam an. Ihre Intention ist es, Forensic Accounting als Risikomanagement-Disziplin vorzustellen und Optimierungsansätze für die Aufklärung und Verhinderung von Fraud aufzuzeigen.

Die Herausgeber

Bearbeiterverzeichnis

1.	Ausgangslage	–
1.1	Bundeslagebild zur Wirtschaftskriminalität	Dr. Uwe Klapproth, Herbert Nuszpl
1.2	Dynamische Veränderungen des Unternehmensumfeldes	Christian Hlavica
1.3	Wirtschafts- und Industriespionage – eine Bedrohung für Unternehmen	Maxim Worcester
1.4	Kontrolle – Credo für eine anspruchsvolle Unternehmensführung	Eva Bergmann
2.	Grundlagen zum Phänomen Wirtschaftskriminalität	–
2.1	Wirtschaftsstrafrechtliche Verfolgung in Deutschland	Christian Hlavica
2.2	Kriminologische Erklärungsversuche zur Wirtschaftskriminalität	–
2.2.1	Wirtschaftskriminalität – Begriffliche Grundlagen	Detlef Thomann
2.2.2	Ursachen von Wirtschaftskriminalität im Unternehmen	Ines Martenstein
2.2.3	Ursachenorientierte Bekämpfung von Wirtschaftskriminalität	Ines Martenstein
3.	Tax Fraud	–
3.1	Begriffliches Verständnis von Tax Fraud	Prof. Dr. Alexander M. Dühnfort
3.2	Ausgewählte Tax Fraud Muster	–
3.2.1	Umsatzsteuerkarusselle	Prof. Dr. Alexander M. Dühnfort
3.2.2	Bauabzugssteuer	Prof. Dr. Alexander M. Dühnfort
3.2.3	Steuerumgehung an den Landesgrenzen – Zölle und Verbrauchsteuern	Monika Zitzmann, Michael Hundebeck
3.2.4	Bilanzdelikte	Christian Hlavica
3.2.4.1	Steuerstrafrechtliche Verfolgung	Christian Hlavica
3.2.4.2	Bilanzstrafrecht	Christian Hlavica
3.2.4.3	Grundsatz der Bilanzklarheit und Bilanzwahrheit	Prof. Dr. Alexander M. Dühnfort

3.3	OECD-Leitfaden für die Betriebsprüfungspraxis	Christian Hlavica
3.4	Zifferntests zur Aufdeckung von Steuerhinterziehung und ihre Beurteilung durch die Gerichte	Daniela Kühne
3.5	Maßnahmen zur Anerkennung steuerrelevanter Sachverhalte	Prof. Dr. Alexander M. Dühnfort
4.	Unternehmen im Fokus von Geldwäscheaktivitäten	Dr. Albert Kaufmann
5.	Berufliche Anforderungen an den Steuerberater und Wirtschaftsprüfer	–
5.1	Berufliche Anforderungen an den Steuerberater	Christian Hlavica
5.2	Berufliche Anforderungen an den Wirtschaftsprüfer	Bianca Bitzer
6.	Strafrechtliche Rahmenordnung und Selbstregulierung	–
6.1	Fraud-Prävention durch strafrechtliche Rahmenordnung	–
6.1.1	Kernstrafrecht	Dr. Daniel Schilling
6.1.2	Unternehmensstrafrecht	Christian Hlavica
6.2	Fraud-Prävention durch Marktsteuerung und Selbstregulierung	Eva Bergmann
7.	Fraud-Aufdeckung und Prävention durch Forensic Accounting	–
7.1	Forensic Accounting	Bianca Bitzer
7.2	Risikofaktoren und Indikatoren für dolose Handlungen	Detlef Thomann
7.3	Fraudulent Statements: Analyse von Lageberichten – Ansätze zur Erkennung unzuverlässiger Informationen durch forensische und literaturwissenschaftiche Methoden	Dr. Markus Grottke
7.4	Forensische Datenanalyse	Jörg Meyer
7.4.1	Arten von Datenanalysen	Jörg Meyer
7.4.2	Analyse unstrukturierter Daten	Jörg Meyer
7.4.3	Analyse strukturierter Daten	Jörg Meyer
7.4.4	Rechtlicher Rahmen	Jörg Meyer
7.4.5	Interpretation und Ableitung von Prüfungshandlungen	Stephan Zirch
7.5	Hinzuziehung von externen Spezialisten	–
7.5.1	Nutzen für das Unternehmen	Rüdiger Birkental, Dr. Uwe Klapproth
7.5.2	Verfahrensweisen	Rüdiger Birkental, Dr. Uwe Klapproth

7.5.3	Zielsetzung von Sonderuntersuchungen	Rüdiger Birkental, Dr. Uwe Klapproth
7.5.4	Rechtsstreitigkeiten (Disputes) als Folge wirtschaftskrimineller Handlungen	Christian Hlavica, Damian James Byrne
8.	Anti-Fraud Management als Risikomanagementdisziplin	Verena Brandt, Heiko Fauck, Christian Hlavica, Nina Kiehne, Safet Kopov, Detlef Thomann

Abkürzungsverzeichnis

§	Paragraph
%	Prozent
a. a. O.	am angegebenen Ort
ABl.	Amtsblatt der Europäischen Gemeinschaften
ABS	Asset Backed Securities
Abb.	Abbildung
Abs.	Absatz
ACFE	Association of Certified Fraud Examiners
ACI	KPMG's Audit Committee Institute
a. E.	allerhöchste Entscheidung
AEAO	Anwendungserlass zur Abgabenordnung
a. F.	alte Fassung
AFM	Anti-Fraud Management
AG	Aktiengesellschaft, auch Zeitschrift Die Aktiengesellschaft
AICPA	American Institute of Certified Public Accountants
AktG	Aktiengesetz
Alt.	Alternative
AMEX	American Stock Exchange
AnSVG	Anlegerschutzverbesserungsgesetz
AO	Abgabenordnung
AOS	Accounting, Organisations and Society
APAG	Abschlussprüferaufsichtsgesetz
APAK	Abschlussprüferaufsichtskommission (künftig Abschlussprüferaufsichtsstelle)
APG	Asia/Pacific Group on Money Laundering
Art.	Artikel
ARUG	Gesetz zur Umsetzung der Aktionärsrechterichtlinie
ASB	Auditing Standards Board
ASCII	American Standard Code for Information Interchange
AStG	Außensteuergesetz
AStW	Aktuelles aus dem Steuer- und Wirtschaftsrecht

AU-C	U.S. Clarified General Accepted Auditing Standards
Aufl.	Auflage
AW-Prax	Zeitschrift für Außenwirtschaft in Recht und Praxis
Az.	Aktenzeichen
BaFin	Bundesanstalt für Finanzdienstleistungsaufsicht
BAG	Bundesarbeitsgericht
BARefG	Berufsaufsichtsreformgesetz
BayObLG	Bayerisches Oberlandesgericht
BB	Betriebs-Berater
BBC	British Broadcasting Corporation
BDI	Bundesverband der Deutschen Industrie
BDSG	Bundesdatenschutzgesetz
BEPS	Base Erosion and Profit Shifting
Beschl.	Beschluss
BetrVG	Betriebsverfassungsgesetz
BFH	Bundesfinanzhof
BFHE	Bundesfinanzhof – Entscheidungen
BFuP	Betriebswirtschaftliche Forschung und Praxis
BGB	Bürgerliches Gesetzbuch
BGBl.	Bundesgesetzblatt
BGH	Bundesgerichtshof
BGHR	BGH Report (Bundesgerichtshof - Entscheidungen)
BGHSt	Entscheidungen des Bundesgerichtshofs in Strafsachen
BGHZ	Entscheidungen des Bundesgerichtshofs in Zivilsachen
BilKoG	Bilanzkontrollgesetz
BilReG	Bilanzrechtsreformgesetz
Bit	Binery Digit
BKA	Bundeskriminalamt
BME	Bundesverband Materialwirtschaft, Einkauf und Logistik e. V.
BMF	Bundesministerium der Finanzen
BMJ	Bundesministerium für Justiz
BMWi	Bundesministerium für Wirtschaft und Technologie
BMZ	Bundesministerium für wirtschaftliche Zusammenarbeit und Entwicklung
BPI	Bribe Payers Index
BRAO	Bundesrechtsanwaltsordnung
BRD	Bundesrepublik Deutschland
BR-DS	Bundesrats-Drucksache
BsGaV	Betriebsstättengewinnaufteilungsverordnung
bspw.	beispielsweise
BStBl.	Bundessteuerblatt

BS WP / vBP	Berufssatzung für Wirtschaftsprüfer / vereidigte Buchprüfer
BT	Strafrecht besonderer Teil
BT-Drs.	Bundestagsdrucksache
BUJ	Bundesverband der Unternehmensjuristen
BVerfG	Bundesverfassungsgericht
BWA	Betriebswirtschaftliche Auswertung
bzw.	beziehungsweise
ca.	circa
CCZ	Corporate Compliance Zeitschrift
CEO	Chief Executive Officer
CFC	Controlled Foreign Corporation
CFE	Certified Fraud Examiner
CFI	Certified Fraud Investigator
CFO	Chief Financial Officer
C. F. R.	Code of Federal Regulations
CG	Corporate Governance
CIA	Certified Internal Auditor
CIME	Committee on International Investment and Multinational Enterprises
CMS	Compliance Management System
CO2	Kohlenstoffdioxid
COP	Communication on Progress
COSO	Committee of Sponsoring Organizations of the Treadway Commission
CpD	Conto pro Diverse
CPI	Corruption Perception Index
CR	Zeitschrift Computer und Recht
CSR	Corporate Social Responsibility
DAJV	Newsletter der Deutsch-Amerikanischen Juristen-Vereinigung e. V.
DAX	Deutscher Aktienindex
DAX30	Deutscher Aktienindex in Bezug auf die Entwicklung der 30 größten und umsatzstärksten, an der Frankfurter Wertpapierbörse gelisteten Unternehmen
DB	Der Betrieb
DBA	Doppelbesteuerungsabkommen
DBW	Die Betriebswirtschaft
DCGK	Deutscher Corporate Governance Kodex
Dec.	December
DER	Digital Evidence Recovery
d. h.	das heißt
DICO	Deutsches Institut für Compliance e. V.

DIHK	Deutscher Industrie- und Handelskammertag
DJT	Deutscher Juristentag
DM	Deutsche Mark
DNFBP	Designated non-financial Businesses and Professions
DNWE	Deutsches Netzwerk Wirtschaftsethik
D&O	Directors-and-Officers (Versicherung)
DOJ	Department of Justice
DPR	Deutsche Prüfstelle für Rechnungslegung e. V.
Dr.	Doktor
DRiZ	Deutsche Richterzeitung
DRS	Deutscher Rechnungslegungsstandard
d. s.	das sind
DStR	Deutsches Steuerrecht
DStRE	Deutsches Steuerrecht - Entscheidungsdienst
EBA	European Banking Authority
ebd.	ebenda
ECIIA	European Confederation of Institutes of Internal Auditing
ECOFIN	Economic and Financial Minister (Europäischer Rat für Wirtschaft und Finanzen)
ECU	European Currency Unit
Ed.	Edition
EDV	Elektronische Datenverarbeitung
EFD	Eidgenössisches Finanzdepartment
EFG	Entscheidungen der Finanzgerichte
EFPIA	European Federation of Pharmaceutical Industries and Associates
EFTA	European Free Trade Association
EG	Europäische Gemeinschaft
EGFinSchÜbkProt2AG	Gesetz zur Ausführung des Zweiten Protokolls vom 19. Juni 1997 zum Übereinkommen über den Schutz der finanziellen Interessen der Europäischen Gemeinschaften, der gemeinsamen Maßnahme betreffend die Bestechung im privaten Sektor von 22. Dezember 1998 und des Rahmenbeschlusses von 29. Mai 2000 über die Verstärkung des mit strafrechtlichen und anderen Sanktionen bewehrten Schutzes gegen Geldfälschung im Hinblick auf die Einführung des Euro
EIOPA	European Insurance and Occupational Pensions Authority
E-Mail	Elektronische Mail
EMB	Ethikmanagement der Bayerischen Bauwirtschaft
EMNID	Erforschung der öffentlichen Meinung, Marktforschung, Nachrichten, Informationen und Dienstleistungen

EMS	European Multi-Stakeholder
EPS	Entwurf Prüfungsstandard (IDW EPS)
ErfK	Erfurter Kommentar zum Arbeitsrecht
ERP	Enterprise Resource Planning
ESMA	European Securities and Markets Authority
EStDV	Einkommensteuer Durchführungsverordnung
EStG	Einkommensteuergesetz
EStH	Hinweise zum Einkommensteuergesetz
et al.	et alii (und andere)
etc.	et cetera
EU	Europäische Union
EuAuslfÜbk	Europäischen Auslieferungsübereinkommen
EUBestG	Gesetz zu dem Protokoll vom 27. September 1996 zum Übereinkommen über den Schutz der finanziellen Interessen der Europäischen Gemeinschaften (EU-Bestechungsgesetz)
EuGH	Europäischer Gerichtshof
EUR	Euro
EuRhÜbk	Europäisches Übereinkommen über die Rechtshilfe in Strafsachen
Eurofisc	Europäische Internetplattform für Steuerberatung
e. V.	eingetragener Verein
evtl.	eventuell
EWG	Europäische Wirtschaftsgemeinschaft
f.	folgend/e
ff.	fortfolgend/e
FASB	Financial Accounting Standards Board
FATF	Financial Action Task Force
FBI	Federal Bureau of Investigation
FCPA	Foreign Corrupt Practices Act
FG	Finanzgericht
FGO	Finanzgerichtsordnung
FiBu	Finanzbuchhaltung
FIDIC	Fédération Internationale des Ingénieurs Conseils
Fn.	Fußnote
FN-IDW	Fachnachrichten des IDW
FSRB	FATF-Style Regional Body
FSGO	Federal Sentencing Guidelines for Organizations
FTSE4Good	Financial Times Stock Exchange For Good Index
G7	Gruppe der sieben bedeutendsten Industrienationen der Welt
GAFI	Groupe d'Action Financière
GATT	General Agreement on Tariffs and Trade
GAufzV	Gewinnabgrenzungsaufzeichnungsverordnung

GCR	Global Corruption Report
GDPdU	Grundsätze zum Datenzugriff und zur Prüfbarkeit digitaler Unterlagen
Gen	Genossenschaft
GenG	Gesetz betreffend die Erwerbs- und Wirtschaftsgenossenschaften (Genossenschaftsgesetz)
GG	Grundgesetz
ggf.	gegebenenfalls
GI	Geldinstitute
gem.	gemäß
GmbH	Gesellschaft mit beschränkter Haftung
GmbHG	Gesetz betreffend die Gesellschaften mit beschränkter Haftung (GmbH-Gesetz)
GmbHR	GmbH Rundschau
GoB	Grundsätze ordnungsmäßiger Buchführung
Greco	Group of States against Corruption
GRI	Global Reporting Initiative
GuV	Gewinn- und Verlustrechnung
G. v.	Gesetz vom
GVG	Gerichtsverfassungsgesetz
GWB	Gesetz gegen Wettbewerbsbeschränkungen
GwG	Gesetz über das Aufspüren von Gewinnen aus schweren Straftaten (Geldwäschegesetz)
GwBekErgG	Gesetz zur Ergänzung der Bekämpfung der Geldwäsche und der Terrorismusfinanzierung (Geldwäschebekämpfungsergänzungsgesetz)
GwGErgG	Gesetz zur Ergänzung des Geldwäschegesetzes
Hdb. VorstandsR	Handbuch des Vorstandsrechts
HFA	Hauptfachausschuss des IDW
HGB	Handelsgesetzbuch
hl.	Hektoliter
h. M.	herrschende Meinung
HR	Human Resources
Hrsg.	Herausgeber
IAASB	International Auditing and Assurance Standards Board
IAM	Identity Access Management
IAPC	International Auditing Practices Committee
IAS	International Accounting Standards
Ibid.	Ebenda
ICAEW	The Institute of Chartered Accountants in England and Wales
ICC	International Chamber of Commerse

ICG	Initiative Corporate Governance der deutschen Immobilienwirtschaft e. V.
IDEA	Interactive Data Extraction and Analysis
i. d. F.	in der Fassung
i. d. F. v.	in der Fassung vom
i. d. R.	in der Regel
IDW	Institut der Wirtschaftsprüfer in Deutschland e. V.
i. E.	im Einzelnen
IFAC	International Federation of Accountants
IFRS	International Financial Reporting Standards
i. H. v.	in Höhe von
IIA	The Institute of Internal Auditors
IKS	Internes Kontrollsystem
ILO	International Labour Organization
Inc.	Incorporation
inkl.	inklusive
insb.	insbesondere
InsO	Insolvenzordnung
INT	Department of Institutional Integrity
IntBestG	Gesetz zur Bekämpfung internationaler Bestechung
IOSCO	International Organization of Securities Commissions
IRC	Internal Revenue Code
IRG	Gesetz über die internationale Rechtshilfe in Strafsachen
IRS	Internal Revenue Service
ISA	International Standard on Auditing
i. S. d.	im Sinne des
ISO	International Organization for Standardization
IStR	Internationales Steuerrecht
IT	Informationstechnologie
i. V. m.	in Verbindung mit
IWB	Internationale Wirtschaftsbriefe
IWF	Internationaler Währungsfonds
jew.	jeweils
Jg.	Jahrgang
JStG	Jahressteuergesetz
Kap.	Kapitel
KapInHaG	Kapitalinformationshaftungsgesetz
KapMuG	Kapitalanleger-Musterverfahrensgesetz
Karlsruher Komm.	Karlsruher Kommentar zum OWiG
KG	Kommanditgesellschaft
KGaA	Kommanditgesellschaft auf Aktien
KJ	Kritische Justiz, Vierteljahresschrift für Recht und Politik

KK	Karlsruher Kommentar zum OWiG
KOM	Bericht der Kommission
KonTraG	Gesetz zur Kontrolle und Transparenz im Unternehmensbereich
KPI	Key Performance Indicator (strategische Messgröße für die Leistungsfähigkeit eines Unternehmens)
KPMD	Kriminalpolizeilicher Meldedienst
KSchG	Kündigungsschutzgesetz
KStG	Körperschaftsteuergesetz
KWG	Gesetz über das Kreditwesen (Kreditwesengesetz)
KWMBl	Amtsblatt der Bayerischen Staatsministerien für Unterricht und Kultus und Wissenschaft, Forschung und Kunst
LAG	Landesarbeitsgericht
LCM	Listed Company Manual
lit.	Buchstabe
LK	Leipziger Kommentar
LKW	Lastkraftwagen
log.	Logarithmus
Ltd.	Limited Company
MAH	Münchener Anwalts Handbuch
MaRisk	Mindestanforderungen an das Risikomanagementsystem (Finanzdienstleistungsbranche)
MarkenG	Gesetz über den Schutz von Marken und sonstigen Kennzeichen
MDAX	Mid-Cap-DAX
MDG	Millennium Development Goals
m. E.	meines Erachtens
Mio.	Millionen
MONEYVAL	Committee of Experts on the Evaluation of Anti-Money Laundering Measures and the Financing of Terrorism
Mrd.	Milliarden
MROS	Schweizerische Meldestelle für Geldwäscherei
MschrKrim	Monatszeitschrift für Kriminologie und Strafrechtsreform
MTIC	Missing Trader Intra-Community
MüKoAktG	Münchener Kommentar zum Aktiengesetz
MüKoHGB	Münchener Kommentar zum Handelsgesetzbuch
MünchKommBGB	Münchener Kommentar zum Bürgerlichen Gesetzbuch
m. w. N.	mit weiteren Nachweisen
NASDAQ	National Association of Securities Dealers Automated Quotations
NCTS	New Computerised Transit System
n. F.	neue Fassung
NGO	Non Governmental Organization

NJW	Neue Juristische Woche
NJW-RR	NJW-Rechtsprechungs-Report
NKS	Nationale Kontaktstellen
No.	Number
Nr.	Nummer
NSA	National Security Agency
NStZ	Neue Zeitschrift für Strafrecht
NWB	Neue Wirtschaftsbriefe
NYSE	New York Stock Exchange
NZA	Neue Zeitschrift für Arbeitsrecht
NZG	Neue Zeitschrift für Gesellschaftsrecht
OECD	Organisation for Economic Co-operation and Development
o. g.	oben genannt
OLAF	Office Européen De Lutte Anti-Fraude (Europäisches Amt für Betrugsbekämpfung)
OLG	Oberlandesgericht
OrgKG	Gesetz zur Bekämpfung des illegalen Rauschgifthandels und anderer Erscheinungsformen der organisierten Kriminalität
OSINT	Open Sources Intelligence
o. V.	ohne Verfasser
OWiG	Gesetz über Ordnungswidrigkeiten (Ordnungswidrigkeitengesetz)
para.	Paragraph (im Sinne von Absatz)
PatentG	Patentgesetz
PB	Psychological Bulletin
PC	Personal Computer
PCAOB	Public Company Accounting Oversight Board
PDA	Personal Digital Assistant
PDF	Portable Document Format
PEP	Politically Exposed Person (Politisch exponierte Person)
PIN	Personal Identification Number
PIStB	Praxis Internationale Steuerberatung
PKS	Polizeiliche Kriminalstatistik
PKW	Personenkraftwagen
Prof.	Professor
PS	Prüfungsstandard
PStR	Praxis Steuerstrafrecht
PwC	Pricewaterhouse Coopers
QM	Qualitätsmanagement
R.	Recommendation
RbEuHb	Rahmenbeschluss 2002/584/JI des Rates vom 13. Juni 2002 über den Europäischen Haftbefehl und die Übergabeverfahren zwischen den Mitgliedstaaten

rd.	rund
resp.	respektive
rev.	revised
RGBl.	Reichsgesetzblatt
RGSt	Entscheidungen des Reichsgerichts in Strafsachen
RiStBV	Richtlinien für das Strafverfahren und das Bußgeldverfahren
RiVASt	Richtlinien für den Verkehr mit dem Ausland in strafrechtlichen Angelegenheiten
RIW	Recht der internationalen Wirtschaft
rkr.	rechtskräftig
RMS	Risikomanagementsystem
Rn.	Randnummer
Rz.	Randziffer
S.	Satz, Seite
SAP	Business Software, Hersteller: SAP AG, Walldorf; SAP steht für „Systemanalyse und Programmentwicklung“
SarbOx	Sarbanes-Oxley Act
SAS	Statement on Auditing Standard
SDÜ	Durchführung des Übereinkommens von Schengen
SEC	Securities and Exchange Commission
Sec.	Section (im Sinne von Paragraph oder Abschnitt)
SEV	Sammlung der Europäischen Verträge / Europaratsverträge
SFAS	Statement of Financial Accounting Standards
SIF	Staatssekretariat für internationale Finanzfragen
SK	Systematischer Kommentar zum Strafgesetzbuch
SMS	Short Message Service
s. o.	siehe oben
SOA	Sarbanes-Oxley Act
SOE	Special Operations Executive
sog.	sogenannt
SOX	Sarbanes Oxley Act
SQL	Structured Query Language
SR	Special Recommendation
st. Rspr.	ständige Rechtsprechung
StÄndG	Steueränderungsgesetz
StB	Der Steuerberater
StBerG	Steuerberatungsgesetz
StBp	Die steuerliche Betriebsprüfung
SteuerHBekV	Steuerhinterziehungsbekämpfungsverordnung
StGB	Strafgesetzbuch
StHBG	Steuerhinterziehungsbekämpfungsgesetz
StPO	Strafprozessordnung

StR	strafrechtliche Rechtsprechung des Bundesgerichtshofs
StV	Strafverteidiger
s. u.	siehe unten
TEUR	Tausend Euro
TI	Transparency International
TIR	Transports Internationaux Routiers
TKG	Telekommunikationsgesetz
TransPuG	Gesetz zur weiteren Reform des Aktien- und Bilanzrechts zu Transparenz und Publizität
TUG	Transparenzrichtlinie-Umsetzungsgesetzes
Tz.	Textziffer
u.	und
u. a.	unter anderem, und andere
u. ä.	und ähnliches
UK	United Kingdom
UMAG	Gesetz zur Unternehmensintegrität und Modernisierung des Anfechtungsrechts
UN	United Nations
UNCAC	United Nation Convention Against Corruption
UNO	United Nations Organization
UNODC	United Nations Office on Drugs and Crime
UrhG	Urheberrechtsgesetz
Urt.	Urteil
US ASB	United States Accounting Standards Board
US	United States
USA	United States of America
USB	Universal Serial Bus
U.S.C.	United States Code
USD	US Dollar
US-GAAP	United States Generally Accepted Accounting Principles
U.S.S.C.	United States Federal Sentencing Commission
U.S.S.G.	United States Federal Sentencing Guidelines
UStG	Umsatzsteuergesetz
u. s. w.	und so weiter
u. U.	unter Umständen
UWG	Gesetz gegen den unlauteren Wettbewerb
v.	vom, von, vor
v. a.	vor allem
VAG	Versicherungsaufsichtsgesetzt
VBI	Verband beratender Ingenieure
vBP	vereidigter Buchprüfer
v. Chr.	vor Christus

VersR	Versicherungsrecht
VFE-Lage	Vermögens-, Finanz- und Ertragslage
VG	Verwaltungsgericht
vgl.	vergleiche
Vol.	Volume
VorstAG	Gesetz zur Angemessenheit der Vorstandsvergütung
VorstOG	Gesetz über die Offenlegung der Vorstandsvergütungen
vs.	versus
WiGBl.	Wirtschaftsgesetzblatt
WiKG	Gesetz zur Bekämpfung der Wirtschaftskriminalität
WiStG	Wirtschaftsstrafgesetz
Wistra	Wirtschaftsstraftrecht
WLAN	Wireless Local Area Network
WM	Zeitschrift für Wirtschafts- und Bankenrecht
WP	Wirtschaftsprüfer
WPg	Die Wirtschaftsprüfung
WpHG	Wertpapierhandelsgesetz
WPK	Wirtschaftsprüferkammer
WPO	Gesetz über eine Berufsordnung der Wirtschaftsprüfer (Wirtschaftsprüferordnung)
WTO	World Trade Organization
z. B.	zum Beispiel
ZfB	Zeitschrift für Betriebswirtschaftslehre
ZFR	Zeitschrift für Finanzmarktrecht
zfwu	Zeitschrift für Wirtschaft und Unternehmensethik
ZfZ	Zeitschrift für Zölle und Verbrauchsteuern
Ziff.	Ziffer
ZInsO	Zeitschrift für das gesamte Insolvenzrecht
ZIP	Zeitschrift für Wirtschaftsrecht
ZJS	Zeitschrift für das juristische Studium
ZK	Zollkodex
ZK-DVO	Zollkodex-Durchführungsverordnung
ZR	Registerzeichen zu Entscheidungen des Bundesgerichtshofs im Zusammenhang mit Revisionen, Beschwerden gegen die Nichtzulassung der Revision, Anträge auf Zulassung der Sprungrevision sowie Berufungen in Patentsachen
ZRP	Zeitschrift für Rechtspolitik
ZStW	Zeitschrift für die gesamte Strafrechtswissenschaft

Inhaltsverzeichnis

1 Ausgangslage

Dr. Uwe Klapproth, Herbert Nuszpl, Christian Hlavica, Maxim Worcester, Eva Maria Bergmann

1.1 Bundeslagebild zur Wirtschaftskriminalität

Wenn man sich mit dem Thema Wirtschaftskriminalität beschäftigt, so muss man sich bei der Frage nach der Bedeutung auch den zugrunde liegenden Zahlen widmen. Zwangsläufig kommt man dabei schnell auf polizeiliche Angaben über Wirtschaftskriminalität und hier insbesondere auf die in der Regel jährlich veröffentlichten Bundeslagebilder Wirtschaftskriminalität und die polizeilichen Kriminalstatistiken.

U. Klapproth
München, Deutschland
E-Mail: Uwe.klapproth@gmx.de

H. Nuzspl
Lübeck, Deutschland

C. Hlavica (✉)
München, Deutschland
E-Mail: christian.hlavica@online.de

M. Worcester
Berlin, Deutschland
E-Mail: maxim.worcester@gbp-security.com

E. M. Bergmann
New York, USA
E-Mail: embergmann18@gmail.com

C. Hlavica, F. Hülsberg, U. Klapproth (Hrsg.), *Tax Fraud & Forensic Accounting*,
DOI 10.1007/978-3-658-07840-9_1

1.1.1 Zahlen als Controllinginstrument für die polizeiliche Ermittlung

Eine erfolgreiche Führung und Steuerung von Organisationen stützt sich normalerweise sowohl auf intuitive als auch auf rationale Faktoren. Es sind also Erfahrung und Fingerspitzengefühl genauso erforderlich wie die Analyse von Zahlen, Daten und Fakten. Je komplexer und spezialisierter Organisationen werden, desto mehr nimmt, sowohl in der Privatwirtschaft als auch im öffentlichen Sektor, die Notwendigkeit einer rationalen Grundlage für Entscheidungen auf Basis einer sorgfältigen Analyse des Zahlenmaterials zu. Dabei ist es in der Regel die Aufgabe des Controllings, als rationales Element im Führungsprozess dieses Zahlenmaterial so aufzubereiten, dass auf dieser Basis Entscheidungen getroffen werden können. Im Wesentlichen geht es im Bereich des polizeilichen Controllings darum, die unzähligen Informationen, die in einer Behörde an unterschiedlichen Stellen und unter Zuhilfenahme verschiedener Medien erhoben, gesammelt und gepflegt werden, zu einem aufeinander abgestimmten Informationssystem zusammenzufügen. Ende der neunziger Jahre des vergangenen Jahrhunderts hat man bei der Polizei erkannt, dass reine Arbeitsstatistiken wie die Polizeiliche Kriminalstatistik (PKS) für eine konkrete Steuerung der Bekämpfung der Wirtschaftskriminalität nicht immer brauchbar waren.

Aus diesem Grund wurde für den Bereich der Wirtschaftskriminalität im Jahr 1999 das „Bundeslagebild Wirtschaftskriminalität" mit dem Ziel der aktiven Unterstützung des Planungsprozesses für die involvierten Polizeidienststellen entwickelt und im Jahr 2000 erstmalig veröffentlicht.

1.1.2 Bundeslagebild Wirtschaftskriminalität

Die Erstellung des ersten Bundeslagebildes war Teil eines Maßnahmenkataloges zur Effizienzsteigerung der Bekämpfung der Wirtschaftskriminalität[1], der im Jahr 1999 anlässlich einer Tagung polizeilicher Experten vorgeschlagen wurde.

Der Maßnahmenkatalog beinhaltete neben der Beschreibung eines Problemfeldes konkrete Lösungs- und Umsetzungsvorschläge und konzentrierte sich auf Problembereiche, die nicht nur als wichtig, sondern auch – mit dem Ziel einer nachhaltigen Verbesserung bei der Bekämpfung der Wirtschaftskriminalität – als zeitnah umzusetzen angesehen wurden.

Zum Inhalt dieses Maßnahmenkataloges gehörte das „Bundeslagebild Wirtschaftskriminalität". Es war erkannt worden, dass die in der PKS ausgewiesene Kriminalitätsentwicklung in den Jahren davor von schwankenden Fallzahlen und variierenden Erscheinungsformen gekennzeichnet und als polizeiliches Steuerungsinstrument unsicher war. Es wurde angenommen, dass ein „Bundeslagebild Wirtschaftskriminalität" eine wichtige zusätzliche Grundlage für die polizeiliche Lagebeurteilung, ein lageangepasstes Handeln und damit Voraussetzung für eine effiziente Bekämpfung der Wirtschaftskriminalität sein würde. Das bekannte Wissen der Polizei über Wirtschaftskriminalität sollte zusammengetragen und die

[1] Wirtschaftskriminalität Bundeslagebild 2000, Bundeskriminalamt, S. 7.

Bedrohung durch die Wirtschaftskriminalität durch Fakten untermauert, in Statistiken und exemplarischen Fallschilderungen dargestellt und bewertet werden.

Das „Bundeslagebild Wirtschaftskriminalität" wurde zum ersten Mal im Jahr 2000 auf Basis der Meldungen aller Landeskriminalämter über den Kriminalpolizeilichen Meldedienst (KPMD), die PKS sowie unter Einbeziehung anderer Quellen nach einheitlichen Mindestanforderungen erstellt und durch das Bundeskriminalamt (BKA) veröffentlicht. Die über den KPMD abgewickelten Eingangsmeldungen umfassen den bei den Polizeidienststellen erfolgten Eingang von Verdachts- oder Strafanzeigen zu bestimmten Straftaten. Diese Eingangsmeldungen wurden um Daten der wirtschaftlichen und gesellschaftlichen Rahmenbedingungen und Daten aus der polizeilichen Kriminalitätsstatistik ergänzt und durch die polizeilichen Experten bewertet.

1.1.3 Polizeiliche Definition des Begriffs Wirtschaftskriminalität

In diesem Zusammenhang wurde erstmals eine polizeiliche Definition des Begriffs Wirtschaftskriminalität veröffentlicht, um sicherzustellen, dass man eine einheitliche Basis für die entsprechenden Daten hatte.

Als Wirtschaftsdelikte wurden definiert:

Die Gesamtheit der in § 74c Abs. 1 Nr. 1–6 Gerichtsverfassungsgesetz (GVG)[2] aufgeführten Straftaten.

- Delikte, die im Rahmen tatsächlicher oder vorgetäuschter wirtschaftlicher Betätigungen begangen werden und über eine Schädigung von Einzelnen hinaus das Wirtschaftsleben beeinträchtigen oder die Allgemeinheit schädigen können und/oder deren Aufklärung besondere kaufmännische Kenntnisse erfordert.
- In § 74 c GVG wird die Zuständigkeit der Wirtschaftsstrafkammer an den Gerichten geregelt. Insgesamt wird hier eine Vielzahl von Gesetzen und Straftatbeständen aus dem Strafgesetzbuch aufgeführt, wobei Verstöße gegen diese Gesetze oder Straftatbestände unter die Zuständigkeit der Wirtschaftsstrafkammer fallen.

Die weitere materielle Definition wurde an § 30 Abs. 4 Nr. 5b Abgabenordnung (AO) angelehnt. Danach sind alle Taten als Wirtschaftsstraftaten qualifiziert, die „nach ihrer Begehungsweise oder wegen des Umfangs der durch sie verursachten Schäden geeignet sind, die wirtschaftliche Ordnung erheblich zu stören oder das Vertrauen der Allgemeinheit auf die Redlichkeit des geschäftlichen Verkehrs oder auf die ordnungsgemäße Arbeit der Behörden und der öffentlichen Einrichtungen erheblich zu erschüttern".[3]

---

[2] Gerichtsverfassungsgesetz (GVG) in der Fassung vom 9. Mai 1975, zuletzt geändert durch Gesetz vom 1. Juli 1997.

[3] Abgabenordnung in der Fassung der Bekanntmachung vom 1. Oktober 2002.

Ausdrücklich wird im Zusammenhang mit der polizeilichen Definition darauf hingewiesen, „dass Wirtschaftskriminalität vielfältig und nicht zuletzt wegen ihrer Abhängigkeit von der wirtschaftlichen, technischen und gesamtgesellschaftlichen Entwicklung sowie von zivil- und verwaltungsrechtlichen Regelungen nicht endgültig zu erfassen" sei.[4] Die polizeiliche Definition kann deshalb in Bezug auf veränderte Rahmenbedingungen ausgelegt werden. Wichtigste Charakteristika hierfür sind die Tatbestandsmerkmale der tatsächlichen oder vorgetäuschten wirtschaftlichen Betätigung und die besonderen kaufmännischen Kenntnisse zur Aufklärung.

1.1.4 Abgrenzung zur polizeilichen Kriminalstatistik (PKS)

1.1.4.1 Polizeiliche Kriminalstatistik als Arbeitsstatistik

Bundeseinheitlich wird seit dem 1. Januar 1971 die PKS als Ausgangsstatistik geführt. Dies bedeutet, dass bekannt gewordene Straftaten nach Abschluss der polizeilichen Ermittlungen und vor Aktenabgabe an die Staatsanwaltschaft oder das Gericht erfasst werden. Mit der PKS soll der Arbeitsumfang für die Polizei im zu betrachtenden Zeitraum dargestellt werden. Außerdem wurden als Ziele der PKS unter anderem definiert, dass die Zusammenstellung aller der Polizei bekannt gewordenen strafrechtlichen Sachverhalte unter Beschränkung auf ihre erfassbaren wesentlichen Inhalte im Interesse einer wirksamen Kriminalitätsbekämpfung zu einem überschaubaren und möglichst unverzerrten Bild der angezeigten Kriminalität führen sollte. „Insoweit dient sie der Beobachtung der Kriminalität und einzelner Deliktsarten, des Umfangs und der Zusammensetzung des Tatverdächtigenkreises sowie der Veränderung von Kriminalitätsquotienten und der Erlangung von Erkenntnissen für die vorbeugende und verfolgende Verbrechensbekämpfung, organisatorische Planungen und Entscheidungen sowie kriminologisch soziologische Forschungen und kriminalpolitischen Maßnahmen".[5]

Die PKS 2013 beinhaltet so z. B. alle polizeilichen Ermittlungsfälle, die im Jahr 2013 durch die Polizei zum Abschluss gebracht und weitergeleitet wurden. Es handelt sich ausschließlich um eine rückwirkende Betrachtung des Arbeitsaufkommens der Polizei. Daraus kann man zwar bei Betrachtung verschiedener Zeitabschnitte eine Auswertung bezüglich der Belastung der Polizeidienststellen in der Vergangenheit durchführen, eine zukunftsorientierte Grundlage für Planungen und ein Forecast sind unter diesen Gegebenheiten jedoch nur bedingt realisierbar. Auf Grundlage der Daten der PKS lassen sich auch keine Aussagen zur Qualität von Ermittlungsverfahren treffen. Jede Straftat soll für die Statistiken gleich gewichtet werden, unabhängig von der Dauer der Ermittlungen, besonderen Herausforderungen während des Ermittlungsverfahrens oder zum Beispiel einem überdurchschnittlich großen Datenvolumen.

[4] Wirtschaftskriminalität Bundeslagebild 2000, Bundeskriminalamt, S. 20.

[5] Polizeiliche Kriminalstatistik 2008, Bundeskriminalamt, S. 2.

1.1.4.2 Problematiken der Fallzählung

Insbesondere im Bereich der Wirtschaftskriminalität sind auf Grund der Vorgaben zur Zählweise die Zahlen der PKS vorsichtig zu betrachten. So soll jede im Rahmen eines Ermittlungsvorgangs bekannt gewordene rechtswidrige Handlung ohne Rücksicht auf die Zahl der Geschädigten als ein Fall erfasst werden. Durch die Art und Weise der Zählungen und der Zusammenfassung der Delikte für den Bereich der Wirtschaftskriminalität unter einem Summenschlüssel kann es jedoch zu Verzerrungen durch Mehrfachzählungen kommen.

Polizeiliche Ermittlungsverfahren im Bereich der Wirtschaftskriminalität zeichnen sich in der Regel durch eine hohe Komplexität, einen großen Umfang und eine lange Ermittlungsdauer aus. Eine Ermittlungsdauer von bis zu drei oder mehr Jahren bei den dementsprechend schwierigen Ermittlungsverfahren ist keine Seltenheit. Dies bedeutet, dass in Fällen, in denen solche Ermittlungsverfahren in die PKS einfließen, die eigentliche Tat schon lange zurück liegen kann. Dadurch können sich auch die gesellschaftlichen Rahmenbedingungen zwischenzeitlich in der Weise geändert haben, dass eine solche Tat in der durchgeführten Tatbegehung gar nicht mehr möglich ist.

1.1.4.3 Kriminalpolizeilicher Meldedienst (KPMD)

Beim kriminalpolizeilichen Meldedienst Wirtschaftskriminalität handelt es sich um einen institutionalisierten Informationsaustausch innerhalb der Kriminalpolizeidienststellen. Er kann auch zur Information über den Arbeitsanfall aktueller Wirtschaftsverfahren herangezogen werden und ist damit eine Eingangsstatistik. Entwickelt wurde der KPMD aber zur Erleichterung der polizeilichen Ermittlungen, indem Informationen über aktuelle Tatbegehungen, Täter und sonstige Besonderheiten der jeweiligen Deliktsbereiche ausgetauscht werden. Im Gegensatz zur reinen Zahlenvorgabe, wie die PKS, werden im KPMD durch Zusatzinformationen auch Bewertungen der Delikte vorgenommen.

1.1.4.4 Andere Lagebilder

Korruptionsdelikte sind weder in der PKS noch im „Bundeslagebild Wirtschaftskriminalität“ unter dem Begriff Wirtschaftskriminalität erfasst. Hierzu gibt es auf Grund der gesellschaftlichen Bedeutung der Korruptionsdelikte seit 1994 ein separates „Bundeslagebild Korruption“ und eine separate Ausweisung in der PKS. Ergänzend dazu sind im Besonderen das „Bundeslagebild Cybercrime“ und das „Bundeslagebild Zahlungskartenkriminalität“ zu erwähnen.

Wirtschaftskriminalistische Verfahren, die im Zusammenhang mit den Tätigkeiten der Organisierten Kriminalität festgestellt werden und dort eine immer größere Rolle spielen, werden seit 1991 im „Bundeslagebild Organisierte Kriminalität“ dargestellt. Unter Organisierter Kriminalität versteht man „die von Gewinn- oder Machtstreben bestimmte planmäßige Begehung von Straftaten, die einzeln und in Gesamtheit von erheblicher Bedeutung sind, wenn mehr als zwei Beteiligte auf längere oder unbestimmte Dauer arbeitsteilig

- unter Verwendung gewerblicher oder geschäftsähnlicher Strukturen,
- unter Anwendung von Gewalt oder anderer zur Einschüchterung geeigneter Mittel, oder

- unter Einflussnahme auf Politik, Medien, öffentliche Verwaltung, Justiz oder Wirtschaft zusammenwirken".[6]

Verfahren der Wirtschaftskriminalität erfüllen generell das erst genannte polizeiliche Definitionskriterium für Organisierte Kriminalität. Eine Qualifizierung als Organisierte Kriminalität erfordert allerdings das zusätzliche Vorliegen des Merkmals der „Anwendung von Gewalt" oder des Merkmals der „Einflussnahme".

1.1.4.5 Empirische Betrachtung

Das erste „Bundeslagebild Wirtschaftskriminalität" wurde für das Jahr 2000 erstellt. Als Besonderheit wurde hierbei festgestellt, dass ein Rückgang der Fallzahlen des Bereiches Wirtschaftskriminalität auf das Niveau von 1998 zu verzeichnen war. Es wurden 90.706 Fälle der Wirtschaftskriminalität gemeldet. Dies entsprach einem Anteil von 1,5 % aller gemeldeten Delikte. Es waren 17.123 Fälle oder 16,2 % weniger als im Jahr 1999. Diese hohe Zahl war insbesondere auf einen Rückgang der Fallzahlen bei der Wirtschaftskriminalität im Zusammenhang mit Betrug und im Zusammenhang mit Anlagen und Finanzierungen sowie bei Wettbewerbsdelikten zurückzuführen und wurde mit größeren Ermittlungskomplexen im Vorjahr erklärt. Der durch Wirtschaftskriminalität entstandene Schaden wurde mit 10,5 Milliarden DM (5,390 Milliarden Euro) angegeben. Somit verursachten ca. 1,5 % der registrierten Delikte ca. 60 % des Gesamtschadens, der im Jahr 2000 durch Kriminalität entstand.

Für das Jahr 2001 verzeichnete das „Bundeslagebild Wirtschaftskriminalität" einen Anstieg der Fallzahlen um 21,3 % und in Summe 19.312 Fälle. Dies war insbesondere auf einen Anstieg im Bereich des Beteiligungs- und Kapitalanlagebetrugs und der Wirtschaftskriminalität im Zusammenhang mit Anlagen und Finanzierungen zurückzuführen. Der Schaden, der durch Wirtschaftskriminalität entstand, wurde mit 13,19 Milliarden DM (6,822 Milliarden Euro) angegeben. Dies entsprach einer Steigerung von 27 %. Die Steigerungsraten im Bereich der Wirtschaftskriminalität wurden erneut auf größere Ermittlungskomplexe mit vielen Einzelfällen zurückgeführt, die im Jahr 2001 abgeschlossen wurden. Der Anstieg des Schadens wurde unter anderem auf die Einbeziehung des FlowTex-Verfahrens, mit einem Einzelschaden von knapp 4,6 Milliarden DM zurückgeführt, der im Jahr 2001 an die Staatsanwaltschaft weitergegeben wurde.

Für das Jahr 2002 wurde ein Rückgang der Fallzahlen auf ca. 86.000 Fälle und ein Rückgang der Schadenssumme auf 4,916 Milliarden EUR festgestellt. Während sich die Fallzahlen bis 2004 auf annähernd gleichem Level bewegten, stieg die Schadenssumme im Jahr 2003 auf 6,826 Milliarden Euro und sank 2004 auf ca. 5,626 Milliarden Euro. Von 2004 bis 2006 war ein Anstieg der Fallzahlen auf bis zu 95.887 Fällen feststellbar, wohingegen die Schadenssumme auf 4,320 Milliarden Euro sank.

[6] Gemeinsame Richtlinien der Justizminister/-senatoren und der Innenminister/-senatoren der Länder über die Zusammenarbeit von Staatsanwaltschaft und Polizei bei der Bekämpfung der Organisierten Kriminalität (1990), (Anlage E der RiStBV).

Der Vergleich der Fallzahlen der Jahre 2012 und 2013 zeigt auf, dass die erfassten Wirtschaftsstraftaten um 0,2 % und das Schadensvolumina um 1 % zurückgingen, die Grundaussage der „extremen Schadenshöhe im Vergleich zur Gesamtschadenshöhe aller gemeldeten Straftaten" aber unbestritten im gleichen Verhältnis steht.

Die Fallzahlen zeigen zudem auf, dass 1,2 % der bundesweit erfassten Straftaten auf Wirtschaftsdelikte zurückzuführen sind, allerdings bemessen sich die korrespondierenden finanziellen Schäden auf rund 48 % der erfassten Schadensummen (rd. 3,82 Mrd. EUR).

Zu den Schadenssummen ist darauf hinzuweisen, dass die immateriellen, durch Wirtschaftskriminalität entstandenen Schäden nur schwer zu bezeichnen und zu beziffern sind. Diese werden aber als gewichtige Faktoren für die Bewertung des Schadenspotenzials der Wirtschaftskriminalität angesehen. Auch sei ergänzend anzumerken, dass die PKS kein getreues Spiegelbild der Kriminalitätswirklichkeit bietet, sondern je nach Deliktsart eine mehr oder weniger starke Annäherung an die Realität darstellt.

1.1.4.6 Dunkelfelder

Die Erfassung von Fällen der Wirtschaftskriminalität ist aufgrund gegebener unterschiedlicher Bearbeitungskompetenzen mit statistischen Verzerrungen verbunden. So werden im „Bundeslagebild Wirtschaftskriminalität" oder in der PKS keine Straftaten erfasst, die direkt durch Staatsanwaltschaften oder Finanzbehörden, also ohne Einbindung der Polizeidienststellen bearbeitet werden.

Die Aussagekraft polizeilicher Statistiken wird aber insbesondere dadurch eingeschränkt, dass der Polizei ein Großteil der begangenen Straftaten nicht bekannt wird. Die polizeilichen Statistiken beziehen sich auf das sog. Hellfeld der Straftaten. Über die Größe des Dunkelfeldes der nicht bekannt gewordenen Straftaten gibt es keine fundierten wissenschaftlichen Untersuchungen. Der Umfang dieses Dunkelfeldes hängt von der Art des Deliktes ab und kann zum Beispiel durch eine Veränderung der Anzeigebereitschaft oder durch Kontrollmaßnahmen beeinflusst werden. Von einer feststehenden Relation begangener zu statistisch erfasster Straftaten kann nicht ausgegangen werden.

Die Anzeigebereitschaft kann durch verschiedene Faktoren wie beispielsweise

- die Erfolgsaussichten,
- die Schadenshöhe,
- die Auswirkungen auf das Image des geschädigten Unternehmens,
- die möglicherweise drohenden Verbandsgeldbußen oder Marktausschlüsse, oder
- die Vermeidung unternehmensinterner Unruhen

gehemmt werden.

In den letzten Jahren wurden durch Wirtschaftsprüfungsgesellschaften und Wirtschaftsverbände zahlreiche Studien zum Thema Wirtschaftskriminalität durchgeführt. Die Studien stellen gewissermaßen eine Art Dunkelfeldanalyse dar, da die Anzahl der dargestellten Sachverhalte über die der Polizei bekannten Fälle hinausgeht.

1.2 Dynamische Veränderungen des Unternehmensumfeldes

Das Umfeld eines Unternehmens besteht aus vielen Faktoren, die einen bedeutenden Einfluss auf die Wirtschaftlichkeit und den Erfolg des Unternehmens ausüben können. Bei diesen Faktoren handelt es sich insbesondere um:

- Impulse aus der Industrialisierung, Automatisierung und Computerisierung,
- ökonomische Konsequenzen aus der Globalisierung,
- wirtschaftliche Implikationen aus dem Bevölkerungswachstum,
- Verfügbarkeit über kostengünstige Ressourcen in Form von Rohstoffen und Energie sowie,
- ökologische Restriktionen.[7]

Die Faktoren sind einem ständigen Wandel ausgesetzt, somit ändert sich auch der jeweilige Einfluss auf Unternehmen. Im weitesten Sinne umschließt die Globalisierung sämtliche Bereiche im Unternehmensumfeld, da sie die anderen Faktoren beeinflusst bzw. sogar verursacht. Innerhalb des Unternehmens, auf der Mitarbeiterebene, zieht dies einen Wertewandel nach sich, der sich in der Unternehmenskultur (im Sinne des Werte-Managements) und individuell bei jedem Mitarbeiter zeigt. Grundsätzlich ist ein Trend hin zur individuellen Verwirklichung zu erkennen, der durch die nunmehr internationalen Möglichkeiten verstärkt wird.

1.2.1 Globalisierung

Die Globalisierung ist in ihrer Auswirkung und Bewertung ein umstrittenes Konstrukt. In der Literatur findet man dazu sehr viele kontroverse Meinungen und Abhandlungen, nicht zuletzt weil Gewinner und Verlierer daraus hervor gehen. Tatsache ist, dass seit geraumer Zeit (bis zur industriellen Revolution zurück verfolgbar) ein Trend hin zu einer zunehmenden internationalen wirtschaftlichen Verflechtung in der Welt beobachtet werden kann. Dieser Trend ist sowohl Ursache als auch Resultat von veränderten Ansprüchen an Unternehmen und Unternehmer sowie deren Mitarbeiter. Um abschätzen zu können, inwiefern wirtschaftskriminelles Verhalten durch Globalisierung beeinflusst wurde bzw. wird, werden im Folgenden verschiedene Aspekte der Globalisierung dargestellt.

Auf industrieller Ebene zeichnen sich seit längerem weltweite Produktionsmärkte und ein verstärkter Zugriff auf eine Bandbreite an ausländischen Produkten ab. Außerdem steigerte sich der internationale Handel um ein Vielfaches.[8] Der Trend geht so weit, dass einige Unternehmen nur noch virtuell existieren und die gesamte Produktion ausgegliedert wurde. Sogenannte multinationale Konzerne verlegen ihre Produktionsstätten in das Ausland und

---

[7] Hofmann, Prüfungshandbuch, S. 28 ff.

[8] Schifferes, Globalisation shakes the world, BBC News.

sparen somit Kosten für Personal und Material und gehen ggf. auch diversen nationalen rechtlichen Auflagen aus dem Weg (zum Beispiel Arbeitnehmer- oder Immissionsschutz).

Ebenso entwickelte sich in den letzten Jahrzehnten ein weltweiter Finanzmarkt mit externen Finanzierungsmöglichkeiten ohne Einschränkung durch Grenzen. Ein Beispiel für die Bestrebungen nach weiterer Globalisierung ist die Einführung der Euro-Währung. Ein Beispiel für negative Konsequenzen aus der finanziellen Globalisierung ist die Finanzmarktkrise, die durch eine instabile globale finanzielle Infrastruktur gefördert wurde.

Bezüglich ökonomischer Aspekte ist ein großer Freiheitsgrad hinsichtlich des Austausches von Produkten und Kapital über Grenzen hinaus auf einem globalen gemeinsamen Markt zu verzeichnen. Dies bedeutet jedoch auch, dass wirtschaftliche Veränderungen nicht mehr auf ein Land oder eine Region begrenzt werden können sondern alle Mitglieder des gemeinsamen Marktes beeinflussen, sowohl positiv als auch negativ. Ein Beispiel für die ökonomischen Auswirkungen der Globalisierung ist die Auswahl der Produktionsstandorte nach Personalkosten. Um den Welthandel zu regulieren und den Handel fair, vorhersehbar, frei und reibungslos zu gestalten wurde im Jahr 1995 die Welthandelsorganisation (World Trade Organization – WTO) als Nachfolgeorganisation des Allgemeinen Zoll- und Handelsabkommens (General Agreement on Tariffs and Trade – GATT) und als eine Sonderorganisation der Vereinten Nationen gegründet.[9]

Aus den vorgenannten Aspekten resultiert ein stärkerer Wettbewerb, also eine verschärfte Konkurrenzsituation. Wer als Unternehmen auf dem globalen Markt überleben möchte, muss sich höheren Anforderungen an die Produktivität stellen. Damit einher geht der ständige Kampf um Innovation. Der Markt wechselt vom Verkäufer- zum Käufermarkt.[10] Die Kunden bestimmen die Bedingungen am Markt und Unternehmen sind gezwungen, durch gezielte (Marketing-)Strategien den Absatz der Produkte zu beeinflussen. Der Anspruch der Kunden steigt und die Produktlebenszyklen verkürzen sich. In den letzten Jahrzehnten wurden länderübergreifende Wirtschaftsräume gebildet, um den Handel und die Produktion barrierefreier zu gestalten. Neben der Industrie findet auch im Dienstleistungssektor mehr Wettbewerb statt. Nicht nur ein gemeinsamer Markt entsteht, der Trend geht hin zu elektronischen / virtuellen Marktplätzen, sodass ein weltweiter Handel weiter erleichtert wird.

Globalisierung geht demnach auch einher mit einer informationellen Verbesserung. Informationsflüsse zwischen geografisch entfernten Orten werden durch höher entwickelte Informations- und Kommunikationssysteme unterstützt, verbessert und vermehrt. Das Internet hat dazu einen bedeutenden Beitrag geleistet. Weltweit wird Englisch, als Standardsprache im wirtschaftlichen Kontext, praktiziert. Daraus folgt, dass soziale Kontakte weltweit entstehen.

Eine solch große Ausweitung von unternehmerischem Handeln über Kontinente hinweg bedarf in der Folge politischer Maßnahmen im Sinne einer globalen Regierung, die die Beziehungen zwischen den einzelnen nationalen Regierungen reguliert sowie Rechte und

---

[9] Vgl. www.wto.org.

[10] Brown, Stand und Entwicklungstendenzen des Supply Chain Management in der deutschen Grundstoffindustrie, S. 18 ff.

Pflichten kontrolliert, die aus der sozialen und ökonomischen Globalisierung entstehen.[11] Ferner sind rechtliche Rahmenbedingungen aufgrund des internationalen Wirtschaftslebens entstanden. Als gutes Beispiel für ein Entgegenwirken der Bestechung im globalen Wirtschaftsverkehr und der aufgrund national unterschiedlicher rechtlicher Behandlungen damit verbundenen Wettbewerbsverzerrungen dienen der US-amerikanische Foreign Corrupt Practices Act (FCPA)[12] und der UK Bribery Act[12]. Der FCPA ist ein international bedeutsames Gesetz, das Bestechung ausländischer Amtsträger verbietet. Die Besonderheit liegt darin, dass der FCPA auch für (aus US-Sicht) ausländische Personen oder Unternehmen Anwendung finden kann. Insbesondere vor dem Hintergrund, dass viele Unternehmen über Mutter- oder Tochterunternehmen eine wirtschaftliche Verbindung zum US-amerikanischen Wirtschaftsraum haben, entfacht der FCPA eine zu beachtende Ausstrahlungswirkung auch auf nicht unmittelbar in den USA agierende Unternehmen.

Hinsichtlich der entstandenen rechtlichen Rahmenbedingungen ist auch auf die internationalen Rechnungslegungsvorschriften (International Financial Reporting Standards – IFRS) hinzuweisen, die unabhängig von nationalen Rechtsvorschriften die Aufstellung international vergleichbarer Einzel- und Konzernabschlüsse regeln. Sie sind in vielen Ländern zumindest für kapitalmarktorientierte Unternehmen verpflichtend. Die politischen und rechtlichen Maßnahmen dienen den Harmonisierungsbestrebungen, die für den globalen Markt von hoher Relevanz sind.

Neben den oben aufgeführten Aspekten der Globalisierung muss ein starkes Augenmerk auf die kulturellen Konsequenzen gesetzt werden. Durch die Globalisierung werden Kulturen immer stärker vermischt, der Lebensstandard in den verschiedenen Ländern gleicht sich an, ausländische Produkte und Ideen werden genutzt, neue Technologien und Praktiken aus anderen Ländern werden übernommen. Es entsteht eine „Weltkultur", die an Arbeitgeber und Arbeitnehmer, Dienstleister und Geschäftspartner veränderte Anforderungen stellt. Geschäftsreisen und Tourismus werden ausgeprägter, Migration über Grenzen hinweg geschieht häufiger, lokale Produkte (auch Mode und Musik) werden international vermarktet. Dies hat einen starken Einfluss auf das soziale Leben in den verschiedenen Ländern, was auch Veränderungen der Wertvorstellungen mit sich bringen kann.

Die Bewertung der Aspekte der Globalisierung und des Wertewandels wird in der Literatur kontrovers diskutiert. Es gibt Personengruppen, die stark von der Globalisierung profitieren, es gibt aber auch solche, denen die Globalisierung einen wirtschaftlichen Verlust oder sogar Ruin beschert hat. Durch den erhöhten Wettbewerb überlebt nur ein Teil der Unternehmen auf dem Markt. Durch Auslagerung und Internationalisierung der Unternehmen schwinden an einem Ort Arbeitsplätze, an einem anderen Ort entstehen sie. Die Anzahl sozial bedürftiger Menschen steigt, jedoch auch die Anzahl erfolgreicher Menschen. Eine endgültige Bewertung soll und kann an dieser Stelle nicht vorgenommen werden. Es ist jedoch zu vermerken, dass die Globalisierung einen nicht zu unterschätzenden Einfluss auf wirtschaftskriminelle Verhaltensweisen ausübt.

---

[11] Stipo, World Federalist Manifesto. Guide to Political Globalization.

[12] Der FCPA wurde im Jahr 1977 als Bundesgesetz der USA erlassen (15 U.S.C. §§ 78dd-1, ff.); Der UK Bribary Act 2010 wurde im April 2010 verabschiedet trat am 1. Juli 2011 in Kraft.

1.2.2 Wertewandel

Wie oben bereits angedeutet wurde, haben Menschen aufgrund der Globalisierung mehr Vergleichsmöglichkeiten und sind unterschiedlichen Einflussgrößen hinsichtlich ihrer persönlichen Einstellungen, Werte und Ziele ausgesetzt. Die zunehmende Globalisierung bewirkt global eine veränderte Werteproblematik.[13] Es ist ein klarer Trend hin zu Individualität und persönlicher Selbstverwirklichung zu erkennen. In der Literatur wird oftmals auch von einem Werteverfall innerhalb der Wirtschaft gesprochen. Ein anderes Bild ergibt sich durch die Befragung von rund 500 Führungskräften in 2007 und 2009 durch die Wertekommission e. V.[14] Daraus resultiert, dass Werte wie Verantwortung, Ehrlichkeit und Vertrauen sowohl privat als auch im Arbeitsleben bei den Befragten von großer Bedeutung sind. Schwierigkeiten bereitet jedoch die Umsetzung von Werten im Arbeitsalltag, die noch immer viele Unternehmen als bloße Formulierung von Werten ansehen, ohne viel Aufwand in Richtung Verbreitung, Akzeptanz oder Wertekonformität zu betreiben. In einem Artikel der Welt am Sonntag wird sogar die Finanzmarktkrise als Symptom eines kollektiven Sittenverfalls dargestellt.[15] Auch berühmte Beispiele der Wirtschaftskriminalität wie der Fall Enron werden herangezogen, um die Problematik fehlender Werte zu erläutern.

Inwiefern sich die Werte tatsächlich gewandelt haben oder sogar verschwunden sind, wird in der Literatur nicht einstimmig dargestellt. Es wird das Bild vermittelt, dass den meisten Menschen und Unternehmen Werte zwar wichtig sind, jedoch die Umsetzung in die Praxis im Sinne eines wertekonformen Handelns im Arbeitsleben und in der Wirtschaft von großen Schwierigkeiten geprägt ist. Insofern erfordern die Diskrepanz zwischen Theorie und Praxis sowie der Wandel hin zu individuellen Werten ein entsprechend angepasstes Werte-Management-System in den Unternehmen.

Aufgrund der heute gegebenen großen Variabilität der Mitarbeiter eines Unternehmens, zum Beispiel aufgrund verschiedener Nationalitäten, sollte daran gedacht werden, Klarheit über Wertvorstellungen zu schaffen. Dies geht nur über ein funktionstüchtiges und gelebtes Werte-Management, das der Individualität eines jeden Mitarbeiters Rechnung trägt, jedoch einen Verhaltensrahmen für Entscheidungs- und Arbeitsprozesse vorgibt, innerhalb dem agiert werden soll. Da das Unternehmensumfeld jedoch vom Wandel beeinflusst wird, muss auch das Werte-Management flexibel auf veränderte Bedingungen angepasst werden. Ein Werte-Management-System sollte demnach sowohl zentrale Werte haben, die stabil und überdauernd sind, als auch diverse zusätzliche Werte, die dem Wandel entsprechen und neuen Impulsen aus dem Unternehmensumfeld Rechnung tragen.

Die starke Individualität, die heute ein Kernmerkmal der Menschen darstellt, fördert neben einer Vielzahl positiver Entwicklungen auch dolose Verhaltensweisen mit dem Ziel, selbst voran zu kommen und eigene Ziele zu erreichen. Durch die Implementierung von Kontrollen können die Gelegenheiten zu dolosen Verhaltensweisen reduziert werden.

[13] Wieland, Handbuch Wertemanagement. Erfolgsstrategien einer modernen Corporate Governance, S. 15 ff.

[14] Vgl. www.wertekommission.de.

[15] Eigendorf, Welt am Sonntag 2009, Nr. 52, 29.

Durch ein effektives Werte-Management inklusive Anreizen und Sanktionierungen wird der Motivation und Rechtfertigung der Mitarbeiter eines Unternehmens zu dolosem Handeln entgegen gewirkt. Es ist weitaus schwieriger, diese Aspekte des „Fraud-Triangle“[16] als Arbeitgeber zu beeinflussen, als die Gelegenheiten zu reduzieren, da Motivation und Rechtfertigung sehr subjektive Prozesse sind, die sich durch Standardmaßnahmen nicht bei allen Mitarbeitern in die gewünschte Richtung beeinflussen lassen.

Die zuvor dargestellten Überlegungen zeigen auf, wie wichtig es aus Unternehmenssicht ist, die Globalisierung und den damit verbundenen Wertewandel nicht nur als Chance zu begreifen, sondern auch die damit verbundenen Gefahren zu betrachten und diesen mit entsprechenden Maßnahmen zu begegnen:

- Ein zentraler Aspekt zur Realisierung dieser Maßnahmen bietet die Schaffung eines Werte-Managements.
- Daneben muss auch auf die strukturellen Auswirkungen der Globalisierung geachtet werden, denn die zunehmende weltweite Verteilung von Unternehmenseinheiten birgt die Gefahr eines ineffektiven Internen Kontrollsystems, das wirtschaftskriminelles Handeln ermöglicht.
- Rechtliche Unterschiede zwischen verschiedenen Ländern bieten zudem ebenso weitere Gelegenheiten, Fraud zu begehen.
- Ferner verstärkt die zunehmende Wettbewerbssituation den Druck, Umsatzziele zu erreichen, was gleichfalls mit Risiken aus dolosen Verhaltensweisen verbunden ist.
- Kulturelle Unterschiede erscheinen manchmal als nicht überwindbar und machen Fraud in den Augen der Handelnden notwendig.

Die Globalisierung birgt unterschiedliche Gefahren in sich, die in Wirtschaftskriminalität münden können. Der Facettenreichtum an technischen, finanziellen und wirtschaftlichen Möglichkeiten, den die Globalisierung mit sich gebracht hat bieten ebenso facettenreiche Wege der Verschleierung. Das Unternehmen sollte daher gut gewappnet sein, dazu zählt auch ein funktionierendes Werte-Management.

Zunehmend messen Unternehmen Werten eine größere Bedeutung bei.[17] Gründe dafür liegen insbesondere in dem Vollzug eines strukturellen Wandels der Unternehmen sowie der damit verbundenen Erkenntnis, ein verbindliches und glaubwürdiges Wertefundament schaffen zu müssen. Es ist zu verzeichnen, dass Unternehmen die Schaffung von Werten nicht nur in ethischer und moralischer sondern auch in wirtschaftlicher Hinsicht als nutzbringend erachten. Dieser Nutzen findet seinen Niederschlag in der Verbesserung der internen Kooperation, der Reputation sowie in der Limitierung von Geschäftsrisiken und von dolosen Handlungen.

---

[16] Das Fraud Triangle beschreibt Voraussetzungen, unter welchen Menschen dolose Handlungen begehen können und beruht auf Befragungen von verurteilten Wirtschaftsstraftätern (gem. Donald R. Cressey).

[17] Booz Allen Hamilton Inc., Studie „Werte schaffen Wert“.

1.3 Wirtschafts- und Industriespionage – eine Bedrohung für Unternehmen

1.3.1 Historischer Überblick

Wirtschafts- und Industriespionage sind keine Phänomene der Neuzeit. Schon die Ägypter hatten einen Geheimdienst, dessen Aufgabe es war, ihre Nachbarvölker auszuforschen. Systematische Spionage war und bleibt eine Aktivität, die alle Nationalstaaten ausüben seit es Wettbewerb und Konflikte zwischen Staaten gibt. Staaten und Unternehmen haben ein großes Interesse, ihren Wettbewerbsvorteil gegenüber Konkurrenten zu verteidigen. Die Konkurrenz hingegen möchte die Geheimnisse in ihren Besitz bringen, um den Wettbewerbsfaktor des Konkurrenten zu schwächen und an den ansonsten erforderlichen Entwicklungskosten zu sparen.

Porzellan ist seit dem 13. Jahrhundert in Europa bekannt, allerdings wurde das Geheimnis der Produktion von China bis in das 18. Jahrhundert gehütet. Das Geheimnis der Porzellanmanufaktur wurde durch einen französischen Jesuitenpater, der in China als Missionar tätig war, verraten. Bis zu diesem Zeitpunkt war Porzellan nur auf den Tischen der Adligen und Reichen zu bewundern. Aufgrund ihrer Monopolstellung konnten die chinesischen Hersteller die Preise diktieren.

Auch Kautschuk war lange nur aus der damaligen portugiesischen Kolonie Brasilien zu beziehen. Dem britischen Abenteurer Henry Wickham gelang es, ca. 7000 Saatkörner trotz strenger Sicherheitsvorkehrungen nach London zu schmuggeln. In den berühmten Kew Gardens wurden die Saatkörner zu Pflanzen gezüchtet, die dann in die asiatischen Kolonien der Briten gebracht wurden, wo sie bis heute prächtig gedeihen. Das portugiesische Monopol wurde gebrochen und Königin Victoria schlug Henry Wickham für seine Spionagetätigkeit zum Ritter.

1.3.2 Definition und wirtschaftliche Schäden

In der Definition des Bundesamtes für Verfassungsschutz ist Wirtschaftsspionage die staatlich gelenkte oder gestützte Ausforschung von Wirtschaftsunternehmen und Betrieben. Wirtschaftsspionage aufzuklären ist Aufgabe der Spionageabwehr des Verfassungsschutzes; sie zu verhindern oder mindestens zu erschweren ist Aufgabe des Wirtschafts- und Geheimschutzes.[18]

Industriespionage (oder auch Konkurrenzausspähung genannt) hingegen ist die Ausforschung eines Unternehmens durch einen konkurrierenden Wettbewerber. Die Aufklä-

[18] Vgl. Niedersächsisches Ministerium für Inneres, Sport und Integration – Verfassungsschutzbehörde, abrufbar unter http://www.verfassungsschutz.niedersachsen.de/portal/live.php?navigation_id=12258&article_id=54237&_psmand=30.

rung bzw. die Abwehr dieser Spionageform ist zwar Aufgabe von Sicherheitsbehörden, die Prävention muss allerdings von der Unternehmensführung selbst bewerkstelligt werden.

Für das betroffene Unternehmen, das ausspioniert wird, ist der Unterschied jedoch von geringer Relevanz, da Betriebsgeheimnisse in beiden Fällen in die Hände der Konkurrenz gelangen.

Der volkswirtschaftliche Schaden in Deutschland, der durch Wirtschafts- und Industriespionage verursacht wird, ist enorm und beläuft sich nach Schätzungen des Bundesinnenministeriums auf jährlich 50 Milliarden Euro. Die Dunkelziffer liegt stets um ein Vielfaches über den amtlich erfassten Fällen. Gute Spionage bleibt zudem unentdeckt und andererseits ist es den Unternehmen selten daran gelegen, Verdachtsmomente und Vorfälle überhaupt zu melden, um Schaden am Renommee zu vermeiden. Die Schäden entstehen durch den Verlust von technischem Know-how, Beschaffung von Informationen über Fertigungstechniken, Markt-, Absatz- und Preisstrategien sowie Zusammenschlüsse und Absprachen von Unternehmen.

Zu den Beschaffungsmethoden, die angewandt werden, gehören sowohl die offene und legale Informationsgewinnung durch Open Sources Intelligence (OSINT) als auch die konspirative Beschaffung von Informationen. OSINT spielt in der Vorbereitung auf einen konspirativen Angriff eine nicht zu unterschätzende Rolle. Professionell betriebene OSINT ersetzt in manchen Fällen den Einsatz von konspirativen Methoden, denn in unserer offenen Gesellschaft ist eine große Fülle, auch sensibler Informationen, frei zugänglich. Eine gezielte Auswertung dieser Daten gibt dem Angreifer – neben nützlichen Informationen über das Zielobjekt – die nötigen Gesamtbilder und dadurch Angaben über den erfolgversprechenden Angriffsvektor. Die Auswertung von OSINT zeigt Schwachstellen im Unternehmen auf. Mit konspirativen Methoden kann der Angreifer diese Lücken für seine Zwecke nutzen.

1.3.3 Schwachstelle Mensch

Die größte Schwachstelle bei der Spionageabwehr ist und bleibt der Mitarbeiter und nicht die Informationssysteme der Unternehmen. Firmen investieren allerdings hohe Geldsummen in die Sicherheit ihrer Computersysteme, vergessen jedoch dabei, dass ein illoyaler oder sorgloser Mitarbeiter durch die Weitergabe eines Passwortes dem Angreifer erlaubt, sämtliche Sicherheitsvorkehrungen zu umgehen. Im Jahr 2013 waren in 60 % der entdeckten Spionagefälle Mitarbeiter der geschädigten Unternehmen (Innentäter) mitverantwortlich.

Im Vorfeld eines konspirativen Angriffs auf ein Unternehmen werden vor allem menschliche Schwachstellen gesucht. Gezielt werden Mitarbeiter von Unternehmen manipuliert, um sie sodann „umzudrehen“. Diese Methode ist unter dem Überbegriff „Social Engineering“ bekannt und hat zum Ziel, die Mitarbeiter in der Weise zu beeinflussen, dass diese sodann unzulässig handeln und so zum Innentäter werden. Diese Manipulation nutzt menschliche Eigenschaften wie Angst, Respekt oder auch Hilfsbereitschaft und Vertrauen aus, um die Person gefügig zu machen. Sobald die Person erstmalig eine illegale Tätigkeit begangen hat, ist diese nun erpressbar und damit noch nützlicher für den Angreifer.

Mitarbeiter von Diensten oder konkurrierenden Unternehmen werden ausgiebig in der Kunst des „Social Engineering“ geschult. Zeit spielt hierbei keine große Rolle und Anbahnungen können sich über einen längeren Zeitraum erstrecken, bis der Schleier gelüftet wird. In dieser Vorbereitungszeit wird eine „Freundschaft“ aufgebaut und gepflegt. Hierzu gehören kostbare Geschenke, gemeinsame Urlaubsreisen oder auch sonstige Vergnügungen. Ziel ist es, einerseits eine Scheinfreundschaft aufzubauen, andererseits die Person erpressbar zu machen. Der Schleier wird dann gelüftet, wenn die Zielperson eine emotionale Bindung zu dem falschen Freund hat oder erpressbar geworden ist. Bis zu diesem Zeitpunkt hat die Zielperson seinem Unternehmen nicht geschadet und könnte sich verweigern. Wird die Zielperson aktiviert, so kann entweder die Freundschaftskarte gespielt werden oder es wird gedroht, schädliche Informationen über die Zielperson zu verbreiten. Nur selten hat die Zielperson den Mut, sich trotzdem zu verweigern.

Der Ausgang eines solchen Angriffs geht für die Zielperson selten gut aus. Sobald die gewünschte Information beschafft wurde, hat die Zielperson ihre Nützlichkeit verloren, es sei denn, die Person sitzt in einer Entscheidungsposition im Unternehmen. Eine solche Quelle wird gehegt und gepflegt. Bei Wirtschafts- und Industriespionage ist letzteres Vorgehen eher selten und ist vielmehr im politischen oder militärischen Bereich zu finden, gelegentlich auch bei konkurrierenden Diensten.

Da die Schwachstelle bei der Sicherheit von Informationen in Unternehmen der Mitarbeiter ist, sollten Mitarbeiter vor ihrer Einstellung überprüft werden und während ihrer Tätigkeit im Unternehmen in Sicherheitsmaßnahmen geschult werden. Eine solche Überprüfung sollte auch alle externen Mitarbeiter und Dienstleister einbeziehen, die in sensiblen Bereichen des Unternehmens tätig sind. Leider ist eine solche Prüfung in Unternehmen in Deutschland eher die Ausnahme; ebenso Schulungen zum Thema „Umgang mit vertraulichen Informationen im Betrieb“. Diese fehlenden Vorkehrungen machen es konkurrierenden Unternehmen und fremden Diensten einfach, an Informationen zu gelangen, die der deutschen Wirtschaft und dem eigenen Unternehmen teuer zu stehen kommen. Die beste Firewall nutzt nichts, wenn korrupte Mitarbeiter vertrauliche Daten auf einen USB-Stick kopieren können und diesen später unbemerkt „im Hosensack“ außerhalb des Betriebs verbringen. Auch der naive Mitarbeiter ist ein Unsicherheitsfaktor – wenn er zum Beispiel seinen unverschlüsselten Laptop auf einer Geschäftsreise im Hotelsafe „sichert“, der Nachrichtendienst aber problemlos Zugang zu diesem Safe hat. Man darf sich somit nicht wundern, wenn die Gegenseite plötzlich bestens informiert ist.

Wie verwundbar Unternehmen sein können, zeigte ein Penetrationstest in den USA. Im Auftrag eines Technologieunternehmens wurde ein Angriff auf das Unternehmen durchgeführt. Zunächst wurde über OSINT nach erfolgversprechenden Ansätzen gesucht, um dann unter falscher Angabe von Namen und Hintergrund eine Person als Teilzeitmitarbeiter im Unternehmen zu platzieren. Durch Vortäuschung falscher Zuständigkeiten verschaffte sich die Person Zugang zu streng vertraulichen Informationen und ermöglichte externen Hackern durch Herausgabe von Passwörtern Zugang zur EDV des Unternehmens.

Der Angreifer konnte innerhalb nur eines Tages Informationen im Wert von über einer Milliarde Dollar abschöpfen, ohne entdeckt zu werden. Beauftragte externe Hacker konnten die Firewall des Unternehmens nicht durchbrechen; erst durch den Einsatz des Innentäters wurde dies möglich. Die Sicherheitsabteilung hatte alle Vorkehrungen getroffen, um den von außen auftretenden Angreifer abzuwehren. Auf einen Innentäter war man offensichtlich nicht ausreichend vorbereitet.

1.3.4 Gefahren

Neben der schon erwähnten Gefährdung durch Mitarbeiter stellt die zunehmende Technisierung und Digitalisierung der Betriebsabläufe eine zunehmende Gefahr für die Informationssicherheit in Unternehmen dar. So können „trojanisierte" E-Mails, denen ggf. ein „Social Engineering"-Angriff vorausgeht, die Systemumgebung der Betriebsrechner ausspähen und schließlich sensible Daten abziehen.

Die hochkomplexe vernetzte Digitalisierung, durch die im Prinzip das gesamte Wissen eines Unternehmens via Server per Knopfdruck abrufbar ist, eröffnet Innentätern Zugangsmöglichkeiten zu sensiblen Bereichen, zu denen früher nur ausgewählte Personen physischen Zutritt hatten. Aufgrund oftmals unzureichender digitaler Sicherheitsbarrieren werden die Täter auch nicht mit besonderen Herausforderungen konfrontiert. Prominente Affären, wie sie sich bei Wikileaks oder auch der US National Security Agency (NSA) zugetragen haben, zeigen auf, wie subalterne Mitarbeiter als Innentäter agieren konnten.

Hochmoderne Telekommunikationsanlagen können durch unbefugten Zugriff manipuliert und zur Informationsbeschaffung genutzt werden. Die zunehmende Nutzung von drahtlosen Verbindungen wie WLAN und Bluetooth stellen ebenfalls ein hohes Risiko dar, da die Netze meist nicht oder nur mangelhaft abgesichert sind. Dies trifft auch bei der Nutzung von Mobiltelefonen zu. Mit Spezialgeräten können über Mobiltelefone geführte Gespräche mitgehört werden.

Auslandsgeschäftsreisen können ein besonderes Risiko darstellen. Reisende sollten darauf eingestellt sein, dass Gespräche mitgehört werden können. Beispielsweise das Gespräch an der Bar oder im Restaurant mit einer Person, die beispielsweise ihr Deutsch „üben" möchte, könnte ein Sachverhalt des „Social Engineering" darstellen und nicht unbedingt dem Interesse an der deutschen Sprache dienen.

1.3.5 Gegenmaßnahmen

Die Abwehr von Wirtschafts- und Industriespionage ist in den letzten Jahren durch die zunehmenden Aktivitäten von ausländischen Diensten und skrupellosen Unternehmen sehr viel komplexer geworden. Die zunehmende Nutzung von EDV und elektronischen Kommunikationsmitteln hat die Angriffsflächen vergrößert und neue Möglichkeiten für Angreifer geschaffen. Die teuerste technische Lösung kann jedoch der Gefahr der Schwachstelle „Mensch" nur begrenzt begegnen.

Unternehmen investieren sehr viel für IT-Sicherheit, vernachlässigen jedoch Sicherheitsprozesse bei der Auswahl von Mitarbeitern sowie Sicherheitsschulungen. Das Fehlen besonderer Sorgfalt bei der Mitarbeiterauswahl sowie sicherheitsrelevanter Schulungen kann im Ergebnis zu einer Unterwanderung von technischen Lösungen führen. Durch die Schaffung von technischen Lösungen ist das Risiko eines Informationsverlustes zwar verringert, aber es verbleibt dennoch ein Restrisiko, welches vermeidbar wäre.

Die Rechtsordnung sieht vor, dass Mitarbeiter in besonders gefährdeten Positionen bzw. Branchen sich einer Sicherheitsprüfung unterziehen müssen. Eine analoge und branchenunabhängige Vorgehensweise wäre ebenso dort wünschenswert, wo Mitarbeiter in sensiblen (gefährdeten) Abteilungen von Unternehmen eingesetzt werden. Neben der EDV-Abteilung kämen bspw. Abteilungen in Betracht, die sich mit Forschung und Entwicklung oder strategischer Planung beschäftigen.

Eine weitere sinnvolle Gegenmaßnahme wäre die Klassifizierung von Informationen in Anlehnung an die Nomenklatur, wie sie in Sicherheitsbehörden zur Anwendung gelangt („Vertraulich", „Geheim" und „Streng Geheim"). Die Mitarbeiter sind entsprechend geschult im Umgang mit klassifizierten Informationen und entwickeln dadurch ein Gefühl für den Schutz wichtiger Informationen. Bei Verstößen gegen die besonderen Anforderungen der jeweiligen Sicherheitsstufen können Innentäter leichter identifiziert werden. Dies erhöht die Abschreckung bei Mitarbeitern und verbessert die Wirksamkeit des Informationsschutzes.

1.3.6 Künftige Entwicklung

Wirtschafts- und Industriespionage wird in den kommenden Jahren aufgrund des zunehmenden Konkurrenzkampfes zwischen Ländern, Regionen und Unternehmen weiter zunehmen. Neue technische Möglichkeiten und die Bereitschaft von Menschen, kriminell zu handeln, werden den Trend zum illegalen Gewinnen von Informationen weiter beschleunigen. Der effektive Schutz von Unternehmensinformationen und -wissen wird in den kommenden Jahren zu einem zunehmend wichtigen Wettbewerbsvorteil führen. Die Geschäftsgrundlage ist heute stärker denn je abhängig vom Innovationsvorsprung. Unternehmen, die ihr Wissen durch den Einsatz wirksamer Präventions- und Aufklärungsmaßnahmen besser schützen, werden wirtschaftlich erfolgreicher am Markt agieren können.

1.4 Kontrolle – Credo für eine anspruchsvolle Unternehmensführung

Der Begriff Compliance, verstanden als die Einhaltung und Erfüllung von Gesetzen, regulatorischen Anforderungen, unternehmensinterne Richtlinien, vertraglichen Verpflichtungen sowie von freiwilligen auferlegten Selbstverpflichtungen[19], ist spätestens seit der

[19] Vgl. KPMG AG (2007), Compliance-Management-Systeme, 6.

publikumswirksam gewordenen Korruptionsfälle in aller Munde. Die Diskussion um angemessene Kontrollen, Anforderungen und Regelwerke bleibt rege. Ebenso erschütterten zur Jahrtausendwende eine Reihe aufsehenerregender Bilanzskandale und Unternehmenspleiten das Vertrauen der Öffentlichkeit in die Kapitalmärkte und die Finanzberichterstattung. Daher mag einem aufmerksamen Betrachter dieser Aufschrei für eine ethische, nachhaltige und kontrollbasierte Unternehmensführung nicht ganz fremd sein.

Vor diesem Hintergrund möchte dieser Abschnitt die Entwicklung des Kontrollumfelds beleuchten und die aktuelle Pflichtenlandschaft skizzieren. Die Leitungs- und Überwachungstätigkeit, insbesondere in börsennotierten Unternehmen, unterliegt – gerade mit Blick auf die rechtlichen Rahmenbedingungen – einem ständigen Wandel. Der „Regulierungsschub" verpflichtet zu umfassenden unternehmensinternen Kontrollsystemen, deren Motive dargelegt werden sollen. Gleichwohl stellt sich bei differenzierter Betrachtung die Frage, inwieweit ein Kontrollsystem dem Wunsch nach einer nachhaltigen und ethischen Unternehmensführung und -überwachung, mit anderen Worten „Good Corporate Governance", gerecht werden kann.

1.4.1 Unternehmenspleiten und Bilanzskandale: Aufschrei nach Kontrolle

Die Bilanzfälschungen bzw. Unternehmenspleiten von Enron und WorldCom lösten eine Baisse am Kapitalmarkt aus, wie sie seit der Weltwirtschaftskrise in den 1930er-Jahren nicht mehr erlebt wurde. Der amerikanische Energiekonzern Enron galt damals als siebtgrößtes Unternehmen der USA. Ende 2001 musste Enron sich überraschend zahlungsunfähig erklären und Gläubigerschutz nach „Chapter 11" des US-Insolvenzrechts beantragen. 70 Mrd. Dollar des Anlegervermögens wurden vernichtet. Private als auch institutionelle Investoren erlitten massive Vermögensverluste. Beispiellos ist auch die Gier des Managements, das sich vor dem Konkurs Enrons 1,2 Mrd. Dollar an Prämien und Erlösen aus Aktienverkäufen sicherte.[20] Die Betriebsrenten für die Mitarbeiter im Wert von zwei Mrd. Dollar gingen verloren. Etliche Führungskräfte wurden zu Haftstrafen verurteilt. Im Mai 2006 wurde der Ex-Chef Enrons wegen Bilanzbetrugs und einigen anderen Delikten zu über 24 Jahren Haft verurteilt. Aufbauend auf einem System der Manipulation und Verschleierung wurden Umsätze aufgebläht und Gewinne ausgewiesen, die nie existiert hatten. Enron lagerte anfallende Verluste in Milliardenhöhe trickreich in eigens gegründete Tochterfirmen aus, die in der Bilanz nicht auftauchten.

Kurze Zeit später wurde bekannt, dass der damals zweitgrößte Telekommunikationskonzern der USA, WorldCom, seine Bücher um insgesamt 3,8 Mrd. Dollar manipuliert hatte. Dessen Kollaps vernichtete über 150 Mrd. Dollar an Anlegervermögen. Aufwendungen für Netzkosten, die im normalen Geschäftsgang anfielen, wurden auf unzulässige Weise umklassifiziert und im Anlagevermögen aktiviert, was den Gewinn pro Aktie sowie das

[20] Vgl.: Fleischhauer/Hawranek, Der Spiegel 2002, 92.

Vorsteuerergebnis signifikant erhöhte.[21] Dieser beispielslosen Kapitalvernichtung folgten weitere Unternehmensschieflagen und auch in Deutschland blieb man von Skandalen nicht verschont.

Das Vertrauen der Anleger in die Kapitalmärkte schwand durch diese Ereignisse schlagartig. Sowohl das Top-Management als auch Abschlussprüfer waren in die Skandale verwickelt. Die Öffentlichkeit war empört, die Medien skandalisierten und Investoren wurden nervös. Offensichtlich hatten sämtliche internen wie externen Kontrollmechanismen versagt, welche die Anleger vor solchen Auswüchsen schützen sollten. Sowohl die amerikanischen Bilanzregeln – gepriesen für transparente Anlegerinformation – als auch die US Börsenaufsichtsbehörde Securities Exchange Commission (SEC), ein weltweites Musterbeispiel für effektive Kapitalmarktkontrolle, hatten bei der Aufdeckung der Betrugsfälle versagt. Der Berufsstand des Wirtschaftsprüfers, der nach der Weltwirtschaftskrise in seiner Form institutionalisiert wurde[22], um betrügerische Pleiten zu verhindern und für Transparenz und Kontrolle bei der Unternehmensführung zu sorgen, wurde in Mitleidenschaft gezogen. Vor diesem Hintergrund wurde der Ruf nach verstärktem Eingreifen des Gesetzgebers laut.

1.4.2 Etablierung eines Kontrollumfelds

Die Bilanzfälschungen verursachten eine schwerwiegende Vertrauenskrise („Enronitis“)[23] und waren somit ausschlaggebend für eine drastische Verschärfung der Unternehmensberichterstattung. Ohne umgehende durchgreifende Reformen war das Vertrauen in die Kapitalmärkte nicht wieder herstellbar.

1.4.2.1 Gesetzliche Rahmenbedingungen: Sarbanes-Oxley Act of 2002

Noch im Jahr 2002 wurde der Sarbanes-Oxley Act vom US-Kongress verabschiedet, der als die weitreichendste gesetzliche Neuordnung der Finanzberichterstattung für US-börsennotierte Unternehmen seit den ‚Securities and Exchange Act of 1934‘ gesehen wird.[24] Ziel der Neuregelung, die unter dem Kürzel SOX (teilweise auch SOA) firmiert, ist die Wiederherstellung des Vertrauens der Anleger in die Richtigkeit der veröffentlichten Finanzdaten von Unternehmen, die den US-amerikanischen Rechtsvorschriften unterliegen. Dazu gehören insbesondere alle Unternehmen, deren Wertpapiere an einer US-Börse oder außerbörslich gehandelt oder dort öffentlich zum Kauf angeboten werden

[21] Siehe auch: Lenz, Bilanzpolitik, Bilanzfälschung und Bilanzprüfung, S. 225 (234).

[22] Siehe auch: www.idw.de/idw/download/Download_Geschichte.pdf?id=378986&property=Datei, abgerufen am 01.10.2014.

[23] Die Düsseldorfer Börse benannte „Enronitis“ als Börsenunwort des Jahres, da dieser Begriff Verfehlungen einiger weniger an der Börse notierter Unternehmen mit einem seuchenartigen Krankheitsverlauf wie einer Epidemie gleichsetzt.

[24] Abrufbar unter: https://www.sec.gov/about/laws/soa2002.pdf, zuletzt abgerufen am 01.10.2014.

sowie Tochterunternehmen US-amerikanischer Gesellschaften. U. U. sind auch Gemeinschaftsunternehmen und assoziierte Unternehmen betroffen.[25] Das 66 Seiten umfassende US-Bundesgesetz spiegelt in vielen Punkten die bei Enron wahrgenommenen Schwachpunkte der Unternehmensführung wider. Neben der Neuregelung der Verantwortlichkeiten der Unternehmensführung und verschärften Anforderungen an die Unabhängigkeit und Haftung der Wirtschaftsprüfer, stellt SOX auch strengere Ansprüche an die Richtigkeit von veröffentlichten Finanzdaten.

Für die betroffenen Unternehmen und deren Management ergibt sich daraus eine Vielzahl von neuen Herausforderungen. Die Pflichten und Verantwortlichkeiten des Managements werden insbesondere im Hinblick auf die Transparenz des Unternehmens konkretisiert und ausgeweitet. So sind erweiterte Berichts- und Veröffentlichungspflichten maßgeblicher Bestandteil der neuen Regelungen. Alle außerbilanziellen Transaktionen und Verbindlichkeiten nicht konsolidierter Geschäftseinheiten, die einen zukünftigen Effekt auf die finanzielle Situation des Unternehmens bedeuten können, müssen nun veröffentlicht werden.

SOX 302 beispielsweise verpflichtet den Vorstandsvorsitzenden und den Finanzvorstand, die Geschäftsberichte in einer schriftlichen Erklärung auf die Gefahr hoher Strafen persönlich zu zertifizieren. Dabei müssen sie sich nicht nur für Wahrheit und Vollständigkeit der dargestellten Tatsachen verbürgen, sondern auch für die Effektivität des Internen Kontrollsystems (IKS). Die Vorschrift verlangt die Einrichtung interner Kontrollmechanismen, die gewährleisten, dass relevante Informationen den Vorstandsmitgliedern umgehend zugänglich gemacht werden.

Der für Unternehmen kostenintensivste Abschnitt, SOX 404, befasst sich mit der Prüfung des rechnungslegungsbezogenen IKS durch die Geschäftsleitung und den Abschlussprüfer. SOX 404a verpflichtet das Management nicht nur ein adäquates IKS einzurichten und aufrecht zu erhalten, welches die ordnungsgemäße Rechnungslegung zur Erstellung der Quartals- und Jahresabschlüsse sicherstellt, sondern auch dessen Wirksamkeit regelmäßig zu überprüfen und über etwaige Fehlfunktionen zu berichten (Internal Control over Financial Reporting). Dieser Bericht muss zudem vom Abschlussprüfer beurteilt und testiert werden (SOX 404b).[26]

Das „Internal Control – Integrated Framework (2013)", das die bisherige Version des Enterprise Risk Management Framework des Committee of Sponsoring Organizations (COSO) zum 15. Dezember 2014 abgelöst hat, ist ein von der SEC anerkannter Standard für die Qualität interner Kontrollen zur Erfüllung der SOX-Richtlinien und wird häufig von der Unternehmensführung genutzt, um insbesondere den Vorschriften des Abschnitts 404 gerecht zu werden. Außerdem schuf SOX für die Wirtschaftsprüfungsgesellschaften mit dem Public Company Accounting Oversight Board (PCAOB) eine unabhängige Aufsichtsbehörde und verstärkte die Anforderungen an die Unabhängigkeit der Prüfer.

[25] Vgl.: Merkl, Der Schweizer Treuhänder 2007, 39.

[26] Vgl.: ibid., 38.

1.4.2.2 Prüfungsstandards für die Jahresabschlussprüfung

SAS 99 – Consideration of Fraud in a Financial Statement Audit

Die öffentliche Aufmerksamkeit richtete sich nicht nur auf die betrügerischen Handlungen der Unternehmensleitung, sondern auch auf die Wirtschaftsprüfungsgesellschaften, die es verfehlt hatten, diesen Betrug zu entdecken und zu kommunizieren. Zur Bewältigung der Vertrauenskrise mussten die Verfahren zur Aufdeckung von wirtschaftskriminellen Handlungen für zukünftige Prüfungshandlungen überdacht werden. Deshalb ersetzte das Auditing Standards Board des American Institute of Certified Public Accountants (AICPA) den Prüfungsstandard SAS 82 (Statement on Auditing Standard) durch den gleichnamigen Prüfungsstandard „Consideration of Fraud in a Financial Statement Audit" 99 (SAS 99; heute: AU-C Section 240). Neben der grundlegenden Verantwortung sicherzustellen, dass der Jahresabschluss frei von wesentlichen Fehlern ist, wird der Wirtschaftsprüfer aufgefordert genauer hinzusehen, ob bei der Bilanzerstellung vorsätzliche Verstöße eine Rolle gespielt haben. Vor diesem Hintergrund ist ein Fraud Risk Assessment in der Planungsphase der Prüfung durchzuführen. Es werden insbesondere die Mitglieder der Geschäftsführung im Hinblick auf die Betrugsrisiken befragt. Dies erfordert im Rahmen der Jahresabschlussprüfung eine Reihe zusätzlicher kontrollbasierter und substantieller Prüfungshandlungen sowie verbesserte analytische Vorabprüfungen insbesondere für die Umsatzerlöse.[27]

ISA 240 – The Auditor's Responsibility to Consider Fraud in an Audit of Financial Statements

Das International Auditing and Assurance Standards Board (IAASB) folgte mit der Verabschiedung eines überarbeiteten International Statement on Auditing 240 (ISA 240) im April 2004 dem Vorbild des SAS 99. Mit der Adaption dieses Grundsatzes in den international anerkannten Grundsätzen zur Abschlussprüfung wird nun auch in Europa verankert, dass der Wirtschaftsprüfer aus eigener Initiative wesentliche Risiken aus dolosen Handlungen zu identifizieren, zu beurteilen und darauf zu reagieren hat.

IDW PS 210 – Prüfungsstandard 210 des Instituts für Wirtschaftsprüfer

Der Prüfungsstandard 210 des Instituts für Wirtschaftsprüfer (IDW PS 210) verankert die Anforderungen des ISA 240 sowie des ISA 250 „Consideration of Laws and Regulations in an Audit of Financial Statements" für die Wirtschaftsprüfung in Deutschland. Wesentlich sind folgende Konkretisierungen: Die berufsübliche Skepsis bzw. die kritische Grundhaltung des Abschlussprüfers sowie die Bedeutung von Überraschungselementen bei der Auswahl von Art, Umfang und Zeitpunkt der Prüfungshandlungen werden betont. Zudem muss sich der Abschlussprüfer damit auseinandersetzen, wie der Aufsichtsrat das IKS überwacht. Es wird nun auch explizit auf Risiken manipulierter Umsatzerlöse in den zu prüfenden Unternehmenseinheiten eingegangen. Ebenso hat der Abschlussprüfer, um auf das Risiko der Außerkraftsetzung des IKS durch das Management (Management Override) zu reagieren, spezielle Prüfungshandlungen festzulegen und durchzuführen. Die Pflichten

[27] Vgl.: ACFE (2008), S. 1205 (1219).

zur Durchführung von Befragungen und zur Dokumentation der Prüfungshandlungen und deren Ergebnisse werden erweitert.[28]

1.4.2.3 Deutscher Corporate Governance Kodex (DCGK) und Aktiengesetz

In Deutschland ist mit dem Erlass des Gesetzes zur Kontrolle und Transparenz im Unternehmensbereich (KonTraG) im Mai 1998 Bewegung in die Corporate Governance-Diskussion gekommen. Mit dem durch das KonTraG neu geschaffenen § 91 Abs. 2 AktG wurde für Aktiengesellschaften die Pflicht zur Schaffung eines Überwachungssystems für bestandsgefährdende Entwicklungen geschaffen. Darüber hinaus wurden neue Anforderungen an die Risikoberichterstattung im Jahresabschluss und deren Prüfung durch den Abschlussprüfer festgelegt.

Eine von der Bundesregierung eigens initiierte Kommission hat am 26. Februar 2002 den Deutschen Corporate Governance Kodex (DCGK)[29] mit empfohlenen Regeln für eine gute Unternehmensführung verabschiedet. Der DCGK funktioniert als „comply or explain-Ansatz" nach dem britischen Vorbild des Combined Code. Analog zu SOX soll die Transparenz der Berichterstattung und somit die Kontrollierbarkeit der Unternehmensführung verbessert werden. Durch das Gesetz zur weiteren Reform des Aktien- und Bilanzrechts zu Transparenz und Publizität (TransPuG) wurde im Juli 2002 das AktG in einigen Punkten geändert, um mehr Transparenz in der Unternehmensführung zu erreichen. Gemäß dem demnach eingefügten § 161 Abs. 1 AktG „Erklärung zum Corporate Governance Kodex" erklären Vorstand und Aufsichtsrat einer Aktiengesellschaft, die an der Börse notiert oder deren Aktien zum Handel an einem organisierten Markt ausgegeben wurden, jährlich, dass den vom Bundesministerium der Justiz im amtlichen Teil des elektronischen Bundesanzeigers bekannt gemachten Verhaltensempfehlungen der „Regierungskommission Deutscher Corporate Governance Kodex" in der Vergangenheit entsprochen wurde (Entsprechungserklärung) und in der Zukunft entsprochen werden wird oder gemäß des „comply or explain-Prinzips", welche Empfehlungen nicht angewendet wurden oder werden. Gründe sind dafür bisher nicht anzugeben. Die Corporate-Governance-Kommission – besetzt mit Vertretern der Wirtschaft und Wissenschaft – und deren Kodex, der über die Entsprechenserklärung gesetzlich verankert ist, ist ein Instrument privatwirtschaftlicher Selbstregulierung.

Normzweck des DCGK ist die Information der Markteilnehmer, ob sich das Unternehmen an die Empfehlungen zur Unternehmensleitung und -kontrolle hält. Gleichzeitig zwingt diese Erklärungspflicht das Unternehmen zur internen Reflexion über die Unternehmensverfassung. Ziel ist es, Effizienz, Transparenz und Glaubwürdigkeit der Unternehmensführung und -überwachung zu verbessern, um so das Vertrauen in die Unternehmensführung deutscher Gesellschaften zu stärken. Die Publizitätspflicht soll Kontrollierbarkeit

[28] IDW PS 210.

[29] Vgl.: http://www.dcgk.de//files/dcgk/usercontent/en/download/code/E-CorpGov_2014.pdf, abgerufen am 01.10.2014.

und Transparenz schaffen sowie öffentlichen „Druck“ erzeugen.[30] In den übrigen europäischen Staaten wurden vergleichbare Regelwerke hervorgebracht.

Gemäß des Kodexklima Berichts[31], der statt der üblichen Umfrage zur „Befolgungsquote“ 2012 erstmalig erhoben wurde, sind 70,8 % der Unternehmen der Meinung, dass der Kodex zur Verbesserung der Unternehmensführung beigetragen hat. 63,3 % sprechen sich auch für die Beibehaltung der Regelungskompetenz bei der Regierungskommission DCGK und somit eindeutig für die wirtschaftliche Selbstregulierung anstelle von staatlicher Regulierung aus. Knapp mehr als die Hälfte der Unternehmen plädieren allerdings für eine geringere Änderungsfrequenz des Kodex. Änderungen des Kodex erfolgten zu diesem Zeitpunkt seit der Einführung des DCGK 2002 jedes Jahr mit Ausnahme des Jahres 2011. Einige der inhaltlich intensiver diskutierten Kodexbestimmungen, zum Beispiel die Regelungen zur individualisierten Veröffentlichung und zur Ausgestaltung der Vorstandsvergütung sowie zum Wechsel vom Vorstand in den Aufsichtsrat sind im Laufe der Jahre in gesetzliche Vorschriften überführt worden (VorstOG und VorstAG).[32] Die Kodexakzeptanz steigt tendenziell mit der Größe der Unternehmen bzw. den entsprechenden Börsensegmenten.

1.4.2.4 Euro SOX

Ebenso erfüllt die Europäische Union im Mai 2006 den Bedarf nach strengeren Regeln und betont mit der Modernisierung der in der Zwischenzeit mehrmals aktualisierten 8. EU-Richtlinie (Richtlinie 2006/43/EG)[33] die Bedeutung „eines funktionierenden Internen Kontroll- und Risikomanagement-Systems“. Artikel 39 verlangt von den Mitgliedern des Prüfungsausschusses, dass sie analog zu SOX 404 die Wirksamkeit des IKS überwachen müssen. In diesem Zusammenhang sprach man bereits von einem „Euro-SOX“. Neu war vor allem der strenge Formalismus, der sich aus der Pflicht zur internen Prüfung der eingerichteten Kontrollen ergibt.[34] Der Richtlinienvorschlag präzisiert die Pflichten der Abschlussprüfer und legt gewisse Berufsgrundsätze zur Sicherung ihrer Unparteilichkeit und Unabhängigkeit fest, beispielsweise wenn Prüfungsgesellschaften ihren Kunden auch prüfungsfremde Leistungen anbieten. Die Richtlinie soll die Pflicht zu externer Qualitätskontrolle einführen, eine solide öffentliche Beaufsichtigung des Prüfungsgewerbes sicherstellen und die Zusammenarbeit zwischen den zuständigen Stellen in der EU verbessern. In Deutschland wurde die Richtlinie mit dem Gesetz zur Stärkung der Berufsaufsicht und zur Reform berufsrechtlicher Regelungen in der Wirt-

[30] Vgl.: Spindler, in: Schmidt/Lutter, § 161 AktG.

[31] Vgl.: http://www.dcgk.de/de/presse/deteilansicht/pressemitteilung.html, zuletzt geprüft am 02.10.2014.

[32] Vgl.: Werder/Talaulicar, Der Betrieb 2010, 861.

[33] http://eur-lex.europa.eu/legal-content/DE/TXT/?uri=CELEX%3A02006L0043-20140616, zuletzt geprüft am 04.12.2014.

[34] KPMG Gruppe Österreich, Audit Committee News 2006, 4.

schaftsprüferordnung (Berufsaufsichtsreformgesetz – BARefG) im September 2007 umgesetzt.

Am 16.06.2014 sind sowohl die geänderte Richtlinie über Abschlussprüfungen als auch die Verordnung betreffend Unternehmen von öffentlichem Interesse in Kraft getreten. Ziel der neuen Rechtsvorschriften ist es, die Qualität der Abschlussprüfung in der EU weiter zu verbessern. Wesentliche Maßnahmen betreffen die Stärkung der Unabhängigkeit von Abschlussprüfern, die Erhöhung der Aussagekraft von geprüften Abschlüssen und die Verbesserung der Beaufsichtigung von Abschlussprüfern in der EU. Dabei werden strengere Anforderungen für Unternehmen von öffentlichem Interesse gelten. Die Mitgliedstaaten haben zwei Jahre Zeit, die Anforderungen der geänderten Richtlinie umzusetzen. Die Regelungen der Verordnung gelten nach einer Frist von zwei Jahren unmittelbar.[35]

1.4.2.5 10-Punkte-Programm der Bundesregierung

Als Reaktion auf die Bilanzskandale und Unternehmenszusammenbrüche stellte im Februar 2003 auch die Bundesregierung neben der mit nichtstaatlichen Akteuren besetzten Corporate-Governance-Kommission einen konkretisierten Maßnahmenkatalog zur Stärkung des Anlegerschutzes und des Vertrauens in deutsche Aktienmärkte in Form eines 10-Punkte-Programms vor. Die Maßnahmen setzen auf Transparenz und mehr Selbstregulierung. Dieses 10-Punkte-Programm wurde wie folgt umgesetzt (Tab. 1.1).

Mit dem BilMoG erfolgte eine umfassende Reform des Handelsgesetzbuches. Hieraus ergaben sich nicht nur Neuerungen für die Lageberichterstattung und die Bilanzierung, sondern auch für die Corporate Governance der auf dem Kapitalmarkt ausgerichteten Unternehmen, wobei im Folgenden der Fokus auf letzteres gerichtet werden soll. Die durch die Finanzmarkt- und die Wirtschaftskrise aufgedeckten Schwächen der Corporate Governance, wie zum Beispiel Fehlanreize der Vergütungssysteme in der Unternehmensführung, Schwächen bei der Überwachung von Risikomanagementsystemen (RMS) sowie einen genereller Mangel an Professionalität aufseiten der Überwachungsorgane, erforderten abermals entschlossenes Handeln durch den Gesetzgeber. Mit der Verabschiedung des BilMoG erhöhten sich die Corporate-Governance-Anforderungen an die Unternehmen. Hiervon sind sowohl die geschäftsführenden Organe als auch der Aufsichtsrat (und insbesondere sein Prüfungsausschuss) als Kontrollgremium sowie die Wirtschaftsprüfer betroffen.

[35] Vgl. http://ec.europa.eu/finance/auditing/reform/index_de.htm#maincontentSec1, abgerufen am 03.12.2014.

Tab. 1.1 Übersicht über die Realisierung des 10-Punkte-Programms der Bundesregierung[1]

Gesetz	In Kraft seit	Inhalt
Anlegerschutzverbesserungsgesetz (AnSVG)	30.10.2004	• Erweiterung des Anwendungskatalogs vom Wertpapierhandelsgesetz (WpHG), insbesondere auf beruflich erstellte oder weitergegebene Finanzanalysen • Erweiterung der Ad-hoc-Veröffentlichungspflicht • Verschärfung des Insiderhandelsverbots
Bilanzrechtsreformgesetz (BilReG)	10.12.2004	• Stärkung der Unabhängigkeit des Abschlussprüfers • Umsetzung der EU-Verordnung zur Anwendung der IFRS-Anpassung der Schwellenwerte für Rechnungslegung und Publizität
Bilanzkontrollgesetz (BilKoG)	21.12.2004	• Rechtsgrundlage für die Durchsetzung der Rechnungslegung kapitalmarktorientierter Unternehmen • Zweistufiger Verfahrensansatz (privat-rechtlich organisierte Prüfstelle / BaFin)
Abschlussprüferaufsichtsgesetz (APAG)	01.01.2005	• Einrichtung einer Abschlussprüferaufsichtskommission (APAK) als neutrales Berufsaufsichtsgremium • Verschärfung der externen Qualitätskontrolle (Peer Review)
Vorstandsvergütungs-Offenlegungsgesetz (VorstOG)	11.08.2005	• Individualisierte Transparenz der Vorstandsvergütung bei börsennotierten Unternehmen • „Opt-Out-Möglichkeit" durch Hauptversammlungsbeschluss mit mindestens Dreiviertelmehrheit
Kapitalanleger-Musterverfahrensgesetz (KapMuG)	21.08.2005	• Prozessrechtliche Bündelung von Schadenersatzklagen in Musterverfahren
Gesetz zur Unternehmensintegrität und Modernisierung des Anfechtungsrechts (UMAG)	28.09.2005	• Neuregelung der Organinnenhaftung (Senkung der Schwellenwerte für Klagerecht und Einführung eines Zulassungsverfahrens) • Einführung eines Freigabeverfahrens zur Beseitigung von Hindernissen bei der Ausführung von Hauptversammlungsbeschlüssen
Bilanzrechtsmodernisierungsgesetz (BilMoG)	29.05.2009	• Weitreichende Änderungen und Modernisierung des Bilanzrechts und des Rechts der Abschlussprüfung • Umsetzung der Abschlussprüfer- und Abänderungsrichtlinie der Europäischen Union • Erweiterung der Corporate Governance Anforderungen an Aufsichtsrat und Offenlegung

[1] Quelle: KPMG's ACI, aufrufbar unter http://www.audit-committee-institute.de/knowledge/14113_13654.htm (Stand 8. Juni 2010).

Tab. 1.1 (*Fortsetzung*)

Gesetz	In Kraft seit	Inhalt
Gesetz zur Umsetzung der Aktionärsrechterichtlinie (ARUG)	05.08.2009	• Verbesserte Präsenz und Information in der Hauptversammlung • Erstmalige Kodifizierung der Folgen einer verdeckten Sacheinlage im Aktienrecht • Maßnahmen gegen missbräuchliche Anfechtungsklagen durch Nachbesserungen am Freigabeverfahren
Kapitalinformationshaftungsgesetz (KapInHaG)	n/a	• Aufgrund zahlreicher Proteste zum Diskussionsentwurf vom Oktober 2004, wurde das Vorhaben nicht weiterverfolgt

[1] Quelle: KPMG's ACI, aufrufbar unter http://www.audit-committee-institute.de/knowledge/14113_13654.htm (Stand 8. Juni 2010).

1.4.2.5.1 Verantwortung und Aufgaben des Aufsichtsrats bzw. Prüfungsausschusses

§ 107 Abs. 3 S. 2 AktG stellt explizit klar, dass die Beurteilung der Wirksamkeit des unternehmensübergreifenden IKS, des internen RMS und des internen Revisionssystems, die Überwachung des Rechnungslegungsprozesses und des Abschlussprüfers, insbesondere dessen Unabhängigkeit ausdrücklich zu den Überwachungsaufgaben des Aufsichtsrats gehört. Eine Einschränkung auf das rechnungslegungsbezogene IKS entfällt. Dabei kann sich der Aufsichtsrat auf die Erkenntnisse des Abschlussprüfers oder die Interne Revision stützen. Auch der Vorschlag zur Wahl des Abschlussprüfers ist künftig auf die Empfehlung des Prüfungsausschusses zu stützten (§ 124 Abs. 3 S. 2 AktG). Der Abschlussprüfer wird nach dem BilMoG (§ 171 Abs. 1 S. 2 AktG) verpflichtet, den Aufsichtsrat auf wesentliche Schwächen des IKS und des RMS mit Bezug auf den Rechnungslegungsprozess hinzuweisen. Der Aufsichtsrat bzw. der Prüfungsausschuss hat die Funktionsfähigkeit der jeweiligen Systeme kritisch zu hinterfragen und eigenverantwortlich eine Lösung zur Prüfung der Systeme zu finden. Außerdem ist er verpflichtet sich von der angemessenen Beseitigung festgestellter Schwachstellen zu überzeugen. Durch diese Fokussierung soll der Vorstand dazu veranlasst werden, geeignete Risikomanagement-, Kontroll- und Revisionssysteme zu installieren bzw. bestehende Defizite zu minimieren. Analog zu dem im Jahr 2009 verabschiedeten Gesetz zur Angemessenheit der Vorstandsvergütung (VorstAG) zur Gewährleistung einer langfristig orientierten und nachhaltigen Unternehmensführung empfiehlt Ziff. 3.8 DCGK den entsprechenden Selbstbehalt für das persönliche Nettohaftungsrisiko bei der D&O-Versicherung der Aufsichtsräte zu erhöhen.[36] Auch die aktuelle Rechtsprechungstendenz geht dahin, die Anforderungen an Aufsichtsräte zu erhöhen. Der Bundesgerichtshof hat in einer Entscheidung im März 2009 (II ZR 280/07) klargestellt, dass sich der Aufsichtsrat ein genaues Bild von der wirtschaftlichen Situation der Gesellschaft im Hinblick auf die Insolvenzreife durch Ausschöpfen aller zur Verfügung stehenden Erkenntnisquellen verschaffen und gegebenenfalls auf die rechtzeitige Stellung des Insolvenzantrags hinwirken

[36] Vgl.: KPMG's ACI, Audit Committee Quarterly II/2009, 12(17), bzw. vgl. Abschnitt zu § 161 AktG.

muss.[37] Ebenso hat sich der Aufsichtsrat über erhebliche Risiken, die der Vorstand eingeht und die wegen ihres Umfangs oder ihrer strategischen Funktion für die Gesellschaft von besonderer Bedeutung sind, ein eigenes Urteil zu bilden und den relevanten Sachverhalt zu erfassen, was regelmäßig auch eine eigene Risikoanalyse umfasst. [38]

1.4.2.5.2 Professionalisierung des Aufsichtsrats bzw. Prüfungsausschusses

Zur Erfüllung ihrer gesetzlichen Überwachungsaufgabe sollten alle Aufsichtsratsmitglieder die für das Unternehmen wesentlichen wirtschaftlichen Zusammenhänge und Geschäftsvorfälle (Geschäftsmodell, Grundverständnis für Bilanzen, etc.) auch ohne fremde Hilfe verstehen und sachgerecht beurteilen können. Erstmals werden nun auch gesetzliche Anforderungen an die Qualifikation von Aufsichtsratsmitgliedern gestellt. Nach dem BilMoG muss zumindest ein unabhängiges Mitglied des Aufsichtsrats bzw. des Prüfungsausschuss kapitalmarktorientierter Gesellschaften – der sog. Finanzexperte – über Spezialwissen auf den Gebieten Rechnungslegung oder Abschlussprüfung verfügen (siehe §§ 100 Abs. 5, 107 Abs. 4 AktG, § 324 Abs. 2 S. 2 HGB).

1.4.2.5.3 Organisation und Besetzung des Aufsichtsrats bzw. Prüfungsausschusses

Die „Cooling Off-Periode" von zwei Jahren Dauer für ehemalige Vorstandsmitglieder – Ziff. 5.3.2 DCGK, aber auch als Gesetz verankert (VorstAG) – ist Vorgabe für eine unabhängige und ausgewogene Besetzung des Aufsichtsrats. Zudem empfiehlt Ziff. 5.4.5 DCGK, dass Vorstände börsennotierter Gesellschaften maximal drei Aufsichtsratsmandate in konzernexternen börsennotierten Gesellschaften ausüben sollen.

1.4.2.5.4 Neue Offenlegungspflichten zur Corporate Governance

Zusätzlich müssen Unternehmen mit der Verabschiedung des BilMoG im Lagebericht oder auf der Homepage ein erweitertes Corporate Governance Statement zur Unternehmensführung abgeben (§ 298a HGB). Hierin enthalten sind die Entsprechenserklärung zu den Empfehlungen des DCGK nach § 161 AktG, Angaben zu wesentlichen Praktiken der Unternehmensführung und -überwachung und eine Beschreibung der Struktur und Arbeitsweise von Vorstand und Aufsichtsrat sowie Informationen über die Ausschüsse. Diese „Erklärung zur Unternehmensführung" soll dem Rechnungslegungsadressaten einen Einblick über die gesamte Corporate Governance, also die Praktiken der Unternehmensführung als auch die installierten Instrumente zur Unternehmensüberwachung geben. Die „Erklärung zur Unternehmensführung" unterliegt nicht der Prüfung durch den Abschlussprüfer (§ 317 Abs. 2 S. 3 HGB).[39] Weitere Corporate-Governance Implikation für den Vorstand ist die Berichterstattungspflicht über das vorhandene rechnungslegungsbezogene IKS und RMS im Lagebericht (§ 289 Abs. 5 HGB). Dies beinhaltet auch die Darstellung der Effektivität des IKS und RMS sowie die Angabe bei deren Nicht-Existenz.

---

[37] Vgl.: KPMG's ACI, Audit Committee Quarterly IV/2009, S. 6(8).

[38] BGH, Beschluss vom 6. 11. 2012 - II ZR 111/12, CCZ 2013, 174.

[39] Vgl.: Paetzmann, Zeitschrift für Corporate Governance 2009, 64(66).

Übersicht: Neuerungen zur Corporate Governance nach dem BilMoG

Neuerungen zur Corporate Governance im Überblick[40]

Organisation und Aufgaben des Aufsichtsrats bzw. Prüfungsausschusses:

- Unabhängiger Finanzexperte im Aufsichtsrat bzw. Prüfungsausschuss: §§ 100 Abs. 5, 107 Abs. 4 AktG, § 324 Abs. 2. S. 2 HGB,
- Konkretisierung der Überwachungsaufgaben des Aufsichtsrats bzw. Prüfungsausschusses: §§ 107 Abs. 3 S. 2, 124 Abs. 3 S. 2, 171 Abs. 1 S. 2 und § 3 AktG,
- Einrichtungsverpflichtung eines (ggf.) isolierten Prüfungsausschusses: § 324 HGB,
- Neue Offenlegungspflichten zur Corporate Governance,
- Erklärung zur Unternehmensführung (mit erweiterter Entsprechenserklärung): § 289a HGB, § 161 AktG,
- Bericht zum Internen Kontroll- und Risikomanagementsystem hinsichtlich des (Konzern-) Rechnungslegungsprozesses: §§ 289 Abs. 5, 315 Abs. 2 Nr. 5 HGB.

1.4.2.6 Weitere aktuelle Entwicklungen

Einige der jüngsten Entwicklungen von Kontroll- und Managementsystemen sind in den Bereichen Nachhaltigkeit und Compliance zu verzeichnen.

Ziff. 4.1.1 DCGK betont in der aktuellen Fassung erstmals die Werte Nachhaltigkeit und den Stakeholder Value. Vorstand und Aufsichtsrat werden auf die Prinzipien der sozialen Marktwirtschaft, den Bestand des Unternehmens und eine nachhaltige Wertschöpfung verpflichtet. Der Vorstand soll die Belange der Arbeitnehmer ausdrücklich berücksichtigen. Damit soll das Organhandeln stärker auf einen Interessenausgleich von Shareholder Value und Stakeholder Value ausgerichtet werden. Ziff. 4.2.3 DCGK fordert Nachhaltigkeit auch für die Vergütungsstruktur. Dies ist im August 2009 sogar gesetzlich normiert worden.

Das Gesetz zur Angemessenheit der Vorstandsvergütung (VorstAG) zielt darauf ab, nachhaltige Anreizsysteme für die Gestaltung der Vorstandsvergütung zu definieren. Dabei soll das Augenmerk der Vorstände durch eine mehrjährige Bemessungsgrundlage für Boni auf langfristige Betrachtungshorizonte gelenkt werden.[41] Darüber hinaus geben internationale Leitlinien Orientierung zur Einrichtung eines Nachhaltigkeitsmanagementsystems.

Die Norm ISO 26000 beschreibt einen umfassenden Rahmen und definiert erstmals einen Standard für Nachhaltigkeitsmanagement. Dieser bezieht sich auf sieben Kernthemen – (1) Unternehmensführung, (2) Menschenrechte, (3) Arbeitsbedingungen, (4) Umwelt, (5) Faire Handlungsweisen, (6) Konsumentenfragen sowie (7) Einbindung und Entwicklung

[40] Vgl.: KPMG's ACI, Auf einen Blick: Corporate Governance nach dem BilMoG (Stand November 2009), 1.

[41] Siehe auch: KPMG's ACI, Audit Committee Quarterly IV/2009, 7(8) und Audit Committee Quarterly I/2010, 9.

des regionalen Umfelds – und fordert Strukturen und Prozesse, um die Fähigkeit des Unternehmens zur Nachhaltigkeit zu erhöhen. Des Weiteren zeichnet sich in anderen Staaten die Entwicklung ab, Kriterien und Regelungen zur Transparenz der Finanzberichterstattung auf die Nachhaltigkeitsberichterstattung zu übertragen.

Die Global Reporting Initiative (GRI) stellt Richtlinien zur Verfügung, um zu einer höheren Standardisierung und Vergleichbarkeit von Nachhaltigkeitsberichten beizutragen. Diese Richtlinien werden in einem partizipativen Verfahren unter Einbezug verschiedener Stakeholdergruppen ermittelt.[42] Im Februar 2010 hat die Securities und Exchange Commission (SEC) in den USA entsprechende Leitlinien zur Informationsoffenlegung mit Bezug zum Klimawandel formuliert.[43] Nachhaltigkeit erhält auch immer einen größeren Stellenwert bei Investitionsentscheidungen. Die FTSE4Good Index Serie ermöglicht Investitionen in Unternehmen, die weltweit anerkannte Richtlinien der Corporate Responsibility erfüllen.[44]

Da die Nichteinhaltung von zu beachtenden Regeln für Unternehmen zu gravierenden wirtschaftlichen Nachteilen und für die Unternehmensorgane eventuell sogar zu persönlichen Haftungs- und strafrechtlichen Risiken führen kann, stellt sich für die Unternehmen die Frage, wie die Einhaltung der Regeln organisatorisch hinreichend sichergestellt und wie Risiken aus wesentlichen Regelverstößen präventiv begegnet werden kann. Die vor diesem Hintergrund eingeführten Compliance-Management-Systeme (CMS) werden vermehrt einer Prüfung unterworfen, um ein Urteil über die eingerichtete Compliance-Organisation zu erhalten.

Der Hauptfachausschuss des IDW hat im März 2011 den IDW Prüfungsstandard „Grundsätze ordnungsmäßiger Prüfung von Compliance Management Systemen" (IDW PS 980) verabschiedet. Der Prüfungsstandard regelt den Inhalt freiwilliger Prüfungen von CMS anhand von sieben Grundkonzepten. Dabei ist die Intensität der Prüfung zwischen verschiedenen Prüfungstypen von der Konzeption und Dokumentation, Aufbauprüfung bis zur Wirksamkeitsprüfung wählbar.

Ende 2014 wurde der ISO-Standard 19600 „Compliance Management Systems-Guidelines" von dem zuständigen ISO-Projektkomitee verabschiedet. Dies ist der erste internationale Standard für CMS. Vertreter von mehr als 30 Nationen waren in dessen Entwicklung aktiv oder im Rahmen des Beobachterstatus eingebunden, z. B. Deutschland und Österreich. Der Standard soll global agierenden Organisationen ein Richtlinien-Instrumentarium für die Gestaltung und den Einsatz von CMS an die Hand geben. Ende 2016 soll der neue internationale ISO-Standard zu Antikorruptionsmanagementsystemen (ISO 37001) verabschiedet werden.

---

[42] Für weitere Informationen siehe auch: https://www.globalreporting.org/reporting/g4/Pages/default.aspx, zuletzt geprüft am 04.12.2014.

[43] Vgl.: SEC Release 33-9106, Commission Guidance Regarding Disclosure Related to Climate Change; siehe auch: http://www.us.kpmg.com/microsite/attachments/us_accounting_bulletin_2010/di-10-8-sec-interpretive-climate-change-disclosures.pdf, zuletzt geprüft am 04.12.2014.

[44] Für weitere Informationen siehe auch: http://www.ftse.com/Indices/FTSE4Good_Index_Series/index.jsp, zuletzt geprüft am 04.12.2014.

1.4.3 Motive für Kontrollsysteme

Eine strengere Rahmenordnung, initiiert durch den Sarbanes-Oxley Act, dem europäische und deutsche Gesetzgebungsinitiativen folgten, verschärften für Unternehmen die Compliance-Anforderungen. In diesem Sinne ist nicht nur an Wirtschaftskriminalität zu denken, sondern auch an Verstöße gegen das Umwelt- oder Produkthaftungsrecht, das Lebensmittelrecht, das Kapitalmarktrecht, das Außenwirtschaftsrecht, Sanktionslisten etc., die eine Vielfalt von direkten und indirekten Schäden nach sich ziehen können. Vor diesem Hintergrund erscheint die gesetzlich verankerte Pflicht zur nachhaltigen Etablierung von Kontrollsystemen nicht alleiniger Motor für die Implementierung einer Compliance-Organisation zu sein.

1.4.3.1 Materielle und unmittelbare Schäden

Die publikumswirksam gewordenen Korruptions- und Betrugsfälle sind in vielerlei Hinsicht eine Wendemarke für die Corporate Governance und Compliance in Deutschland, denn es drohen sowohl zivilrechtliche, steuerrechtliche und strafrechtliche als auch finanzielle Konsequenzen. Seit dem spielt auch die Haftung der Unternehmensleitung eine nicht mehr nur theoretische Rolle.

Unternehmen drohen wegen mangelhafter Organisation oder unzureichender Ausübung ihrer Aufsichtspflichten empfindliche strafrechtliche respektive ordnungswidrigkeitenrechtliche Sanktionen. Das gesetzliche Höchstmaß der Geldbuße nach § 30 OWiG wurde durch den Gesetzgeber im Juli 2013 von 1 Mio. Euro auf 10 Mio. Euro erhöht. Somit droht nun ein verzehnfachtes Bußgeld, wenn im Unternehmen von einem Mitarbeiter oder beauftragten Dritten eine Straftat oder Ordnungswidrigkeit begangen wurde, die durch Aufsichtsmängel ermöglicht oder erleichtert wurde (§ 130 OWiG). Zusätzlich können mit der Verhängung der Geldbuße Vermögensgegenstände gesichert werden, der sog. dingliche Arrest. Weiterhin sind auch abgabenrechtliche (steuerrechtliche) Konsequenzen zu berücksichtigen.

Darüber hinaus steht jüngst die Frage der Einführung eines Verbands- und Unternehmensstrafrechts in der öffentlichen Diskussion. Der Landesjustizminister von Nordrhein-Westphalen hat Ende 2013 einen Gesetzesentwurf[45] zur Schaffung eines Verbands- und Unternehmensstrafrechts vorgestellt. Der Entwurf sieht eine originäre Strafbarkeit von juristischen Personen per Verbandsstrafen und Verbandsmaßregelungen vor, um stärkere Anreize für eine funktionierende Compliance-Organisation zu setzen.

Zu diesem Thema wurden zwei weitere Gesetzentwürfe – zum einen durch den Bundesverband der Unternehmensjuristen (BUJ) und zum anderen durch das Deutsche Institut für Compliance e. V. (DICO) – in die öffentliche Diskussion gebracht. Diese beiden Alternativentwürfe lehnen eine Unternehmens- und Verbandsstrafbarkeit ab. Stattdessen enthalten sie Vorschläge zur Änderung der bereits bestehenden Ordnungswidrigkeitenrecht (§§ 30, 130 OWiG). So sollen hier, z. B. durch die Schaffung von Milderungstatbeständen ebenfalls

[45] Vgl. hierzu: http://www.justiz.nrw.de/JM/justizpolitik/jumiko/beschluesse/2013/herbstkonferenz13/zw3/TOP_II_5_Gesetzentwurf.pdf, zuletzt abgerufen am 04.12.2014.

implementierte Compliance-Maßnahmen honoriert werden. Inwiefern diese verschiedenen Gesetzesentwürfe weiter verfolgt werden, bleibt abzuwarten.[46]

Weiter kann gemäß den Neuerungen des BilMoG eine unzureichende Einrichtung des IKS eine Sorgfaltspflichtverletzung der Unternehmensleitung darstellen. Im Falle einer Verwicklung in wirtschaftsstrafrechtliche Vorwürfe – auch im Ausland – müssen sich Vorstand und Geschäftsführung womöglich ein strafbares Organisationsverschulden vorwerfen lassen.

Die im Innen- und Außenverhältnis bestehenden zivilrechtlichen Haftungsrisiken der Organe geben Unternehmen Anlass dazu, betriebsbezogene Pflichten und Vorschriften professionell zu organisieren und deren Missachtung konsequent zu verfolgen. Zum ersten Mal hat sich auch ein deutsches Gericht mit den Compliance-Pflichten von Organen befasst. In einem wegweisenden Urteil wurde der ehemalige Finanzvorstand eines großen Technologieunternehmens zu einer Zahlung von 15 Mio. Euro verurteilt (Urteil v. 10.12.2013 – 5 HKO 1387/10), weil er Mängel im Compliance-System nicht beseitigt hatte. Das Landgericht München stellt in seinem Urteil klar, dass der Vorstand einer Aktiengesellschaft im Rahmen seiner Sorgfaltspflichten neben der Verpflichtung der Einrichtung eines Compliance-Management-Systems auch dessen Effizienz zu überwachen hat. Er müsse sich in regelmäßigen Abständen über bekannt gewordene Fälle und deren Ermittlungsergebnis in Kenntnis setzen lassen und darüber hinaus ob und wie dahinter stehenden systematischen Schwächen entgegengewirkt wird. Auch wurde deutlich gemacht, dass der Vorstand in seiner Gesamtheit diese Verantwortung trägt und es nicht genügt, einzelnen Vorstandsmitgliedern diese Verantwortung zu übertragen. So sind Vorstandsmitglieder verpflichtet, bei Anhaltspunkten von Schwächen des Compliance-Management-Systems auch dann tätig zu werden, wenn dies nicht ihren originären Verantwortungsbereich betrifft.

Auch für Personen in der Stellung eines Compliance Officer ist die neue Rechtsprechungslage eine große Herausforderung, denn Compliance Officer können nun auch persönlich in Haftung genommen werden. Erstmals hat der Bundesgerichtshof (BGH) mit Urteil vom 17. Juli 2009 (AZ 5 StR 394/08) im Rahmen eines obiter dictums festgestellt, dass den Compliance Officer eines Unternehmens strafrechtlich die Garantenpflicht im Sinne von § 13 Abs. 1 StGB trifft. Diese Garantenpflicht hat zum Inhalt, im Zusammenhang mit der Tätigkeit des Unternehmens stehende Straftaten von Unternehmensangehörigen zu verhindern.[47] Dass diese Garantenpflicht auch für die Geschäftsleitung bzw. den Vorstand eines Unternehmens gilt, wurde durch das Urteil des Landgerichts München bestätigt.

---

[46] Vgl. hierzu: Dierlamm: Compliance-Anreiz-Gesetz (CompAG) – Ein Vorschlag des Deutschen Instituts für Compliance – DICO e. V. für den Entwurf eines Gesetzes zur Schaffung von Anreizen für Compliance-Maßnahmen in Betrieben und Unternehmen (Compliance-Anreiz-Gesetz, CompAG, CCZ 2014, 194 sowie Beulke/Moosmayer: Der Reformvorschlag des Bundesverbandes der Unternehmensjuristen zu den §§ 30, 130 OWiG – Plädoyer für ein modernes Unternehmenssanktionenrecht, CCZ 2014, 146).

[47] Behling, BB 2010, 892.

> **Beraterhinweis** Für Compliance-Officer ist es zukünftig essentiell, ihren Verantwortungsbereich im Arbeitsvertrag oder in einer Stellenbeschreibung präzise zu regeln, da ansonsten Geldstrafen drohen können.

Neben rechtlichen Konsequenzen, können finanzielle Schäden drohen. Die Aufwendungen im Rahmen eines Rechtsstreits können nicht unerheblich sein. Dazu kommen anfallende Kosten für die internen Untersuchungen – teilweise mit Unterstützung externer Sachverständiger (z. B. Wirtschaftsprüfer).

Letztlich ist ein adäquates IKS und RMS nicht nur von Bedeutung um sicherzustellen, dass die unternehmensinternen rechnungslegungstechnischen Vorgänge ordnungsgemäß funktionieren, sondern auch um somit das Risiko der Einschränkung oder Versagung des Bestätigungsvermerks des Jahresabschlussprüfers zu minimieren.

1.4.3.2 Immaterielle und mittelbare Schäden

Neben den materiellen und unmittelbaren Schäden erleiden Unternehmen indirekte und mittelbare, schwer kalkulierbare immaterielle Schäden als Folge von Compliance-Verstößen. Unternehmen werden wie noch nie zuvor durch die Medien und die Öffentlichkeit beobachtet. Wirtschaftskriminalität ist ein „Public Issue" geworden. Ausgelöst durch die weltweite Finanzkrise und die gesetzlichen Reformen zur Corporate Governance entsteht im Hinblick auf die Corporate-Compliace eine wachsende Sensibilisierung, mit der eine größere Erwartungshaltung einhergeht. Das Risiko bei Compliance-Verstößen entdeckt zu werden ist momentan höher denn je. Das spricht für Investitionen in effiziente und effektive Kontrollsysteme.

Gerade die erhöhte öffentliche Sensibilisierung für Corporate-Compliance lassen das Thema Image und Reputation, was aufgrund mangelnder Messbarkeit oft nachrangig berücksichtigt wird, in den Vordergrund treten. Korruption und andere Compliance-Verstöße schaden massiv dem Image eines Unternehmens. „Es dauert zehn Jahre, einem Unternehmen ein positives Image zu verleihen, aber nur zehn Sekunden, dieses zu verlieren" verdeutlicht der US-amerikanische Großinvestor Warren Buffett sehr bildlich die Problematik.[48]

Die Gefährdung des guten Rufs bzw. ein Reputationsschaden durch Compliance-Verstöße kann zudem eine Vielfalt an indirekten Folgen nach sich ziehen, wie beispielsweise eine sinkende Arbeitsmoral, die geringere Attraktivität als Arbeitgeber, die Beeinträchtigung der Geschäftsbeziehungen zu Lieferanten und Kunden oder ein signifikanter Einbruch des Aktienkurses, im schlimmsten Falle auch die Insolvenz. Die ansteigende Bedeutung von Reputation bestätigen die Ergebnisse von Studien zur Wirtschaftskriminalität. Neben der Beeinflussung der Mitarbeitermotivation sind Reputationsschäden die zweitgrößten Negativauswirkungen von dolosen Handlungen.[49]

---

[48] Zitiert nach Ruter/Hofmann, Zeitschrift für Corporate Governance 2009, 14.

[49] Vgl. PwC, Global Economic Crime Survey 2014 , S. 12.

Diese Aussage wird durch das Global Corruption Barometer 2013 von Transparency International bestätigt: Mehr als die Hälfte der Befragten würde mehr Geld ausgeben, um von einem „ehrlichen" Unternehmen zu kaufen.[50] Derartige Ergebnisse unterstreichen die Bedeutung der Stakeholder in Verbindung mit der Corporate Social Responsibility eines Unternehmens. Nachhaltigkeit ist zunehmend nicht nur als Reaktion auf eine gestiegene Anspruchskultur der Stakeholder nötig, sondern als Voraussetzung für den langfristigen Unternehmenserfolg.[51]

Schäden aus Wirtschaftskriminalität, materieller oder immaterieller Art, können im Extremfall sogar existenzbedrohend sein. Ehrliche Geschäftspraktiken sowie eine funktionierende Compliance-Organisation sind demnach nicht nur im ureigenen Interesse der Unternehmensführung, sondern stellen auch langfristig einen strategischen Wettbewerbsvorteil dar.

1.4.4 Kontrolle als Allheilmittel?

Das gegenwärtig wachsende Regulierungsumfeld erweckt bei unternehmerischen Verantwortungsträgern ein steigendes Bedürfnis nach mehr Kontrolle und Sicherheit. Dabei wird Sicherheit verstanden als Minimierung des Restrisikos vor Reputationsschäden in Form von Skandalen, Prozessen und dergleichen. Eine derartige „gerichtsfeste" Organisation hat zu gewährleisten, dass die Risiken, die mit den verschiedenen unternehmerischen Tätigkeiten verbunden sind, nicht wegen Organisationsdefiziten eintreten und zu Schäden führen.[52]

Kontrollsysteme sollen die gewünschte Antwort auf die vielen gesellschaftlichen und rechtlichen Anforderungen an die Unternehmensstruktur liefern. In vielen Firmen werden Compliance-Programme implementiert und dessen Zertifizierung angestrebt, die die Einhaltung der rechtlich bindenden Vorschriften sicherstellen sollen. Dabei fungieren Kontrollen als Mittel zur Erlangung von Compliance, die durch eine optimale Organisationspraxis erreicht werden soll. Auch wenn sich die meisten Unternehmen bei den eingeführten organisatorischen Maßnahmen und präventiven Kontrollen sehr gut aufgestellt sehen, entpuppt sich die effiziente und effektive Ausgestaltung eines Compliance-Management-Systems als eine aufwendige, keineswegs einfache Aufgabe. Die überwiegende Anzahl der größten Unternehmen in Deutschland hat bereits eine erkennbare Organisationsstruktur mit Compliance-Verantwortung sowie definierte Verhaltensgrundsätze und Leitbilder implementiert. In der Mehrzahl der Unternehmen sind auch Schulungen oder andere Kommunikationsmaßnahmen zur Vermeidung von Compliance-Verstößen verankert.[53] Die Gefahr besteht

---

[50] Siehe http://www.transparency.org/gcb2013/report, S. 24, zuletzt geprüft am 04.12.2014.

[51] Vgl.: Ruter/Hofmann, Zeitschrift für Corporate Governance 2009, 14.

[52] Vgl.: Adams/Johannsen, BB 1996, 1017ff.

[53] KPMG – Wirtschaftskriminalität. Deutschland, Österreich, Schweiz im Vergleich 2013, 19 https://www.kpmg.com/CH/de/Library/Articles-Publications/Documents/Advisory/pub- 20130311-wirtschaftskriminalitaet-de.pdf, zuletzt abgerufen am 26.11.2014.

darin, zu stark auf ein implementiertes System zu vertrauen und dabei zu versäumen, veränderte Rahmenbedingungen einzubeziehen. Daher steht die systematische Erfassung und Bewertung von Compliance-Risiken im Rahmen des Risikomanagements bei drei Viertel der größten deutschen Unternehmen in den nächsten Jahren auf der Agenda.[54] Effektive Risiko- und Kontrollprozesse sind in der Regel von den täglichen Geschäftsabläufen nicht losgekoppelt, sondern in ein Compliance-Management-System eingebettet. Schlanke und operationalisierbare Strukturen und Lösungen müssen geschaffen und im Unternehmensalltag systematisch verankert werden.

Wie jeder weitere aufgedeckte Fall von Wirtschaftskriminalität beweist, kann ein Kontrollsystem allein noch kein compliance-gerechtes Verhalten garantieren.[55] Dementsprechend ist die Compliance-Kultur das grundlegendste der sieben Elemente, die bei einer Zertifizierung eines Compliance-Management-Systems abgefragt werden. Unabdinglich ist eine Unternehmenskultur, die Wirtschaftskriminalität und Compliance-Verstöße nicht duldet. Eine Unternehmenskultur, die deutlich macht, dass das Unternehmen als „Corporate Citizen" auftritt, seine Stakeholder nicht aus den Augen verliert und, vor allem, den einzelnen Mitarbeiter als wertvolle Unternehmensglied und -ressource schätzt.

Die Mitarbeiter müssen für die alltäglichen Compliance-Risiken sensibilisiert werden. Compliance muss von den Mitarbeitern akzeptiert und gelebt werden. Dazu muss regelkonformes und ethisches Verhalten von der Unternehmensführung mit gutem Beispiel vorgelebt werden. Wenn Vorgesetzte und die Unternehmensführung ihre Vorbildfunktion nicht wahrnehmen, ist von den Mitarbeitern keine Rechtstreue zu erwarten. Bei eventuell auftretenden Dilemmasituationen, wie beispielsweise bei dem Zielkonflikt zwischen Umsatzgenerierung und compliance-gerechten Verhalten, ist eine eindeutige Botschaft und ein ebenso eindeutiges Verhalten seitens der Unternehmensführung notwendig. Die Akzeptanz und Glaubwürdigkeit der Führungskräfte sind der Schlüssel für eine erfolgreiche Compliance-Organisation.

Zur Glaubwürdigkeit eines kommunizierten Integritätsstandards bedarf es auch der Schaffung wertorientierter Anreize bei erfolgsabhängigen Vergütungen. All dies sind Bausteine eines umfassend angelegten Werte- oder Integritätsmanagementsystems. Das beste System ist nutzlos, wenn es nicht gelebt wird, bestätigen verantwortliche Chief Compliance Officer zweier DAX-30-Unternehmen.[56] Eine Unternehmenskultur, die Mitarbeiter motiviert „ethisch richtig" zu handeln, ist der Schlüssel eines effektiven Kontrollsystems.

▸ **Beraterhinweis** Eine Compliance-Organisation, die nur im Sinne von „legalistischen" Kontrollsystemen und der dazugehörigen Dokumentation verstanden wird (sog. „Law Driven Compliance") ist unzureichend.[57] Compliance muss

[54] Ibid.

[55] Siehe auch dazu: Ruter/Hofmann, Zeitschrift für Corporate Governance 2009, 16.

[56] Börsenzeitung 2010, Mit Compliance Geschäftsrisiken mindern, 12.

[57] Vgl. hierzu: Ruter/Hofmann, Zeitschrift für Corporate Governance 2009, 16.

gelebt werden bzw. durch ein umfassendes, nachhaltiges und glaubwürdiges Wertemanagement, d. h. der Gestaltung und Förderung von gewünschtem Verhalten, mit Leben befüllt werden.[58] Kontroll- und Wertemanagementsysteme müssen für ein nachhaltiges Compliance-Management-System zusammenwirken. Aus diesem Zusammenspiel entwickelt sich langfristig eine funktionierende Compliance-Organisation zu einem strategischen Wettbewerbsvorteil.

Dr. Uwe Klapproth ist Head of Group Operations Risk & Security (CSO) bei der Allianz SE in München. Er studierte Politik, Betriebswirtschaft und Kriminalwissenschaften und ist Certified Fraud Examiner (CFE). Außerdem war er als Kriminalbeamter tätig. Berufserfahrung sammelte er bei der Durchführung forensischer Untersuchungen bei deutschen Großunternehmen, der Durchführung diverser kriminalpolizeilicher Ermittlungen im Rahmen der Wirtschaftskriminalität (u. a. mit folgenden Schwerpunkten: Ermittlung über Unregelmäßigkeiten im Management, Aufklärung von Tatsachen hinsichtlich potenzieller Verletzung von Regulierungsvorschriften und Aktiengesetzen, Aufklärungs- und Ermittlungstätigkeit bei Verdacht auf nicht vertragskonforme Abrechnung von Leistungen eines Dienstleisters, Korruptionsdelikte, Manipulationsfälle im Vorfeld, Verlauf und der Abwicklung von Objekt- und Endfinanzierungen aufdecken) und der Leitung von etlichen Arbeitsgruppen im Bereich Wirtschaftskriminalität. Uwe Klapproth übt Vortrags- und Autorentätigkeiten im Bereich der Wirtschaftskriminalität, Compliance and Risk aus und verfügt über branchenübergreifende Erfahrungen (Finanzdienstleister, Automotive, Energie u. a.).

Herbert Nuszpl hat mehr als 30 Jahre Erfahrung in der Verhinderung und Bekämpfung von Kriminalität, davon 25 Jahre als Polizeibeamter. Sein beruflicher Schwerpunkt liegt im Bereich der Bekämpfung von Wirtschaftskriminalität generell und insbesondere in der Ermittlung von Korruptionsfällen im öffentlichen und privaten Sektor. Durch seine langjährige Tätigkeit in diesem Bereich hat er sich zum Spezialisten Investigationen für forensische Interviews entwickelt.

Christian Hlavica ist Dipl.-Betriebswirt (FH), Certified Fraud Examiner (CFE) und Head of Inspection Unit der liechtensteinischen Abschlussprüferaufsicht der Finanzmarktaufsicht (FMA) Liechtenstein, Bereich Andere Finanzintermediäre (DNFBP). Davor betreute er Mandate in den Bereichen Forensik, Abschluss- und Konzernprüfung, Steuerberatung sowie Sanierung und Restrukturierung.

Maxim Worcester ist Bachelor of Sciences, ISO 27001 Lead Auditor (Informationsschutz) und Geschäftsführer der German Business Protection, ein international tätiges Sicherheitsunternehmen, welches zur KÖTTER Unternehmensgruppe gehört. In der Ver-

[58] Siehe auch: Wieland, Wirtschaftsethische Perspektiven VI, S. 91.

gangenheit war er Geschäftsführer der britischen Sicherheitsfirma Control Risks sowie in leitender Position bei KPMG, The Economist sowie der Frankfurter Allgemeinen Zeitung.

Eva Bergmann ist Director, Ethics & Compliance bei Bertelsmann, wo sie das konzernweite Compliance-Risikomanagement, das Themenfeld Anti-Korruption sowie die Abstimmung der Governance, Risk und Compliance (GRC)-Prozesse betreut. Vor ihrem Einstieg bei Bertelsmann war sie fünf Jahre im Consulting bei einer großen Wirtschaftsprüfungsgesellschaft sowohl in Deutschland als auch Australien tätig. Hierbei hat sie praktische Erfahrung bei der Prävention und Aufklärung von Wirtschaftskriminalität, der Entwicklung von Risikomanagementsystemen, der Durchführung ausgelagerter Revisionsprüfungen sowie der Entwicklung und Prüfung von Compliance-Management Systemen gesammelt. Eva Bergmann ist Diplom-Volks- und Diplom-Kulturwirtin und ihre Forschungsarbeit zu privatwirtschaftlichen Sektorinitiativen wurde sowohl vom Weltbank-Institut als auch vom Institut der deutschen Wirtschaft (IW) ausgezeichnet.

2 Grundlagen zum Phänomen Wirtschaftskriminalität

Christian Hlavica, Detlef Thomann, Ines Martenstein

Aufgrund der in der Öffentlichkeit intensiv diskutierten jüngsten Korruptions- und Bilanzskandale mag das Thema Wirtschaftskriminalität und deren strafrechtliche Verfolgung als ein zeitgenössisches Problemfeld erscheinen.

Ein Blick in die Historie zeigt uns, dass es Delikte, die dem heutigen Begriff der Wirtschaftskriminalität zugerechnet werden können, zu allen Zeiten gegeben hat.[1] Auch das Deutsche Kaiserreich gründete auf einer Bevorteilung des wegen seiner Schlossbauten finanziell gebeutelten Königs von Bayern, Ludwig II, mit dem Ziel, dessen Zustimmung zur Verkündung des Deutschen Kaiserreiches und zur Erhebung des Königs von Preußen, Wilhelm I, zum deutschen Kaiser zu erreichen.[2]

Die Zeit der Liberalisierung im 19. Jahrhundert war geprägt durch die Ausrichtung der wirtschaftlichen Ordnung an die individuelle Freiheit, dem vorwiegenden staatlichen Schutz von Individualrechtsgütern[3], verbunden mit dem Vertrauen auf Selbstregulierungsmechanismen des Wirtschaftslebens sowie einer Liberalisierung des Wirtschaftsverkehrs. Die Wesensmerkmale der Liberalisierung des Wirtschaftsverkehrs, wie im Besonderen

[1] dazu auch Grunst (2006), in MAH, § 1 Rn. 38.

[2] Sturminger (1982), S. 258 ff.

[3] Grunst (2006), a. a. O.

C. Hlavica (✉)
München, Deutschland
E-Mail: christian.hlavica@online.de

D. Thomann
Hamburg, Deutschland
E-Mail: detlefthomann@alice-dsl.de

I. Martenstein
Stuttgart, Deutschland
E-Mail: inesmartenstein@gmx.de

C. Hlavica, F. Hülsberg, U. Klapproth (Hrsg.), *Tax Fraud & Forensic Accounting*,
DOI 10.1007/978-3-658-07840-9_2

- die Rationalisierung von staatlichen Marktregulierungsmechanismen (Deregulierung),
- die zunehmende Technologisierung, sowie
- die Internationalisierung der Märkte

haben die Strukturen des Wirtschaftslebens verkompliziert und die Entwicklung von Wirtschaftskriminalität begünstigt.[4] Demzufolge ist im Laufe der Zeit der Schutz sogenannter überindividueller Rechtsgüter (z. B. das Vertrauen der Allgemeinheit in ein Funktionieren der Märkte) in den Vordergrund gerückt.[5] Da die Verletzung von überindividuellen Rechtsgütern den Einzelnen nur mittelbar trifft, ist der Schutz dieser Rechtsgüter im Wesentlichen nicht zivilrechtlicher, sondern verwaltungs- oder strafrechtlicher Natur.

2.1 Wirtschaftsstrafrechtliche Verfolgung in Deutschland

Als Strafrecht bezeichnet man denjenigen Teil des Rechtssystems, der die Rechtsregeln über Straftaten und die entsprechenden Rechtsfolgen (Strafen) enthält.[6] Eine Straftat kann nur bestraft werden, wenn die Strafbarkeit gesetzlich bestimmt war, bevor die Tat begangen wurde.[7] Die Gesetzliche Bestimmung findet sich vor allem im Strafgesetzbuch wieder.

2.1.1 Begriff des Wirtschaftsstrafrechts

Das Wirtschaftsstrafrecht bildet eine besondere, komplexe und nicht gesondert kodifizierte Form des modernen Strafrechts und befasst sich ausschließlich mit sog. Wirtschaftsstraftaten, also mit Delikten, die sich gegen die Wirtschaftsordnung richten und geeignet sind, diese zu beeinträchtigen oder zu gefährden[8], oder das Vertrauen der Allgemeinheit auf die Redlichkeit des geschäftlichen Verkehrs oder auf die ordnungsgemäße Arbeit der Behörden und der öffentlichen Einrichtungen erheblich zu erschüttern[9]. Zweck der wirtschaftsstrafrechtlichen Normen ist somit die Integrität der Wirtschaft.

Das Wirtschaftsstrafrecht ist in hohem Maße akzessorisch und nimmt daher für die Strafandrohung auf Verbote und Gebote in außerstrafrechtlichen, z. B. wirtschaftsrechtlichen Gesetzen Bezug.[10] Demzufolge gibt es auch keine Zusammenstellung der einschlägigen Wirtschafts-Strafnormen in einem Gesetzeswerk. Die wichtigsten Vorschriften zum

[4] Tiedemann, NJW 1972, 658.

[5] dazu auch Grunst (2006), in MAH, § 1 Rn. 5.

[6] Köhler (1997), S. 7.

[7] Artikel 103 Abs. 2 GG („nullum crimen, nulla poena sine lege").

[8] Tilch / Arloth (2001), S. 4888.

[9] analog § 30 Abs. 4 Nr. 5b AO.

[10] Bannenberg / Rössner (2005), S. 62.

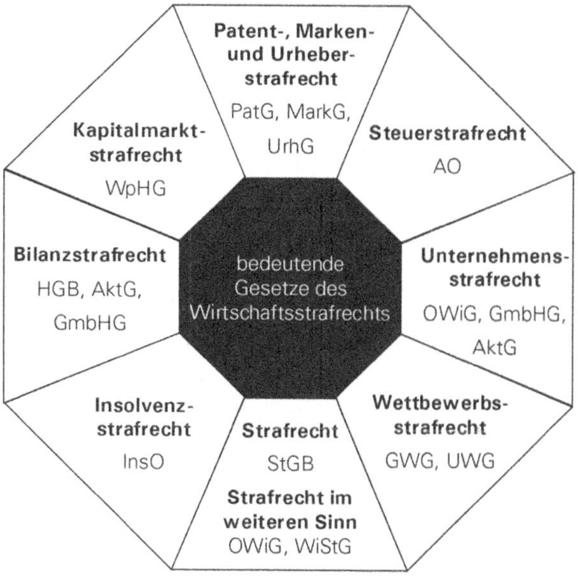

Abb. 2.1 Bedeutende Gesetze des Wirtschaftsstrafrechts

Wirtschaftsstrafrecht ergeben sich aus einer Gesamtschau von einschlägigen Teilen des Kern- und Nebenstrafrechts (siehe Abb. 2.1).

Die Komplexität und Heterogenität der Materie hat dazu geführt, dass die Versuche einer begrifflichen Bestimmung von Wirtschaftsstrafrecht noch große Unschärfen aufweisen. In der wissenschaftlichen Diskussion gibt es unterschiedliche Ansätze für die Bestimmung von Wirtschaftsstrafrecht. Der nach der heute herrschenden Meinung zu bevorzugende Begriff ist deliktsorientiert und kennzeichnet als Wirtschaftsvergehen, wie zuvor erwähnt, den Schutz überindividueller sozialer Rechtsgüter des Wirtschaftslebens. Über diesen Grundgedanken hinaus gibt es noch weitere Ansätze zur Definition des Wirtschaftsstrafrechts, deren Unschärfen in den Tab. 2.1–2.3 aufgezeigt werden.

Da es an einer allgemein anerkannten und abschließenden begrifflichen Bestimmung von Wirtschaftsstrafrecht mangelt, ist die Definition von Wirtschaftskriminalität gleichermaßen umstritten.

In einem weiten und zugleich praxisbezogenen Sinn kann als Wirtschaftsstrafrecht die Summe der Strafnormen, die den Unternehmer im Hinblick auf seine wirtschaftliche Betätigung typischerweise angehen, verstanden werden.[11]

[11] Richter (1987), in Müller-Guggenberger, § 2 Rn. 25.

Tab. 2.1 Kriminologische Komponenten zur begrifflichen Bestimmung von Wirtschaftsstrafrecht

Sutherland's „White Collar Crime"	Occupational Crime	Corporate Crime
Täterbezogene Klassifizierung	Berufsbezogene Klassifizierung	Unternehmens- oder verbandsbezogene Klassifizierung
Täter ist Person mit Ansehen und hohem sozialen Status	Täter ist Person im Staatsdienst, Geschäftsleben oder der freien Berufe	Wirtschaftskriminalität wird überwiegend aus Unternehmen heraus begangen
Begehung der Straftat im Rahmen der beruflichen Tätigkeit des Täters	Verzicht auf das Merkmal des hohen sozialen Status	Zutreffendere Sicht, da Unternehmen oder Verbände Gebilde des Wirtschaftssystems sind
Zu enger Ansatz, da nur Täter von hohem sozialen Rang betrachtet werden	*Zu weiter Ansatz, da jede Straftat in Ausübung eines Berufs (z. B. Tötung) erfasst wird*	*Zu enger Ansatz, da schwere Straftaten nicht nur aus Unternehmen heraus behangen werden*

Tab. 2.2 Strafverfahrensrechtliche Komponenten zur begrifflichen Bestimmung von Wirtschaftsstrafrecht

§ 74c Abs. 1 Nr. 1–5a GVG	§ 74c Abs. 1 Nr. 6 GVG
Enumerative Aufzählung spezifischer Wirtschaftsdelikte	Aufzählung allgemeiner Straftatbestände, zu deren Beurteilung besondere Kenntnisse des Wirtschaftslebens erforderlich sind Vermögensdelikte mit prozessualen (Beweis-)Schwierigkeiten
Keine Legaldefinition der Wirtschaftsstraftaten. Unwiderlegbare Vermutung für das Vorliegen einer Wirtschaftsstraftat und der Zuständigkeit der Wirtschaftsstrafkammer. *Zu enger Ansatz, da die Sozialschädlichkeit und der Rechtsgutgedanke unberücksichtigt ist*	*Zu enger Ansatz, da lediglich Bezug auf das Rechtsgut des Vermögens genommen wird*

Tab. 2.3 Rechtsdogmatische Komponenten zur begrifflichen Bestimmung von Wirtschaftsstrafrecht

Störung der Wirtschaftsordnung in der Gesamtheit	Vertrauensmissbrauch	Verletzung überindividueller (sozialer) Rechtsgüter des Wirtschaftslebens
Schutz vor einer über die Einzelinteressen hinausgehenden Schädigung	Schutz des Vertrauens in die geltende Wirtschaftsordnung (Volkswirtschaft) insgesamt oder einzelne ihrer Institute	Einbezug der Belange der Allgemeinheit. Auch Schutz vor Missbrauch von Instrumenten des Wirtschaftslebens (Computer, Kreditkarten, Schecks)

Tab. 2.3 (*Fortsetzung*)

Störung der Wirtschaftsordnung in der Gesamtheit	Vertrauensmissbrauch	Verletzung überindividueller (sozialer) Rechtsgüter des Wirtschaftslebens
Kritisch: kann durch eine einzelne Tat die Konstitution der Gesamtwirtschaft gefährdet werden?	Abstraktes Systemvertrauen; Kritisch: – Kann durch eine einzelne Tat die Konstitution der Gesamtsystems gefährdet werden? – Wird nicht auf das System sondern vielmehr auf den Schutz des Systems vertraut?	Vereinigung der Kriterien: – Wirtschaftlicher Bezug des straffälligen Verhaltens – Begehung der Tat in Ausübung eines Berufs – Vertrauensmissbrauch
Zu weiter Ansatz, da sämtliche Eigentums- und Vermögensdelikte erfasst sind	*Zu enger Ansatz, das sich Vertrauensmissbrauch nicht auf Wirtschaftskriminalität beschränkt*	***Vorzugswürdiger Ansatz*** *(herrschende Meinung, wenngleich teilweise auch strittig)*

2.1.2 Entstehung des heutigen Wirtschaftsstrafrechts

Die Herausbildung unseres heutigen Wirtschaftsstrafrechts geht auf die Zeit der Entstehung eines Wirtschafts- und Industrierechts im ersten Drittel des 20. Jahrhunderts zurück.[12] Die seither erfolgten kontinuierlichen Formungen und Umgestaltungen des Wirtschaftsstrafrechts waren im Wesentlichen durch

- den Wechsel des Wirtschaftssystems nach dem Ende des Zweiten Weltkriegs von der Zwangs- und Planwirtschaft zur sozialen Marktwirtschaft;
- den schnellen Wiederaufbau nach Kriegsende;
- den Wirtschaftsaufschwung;
- den Umbruch der gesellschaftlichen Grundüberzeugungen in den sechziger Jahren;
- die Schaffung supranationaler Märkte; sowie durch
- die Internationalisierung der Geschäftsaktivitäten der Unternehmen

geprägt.

Die Entwicklung des Wirtschaftsstrafrechts ist durch Anpassungsprozesse an gesellschaftliche, d. h. wirtschaftliche, soziale und politische Veränderungen unter Berücksichtigung der damit einhergehenden nationalen und internationalen Gegebenheiten und Anforderungen gekennzeichnet.

Nachdem die liberale, vorwiegend notstandsregulierende Weimarer Wirtschaftsordnung im Dritten Reich eine Umwandlung zu einem allumfassenden, durch Waren- und Materialknappheit geprägten Lenkungsinstrument erfuhr, erfolgte nach der Währungsreform der entscheidende Wandel in Richtung des heutigen Wirtschaftsstrafrechts.[13] Die Schaffung

[12] Dannecker (2007), S. 36.

[13] Lampe (1982), S. 311, 312.

eines neuen Wirtschaftsstrafrechts war mit großen Herausforderungen verbunden. Zum einen galt es, die Vielfalt der nach Kriegsende obsolet gewordenen Vorschriften aufzuheben und zum anderen sollte ein, den rechtsstaatlichen Ansprüchen genügendes Verfahrensmodell geschaffen werden. Zudem sah man sich in Wirtschaftsstrafverfahren aufgrund der Unerfahrenheit und des fehlenden Sachverstands oftmals in der unvorteilhaften Lage, als einzigen Experten auf dem Gebiet der Wirtschaftskriminalität den Angeklagten im Gerichtssaal zugegen zu haben.[14]

Das deutsche Wirtschaftsstrafrecht hat seither vielfache Entwicklungsstufen durchlaufen. Eine Auswahl derer wird im Nachfolgenden beschrieben.

2.1.2.1 Wirtschaftsstrafrecht der Nachkriegszeit

Mit dem Gesetz zur Vereinfachung des Wirtschaftsstrafrechts vom 26. Juli 1949 (WiStG 1949)[15] wurde der Bestrebung in der Nachkriegszeit Rechnung getragen, die Rahmenbedingungen für eine wettbewerbsorientierte soziale Marktwirtschaft zu schaffen. Die im Nationalsozialismus hervorgebrachte Planwirtschaft musste dem Credo der gerechten Verteilung von Vermögen und Einkommen weichen. Dies hatte auch zur Folge, dass die legislativen Züge aus Zeiten des Liberalismus entschwanden und im Sinne des Gemeinschaftswohls wirtschaftslenkenden Charakter annahmen. Mit dem Wirtschaftsstrafgesetz von 1949 erfolgte eine deutliche Reduzierung strafrechtlicher Normen aus Kriegs- und Vorkriegszeiten. Auf der Grundlage der Lehren Eberhard Schmidts wurde mit § 6 WiStG 1949 zudem die Zweiteilung von Straftaten und Ordnungswidrigkeiten bewirkt.[16]

Mit dem Gesetz zur weiteren Vereinfachung des Wirtschaftsstrafrechts vom 9. Juli 1954 (WiStG 1954)[17] erfolgte eine weitere Reduzierung der Normen, vor allem aber auch eine Abschaffung der als rechtsstaatswidrig erachteten[18] Schmid'schen Abgrenzungsformel. Das in der Folgezeit weiter in seinem Regelungsgehalt reduzierte Wirtschaftsstrafgesetz besitzt heute noch Geltung, ist jedoch weitgehend bedeutungslos und beschränkt sich auf einige wenige Straf- und Bußgeldtatbestände zum Sicherstellungs- und Preisrecht.

2.1.2.2 Ordnungswidrigkeiten- und Unternehmensstrafrecht

Mit dem Ziel, die Gewaltenteilung zwischen Exekutive und Judikative zu verwirklichen, wurde im Jahre 1952 den Verwaltungsbehörden im Zuge des Gesetzes zur Herstellung der Rechtseinheit die Befugnis zum Erlass von Strafverfügungen aberkannt, um die verwaltungsbehördlichen Kompetenzen auf die Wirtschaftsdelinquenz auf Basis eines entkriminalisierten Strafrechts umzuleiten. Als Mittel der Entkriminalisierung und der Wiedereinsetzung der Verwaltungsbehörden in die Wirtschaftsdelinquenz diente das Gesetz über Ordnungswidrigkeiten (OWiG) vom 25. März 1952.[19]

[14] Achenbach (2008), FS Tiedemann, S. 48.

[15] WiGBl. 1949, 193.

[16] Richter (2006), in Müller-Guggenberger / Bieneck, § 2 Rn. 27.

[17] BGBl. 1954 I, 175.

[18] Richter (1987), in Müller-Guggenberger, § 2 Rn. 20.

[19] BGBl. 1952 I, 177.

An die Stelle der Strafe (Freiheitsstrafe, Freiheitsentzug, Maßregel, Geldstrafe, Verwarnung) trat die Sanktion der Geldbuße. Dennoch ist es nicht ausgeschlossen, dass die Geldbuße empfindlicher wirken kann als eine strafrechtliche Sanktion der Geldstrafe. Ordnungswidrigkeiten sind gekennzeichnet durch alltägliche und massenhaft vorkommende Verhaltensfehler. Im Gegensatz zur Straftat werden Ordnungswidrigkeiten nicht als besonders verwerflich, grob oder rücksichtslos gewertet. Vielmehr basieren Ordnungswidrigkeiten auf Nachlässigkeit, Bequemlichkeit, Unzuverlässigkeit oder Vergesslichkeit, also „normale" oder „sozialübliche" menschliche Schwächen.[20] Das Ordnungswidrigkeitenrecht ist Strafrecht im weiteren Sinn[21] und sanktioniert als Blankettgesetz häufig auch Verstöße gegen andere Gesetze, in denen Ordnungswidrigkeiten bestimmt werden.

Mit der Strafrechtsreform der sechziger Jahre, dem Einführungsgesetz zum Strafgesetzbuch vom 2. März 1974, dem Gesetz zur Bekämpfung der Korruption vom 13. August 1997, dem Gesetz zur Änderung des Gesetzes über Ordnungswidrigkeiten und anderer Gesetze vom 26. Januar 1998 sowie dem Gesetz zur Änderung des Ordnungswidrigkeitenverfahrensrechts vom 26. Juli 2002 hat das Ordnungswidrigkeitenrecht wesentliche Reformstufen durchlaufen.

Eine Besonderheit des Ordnungswidrigkeitenrechts lag in der Schaffung eines sog. Unternehmensstrafrecht (Verbandsstrafrechts). Gleichwohl es in Deutschland im Gegensatz zu manch anderen Industrienationen noch kein unternehmensbezogenes Strafrecht im engeren Sinn gibt, kann mit Hilfe des Ordnungswidrigkeitenrechts dennoch ein wirksamer Drittbezug hergestellt werden. Dies wurde dadurch erreicht, in dem Personenvereinigungen (juristische Personen, nichtrechtsfähige Vereine und rechtsfähige Personengesellschaften) in den Normadressatenkreis mit eingebunden wurden. Mit dem 31. Strafrechtsänderungsgesetz – 2. Gesetz zur Bekämpfung der Umweltkriminalität vom 1. November 1994[22] wurde der Normadressatenkreis, der bisher auf die gesetzlichen Vertreter abstellte, auf Prokuristen und Handlungsbevollmächtigte in leitender Stellung ausgeweitet.

2.1.2.3 Strafrechtliche Verfolgung von Wettbewerbsverstößen und Korruption

Mit dem Gesetz gegen Wettbewerbsbeschränkungen vom 27. Juli 1957[23], das sog. Kartellgesetz, wurde ein Regelwerk zum Schutz des freien Wettbewerbs und der freien Preisbindung eingeführt. Trotz großer wirtschaftsdelinquenter Relevanz basiert das Kartellgesetz lediglich auf der Bestimmung von Ordnungswidrigkeiten. Verstöße werden jedoch mit empfindlichen Bußgeldern belegt.

Eine weitere Ausgestaltung des Wettbewerbs-Strafrechts erfolgte mit dem Gesetz zur Bekämpfung der Korruption (Korruptionsbekämpfungsgesetz) vom 13. August 1997[24] durch Einführung der Straftatbestände der wettbewerbsbeschränkenden Absprachen bei

[20] Mitsch (2005), S. 17.

[21] Mitsch (2005), S. 4.

[22] BGBl. 1994 I, 1440.

[23] BGBl. 1957 I, 1081.

[24] BGBl. 1997 I, 2038.

Ausschreibungen und der Bestechlichkeit und Bestechung im geschäftlichen Verkehr. Zudem erfolgte eine Neufassung bzw. Ausweitung der einschlägigen Bestechungsdelikte.

Mit dem Gesetz zu dem Übereinkommen vom 17. Dezember 1997 über die Bekämpfung der Bestechung ausländischer Amtsträger im internationalen Geschäftsverkehr (Gesetz zur Bekämpfung internationaler Bestechung) vom 10. September 1998[25] und dem Gesetz zu dem Protokoll vom 27. September 1996 zum Übereinkommen über den Schutz der finanziellen Interessen der Europäischen Gemeinschaften (EU-Bestechungsgesetz) vom 10. September 1998[26] erfolge in Bezug auf Straftaten im Amt eine Ausdehnung der Normadressaten auf ausländische Amtsträger.

Durch das Gesetz zur Ausführung des Zweiten Protokolls vom 19. Juni 1997 zum Übereinkommen über den Schutz der finanziellen Interessen der Europäischen Gemeinschaften, der gemeinsamen Maßnahme betreffend die Bestechung im privaten Sektor vom 22. Dezember 1998 und des Rahmenbeschlusses vom 29. Mai 2000 über die Verstärkung des mit strafrechtlichen und anderen Sanktionen bewehrten Schutzes gegen Geldfälschung im Hinblick auf die Einführung des Euro (EU-Rechtsinstrumente-Ausführungsgesetz) vom 22. August 2002[27] wurde bestimmt, dass sich die Straftatbestände der Bestechlichkeit und der Bestechung im geschäftlichen Verkehr gemäß § 299 StGB auch auf Handlungen im ausländischen Wettbewerb erstrecken.

2.1.2.4 Wirtschaftsstrafrechtliche Reformbewegung

Vor dem Hintergrund der zunehmenden Dynamisierung der Wirtschaft und der damit verbundenen Massenhaftigkeit des Konsums entwickelte sich eine Bewegung zur Durchsetzung von wirtschaftsstrafrechtlichen Reformen, um der Hilflosigkeit bezüglich der Abwehr von Wirtschaftskriminalität Herr zu werden.[28] Erste Schritte erfolgten durch die Einrichtung von Schwerpunktstaatsanwaltschaften oder Sonderabteilungen für Wirtschaftsstrafsachen in einigen Bundesländern sowie die Schaffung von Wirtschaftsstrafkammern an einzelnen Landgerichten. Mit dem Gesetz zur Änderung des Gerichtsverfassungsgesetzes vom 8. September 1971[29] wurde mit § 74c GVG ein Straftatenkatalog für die Spezialzuständigkeit der Wirtschaftsstrafkammern eingeführt.

Im Jahre 1972 verhandelte die strafrechtliche Abteilung des 49. Deutschen Juristentags auf der Grundlage des Gutachtens von Tiedemann über das Thema „Welche strafrechtlichen Mittel empfehlen sich für eine wirksamere Bekämpfung der Wirtschaftskriminalität?“[30]. Der essentiellen Bedeutung der Wirtschaftsdelinquenz war der Umstand geschuldet, dass sich der 49. Deutsche Juristentag nicht nur, wie in der Vergangenheit mit Teilaspekten,

---

[25] BGBl. 1998 II, 2327.

[26] BGBl. 1998 II, 2340.

[27] BGBl. 2002 I, 3387.

[28] Achenbach (2008), in FS Tiedemann, S. 48.

[29] BGBl. 1971 I, 1513.

[30] Tiedemann (1972), in Verhandlungen des 49. DJT, S. C1 ff.

sondern mit der Gesamtheit des Wirtschaftsstrafrechts befasste. Vor dem Hintergrund von identifizierten Gegebenheiten wie bspw.

- das Profitstreben um jeden Preis;
- die Zunahme der Unrechtsqualität und Schadensträchtigkeit der Einzelfälle;
- die Zunahme von Wettbewerbsverzerrungen und somit Zunahme von Monopol- und Oligopolbildungen;
- die Ansteckungs- und Sogwirkung der Wirtschaftsdelikte;
- die Fern- oder Spiralwirkung der Wirtschaftsdelikte als typische Begleit- und Folgekriminalität Dritter;
- die Schädigungen auf dem Gebiet des Zahlungsmittel- und Kreditverkehrs; oder
- des Anlagen- und Zertifikatschwindels im großen Stil

forderte der 49. Deutsche Juristentag eine umfassende Überprüfung des Wirtschafts- und Steuerstrafrechts.

Im Juli 1972 wurde durch das Bundesministerium der Justiz die Sachverständigenkommission zur Bekämpfung der Wirtschaftskriminalität „Reform des Wirtschaftsstrafrechts", als das für die praktische Gesetzgebungstätigkeit maßgebende Gremium[31] initiiert.

Als Folge der Beratungsergebnisse der Sachverständigenkommission wurden mit dem 1. Gesetz zur Bekämpfung von Wirtschaftskriminalität (1. WiKG) vom 29. Juli 1976[32] im Besonderen die Straftatbestände des Subventions- und des Kreditbetrugs, als Delikte im Vorfeld des Betrugs, neu geschaffen. Pönalisiert wurde allein die bloße Täuschungshandlung, unabhängig von deren etwaigem Erfolg.[33]

Mit Wirkung ab dem 1. Januar 1977 löste die Abgabenordnung vom 16. März 1976 („AO 1977")[34] die Reichsabgabenordnung vom 13. Dezember 1919[35] und deren Novellierungen vom 4. Juli 1939, 10. August 1967 und vom 12. August 1968 ab und gestaltete das Steuerstrafrecht neu. Als Konsequenz des 1. WiKG erfolgte mit § 30 Abs. 4 Nr. 5 lit. b AO 1977 die Durchbrechung des Steuergeheimnisses bei erheblichen Wirtschaftsstraftaten.

Gleichermaßen als Resultat der Beratung der Sachverständigenkommission stellt das 2. Gesetz zur Bekämpfung von Wirtschaftskriminalität (2. WiKG) vom 15. Mai 1986[36] eine Reaktion auf neue Techniken und Erscheinungsformen des Wirtschaftslebens dar.[37] Kernaspekte der Novellierung waren u. a. die strafrechtliche Erfassung der Computer-Kriminalität, des Missbrauchs von Schecks und Kreditkarten, des Kapitalanlage- und Kursbetrugs sowie des Verrats von Geschäfts- und Betriebsgeheimnissen.

---

[31] Achenbach (2008), in FS Tiedemann, S. 56.

[32] BGBl. 1976 I, 2034.

[33] Grunst (2006), in MAH, § 1 Rn. 48.

[34] BGBl. 1976 I, 613.

[35] RGBl. 1919, 1993.

[36] BGBl. 1986 I, 721.

[37] Grunst (2006), in MAH, § 1 Rn. 50.

2.1.2.5 Strafrechtliche Verfolgung der Organisierten Kriminalität

Mit dem Gesetz zur Bekämpfung des illegalen Rauschgifthandels und anderer Erscheinungsformen der Organisierten Kriminalität (OrgKG) vom 15. Juli 1992[38] wurde aufgrund internationaler Vereinbarungen (Wiener Übereinkommen vom 20. Dezember 1988, Europarats-Übereinkommen vom 8. November 1990 sowie Richtlinie 91/308/EWG des Rates der Europäischen Gemeinschaften vom 10. Juni 1991 [1. Geldwäscherichtlinie][39]) der Straftatbestand der Geldwäsche (§ 261 StGB) in das Strafgesetzbuch eingeführt.

Mit dem Gesetz über das Aufspüren von Gewinnen aus schweren Straftaten (Geldwäschegesetz) vom 25. Oktober 1993[40] wurde die sog. 1. Geldwäscherichtlinie (Richtlinie 91/308/EWG des Rates der Europäischen Gemeinschaften vom 10. Juni 1991 zur Verhinderung der Nutzung des Finanzsystems zum Zwecke der Geldwäsche[41]) in nationales Recht umgesetzt. Mit diesem Gesetz wurden Kredit- und Finanzinstituten besondere Identifizierungs-, Aufzeichnungs-, Feststellungs- und Mitteilungspflichten auferlegt.

Durch das Gesetz zur Änderung des Strafgesetzbuches, der Strafprozessordnung und anderer Gesetze (Verbrechensbekämpfungsgesetz) vom 28. Oktober 1994[42] wurde der Katalog der im Strafgesetzbuch verankerten Vortaten um die gewerbs- und bandenmäßig begangene Vermögens-, Urkunden- und Bestechungsdelikte ergänzt.

Der Vortaten-Katalog wurde durch das Gesetz zur Verbesserung der Bekämpfung der Organisierten Kriminalität vom 4. Mai 1998[43] novelliert. Insbesondere wurde die Strafbarkeit des Vortäters in der Weise ausgedehnt, dass auch Alltags- bzw. Kleinkriminalität Vortat sein kann. Auf die im Verbrechensbekämpfungsgesetz abgestellte banden- und gewerbsmäßige Begehung kam es somit nicht mehr an.

Die 2. Geldwäscherichtlinie (Richtlinie 2001/97/EG des Europäischen Parlaments und des Rates vom 4. Dezember 2001 zur Änderung der Richtlinie 91/308/EWG des Rates zur Verhinderung der Nutzung des Finanzsystems zum Zwecke der Geldwäsche[44]) brachte mit dem Gesetz zur Verbesserung der Bekämpfung der Geldwäsche und der Bekämpfung der Finanzierung des Terrorismus (Geldwäschebekämpfungsgesetz) vom 8. August 2002[45] eine Novellierung des Geldwäschegesetzes mit sich. Nunmehr erstreckte sich der Pflichtenrahmen auch auf Steuerberater, Wirtschaftsprüfer, Rechtsanwälte und Notare, da diese Berufsgruppen einem erhöhten Risiko unterliegen, für Zwecke der Geldwäsche missbraucht zu werden.

Das Gesetz zur Bekämpfung von Steuerverkürzungen bei der Umsatzsteuer und zur Änderung anderer Steuergesetze (Steuerverkürzungsbekämpfungsgesetz) vom 19. Dezem-

---

[38] BGBl. 1992 I, 1302.

[39] Vogel, ZStW 1997, 335 ff.

[40] BGBl. 1993 I, 1770.

[41] ABl. 1991, L 166, 77.

[42] BGBl. 1994 I, 3186.

[43] BGBl. 1998 I, 845.

[44] ABl. 2001, L 344, 76.

[45] BGBl. 2002 I, 3105.

ber 2001[46] führte neben der Kontroverse zur Angabepflicht der vom Finanzamt erteilten Steuernummer auf jeder Leistungs- bzw. Lieferungsabrechnung auch zu einer weiteren Verschärfung des Strafgesetzbuches, wonach die Steuerhinterziehung nun ebenfalls als Vortat der Geldwäsche klassifiziert wurde.

Schließlich folgte auf Basis der vierzig Empfehlungen der Financial Action Task Force on Money Laundering (FATF)[47], einem zwischenstaatlichen Gremium zur Entwicklung von Maßnahmen zur Bekämpfung der Geldwäsche, die 3. Geldwäscherichtlinie (Richtlinie 2005/60/EG des Europäischen Parlaments und des Rates vom 26. Oktober 2005 zur Verhinderung der Nutzung des Finanzsystems zum Zwecke der Geldwäsche und der Terrorismusfinanzierung[48]) und damit eine umfassende weitere Anforderung zur nationalen Rechtsetzung. Dieser Anforderung ist der deutsche Gesetzgeber mit dem Gesetz zur Ergänzung der Bekämpfung der Geldwäsche und der Terrorismusfinanzierung (Geldwäschebekämpfungsergänzungsgesetz) vom 13. August 2008[49] nachgekommen. Gegenstand der Novellierung ist insbesondere die Einführung flexibler und risikoorientierter Regelungen betreffend die Sorgfaltspflichten der Verpflichteten gegenüber deren Kunden bzw. Mandanten, die Erstreckung der zur Geldwäsche entwickelten Instrumentarien auf die Bekämpfung der Terrorismusfinanzierung sowie die Pflicht zur Identifizierung von hinter dem Vertragspartner stehenden wirtschaftlich Berechtigten.

In Zuge der jüngsten Entwicklung hat die EU-Kommission am 5. Februar 2013 einen Entwurf für eine Neufassung der Richtlinie zur Verhinderung der Nutzung des Finanzsystems zum Zwecke der Geldwäsche und der Terrorismusfinanzierung (sog. 4. EU-Geldwäscherichtlinie) vorgelegt, deren Kernelement die im Februar 2012 neu gefassten FATF-Empfehlungen beinhalten, welche deren Implementierung auf Gemeinschaftsebene zum Gegenstand haben. Aufsehenerregend ist in diesem Zusammenhang die vorgesehene Klassifizierung der Steuerstraftat als Vortat zur Geldwäsche.[50]

2.1.2.6 Strafrechtliche Verfolgung von Insiderverstößen

Auf Basis der EG-Insider-Richtlinie (Richtlinie 89/592/EWG zur Koordinierung der Vorschriften betreffend Insider-Geschäfte vom 13. November 1989[51]) wurde mit dem Gesetz über den Wertpapierhandel und zur Änderung börsenrechtlicher und wertpapierrechtlicher Vorschriften (2. Finanzmarktförderungsgesetz) vom 26. Juli 1994[52] das Insider-Strafrecht in nationales Recht umgesetzt. Mit den Vorschriften der §§ 14, 38 Abs. 1 Nr. 1 bis 2, Abs. 2 WpHG wurde der Verstoß gegen Insider-Regeln unter Strafe gestellt.

---

[46] BGBl. 2001 I, 3922.

[47] FATF 40 Recommendations, abrufbar unter: http://www.fatf-gafi.org/topics/fatfrecommendations/documents/the40recommendationspublishedoctober2004.html; Stand 17.04.2015.

[48] ABl. 2005, L 309, 15.

[49] BGBl. 2008 I, 1690.

[50] Die Besprechung im Plenum des Europäischen Parlaments sowie des Rates stand bei Redaktionsschluss noch aus.

[51] ABl. 1989, L 334, 30.

[52] BGBl. 1994 I, 1749.

Durch das Gesetz zur weiteren Fortentwicklung des Finanzplatzes Deutschland (4. Finanzmarktförderungsgesetz) vom 21. Juni 2002[53] wurden die Strafvorschriften der §§ 88, 89 BörsG a. F. in das Wertpapierhandelsgesetz eingebettet und die Straftatbestände zur Kurs- und Marktpreismanipulation weitreichend neu gefasst.

Auf der Grundlage der Marktmissbrauchs-Richtlinie (Richtlinie 2003/6/EG des Europäischen Parlaments und des Rates vom 28. Januar 2003 über Insider-Geschäfte und Marktmanipulation[54]) erfolgte mit dem Gesetz zur Verbesserung des Schutzes von Anlegern (Anlegerschutzverbesserungsgesetz) vom 28. Oktober 2004[55] eine weitere Novellierung des Wertpapierhandelsgesetzes und u. a. die Gleichstellung der Sekundärinsider mit dem Primärinsider[56] und damit ein Weitergabe- und Empfehlungsverbot für den Sekundärinsider[57].

2.2 Kriminologische Erklärungsversuche zur Wirtschaftskriminalität

2.2.1 Wirtschaftskriminalität – Begriffliche Grundlagen

Für ein besseres begriffliches Verständnis hilft die Betrachtung der kulturellen Prägung des jeweiligen Sprachraums, dem der zu betrachtende Begriff entspringt. Je nach Prägung erlangen Personen, die mit dem Begriffsinhalt umgehen, einen unterschiedlichen Zugang. Hieraus resultieren unterschiedliche Konsequenzen im Hinblick auf Ziele und Wege der Zielerreichung.

Unstreitig bildet der angloamerikanische Sprachraum den prägenden Kontext für den Begriff Fraud, der seinen Weg auch in den deutschen Sprachraum gefunden hat.

Insbesondere die Gesetzgebung als auch die Rechtsprechung der USA ist durch Einzelfallentscheidungen (Fallrecht oder case law) geprägt. Man spricht auch von einem „rules based approach". Hierbei wird ein abgegrenztes Sachgebiet durch eine Vielzahl (mehr oder weniger) konkreter einzelfallbezogener Anweisungen geregelt (Regeln). Der Vorteil liegt in der relativ einfachen Überprüfbarkeit der Einhaltung von Regeln, wodurch eine größere Rechtsicherheit erreicht werden kann.[58]

Dem steht der sogenannte „principles based approach" gegenüber. Ein System von Verhaltensrichtlinien, das diesem Ansatz folgt, besteht aus allgemeinen oder generalklauselhaft abgefassten Leitsätzen (Prinzipien). Im Unterschied zu Regeln bieten Prinzipien einen Ermessensspielraum, damit das Subjekt auf wechselnde Umstände in den Umweltbedingungen angemessen reagieren kann.

---

[53] BGBl. 2002 I, 2010.

[54] ABl. 2003, L 96, 16.

[55] BGBl. 2004 I, 2630.

[56] Definition: Personen mit unmittelbar durch den Beruf oder durch die ausgeübte Tätigkeit erlangten Insiderinformationen.

[57] Definition: Alle anderen Personen, die nicht Primärinsider sind, aber über Insiderinformationen verfügen.

[58] Haueisen (2000), S. 73–76, 82–92.

Der „rules based approach" als Gestaltungsansatz dürfte einer Geisteshaltung entspringen, die von der Lehre Calvins (1509 bis 1564) nicht unbeeinflusst geblieben ist. Zentrales Element dieser Lehre ist die Prädestination. Demnach hätte Gott von Beginn der Schöpfung an den Menschen vorherbestimmt, wer erlöst und wer verdammt sei. Entgegen dem ersten Anschein sei die Prädestination Wegbereiter der Anarchie, lebten die Menschen tatsächlich in ständiger Sorge, nicht zu den Erlösten zu gehören. Sie suchten an sich und den Mitmenschen nach Zeichen, an denen sie Anhaltspunkte zu erkennen glaubten, wer auserwählt war und wer nicht. Sonderleistungen, wie Askese oder Standhaftigkeit unter Verfolgten wurden zu Erkennungszeichen für Auserwählte. Hieraus entwickelte sich ein Elitedenken der Tugendhaften.[59] Auch in der Nutzung der dem Menschen von Gott gegebenen Zeit mit sinnvoller Arbeit wurde ein Hinweis auf die Auserwähltheit gesehen. Mehrt sich dadurch sein Geld, ist auch hierin ein Zeichen der Erwähltheit zu sehen.[60] Tugend wurde zum Gesetz. Laster, Luxus und Übertreibungen wurden verboten. Das tägliche Leben wurde durch detaillierte Regeln bestimmt.

Weitere Unterscheidungsmerkmale liegen neben den Erwähltheitsvorstellungen, in der Schriftheiligkeit und in der Orientierung am Gesetz (anstatt am Gewissen) sowie in der Erlaubnis, Geld gegen Zinsen zu verleihen. Dies trennte die Mentalität der Calvinisten von der lutherischen oder gar katholischen Mentalität.[61]

Abweichungen von Regeln und Gesetzen wurden und werden nicht geduldet. Auch heute noch ist diese Prägung vorhanden. Zum Ausdruck kommt sie in der „Zero Tolerance"-Strategie, d. h. die rigorose Verfolgung auch von Kleinkriminalität. In diesem Lichte muss auch das machiavellistische Instrument der US-amerikanischen Finanzbehörde Internal Revenue Service (IRS) gesehen werden, Hinweisgebern (im angloamerikanischen Sprachgebrauch aber auch in Deutschland bekannt als Whistleblower) eine Entschädigung von bis zu 30 % der Summe hinterzogener Steuern zu versprechen, die der Staatskasse durch ihre Anzeige zufließt.[62] Der Zweck der Regelbefolgung heiligt die Mittel.

Im Verlauf der Geschichte wurde der Calvinismus von Genf über Holland nach England und von dort durch die Puritaner in die heutige USA exportiert.[63]

Im Unterschied zu den Niederlanden, England und Amerika stehen die entsprechenden Entwicklungen im Übrigen damaligen Europa. Ordnungselement war das Gewissen. Dem Subjekt wurde ein eigenständiger Ermessensspielraum zugebilligt. Zur Überprüfung der Ermessensentscheidungen war eine externe Instanz nach dem Prinzip Sünde und Vergebung durch die Stellvertreter der obersten Autorität in Form der Beichte und Absolution notwendig. Dies führte in die Abhängigkeit gegenüber Autoritäten.

In Deutschland wurde diese Mentalität nicht zuletzt durch die Errichtung des Kaiserreiches Ende des 19. Jahrhunderts als Obrigkeitsstaat und der Unbedingtheit von Befehl und Gehorsam gründlich fortgesetzt. Verstöße werden von Vorgesetzten intern geahndet, um

---

[59] Schwanitz (2002), S. 142 f.

[60] Schwanitz (2002), S. 144 f. mit Verweis auf Max Weber, Die protestantische Ethik und der Geist des Kapitalismus.

[61] Schwanitz (2002), S. 144.

[62] http://www.irs.gov/uac/Whistleblower-Informant-Award; Stand vom 17.04.2015.

[63] Schwanitz (2002), S. 142 f., 149, 164–169.

zu vermeiden, dass dadurch in der Betrachtung von außen Zweifel an ihren Führungsqualitäten aufkommen könnten. In diesem Kontext ist die Diskussion um das Phänomen des Whistleblowers oder – in einer freundlicheren Benennung – des Hinweisgebers zu sehen. In Deutschland werden Hinweisgeber immer noch allzu oft mit Denunzianten gleich gesetzt. Erschwerend kommen die immer noch präsenten Erfahrungen mit dem Spitzeltum in Deutschland bzw. Teilen davon während und nach dem zweiten Weltkrieg hinzu. Das Ausloben einer als Entschädigung deklarierten Belohnung für Hinweise auf hinterzogene Steuern nach Art des IRS in den USA ist daher im heutigen Deutschland undenkbar.

In Deutschland ist die Bereitschaft demzufolge, sich öffentlich mit dem Thema auseinanderzusetzen, sehr gering und von Ressentiments getragen. Auf Dauer werden sich jedoch die Vertreter der Unternehmen in der deutschen Wirtschaft gegen den Einfluss aus den USA, der zuletzt in den prominenten Fällen der Verfolgung der Korruption durch die US-amerikanische Börsenaufsicht, Security Exchange Commission (SEC), und das Justizministerium, Department of Justice (DoJ), deutlich wurde, kaum entziehen können.

2.2.1.1 Begriff im angloamerikanischen Sprachgebrauch

Bei genauerer Betrachtung des Begriffs ist zu erkennen, dass Fraud viele Facetten offenbart. Definitionen oder Klarstellungen variieren je nach Betrachter. Die Annäherung an den Begriffsinhalt kann daher aus verschiedenen Richtungen erfolgen. In Betracht kommt insoweit ein juristischer, ein soziologischer oder ein prüferischer Ansatz. Nachfolgende Ausführungen konzentrieren sich auf Quellen mit dem größten Einfluss im angloamerikanischen Sprachgebrauch. Dies ist in juristischer Hinsicht das Black's Law Dictionary, das in vielen Fällen durch das Oberste Gericht (Supreme Court) der USA in dessen Urteilen als anerkannte Instanz zitiert wird. Aus soziologischer Sicht ist die Definition von „White Collar Crime" von Edwin H. Sutherland ausschlaggebend. Wichtige Quellen aus prüferischer Sicht sind das American Insititute of Certified Public Accountants (AICPA) und die 1998 gegründete Association of Certified Fraud Examiners (ACFE). Die sprachliche Ein- und Abgrenzung des Begriffs Fraud stellt insoweit wegen des Fehlens einer allgemeingültigen Definition eher eine Problembeschreibung dar.

2.2.1.1.1 Black's Law Dictionary

Dem Black's Law Dictionary zufolge ist Fraud ein generischer Begriff, der sämtliche vielfältigen Verhältnisse umfasst, die der menschliche Einfallsreichtum ersinnen kann und auf die ein Individuum zurückgreift, um einen Vorteil gegenüber einem anderen durch falsche Eindrücke oder die Unterdrückung der Wahrheit zu erlangen. Dies enthält sämtliche Überraschungen, Tricks, Durchtriebenheiten oder Arglisten und irgendwelche unfairen Wege, durch die ein Anderer hintergangen wird.[64]

[64] Garner (2004) definiert Fraud als einen generischen Begriff, „embracing all multifarious means which human ingenuity can devise, and which are resorted to by one individual to get an advantage over another by false suggestions or suppression of the truth. It includes all surprise, trick, cunning or dissembling, and any unfair way by which another is cheated"; zitiert in: ACFE, 2009 Fraud Examiners Manual (International Edition), S. 2201.

Der Vorteil muss in diesem Zusammenhang in einem weiten Sinne begriffen werden. Er umfasst nicht nur Geld oder Vermögenswerte, sondern auch persönliches Ansehen oder die Möglichkeit, der Durchsetzung seiner Vorstellungen. Hinsichtlich des generischen Begriffs werden in Black's Law Dicionary außerdem verschiedene Fraud-Typen definiert.[65]

2.2.1.1.2 White Collar Crime

Erste Versuche der Problembeschreibung durch die Begriffsdefinition zu White Collar Crime entsprangen dem soziologischen Ansatz durch den Soziologen Edwin H. Sutherland.[66] In seiner Definition stellt Sutherland auf täterbezogene Merkmale ab. Danach ist White Collar Crime beschrieben als Straftat, die von einer angesehenen oder wenigstens respektierten Person, mit hohem sozialen Ansehen, im Rahmen ihres Berufs unter Verletzung des entgegengebrachten Vertrauens begangen wird, wobei in den meisten der Fälle Mord, Ehebruch und Vergiftung auszunehmen sind, insofern als diese Straftaten üblicherweise nicht Teil ihrer beruflichen Tätigkeiten sind.[67]

Die Schwierigkeiten mit dieser Definition fallen unmittelbar ins Auge. Zum einen ist dies die Abgrenzung der Zugehörigkeit einer Person zur sogenannten „Upper Class". Zum anderen ist es sehr gut möglich, dass Straftaten im Wirtschaftsgeschehen auch Personen zuzuordnen sind, die der Upper Class unstreitig nicht angehören.[68]

Reiss / Biderman versuchen mit ihrer Definition von White Collar Crime diese Schwierigkeiten zu vermeiden. Sie verstehen unter White Collar Crime Verletzungen von Gesetzen, welche mit Strafen verbunden sind, unter Einbeziehung der Ausnutzung der wirtschaftlichen Macht, dem Einfluss oder dem Vertrauen in die legitime wirtschaftliche oder politische Bestellung des Täters zum Zweck der Erzielung eines illegalen Gewinns oder eine illegale Tat zur persönlichen oder die Organisation betreffende Bereicherung zu begehen.[69]

In der Weiterentwicklung des Ansatzes nach dem Konzept White Collar Crime wird im Folgenden der Aspekt der persönlichen Bereicherung unterschieden.

---

[65] Hierbei handelt es sich um die folgenden Typen: actual fraud, bank fraud, bankruptcy fraud, criminal fraud und fraudulent act.

[66] Vgl. ACFE (2009), S. 4301.

[67] Sutherland (1949), S. 9. White Collar Crime wird beschrieben als „Crime in the upper, white-collar class, which is composed of respectable, or at least respected, business, professional men" im Rahmen ihrer beruflichen Tätigkeit insofern unter Ausschluss „most of their cases of murder, adultery, and intoxication, since these are not customarily a part of their occupational procedures".

[68] Insofern denke man beispielsweise an einen Angestellten in der Finanzbuchhaltung, der im Rahmen seiner beruflichen Tätigkeit Kenntnis von vertraulichen internen Informationen erhält. Unter Ausnutzung dieses Informationsvorsprungs unternimmt der Angestellte Börsengeschäfte mit der Absicht, Gewinne zu erzielen: verbotener Insiderhandel.

[69] Biderman / Reiss (1980), S. 4: „White-collar law violations are those violations of law to which penalties are attached and that involve the use of a violator's position of significant power, influence or trust in the legitimate economic or political institutional order for the purpose of illegal gain, or to commit an illegal act for personal or organisational gain".

2.2.1.1.3 Occupational Fraud

Clinard / Quinney greifen den Aspekt der persönlichen bzw. die Organisation betreffende Bereicherung auf und stellen in ihrer Problembeschreibung „Occupational Crime" und „Corporate Crime" gegenüber. Unter Occupational Crime sind Delikte zu verstehen, die Beschäftigte mit dem Ziel der persönlichen Bereicherung im Rahmen ihrer beruflichen Tätigkeit zum Nachteil des Unternehmens begehen. Hingegen bezieht sich Corporate Crime auf Delikte, die von Unternehmen bzw. deren Beschäftigten zur Förderung des Unternehmensinteresses verübt werden.[70] Im Gegensatz zum Strafrecht in Deutschland, ist es in den USA möglich, eine juristische Person, für die letztendlich natürliche Personen gehandelt haben, strafrechtlich zu verfolgen. Dass dies in den USA möglich ist, lässt sich im Hinblick auf die oben dargestellte kulturelle Prägung besser verstehen.

Dies führt allerdings, je nach Betrachtungsstandpunkt, zu einer asymmetrischen Einordnung desselben Vorgangs. Das folgende Beispiel soll dies verdeutlichen:

Der Vertriebsmitarbeiter X der A-GmbH besticht den mit entsprechenden Vertragsvollmachten ausgestatteten Angestellten Y der Einkaufsabteilung der B-GmbH, um einen aus Sicht der B-GmbH weniger vorteilhaften Vertrag mit der A-GmbH abzuschließen. Vom Standpunkt der A-GmbH aus betrachtet müsste man zu dem Ergebnis kommen, dass es sich hierbei um Corporate Crime handelte. In der Betrachtung des Falles aus der Sicht der B-GmbH mit Fokus auf den Mitarbeiter Y käme man im Ergebnis zu einem Fall von Occupational Crime.

Für seine Zwecke definiert Wells Occupational Fraud als das Ausnutzen von jemandes berufliches Beschäftigungsverhältnis für dessen persönliche Bereicherung durch vorsätzlichen Missbrauch oder missbräuchliche Verwendung von Ressourcen oder von Vermögenswerten des Beschäftigungsgebers.[71] Auch nach dieser Definition müsste der Fall des bestechenden Vertriebsmitarbeiters X als Corporate Crime kategorisiert werden und liegt somit außerhalb des von Wells definierten Problembereichs. Für Wells ist Korruption eine Kategorie von Occupational Fraud, in welcher der Täter seinen Einfluss auf die Gestaltung eines Geschäftsvorfalls unrechtmäßig nutzt, um entgegen seiner Pflichten (gegenüber seinem Arbeitgeber oder anderen) Vorteile für sich selbst oder eine andere Person zu erzielen.[72]

[70] Clinard / Quinney (1973), S. 130ff.

[71] Wells, S. 1: definiert occupational fraud „as the use of one's occupation for personal enrichment through deliberate misuse or misapplication of the employing organisation's resources or assets".

[72] ebenda, S. 45: danach ist corruption eine der drei Hauptkategorien, „in which fraudsters wrongfully use their influence in a business transaction in order to procure some benefit for themselves or another person, contrary to their duty to their employer or the rights of another.".

2.2.1.1.4 Organisationen mit internationaler Bedeutung

Maßgeblich für die prüferische Sicht der Problembeschreibung Fraud bzw. dessen Definition ist die internationale Vereinigung der Wirtschaftsprüfer, International Federation of Accountants (IFAC).[73]

Ziel der IFAC ist es, den Berufstand der Wirtschaftsprüfer unter anderem durch die Entwicklung internationaler Prüfungsstandards (International Standards on Auditing (ISA)) von hoher Qualität zu stärken. Diese werden durch das International Auditing and Assurance Standards Board (IAASB) als Teil des IFAC veröffentlicht und richten sich an die Mitglieder, wodurch die Berufsträger nicht unmittelbar verpflichtet werden.[74] Die Mitgliedsorganisationen haben sich verpflichtet, ihre Mitglieder über die von der IFAC herausgegebenen Verlautbarungen zu informieren und auf eine grundsätzliche Transformation in nationale Vorschriften oder Grundsätze hinzuwirken.[75]

Gemäß ISA 240 „Die Verantwortung des Abschlussprüfers zur Berücksichtigung von Verstößen (Fraud) im Rahmen der Abschlussprüfung" (n. F.) wird in Tz. 6 Fraud allgemein definiert als „Verstöße", bei welchen es sich um „beabsichtigte Handlungen einer oder auch mehrere Personen aus dem Kreis der gesetzlichen Vertreter, der Mitglieder des Aufsichtsorgans, der Mitarbeiter oder Dritter [handelt], um sich durch diese Handlungen ungerechtfertigte oder rechtswidrige Vorteile zu verschaffen." Einschränkend kommt hinzu, dass sich der Begriff des Verstoßes im Sinne des internationalen Prüfungsstandards dabei ausschließlich auf solche Verstöße bezieht, die wesentliche falsche Angaben im Abschluss nach sich ziehen.[76] Im ISA 240 werden die beiden Arten von Verstößen (1) Manipulation der Rechnungslegung und (2) Vermögensschädigungen unterschieden.

Manipulationen der Rechnungslegung umfassen demnach „beabsichtigt falsche Angaben im Abschluss, einschließlich das Weglassen von Beträgen oder Angaben, um die Abschlussadressaten auf diese Weise in die Irre zu führen."[77]

Vermögensschädigungen umfassen „die Entwendung von Vermögensgegenständen der Einheit und werden oft von Mitarbeitern in Form von relativ kleinen und unwesentlichen Beträgen begangen. Allerdings können auch die gesetzlichen Vertreter und andere Führungskräfte daran beteiligt sein, die üblicherweise in einem noch erheblicheren Maße dazu in der Lage sind, Vermögensschädigungen in einer Art und Weise zu verschleiern oder zu verbergen, dass diese nur schwer aufgedeckt werden können."[78]

[73] Die IFAC ist eine global tätige Organisation mit über 175 Assoziierten bzw. Voll-Mitgliedern aus 130 Staaten. Nach eigenen Angaben würden circa 2,5 Millionen Wirtschaftsprüfer repräsentiert. Vgl. http://www.ifac.org; Stand vom 17. April 2015. Vertreter aus Deutschland sind die Wirtschaftsprüferkammer (WPK) sowie das Institut der Wirtschaftsprüfer in Deutschland e. V. (IDW).

[74] IDW, WP-Handbuch Band I (2006), B 57.

[75] ebenda, B 60.

[76] ISA 240 (Revised): The Auditor's Responsibility to Consider Fraud in an Audit of Financial Statements, WPg 2004, Tz. 6, S. 1287. Verstöße, die nicht auf die Rechnungslegung bezogen sind, werden in ISA 250: Consideration of Laws and Regulations in an Audit of Financial Statement behandelt.

[77] ebenda, Tz. 8, S. 1288.

[78] ebenda, Tz. 11, S. 1289.

Der ISA 240 ist maßgeblich beeinflusst durch die Arbeit der AICPA. Das AICPA ist keine internationale Organisation, kann aber als wesentlicher Impulsgeber für die IFAC und Wegbereiter für internationale Entwicklungen insbesondere auf dem Gebiet der internationalen Prüfungsstandards gesehen werden. Das AICPA ist der größte amerikanische Berufsverband und hat unter anderem die Aufgabe übernommen, seine Mitglieder mit der Erstellung von Richtlinien zu unterstützen. Das Auditing Standards Board des AICPA gibt die Statements on Auditing Standards (SAS) heraus. Mit der Verlautbarung des SAS No. 99: Consideration of Fraud in a Financial Statement Audit im Oktober 2002 (heute transformiert in AU-C 240) wurde die Regelung des US-amerikanischen Berufsstandes für den Umgang von Fraud im Rahmen der Abschlussprüfung geschaffen.

Demnach ist Fraud „a broad legal concept and auditors do not make legal determinations of whether fraud has occurred. (…) For purposes of the statement, fraud is an intentional act that results in a material misstatement in financial statements that are the subject of an audit."[79] Wie ISA 240 unterschied bereits SAS No. 99 „misstatements arising from fraudulent financial reporting" und „misstatements arising from misappropriation of assets" als die beiden einschlägigen Arten von Fraud. Die gewählten Definitionen stimmen überein.[80]

Als eine weitere Art von Verstößen käme die Korruption in Betracht.[81] Auch für den Begriff der Korruption bietet die Literatur viele Definitionen. In den einschlägigen Prüfungsstandards wird die Korruption nicht explizit erwähnt und scheint für Abschlussprüfer nur insofern ein Thema zu sein, als in diesen Fällen Gesetze berührt wären.[82] Dass die vom Abschlussprüfer zu prüfenden Angaben im Jahresabschluss tangiert sein könnten, kann sich der Berufsstand offenbar nicht vorstellen.[83]

[79] SAS No. 99: Consideration of Fraud in a Financial Statement Audit, Tz. 05.

[80] Vgl. ISA 240, Tz. SAS No. 99: Consideration of Fraud in a Financial Statement Audit, Tz. 6 und vgl. die jeweiligen Definitionen für Financial Statement Fraud bzw. Misappropriation of Assets mit den entsprechenden Definitionen gem. ISA 240, Tz. 8 bzw. Tz. 11.

[81] Transparency International (TI) definiert den Begriff folgendermaßen: Corruption is operationally defined as the abuse of entrusted power for private gain. TI further differentiates between „according to rule" corruption and „against the rule" corruption. Facilitation payments, where a bribe is paid to receive preferential treatment for something that the bribe receiver is required to do by law, constitute the former. The latter, on the other hand, is a bribe paid to obtain services the bribe receiver is prohibited from providing. Siehe: http://archive.transparency.org/news_room/faq/corruption_faq; Stand vom 17.04.2015.

[82] Aus der Sicht des deutschen Gesetzgebers wären dies insbesondere die §§ 331 ff. StGB bei Korruptionsdelikten, bei denen Amtsträger betroffen sind und die §§ 298 ff. StGB im geschäftlichen Verkehr.

[83] Folgendes Beispiel soll zu denken geben: Das Unternehmen A beauftragte den Generalunternehmer X mit der Errichtung des neuen Verwaltungsgebäudes für die Zentrale in M-Stadt. Die zu bilanzierenden Anschaffungskosten betrugen beispielhafte EUR 150.000. Der Generalunternehmer bestach jedoch den beim Unternehmen A für die Auftragserteilung zuständigen Beschäftigten B mit einem Bestechungsgeld von EUR 50.000. X finanzierte dieses Schmiergeld, indem er den Kaufpreis entsprechend erhöhte. Fraglich ist, ob die Anschaffungskosten nicht auf den Betrag von EUR 100.000 abzuschreiben wären. Wäre dies der Fall und würde eine entsprechende Abschreibung unterlassen, enthielte der zu prüfende Abschluss falsche Angaben.

Die Association of Certified Fraud Examiners (ACFE) ist die weltweit größte Anti-Fraud-Organisation mit mehr als 75.000 Mitgliedern und betätigt sich als Anbieter von Ausbildung und Trainings auf dem Gebiet der Bekämpfung von Fraud. In diesem Zusammenhang bietet die ACFE umfangreiches Material für Ausbildungs- und Trainingszwecke. Darüber hinaus beteiligt sich die Organisation an übergreifenden Initiativen z. B. in Zusammenarbeit mit der AICPA zur Weiterbildung von Abschlussprüfern.

Die ACFE legt ihrer Arbeit die gleiche Definition für „occupational fraud and abuse" zugrunde wie ihr Gründer Wells. Demnach handelt es sich um „the use of one's occupation for personal enrichment through the deliberate misuse or misapplication of the employing organization's resources or assets." Wie bereits erläutert wird von dieser Definition z. B. Korruption im Vertriebsbereich mit dem Ziel der Anbahnung oder dem Erhalten einer Geschäftsbeziehung zu einem Kunden nicht erfasst.

Zur besseren Anschaulichkeit wurden von der ACFE diverse denkbare Muster oder Vorgehensweisen von Tätern kategorisiert und im „Fraud Tree" visualisiert. Danach sind werden verschiedene Spielarten von Fraud in die drei Hauptkategorien Korruption, Vermögensmissbrauch und gefälschte Bescheinigungen (einschließlich Rechnungslegungsmanipulation) aufgeteilt.[84] Für die jeweiligen Kategorien hält die ACFE separate Definitionen bereit.

2.2.1.2 Begriffsverwendung im deutschen Sprachgebrauch

2.2.1.2.1 Der Begriff Fraud im Dienste der Rechtspflege

Als Rechtspflege bezeichnet Creifelds diejenige Tätigkeit, die im Rahmen der Gerichtsbarkeit ausgeübt wird. Sie besteht aus Rechtsprechung und der sonstigen Rechtspflege; zu dieser gehört insbesondere diejenige freiwillige Gerichtsbarkeit, die nicht Rechtsprechung darstellt (z. B. Grundbuchsachen), die Tätigkeit der Staatsanwaltschaften, die Zwangsvollstreckung, auch die Rechtsberatung Minderbemittelter. Vorsorgende Rechtspflege wird der Teil der freiwilligen Gerichtsbarkeit genannt, der den Notaren zugewiesen ist. Auch die Rechtsanwälte sind per Gesetz Organe der Rechtspflege.[85]

Das Bundesverfassungsgericht hat den Berufsstand des Steuerberaters aufgrund der gleichartigen Ausgestaltung der beruflichen Aufgaben, Pflichten und Organisation der beruflichen Selbstverwaltung mit dem Berufsstand des Rechtsanwalts gleichgestellt.[86] Nach Auffassung des Instituts der Wirtschaftsprüfer in Deutschland e. V. (IDW) kann für den Berufsstand des Wirtschaftsprüfers nichts anderes gelten, ohne dass der verfassungsrechtliche Gleichheitsgrundsatz verletzt würde, denn der Wirtschaftsprüfer unterscheide sich ebenso nicht vom Rechtsanwalt als Organ der Rechtspflege.[87] Demnach können auch Steuerberater

[84] ACFE (2009) S. 1301 f.

[85] Creifelds (2007), Stichwort Rechtspflege; vgl. auch § 1 Bundesrechtsanwaltsordung (BRAO).

[86] BVerfG, Entscheidung vom 04.07.1989, NJW 1989, 2611.

[87] http://www.idw.de/idw/download/St_C3_A4rkung.pdf?id=596164&property=Inhalt; Stand vom 17.04.2015, S. 4.

und Wirtschaftsprüfer als Organe der Rechtspflege verstanden werden, auch wenn dies nicht gesetzlich verankert ist.

Die Rechtspflege bildet den Kontext für den Begriff „forensisch". Er stammt ursprünglich aus dem Lateinischen und bedeutete „zum Forum gehörig, auf dem Forum befindlich". Das Forum war im alten Rom nicht nur der Marktplatz. In der Gemeinde wurde hier auch Gericht gehalten.[88] Seit Anfang des 20. Jahrhunderts wird forensisch in der Bedeutung gerichtlich, im Dienste der Rechtspflege stehend, die Gerichtsverhandlung betreffend verwendet.[89]

Nicht nur Gerichtsverhandlungen auch die übrigen Bereiche der Rechtspflege sind ihrerseits durch Gesetze und Normen geregelt. Hierin verwendete Begriffe sind dadurch mit konkreten Inhalten belegt und damit legal definiert. Einen gesetzlich definierten Überbegriff für Fraud, der solch ein Tun, Dulden oder Unterlassen umfasst, wodurch die Person rechtliche Vorschriften tangiert und rechtliche Konsequenzen ausgelöst werden, gibt es nicht. Deutsche Gesetze bieten keinen einheitlichen Begriff sondern normieren unterschiedliche Straftaten oder Delikte mit teilweise aber nicht vollständig gleichen Tatbestandsvoraussetzungen.[90]

In der deutschsprachigen Literatur wird Fraud häufig schlicht mit Betrug übersetzt. Aber eben dort, wo Tatbestände anderer Straftaten über diejenigen von Betrug hinausgehen, würde diese Übersetzung vom juristischen Standpunkt aus betrachtet zu eng sein.[91] Wie bereits erläutert stellt der Begriff Fraud in der englischen Sprache einen Sammelbegriff dar. Eine Übersetzung in die deutsche Sprache muss nicht nur deswegen scheitern, sondern auch, weil die herangezogenen deutschen, ihrerseits nicht überschneidungsfreien[92] Begriffe bereits durch eine Legaldefinition besetzt sind. Insgesamt ist festzuhalten, dass der Begriff Fraud nicht in deutschen Gesetzen auftaucht und rechtlich in Deutschland nicht definiert ist. Er kann daher im allgemeinen Sprachgebrauch für verschiedene Personen unterschiedliche Bedeutungen haben. Der Begriff Fraud ist damit in der deutschen Rechtspflege ohne einheitliche Bedeutung.

Alternativ wird als weiterer Begriff „Wirtschaftskriminalität" zur Bezeichnung dessen verwendet, was Fraud ausdrücken soll. Auch für diesen Begriff gibt es keine allgemein

---

[88] Wahrig-Burfeind (2006), Stichwort „forensisch".

[89] Strauß / Kämper u. a. (2004), S. 1009.

[90] Vgl. z. B. die Vorschriften zu Diebstahl und Unterschlagung gem. § 242 und § 246 StGB. Der Unterschied liegt im Gewahrsam der gestohlenen bzw. unterschlagenen Sache. Im zweiten Fall befindet sich die Sache zum Zeitpunkt der Tat bereits im Gewahrsam des Täters im ersten Fall noch nicht. Ist es z. B. nicht möglich, den Tätern Betrug, Diebstahl, Unterschlagung oder Bestechung nachzuweisen, kann immer noch versucht werden, auf der Grundlage von § 266 StGB Klage wegen Untreue zu erheben.

[91] Insoweit bliebe die unzulängliche Verwendung des Begriffs Betrug im Sinne eines unspezifizierten allgemeinen Sprachgebrauchs und muss daher abgelehnt werden.

[92] Aus der Sicht des praktischen Umgangs im Hinblick auf die Ermittlung bzw. Aufklärung des Sachverhalts unter Zugrundelegung der jeweiligen Hypothese des möglichen Szenarios ist größtmögliche Überschneidungsfreiheit zu fordern.

gültige Legaldefinition. Die Polizei bedient sich nach eigenen Angaben der Zuordnung von Straftaten zur Wirtschaftskriminalität des Katalogs von § 74 c Abs. 1 Nr. 1 bis 6 b des Gerichtsverfassungsgesetzes (GVG).[93]

Die Wirtschaftskriminalität ist von der Sozialkriminalität zu unterscheiden, die den Missbrauch von Sozialleistungen charakterisiert, z. B. bei der Schwarzarbeit.

Aber auch diese Definition überzeugt nicht. Durch die Eingrenzung des Begriffs auf Straftaten würden z. B. Bieterabsprachen als Ordnungswidrigkeiten zu wertende Kartellverstöße[94] nicht der Wirtschaftskriminalität zuzurechnen sein. Auch im Hinblick auf Schwarzarbeit scheint die Definition zu eng. Schwarzarbeit im großen Stil soll ja gerade wegen der hinterzogenen Steuern und Beiträge zur Sozialversicherung zu einem entscheidenden Preisvorteil gegenüber Wettbewerbern um den ausstehenden Auftrag führen. Sie ist damit nicht primär auf den Missbrauch staatlicher Wohlfahrts- oder Sozialleistungen zum Zweck der persönlichen Bereicherung gerichtet, sondern auf das Ausnutzen eines auf unlautere Art und Weise erzielten Vorteils gegenüber Wettbewerbern.

2.2.1.2.2 Die Abgrenzung des Fraud-Begriffs

Im Geschäftsleben können mithin auch Ordnungswidrigkeiten oder zivilrechtlich bedeutsame unerlaubte Handlungen begangen werden. Diese stellen nicht zwangsläufig eine Straftat dar. Darüber hinaus wird die berufliche bzw. geschäftliche Tätigkeit von Beschäftigten in der Regel nicht nur durch Gesetze und Dienstvertrag, sondern auch durch (Berufs-)Richtlinien und interne Dienstanweisungen geregelt. Das bewusste Übertreten stellt ebenfalls nicht zwangsläufig eine Straftat dar. Trotzdem sollten Fälle dieser Art vom Fraud-Begriff umfasst sein.

Bei Fraud handelt es sich um einen Sammelbegriff. Er umfasst absichtliche Verstöße gegen bestehende Pflichten, bei denen jemand im Rahmen seiner beruflichen oder geschäftlichen Tätigkeit durch sein Tun, Dulden oder Unterlassen einen anderen täuscht, um einen Vorteil für sich oder andere zu erlangen, wodurch ein Nachteil für andere einschließlich dem Getäuschten entstehen kann.

In diesem Zusammenhang soll das Unrechtbewusstsein des Täters aber nicht soweit ausgeprägt sein, dass er zum Taterfolg die Haltung eines „Na, wenn schon!" einnimmt. Oft ist ein Unrechtbewusstsein gar nicht erkennbar: „Wieso, die Anderen machen das doch auch!" Daher muss es genügen, wenn der Täter bei Anspannung aller seiner kognitiven Kräfte hätte erkennen können, dass sein Tun, Dulden oder Unterlassen für ein geschütztes Rechtsgut hätte gefährlich werden können.

---

[93] Vgl. Bundeskriminalamt, Wirtschaftskriminalität Bundeslagebild 2008, pressefreie Kurzfassung, S. 6.

[94] Vgl. z. B. die Bußgeldvorschriften des § 81 Gesetz gegen Wettbewerbsbeschränkungen (GWB). Darüber hinaus sind eigene Tatbestände im zivilrechtlichen Deliktsrecht (§§ 823 bis 853 Bürgerliches Gesetzbuch (BGB)) normiert, die eine Haftung begründen aber nicht zwangsläufig Straftaten darstellen.

Den Bezugsrahmen bilden zu beachtende Pflichten. Diese können sich aus geltenden Gesetzen ergeben, wie z. B. dem Bürgerlichen Gesetzbuch, dem Strafgesetzbuch, dem Handelsgesetzbuch, dem Aktiengesetz, dem Gesetz gegen Wettbewerbsbeschränkungen, dem Umsatzsteuergesetz, dem Bundesdatenschutzgesetz um nur einige aufzuzählen. Auch andere Rechtsquellen, die im Rahmen der geschäftlichen oder beruflichen Tätigkeit zu beachten sind, zählen hierzu: Gesellschaftsvertrag oder Satzung, Geschäftsordnung der Unternehmensleitung, Dienstvertrag, Vertrag zwischen Geschäftspartnern, interne Dienst- oder Arbeitsanweisungen.

Die berufliche oder geschäftliche Tätigkeit ist ein Abgrenzungsmerkmal, um Transaktionen auszuschließen, die dem privaten Lebensbereich einer Person zuzuordnen sind.

Eine Täuschung soll dann gegeben sein, wenn der Getäuschte, gegen den sich das Tun, Dulden oder Unterlassen richtet, eine falsche Auffassung vom zugrunde liegenden Sachverhalt hat und eine Entscheidung trifft, die er bei voller Kenntnis der wahren Umstände so nicht getroffen hätte. Als Adressaten der Täuschung kommen nicht nur Anteilseigner, Investoren, Aufsichts-, Finanz- oder sonstige Behörden oder Gläubiger in Betracht. Auch Auftraggeber, Vorgesetzte sowie die Unternehmensleitung oder Aufsichtsorgane können Adressat der Täuschung sein.

In der Differenz zwischen der Entscheidung des Getäuschten unter falscher Auffassung des Sachverhalts und der Entscheidung bei voller Kenntnis der wahren Umstände liegt der vom Täter bezweckte Vorteil. Dieser muss in einem weiten Sinne verstanden werden. So ist hierunter nicht nur jeder pekuniäre Aspekt zu verstehen. Auch ein bezweckter Zuwachs an Prestige und Ansehen oder Rechtfertigung nur zum Vorteil des Kollektivs[95] gehandelt zu haben ist hierunter zu fassen. Gleiches gilt, wenn ein Gesellschafter-Geschäftsführer den Jahresabschluss seiner Gesellschaft manipuliert, um von einem Kreditinstitut weitere Betriebsmittel- oder Liquiditätskredite zu erhalten, damit das Unternehmen weitergeführt werden kann. Bei Kenntnis der wahren Umstände hätte das Kreditinstitut keine weiteren Kredite gewährt und das bestehende Engagement fällig gestellt. Der persönliche Vorteil des auf sein Gehalt verzichtenden Gesellschafter-Geschäftsführers könnte in diesem Fall in seiner Motivation liegen, den äußeren Schein und das Ansehen seiner Person als erfolgreichen Geschäftsmann nicht zu beschädigen, indem er den erforderlichen Antrag zur Eröffnung eines Insolvenzverfahrens über das Vermögen der Gesellschaft vermeidet.

Ein Vorteil dieser umfassenden Sichtweise des Begriffs ist es, nicht die beiden Seiten der Medaille Korruption in Einkaufskorruption (occupational crime) einerseits und Vertriebskorruption (corporate crime) andererseits aufspalten zu müssen. Der Zweck, zu dem im Vertrieb die Vorgehensweise der Korruption angewendet wird, kann darin liegen, einen Auftrag anzubahnen oder eine Geschäftsbeziehung zu erhalten. Der unmittelbare Vorteil soll damit beim Auftrag nehmenden Unternehmen des Vertriebsmitarbeiters liegen. Dabei

[95] Gemeint ist der Fall der Vertriebskorruption, bei dem der Vertriebsmitarbeiter einen Mitarbeiter des Auftraggebers besticht, um von ihm den Auftrag für sein Unternehmen zu erhalten. Kollektiv ist in diesem Sinne das Auftrag nehmende Unternehmen, zu dessen vermeintlichen Gunsten gehandelt wurde.

wird regelmäßig verdrängt, dass sich die Risikoposition des Unternehmens in rechtlicher und wirtschaftlicher Hinsicht aufgrund der Verwendung unerwünschter Mittel und Methoden verschlechtert. Denn durch die Bestechung des Einkäufers durch den Vertriebsmitarbeiter können mögliche Schadenersatzansprüche des Geschäftspartners oder Auftraggebers sowie mögliche strafrechtliche Konsequenzen in Form staatlicher Sanktionen wie z. B. Gewinnabschöpfung drohen.

Der entstehende Nachteil kann den Getäuschten oder andere treffen und ist in einem umfassenden Sinne zu verstehen. So fällt hierunter nicht nur eine quantifizierbare Vermögensminderung oder verhinderte Vermögensmehrung. Auch die unter Umständen nicht quantifizierbare Verschlechterung der Risikoposition des Unternehmens durch Vertriebskorruption oder nicht genau messbare Reputationsschäden sind hierunter zu fassen. Diesen Nachteil müssen auch andere, nämlich die Mitarbeiter des Auftragnehmers im Falle der Vertriebskorruption tragen. Die Täuschung selbst richtet sich gegen den Auftraggeber, der den Auftrag bei Kenntnis des wahren Sachverhalts nicht erteilt hätte. Zusätzlich kommt hinzu, dass die Entscheidung des Adressaten der Täuschung ohne die Täuschung nicht denkbar wäre.

Für den praktischen Gebrauch ist die vorstehende Definition der absichtlichen Verstöße zu abstrakt und zu wenig praktikabel. In der anschaulichen Darstellung des Fraud Tree durch die ACFE[96] ist ein pragmatischer Ansatz zu sehen. Der Vorteil dieser Kategorisierung liegt in der geringen inhaltlichen Überschneidung der einzelnen Arten absichtlicher Verstöße. Zu berücksichtigen ist dabei, dass dem Fraud Tree[97] (Abb. 2.2) die Definition für Occupational Fraud zugrunde liegt und damit enger ist als die hier zu verwendende, die auch Corporate Crime einschließen soll. Betrachtet werden insoweit die Hauptkategorien (1) Manipulation von Finanzinformationen, (2) Missbrauch von Vermögenswerten und (3) Korruption. Zu den zu manipulierenden Finanzinformationen gehören nicht nur Jahres-, Konzern oder Quartals-Abschlüsse, sondern auch unternehmensinterne Managementinformationen und Steuererklärungen. Der Missbrauch von Vermögenswerten umfasst nicht nur die Entwendung von Sachen sondern schließt auch die unerlaubte Nutzung von Unternehmensressourcen (z. B. nicht für den privaten Gebrauch bestimmte Internetdienste sowie das hiermit verbundene Vorenthalten der eigenen, vertraglich angebotenen Arbeitskraft) ein. Schließlich sollen sich Korruptionsverstöße nicht nur auf die Arbeitnehmerseite sondern über die bereits häufiger bemühte Vertriebskorruption auch auf die Arbeitgeberseite beziehen. Als weitere Art von Verstößen ist Tax Fraud oder Steuerdelikte zu sehen.[98]

Die Manipulation von Abschlüssen oder Dokumenten ist – soweit Abschlüsse betroffen sind – die bewusst falsche Darstellung der finanziellen Leistungsfähigkeit eines Unterneh-

[96] Vgl. ACFE, 2008 Report to the Nation, S. 7; Wells (2007), S. 46.

[97] Vgl. ACFE (2009), S. 1302.

[98] Nicht näher betrachtet werden die folgenden Arten von Verstößen, obwohl diese durch die vorstehende Definition gedeckt sind: Schmuggel, Produktfälschung, Markenpiraterie, illegale Abfallentsorgung, Geldwäsche, Terrorismusfinanzierung etc.

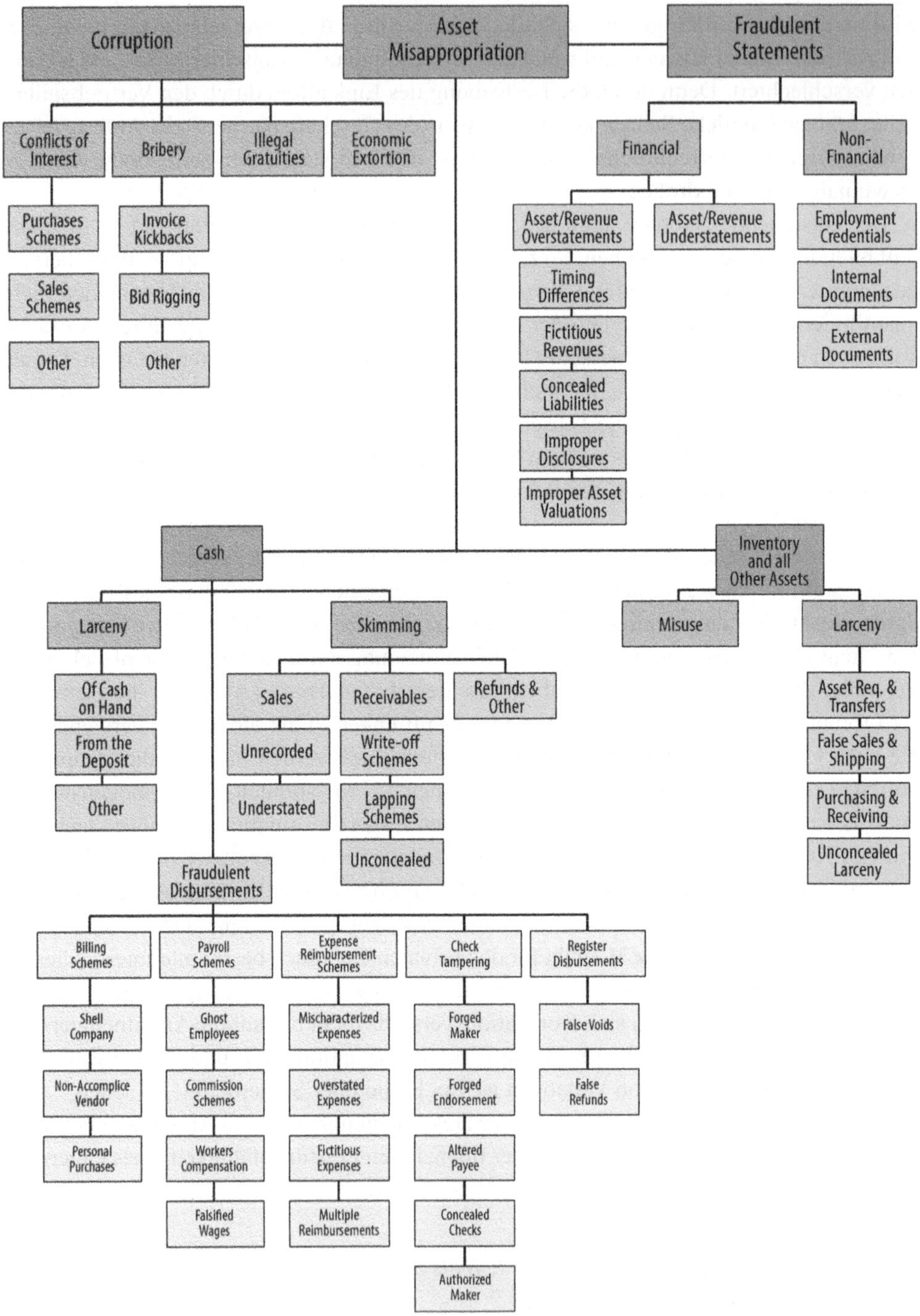

Abb. 2.2 Fraud Tree

mens durch beabsichtigt falsche Angaben, einschließlich des Weglassens von Beträgen oder Angaben, um die Abschlussadressaten zu täuschen.[99]

Die Manipulation der Rechnungslegung umfasst gewöhnlich die Überbewertung von Aktiva, Erlösen und Erträgen und die Unterbewertung von Passiva, Aufwendungen und Verlusten. Wie auch immer, das übergeordnete Ziel der Manipulation mag in einigen Fällen die entgegengesetzte Handlung erfordern, wie z. B. das Verschleiern von Budget-Überschüssen in guten Jahren um dem nachfolgenden Jahr zu helfen, welches als schwieriger erwartet wird.[100]

Vermögensschädigungen sind bei Weitem die meisten herkömmlichen Fälle von Verstößen durch die Entwendung oder unberechtigte Nutzung von Vermögensgegenständen oder Ressourcen des Unternehmens durch Mitarbeiter. Sie betreffen drei Haupt-Kategorien von Mustern in Bezug auf Bareinnahmen, gefälschte Barausgaben, die Entwendung von Vorräten oder anderen Vermögenswerten, die nicht liquide Mittel sind.[101]

Liquide Mittel sind der Fokus der meisten Buchungseinträge. Liquide Mittel, sowohl auf Bankkonten als auch in der Kasse können durch viele verschiedene Muster entwendet werden. Diese Muster können, abhängig davon wo sie auftreten, sowohl Vorgänge innerhalb als auch außerhalb der Buchführung betreffen.[102]

Bei Mustern gefälschter Barausgaben verwendet ein Beschäftigter Unternehmensmittel für einen unlauteren Zweck. Beispiele hierfür schließen die Fälschung von Schecks, die Einreichung von falschen Rechnungen, Manipulation von Zeitkarten und so weiter. In ihrer äußeren Aufmachung erscheinen die gefälschten Barausgaben nicht verschieden von regulären Barausgaben.[103]

Beschäftigte zielen darauf ab, Vorräte, Arbeitsgeräte, Zubehör und andere Vermögenswerte als liquide Mittel zu entwenden. Diese Muster können vom Diebstahl einer Schachtel von Schreibern bis zum Diebstahl von Equipment im Wert von Millionen Euro reichen. Der Begriff Vorräte und andere Vermögenswerte soll in Bezug auf Muster der Vermögensschädigungen bedeuten, dass alle Vermögenswerte außer liquiden Mitteln gemeint sind.[104]

Generell sind Korruption und Bestechung Verstöße außerhalb der Buchführung, die in der Form von Schmiergeldern (Kickbacks), Geschenken oder Zuwendungen an Amtsträger von Auftragnehmern oder an Beschäftigte von Unternehmen der Privatwirtschaft von Lieferanten oder Dienstleistern auftreten.[105]

Im Grunde ist eine Bestechung ein geschäftlicher Vorgang, wenn auch illegal oder unethisch. Eine Person „kauft" etwas mit dem Bestechungsgeld, das er bezahlt. Was er kauft ist Einfluss auf den Empfänger. Bestechungsmuster können kompliziert und teuer sein. Obgleich diese lange nicht so häufig sind wie andere Formen von Verstößen wie

[99] ACFE (2009), S. 1303 ff.

[100] ACFE (2009), S. 1303 ff.

[101] ACFE (2009), S. 1401 ff.

[102] ACFE (2009), S. 1401 ff.

[103] ACFE (2009), S. 1501 ff.

[104] ACFE (2009), S. 1601 ff.

[105] ACFE (2009), S. 1701 ff.

Missbrauch von Vermögenswerten, tendieren Bestechungsmuster dazu viel kostspieliger zu werden.[106]

2.2.2 Ursachen von Wirtschaftskriminalität im Unternehmen

Im Zuge der in den letzten Jahren öffentlich gewordenen Fällen von Wirtschaftskriminalität ist das Thema mittlerweile auf der Agenda von Vorständen, Geschäftsführern und Aufsichtsräten weiter nach oben gerückt. Eine steigende Anzahl von Unternehmen investiert in Präventions- und Entdeckungsmechanismen. Zum einen aufgrund gestiegener Sensibilität gegenüber dem Thema und den drohenden gesetzlichen Sanktionen, zum anderen aufgrund einer besseren Kenntnis über die Möglichkeiten der Verhinderung wirtschaftskrimineller Handlungen im eigenen Unternehmen. Jedoch ist damit eine wirksame Prävention von Wirtschaftsstraftaten nicht erreicht. Die Ergebnisse der aktuellen Studie zur Wirtschaftskriminalität bestätigen erneut, dass Wirtschaftskriminalität weiterhin ein hohes Risiko für die Unternehmen darstellt und den betroffenen Unternehmen im Jahr ein durchschnittlicher Schaden in Höhe von 300.000 Euro Schaden.[107] Häufig sind die Präventions- und Aufdeckungsmaßnahmen zu unspezifisch. Darüber hinaus wiegen sich Unternehmen oftmals in einer fälschlicherweise gefühlten Sicherheit und unterschätzen das Risiko für das eigene Unternehmen. Insofern gilt es, neben der Stärkung des Problembewusstseins weitere Fortschritte bei der Entwicklung ursachenorientierter Maßnahmen zur Prävention und Bekämpfung von Wirtschaftskriminalität zu entwickeln. Wirksame Prävention setzt aber das Verständnis der Ursachen von Wirtschaftskriminalität voraus. Die nachfolgenden Abschnitte befassen sich daher mit den Ursachen von Wirtschaftskriminalität.

2.2.2.1 Kriminologische Erklärungsversuche

Eine wirksame Prävention und Bekämpfung von Wirtschaftskriminalität muss an den Ursachen ansetzen. Warum manche Menschen auch unter regelwidrigen Umständen Gesetze befolgen und wieder andere nur eine sehr geringe Hemmschwelle zu delinquentem Verhalten zeigen, ist eine sehr alte Frage und wird nach wie vor kontrovers diskutiert.

Die klassische Kriminologie basiert auf dem philosophischen Prinzip des Utilitarismus[108], die Lehre, die im Nützlichen die Grundlage des sittlichen Verhaltens sieht und ideale Werte nur anerkennt, sofern sie dem einzelnen oder der Gemeinschaft nützen. Insofern wird kriminelles Verhalten attraktiver, wenn die erwarteten Gewinne voraussichtlich größer sind, als die mit diesen Taten verbundenen Verluste (z. B. Strafen, Rufschaden, finanzielle Folgeverluste). Per Saldo also finanziell nutzenbringend sind.

[106] ACFE (2009), S. 1701 ff.

[107] KPMG, Wirtschaftskriminalität in Deutschland 2012, S. 3.

[108] ACFE, 2005 Fraud Examiners Manual, S. 4201.

2.2.2.1.1 Theorie der differentiellen Kontakte

Die Theorie der differentiellen Kontakte (Theory of Differential Association) wurde 1939 von dem amerikanischen Soziologen Edwin H. Sutherland (Indiana University) im Rahmen seiner Publikation „Principles of Criminology" veröffentlicht und ist heute eine der bedeutendsten Kriminalitätstheorien.[109] Er ging davon aus, dass kriminelles Verhalten in Interaktion mit anderen, vertrauten Personen in einem Kommunikationsprozess gelernt wird. Für ihn schloss das Lernen kriminellen Verhaltens zweierlei ein: Das Erlernen der Techniken zur Ausführung des Verbrechens und das Erlernen der spezifischen Richtung, d. h. das Erlernen von Motivation, Trieben, Rechtfertigung und persönlicher Einstellung. Welche spezifische Richtung die Motive und Triebe nehmen, ob sie also mehr zu konformen oder nonkonformen Verhalten drängen, ist davon abhängig, welche Bedeutung das Umfeld des Betroffenen der Rechtsnorm beimisst. Wird in einer Gruppe kriminelles Verhalten geduldet, so steigt die eigene Bereitschaft zu wirtschaftskriminellen Handlungen.

Edwin H. Sutherland prägte den Begriff „White-Collar Crime" und brachte damit zum Ausdruck, dass im oder durch Unternehmen begangene Kriminalität durch Personen im Rahmen deren Funktion/Stellung im Unternehmen erfolgt.

2.2.2.1.2 Das Fraud Triangle

Das erste Modell, das die verschiedenen Phänomene der Wirtschaftskriminalität darstellt, stammt aus den 1940er-Jahren und wurde von Donald R. Cressey, einem Schüler von Edwin H. Sutherland, entwickelt, der sich im Rahmen seiner Dissertation mit den Entstehungsgründen von Fraud in Unternehmen beschäftigt hatte. Im Gegensatz zu Sutherland, dessen Vorliebe der „Upper-World Criminality" galt, widmete sich Cressey überwiegend dem Thema Veruntreuung im Unternehmen. In diesem Zusammenhang suchte Cressey rund 200 Gefangene in Gefängnissen des Mittleren Westens der USA für Befragungszwecke auf.[110]

Die Auswertung der Befragungen mündete in Cresseys klassischer Lehre über den im Rahmen seiner Berufstätigkeit agierenden Straftäter (occupational offender), den Vertrauensbrüchigen (trust violator). Diese beinhaltet die Hypothese, dass Vertrauenspersonen vertrauensbrüchig werden, wenn:

- sie sich in der Situation sehen, ein nicht mit anderen teilbares bzw. abwälzbares finanzielles Problem zu haben (Motivation),
- und sie sich dessen bewusst sind, dass sie dieses Problem auf geheime Weise durch Verletzung einer finanziellen Vertrauensposition lösen können (Gelegenheit),
- und sie in der Lage sind, sich in dieser Situation auf deren eigene Einrede zu beziehen, was ihnen ermöglicht, ihr Verständnis von sich selber als Vertrauensperson an

[109] Wells (2007), S. 5.

[110] ACFE, 2005 Fraud Examiners Manual, S. 4502.

Abb. 2.3 Fraud-Triangle

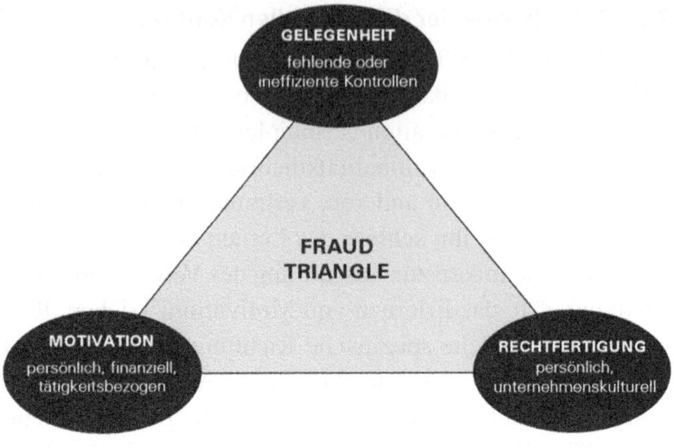

ihr Verständnis von sich selber als Benutzer von anvertrautem Geld oder Vermögen auszurichten (Rechtfertigung).[111]

Im Laufe der Zeit wurde diese Hypothese besser bekannt als das sog. Fraud Triangle (Abb. 2.3).

2.2.2.1.2.1 Motivation

Nach Cressey's Theorie ist Auslöser wirtschaftskriminellen Handelns ein finanzielles Problem. Die schlechte finanzielle Lage soll durch Veruntreuung von liquiden Mitteln ausgeglichen werden. Weitere Motive neben einer finanziellen Notsituation können das Streben nach Luxus, Rache, Habgier, Langeweile oder auch Leistungsdruck sein. Letzterem ist ein nicht zu unterschätzender Faktor in Bezug auf die Motivation zur Begehung krimineller Handlungen beizumessen. Die Zunahme an Leistungsdruck durch zu hohe Anforderungen an den Betroffenen, bspw. durch Zeitknappheit, gegebene schlechte Performance, unrealisierbare Zielvorgaben durch Vorgesetzte oder sich selbst, bewirkt früher oder später einen Leistungsabfall (Qualität, Engagement, Begeisterungsfähigkeit etc.). In dieser Situation ist die Hemmschwelle für die Begehung krimineller Handlungen sehr gering (Abb. 2.4).

2.2.2.1.2.2 Gelegenheit

Wurde im Unternehmen von jemandem eine wirtschaftskriminelle Handlung begangen deutet das darauf hin, dass die internen Kontrollen und die organisatorischen Verhältnisse ineffektiv ausgestaltet sind. Je komplexer und unbeständiger die Organisationsstrukturen

[111] Vgl. Cressey (1973), S. 30: „Trusted persons become trust violators when they conceive of themselves as having a financial problem which is non-sharable, are aware this problem can be secretly resolved by violation of the position of financial trust, and are able to apply to their own conduct in that situation verbalizations which enable them to adjust their conceptions of themselves as trusted persons with their conceptions of themselves as users of the entrusted funds or property".

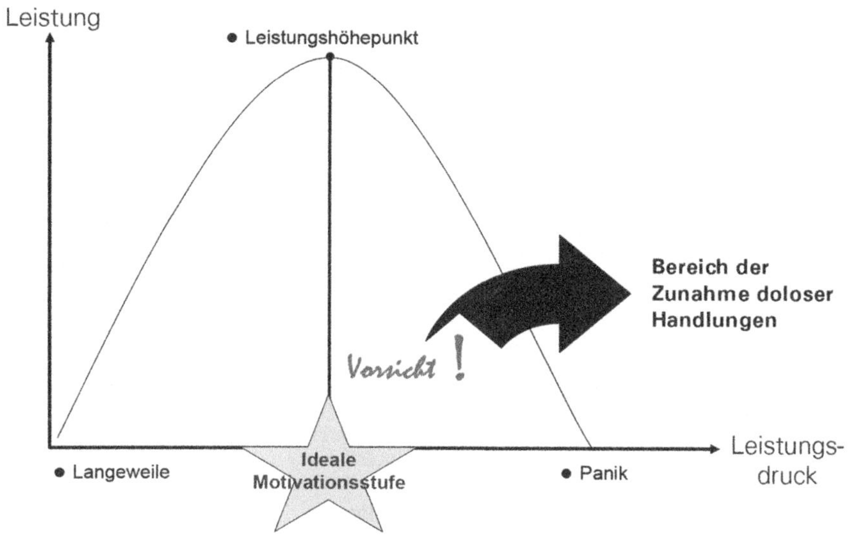

Abb. 2.4 Modell zur Motivationspsychologie: Leistungsdruck als Indikator für doloses Verhalten

sind, desto größer ist das Risiko für strafbare Handlungen. Die Einrichtung eines effektiven Internen Kontrollsystems (IKS) erhöht die Entdeckungswahrscheinlichkeit und das Risiko des Täters.

2.2.2.1.2.3 Rechtfertigung

Der Aspekt der Rechtfertigung hat wie die Motivation eine stark subjektive Komponente, wenngleich der soziale Kontext einen entscheidenden Einfluss auf die Moral hat. Insofern müssen zum einen die involvierten Personen charakterlich und nach ihren ethischen Moralvorstellungen gewillt sein, die schädigende Handlung absichtlich vorzunehmen. Zum anderen ist die bestehende Unternehmenskultur entscheidend für die individuelle Wahrnehmung verbotener Handlungen bzw. deren Rechtfertigung.

(Straf)Täter neigen dazu, sich nicht als Kriminelle, sondern als Opfer einer unverschuldeten bzw. unglücklichen Situation zu sehen. Ihr unrechtmäßiges Verhalten rechtfertigen sie daher mit der von ihnen vorgefundenen Unternehmenssituation. Rechtfertigungsstrategien können sein:

- „die anderen machen das ja auch" (Verweis auf die guten Sitten),
- „ich hab's mir nur geliehen" (Verlagerung der Verantwortung),
- „sonst hätte es jemand anderes getan" (Betonung der Zwangsläufigkeit),
- „ich habe mir nur geholt, was mir zusteht" (Berufung auf Reziprozität),
- „jetzt sind wir quitt" (Betonung der Genugtuung),
- „das Unternehmen kann das ohnehin verkraften" (Verneinung des Schadens).

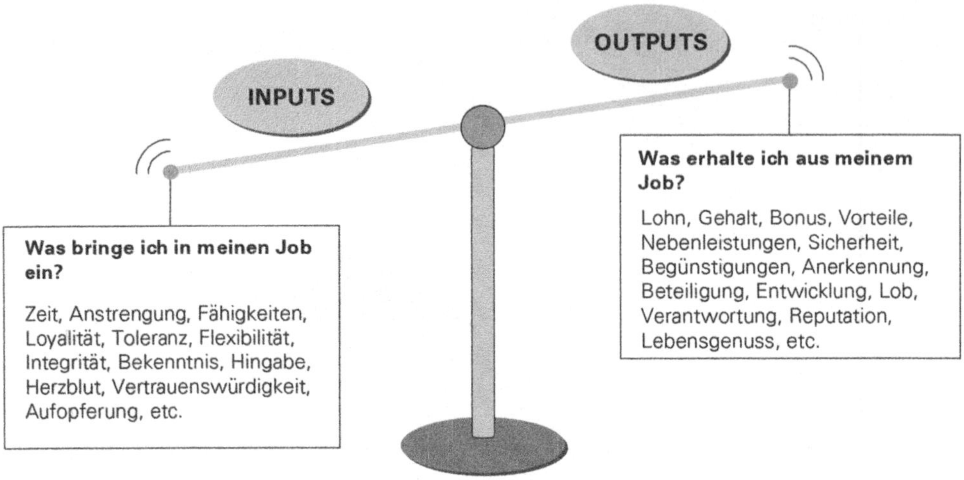

Abb. 2.5 Adams' Equity Theory diagram – job motivation

Ein weiterer Aspekt der Rechtfertigung ist auch die Berufung auf Gerechtigkeit. Auf der Grundlage der von John Stacey Adams entwickelten Equity-Theorie wird die Verteilung von Ergebnissen als gerecht wahrgenommen, wenn das Verhältnis des eigenen Beitrags (z. B. Zeitaufwand, Anstrengung, Fähigkeiten, Loyalität, Herzblut etc.) zum eigenen Ertrag (z. B. Entlohnung, Bonus, Entwicklungsmöglichkeiten, Verantwortung, Reputation etc.) dem von Vergleichspersonen entspricht (Abb. 2.5).[112]
Messen Mitarbeiter den ethischen Unternehmenswerten bzw. Richtlinien eine geringe Bedeutung zu, begünstigt dies die Bereitschaft, kriminell zu handeln.

Ob der Hypothese von Cressey Allgemeingültigkeit beigemessen werden kann, erscheint unter Berücksichtigung sozialer Faktoren und individueller Veranlagung zweifelhaft. Mögliche Veranlagungs-Szenarien lassen sich anhand der sog. Sandwich-Theorie[113] veranschaulichen:

- Die obere Hälfte des Sandwiches repräsentiert 20 % an grundehrlichen Menschen mit gefestigten moralischen Werten. Auch durch Verlockungen lassen sich diese Menschen nicht zu Korruption verleiten.
- Der Sandwichbelag in der Mitte repräsentiert 60 % der Menschen, die sich von Versuchungen verleiten lassen (potenzielle Gelegenheitstäter). Diese Menschen verhalten sich so ehrlich, wie es die Umstände (Entdeckungsrisiko, Strafmaß, Gelegenheit) erlauben.
- Die untere Hälfte des Sandwiches repräsentiert 20 % an unehrlichen Menschen mit einer hohen kriminellen Energie. Auch hohe Strafen oder ein hohes Entdeckungsrisiko wirken nicht abschreckend.

[112] Vgl. auch Maier et al. (2006).

[113] Vgl. auch Pies et al. (2005).

▸ **Beraterhinweis** Präventionsarbeit im Sinne des Modells von Cressey bedeutet also in erster Linie, die drei Faktoren zu reduzieren. Die Bündelung verschiedener ursächlicher Faktoren der Wirtschaftskriminalität in einem Betrugsdreieck ist in der Praxis für eine erste Strukturierung des Problems in jedem Fall hilfreich. Tatsächlich sind es immer wieder diese drei Schlüsselfaktoren, die in ihrem Zusammenwirken das Risiko einer deliktischen Handlung begünstigen.[114] Dabei ist der Faktor der Gelegenheit aus Sicht der Unternehmen am leichtesten beeinflussbar und muss daher zentrale Ansatzpunkt des Anti-Fraud Managements sein.

Die Analyse der Ursachen von Wirtschaftskriminalität stellt nach wie vor den Versuch dar, Gründe für die Verursachung von sehr verschiedenen Formen der Wirtschaftskriminalität herzuleiten. Zwar beleuchten die Theorien wichtige Teilaspekte und tragen zu den erforderlichen Erkenntnisfortschritten bei, jedoch ist die Ursachenanalyse nur zu einem geringen Teil theoriegeleitet. Darüber hinaus verändert sich teilweise auch die Art wirtschaftskrimineller Handlungen, was theoretische Weiterentwicklung erfordert. Insofern gibt es auch gegenwärtig keine umfassende Theorie, die die Ursachen von Wirtschaftskriminalität abschließend erklären könnte.

2.2.2.2 Sozioökonomische Aspekte

Aus soziologischer Sicht steht bei der Betrachtung von Fraud weniger der Täter selbst, als vielmehr sein gesellschaftliches Umfeld im Mittelpunkt der Analyse. Ausgangspunkt ist, dass Menschen durch ihre Umwelt geprägt werden. Hierzu gehören gesellschaftliche Normen und individuelle Vorstellungen von Legalität. Insofern bringt die Umwelt bei einem entsprechenden „Nährboden" Wirtschaftsstraftäter hervor. Grundsätzlich gibt es unabhängig von der Größe oder Branche eines Unternehmens stets inhärente Kriminalitätsrisiken, die das Unternehmen bedrohen. Wenngleich die Bedrohung hinsichtlich der verschiedenen denkbaren Deliktsarten höchst unterschiedlich sein mag, treten bei Untersuchungen häufig Faktoren zutage, die das Unternehmen bereits viel früher zu der Erkenntnis gebracht haben müssten, dass irgendetwas nicht stimmt.[115]

Betrachtet man die allgemeinen Ursachen, die nach Auffassung der befragten Unternehmen Einfluss auf die Zunahme von Wirtschaftskriminalität haben, so handelt es sich dabei größtenteils um Faktoren, die bereits zu einem Charakteristikum unserer heutigen Gesellschaft geworden sind.[116] So werden als gesellschaftliche Trends, die die Entwicklung der Wirtschaftskriminalität ursächlich beeinflussen, insbesondere die zunehmende Unternehmenskomplexität durch Internationalisierung, das unterschiedliche Werteverständnis

[114] Bantleon / Thomann, DStR 2006, 4.

[115] KPMG, Anti-Fraud-Management, S. 10; Huntington et al. (1999), S. 17 ff.

[116] Hofmann (2008), S. 34.

auf den Märkten sowie die abnehmende Loyalität von Mitarbeitern genannt.[117] Es ist daher ersichtlich, dass Wirtschaftskriminalität eine Teilmenge der sowohl ökonomisch als auch ethisch relevanten Risiken bildet.

2.2.2.2.1 Komplexe Unternehmensstrukturen

Die zunehmende Komplexität von Unternehmen kann allgemein als einer der wesentlichen Einflussfaktoren für den Anstieg der Wirtschaftskriminalität gesehen werden. Vielfach bleiben die organisatorischen Strukturen hinter dem Expansionsstreben zurück. Die komplexen und unübersichtlichen Beteiligungsstrukturen und Prozessabläufe führen zu einem erhöhten Potenzial für Informationsdefizite und für Unregelmäßigkeiten in der Rechnungslegung und bilden oftmals einen Deckmantel für deliktische Handlungen.[118] Häufig wird deshalb gar nicht erkannt, dass hinter einer Unternehmenskrise oder einem Vermögensverlust wirtschaftskriminelles Handeln steht.

▶ **Beraterhinweis** Bei etlichen der in den letzten Jahren bekannt gewordenen Fälle haben insbesondere unübersichtliche Organisationsformen und die Größe eines Unternehmens eine Rolle für Wirtschaftsstraftaten gespielt. Auch ein Strukturwandel in Unternehmen schafft unter Umständen neue Risiken. Vor allem Veränderungen innerhalb der Leitungsebene können sich auf die Unternehmenskultur auswirken und vorhandene Kontrollmechanismen, Informationskanäle oder Verantwortungsbereiche aufweichen.[119]

2.2.2.2.2 Globalisierung und technischer Fortschritt

Mit der weiter voranschreitenden Globalisierung verändern sich auch die Formen der Wirtschaftskriminalität. Vor allem die internationale Bankenkrise hat deutlich vor Augen geführt, wie global vernetzt einzelne Wirtschaftsbereiche sind und wie krisenanfällig diese Branchen dadurch weltweit werden. Die Komplexität der internationalen Finanzmärkte und Finanzprodukte ist so weit fortgeschritten, dass auch professionelle Marktteilnehmer nicht mehr alle Risiken überblicken. In einer Studie zur Wirtschaftskriminalität gaben 75 % der befragten Unternehmen an, dass die zunehmende Unternehmenskomplexität durch Internationalisierung ein Grund für die Zunahme von Wirtschaftskriminalität sei.[120] Darüber hinaus potenzieren sich mit der fortschreitenden Entwicklung internationaler Netzwerke auch die Betrugsmöglichkeiten für technisch versierte Täter. Durch Softwarepiraterie, Sicherheitslücken beim Versenden von E-Mails, Datenspionage und dem Missbrauch von Kreditkarten-PINs im Internet wird das Thema Sicherheit mehr und mehr zum Problem.[121]

[117] KPMG-Studie 2012, S. 10.

[118] Hofmann (2008), S. 43.

[119] Huntington et al. (1999), S. 18.

[120] KPMG-Studie 2012, S. 10.

[121] Huntington et al. (1999), S. 156.

Zwar sind nach wie vor die klassischen Vermögensschädigungen wie Diebstahl, Unterschlagung, Betrug und Untreue die am häufigsten auftretenden Delikte. Jedoch zeigt die aktuelle Umfrage doch Neuentwicklungen von Straftaten auf. So ist das Thema E-Kriminalität mit nun 53 % der im Unternehmen am häufigsten auftretenden Wirtschaftsdelikte auf dem Vormarsch (im Gegensatz dazu waren 2006 lediglich 23 % der befragten Unternehmen Opfer von E-Kriminalität).[122] Betroffen sind davon nicht nur große Unternehmen, sondern insbesondere auch kleine und mittelständische Unternehmen.

Im Rahmen der Aufdeckungsarbeiten setzen Unternehmen zwar ein erweitertes Spektrum an Instrumenten ein. 62 % der befragten Unternehmen gaben an, Monitoringsysteme unter Einbeziehung von Frühwarnindikatoren („Red Flags") als Verfahren zur Aufdeckung einzusetzen (2006: 34 %). Auch statistische Verfahren sowie spezielle Prüfsoftware sind mit inzwischen 38 % etablierter Bestandteil des Instrumentariums. Bedenkt man jedoch, dass die Durchführung analytischer Prüfungshandlungen bei den heute üblichen Datenmengen meist nur durch den Einsatz spezieller Prüfsoftware möglich ist, muss die Verbreitung dieser Verfahren bisher als zu gering eingestuft werden.[123] Viele Unternehmen sind sich der Risiken, die eine mangelnde IT-Sicherheit mit sich bringt, nicht bewusst. Teilweise wird auch aus Kostengründen auf die Implementierung von ausreichenden Schutzmaßnahmen verzichtet, wobei dadurch auf lange Sicht hohe Kosten riskiert werden.

2.2.2.2.3 Werte, Normen und Moral

Die weitaus häufigsten Wirtschaftsdelikte, von denen die befragten Unternehmen in den letzten drei Jahren betroffen waren, sind die klassischen Vermögensschädigungen Betrug (61 %), Diebstahl / Unterschlagung (57 %) und Untreue (45 %). Die Fälschung von Finanzinformationen sowie Formen des sog. Corporate Misconducts, wie beispielsweise Bestechung und Kartellrechtsverstöße, kamen vergleichsweise selten vor, jedoch nimmt deren Bedeutung zu.[124] Die Analyse der Bereiche, die durch Wirtschaftskriminalität betroffen waren, zeigt eine starke Verschiebung zu den Bereichen Finanz- und Rechnungswesen sowie zum Kreditgeschäft. Daraus lässt sich ableiten, dass wirtschaftskriminelle Handlungen in der Unternehmenshierarchie weiter nach oben wandern, da eine Kontrollumgehung in diesen Bereichen meist eine gehobene Stellung sowie Fachwissen voraussetzt. Die „Risikogruppe" ist somit weniger außerhalb des Unternehmens, sondern durchaus in den eigenen Reihen zu vermuten. Dies zeigt sich allein daran, dass man in den großen Wirtschaftsstrafverfahren immer wieder auf gut organisierte Strukturen unter Beteiligung von Mitarbeitern, Management und Geschäftspartnern sowie auf weltweite Firmengeflechte stößt.[125]

Unabhängig davon gilt als Hauptursache für Wirtschaftskriminalität im eigenen Unternehmen unter Deutschlands Managern der Verfall gesellschaftlicher Werte. In diesem Zusammenhang wird neben der abnehmenden Loyalität der Mitarbeiter auch das Nichternst-

[122] KPMG-Studie 2012, S. 8.

[123] KPMG-Studie 2012, S. 12.

[124] KPMG-Studie 2012, S. 8.

[125] Schaupensteiner, BKA-Herbsttagung 2008, S. 4.

nehmen der anzuwendenden Verhaltensrichtlinien genannt.[126] Diese verbreitete Ansicht trifft den Kern des Problems. Kriminologische Forschungen bestätigten immer wieder, dass keine andere Kriminalitätsursache von vergleichbarer Bedeutung ist als die abnehmende Loyalität – also nicht bestimmte Persönlichkeitsmerkmale oder Gelegenheiten.[127]

> **Beraterhinweis** Zwar schaffen vermehrte Gelegenheiten und geringere Kontrollen ein erhöhtes Kriminalitätsrisiko. Aber eine hohe Akzeptanz von Gesetzen und Werten sowie eine hohe emotionale und soziale Bindung an das Unternehmen hemmt die Nutzung krimineller Gelegenheiten und bietet einen gewissen Schutz vor Schädigung. Ein Klima der Distanz und Anonymität im Unternehmen erhöht mit großer Wahrscheinlichkeit die Bereitschaft zu strafbarem Verhalten. Insofern setzen Kontrollmaßnahmen eigentlich zu spät an, denn Gelegenheiten unterliegen einem durch Werte und Normen gefilterten Wahrnehmungsprozess.

Zum enormen Anstieg schwindender Mitarbeiterloyalität liefert die Studie der Association of Certified Fraud Examiners (ACFE), bei der mehr als 500 Wirtschaftsforensiker aus den USA zum Thema Mitarbeiterkriminalität in Zeiten der Krise befragt wurden, bemerkenswerte Erkenntnisse. Danach ist die Anzahl der Fälle von Betrug, Diebstahl, Korruption und Spionage seit Beginn der weltweiten Finanzkrise drastisch angestiegen.[128] Die verschärften Bedingungen auf dem Markt führen zu einem noch brutaleren Wettbewerb. Einst loyale Mitarbeiter empfinden ihre persönliche / berufliche Situation als ungerecht und sehen sich zur eigenen Rechtfertigung für ihr kriminelles Handeln eher als Opfer denn als Täter. Vor allem die Angst vor einem Jobverlust scheint viele zu strafbarem Verhalten zu treiben. Fast 80 % der Befragten gaben an, dass Entlassungen die Moral der Belegschaft untergraben würden. Anfällig seien neben Menschen mit Angst vorm Jobverlust auch Vertriebsmitarbeiter, die trotz Wirtschaftskrise gleichbleibend hohe Absatzziele erfüllen müssten. Folglich entsteht ein ganz neues Täterprofil: Das des sog. Krisentäters.[129]

2.2.3 Ursachenorientierte Bekämpfung von Wirtschaftskriminalität

Die Compliance-Kultur nach dem Vorbild angloamerikanischen Rechtsraums wurde bis vor wenigen Jahren noch in der deutschen Wirtschaft als ein unternehmensfremdes Ethik-Thema abgetan. Wirtschaftlicher Erfolg und ethisches Wirtschaften schienen nichts gemein zu haben. Mittlerweile haben die Korruptionsskandale in großen deutschen Konzernen für eine neue Betrachtung des Themas gesorgt. Compliance / Regelüberwachung gilt als ein bedeutendes Element der ordnungsgemäßen Unternehmensführung (Corporate Governance).

---

[126] KPMG-Studie 2010, S. 22.

[127] Bussmann, zfwu 2004, 45.

[128] Shinde, Handelsblatt 21.04.2009, 17.

[129] Brambusch, impulse 14.05.2009, 10.

2.2.3.1 Corporate Governance – wertorientiertes Management

Die Corporate Governance (CG) ist immer dann besonders in das öffentliche Interesse gerückt, wenn der Fortbestand großer Unternehmen infrage gestellt war. Spätestens durch die Bilanzskandale bei Enron und Worldcom oder durch andere, das Vertrauen in die Kapitalmärkte erschütternde Unternehmensschieflagen, besteht internationaler Konsens hinsichtlich des Erfordernisses einer „guten" CG. Bisher existiert weltweit noch kein einheitliches Verständnis oder eine einheitliche Definition, was CG genau bedeutet oder umfasst. Ganz allgemein kann CG aber als die Gesamtheit aller internationalen und nationalen Regeln, Vorschriften, Werte und Grundsätze verstanden werden, die für Unternehmen gelten und bestimmen, wie diese geführt und überwacht werden.[130] Ziel der CG ist die Verwirklichung einer verantwortlichen, auf langfristige Wertschöpfung und nachhaltige Steigerung des Unternehmenswertes ausgerichtete Unternehmensleitung und -kontrolle.[131] Welche Faktoren maßgeblich sind, um dem Prädikat „guter" CG zu entsprechen, hängt grundsätzlich von den Erwartungen der mit dem Unternehmen in Beziehung stehenden Personengruppen zusammen. Als Kriterien „guter" CG wird im Schrifttum eher prinzipiell verwiesen auf:

- eine funktionsfähige Unternehmensleitung,
- das Wahren der Interessen verschiedener Gruppen (z. B. Stakeholder),
- eine zielgerichtete Zusammenarbeit der Unternehmensleitung und -überwachung,
- Transparenz in der Unternehmenskommunikation,
- einen angemessener Umgang mit Risiken,
- auf langfristige Wertschöpfung ausgerichtete Managemententscheidungen.[132]

CG ist dabei sehr vielschichtig und umfasst obligatorische und freiwillige Maßnahmen: Das Einhalten von Gesetzen und Regelwerken, das Befolgen anerkannter Standards und Empfehlungen sowie das Entwickeln eigener Unternehmensleitlinien (Compliance). Ein weiterer Aspekt der CG ist die Ausgestaltung und Implementierung von Leitungs- und Kontrollstrukturen.[133] In Deutschland sind die CG-Grundsätze im sog. „Corporate Governance Kodex" fixiert worden. Der Kodex, der 2002 von der Regierungskommission verabschiedet wurde, soll dazu beitragen, die in Deutschland geltenden Regeln für die Unternehmensleitung und -überwachung für nationale und internationale Investoren transparent zu machen. Auf diese Weise soll das Vertrauen in die Unternehmensführung deutscher Unternehmen gestärkt werden.

Die größte Bedeutung hat CG für börsennotierte Unternehmen. Jedoch haben auch für öffentliche Unternehmen sowie privatrechtlich organisierte nicht börsennotierte (Familien-) Unternehmen die Grundsätze guter Unternehmensführung eine zentrale, insbesondere auch strategische Bedeutung. Bei diesen Unternehmen stehen Fragen wie die der Nachfolge-

[130] Deutscher Corporate Governance Kodex, S. 6.

[131] Winter (2004), S. 5.

[132] Pfitzer / Oser / Orth (2005), S. 11.

[133] Pfitzer / Oser / Orth (2005), S. 11.

regelung sowie der Kapitalbeschaffung, letzteres auch vor dem Hintergrund der erhöhten Anforderungen nach Basel II, zunehmend im Vordergrund; ohne die Beachtung entsprechender Unternehmensgrundsätze würde deren künftiger Handlungsspielraum unnötiger Weise eingeengt.

> **Beraterhinweis** Alle für das Unternehmen relevanten Gesetze, Verordnungen und Richtlinien sowie freiwillige Selbstverpflichtungen zu überblicken und effektiv umzusetzen, ist für jedes Unternehmen eine Herausforderung. Eine gute CG sichert den Wert eines Unternehmens und steigert das Vertrauen im Markt. Unternehmen, gleich welcher Größe, die sich einer guten CG verschließen, werden auf lange Sicht gegenüber Mitbewerbern, die den deutschen CG-Kodex umgesetzt haben, weniger erfolgreich sein.

2.2.3.2 Compliance

Compliance umfasst die Einhaltung aller Gesetze, Verordnungen, Richtlinien und interne Verhaltensvorschriften (z. B. Code of Conduct).[134] Durch die Verwendung solcher Richtlinien soll die Übereinstimmung des unternehmerischen Geschäftsgebarens mit allen gesellschaftlichen Richtlinien und Wertvorstellungen, mit Moral und Ethik gewährleistet werden.

Eigentlich erscheint es als selbstverständlich, dass Unternehmen, ihre Organmitglieder und Mitarbeiter im Einklang mit dem geltenden Recht handeln. Dies indes in der Praxis zu gewährleisten wird angesichts einer steigenden Anzahl von Gesetzen sowie verschärfter Haftungsrisiken für die Unternehmen und ihre Mitarbeiter jedoch zunehmend schwieriger. Rechtsverletzungen, aber auch Verstöße gegen freiwillige und kommunizierte Selbstverpflichtungen sind heute – angesichts der drastisch wirtschaftlichen Folgen für Unternehmen – zum operationellen Risiko geworden.

Während die große Mehrheit europäischer Unternehmen angibt, in der Entwicklung von Verhaltensrichtlinien weit vorangeschritten zu sein und sich 90 % der großen deutschen Unternehmen Ethik-Kodizes zugelegt haben, besteht bei der praktischen Umsetzung deutlicher Handlungsbedarf. Ein Blick in die gelebte Unternehmenspraxis zeigt, dass weniger als ein Drittel der befragten Unternehmen die Einhaltung ihres Ethik- und Compliance-Programmes überwacht und nur 42 % die zur Umsetzung ihres Kodex erforderlichen Schulungsmaßnahmen ergriffen haben. Nur 32 % trainieren ihre Manager in Sachen Korruptionsprävention, gegenüber 76 % in den USA. Es wird vielfach nicht einmal sichergestellt, dass die Mitarbeiter die Ethikregeln ihres Unternehmens überhaupt lesen. Darüber hinaus sind ethische Richtlinien häufig zu abstrakt formuliert, werden zu wenig kommuniziert und damit auch zu wenig gelebt.

Prinzipiell kann sich ein Unternehmen nur beschränkt gegen Compliance-Schäden schützen. Es ist aber eine Pflicht der Unternehmensleitung, alle notwendigen Maßnahmen zu veranlassen. Im Falle eines Verstoßes gegen diese Pflicht kann das Management für einen Verstoß gegen die Organisationssicherheit durch eine unzureichende Compliance-

[134] KPMG, Compliance-Management-Systeme, S. 6.

Organisation persönlich haftbar gemacht werden. Um eine Vereinbarkeit der Gesamtheit von Handlungen innerhalb eines Unternehmens mit Recht und Gesetz sicherzustellen und Compliance-Risiken so weit wie möglich schon präventiv zu begegnen, sollte sich die Unternehmensleitung mithin eines funktionsfähigen und angemessenen Compliance-Management-Systems bedienen. Darunter sind Organisationsmaßnahmen zu verstehen, die das rechtmäßige, verantwortungsbewusste und nachhaltige Handeln eines Unternehmens sowie seiner Organe und Mitarbeiter gewährleisten sollen. Ziel ist es, vorhandene Compliance-Risiken im Rahmen eines Gesamtkonzeptes zu erkennen und zu reduzieren und deren Überwachung langfristig zu erhalten.

▸ **Beraterhinweis** Eine Stabilisierung der Unternehmensethik gegen wirtschaftskriminelle Handlungen kann nur erreicht werden, indem die Werte des Unternehmens nachhaltig in die Betriebsprozesse integriert werden.[135] Vor diesem Hintergrund wird die besondere Bedeutung von praktizierter Wirtschaftsethik und der Würdigung von Kodizes für ein regelkonformes unternehmerisches Handeln deutlich. Denn erst wenn ethisches Wirtschaften und Unternehmenserfolg keinen Widerspruch mehr darstellen, sondern aufgrund zwingender interner Verhaltensanweisungen zusammentreffen, können die Akteure einen Regelverstoß nicht mehr mit dem Hinweis auf vermeintliche Interessen des Unternehmens rechtfertigen. In diesem Zusammenhang kommt der Vermittlung von Werten und Normen in Form eines Compliance-Managements unter allen möglichen Ursachen und Präventionsstrategien die größte Bedeutung zu. Nur mit einer vernünftigen Organisation kann die Grundvoraussetzung für ein effektives Compliance-Management-System geschaffen werden.

2.2.3.3 Corporate Social Responsibility

Für den Begriff Corporate Social Responsibility (CSR) gibt es keine einheitliche Abgrenzung. Die Europäische Kommission charakterisierte 2001 in ihrem Grünbuch „Europäische Rahmenbedingungen für die soziale Verantwortung der Unternehmen" den Begriff als ein „Konzept, das den Unternehmen als Grundlage dient, auf freiwilliger Basis soziale Belange und Umweltbelange in ihre Unternehmenstätigkeit und in die Wechselbeziehungen mit Stakeholdern zu integrieren."[136] CSR ist demnach ein freiwilliges Konzept für unternehmerische Verantwortung, das die Idee der Nachhaltigkeit aufnimmt und die drei Säulen Ökonomie, Ökologie und Soziales mit konkretem unternehmerischem Handeln verbindet. Entsprechend umfasst CSR die unterschiedlichsten Aktivitäten der Unternehmen in den Feldern der sozialen, ethischen und ökologischen Verantwortung, mit denen nachhaltige Entwicklung im unternehmerischen Alltag umgesetzt wird. Der ökonomische Aspekt zielt dabei auf langfristige Erträge aus den vorhandenen Ressourcen, der ökologi-

[135] Thomé, zfwu 2004, 51.

[136] Grünbuch der Europäischen Kommission und des Rates: Europäische Rahmenbedingungen für die soziale Verantwortung der Unternehmen, S. 7 ff.

sche auf den schonenden Umgang mit diesen Ressourcen und der Natur allgemein und der soziale Aspekt auf die Verteilungsgerechtigkeit, das heißt eine intra- und intergenerative Gerechtigkeit.[137]

Für CSR-Aktivitäten bestehen keine gesetzlichen Verpflichtungen. Sie sind freiwillig und stehen im Ermessen der Unternehmen hinsichtlich des Umgangs mit Eigeninitiative und Eigenverantwortung. In den meisten Fällen ist davon auszugehen, dass die Unternehmen nicht allein aus reinem Altruismus handeln. Vielmehr werden in erster Linie Ziele wie Profitmaximierung verfolgt. Manche Unternehmen mögen den Begriff CSR auch nur als Werbemaßnahme nutzen, um dem Markt nach außen soziales Engagement und ökologische Nachhaltigkeit zu suggerieren.

Jedoch sind im Bereich der CSR, seit der Europäische Rat von Lissabon im März 2000 an das soziale Verantwortungsbewusstsein der Unternehmen appelliert hat, dennoch erhebliche Fortschritte erzielt worden. Sowohl das 2001 erschienene Grünbuch „Europäische Rahmenbedingungen für die soziale Verantwortung der Unternehmen", in dem sich die Europäische Union erstmals mit dem Thema auseinandersetzte als auch die Gründung des „European Multi-Stakeholder-Forum on CSR" (EMS-Forum) im Jahr 2002, markierten wichtige Etappen in diesem Prozess.

Immer wieder wird diskutiert, inwiefern Vereinheitlichung, Standards oder gesetzliche Rahmenbedingungen (z. B. Transparenz) zur Förderung von CSR eingeführt werden sollen. Unternehmensverbände, wie z. B. der Bundesverband der Deutschen Industrie (BDI), sprechen sich dagegen aus und berufen sich auf den Freiwilligkeitscharakter von CSR. Umwelt- und soziale nichtstaatliche Organisationen (NGO) halten gewisse Standards und gesetzliche Verpflichtungen zu Transparenz hingegen für notwendig, damit Unternehmen, die Wert auf die CSR legen auch als sozialverantwortlich erkannt und durch steigende Nachfrage belohnt werden können.[138] Bekannte Initiativen von Organisationen, die sich dem Thema angenommen haben, sind:

- der Global Compact der Vereinten Nationen (Freiwillige Verpflichtungserklärung von Unternehmen, 10 grundlegende Prinzipien zum Thema Menschenrechte, Arbeitsbedingungen, Umweltschutz und Korruption einzuhalten),
- die Leitsätze für multinationale Unternehmen der Organisation für wirtschaftliche Zusammenarbeit und Entwicklung (OECD),
- die Regelungen der Internationalen Arbeitsorganisation (ILO). Hier ist insbesondere die „Dreigliedrige Grundsatzerklärung über multinationale Unternehmen und Sozialpolitik" zu nennen, die insgesamt 59 Regeln zu Arbeitsbedingungen enthält, darunter die Kernarbeitsnormen der ILO.

► **Beraterhinweis** Für Unternehmen besteht aufgrund veränderter Rahmenbedingungen (insb. Globalisierung, verbesserte Informations- und Kommunikationstechnologie und sich verändernde Einstellungen bei Verbrauchern und

[137] Herchen (2007), S. 25 ff.

[138] Meffert / Münstermann (2005), S. 20 ff.

Öffentlichkeit) ein gewisser Druck, sich mit dieser Thematik auseinanderzusetzen. Andernfalls ist ein gewisser „Imageverlust" zu befürchten. Im Mittelstand ist CSR häufig nicht als eigenständiges Konzept in die Geschäftstätigkeit integriert. Eine Implementierung von CSR im Mittelstand muss die spezifischen Besonderheiten der jeweiligen Branche, Region, Unternehmensstruktur und Arbeitsorganisation aufnehmen. Nur passgenaue CSR-Instrumente können so eingesetzt werden, dass sie die internationale Wettbewerbsfähigkeit eines Unternehmens steigern. CSR-Instrumente für kleine und mittlere Unternehmen sollten daher nicht von außen übergestülpt, sondern mit Hilfe des Ideenreichtums und der Kreativität des Mittelstandes entwickelt werden.[139]

2.2.3.4 Zusammenfassung

Als eine wesentliche Ursache für Wirtschaftskriminalität kann der Verfall gesellschaftlicher Werte gesehen werden. Kommen dann im Unternehmen noch eine unübersichtliche Unternehmensstruktur und -organisation, fehlende Unternehmenswerte und Verhaltensrichtlinien sowie eine mangelhafte Loyalität gegenüber dem Arbeitgeber hinzu, ist wirtschaftskriminellen Handlungen Tür und Tor geöffnet. Eine hohe Akzeptanz von Gesetzen und Werten sowie eine hohe emotionale und soziale Bindung an das Unternehmen hemmen die Bereitschaft des Einzelnen, wirtschaftsstrafrechtlich relevante Taten im Unternehmen zu begehen. Die Stabilisierung einer Unternehmensethik gegen wirtschaftskriminelle Handlungen kann nur erreicht werden, wenn die Werte einer Organisation nachhaltig in deren Betriebsprozesse integriert werden. Eine Corporate Governance setzt die verantwortliche, qualifizierte, transparente und auf den langfristigen Erfolg ausgerichtete Unternehmensführung in die Praxis um. Ein Compliance-Management-System gewährleistet die ordnungsgemäße Umsetzung, Überwachung und Beibehaltung der unternehmensinternen Richtlinien und Wertvorstellungen. Zudem ist ein solches System auch Voraussetzung dafür, dass wirtschaftskriminellen Handlungen im Unternehmen systematisch, präventiv und nachhaltig entgegengewirkt werden kann.

Christian Hlavica ist Dipl.-Betriebswirt (FH), Certified Fraud Examiner (CFE) und Head of Inspection Unit der liechtensteinischen Abschlussprüferaufsicht der Finanzmarktaufsicht (FMA) Liechtenstein, Bereich Andere Finanzintermediäre (DNFBP). Davor betreute er Mandate in den Bereichen Forensik, Abschluss- und Konzernprüfung, Steuerberatung sowie Sanierung und Restrukturierung.

Detlef Thomann ist Diplom-Kaufmann, Wirtschaftsprüfer, Steuerberater, Certified Fraud Examiner und Leiter Compliance/Anti Money Laundering bei Portigon. Die Schwerpunkte seiner fachlichen Tätigkeiten liegen zudem auf der ereignisunabhängigen Identifizierung von Risikobereichen sowie von Schwachstellen in Arbeitsabläufen (Entity Level bzw. Process Level Fraud Risk Assessment) und der Unterstützung des Mandanten bei deren Beseitigung (Anti-Fraud-Management). Darüber hinaus befasst sich Detlef Thomann mit

[139] Siehe auch: www.csrgermany.de.

ereignisbezogenen Sachverhaltsaufklärungen (Fraud Investigation). Seine umfassende praktische Erfahrung bei der Durchführung von zahlreichen Sonderuntersuchungen stammt überwiegend aus den Bereichen Bilanzmanipulation, Missbrauch von Vermögenswerten und Korruption. Detlef Thomann ist Referent und Trainer bei zahlreichen Veranstaltungen rund um das Thema Wirtschaftskriminalität (Fraud).

Ines Martenstein ist Rechtsanwältin im Bereich Medizinrecht in einer mittelständischen Kanzlei. Schwerpunkte ihrer Tätigkeit bilden insbesondere compliance- und datenschutzrechtliche Fragestellungen in Kliniken und die Begleitung der Due Diligence.

Tax Fraud **3**

Prof. Dr. Alexander M. Dühnfort, Monika Zitzmann, Michael Hundebeck, Christian Hlavica, Daniela Kühne

3.1 Begriffliches Verständnis von Tax Fraud

Der angloamerikanische Begriff „tax fraud“ ist aktuell zunehmend auch in deutschsprachigen Quellen zu finden. Übersetzung und Verwendung sind jedoch nicht immer einheitlich. Was kann also unter „tax fraud“ verstanden werden?

Da es sich um einen englischsprachigen Begriff handelt liegt es auf der Hand, zunächst nach deutschsprachigen Entsprechungen der enthaltenen Wörter zu suchen: „fraud“ kann mit „Betrug“ übersetzt werden und „tax“ steht für einen steuerlichen Bezug. Es könnte sich also allgemein um Betrug in Steuersachen handeln. Diese Annäherung wird durch eine offizielle Definition einer US-amerikanischen Steuerbehörde bestätigt: Das Tennessee Department of Revenue beispielsweise definiert „tax fraud“ wie folgt: „Fraud is a deception deliberately practiced in order to secure unfair or unlawful gain. As it relates to

A. M. Dühnfort
Weingarten, Deutschland
E-Mail: alexander.duehnfort@hs-weingarten.de

M. Zitzmann
Stelle, Deutschland
E-Mail: monikazitzmann@t-online.de

M. Hundebeck
Düsseldorf, Deutschland

C. Hlavica (✉)
München, Deutschland
E-Mail: christian.hlavica@online.de

D. Kühne
Passau, Deutschland
E-Mail: daniela.kuehne@uni-passau.de

C. Hlavica, F. Hülsberg, U. Klapproth (Hrsg.), *Tax Fraud & Forensic Accounting*,
DOI 10.1007/978-3-658-07840-9_3

taxes, it's simply ‚cheating' by intentionally paying less tax than is legally due“[1]. Diese Definition zeigt sehr anschaulich, wie ein begriffliches Verständnis definitorisch korrekt abgeleitet werden kann: Der Begriff „tax fraud“ als eigentliches Definiendum wird in seine Bestandteile zerlegt und zunächst der Bestandteil „fraud“ in seinem Gehalt bestimmt. Danach wird „fraud“ durch „tax“ in den steuerlichen Kontext gesetzt. Es handelt sich bei „tax fraud“ im Ergebnis folglich um eine *absichtliche Täuschung im steuerlichen Bereich, die mit dem Ziel vorgenommen wird, weniger Steuern zu zahlen, als gesetzlich geschuldet werden*. Diese Beschreibung von sich aus „tax fraud“ ergebenden Folgen deckt sich mit dem Ergebnis von Steuerhinterziehung im Verständnis des § 370 AO („[…] und dadurch Steuern verkürzt oder für sich oder einen anderen nicht gerechtfertigte Steuervorteile erlangt […]“). Es handelt sich folglich jedoch nicht um eine juristische Qualifizierung als Betrug im Sinne von § 263 StGB. Vor diesem Hintergrund drängt sich eine Übersetzung von „tax fraud“ mit „Steuerhinterziehung“ bzw. bei entsprechend gelagerten Fällen mit „leichtfertiger Steuerverkürzung“ i. S. d. § 378 AO auf.

Problematisch ist hierbei jedoch, dass in englischsprachigen Quellen gelegentlich auch weitere Begriffe neben „tax fraud“ verwendet werden, wie z. B. „tax avoidance“ bzw. „tax mitigation“, „tax evasion“ sowie „abuse“, welche die bisherige scheinbare Eindeutigkeit aufweichen. „tax avoidance“ (Steuervermeidung) und „tax mitigation“ (Steuerminderung) beschreiben im angloamerikanischen Raum *legale* Steuergestaltungen, welche zu niedrigeren Steuern führen sollen und können somit in ihrer Bedeutung nicht mit dem oben genannten Verständnis von „tax fraud“ gleichgesetzt werden.[2] Lediglich der Begriff „tax evasion“[3] (missbräuchliche ausweichende Steuergestaltungen) entspricht noch dem oben definierten Verständnis von „tax fraud“. Eine Besonderheit stellt der Begriff „tax abuse“ dar; im Englischen eindeutig negativ belegt, führt eine Übersetzung von „abuse“ ins Deutsche als „Missbrauch“ bzw. in steuerlichem Kontext als die im deutschen Steuerrecht bekannte „missbräuchliche Steuergestaltung“ noch nicht zu einer zwingend anzunehmenden straf- bzw. ordnungswidrigkeitsrechtlichen Konnotation. Es könnte sich ja auch lediglich um eine steuerschuldrechtliche Fragestellung handeln, wie sie im deutschen Steuerrecht über § 42 AO für den Missbrauch von rechtlichen Gestaltungsmöglichkeiten[4] enthalten ist. In einem solchen Fall kann es bspw. durch die Würdigung eines Sachverhalts durch die steuerliche Außenprüfung zur

---

[1] O. V., online: http://www.tennessee.gov/revenue/taxfraud/taxfraud.htm [30.05.2010].

[2] Gleichwohl ist in diesem Zusammenhang auf die zunehmenden internationalen Initiativen zur Vermeidung von (seitens der betroffenen Staaten ungewollten) Gewinnkürzungen und Gewinnverlagerungen hinzuweisen, wie sie v. a. im BEPS-Aktionsplan der OECD aus dem Jahr 2013 Niederschlag gefunden haben, vgl. o. V., online: http://www.oecd.org/ctp/BEPSActionPlan.pdf [18.04.2015].

[3] Vgl. die Darstellung auf den Seiten der US-amerikanischen Steuerbehörde IRS, online: http://www.irs.gov/compliance/enforcement/article/0,,id=105822,00.html [02.06.2010].

[4] Also für unangemessene rechtliche Gestaltungen, die beim Steuerpflichtigen oder einem Dritten im Vergleich zu einer angemessenen Gestaltung zu einem gesetzlich nicht vorgesehenen Steuervorteil führt und für die keine beachtlichen außersteuerlichen Gründe nachgewiesen werden können.

Annahme einer missbräuchlichen Gestaltung kommen, weil im Einzelfall vom Steuerpflichtigen nachgewiesene und ohne betrügerische Absicht als beachtlich angesehene außersteuerliche Gründe von der Finanzverwaltung nicht anerkannt werden. Kann sich die Finanzverwaltung mit ihrer Auffassung durchsetzen, wäre vorbehaltlich besonderer einzelsteuergesetzlicher Regelung der Steueranspruch so entstanden, wie er bei einer den wirtschaftlichen Vorgängen angemessenen rechtlichen Gestaltung entstanden wäre und entsprechend festzusetzen. Sofern es hierbei zu einer Verkürzung von Steuern gekommen ist, wären zwar wahrscheinlich die objektiven Tatbestandsmerkmale einer Steuerhinterziehung erfüllt, jedoch dürfte eine straf- bzw. ordnungswidrigkeitsrechtliche Würdigung an den fehlenden subjektiven Tatbestandsmerkmalen scheitern. Der Begriff „(tax) abuse" kann somit in unserem Verständnis nicht ohne Weiteres dem Bereich der nicht legalen Steuergestaltungen zugeordnet werden.

Die Gleichsetzung der Begriffe „tax avoidance" bzw. „tax mitigation", „tax evasion" sowie „tax abuse" ist also insbesondere in Bezug auf deutsche Normen irreführend, denn wie oben beschrieben besitzt „tax fraud" eindeutig einen straf- bzw. ordnungswidrigkeitsrechtlichen Bezug, was bei den anderen Begriffen nicht sämtlich zwingend anzunehmen ist.

Ausgehend von den vorstehend entwickelten Unterscheidungen ergibt sich folgende Einordnung der englischen Begrifflichkeiten (Abb. 3.1).

Um der Intention des vorliegenden Bandes zu entsprechen soll unter „tax fraud" insbesondere der aus dem deutschen Steuerstrafrecht bekannte Begriff der „Steuerhinterziehung" i. S. d. § 370 AO verstanden werden. Eine solche liegt vor, wenn der Steuerpflichtige:

1. den Finanzbehörden oder anderen Behörden über steuerlich erhebliche Tatsachen unrichtige oder unvollständige Angaben macht,
2. die Finanzbehörden pflichtwidrig über steuerlich erhebliche Tatsachen in Unkenntnis lässt, oder

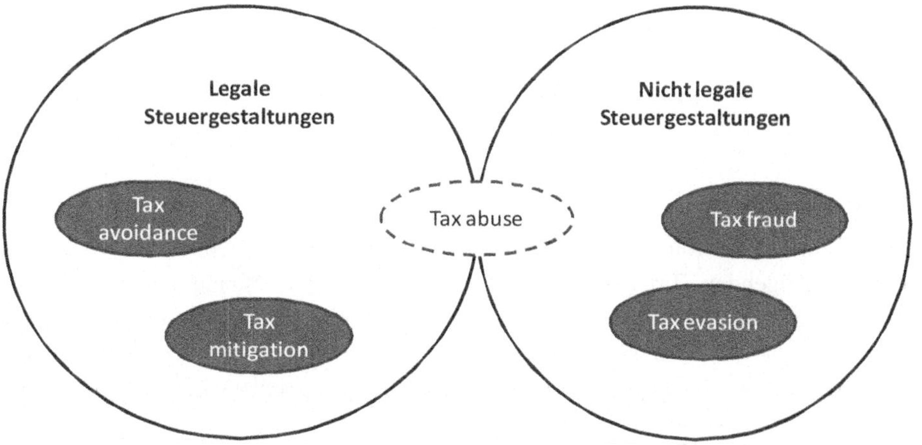

Abb. 3.1 Begriffsabgrenzungen

3. pflichtwidrig die Verwendung von Steuerzeichen oder Steuerstempeln unterlässt und dadurch Steuern verkürzt oder für sich oder einen anderen nicht gerechtfertigte Steuervorteile erlangt.

Diese angestrebten (nicht legalen) Vorteile können sämtliche Steuerarten betreffen und ihre Entstehung national wie international verortet sein. Einen Eindruck über die Größenordnungen derartiger „Vorteilspotentiale“ vermitteln die vom Bundesministerium der Finanzen (BMF) für das Jahr 2012 mitgeteilten Ergebnisse der Steuerfahndung:

Bestandskräftige Mehrsteuern nach Steuerarten[1]	2012	
	in Mio. €	Anteil (gerundet)
Umsatzsteuer	2047,60	66,5 %
Einkommensteuer	620,40	20,1 %
Körperschaftsteuer	73,20	2,4 %
Lohnsteuer	59,60	1,9 %
Gewerbesteuer	118,00	3,8 %
Vermögensteuer	1,40	0,1 %
sonstige Steuern	159,30	5,2 %
Gesamt	3079,60	100 %

[1] Quelle: Bundesministerium der Finanzen, online: http://www.bundesfinanzministerium.de/Content/DE/Monatsberichte/2013/10/Inhalte/Kapitel-3-Analysen/3-2-ergebnisse-der-steuerfahndung.html, zuletzt abgerufen 12.08.2014.

Das BMF hebt bei der Kommentierung der Ergebnisse insbesondere hervor, dass der Anteil der Umsatzsteuer an den bestandskräftig gewordenen Mehrsteuern seit 2009 kontinuierlich auf 66,5 % im Jahr 2012 zugenommen hat. Aus Sicht des BMF lässt dies darauf schließen, dass bedeutende Ermittlungsfälle das Mehrergebnis an bestandskräftig gewordener Umsatzsteuer positiv beeinflusst haben (z. B. Umsatzsteuerbetrug mittels sogenannter Umsatzsteuerkarusselle[5], einem zunehmend bedeutsamen Hinterziehungsmuster).

Zusammenfassung

In diesem Teil des Bandes sollen Fälle von nachhaltig angelegten Hinterziehungsmustern (im Folgenden „Tax Fraud-Muster“) im Fokus stehen, also Fälle, in denen es nicht etwa durch Unachtsamkeit zu Steuerverkürzungen kommt, sondern in denen bewusst Gestaltungen von Geschäftsbeziehungen und anderen Tatbeständen derart angelegt werden, dass durch den provozierten (unrechtmäßigen) Steuerausfall der wirtschaftliche Nutzen der Gestaltung entsteht bzw. erhöht wird.

[5] Vgl. hierzu auch den diesbezüglichen Beitrag des Autors in diesem Band.

3.2 Ausgewählte Tax Fraud-Muster

3.2.1 Umsatzsteuerkarusselle

Umsatzsteuerkarusselle bzw. der alternative Begriff des Karrussellgeschäfts ist spätestens seit Ende 2013 auch der Nicht-Fachwelt bekannt geworden, als die Presse[6] von milliardenschweren Steuerhinterziehungen berichtete.

3.2.1.1 Begriff und grundlegendes Hinterziehungsmuster

Unter einem „Umsatzsteuerkarussell" kann eine „gesamtplanmäßig auf Umsatzsteuerbetrug angelegten Lieferkette"[7] verstanden werden. Diese Lieferkette erstreckt sich meist über mehrere Mitgliedstaaten der Europäischen Union und hat zum Ziel, eine Verkürzung bzw. Hinterziehung von Umsatzsteuer im Zusammenhang mit innergemeinschaftlichen Lieferungen herbeizuführen, um die hierdurch erhöhten Gewinnaufschläge abzuschöpfen.[8]

Die Hinterziehung besteht darin, dass ein Beteiligter (Importeur) irgendwo innerhalb der Lieferkette die geschuldete Umsatzsteuer auf einen durch ihn verwirklichten innergemeinschaftlichen Erwerb nicht abführt, sich jedoch gleichzeitig die Erwerbsteuer als Vorsteuer erstatten lässt (Auszahlung oder Verrechnung) und sich danach dem Zugriff der Finanzverwaltung entzieht (sog. Missing Trader). Wird die Ware an einen weiteren Unternehmer (einen sog. Buffer) weiterverkauft, wird dieser aus dem Einkauf wiederum die Vorsteuer ziehen.[9] Aus diesem Grund wird alternativ auch der Begriff „Missing Trader Intra-Community (MTIC) Fraud" verwendet[10]. Ein vor dem FG Sachsen-Anhalt verhandelter Fall bietet ein beispielhaftes Modell:

Praxisbeispiel

Das ausgedachte Modell nutzte das geltende deutsche Umsatzsteuergesetz dahingehend aus, dass eine inländische Firma von einer Firma aus einem anderen Mitgliedsstaat der Europäischen Union steuerfrei Computerprozessoren erwarb und diese Teile im Inland unter Einkaufspreis zuzüglich Umsatzsteuer an eine dritte Firma veräußerte, die vereinnahmte Umsatzsteuer jedoch nicht an das zuständige Finanzamt abführte. Durch ein Firmengeflecht unterschiedlicher Firmen wurden teilweise mehrere Firmen hintereinander geschaltet, von denen mehrere die Umsatzsteuern nicht abführten bzw.

---

[6] Vgl. nur Greive, Umsatzsteuer-Karussell kostet den Fiskus Milliarden, Welt vom 27.02.2014, online: http://www.welt.de/politik/article125234774/Umsatzsteuer-Karussell-kostet-den-Fiskus-Milliarden.html [12.08.2014].

[7] BFH Urteil vom 19. April 2007 V R 48/04.

[8] Vgl. Schaefer, NJW-Spezial 2007 Heft 5, 231.

[9] Vgl. Schaefer, NJW-Spezial 2007 Heft 5, 231 sowie grundlegend BFH Urteil vom 19. April 2007 V R 48/04.

[10] Vgl. Gemeinsamer Bericht der Rechnungshöfe der Niederlande, Belgiens und Deutschlands über die Kontrollprüfung zum innergemeinschaftlichen Umsatzsteuerbetrug, Bonn, 27.09.2012, S. 5.

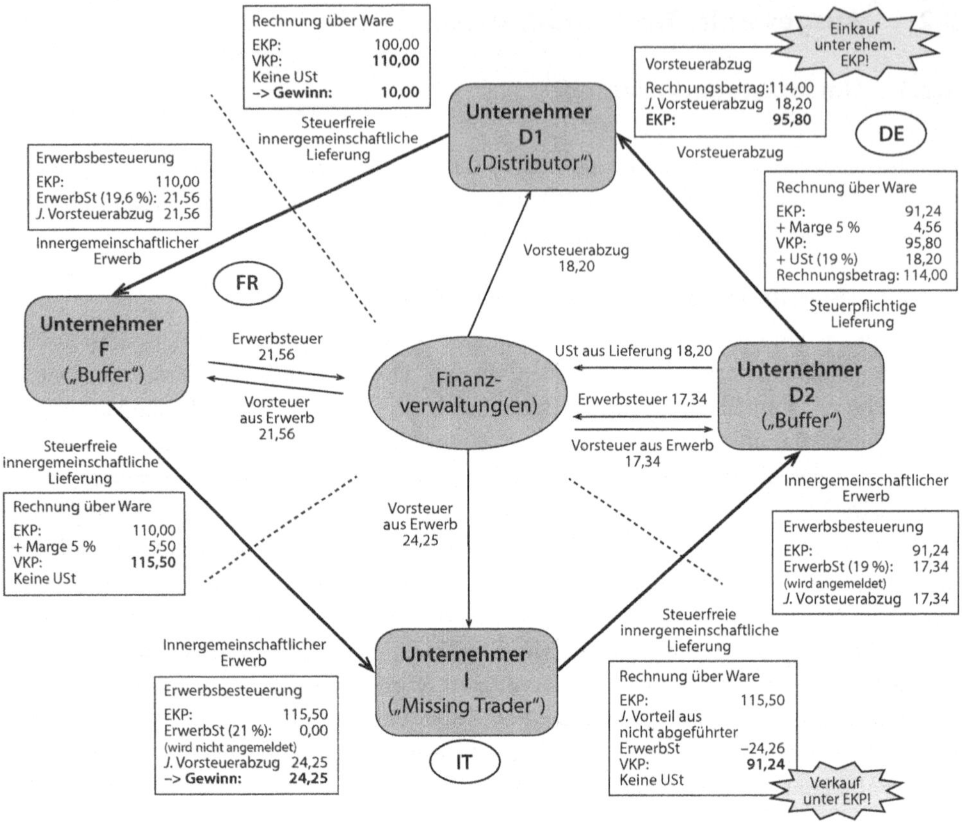

Abb. 3.2 Umsatzsteuerkarussell mit Buffern

Vorsteuern geltend machten. Um einer Aufdeckung der Geschäfte zu begegnen, wurden die handelnden Firmen teilweise nur wenige Monate am Markt belassen bzw. sofort wieder liquidiert oder in Insolvenz gebracht (sog. Missing Trader).[11] Abb. 3.2. zeigt einen schematischen Aufbau und die Funktionsweise eines Umsatzsteuerkarussells.

In einem vom BFH entschiedenen Fall waren teilweise bereits Lieferanten und Kunden von vornherein sowie Preisaufschläge für die Weiterleitung festgelegt. Zudem wurden im Einzelfall noch Rechnungsvordrucke und Unterschriften eines nachfolgenden Lieferanten auf dem Computer eines inländischen Vorlieferanten nachgehalten.[12] In der Praxis sind neben dem mehrfachen Durchlauf derselben Ware mit entsprechend höherem wirtschaftlichem Vorteil[13] vielfältige Variationen, insbesondere die Verrechnung weiterer Margen auf den jeweiligen Handelsstufen, die Einschaltung mehrerer Buffer sowie die Vermeidung des

[11] FG Sachsen-Anhalt Urteil vom 14.07.2008 - 1 K 346/03.

[12] BFH Urteil vom 19. April 2007 V R 48/04.

[13] BFH, Beschluss vom 29.11.2004 - V B 78/04.

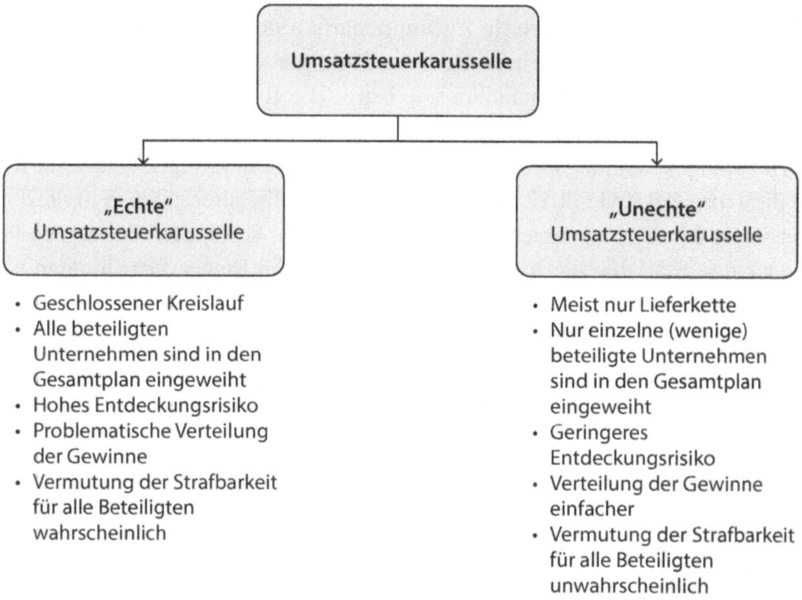

Abb. 3.3 Klassifizierung von Umsatzsteuerkarussellen

Ringschlusses denkbar und zu finden, sogar Fälle, in denen (zumindest teilweise) keine tatsächliche Warenbewegung vorliegt.[14]

Je nach der konkreten Ausgestaltung lassen sich „echte" und „unechte" Umsatzsteuerkarusselle klassifizieren (Abb. 3.3).[15]

Karussellbetrug ist nicht auf bestimmte Branchen und/oder Leistungen beschränkt. Ursprünglich im Bereich von Computerhardware „entdeckt", sind Karussellgeschäfte mittlerweile in vielen Branchen (über den Kfz-Handel bis hin zu Abfallwirtschaft, Lebensmittelhandel, Stromlieferungen und dem Handel mit CO_2-Lizenzen) beobachtbar. Dies stellt eine nicht unerhebliche Gefahr für Unternehmen dar, ohne Wissen und Wollen Teil eines Karussellgeschäfts zu werden. Entscheidend für den Erfolg eines Umsatzsteuerkarussells ist daher, dass schnell eine möglichst große Zahl an „Durchläufen" stattfinden kann, da bei jedem (unentdeckten) Durchlauf die beabsichtigten nicht-legalen Vorteile erzielt werden. Dies fällt insbesondere bei hochpreisigen Waren geringer Größe und geringen Gewichts (im Grenzfall von Stromlieferungen nimmt sich die Körperlichkeit sogar als unwesentlich aus) leicht, welche selbst noch in großen Mengen einfach und mit verhältnismäßig geringen Kosten zu transportieren sind. Unterstützt wird dies zudem durch eine selbst in der EU

[14] FG Hamburg, Beschluß vom 21.07.2005 - VII 104/05; Leonard, § 25 d UStG Rn 1-4, in: Bunjes/Geist, UStG – Kommentar, 10. Auflage 2011 und Bundesrechnungshof, Bericht nach § 99 BHO Steuerausfälle bei der Umsatzsteuer durch Steuerbetrug und Steuervermeidung, online: www.bundesrechnungshof.de/veroeffentlichungen/sonderberichte/bericht-umsatzsteuerbetrug.pdf [25.03.2012], S. 22.

[15] Dühnfort, ZFRC 03/2012, S. 180 ff.

bisher nicht hinreichend praktizierte Zusammenarbeit der Behörden, welche eine frühzeitige Aufdeckung grenzüberschreitender verdächtiger Aktivitäten ermöglichen würde. Mittlerweile wurden zwar Maßnahmen wie bspw. die Einrichtung des Betrugsbekämpfungsnetzwerks „Eurofisc" ergriffen, deren Erfolg wird sich jedoch erst noch herausstellen müssen. Der Bundesrechnungshof sah hierbei in seinen Bemerkungen (Jahresbericht) 2013 zwar für die Jahre 2011 und 2012 eine Verbesserung, stellte aber gleichzeitig fest, dass die Verbesserungen den Umsatzsteuerbetrug insgesamt nicht verhindern können und empfahl daher die weitere Stärkung der Eingriffsmöglichkeiten der Steuerverwaltungen.[16]

3.2.1.2 Einzelprobleme

Aus derartigen, gesamtplanmäßig auf Betrug angelegten Lieferketten ergeben sich Fragestellungen in umsatzsteuerrechtlicher, steuerstrafrechtlicher sowie haftungsrechtlicher Konsequenz.

3.2.1.2.1 Vorsteuerabzug bei Lieferung in einem Umsatzsteuerkarussell[17]

In grenzüberschreitenden Lieferketten ohne Betrugsabsicht haben alle Beteiligten Unternehmer grundsätzlich ein Recht auf Vorsteuerabzug, sofern die jeweiligen formellen wie materiellen Voraussetzungen hierfür erfüllt sind. Stellt sich jedoch heraus, dass eine Lieferkette die Merkmale eines Umsatzsteuerkarussells erfüllt, ist in der Praxis schnell die Frage eröffnet, ob einer oder mehrere Beteiligte, die mit Umsatzsteuerverkürzung behaftete Ware angeschafft haben, noch eine Vorsteuerabzugsberechtigung besitzen oder nicht.

Die Finanzverwaltungen des Vereinigten Königreichs, der Tschechischen Republik sowie Dänemarks vertraten in einem durch den EuGH entschiedenen Fall[18] hierzu die Auffassung, dass in einem Umsatzsteuerkarussell den dem Missing Trader nachgelagerten Unternehmern (den Buffern) der Vorsteuerabzug zu versagen sei, da

- die betrügerischen Handlungen der Teilnehmer in der Kette sowie deren Absichten unabhängig von der Kenntnis einzelner Teilnehmer hiervon in eine Beurteilung einzubeziehen seien, die den gesamten Umsatz als nicht unter den Anwendungsbereich der 6. Richtlinie[19] fallend einzustufen zulasse (Auffassung Vereinigtes Königreich),

---

[16] Bundesrechnungshof, Bemerkungen (Jahresbericht) 2013, Bemerkungen Nr. 79, online: http://www.bundesrechnungshof.de/de/veroeffentlichungen/bemerkungen-jahresberichte/2013/teil-iii-einzelplanbezogene-entwicklung-und-pruefungsergebnisse/allgemeine-finanzverwaltung/langfassungen/2013-bemerkungen-nr-79-erfolge-bei-der-bekaempfung-des-umsatzsteuerbetrugs-durch-nachhaltige-internationale-zusammenarbeit [12.08.2014].

[17] BFH, Urteil vom 19.04.2007, Az.: V R 48/04.

[18] EuGH, Urteil vom 12.01.2006 - C-354/03, C-355/03 und C-484/03 (Optigen Ltd. u. a.).

[19] Richtlinie 77/388/EWG des Rates vom 17.05.1977 zur Harmonisierung der Rechtsvorschriften der Mitgliedstaaten über die Umsatzsteuern - Gemeinsames Mehrwertsteuersystem: einheitliche steuerpflichtige Bemessungsgrundlage in der durch die Richtlinie 97/7/EG des Rates vom 10.04.1995 geänderten Fassung.

- die zugrundeliegenden Geschäfte als unerlaubt einzustufen seien und daher keine wirtschaftliche Tätigkeit im Sinne der 6. Richtlinie darstellten (Auffassung Tschechien),
- der Betroffene, der in einen solchen geschlossenen Kreis eintrete, nicht als Steuerpflichtiger handle (Auffassung Dänemark).

Hierbei stützte man sich auf frühere Entscheidungen des EuGH.

Der EuGH traf im Ergebnis zu diesen Auffassungen folgende für die Praxis wesentliche Aussagen:

- Als Steuerpflichtiger gilt i. S. d. Art. 4 Abs. 1 der 6. Richtlinie, wer eine wirtschaftliche Tätigkeit selbständig ausübt, wobei es nicht auf Zweck und Ergebnis der Tätigkeit ankommt,[20]
- Unter „wirtschaftlichen Tätigkeiten" sind nach Art. 4 Abs. 2 der 6. Richtlinie alle Tätigkeiten eines Erzeugers, Händlers oder Dienstleistenden definiert und schließen nach der Rechtsprechung sämtliche Stadien der Erzeugung, des Handels und der Erbringung von Dienstleistungen ein,[21]
- Mit Verweis auf ständige Rechtsprechung verbiete der Grundsatz der steuerlichen Wertneutralität eine allgemeine Differenzierung zwischen erlaubten und unerlaubten Geschäften. Somit führe die Einstufung eines Verhaltens als strafbar nicht ohne weiteres dazu, dass der fragliche Vorgang nicht steuerbar ist.[22]
- Es kommt für die Zulässigkeit eines Vorsteuerabzugs in der Lieferkette wesentlich darauf an, dass der vorsteuerabzugsbegehrende Buffer selber keine Umsätze ausführt, die mit einem Mehrwertsteuerbetrug behaftet sind und er *keine Kenntnis vom Mehrwertsteuerbetrug in der Lieferkette hat oder haben kann.*[23]

Dieser Auffassung folgend entschied das FG Sachsen-Anhalt im Jahre 2008 in einem Fall versagten Vorsteuerabzugsanspruchs für einen als letztes Glied eines Umsatzsteuerkarussell fungierenden Unternehmer, dass die Beweislast der Gutgläubigkeit beim den Vorsteuerabzug begehrenden Unternehmer liegt, ebenso wie für den Negativbeweis, dass er nichts vom Tatplan bzw. der Tatbeteiligung eines Vorlieferanten wissen konnte.[24]

---

[20] EuGH, Urteil vom 12.01.2006 - C-354/03, C-355/03 und C-484/03 (Optigen Ltd. u. a.), Rz. 40.

[21] EuGH, Urteil vom 12.01.2006 - C-354/03, C-355/03 und C-484/03 (Optigen Ltd. u. a.), Rz. 40 mit Verweis u. a. auf EuGH v. 04.12.1990, C-186/89, Van Tiem, Slg. 1990, I-4363, Rz. 17.

[22] EuGH, Urteil vom 12.01.2006 - C-354/03, C-355/03 und C-484/03 (Optigen Ltd. u. a.), Rz. 49.

[23] EuGH, Urteil vom 12.01.2006 - C-354/03, C-355/03 und C-484/03 (Optigen Ltd. u. a.), Rz. 51 f.

[24] FG Sachsen-Anhalt Urteil vom 14.07.2008 - 1 K 346/03; ähnlich auch FG Baden-Württemberg 01.10.2007, 12 K 160/04 und BGH, Beschluss vom 08.02.2011, Az. 1 StR 24/10.

> **Beraterhinweis** Das Gericht geht davon aus, dass die rechtlichen, wirtschaftlichen und personellen Verbindungen zwischen den Akteuren Hinweise auf fehlende Gutgläubigkeit liefern können. Von besonderer Bedeutung ist dabei die Position des Steuerpflichtigen bei der Manipulation. Je näher die Verbindung zu den Handelnden ist, desto wahrscheinlicher ist die Kenntnis von der Einbindung in eine Mehrwertsteuerhinterziehung. Im entschiedenen Fall wirkte sich negativ aus, dass der Unternehmer keine oder nur unsubstantiiert gemachte Einwendungen gegen die Feststellungen der Steuerfahndung erhob, sowie diese auch nicht widerlegte. Zudem wurden keine Einwendungen gegen die Glaubwürdigkeit der Zeugen bzw. Tatbeteiligten und deren teilweise Geständnisse vorgetragen. Diese waren zwischenzeitlich rechtskräftig zu teilweise mehrjährigen Freiheitsstrafen unter anderem wegen Steuerhinterziehung verurteilt worden, was das Gericht bei der Würdigung berücksichtigte.

Im entschiedenen Fall sprachen gegen die Gutgläubigkeit des Unternehmers und somit gegen die Vorsteuerabzugsberechtigung, dass dieser

- häufigen Kontakt mit den Haupttätern des Umsatzsteuerkarussells hatte, sogar in der Zeit, als sich diese ins entfernte Ausland abgesetzt hatten, und
- die Geschäfte mit dem Scheinunternehmen in erheblichem Umfang bar abgewickelt hat und diese Barzahlungen von den Tätern des Karussells als „vorteilhaft" erachtet worden sind.

Zudem ließ sich ein tatsächlicher Firmensitz der Firma des Unternehmers nicht feststellen und konnte auch nicht vom Unternehmer nachgewiesen werden. Besonders nachteilig wirkte sich zudem aus, dass das gegen den Unternehmer eingeleitete Strafverfahren nach § 153a der Strafprozessordnung mit dessen Zustimmung gegen eine Geldauflage eingestellt worden ist und somit dessen Schuld feststand.

Die Rechtsprechung von BGH und BFH unterstrich in jüngerer Zeit die Ausführungen des EuGH, die dieser auch noch einmal in einer Entscheidung zu einem Vorabentscheidungsersuchen[25] ausgeführt hat. Nach der Rechtsprechung des Bundesgerichtshofs macht derjenige, der in Umsatzsteuererklärungen die in einer Rechnung ausgewiesene Umsatzsteuer geltend macht, unrichtige Angaben über steuerlich erhebliche Tatsachen im Sinne von § 370 Abs. 1 Nr. 1 AO, wenn er sich mit dem der Rechnung zu Grunde liegenden Erwerb an einem in eine „Mehrwertsteuerhinterziehung" einbezogenen Umsatz beteiligte[26], denn aus solchen Erwerben steht ihm kein Vorsteuerabzugsrecht zu. Dies gilt jedoch nur dann, wenn er bereits zum Zeitpunkt des Leistungsbezuges von der Einbeziehung in die „Mehrwertsteuerhinterziehung" wusste oder hätte wissen müssen.[27]

[25] EuGH-Urteil vom 07.12.2010 C-285/09.

[26] BGH, Beschluss vom 08.02.2011 - 1 StR 24/10, NJW 2011, 1616.

[27] vgl. hierzu BGH, Beschluss vom 01.10.2013 - 1 StR 312/13 m. w. N. zur Rechtsprechung des EuGH.

Mit anderen Worten: Das Recht auf Vorsteuerabzug entfällt nicht rückwirkend, wenn der Leistungsempfänger eine Leistung „in gutem Glauben“ bezieht und erst nachträglich deren Einbeziehung in eine Umsatzsteuerhinterziehung erkennt. Es ergibt sich auch keine Berichtigungspflicht in diesem Zeitpunkt.

Der BFH[28] urteilte entgegen der Vorinstanz[29], dass innergemeinschaftliche Lieferungen nicht als umsatzsteuerfrei zu behandeln, mithin also umsatzsteuerpflichtig sind, wenn der Unternehmer die Identität seines Abnehmers verschleiert, um diesem die Hinterziehung der geschuldeten Umsatzsteuer zu ermöglichen.

3.2.1.2.2 Steuerstrafrechtliche Fragestellungen

Bei der steuerstrafrechtlichen Beurteilung sind die Beteiligten differenziert unter Beachtung ihrer Ansässigkeit zu betrachten.[30]

Verkürzt ein im Inland ansässiger Missing Trader Steuern, indem er bspw. wie oben ausgeführt die für den innergemeinschaftlichen Erwerb geschuldete Umsatzsteuer nicht abführt und zudem auch noch die Erwerbsteuer als Vorsteuer zieht, erfüllt dies den Tatbestand des § 370 AO, aufgrund seines üblicherweise vorzufindenden Verhaltens (Sich-Entziehen des Zugriffs der Behörden nach Ausführung der Umsätze) besteht kein Raum für Zweifel am Tatvorsatz, die eine Anwendung des § 378 AO zulassen könnten.

Ist der Missing Trader nicht im Inland ansässig, kommt es durch diesen nicht zu einer Steuerverkürzung im Inland, weshalb die Tatbestandsmerkmale des § 370 AO nicht vorliegen.

Führt ein inländischer Lieferant an einen im EU-Ausland ansässigen Missing Trader eine Lieferung aus, wird der inländische Lieferant im Regelfall eine innergemeinschaftliche Lieferung deklarieren und sie unter Verweis auf § 4 Abs. 1 Bst. b) i. V. m. § 6a UStG als umsatzsteuerfrei behandeln.[31] Wird dies unter Wissen über den Umsatzsteuerbetrug vorgenommen, handelt es sich um eine missbräuchliche Gestaltung, die eine Behandlung der Lieferung als umsatzsteuerfrei nicht zulässt; der BGH verwarf eine diesbezügliche Revision mit dem Hinweis, dass der Vorteil der Steuerfreiheit innergemeinschaftlicher Lieferungen zu versagen sei, wenn Umsätze nicht im Rahmen normaler Handelsgeschäfte, sondern nur zu dem Zweck getätigt werden, missbräuchlich in den Genuss von Steuervorteilen zu kommen. Dies folgt aus dem im Gemeinschaftsrecht verankerten grundsätzlichen Verbot missbräuchlicher Praktiken.[32] Betreffend die steuerstrafrechtliche Würdigung äußerte der BGH kürzlich die Auffassung, dass bei entsprechend planvollem Vorgehen zum Zwecke der Umsatzsteuerhinterziehung ein im Ausland eingetretener Steuerschaden im Einzelfall

---

[28] BFH-Urteil vom 17.02.2011, V R 30/10.

[29] FG des Saarlandes vom 30.6.2010, 1 K 1319/07.

[30] Vgl. auch Schaefer, NJW-Spezial 2007 Heft 5, 231 f.

[31] In diesem Zusammenhang sei insbesondere auf die grundsätzlichen Pflichten des Lieferanten verwiesen, sich über die Unternehmereigenschaft durch Prüfung der Korrektheit der von diesem verwendeten Umsatzsteuer-Identifikationsnummer des jeweiligen Mitgliedsstaats zu vergewissern.

[32] BGH 19.02.2008, 1 StR 633/08.

dem deutschen Lieferanten als Steuerhinterziehung anzulasten sei und hat den Fall dem EuGH vorgelegt.[33]

▸ **Beraterhinweis** Mit Wirkung vom 1. Januar 2008 wurde § 370a AO (Gewerbsmäßige oder bandenmäßige Steuerhinterziehung) wegen verfassungsrechtlicher Bedenken aufgehoben und stattdessen § 370 Abs. 3 Satz 2 AO um diesen Tatbestand in Nr. 5 ergänzt; zudem wurde das Tatbestandsmerkmal des „groben Eigennutzes" gestrichen. Konsequenz hieraus ist, dass nunmehr eine besonders schwere Steuerhinterziehung in diesen Fällen bereits dann vorliegt, wenn der Täter in großem Ausmaß Steuern verkürzt oder nicht gerechtfertigte Steuervorteile erlangt oder als Mitglied einer Bande, die sich zur fortgesetzten Begehung von Hinterziehungsdelikten nach § 370 Abs. 1 AO verbunden Umsatz- oder Verbrauchsteuern verkürzt oder nicht gerechtfertigte Umsatz- oder Verbrauchsteuervorteile erlangt, was bei Umsatzsteuerkarussellen relativ leicht vorliegen kann. Da zudem durch das JStG 2009 die Verjährungsfrist für besonders schwere Steuerhinterziehung i. S. d. § 370 Abs. 3 Satz 2 Nr. 1 bis 5 AO von fünf auf zehn Jahre verlängert wurde, ist besondere Aufmerksamkeit hinsichtlich Indizien geboten, die auf eine eventuelle, bewusste oder unbewusste Beteiligung an einem Umsatzsteuerkarussell hindeuten könnten.

Der steuerliche Berater ist bei Anfragen von Mandanten, denen Beteiligung an einem Umsatzsteuerkarussell vorgeworfen wird, gefordert herauszufinden, ob er diesen vertreten kann bzw. sollte oder nicht. Insbesondere wird es darauf ankommen, die seitens des Mandanten vorgebrachte Argumentation auf Stichhaltigkeit zu überprüfen:

- Hat der Mandant alles Zumutbare unternommen, um die Existenz seiner Geschäftspartner nachzuweisen?
- Ist erkennbar, ob eine enge Verbindung zwischen ihm und anderen Beteiligten existierte?
- Falls ja, kann glaubhaft gemacht werden, dass es dem Mandanten trotzdem nicht erkennbar war, dass betrügerische Absichten in bzw. mit der Lieferkette verfolgt werden?

Sofern der Berater selbst nicht über hinreichende Erfahrung im steuerstrafrechtlichen, insb. strafprozessualen Bereich verfügt, empfiehlt sich die Hinzuziehung von Experten. Handelt es sich aber um ein Mandat, bei dem der steuerliche Berater selber involviert ist (bspw. mit der Erledigung der Buchhaltungsaufgaben inkl. Abgabe der Umsatzsteuer-Voranmeldungen und

[33] BGH, Beschluss vom 07.07.2009 - Az. 1 StR 41/09.

-erklärungen), empfiehlt sich grundsätzlich dringend die Hinzuziehung von Spezialisten für Steuerstrafrechtsfälle, da eine neutrale Position des Beraters als Verteidiger in Steuerstrafsachen nicht einzunehmen bzw. beizubehalten sein wird. Im unangenehmsten Fall könnte ein evtl. Anfangsverdacht auf Beihilfe oder gar Mittäterschaft konstruiert werden.[34]

3.2.1.2.3 Haftungstatbestände

Ist eine Steuerhinterziehung zu bejahen, kommt regelmäßig auch die Prüfung möglicher Haftungsfragen in Betracht. Denn nach § 71 AO haftet für verkürzte Steuern, wer eine Steuerhinterziehung begeht oder an einer solchen Tat teilnimmt. Das FG Baden-Württemberg hatte hierzu einen Fall[35] zu entscheiden, in dem ein faktischer Geschäftsführer einer in ein Umsatzsteuerkarussell eingebundenen Gesellschaft für durch diese verkürzte Steuerbeträge nach § 71 AO in Haftung genommen werden sollte. Das Problem bestand darin, dass die für die Begründung des Haftungsanspruchs notwendige Kausalverknüpfung zur Steuerhinterziehung nicht nachgewiesen werden konnte, weshalb eine Inanspruchnahme aus § 71 AO nicht erfolgen konnte. Jedoch ging aus den Ermittlungen hervor, dass der Betreffende als Verfügungsberechtigter (faktischer Geschäftsführer) anzusehen war. Daher kam eine Anwendung der §§ 34, 35 i. V. m. § 69 AO in Betracht und führte letztlich zur Inanspruchnahme, da der erkennende Senat überzeugt war, dass der Betreffende im Sinne von § 69 Satz 1 AO die zur Begleichung der tatsächlich verwirklichten Umsatzsteuerschuld notwendigen – und bei deren Vereinnahmung auch vorhandenen – Geldmittel im Sinne von § 69 Satz 1 AO vorsätzlich entzogen hatte.[36] Mit seinem vom Senat als schuldhaft pflichtwidrig erachteten Verhalten wurde dem Betreffenden auch zuerkannt, einen Steuerausfall in Höhe der Beträge verursacht zu haben, mit denen ihn das Finanzamt in Anspruch nahm. Interessant ist zudem, dass aufgrund der Einzelheiten der Tat der Grundsatz der Haftungsbegrenzung aufgrund anteiliger Begleichung der Umsatzsteuer nicht eingriff, da er selber durch sein planmäßiges Verhalten dafür gesorgt hatte, dass die zur Tilgung der gesamten Umsatzsteuerschuld erforderlichen Mittel nicht vorhanden waren.

▸ **Beraterhinweis** Das Urteil des FG Baden-Württemberg zeigt vielerlei Facetten möglicher Steuerhinterziehungsmuster sowie Abgrenzungen betreffend steuerstrafrechtliche wie haftungsrechtliche Fragen, es ist daher sehr zur Lektüre empfohlen.

---

[34] Vgl. zum angesprochenen Spannungsfeld auch Haas / Müller, Steuerstrafrecht und Steuerstrafverfahren, Wiesbaden 2009, 29 ff.

[35] FG Baden-Württemberg, Urt. v. 25.06.2008, 12 K 407/04, rkr.

[36] BFH-Beschluss vom 11.02.2002, VII B 323/00, BFH/NV 2002, 891 unter II.1.C.

3.2.2 Bauabzugsteuer

3.2.2.1 Grundzüge der gesetzlichen Regelung

Mit den §§ 48 bis 48d EStG wurde ab dem Veranlagungszeitraum 2002 ein besonderes Steuerabzugsverfahren in das EStG eingeführt[37], welches die illegale Betätigung im Baugewerbe verhindern soll. Konkret soll die Besteuerung des Gewinns aus der Bauleistung beim leistenden Unternehmen sowie die Besteuerung des dieser Bauleistung zuzuordnenden Arbeitslohns der eingesetzten Arbeitnehmer sichergestellt werden. Die grundsätzliche Pflicht zum Steuerabzug ergibt sich aus § 48 Abs. 1 S. 1 EStG: „Erbringt jemand im Inland eine Bauleistung (Leistender) an einen Unternehmer im Sinne des § 2 des Umsatzsteuergesetzes oder an eine juristische Person des öffentlichen Rechts (Leistungsempfänger), ist der Leistungsempfänger verpflichtet, von der Gegenleistung einen Steuerabzug in Höhe von 15 Prozent für Rechnung des Leistenden vorzunehmen."

Eine Einschränkung besteht nach § 48 Abs. 1 S. 2 EStG für Bauleistungen an Vermieter, die nicht mehr als zwei Wohnungen vermieten: „Vermietet der Leistungsempfänger Wohnungen, so ist Satz 1 nicht auf Bauleistungen für diese Wohnungen anzuwenden, wenn er nicht mehr als zwei Wohnungen vermietet."

Betroffen sind folglich „Bauleistungen", unter die nach § 48 Abs. 1 S. 3 EStG alle Leistungen fallen, die der Herstellung, Instandsetzung, Instandhaltung, Änderung oder Beseitigung von Bauwerken dienen. Unter einem „Bauwerk" wiederum sind neben Gebäuden sämtliche mit dem Erdboden verbundenen oder auf ihm ruhenden Anlagen zu verstehen, die aus Baustoffen oder Teilen mit baulichem Gerät hergestellt werden, also insbesondere Betriebsvorrichtungen.[38]

Ist der Leistungsempfänger Unternehmer i. S. d. § 2 UStG[39] und bezieht er die Bauleistung für sein Unternehmen, verpflichtet ihn das Gesetz grundsätzlich zum Einbehalt von 15 % der an den Leistenden zu entrichtenden Gegenleistung für dessen Rechnung, zur Abgabe einer Steueranmeldung nach amtlich vorgeschriebenem Vordruck und zur Abführung des einbehaltenen Steuerabzugsbetrags bis zum 10. des Folgemonats sowie zur Abrechnung mit dem Leistenden (bspw. mittels der sog. „Ausfertigung für den Leistenden" der durch den Leistungsempfänger abgegebenen Steueranmeldung). Es handelt sich demzufolge um eine Art Abschlagszahlung auf die aus der Bauleistung resultierende Ertragsteuer (Einkommen- oder Körperschaftsteuer); der Solidaritätszuschlag wird jedoch nicht erhoben. Der Steuerabzug ist nicht davon abhängig, ob der leistende Unternehmer im Inland oder im Ausland ansässig ist, ob es sich um eine Abrechnung gegen Geld oder in anderer Form (bspw. Aufrechnung oder Tausch) handelt oder ob ein bestehendes Doppelbesteuerungsab-

---

[37] Gesetz zur Eindämmung illegaler Betätigung im Baugewerbe v. 30.08.2001 (BGBl I 01, 2267, BStBl I 01, 602, Art. 3), geändert u. a. durch StÄndG 2001 v. 20.12.2001 (BGBl I 01, 3794).

[38] Vgl. o. V., in: AStW 02/2007, 110.

[39] Diese Unternehmereigenschaft besitzen auch Kleinunternehmer (§ 19 UStG) oder Unternehmer, die ausschließlich steuerfreie Umsätze tätigen, so z. B. Ärzte, Haus- und Wohnungseigentümer, die Wohnungen fremd vermieten, vgl. Kindshofer, PStR 03/2007, 160 f.

kommen mit dem Ansässigkeitsstaat des Leistenden das Besteuerungsrecht beschränkt[40]. Ausnahmen von der Regelung bestehen nach § 48 Abs. 2 EStG beim Vorliegen einer sog. „Freistellungsbescheinigung" des Leistenden, welche auf Antrag vom für den Leistenden zuständigen Finanzamt für einen bestimmten Zeitraum (also nicht mit unbegrenzter Gültigkeit) ausgestellt werden kann sowie im Falle, dass die Gegenleistung im laufenden Kalenderjahr nicht mehr als 5000 Euro beträgt (bei Vermietern als Leistungsempfänger, die nur umsatzsteuerfreie Vermietungsumsätze tätigen erbringen und nicht nach § 9 UStG optiert haben 15.000 Euro).

Die Gegenleistung als Bemessungsgrundlage umfasst nach § 48 Abs. 3 EStG den „vollen Betrag" der Gegenleistung, mithin das Entgelt sowie die hierauf entfallende Umsatzsteuer. Bei bestehender Abzugsverpflichtung ist der Abzug in jedem Zeitpunkt vorzunehmen, in dem eine Gegenleistung erbracht wird, also nicht nur im Zeitpunkt der Begleichung der Schlussrechnung, sondern bereits bei Leistung von Abschlagzahlungen auf die Gesamtleistung, wie sie im Baugewerbe üblicherweise vereinbart werden. Der Leistungsempfänger haftet für den Steuerabzugsbetrag.

Die zugehörige Steueranmeldung für ausländische Leistende erfolgt je nach Ansässigkeitsstaat des Leistenden zentral bei einem als örtlich zuständig definierten Finanzamt (vgl. hierzu § 20a AO).[41]

3.2.2.2 Praxisprobleme

3.2.2.2.1 Nichtabgabe, nicht vollständige oder nicht rechtzeitige Abgabe der Steueranmeldung und Abführung des Abzugsbetrags

Werden bei bestehender Verpflichtung zu Einbehalt und Abführung des Abzugsbetrags diese vorsätzlich oder leichtfertig nicht, nicht vollständig oder verspätet vorgenommen, kommt es zu einer Gefährdung von Abzugssteuern nach § 380 AO, die als Ordnungswidrigkeit mit Geldbuße bis zu 25.000 Euro geahndet werden kann.

Eine Würdigung als Steuerhinterziehung (§ 370 AO) kommt in der Praxis wahrscheinlich nur selten in Betracht, denn erstens kann der Leistungsempfänger nicht zu eigenen Gunsten, sondern nur zu Gunsten des Leistenden Steuerhinterziehung begehen, da Steuerschuldner derjenige ist, für den der Abzug vorgenommen wird (§ 48 Abs. 1 EStG) und zweitens wird kein Steuerschuldverhältnis gemäß § 48 Abs. 1 EStG begründet. Eine Bestrafung als Mittäter (§ 25 Abs. 2 StGB) zu Gunsten des Leistenden wiederum würde eine bewusste Zusammenarbeit zwischen Leistungsempfänger und Leistendem voraussetzen, was schwierig nachzuweisen sein dürfte. Der Vorwurf an den Leistungsempfänger der Beihilfe (§ 27 Abs. 1 StGB) zur Hinterziehung des Leistenden aber würde voraussetzen, dass dem Leistungsempfänger Gehilfenvorsatz sowohl im Hinblick auf den bewussten

---

[40] In diesem Falle besteht ggf. ein (erst durch den leistenden Unternehmer) geltend zu machender Anspruch auf Erstattung des Steuerabzugsbetrages.

[41] Ebenso wurde die Einkommensbesteuerung betreffend die bei einem ausländischen Unternehmer des Baugewerbes beschäftigten Arbeitnehmer eine Zentralisierung vorgenommen.

Verstoß gegen die Anzeige- und Abführungsverpflichtung der Bauabzugsteuer wie auch im Hinblick auf die bewusste Hilfestellung für die Steuerhinterziehung des Leistenden nachgewiesen werden müsste, was ebenfalls schwierig sein dürfte.[42]

▸ Praxishinweis: In der Praxis besteht erfahrungsgemäß hauptsächlich das Problem, dass sich

a) Unternehmen über den Charakter der abzugsteuerpflichtigen Bauleistung nicht im Klaren sind und daher eine Anmeldung unterlassen, und/oder
b) ihre(n) Berater nicht über die empfangene Bauleistung rechtzeitig und umfassend informieren, oder
c) übersehen, dass bereits Vorauszahlungen auf die zu erbringende Bauleistung bereits der Abzugsverpflichtung unterliegen und diese nicht entsprechend kürzen und die hierauf entfallende Steuer anmelden.

„Beliebt" sind derartige Vorfälle betreffend inländische Betriebsstätten ausländischer Stammhäuser, die nach Beauftragung durch das ausländische Stammhaus durch Bauunternehmen des Stammhaus-Staates baulich verändert werden und im Stammhaus-Staat die Regelungen des § 48 ff. EStG unbekannt sind. Wird dann noch die laufende Buchführung im Stammhaus durchgeführt kann es bei einer etwaigen Übergabe der FiBu-Daten an einen Berater im Inland (= Belegenheitsstaat der Betriebsstätte) zu Zwecken der Steuererklärung(en) zu unliebsamen Überraschungen kommen.

3.2.2.2.2 Nichtprüfung der Voraussetzungen für die Steuerbefreiung

Liegt dem Leistungsempfänger im Zeitpunkt der Begleichung der Gegenleistung eine Freistellungsbescheinigung nach § 48b EStG vor, so besteht nach § 48 Abs. 2 S. 1 EStG keine Pflicht zum Steuerabzug.

Es ist allerdings darauf zu achten, dass sich der Leistungsempfänger rechtzeitig vom eventuellen Vorhandensein einer gültigen Freistellungsbescheinigung nach § 48b EStG überzeugt (Vorlage und Aufbewahrung einer Kopie sind empfehlenswert). Dies umfasst auch die Prüfung in Folgejahren, ob eine ordnungsmäßige Folgebescheinigung vorgelegt werden kann, da Freistellungsbescheinigungen nur auf drei Jahre[43] ausgestellt werden.[44] Eine vorgelegte Freistellungsbescheinigung kann bei dem zuständigen Finanzamt oder auch auf den Internet-Seiten des Bundesamtes für Finanzen (https://eibe.bff-online.de) überprüft werden.

▸ **Beraterhinweis** Freistellungsbescheinigungen werden in der Regel nur erteilt, wenn neben den anderen Voraussetzungen der Steueranspruch nicht

[42] Vgl. Kindshofer, PStR 03/2007, 160 f.

[43] BMF-Schreiben vom 27. Dezember 2002, Rz. 36.

[44] Vgl. o. V. in: AStW 01/2005, 26.

gefährdet erscheint.[45] Insbesondere ist auf Indizien zu achten, die ggf. auf eine Erschleichung oder Fälschung einer entsprechenden Freistellungsbescheinigung hindeuten könnten. Denn unterlässt es der Leistungsempfänger wegen der vorgelegten erschlichenen (selbsthergestellten oder gefälschten) Freistellungsbescheinigung die Bauabzugsteuer anzumelden und abzuführen, tritt Tatvollendung der Steuerhinterziehung des Leistenden ein, da der Leistungsempfänger nicht zu eigenen, sondern nur zu Gunsten des Leistenden die Steuerhinterziehung begehen kann.[46] Dies jedoch birgt für den Leistungsempfänger das grundsätzliche Risiko, ggf. der Beihilfe verdächtigt zu werden. Aufgrund der aber wahrscheinlich schwierigen Beweisführung besteht für den Leistungsempfänger eine größere Wahrscheinlichkeit, nach § 48a Abs. 3 EStG als Haftungsschuldner für den Steuerabzugsbetrag in Anspruch genommen zu werden, da das Unterlassen der Überprüfung einer Freistellungsbescheinigung grobe fahrlässiges Handeln darstellt.[47]

3.2.2.2.3 Fehlerhafte Bestimmung der Bemessungsgrundlage

Dem Steuerabzug unterliegen lediglich „Bauleistungen“, mithin nicht jede Leistung, über die im Geschäftsverkehr abgerechnet werden wird. Das Gesetz definiert in § 48 Abs. 1 S. 3 EStG als Bauleistungen „[...]alle Leistungen, die der Herstellung, Instandsetzung, Instandhaltung, Änderung oder Beseitigung von Bauwerken dienen“. Die zivilrechtliche Einordnung als Werkvertrag oder Werklieferungsvertrag ist unerheblich, die aufgeführten Tätigkeiten müssen lediglich im Zusammenhang mit einem Bauwerk ausgeführt werden und unmittelbar auf die Substanz des Bauwerkes einwirken. Keine Bauleistungen sind bspw. reine Bodenarbeiten, bloße Reinigungsarbeiten (soweit sie nicht am Gebäude vorgenommen werden), reine Wartungsarbeiten sowie Materiallieferungen oder Gewährleistungen; auch planerische Leistungen stellen laut BMF keine Bauleistungen dar.[48]

▸ **Beraterhinweis** In der Praxis besteht hinsichtlich der Bestimmung der Bemessungsgrundlage eher die Gefahr, mehr als die von Gesetz und Verwaltungsanweisung unter „Bauleistungen" verstandenen Leistungen einzubeziehen. Sofern jedoch bei einzelnen Leistungen die Einbeziehung fraglich erscheint, ist eine genaue Prüfung unerlässlich, um nicht Gefahr zu laufen, die Bemessungsgrundlage zu verkürzen.

---

[45] § 48b I und II EStG. Als Gefährdung nennt das Gesetz nicht abschließend die Nichterfüllung von Anzeigepflichten nach § 138 AO, Versäumnisse bei Auskunfts- und Mitwirkungspflichten sowie die Nichterbringung des Nachweises der steuerlichen Ansässigkeit durch die zuständige ausländische Behörde.

[46] Vgl. Kindshofer, PStR 03/2007, 160f.

[47] Vgl. Kindshofer, PStR 03/2007, 160f.

[48] Vgl. Drenseck, in: Schmidt § 48 Rz. 10 und 11 m. w. N.

3.2.2.3 Fazit

Die Regelungen zur Bauabzugsteuer beinhalten vielfältige Risiken, die bei Kenntnis der gesetzlichen Vorschriften jedoch erheblich verringert werden können. Insbesondere bei ausländischen Leistenden sind aber diese Regelungen oft nicht bekannt, weshalb vom Leistungsempfänger bzw. dessen steuerlichem Berater auf rechtzeitige Klärung zu achten ist, welche Leistungen wann erbracht werden, um den ggf. hierauf entfallenden Steuerabzugsbetrag zutreffend, fristgerecht und vollständig anmelden und abführen zu können.

3.2.3 Steuerumgehung an den Landesgrenzen – Zölle und Verbrauchsteuern

Zölle gehören zu den ältesten Abgaben. Bereits im dritten Jahrtausend v. Chr. dienten Zölle zur Deckung des Finanzbedarfs von Staaten. Ebenso alt ist aber auch der Wille, Zölle zu umgehen oder zu hinterziehen.

3.2.3.1 Straftaten

3.2.3.1.1 Schmuggel

Die früheste Erscheinungsform des Schmuggels ist die Beförderung von Waren über die grüne Grenze unter Umgehung von Grenzkontrollstellen. So wurden beispielsweise in den Nachkriegsjahren 1945 bis 1953 im Länderdreieck Niederlande / Belgien / Deutschland geschätzte 1000 Tonnen Kaffee illegal über die Grenze gebracht. Aufgrund der hohen Kaffeebesteuerung in der damaligen britischen Besatzungszone und ab 1949 in der Bundesrepublik Deutschland war der Kaffeeschmuggel lukrativ und wurde von Einzelpersonen zur Selbstversorgung, teilweise jedoch auch im großen Stil betrieben. Öffentliches Aufsehen erregte in diesem Zusammenhang der Schießbefehl an die Zöllner, der dazu führte, dass 40 Schmuggler und Zöllner ums Leben kamen und hunderte, darunter auch unbeteiligte Personen, verletzt wurden.[49]

Die Art und Weise der Zollhinterziehung änderte sich erheblich mit Einführung eines Zollwertsystems im Jahre 1952. An die Stelle des klassischen Schmugglers ist mehr und mehr der intelligente Schmuggler getreten, der Straftaten vom Schreibtisch aus begeht und dabei Schäden verursacht, die jene durch den klassischen Schmuggel verursachten Schäden bei weitem übersteigen. Anstelle des mühsamen Transports von Waren durch unwegsames Gelände über Ländergrenzen hinweg, werden Einfuhrabgaben seitdem mittels unzutreffender Angaben über die Beschaffenheit, den Ursprung oder den Preis der Waren „vom Büro aus" hinterzogen.[50] Dabei sind es nicht nur Einzelkaufleute, Familienunternehmen oder Gesellschaften von fragwürdiger Seriosität, die Zölle hinterziehen. In zahlreichen Fällen haben Vertreter oder Organe international bekannter und angesehener Unternehmen in erheblichem Umfang Einfuhrabgaben hinterzogen.[51]

---

[49] Siehe dazu im Detail auch Trees (2000).

[50] Bender, ZfZ 2000, 259 ff.

[51] Bender (2007), Tz 69.

3.2.3.1.2 Falsche Zollwertangaben

Der Zollwert eingeführter Waren ist der Transaktionswert, das heißt der für die Waren bei einem Verkauf zur Ausfuhr in die Gemeinschaft tatsächlich gezahlte oder zu zahlende Preis (Art. 29 Abs. 1 ZK). Hieraus folgt, dass die Zollbehörden auch einen offensichtlich unangemessenen niedrigen Preis als Transaktionswert akzeptieren müssen, sofern nicht der Nachweis gelingt, dass in Wahrheit ein anderer höherer Preis vereinbart worden ist. Dies bietet eine Fülle von Möglichkeiten, Einfuhrabgaben zu hinterziehen. In einem Sonderbericht hat der Rechnungshof der EG nach Prüfung der Zollwertermittlungen in den Mitgliedstaaten darauf hingewiesen, dass ernsthafte Nachprüfungen der Zollwertangaben selten sind und Wareneinfuhren gezielt über Staaten mit geringer Prüfungsdichte abgewickelt werden.[52]

Die einfachste Form der Hinterziehung von Einfuhrabgaben durch falsche Zollwertangaben besteht darin, Rechnungen mit zu niedrigen Preisen auszustellen. Besonders leicht möglich ist dies bei miteinander verbundenen Unternehmen. Die niedrigen Rechnungspreise werden entsprechend in die Buchführung und den Jahresabschluss übernommen. Dadurch entstehen auf Seiten des Verkäufers zwar Verluste, der Käufer erhöht aber entsprechend seinen Gewinn, was sich letztendlich in der Konzernbilanz ausgleicht. Bei nicht verbundenen Unternehmen kann die Hinterziehung durch die Gründung einer Einkaufsgesellschaft im Verkäuferland begangen werden. Dabei wird die Einkaufsgesellschaft nur buchmäßig in das Geschäft eingeschaltet und der Preis des ausländischen Verkäufers vor dem Weiterverkauf an ihre inländische Mutter auf die gewünschte Höhe heruntergeschleust.

Anlass zu Unterfakturierungen bei verbundenen Unternehmen ist aber oft weniger der Wunsch, Einfuhrabgaben zu sparen, als vielmehr das Bestreben, durch die Preisgestaltung Gewinne oder Verluste von einem Land in das andere zu verlagern und hierdurch Einkommen- oder Körperschaftssteuer zu hinterziehen oder zu umgehen. Da Deutschland zu den Ländern mit den höchsten Steuersätzen gehört, ist es wenig sinnvoll, durch Unterfakturierung zum Nachteil des deutschen Zolls Gewinne nach Deutschland zu verlagern; im Gegenteil kann es Hinterziehungswilligen zweckmäßig erscheinen, durch Überfakturierung mehr Zölle zu zahlen und diesen Mehraufwand um ein Vielfaches bei den gewinnabhängigen Steuern wieder hereinzuholen. Zu berücksichtigen ist dabei, dass Zölle regelmäßig auf Basis des Warenwertes, Ertragsteuern hingegen auf Basis des zu versteuernden Einkommens erhoben werden.

Bei einem Kauf können Kosten für Nebenleistungen des Verkäufers anfallen, die ausdrücklich nicht zum Zollwert gehören, z. B. Montagekosten im Inland, technische Unterstützung nach der Einfuhr (Art. 33 ZK). Wer Zölle vermindern will, könnte daher auf die Idee kommen, in der Verkaufsrechnung die Kosten für solche Nebenleistungen höher als tatsächlich und den zollpflichtigen Warenpreis entsprechend niedriger als tatsächlich auszuweisen. Eine andere Variante ist, bei Lieferungen verschiedener Waren an einen Empfänger den Preis für hoch belastete Waren zu mindern und dafür den Preis für niedrig belastete oder zollfreie Waren entsprechend zu erhöhen.

---

[52] Rogmann, ZfZ 2002, 22 ff.

Praxisbeispiel

Ein Verkäufer im Drittland liefert an einen Käufer in der EU eine Maschine mit einem Wert von 500.000 Euro. Zusätzlich wird vereinbart, dass der Verkäufer die Maschine durch eigene Techniker in der EU montiert und außerdem das Bedienungspersonal in der Anwendung schult. Für diese Dienstleistungen vereinbaren die Vertragsparteien 50.000 Euro. In der Rechnung erscheinen der Wert der Maschine mit 400.000 Euro und der Wert der Dienstleistungen mit 150.000 Euro. Bei der Zollanmeldung wird der Warenwert mit 400.000 Euro angegeben. Es liegt eine Steuerhinterziehung vor.

3.2.3.1.3 Unzutreffende Beschaffenheitsangaben

Die bei Entstehen einer Zollschuld gesetzlich geschuldeten Abgaben stützen sich auf den Zolltarif der EU (Art. 20 ZK). Der Zolltarif legt fest, in welcher Höhe eine konkrete Ware bei der Einfuhr mit Zoll belastet ist. Der Zolltarif besteht aus zwei Grundbestandteilen, dem Zolltarifschema und den verschiedenen Zollsätzen. Das Zolltarifschema stellt eine systematische Auflistung aller Waren dar, die als Handelsgüter im grenzüberschreitenden Verkehr auftreten können.[53] Jede Ware ist bei der Einfuhranmeldung in dieses Tarifschema einzureihen, um so den zutreffenden Zollsatz zu ermitteln. Die Zolltarifposition ist somit neben dem Zollwert das zweite Element für die Höhe der Einfuhrabgaben und daher der zweite Ansatzpunkt für deren Hinterziehung. Allerdings ist die Beschaffenheit einer Ware und damit ihre zutreffende Einreihung in den Zolltarif – im Gegensatz zum Zollwert – an der Ware selbst feststellbar, so dass es in der Praxis entscheidend von der Häufigkeit und Genauigkeit der Kontrollmaßnahmen abhängt, in welchem Umfang Einfuhrabgaben durch Falschanmeldungen von Beschaffenheitsmerkmalen hinterzogen werden.

Praxisbeispiel

Aus einem Drittland wird hochwertiges Fleisch eingeführt. In den Frachtpapieren, der Rechnung und der Zollanmeldung wird die Ware als Schlachtabfall angemeldet. Zur Verschleierung der Falschanmeldung werden die Container nur zu 2/3 mit den hochwertigen Produkten beladen. Das hintere, zugängliche Drittel wird tatsächlich mit Schlachtabfall beladen.

Amtliche Bescheinigungen zum Nachweis der Beschaffenheitsmerkmale sind oft erschlichen, und bisweilen nehmen Zollstellen gutgläubig fremdsprachige Bescheinigungen entgegen, von denen sich später herausstellt, dass sie über die maßgeblichen Kriterien nichts aussagen, so z. B. bei den häufigen Falschanmeldungen von nicht seegängigen Segel- und Motorsportbooten als seegängige und damit zollfreie Fahrzeuge.

[53] Bleihauer, in: Witte / Wolffgang, S. 418.

3.2.3.1.4 Unzutreffende Ursprungsangaben

Unzutreffende Ursprungsangaben können sich einerseits auf den präferenziellen Ursprung und andererseits auf den nichtpräferenziellen (allgemeinen) Ursprung von Waren beziehen. Im zollrechtlichen Sinn stellen Präferenzmaßnahmen eine Vorzugsbehandlung für Waren aus bestimmten Ländern und Gebieten dar. Diese Vorzugsbehandlung äußert sich regelmäßig in der Anwendung ermäßigter Zollsätze (Präferenzzollsätze) bei der Einfuhr von Waren in die EU. Präferenzberechtigt sind lediglich Waren, die von den Präferenzabkommen zwischen der EU und anderen Staaten erfasst sind und die darin genannten Voraussetzungen erfüllen. Regelmäßig ist Voraussetzung für die Präferenzgewährung, dass es sich bei den eingeführten Waren um Ursprungswaren im Sinne des jeweiligen Abkommens handelt. Daneben wird für die Anwendung besonderer zolltariflicher Maßnahmen (z. B. Antidumpingzoll) und außertariflicher Maßnahmen (z. B. außenwirtschaftsrechtlicher Genehmigungspflichten) auf den allgemeinen Ursprung einer Ware abgestellt.

Der Nachweis, dass es sich bei einer Ware um eine Ursprungsware handelt, wird regelmäßig durch einen förmlichen Präferenznachweis oder, nach besonderer Zulassung, durch eine Erklärung des Ausführers auf der Rechnung erteilt. Da die Rechnungserklärung eine besondere Bewilligung durch die Zollbehörde verlangt, in deren Rahmen auch die Ursprungsvoraussetzungen geprüft werden, basieren die meisten Hinterziehungshandlungen auf der Vorlage gefälschter oder zu Unrecht ausgestellter Präferenznachweise. Häufig werden die Nachweise auch im Zusammenhang mit Korruptionsvergehen durch die ausstellenden Behörden ermöglicht. Dabei haben die Zollbehörden der EU nur sehr beschränkte Möglichkeiten, verdächtigen Vorgängen durch eigene Ermittlungen nachzugehen. Sie sind auf sogenannte Nachprüfungsersuchen an die ausstellenden Behörden des Ausfuhrlandes angewiesen, die – sofern sie Anfragen überhaupt beantworten – sich nicht immer als kooperativ erweisen.[54]

Praxisbeispiel

In mehreren EU-Mitgliedstaaten durchgeführte Untersuchungen zur Richtigkeit vorgelegter Präferenznachweise „Form A" bei der Einfuhr von Textilwaren aus einem Drittland ließen auf einen Missbrauch bei der Ausstellung der Bescheinigungen schließen. Im Rahmen einer Mission des europäischen Amtes für Betrugsbekämpfung (OLAF) in diesem Drittland konnte ermittelt werden, dass etwa 1500 Präferenznachweise (für ca. 24 Mio. Kleidungsstücke), die bei der Einfuhr in die EU vorgelegt worden waren, gefälscht waren. Weiter konnte nachgewiesen werden, dass etwa 1700 weitere Präferenznachweise (für ca. 17 Mio. Kleidungsstücke) von den Behörden im betreffenden Drittland zu Unrecht ausgestellt worden waren.

Große Bedeutung haben unzutreffende Ursprungsangaben daneben bei der Festsetzung von Antidumpingzöllen. Dumping liegt vor, wenn Handelswaren eines Landes unter ih-

[54] Fersch, RIW 1990, 386 ff.

rem üblichen Wert auf den Markt eines anderen Landes gebracht werden. Das ist dann der Fall, wenn der Preis einer Ware, die aus einem Land ausgeführt wird, niedriger ist, als der Verkaufspreis der gleichen Ware im selben Land. Die EU erhebt auf die gedumpten Waren zusätzlich zum Regelzollsatz einen Antidumpingzoll. Dadurch wird der Preisvorteil im Vergleich zu Waren des Marktes der EU ausgeglichen. Diese Maßnahmen werden erst nach Einleitung eines genau geregelten Untersuchungsverfahrens durch die EG-Kommission beschlossen und sehen regelmäßig die Erhebung eines Antidumpingzolls für bestimmte Waren mit Ursprung in bestimmten Ländern vor.

Praxisbeispiel

In der EU werden jährlich nahezu eine Milliarde Einwegfeuerzeuge verkauft. Bei einem Marktanteil der Einwegfeuerzeuge in Höhe von 98 Prozent bezogen auf den gesamten Markt an Feuerzeugen ist der Handel mit diesem Wegwerfartikel ein lohnendes Geschäft. Zum Schutz der europäischen Wirtschaft vor Massenimporten aus einem Drittland wird bei der Einfuhr in die EU ein Antidumpingzoll erhoben, der 6,5 Cent pro Einwegfeuerzeug beträgt. Damit soll verhindert werden, dass europäische Produzenten durch die Billigimporte aus Drittländern vom Markt verdrängt werden.

Durch die auffällige Zunahme der Einfuhr von Einwegfeuerzeugen in die EU mit angeblichem Ursprung in Drittland 2 und Drittland 3 entstand bei den Zollbehörden der Verdacht, dass durch betrügerisches Vortäuschen eines falschen Ursprungs der Antidumpingzoll umgangen werden sollte. In Zusammenarbeit mit OLAF stellten deutsche Zollfahnder fest, dass in Drittland 1 produzierte Einwegfeuerzeuge über Drittland 2 oder Drittland 3 befördert, dort umgeladen und mit falschen Ursprungsdokumenten versehen in die EU transportiert wurden. Allein in Deutschland konnte durch die Ermittlungen der Zollfahndung die Einfuhr von insgesamt 70 Millionen Einwegfeuerzeugen unter Umgehung des Antidumpingzolls nachgewiesen werden.

Nicht selten sind es überwiegend asiatische Lieferanten, die angesichts drohender Antidumpingmaßnahmen an ihre Kunden herantreten und vorschlagen, die Produkte mit falschen Ursprungsangaben zu liefern, um so Antidumpingzölle zu umgehen. Bei Abwicklung künftiger Lieferungen über eine extra gegründete Scheinfirma im falschen Ursprungsland und angeblichen Transport der Sendungen laut den Frachtpapieren über dieses falsche Ursprungsland, fallen häufig auch bei zuvor gesetzestreuen Importeuren angesichts des immensen Einsparpotenzials die letzten Skrupel.

3.2.3.1.5 Zuwiderhandlungen bei Zollverfahren mit wirtschaftlicher Bedeutung

3.2.3.1.5.1 Versandverfahren

Für Waren, die in das Zollgebiet der Gemeinschaft eingeführt werden und dort in den Wirtschaftskreislauf treten sollen, sind die Einfuhrabgaben grundsätzlich im Zeitpunkt des Grenzübertritts zu entrichten. Da die Waren in den meisten Fällen nicht am Grenzübergangsort verbleiben, sondern für einen Empfänger im Gemeinschaftsgebiet bestimmt sind, wurde mit dem Versandverfahren ein Verfahren geschaffen, das die Möglichkeit bietet, die Verzollung am endgültigen Bestimmungsort der Waren vorzunehmen.

Praxisbeispiel

PKW aus Japan werden per Schiff nach Bremen befördert. Von dort aus sollen die PKW per LKW nach Köln transportiert und dort in den freien Verkehr überführt werden. Der Transport von Bremen nach Köln kann ohne Erhebung von Einfuhrabgaben in einem zollamtlich überwachten Versandverfahren erfolgen.

Die Verlagerung der Abfertigung von der Außengrenze in das Binnenland bietet eine Reihe von Vorteilen sowohl für die Wirtschaftsbeteiligten als auch für die beteiligten Zollstellen. Gleichzeitig bietet sich ein Versandverfahren für die Fälle an, in denen Waren nicht im Zollgebiet der Gemeinschaft verbleiben sollen, sondern zur (Wieder-)Ausfuhr oder lediglich zur Durchfuhr bestimmt sind. Im Versandverfahren werden Waren unverzollt befördert, d. h. unter Aussetzung der zu zahlenden Einfuhrabgaben. Zur Sicherung der Abgaben erfolgt die Beförderung unter zollamtlicher Überwachung sowie regelmäßig unter Erhebung einer Sicherheit und verbunden mit der Auflage, die beförderten Waren fristgerecht und unverändert der Bestimmungsstelle vorzuführen bzw. zu übergeben.

Versandverfahren sind ein bevorzugtes Instrument der Organisierten Kriminalität. Die EU versucht diesem Umstand mit der Implementierung eines elektronischen Abwicklungsverfahrens (New Computerised Transit System –NCTS–) entgegenzuwirken. In Deutschland sind daher seit dem 1. Juli 2005 die Versandverfahren mit den anderen EU-Mitgliedstaaten und den EFTA-Staaten ausschließlich mit NCTS durchzuführen. Verfahren mit Carnet TIR werden seit 1. Januar 2009 ebenfalls weitgehend elektronisch abgewickelt.

Insbesondere der LKW-Verkehr ist in hohem Maße anfällig für kriminelle Aktionen im Versandverfahren. Sollen die per LKW transportierten Waren der Bestimmungsstelle zwecks Abschlusses des Versandverfahrens vorgeführt werden, so werden zum Beispiel ohne sichtbare Verletzung der Zollverschlüsse die Verschlussstangen oder -seile mit raffinierten Techniken auseinandergenommen und wieder zusammengesetzt, nachdem das Versandgut entnommen oder ausgetauscht worden ist. Da der LKW der Bestimmungsstelle mit dem Anschein der Wiedergestellung des Versandgutes vorgeführt werden soll, setzt dies voraus, dass bereits bei der Abgangsstelle unrichtige oder ungenaue Angaben über Menge und Beschaffenheit des Versandgutes gemacht werden, so dass das Verschwinden eines Teils der Ladung oder deren Austausch nicht auffällt. Da bei der Abgangszollstelle gewöhnlich keine Beschau stattfindet ist diese Vorgehensweise kaum risikobehaftet.

Ohne technischen Aufwand ist Manipulation oft möglich, indem das Versandgut richtig angemeldet, unterwegs entnommen und der Abgangsstelle mittels gefälschter oder unrichtiger Erledigungsbestätigungen der ordnungsgemäße Abschluss des Versandverfahrens vorgetäuscht wird. Mitunter arbeiten die Täter in diesen Fällen mit korrupten Zollbeamten zusammen oder verwenden echte, zuvor entwendete Dienststempel für die Erledigungsvermerke.

Der bei weitem häufigste, wenn auch unspektakulärste Missbrauchsfall ist die schlichte eigenmächtige Verfügung über das Versandgut durch den Warenempfänger ohne Gestellung oder Mitteilung an die Bestimmungsstelle. Kriminell sind vor allem die Fälle, in denen das Versandgut bereits bei der Abgangsstelle unrichtig angemeldet oder dem angemeldeten Versandgut weitere, nicht angemeldete Waren beigepackt worden sind, was nach eigenmächtiger Verfügung des Empfängers über das Versandgut nicht mehr feststellbar ist.

Praxisbeispiel

Bei A trifft eine Sendung Maschinenersatzteile im Versandverfahren per LKW ein. A nimmt die Verschlüsse ab und entlädt die Waren. Die Einfuhrabgaben zahlt er erst mit mehrmonatiger Verspätung nach Abwicklung eines Suchverfahrens, wobei er, da zu diesem Zeitpunkt eine Beschau nicht mehr möglich ist, die Maschinenersatzteile als solche mit einem Zollsatz von 5 % anmeldet, während sie tatsächlich in die Zolltarifposition mit einem Zollsatz von 10 % hätten eingereiht werden müssen.

3.2.3.1.5.2 Vorübergehende Verwendung

Grundsätzlich sollen Einfuhrabgaben nur für solche Nichtgemeinschaftswaren erhoben werden, die endgültig im Zollgebiet der Gemeinschaft verbleiben und dadurch dem hiesigen Wirtschaftskreislauf zugeführt werden. Umgekehrt bedeutet dies, dass eine Einfuhrabgabenerhebung in der Regel nicht gerechtfertigt ist, wenn die eingeführten Waren nach vorübergehendem Gebrauch wieder ausgeführt werden. Für solche Fälle wurde das Zollverfahren der vorübergehenden Verwendung geschaffen. Es sieht eine vollständige oder teilweise Einfuhrabgabenbefreiung für Nichtgemeinschaftswaren vor, die zu einem bestimmten Zweck vorübergehend im Zollgebiet der EU verwendet werden und anschließend unverändert wiederausgeführt werden sollen.

Das strafbare Verhalten des Täters liegt darin, dass er die Zollbefreiung für die Einfuhrwaren in Anspruch nimmt, ohne jedoch die hierfür geltenden Voraussetzungen und Bedingungen zu erfüllen. Gegenstand solcher Manipulationen sind vorzugsweise Waren, die unter vollständiger Befreiung verwendet werden können. Häufig werden im Ausland zugelassene Kraftfahrzeuge zur vorübergehenden Verwendung durch Bewohner des Zollgebiets eingeführt, was unzulässig ist. Dasselbe gilt für Wasserfahrzeuge und Sportflugzeuge, die mit ausländischen Kennzeichen eingeführt und dauerhaft hier verwendet werden. Da die Bewilligung der vorübergehenden Verwendung bei Beförderungsmittel, die gewerblich verwendet werden, voraussetzt, dass die Beförderungen außerhalb des Zollgebiets beginnen oder enden geschieht die zweckwidrige Verwendung bei gewerblichen LKW insbesondere durch Transporte zwischen zwei Punkten innerhalb des Zollgebiets (sog. Kabotage), wodurch zugleich Kraftfahrzeug- und Umsatzsteuer hinterzogen werden. Die unzulässige Beförderung beginnt bereits mit dem Beladen (Art. 555 Abs. 1 c ZK-DVO). Bei einem Binnentransport durch eine Sattelzugmaschine mit Auflieger wird neben dem Auflieger auch die Zugmaschine zweckwidrig verwendet[55] und wird bei einer Ausfuhr der Auflieger

[55] BFH v. 08.07.2004 VII R 60/03, ZfZ 2004, 415 ff.

im Zollgebiet umgesattelt, sodass die erste Zugmaschine Binnentransporte im Zollgebiet vornimmt, wird diese zweckwidrig verwendet[56], für den Auflieger dagegen ist der bloße Wechsel der Zugmaschine ohne Auf- oder Abladen kein Binnentransport[57].

3.2.3.1.6 Verbrauchsteuerhinterziehung

Der Begriff umfasst die Hinterziehung von Verbrauchsteuern mit Ausnahme derjenigen, die als Einfuhrabgaben geschuldet werden. Für diese gelten die Vorschriften über Zölle sinngemäß; insoweit kann auf die Ausführungen über die Zollhinterziehung verwiesen werden. Je nach Besonderheiten der einzelnen Verbrauchsteuergesetze und den Umständen der Herstellung, des Versandes von verbrauchsteuerpflichtigen Waren von Steuerlager zu Steuerlager, des Vertriebes und der Verwendung verbrauchsteuerpflichtiger Erzeugnisse kommen verschiedene Personen als Täter in Betracht.

Wird die Tat durch Entfernen aus dem Steuerlager ohne entsprechende Angaben in der Steuererklärung / Steueranmeldung begangen, so sind Täter oft Betriebsinhaber und leitende Angestellte. In diesen Fällen ist infolge der zollamtlichen Überwachung von Herstellungsbetrieben und anderen Steuerlagern die unzulässige Entfernung verbrauchsteuerpflichtiger Erzeugnisse in größerem Umfang nur möglich, wenn sie mit buchmäßigen Verschleierungsmanövern verbunden wird. Oft werden untreue Mitarbeiter ohne Wissen der Geschäftsleitung auf eigene Rechnung tätig. Auch diese Formen der Verbrauchsteuerhinterziehung lassen sich bis zu einem gewissen Grad durch buchmäßige Manipulationen verschleiern. Eine dritte Gruppe schließlich stellen die Kleindiebstähle durch Betriebsangehörige dar. Diese Täter, die die Ware regelmäßig zum eigenen Verbrauch entwenden, sind etwa mit dem kleinen Truppenschmuggler vergleichbar. Immerhin ist der durch sie angerichtete Schaden beträchtlich. Eine Großbrauerei schätzte selbst den Umfang der Bierdiebstähle in ihrem Betrieb auf 600 hl jährlich.

Neue Möglichkeiten der Verbrauchsteuerhinterziehung hat das System der Verbrauchsteuererhebung aufgrund des Verbrauchsteuerbinnenmarktgesetzes eröffnet. Knüpfte früher die Verbrauchsteuererhebung schlicht an die einigermaßen kontrollierbare Entfernung aus dem Herstellungsbetrieb an, die zudem noch durch eine zollamtliche Überwachung des Herstellungsprozesses ständig auf Schlüssigkeit überprüft wurde, so wird sie nunmehr über ein System von Steuerlagern und berechtigten Empfängern im Steuergebiet und im Verkehr mit anderen Mitgliedstaaten näher an den Verbraucher verlagert. Das ist wirtschaftsfreundlich, begründet aber auch Steuerausfallrisiken.

Praxisbeispiel

Im Steueraussetzungsverfahren wurden 260 Lieferungen von unversteuertem Heizöl an einen angeblich berechtigten Empfänger in einem anderen EU-Mitgliedstaat geliefert. Nach Feststellungen der Zollfahndung hatte der Käufer keine Zulassung als berechtigter Empfänger. Der gutgläubige Lieferant wurde durch gefälschte Dokumente getäuscht, was ihn aber nicht davor bewahrte, als Steuerschuldner in Anspruch genommen zu werden.

[56] EuGH v. 15.12.2004 C-272/03, ZfZ 2005, 51 ff.

[57] BFH v. 13.05.2003 VII R 15/02, ZfZ 2003, 268 ff.

Da es sich bei den verbrauchsteuerpflichtigen Waren regelmäßig um hochsteuerbare Produkte handelt, ist der Anreiz für Hinterziehungen sehr groß; entsprechend groß ist daher auch die kriminelle Energie, mit der in derartigen Fällen häufig gut organisierte Banden vorgehen. Um das Risiko von Steuerausfällen zu vermeiden, wurde zum 1. Januar 2011 EU-weit ein EDV-gestütztes Beförderungs- und Kontrollsystem für verbrauchsteuerpflichtige Waren eingeführt.

3.2.3.2 Ordnungswidrigkeiten

3.2.3.2.1 Gefährdung von Einfuhrabgaben

Bei der Gefährdung von Einfuhrabgaben ist eine Verkürzung von Einfuhrabgaben als Erfolg nicht erforderlich. Täter einer Gefährdung von Einfuhrabgaben kann nur der Pflichtige oder eine Person bei der Wahrnehmung der Angelegenheiten eines Pflichtigen sein. Somit kommen Im- und Exporteure von Waren, Hauptverpflichtete im Versandverfahren nebst Warenführer und Warenempfänger, Inhaber von Zollverfahren aller Art und Spediteure einschließlich der in ihrem Auftrag handelnden Vertreter und Angestellten in Betracht. Als Zuwiderhandlungen kommen vor allem Verstöße gegen Vorschriften über Anmelde- und Mitteilungspflichten in Betracht.[58]

Praxisbeispiel

Ein Zollanmelder macht eine falsche Angabe zu der Verbundenheit von Käufer und Verkäufer im Sinne des Zollkodex. Im Ergebnis wird dadurch nicht zu wenig Zoll festgesetzt, da die Verbundenheit den Preis nicht beeinflusst hat. Dennoch handelt der Anmelder ordnungswidrig, da er eine unzutreffende Angabe in der Zollanmeldung gemacht hat.

3.2.3.2.2 Verbrauchsteuergefährdung

Ebenso wie die Gefährdung der Einfuhrabgaben ist die Verbrauchsteuergefährdung eine hilfsweise geltende Bußgeldnorm, die bestimmte Vorbereitungs- und Gefährdungshandlungen erfassen soll, die zwar noch keine Steuerhinterziehung oder einen Versuch hierzu darstellen, aber wegen ihrer Gefährlichkeit nicht ohne Ahndung hingenommen werden können. Ordnungswidrig sind vor allem bestimmte Zuwiderhandlungen gegen Buchführungs-, Erklärungs- und Anzeigepflichten.

Praxisbeispiel

Bei einer Außenprüfung in einem Heizölkennzeichnungsbetrieb stellt der Prüfer fest, dass über einen bestimmten Zeitraum in den betrieblichen Aufzeichnungen die Art des verwendeten Kennzeichnungsmittels nicht erfasst worden ist. Der Betriebsinhaber handelte ordnungswidrig, da er seinen Aufzeichnungspflichten nicht korrekt nachgekommen ist.

---

[58] Retemeyer / Möller, AW-Prax 2009, 343.

3.2.3.2.3 Aufsichtspflichtverletzung

Die Handlung besteht darin, dass der Täter die Aufsichtsmaßnahmen unterlässt, die erforderlich sind, um in dem Betrieb mögliche Zuwiderhandlungen gegen Pflichten zu verhindern, die den Inhaber als solchen treffen (sog. betriebsbezogene Zuwiderhandlungen) und deren Verletzung mit Strafe oder Geldbuße bedroht ist. Betriebsbezogen sind vor allem Zuwiderhandlungen gegen Pflichten, die der Betrieb nach Steuergesetzen zu erfüllen hat, z. B. Versandgut bei der Bestimmungsstelle zu bestellen, Waren in zollrechtlichen Nichterhebungsverfahren oder verbrauchsteuerrechtlichen Steueraussetzungs- oder Steuerbegünstigungsverfahren bestimmungsgemäß zu behandeln, Steueranmeldungen fristgerecht und richtig abzugeben, Aufzeichnungs- und Meldepflichten zu erfüllen. Welche Aufsichtsmaßnahmen im Einzelnen zur Verhinderung von Zuwiderhandlungen gegen solche Pflichten möglich und zumutbar sind, hängt von der Art und Größe des Betriebes ab. Gehören zum Geschäftsbereich regelmäßig Ein- und Ausfuhrgeschäfte, so hat der Aufsichtspflichtige z. B. dafür zu sorgen, dass die damit befassten Angestellten ständig über die zu beachtenden Vorschriften unterrichtet und erforderlichenfalls geschult werden, und in geeigneter Weise zu überwachen, ob sie diese Vorschriften richtig anwenden; dabei müssen an einen größeren Betrieb strengere Anforderungen gestellt werden als an einen kleinen.

Der Vorwurf einer Aufsichtspflichtverletzung hat sich in Verbindung mit der Verbandgeldbuße in der Zollpraxis zu einem weitverbreiteten Mittel herausgebildet, betriebsbezogene Zuwiderhandlungen im Wege der Verständigung zu erledigen. Wird zum Beispiel eine Verkürzung von Einfuhrabgaben festgestellt, und kann die Verkürzungshandlung nicht zweifelsfrei einer bestimmten Person zugeordnet werden, oder ist der subjektive Tatbestand zweifelhaft, so wird ohne nähere Ermittlungen in diese Richtung unterstellt, dass die betriebsbezogene Zuwiderhandlung durch eine Vernachlässigung der Aufsichtspflicht verursacht worden ist. Dabei wird die Person des Aufsichtspflichtigen nicht festgestellt, wenn mit hinreichender Sicherheit feststeht, dass sie jedenfalls dem in der Vorschrift genannten Personenkreis angehört. Demgemäß wird nicht eine bestimmte Person mit einer Buße belegt, sondern eine Verbandsgeldbuße gegen das Unternehmen festgesetzt.

Praxisbeispiel

Ein Unternehmen führte über einen Zeitraum von mehreren Jahren Textilien in den freien Verkehr der EU ein, ohne im Besitz der erforderlichen Einfuhrgenehmigungen gewesen zu sein. Wer im Unternehmen in den jeweiligen Fällen verantwortlich dafür war, dass die Einfuhren ohne die erforderliche Genehmigung erfolgten, wurde nicht ermittelt. Vielmehr wurde gegen das Unternehmen ein Verfahren wegen Aufsichtspflichtverletzung eingeleitet und darin der Vorwurf erhoben, die Beschäftigten seien nicht im gebotenen Maße beaufsichtigt worden. Im Ergebnis wurde daher ein Bußgeld gegen das Unternehmen festgesetzt.

3.2.3.3 Fazit

Die Erscheinungsformen der Zoll- und Verbrauchsteuerdelikte sind vielfältig. Sie reichen von falschen Angaben zum Zollwert, der Beschaffenheit und des Ursprungs der Waren bis hin zu Manipulationen bei der Abwicklung zoll- und verbrauchsteuerrechtlicher Verfahren.

Der internationale Wettbewerb und der damit verbundene Kostendruck vieler Unternehmen verdrängt dabei häufig das Unrechtsbewusstsein bei der zoll- und verbrauchsteuerrechtlichen Gestaltung der Geschäftsprozesse. Die Zollverwaltungen versuchen dem durch die vermehrte Nutzung von elektronisch unterstützen Abwicklungs- und Überwachungsmaßnahmen entgegen zu wirken. Daneben versuchen die Zollverwaltungen durch die Implementierung von Risk Management-Systemen frühzeitig die Unternehmen zu identifizieren, die einer verstärkten Kontrolle unterzogen werden sollen.

3.2.4 Bilanzdelikte

Unter Bilanzdelikte (Bilanzfälschung und Bilanzverschleierung) fallen bewusste Verstöße gegen das Prinzip der Bilanzwahrheit und Bilanzklarheit, die darauf abzielen, demjenigen, dem mit der Bilanz Rechenschaft gelegt werden soll, zu dessen Nachteil ein anderes Bild der wirtschaftlichen Verhältnisse vorzuspiegeln, als es in Wirklichkeit entspricht und als es sich in der Bilanz bei voller Betrachtung der notwendigen bilanztechnischen Ansatz- und Bewertungsgrundsätze ergeben würde.[59] Als Bilanzdelikt ist mithin ein vorsätzlicher Verstoß gegen eine Rechtsnorm zu verstehen.

Verstöße gegen das Prinzip der Bilanzwahrheit und der Bilanzklarheit können insbesondere sein:

Verstöße gegen das Prinzip der Bilanzwahrheit	Verstöße gegen das Prinzip der Bilanzklarheit
Vornahme von Bilanzfälschungen in Form von: • Falsche Wertansätze von Bilanzposten durch Unterlassen von Abschreibungen oder Überbewertungen oder durch Vornahme falscher Buchungen • Zu bilanzierende Posten werden nicht oder nicht vollständig bilanziert • Einstellung von fiktiven Posten (sog. Luftbuchungen)	Vornahme von Bilanzverschleierungen in Form von: • Einzeln auszuweisende Posten werden unzulässigerweise in einer Gruppe zusammengefasst • Geschäftsvorgänge wurden einem falschen Bilanzposten zugewiesen • Bilanz- oder GuV-Posten wurden unzulässigerweise saldiert

Bilanzdelikte werden regelmäßig durch das (Top-)Management begangen.[60] Die Beweggründe für Bilanzdelikte sind vielseitig und können Ausfluss individueller oder auch unternehmensseitiger Gegebenheiten sein. Die Auslöser von Bilanzdelikten stellen sich im Wesentlichen wie folgt dar:[61]

[59] Vgl. Le Coutre (1950), S. 97, zitiert u. a. bei Peemöller / Hofmann (2005), S. 21.

[60] Peemöller / Hofmann, S. 27.

[61] Die Synopse ist u. a. eine Zusammenführung der Ausführungen von Peemöller / Hofmann, S. 24 f., 127-155.

Auslöser	Zielsetzung	Zielgruppe
Unternehmenskrisen/Markteinbrüche	• Abwendung, Hinauszögerung der Insolvenz • Verschleierung von Führungsschwächen • Kaschieren von Fehlentscheidungen • Fremdfinanzierung zu guten Konditionen (gutes Rating) • Generell: Sicherung der Fremdfinanzierung	Stakeholder
Erfolgsdruck	• Aufrechterhaltung des Geltungsbedürfnisses des Managers • Aufrechterhaltung des Lebensstandards des Managers	Aufsichtsorgane, Unternehmensleitung
Strukturelle Veränderungen im Unternehmen	• „Schmücken der Braut“ für einen Merger • Darstellung eines guten Ergebnisses zur Abwehr einer feindlichen Übernahme • Darstellung eines schlechten Ergebnisses im Rahmen eines „Clean Up“ im Vorstand • Darstellung eines schlechten Ergebnisses im Rahmen einer Auseinandersetzungsbilanz	Investoren, Aufsichtsorgane, Gesellschafter
Steuerquote	• Darstellung eines schlechten Ergebnisses zur Steuerumgehung	Fiskus
Persönliche Bereicherung	• Vornahme von Bilanzdelikten zur Kaschierung doloser Handlungen	Unternehmensleitung, Aufsichtsorgane
Unternehmenswert	• Darstellung eines kurzfristigen guten Ergebnisses im Sinne des Shareholder Value	Gesellschafter
Fiktives Geschäftsmodell	• Darstellung und nachhaltige Pflege fiktiver guter Ergebnisse, auf denen das Geschäftsmodell aufgebaut ist (Phoney Deals)	Stakeholder
Ambitionierte Ziele	• Künstliche Darstellung der Zielerreichung bei Verfehlung	Stakeholder

Das rein steuerlich motivierte Bilanzdelikt ist in der Praxis eher selten anzutreffen, auch wenn Deutschland zu den Ländern mit den höchsten Steuersätzen zählt. Prominentestes Schema der Steuerumgehung ist die Gestaltung der Verrechnungspreise innerhalb eines internationalen Konzerns für Zwecke der Gewinnverlagerung. Gewinne können hierbei über zwei Wege in das Ausland verlagert werden:

1. An im Ausland ansässige Konzerngesellschaften erbrachte Lieferungen oder Leistungen werden unter Wert an diese abgerechnet. Der eigentlich im Inland realisierbare Gewinn wird durch Unterbewertung zerlegt und teilweise sodann im steuergünstigeren Ausland realisiert. Die Steuerverkürzung besteht in der im Inland nicht erfolgten Erfassung von Umsätzen, die im Falle der Erbringung der Lieferung oder Leistung an einen fremden Dritten erfasst worden wären.

2. Von im Ausland ansässige Konzerngesellschaften erbrachte Lieferungen oder Leistungen werden von diesen über Wert abgerechnet. Es erfolgt eine übermäßige Realisierung des steuerbaren Gewinns im Ausland. Die Steuerverkürzung besteht in der im Inland erfolgten Erfassung von überhöhten Wareneingangsrechnungen oder anderen Aufwendungen, die im Falle des Bezugs der Lieferung oder Leistung bei fremden Dritten nicht angefallen wären.

Von einer Steuerverkürzung wird ausgegangen, wenn dem Steuerpflichtigen zum Zeitpunkt der Verrechnungspreisfestsetzung zuverlässige Fremdvergleichspreise bekannt waren, er diese aber aus Gründen der Steuerersparnis nicht verwendet hat, oder bei Verletzung der Berichtigungspflicht nach § 153 AO. In diesen Fällen kommt eine Eröffnung eines Straf- oder Ordnungswidrigkeitenverfahrens nach § 369 ff. in Betracht.[62]

Von den Bilanzdelikten abzugrenzen ist die sog. Bilanzpolitik, als einziges legales Einflussnahme-Instrument auf die Bilanzierung. Unter Bilanzpolitik ist die Erfolgsregulierung auf der Grundlage zulässiger Ansatz- und Bewertungswahlrechte zu verstehen. Bei schlechter wirtschaftlicher Lage kann diese progessiv (tendenziell aktivische Ausübung von Wahlrechten) und bei guter wirtschaftlicher Lage konservativ (tendenziell passivische Ausübung von Wahlrechten) ausfallen. Hierzu zählt auch die Erfolgsregulierung im Rahmen der getroffenen (legalen) Steuerpolitik. Der handelsrechtliche Jahresabschluss erfüllt im Hinblick auf die Bilanzpolitik folgende Funktionen:

Zahlungsbemessungsgrundlage	Informationsmedium
Auf der Grundlage des handelsrechtlichen Abschlusses wird die Bemessung der Zahlungen festgelegt, u. a. für: • Ausschüttungen • Tantiemen • Ertragsteuern • Kaufpreiszahlungen bei Unternehmensverkauf • Auseinandersetzungszwecke • Tilgungsvereinbarungen • Tarifverhandlungen	Auf der Grundlage des handelsrechtlichen Abschlusses werden Informationen zur Entscheidungsfindung geliefert, u. a. für • Eigenkapitalbeschaffungszwecke (Investoren, Börse) • Fremdkapitalbeschaffungszwecke (Investoren, Kreditinstitute) • Zwecke der Meinungsbildung • Zwecke der Imagepflege • Zwecke der Informationsvermeidung (größenabhängige Prüfungs- und Offenlegungspflichten) • Sanierungszwecke
Finanzpolitik	Informationspolitik

[62] BMF-Schreiben vom 12.04.2005, Verwaltungsgrundsätze-Verfahren, BStBl. I 2005, 593.

3.2.4.1 Steuerstrafrechtliche Verfolgung

Sämtliche Bilanzdelikte haben, sofern kein Aspekt der Steuerbefreiung einschlägig ist, einen Einfluss auf die Ertrags- oder auch Umsatzbesteuerung. Wird ein vorsätzliches Bilanzdelikt im Rahmen einer Betriebsprüfung aufgedeckt, erfolgt eine Korrektur der steuerlichen Erfolgsrechnung (Steuerbilanz oder Überleitungsrechnung), die ebenso zu einer Nacherhebung der vorsätzlich hinterzogenen Steuer (soweit noch nicht Festsetzungsverjährung eingetreten ist) nebst steuerlichen Nebenleistungen aber insbesondere nach § 370 Abs. 1 AO mit Freiheitsstrafe bis zu 5 Jahren oder mit Geldbuße bzw. in schweren Fällen nach § 370 Abs. 3 AO mit Freiheitsstrafe von 6 Monaten bis zu 10 Jahren bestraft werden kann.

Es ist jedoch darauf hinzuweisen, dass auch im Falle einer aufgedeckten ertragswirksamen Erfassung von Bestechungsgeldern derjenige, der Bestechungsgelder erhalten hat, diese unbeschadet etwaiger folgender Herausgabeansprüche Dritter auch versteuern muss.[63] Bei den erhaltenen Bestechungsgeldern handelt es sich um erklärungspflichtige sonstige Einkünfte gemäß § 22 Nr. 3 EStG.[64] Die Kapitalerträge aus der Anlage der verschwiegenen Schmiergelder stellen erklärungspflichtige Einkünfte aus Kapitalvermögen gemäß § 20 Abs. 1 Nr. 7 EStG dar. Ein Steuerpflichtiger, der Einkünfte aus Bestechungsgeldern anzugeben hat, wird seiner durch § 370 AO strafbewehrten Erklärungspflicht regelmäßig bereits dadurch nachkommen können, dass er diese Einkünfte betragsmäßig offen legt und einer Einkunftsart zuordnet, ohne die genaue Einkunftsquelle zu benennen.[65]

Es ist darauf hinzuweisen, dass die vorsätzliche Steuerhinterziehung bei folgenden Gegebenheiten noch nicht vollendet ist:

- Nichtbuchung von Geschäftsvorfällen,
- Falschbuchung aufgrund unrichtiger Belege,
- Aufstellen einer falschen Bilanz,
- Ausfüllen einer Steuererklärung, ohne diese auf den Weg zum Finanzamt zu bringen.

Bei diesen Handlungen handelt es sich im Steuerstrafrecht typische straflose, dem Versuch vorgelagerte Vorbereitugnshandlungen.[66] Allerdings sind hier Ordnungswidrigkeiten gegeben, die nach §§ 379 ff. AO mit Bußgeldern belegt werden können.

Die Steuerhinterziehung ist in diesen Fällen noch nicht vollendet, da die Steuerverkürzung oder die Erlangung eines ungerechtfertigten Steuervorteils (= Erfolg der Steuerhinterziehung) noch nicht eingetreten ist. Der Taterfolg, die Steuerhinterziehung, ist gem. § 370 Abs. 4 S. 1 1. HS AO erst dann eingetreten, wenn die Steuer nicht in voller Höhe oder nicht rechtzeitig festgesetzt wurde.

---

[63] BGH v. 02.12.2005, 5 StR 119/05.

[64] BGH v. 02.12.2005, 5 StR 119/05, Tz. 3; vgl. auch BFH DStRE 2000, 1187; BFHE 191, 274; BGHR AO § 393 Abs. 1 Erklärungspflicht 4 m. w. N.

[65] BGH v. 02.12.2005, 5 StR 119/05, Tz. 3; vgl. auch BGHR AO § 393 Abs. 1 Erklärungspflicht 4 m. w. N.

[66] Peter / Kramer (2009), S. 30.

- Vollendung der Steuerhinterziehung bei Nicht-Festsetzung tritt ein: (1) bei Veranlagungssteuern (Ertragsteuern), wenn die Veranlagungsarbeiten im Wesentlichen (zu 90–95 %) abgeschlossen sind und (2) bei Fälligkeitssteuern (insb. Umsatzsteuer, Lohnsteuer), mit Ablauf der gesetzlichen Frist,
- Vollendung der Steuerhinterziehung bei zu niedriger Festsetzung tritt ein: (1) bei Veranlagungssteuern, mit Bekanntgabe des Steuerbescheides und (2) bei Fälligkeitssteuern, mit Eingang der falschen Erklärung beim Finanzamt.[67]

Folglich stellt der Zeitraum zwischen den vorgelagerten Vorbereitungshandlungen und der Vollendung der Steuerhinterziehung das Versuchsstadium dar. Auch der Versuch ist nach § 370 Abs. 2 AO i. V. m. § 23 Abs. 1 StGB strafbar. Das Strafmaß ist zwar milder, es kann sich jedoch auf bis zu ¾ des angedrohten Höchtsmaßes belaufen[68]. Während des Versuchsstadiums ist ein strafbefreiender Rücktritt gemäß § 24 StGB möglich. Dieser kann durch einfaches Nachreichen richtiger Angaben erfolgen (bei Fälligkeitssteuern zeitlich jedoch kritisch!). Nach vollendeter Steuerhinterziehung ist ein strafbefreiender Rücktritt nicht mehr möglich. Hier kommt dann, bei gegebenen Voraussetzungen, eine strafbefreiende Selbstanzeige gemäß § 371 Abs. 1 AO infrage, solange kein Sperrgrund nach § 371 Abs. 2 AO gegeben ist.

Die Strafbefreiung (Verzicht auf den staatlichen Strafanspruch) ist eine Privilegierung des Steuerstraftäters gegenüber anderen Straftätern und hat ihre Rechtfertigung darin, einerseits verborgene Steuerquellen zu erschließen und andererseits dem Steuerhinterzieher einen Anreiz zu geben, zur Steuerehrlichkeit zurückzukehren.[69]

An dieser Stelle muss der Hinweis erfolgen, dass der Bundesgerichtshof mit Beschluss vom 20. Mai 2010[70] die Anforderungen an eine strafbefreiende Selbstanzeige verschärft hat. Danach ist eine Rückkehr zur Steuerehrlichkeit und eine damit verbundene Strafbefreiung nur dann gegeben, wenn der Täter nunmehr vollständige und richtige Angaben – mithin „reinen Tisch" – macht. Dies bedeutet, dass unvollständige Selbstanzeigen (partielle Rückkehr zur „Steuerehrlichkeit", dolose Selbstanzeige) nicht mehr korrespondierend partiell strafbefreiend wirken[71]. Eine Strafbefreiung tritt nunmehr nur ein, wenn sämtliche Steuerdelikte, d. h. auch in vergangenen Veranlagungszeiträumen begangene, bislang unentdeckte, Steuerdelikte angezeigt werden und die Angaben somit insgesamt richtig sind (vollständige Rückkehr zur Steuerehrlichkeit).

[67] Vgl. Peter / Kramer (2009), S. 20 ff.

[68] Vgl. Peter / Kramer (2009), S. 29.

[69] BGH v. 20.05.2010, 1 StR 557/09, Tz. 6; BGH Pressemitteilung Nr. 111/2010 (Beschluss abrufbar unter: http://juris.bundesgerichtshof.de/cgi-bin/rechtsprechung/document.py?Gericht=bgh&Art=en&Datum=2010-5&Seite=1&nr=52138&pos=30&anz=215, zuletzt abgerufen am 19.04.2015).

[70] BGH v. 20.05.2010, 1 StR 577/09, Tz. 8; Quelle ebenda.

[71] BGH v. 20.05.2010, 1 StR 577/09, Tz. 9, 11, 12, Quelle ebenda.

Des Weiteren hat der Bundesrat am 19. Dezember 2014 dem Gesetz zur Änderung der Abgabenordnung und des Einführungsgesetzes zur Abgabenordnung zugestimmt. Damit verbunden sind nun weitere Verschärfungen der Bedingungen an eine wirksame Selbstanzeige. Neu sind in diesem Zusammenhang im Besonderen:

- die Festschreibung eines Korrekturzeitraumes von wenigstens zehn Jahren,
- die Verankerung der Wirksamkeit einer Teilselbstanzeige für die hinterzogene Umsatz- oder Lohnsteuern,
- die Ausdehnung der Sperrwirkung nach § 371 Abs. 2 Nr. 1 Bst. a) AO auf Tatbeteiligte (Anstifter und Gehilfen).

3.2.4.2 Bilanzstrafrecht

Unrichtige Darstellungen in der Eröffnungsbilanz, im Zwischenabschluss, im Jahresabschluss oder im Lagebericht werden mit Freiheitsstrafe bis zu drei Jahren oder mit Geldstrafe bestraft. Dies ergibt sich aus § 331 Nr. 1 HGB. Die Strafrechtliche Verantwortung trifft jedes Mitglied des vertretungsberechtigten Organs oder des Aufsichtsrates einer Kapitalgesellschaft, das unrichtige Darstellungen vorgenommen oder gebilligt hat. Gleiches gilt nach § 331 Nr. 2 HGB für unrichtige Darstellungen im Konzernabschluss oder im Konzernlagebericht.

Das Strafmaß gilt gemäß § 331 Nr. 3a HGB auch für die Abgabe eines falschen „Bilanzeides". Dieser umfasst folgende Komponenten:

- Nach § 264 Abs. 2 S. 3 HGB haben die gesetzlichen Vertreter einer Kapitalgesellschaft, die Inlandsemittent im Sinne des § 2 Abs. 7 WpHG und keine Kapitalgesellschaft im Sinne des § 327a HGB ist, haben bei der Unterzeichnung des Jahresabschlusses schriftlich zu versichern, dass nach bestem Wissen der Jahresabschluss ein den tatsächlichen Verhältnissen entsprechendes Bild im Sinne des § 264 Abs. 2 S. 1 HGB vermittelt oder der Anhang entsprechende Angaben dazu enthält.
- Nach § 289 Abs. 1 S. 5 HGB haben die gesetzlichen Vertreter einer Kapitalgesellschaft im Sinne des § 264 Abs. 2 S. 3 HGB zu versichern, dass nach bestem Wissen im Lagebericht der Geschäftsverlauf einschließlich des Geschäftsergebnisses und die Lage der Kapitalgesellschaft so dargestellt sind, dass ein den tatsächlichen Verhältnissen entsprechendes Bild vermittelt wird, und dass die wesentlichen Chancen und Risiken im Sinne des § 289 Abs. 1 S. 4 HGB beschrieben sind.
- Nach § 297 Abs. 2 S. 4 HGB haben die gesetzlichen Vertreter eines Mutterunternehmens, das Inlandsemittent im Sinne des § 2 Abs. 7 WpHG und keine Kapitalgesellschaft im Sinne des § 327a HGB ist, bei der Unterzeichnung des Konzernabschlusses schriftlich zu versichern, dass nach bestem Wissen der Konzernabschluss ein den tatsächlichen Verhältnissen entsprechendes Bild im Sinne des § 297 Abs. 2 S. 2 HGB vermittelt oder der Konzernanhang entsprechende Angaben dazu enthält.

- Nach § 315 Abs. 1 S. 6 HGB haben die gesetzlichen Vertreter eines Mutterunternehmens im Sinne des § 297 Abs. 2 S. 4 HGB zu versichern, dass nach bestem Wissen im Konzernlagebericht der Geschäftsverlauf einschließlich des Geschäftsergebnisses und die Lage des Konzern so dargestellt sind, dass ein den tatsächlichen Verhältnissen entsprechendes Bild vermittelt wird, und dass die wesentlichen Chancen und Risiken im Sinne des § 315 Abs. 1 S. 5 HGB beschrieben sind.

Der sog. Bilanzeid wurde ausdrücklich[72] nach dem Vorbild des Sarbanes Oxley-Act of 2002[73] und auf der Grundlage der Richtlinie 2004/109/EG des Europäischen Parlaments und des Rates vom 15. Dezember 2004 zur Harmonisierung der Transparenzanforderungen in Bezug auf Informationen über Emittenten, deren Wertpapiere zum Handel auf einem geregelten Markt zugelassen sind, und zur Änderung der Richtlinie 2001/34/EG im Rahmen des sog. Transparenzrichtlinie-Umsetzungsgesetzes (TUG) vom 5. Januar 2007 in nationales Recht umgesetzt.[74] Das Gesetz ist am 20. Januar 2007 in Kraft getreten.

3.2.4.3 Grundsatz der Bilanzklarheit und Bilanzwahrheit

Die steuerliche Gewinnermittlung setzt für bilanzierende Unternehmen auf dem handelsrechtlichen Jahresabschluss auf. Nach § 60 EStDV in der bis zum 31. Dezember 2010 geltenden Fassung[75] ist der Steuererklärung eine Abschrift der Bilanz, die auf dem Zahlenwerk der Buchführung beruht, im Fall der Eröffnung des Betriebs auch eine Abschrift der Eröffnungsbilanz beizufügen. Werden Bücher geführt, die den Grundsätzen der doppelten Buchführung entsprechen, ist eine Gewinn- und Verlustrechnung beizufügen. Enthält die Bilanz Ansätze oder Beträge, die den steuerlichen Vorschriften nicht entsprechen, so sind diese Ansätze oder Beträge durch Zusätze oder Anmerkungen den steuerlichen Vorschriften anzupassen oder aber der Steuerpflichtige kann auch eine den steuerlichen Vorschriften entsprechende Bilanz (Steuerbilanz) beifügen. Falls ein Anhang, ein Lagebericht oder ein Prüfungsbericht vorliegt, ist eine Abschrift der Steuererklärung beizufügen.

Die der Besteuerung zugrunde gelegten vorliegenden Bestandteile eines Jahresabschlusses und weitere Dokumente sind also dem Finanzamt gegenüber offenzulegen. Hierdurch erhält das zuständige Finanzamt die Möglichkeit, tiefergehende Informationen über die der Steuererklärung zugrunde liegende handelsrechtliche Gewinnermittlung zu erhalten.

---

[72] Gesetzesentwurf der Bundesregierung zum TUG, Deutscher Bundestag, Drucksache 16/2498 vom 04.09.2006, S. 55, abrufbar unter http://dipbt.bundestag.de/dip21/btd/16/024/1602498.pdf (Stand 20. Juli 2010).

[73] Section 302, 906 Sarbanes-Oxley Act of 2002 i. V. m. § 1350 US Criminal Code.

[74] Bundesfinanzministerium, abrufbar unter http://www.bundesfinanzministerium.de/nn_1940/DE/BMF__Startseite/Service/Downloads/Abt__VII/Transparenzrichtlinie-Umsetzungsgesetz,templateId=raw,property=publicationFile.pdf, S. 20 (Stand 20.07.2010).

[75] Diese Regelung gilt ab dem 01.01.2011 nur noch, falls auf elektronische Übermittlung verzichtet wird. Dies setzt im Regelfall einen Antrag an die zuständige Finanzbehörde sowie die Darlegung voraus, dass die elektronische Datenübermittlung dem Steuerpflichtigen nicht zugemutet werden kann.

Diese Informationen sind für die korrekte Ermittlung und Festsetzung der Steuer auch nötig. Jedoch hängt die Zutreffendheit der Steuerfestsetzung wesentlich davon ab, ob Ansatz und Bewertung im Jahresabschluss auch hinsichtlich der jeweils anzuwendenden Normen korrekt waren, d. h. den anzuwendenden Rechnungslegungsgrundsätzen entsprechen. In der handelsrechtlichen Gewinnermittlung betrifft dies regelmäßig die Beachtung der Grundsätze ordnungsmäßiger Buchführung (GoB).

3.2.4.3.1 Grundsätze ordnungsmäßiger Buchführung

Die Buchführungspflicht nach § 238 Abs. 1 S. 1 HGB verlangt von jedem Kaufmann, in seinen Büchern seine Handelsgeschäfte und die Lage seines Vermögens nach den Grundsätzen ordnungsmäßiger Buchführung ersichtlich zu machen. Zudem wird dem Kaufmann auferlegt, die Buchführung so vorzunehmen, dass sie einem sachverständigen Dritten innerhalb angemessener Zeit einen Überblick über die Geschäftsvorfälle und über die Lage des Unternehmens vermitteln kann. Hierbei müssen sich die Geschäftsvorfälle in ihrer Entstehung und Abwicklung verfolgen lassen.

Das Gesetz verpflichtet jeden Kaufmann in § 242 Abs. 1 HGB zudem zur Aufstellung von Abschlüssen (Eröffnungsbilanz und Bilanz) und bestimmt in § 243 Abs. 1 HGB, dass bei der Aufstellung die Grundsätze ordnungsmäßiger Buchführung zu beachten sind. Gleiches gilt gemäß § 264 Abs. 2 S. 1 HGB für Kapitalgesellschaften und gemäß § 297 Abs. 2 S. 2 HGB für Muttergesellschaften. Dies betrifft bei allen Kaufleuten Ansatz, Bewertung und Ausweis von Posten der Bilanz und Gewinn- und Verlustrechnung, bei Kapitalgesellschaften zusätzlich noch Anhang und ggf. Lagebericht.

Die GoB konkretisieren und ergänzen grundsätzlich die gesetzlichen Vorschriften. Sie dienen insbesondere der Dokumentation der Geschäftsvorfälle und der Rechenschaft über abgeschlossene Rechnungsperioden, insb. hinsichtlich des Vermögens und der Schulden, des Eigenkapitals, des Periodenerfolgs und der Erfolgsquellen.[76] Entsprechend ihren Funktionen können folgende GoB unterschieden werden (Abb. 3.4).[77]

GoB können in kodifizierte und nicht kodifizierte Grundsätze klassifiziert werden (Tab. 3.1).

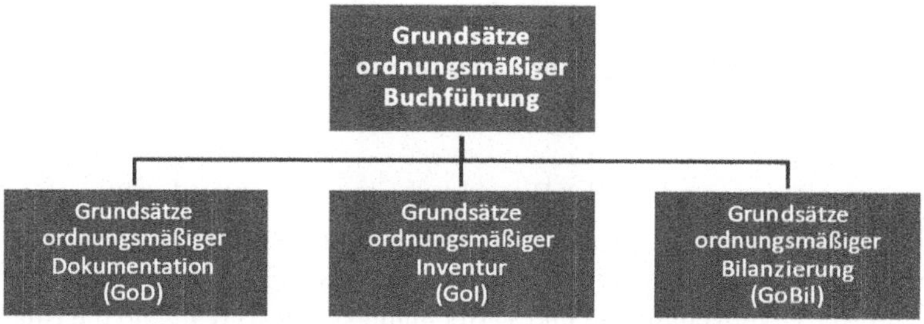

Abb. 3.4 Zusammensetzung der GoB Quelle: Quick / Wolz (2009), S. 13

[76] Vgl. Koss, in: Niemann et al., Rn. 424.

[77] Vgl. Quick / Wolz (2009), S. 12 ff.

Tab. 3.1 Klassifizierung kodifizierter und nicht kodifizierter GoB[1]

Kodifizierte GoB	Quelle
1. Grundsätze zur Buchführung	
Grundsatz der materiellen Ordnungsmäßigkeit der Buchhaltung (Vollständigkeit/Richtigkeit/Wahrhaftigkeit)	§ 239 Abs. 2 HGB
Grundsatz der formellen Ordnungsmäßigkeit der Buchhaltung (Zeitgerechtheit/Geordnetheit/Unveränderbarkeit/Verfügbarkeit)	§ 239 Abs. 2–4 HGB
2. Bilanzierungsgrundsätze	
Grundsatz der Klarheit und Übersichtlichkeit	§ 243 Abs. 2 HGB
Grundsatz der fristgerechten Erstellung	§ 243 Abs. 3 HGB
Grundsatz der Vollständigkeit	§ 246 Abs. 1 HGB
Prinzip der wirtschaftlichen Zurechnung	§ 246 Abs. 1 HGB
Grundsatz des Bruttoausweises	§ 246 Abs. 2 HGB
Grundsatz der Ansatzstetigkeit	§ 246 Abs. 3 HGB
Grundsatz der Bilanzidentität	§ 252 Abs. 1 Nr. 1 HGB
Grundsatz der Unternehmensfortführung	§ 252 Abs. 1 Nr. 2 HGB
Grundsatz der Maßgeblichkeit des Abschlussstichtags	§ 252 Abs. 1 Nr. 3 HGB
Grundsatz der Einzelbewertung	§ 252 Abs. 1 Nr. 3 HGB
Grundsatz der Periodenabgrenzung	§ 252 Abs. 1 Nr. 5 HGB
Grundsatz der Bewertungsstetigkeit	§ 252 Abs. 1 Nr. 6 HGB
Grundsatz der Vorsicht	§ 252 Abs. 1 Nr. 4 HGB
→ Realisationsprinzip	§ 252 Abs. 1 Nr. 4 HGB
→ Imparitätsprinzip	§ 252 Abs. 1 Nr. 4 HGB
Grundsatz der Bewertung zu Anschaffungs-/Herstellungskostenkosten	§ 253 Abs. 1 HGB

[1] Eigene Darstellung, in Anlehnung an Bähr et al., S. 211.

Der hier enthaltene Grundsatz der Bilanzklarheit und Bilanzwahrheit verfolgt nun den Zweck, die Aussagefähigkeit und Vertrauenswürdigkeit von Jahresabschlüssen sicherzustellen. Abgeleitet wird er aus den Vorschriften der §§ 243 (Klarheit und Übersichtlichkeit) und 246 HGB (Vollständigkeit und Verrechnungsverbot). Während die Bilanzklarheit insbesondere die formelle Darstellung entsprechend den Gliederungsvorschriften betrifft, richtet sich Bilanzwahrheit primär auf die objektiv richtige und frei von subjektiver Willkür gehaltene Darstellung im Jahresabschluss.

Tab. 3.1 (*Fortsetzung*)

Nicht kodifizierte GoB (Beispiele)	**Quelle**
Belegprinzip (keine Buchung ohne Beleg)	Verkehrsanschauung
Grundsatz der Nichtbilanzierung schwebender Geschäfte	Verkehrsanschauung
Grundsätze ordnungsmäßiger DV-gestützter Buchführungssysteme (GoBS)	*Schreiben des Bundesministeriums der Finanzen an die obersten Finanzbehörden der Länder vom 7. November 1995 - IV A 8 - S 0316 - 52/95- BStBl 1995 I S. 738*
Grundsätze zum Datenzugriff und zur Prüfbarkeit digitaler Unterlagen (GDPdU)	*BMF-Schreiben vom 16. Juli 2001 – IV D 2 - S 0316 - 136/01*
Grundsätze zur ordnungsmäßigen Führung und Aufbewahrung von Büchern, Aufzeichnungen und Unterlagen in elektronischer Form sowie zum Datenzugriff (GoBD) **Ersetzen GoBS und GDPdU ab 01.01.2015!**	BMF-Schreiben vom 14. November 2014 - IV A 4 - S 0316/13/10003

Um dem Grundsatz der Bilanzwahrheit zu entsprechen, muss der Jahresabschluss alle bilanzierungspflichtigen Sachverhalte enthalten, diese gemäß den gesetzlichen Vorschriften bewertet sowie Ansatz und Bewertung ausreichend erläutert werden. Ein Ansatz fiktiver Posten ist durch den Grundsatz der Vollständigkeit (§ 246 i. V. m. § 253 Abs. 1 HGB) verboten.[78]

Das deutsche Handelsrecht verlangt in § 264 HGB für Kapitalgesellschaften, dass der Jahresabschluss ein den tatsächlichen Verhältnissen entsprechendes Bild der Vermögens-, Finanz- und Ertragslage vermittelt. Somit gelten die GoB über § 264 HGB sowohl für die Darstellung der Vermögens-, Finanz- und Ertragslage (VFE-Lage) im gesamten Jahresabschluss, mithin in Bilanz, Gewinn- und Verlustrechnung und Anhang sowie, je nach Größenklasse, im Lagebericht. Die Angaben müssen somit wahr sein, also den tatsächlichen Verhältnissen entsprechen.[79] Insbesondere für den Umfang der Berichterstattung im Anhang zu einzelnen Posten der Bilanz und GuV gilt, dass die Erläuterungen so ausreichend zu erläutern sind, wie es zum Verständnis der Posten und zum Erkennen der tatsächlichen Verhältnisse erforderlich ist. Eine Begrenzung erfährt dieser Grundsatz jedoch den Grundsatz der Wesentlichkeit, der eine Angabe jedweden Details als nicht erforderlich darstellt.[80]

Unter den „tatsächlichen Verhältnissen" sind nach der Kommentierung alle ökonomischen Belange des Unternehmens zu verstehen, deren Erfassung sowohl das bilanzierende Unternehmen und ggf. auch die mit Überwachung und Prüfung des Unternehmens befassten Personen vor Schwierigkeiten stellen kann.[81]

[78] Förschle, § 243 in: Förschle et al., Rn. 36.

[79] Ellrott, § 284 in: Förschle et al., Rn. 10 f.

[80] Ellrott, § 284 in: Förschle et al, Rn. 12 f.

[81] Winkeljohann / Schellhorn, § 264, in: Förschle et al., Rn. 39.

▶ **Beraterhinweis** Die Buchhaltungsunterlagen allein decken die Breite der erforderlichen Informationsbasis meist nicht ab, da sie nur bekannte Sachverhalte betreffen. Die Erfassung von noch nicht in der Buchhaltung abgebildeten Sachverhalten stellt in der Praxis das größere Problem dar. Als Beispiele seien Verpflichtungen aus Beschaffungsverträgen und Absatzverträgen sowie Personalverpflichtungen genannt. Hinzu kommt die Problematik der Bewertung derartiger Sachverhalte, insbesondere bei Bilanzpositionen, die zukunftsgerichtete und mit Wahrscheinlichkeiten behaftete Wertansätze verlangen. So ist bspw. die Bewertung von Rückstellungen für Gewährleistungen im Falle von neuen Produkten oftmals nicht anhand von Vergangenheitswerten vernünftig zu beurteilen, ein Lösungsansatz kann bspw. in der technischen Analyse des Produkts mit Bewertung von Ausfallrisiken und der hierdurch entstehenden voraussichtlichen Aufwendungen für die erforderliche Gewährleistung bestehen.

Ob die Darstellung ein den tatsächlichen Verhältnissen entsprechendes Bild der VFE-Lage darstellt, ist nach einem objektiven Maßstab zu beurteilen und ist immer abhängig vom konkreten Einzelfall.[82]

3.2.4.3.2 Mögliche handels- und gesellschaftsrechtliche Folgen eines nicht GoB-konformen Jahresabschlusses von Kapitalgesellschaften

Folge eines nicht den tatsächlichen Verhältnissen entsprechenden Jahresabschlusses, bspw. durch eine wesentliche Über- oder Unterbewertung, kann die Nichtigkeit des betreffenden Jahresabschlusses sein.

Für Aktiengesellschaften bestimmt § 256 Abs. 1 AktG, dass ein festgestellter Jahresabschluss nichtig ist, wenn durch seinen Inhalt eine Verletzung von Vorschriften erfolgt, die ausschließlich oder überwiegend zum Schutz der Gläubiger der Gesellschaft oder sonst im öffentlichen Interesse gegeben sind. Hierzu zählen insbesondere sämtliche Vorschriften über Form und Inhalt des Jahresabschlusses aber auch Verstöße gegen die gesetzliche Prüfungspflicht nach § 316 HGB sowie Verstöße gegen gesetzliche oder satzungsmäßige Bestimmungen über die Einstellung von Beträgen in oder Entnahme von Beträgen aus Kapital- oder Gewinnrücklagen.[83] Soweit vergleichbar, entfaltet diese Regelung Ausstrahlungswirkung auf die GmbH.

Allerdings können auch bei AG und GmbH grundsätzlich einige Nichtigkeitsgründe durch Zeitablauf geheilt werden (vgl. § 256 Abs. 6 AktG, der auch mit Einschränkungen auf die GmbH ausstrahlt)[84]. Dies ist jedoch abhängig vom konkreten Nichtigkeitsgrund und der Größenklasse der Kapitalgesellschaft. Die Frist, innerhalb derer eine etwaige Feststellungs-

[82] Winkeljohann / Schellhorn, § 264, in: Förschle et al., Rn. 41 ff.

[83] Vgl. Koss, in: Niemann et al., Rn. 2627 ff.

[84] Vgl. Niemann, in: Niemann et al., Rn. 2643 ff.

klage erhoben sein muss, beginnt regelmäßig mit Veröffentlichung des Jahresabschlusses der AG bzw. GmbH.

Die Nichtigkeit des Jahresabschlusses hat vor allem Konsequenzen für auf Basis des nichtigen Jahresabschlusses erfolgte Ausschüttungen oder, bei prüfungspflichtigen Kapitalgesellschaften, auf die Erteilung und / oder Inhalt des Bestätigungsvermerkes. Der auf Basis eines nichtigen Jahresabschlusses berücksichtigte Empfänger von Ausschüttungen ist grundsätzlich rückgewährpflichtig.[85] Dies ist insbesondere in der Insolvenz der Kapitalgesellschaft von Bedeutung, da der Insolvenzverwalter in der Regel ein Interesse daran haben wird, das zur Schuldendeckung zur Verfügung stehende Vermögen zu mehren und daher derartige Ausschüttungen zurückzuverlangen.

3.2.4.3.3 Bedeutung eines GoB-konformen Jahresabschlusses für steuerliche Zwecke

Wie bereits unter Hinweis auf die steuerlichen Vorschriften (insb. § 5 Abs. 1 EStG und § 60 EStDV) dargelegt, muss ein Jahresabschluss den handelsrechtlichen GoB entsprechen, damit der gewählte Bilanzansatz (dem Grunde und der Höhe nach) auch für steuerliche Zwecke beibehalten werden kann. Über den Grundsatz der Maßgeblichkeit sowie die Vorschriften der §§ 90 und 150 Abs. 2 AO gilt somit auch der Grundsatz der Bilanzklarheit und Bilanzwahrheit auch für das Steuerrecht.

Stellt sich bspw. anlässlich einer Betriebsprüfung im Nachhinein heraus, dass ein Ansatz in der Steuerbilanz nicht den GoB entsprach, kommt eine Änderung der (Steuer-)Bilanz, bspw. zur Eliminierung von nachteiligen Feststellungen der Betriebsprüfung nicht mehr in Frage.[86]

Ist ein Jahresabschluss aufgrund Nichtbeachtung der GoB in wesentlichen Fällen nichtig (s. o.), wird regelmäßig das Problem auftreten, dass steuerliche Ansatz- und Bewertungswahlrechte, für deren Anerkennung korrespondierende Ausübung der betreffenden Wahlrechte in der Handelsbilanz Voraussetzung ist (sog. „Umgekehrte Maßgeblichkeit"), als nicht ausgeübt angesehen werden.

▸ **Beraterhinweis** Soweit aber die Nichtigkeit des Jahresabschlusses bspw. durch das Fehlen eines Anhangs, durch das Fehlen einer Abschlussprüfung oder durch bestimmte Ausweisvorschriften entstanden ist, kann nach h. M. die Nichtigkeit des Abschlusses nicht dazu führen, die Ausübung des steuerlichen Wahlrechts in Frage zu stellen. Dies gilt daher auch, soweit der Jahresabschluss aus Gründen nichtig ist, die nicht mit der Ausübung des betreffenden steuerlichen Wahlrechts in Verbindung stehen.[87]

---

[85] vgl. Hense, WPG 1993, 716 ff.

[86] BFH 23.01.2008 - I R 40/07, BStBl II 2008, 669, DStR 2008, 1180.

[87] Vgl. Koss, in: Niemann et al., Rn. 2642.

3.2.4.3.4 Änderungen durch das Bilanzrechtsmodernisierungsgesetz[88]

Durch das Bilanzrechtsmodernisierungsgesetz (BilMoG) kam es neben zahlreichen Änderungen im Bilanzrecht u. a. zum Wegfall der sog. „Umgekehrten Maßgeblichkeit". Daher ist nunmehr die bereits erwähnte Korrespondenz der handelsrechtlich und steuerrechtlich übereinstimmenden Ausübung von Bilanzierungswahrechten mit Anwendung der Vorschriften des BilMoG nicht mehr erforderlich.

Das Bundesministerium der Finanzen[89] führt aus, dass sowohl handelsrechtlich als auch steuerrechtlich bestehende Wahlrechte aufgrund des § 5 Absatz 1 Satz 1 Halbsatz 2 EStG in der Handelsbilanz und in der Steuerbilanz unterschiedlich ausgeübt werden können.

> **Beraterhinweis** Betroffen sind bspw. Verbrauchsfolgeverfahren (§ 256 HGB / § 6 Abs. 1 Nr. 2a EStG) und lineare und degressive Absetzung für Abnutzung (§ 253 HGB / § 5 Abs. 6 i. V. m. § 7 Abs. 2 EStG). Die Anwendung des Verbrauchsfolgeverfahrens in der Steuerbilanz setzt nicht voraus, dass der Steuerpflichtige die Wirtschaftsgüter auch in der Handelsbilanz unter Verwendung von Verbrauchsfolgeverfahren bewertet. Eine Einzelbewertung der Wirtschaftsgüter in der Handelsbilanz steht der Anwendung des Verbrauchsfolgeverfahrens nach § 6 Abs. 1 Nr. 2a S. 1 EStG unter Beachtung der dort genannten Voraussetzungen nicht entgegen.
>
> Die Absetzung für Abnutzung nach § 7 Abs. 2 EStG setzt nicht voraus, dass der Steuerpflichtige auch in der Handelsbilanz eine degressive Abschreibung vornimmt.

Insoweit ist also nunmehr getrennt zu beurteilen, ob ein bestimmter Bilanzposten handels- und steuerrechtlichen Vorgaben entspricht. Die Anerkennung steuerlicher Wahlrechte kann m. E. zukünftig nicht mehr an der fehlenden Übereinstimmung zwischen Handels- und Steuerbilanz scheitern.

Die Änderungen des BilMoG haben jedoch keine Auswirkungen auf die bereits bisher fundamentale Frage, ob die bilanzielle Darstellung, sei es nach Handels- oder nach Steuerrecht, den zugrundliegenden Sachverhalt auch gesetzeskonform abbildet und somit, direkt oder indirekt insb. eine Steuerverkürzung vermeidet.

3.3 OECD-Leitfaden für die Betriebsprüferpraxis

Am 17. Dezember 1997 wurde das „Übereinkommen über die Bekämpfung der Bestechung ausländischer Amtsträger im internationalen Geschäftsverkehr" von den OECD-Mitgliedstaaten und einigen Nichtmitgliedstaaten ausgehandelt, das am 15. Februar 1999

[88] Gesetz zur Modernisierung des Bilanzrechts (Bilanzrechtsmodernisierungsgesetz - BilMoG) vom 26.05.2009 (BGBl. 2009 I S. 1102, BStBl I S. 650).

[89] BMF-Schreiben vom 12.03.2010.

in Kraft getreten ist. Nachdem die Bestechung inländischer Amtsträger vielerorts bereits unter Strafe steht, wurde durch das Übereinkommen ein Meilenstein gelegt, auf jeweiliger nationaler Ebene die Bestechung ausländischer Amtsträger ebenso unter Strafe zu stellen.

In Deutschland wurde das Übereinkommen durch das Gesetz zur Bekämpfung internationaler Bestechung (IntBestG) vom 10. September.1998 in nationales Recht umgesetzt. Danach ist die Bestechung ausländischer und internationaler Amtsträger und Abgeordneter unter den im IntBestG genannten Voraussetzungen in Deutschland ab dem 1. Januar 1999 strafbewehrt.

Mit § 4 Abs. 5 S. 1 Nr. 10 EStG in der Fassung des Jahressteuergesetz 1996 wurde ab dem Veranlagungszeitraum 1996 der steuerliche Betriebsausgabenabzug von Bestechungsgeldern und ähnlichen Zuwendungen bei Vorliegen einer rechtskräftigen Verurteilung oder Bußgeldverhängung eingeschränkt. Mit der durch das Steuerentlastungsgesetz 1999/2000/2002 erfolgten Neufassung des § 4 Abs. 5 S. 1 Nr. 10 EStG greift das Abzugsverbot nun bereits dann, wenn die Zuwendung von Vorteilen eine rechtswidrige Tat darstellt, die den Tatbestand eines Strafgesetzes oder eines Gesetzes verwirklicht, das die Ahndung mit einer Geldbuße zulässt.

Als Teil der Folgemaßnahme zu der vom OECD-Rat im April verabschiedeten „Empfehlung über die steuerliche Abzugsfähigkeit von Bestechungsgeldern an ausländische Amtsträger“ [C(96)27/FINAL] hat die OECD im Dezember 2009 das „OECD-Handbuch ‚Bestechung‘ für die Betriebsprüferpraxis“ (OECD Bribery Awareness Handbook for Tax Examiners)[90] herausgegeben, um Finanzbeamte (Betriebsprüfer) im Rahmen von Ausbildungsprogrammen oder deren Betriebsprüfungspraxis mit Hinweisen zu gängigen Bestechungstechniken und juristischen Hintergrundinformationen auszustatten.

Ziel dieses Handbuches ist es, Betriebsprüfer auf die bei der Bestechung angewendeten Methoden zu sensibilisieren und Instrumente an die Hand zu geben, mit denen an ausländische Amtsträger gezahlte Bestechungsgelder, aber auch andere Varianten, wie die Bestechung von Amtsträgern im innerstaatlichen Bereich, aufzuspüren und als solche zu identifizieren.[91]

In den nachfolgenden Unterabschnitten werden ausgewählte Themenkreise des Handbuches erörtert.

3.3.1 Indizien für Betrug oder Bestechung

Ein Kernelement des Handbuchs besteht in der Darstellung einer Reihe von Spuren (Indizien), die von Steuerpflichtigen im Rahmen der Verschleierung von Schmiergeldzahlungen (und somit bei der Begehung von Steuerhinterziehung) hinterlassen werden. Indizien können entweder konkrete Handlungen oder auch konkrete Hinweise beinhalten, wobei konkrete Hinweise alleine nicht für eine Beweisführung ausreichen. Zur begrifflichen Bestimmung von Indizien siehe nachstehende Abb. 3.5.

---

[90] Siehe OECD, abrufbar unter http://www.oecd.org/berlin/50110382.pdf (Stand 20.04.2015).

[91] Siehe auch OECD-Handbuch, S. 3.

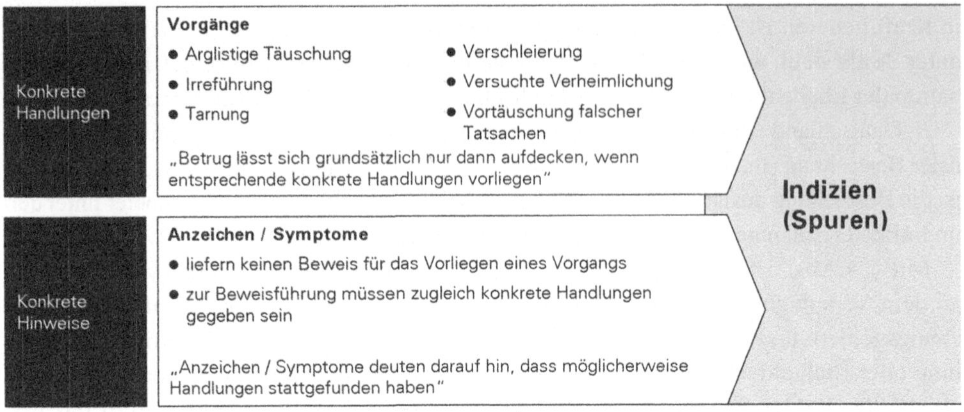

Abb. 3.5 Zur begrifflichen Bestimmung von Indizien. Eigene Darstellung, abgeleitet aus OECD-Handbuch, S. 7

Bedeutsame Indizien sind im Einzelnen:

3.3.1.1 Betriebsausgaben oder Steuerabzüge[92]

In Anbetracht der gegebenen steuerlichen Nichtabziehbarkeit von Bestechungsgeldern und ähnlichen Zuwendungen kommt der Zuwendende, sofern eine Abwicklung der Bestechungszahlung nicht über (Privat)Entnahme-Konten finanziert werden soll / kann, in die Dilemmasituation der buchhalterischen Erfassung dieses Vorganges. Eine gängige Praxis bildet hierbei die Bildung von sog. schwarzen Kassen, die über fiktive oder überhöhte Betriebsausgaben / Steuerabzüge gebildet werden.

Schwarze Kassen dienen der Umgehung von Steuervorschriften und werden als „Konten oder Kontengruppen verstanden, die gewöhnlich mit Hilfe komplexer Mechanismen an der normalen internen Kontrolle eines Unternehmens vorbei eingerichtet werden, um damit Spenden an politische Parteien, Schmiergelder, Kick Back-Zahlungen, persönliche Ausgaben von Führungskräften und andere illegale Aktivitäten zu finanzieren".[93]

Um schwarze Kassen bilden zu können, muss dem eigentlichen Bestechungsvorgang ein scheinbar regulärer Geschäftsvorfall vorausgehen. Durch die Einschaltung von Intermediären werden fiktive oder monetär überbewertete Vorgänge generiert und als „normaler" Geschäftsvorgang und steuerlich wirksam in der Buchhaltung erfasst. Zur Finanzierung dieser oftmals in die Millionen gehenden Beträge werden vielfältige Transaktionsmuster zur Anwendung gebracht (Schmiergeldschöpfung[94]). Die oftmals aufwendige buchhalterische Verschleierung erfolgt entweder schon im Vorgriff auf die geplante Transaktion (vorbereitende Maßnahmen) oder nach Durchführung der Transaktion. Denkbar ist auch die kumulative Anwendung der Varianten.

---

[92] Siehe auch OECD-Handbuch, S. 8 f.

[93] OECD-Handbuch, S. 19.

[94] Bannenberg / Schaupensteiner (2007), S. 81.

Intermediäre Gestaltungen zur Tarnung dieser Finanzierung können sein[95]:

- Eingehen von Scheinbeschäftigungsverhältnissen mit Auftraggebern oder mit nahe Angehörigen zu diesen, entweder mit Projekt- oder Saisonbezug, als Gegenleistung für die Auftragsvergabe,
- Aufnahme von intensiven Geschäftsbeziehungen zu eigenen reellen Unternehmen von Auftraggebern (Einkäufer, Amtsträger) als Gegenleistung für die Auftragserteilung,
- Gewährung von stillen Beteiligungen, teilweise auch als „dynamische“ Variante, d. h. mit einer an das Auftragsvolumen gekoppelten Gewinnbeteiligung,
- Bezug von als Kunst deklarierten Werken zu horrenden Preisen, wohl wissend, dass diese „Kunst“ nur einen Bruchteil dessen oder gar nichts wert ist,
- Bezug von Scheinlieferungen bzw. Scheinleistungen (insbesondere Beratungsleistungen) von Offshore-Firmen, verbundenen Unternehmen und Stiftungen im Ausland gegen Erteilung einer Scheinrechnung. Die an die Scheinfirmen gezahlten Gelder verbleiben jedoch (nach Abzug von Provisionen und ggf. Steuern) im Verfügungsbereich des zahlenden Unternehmens für die Vornahme „nützlicher Aufwendungen“. Schein- oder Tarnfirmen werden im Übrigen gerne auch von Empfängern von Bestechungszahlungen unterhalten (z. B. in Form von Planungs- oder Beratungsbüros auf den Namen der Ehefrau, sog. Küchenfirmen), um Transaktionen durch Scheinrechnungen zu tarnen. Dieses Schema ist oftmals auch als sog. Nebentätigkeit anzutreffen, auf deren Grundlage die übersandte Honorarnote entweder fingierte Leistungen (z. B. Planungsleistungen, Marketingleistungen, Aufwandsentschädigungen, Fachvorträge, Gutachten, Erstellung von Bedienungsanleitungen oder auch „Literaturrecherchen“) oder reelle Leistungen zum Gegenstand haben, die während der Dienstzeit und mit dienstlichen Mitteln erbracht wurden.

Es ist auch denkbar, dass Scheinrechnungen mittelbar beglichen werden, z. B.:

- Abschluss eines Leistungsvertrages über eine Lieferung oder Werkleistung mit Verzugsschadenvereinbarung. Der Verzug wird sodann künstlich herbeigeführt und der „entstandene Schaden“ beglichen (gesondert oder per Gutschrift). Der „Schadensersatz“ wird sodann vom Zahlungsempfänger an Dritte (Provisionsempfänger) gegen Scheinrechnung weitergeleitet,
- Abschluss eines Leistungsvertrages über eine Lieferung oder Werkleistung und Gewährung eines Discounts. Der „Discount“ wird vom Leistungsempfänger sodann an Dritte (Provisionsempfänger) gegen Scheinrechnung weitergeleitet,
- Anstelle von Honorarnoten wird oftmals auch die sog. Provisionsabrechnung durch den Auftragnehmer praktiziert. Die Provision fließt sodann an Konten von Küchenfirmen oder privaten Konten im Ausland,

[95] Vgl. auch Bannenberg / Schaupensteiner (2007), S. 81-96.

- Wertberichtigungen auf Finanzanlagen / Beteiligungen (insbesondere nicht konsolidierte Gesellschaften) aufgrund schlechter wirtschaftlicher Lage oder Insolvenz,
- Inanspruchnahme aus fiktiven Bürgschaften,
- Es werden Wirtschaftsgüter geliefert, die den Wert der Bestellung / Bezahlung übersteigen. Die Wirtschaftsgüter werden im Drittland verwertet und der Erlös daraus dolosen Zwecken zugeführt,
- Es werden Wirtschaftsgüter gekauft, die den Wert der Bestellung / Bezahlung unterschreiten. Die Überzahlung wird im Drittland dolsosen Zwecken zugeführt,
- Wirtschaftsgüter werden teilweise „free of charge" geliefert. Die Wirtschaftsgüter werden im Drittland verwertet und der Erlös daraus dolosen Zwecken zugeführt,
- Wertberichtigungen auf Forderungen aus der Lieferung von Wirtschaftsgütern. Die Wirtschaftsgüter werden im Drittland verwertet und der Erlös daraus dolosen Zwecken zugeführt.

> **Beraterhinweis** Beim Einkauf von Dienstleistungen, insbesondere bei Beratungsleistungen durch „Business Consultants" ist die Durchführung einer Geschäftspartner-Integrity Due Diligence empfehlenswert. Im Rahmen einer Integrity Due Diligence können nicht nur die Expertise sondern auch bereits bestehende Auffälligkeiten am Markt sowie der Sitz des Geschäftspartners festgestellt werden. Hat der Dienstleister seinen Sitz oder sein Geschäftskonto in einer Steueroase oder in einem Land mit einem niedrigen Korruptionswahrnehmungsindex (CPI), ist Vorsicht geboten.

Vertragliche Gestaltungen mit dem Zweck der Bildung schwarzer Kassen beinhalten oftmals intransparente Parameter und ebenso intransparente bzw. „holprige" Abwicklungsprozesse. Die Überprüfung von Dienstleistungs- oder Beraterverträgen und die damit verbundenen Prozesse ist stetige Betriebsprüfungspraxis und sollte zum Schutz vor unliebsamen Überraschungen auch im Unternehmen institutionalisiert sein. Der Prüfungsvorgang sollte sich dabei jedoch nicht auf den bereits fertigen Vertrag konzentrieren, sondern die Phase der Anbahnung, Aushandlung und Abwicklung mit beinhalten. Hierbei ist neben der Fachabteilung nicht nur die Rechtsabteilung, sondern im Sinne eines Vier-Augen-Prinzips und der Funktionstrennung auch die Einkaufsabteilung mit einzubeziehen.

Augenfällige Vorgänge können mit Hilfe von sog. Red Flags identifiziert werden. Diese sind im Rahmen des Risikomanagementprozesses zu definieren. In Bezug auf Prozesse im Zusammenhang mit Dienstleistungsverträgen können folgende Red Flags einschlägig sein (ohne Anspruch auf Vollständigkeit):

- Die betriebliche Veranlassung der Vereinbarung ist nicht erkennbar,
- Zu dem Vertrag gibt es kein Angebot,
- Der Vertrag liegt nicht in unterzeichneter Form vor, es liegt auch kein unterzeichnetes Angebot vor,

- Der Vertrag enthält auffällige Klauseln (z. B. paralleler oder nachgelagerter Einbezug Dritter zur fiktiven Durchsetzung höherer / unüblicher Provisionen, zu erbringende Leistung liegt im Ermessen des Auftragnehmers),
- Das vereinbarte Honorar ist marktunüblich oder entspricht nicht den internen Grundsätzen,
- Die zu erbringende Leistung ist nicht näher spezifiziert oder nicht projektbezogen,
- Der Erfolg der (erbrachten) Leistung, der zur Zahlung geführt hat oder haben soll, kann nicht gemessen werden oder ist nicht nachgewiesen,
- Zeitraum der Leistungserbringung ist auf einen sehr kurzen Zeitraum (z. B. eine Woche) begrenzt,
- Überschneidung mit Leistungen anderer Auftragnehmer ohne Trennung von Zuständigkeiten,
- Projektkalkulation basiert auf „Sonderkonditionen",
- Vertragspartner und Zahlungsempfänger weichen voneinander ab,
- Der Zahlungsempfänger ist kein Geschäftspartner des Unternehmens,
- Sitz des Vertragspartner weicht vom Sitz der kontoführenden Bank ab,
- Die Basis der Vergütung (Auftragsdurchführung und Abrechnung) ist nicht oder unzureichend dokumentiert,
- Die Höhe der geleisteten Zahlung übersteigt das vereinbarte Honorar,
- Der Vorgang ist ein zustimmungspflichtiger Geschäftsvorgang gemäß Satzung/Geschäftsordnung, eine Zustimmung ist jedoch nicht dokumentiert.

Ergänzend sei darauf hingewiesen, dass diese Indizien nicht nur hinsichtlich der in diesem Abschnitt thematisierten Abhandlung einschlägig sind, sondern gleichermaßen für jegliche dolose Handlungen im Unternehmen zutreffen.

3.3.1.2 Scheinbeschäftigte[96]

Eine weitere in der Praxis anzufindende Methode, liquide Mittel für Schmiergeldzwecke bereitzustellen ist das Aufblähen der Lohnsumme. In diesem Zusammenhang werden Scheinbeschäftigungsverhältnisse geschaffen, in dem bspw.

- bereits ausgeschiedene oder verstorbene Mitarbeiter weiterhin auf der Gehaltsliste geführt werden,
- Mitarbeiter überhöhte Zahlungen („Zusatzzahlungen") erhalten, die in keinem Verhältnis zu deren Position, Funktion oder Qualifikation stehen, oder
- Gehälter an Personen gezahlt werden, die kein oder keine adäquate Gegenleistung für das Unternehmen erbringen.

Um den Zahlungsvorgang intransparent zu gestalten, erfolgen derartige „Gehaltszahlungen" vorzugsweise per Scheck.

[96] OECD-Handbuch, S. 10-11.

▸ **Beraterhinweis** Die Betriebsprüfung begegnet derartigen Konstruktionen mit einem Abgleich der Gehaltslisten mit den tatsächlich im Unternehmen beschäftigten Mitarbeitern. Anhaltspunkte hierfür bieten Anwesenheitsaufzeichnungen oder auch amtsinterne Kontrollverfahren, da derartige Zahlungen / Einnahmen gerne auch nicht der Einkommensversteuerung unterworfen werden. Ebenso werden Scheckübertragungs- und Einlösungswege analysiert oder die ausreichende Qualifikation der Mitarbeiter hinsichtlich der Ausübung der Funktion nachgeprüft.

3.3.1.3 Buchführung und Buchungsbelege / Verschleierung[97]

Die Verschleierung von Schmiergeldzahlungen ist grundsätzlich mit buchhalterischen Unwägbarkeiten verbunden. Dies betrifft nicht nur die eigentliche Verschleierungstechnik sondern auch die Organisation der Buchhaltung. Die Merkmale / Indizien (Red Flags) einer diesbezüglichen Desorganisation sind äußerst facettenreich und können manchmal unter Umständen erst nach Jahren erfolgter Schädigung wahrgenommen werden.

Auch hier gilt der Hinweis, dass diese Merkmale nicht nur hinsichtlich der in diesem Abschnitt thematisierten Abhandlung einschlägig sind, sondern gleichermaßen für jegliche dolose Handlungen im Unternehmen zutreffen.

Red Flags einer Desorganisation können insbesondere sein:

- Fehlende Texthinweise in den Buchungssätzen,
- Fehlende oder unvollständige Erfassung des Buchungsstoffes,
- Unübliche, nicht den Buchführungs- und Bilanzierungsgrundsätzen entsprechende Buchungssätze (→ dies kann durch fachgerechtes „Customizing" des Buchhaltungssystems ausgeschlossen werden!),
- Hintereinander geschaltete und durch Betragszerlegung geprägte sog. zusammenhängende Buchungssätze (eine Abstimmung der Buchhaltung durch einen Dritten wird dadurch deutlich erschwert oder gar unmöglich),
- Bevorzugung sog. verdichteter Zahlen,
- Fehlende Dokumentation zu komplexen Buchungssätzen,
- Häufige Vornahme von Stornierungen, Umkehrungen oder Umbuchungen,
- Stornierung von kreditorischen Buchungen ohne korrespondierende Vorsteuerkorrektur (→ Schaffung von Masse an liquiden Mitteln ohne Aufblähung von Bilanz und GuV im Wege von Tax Fraud, die Aufdeckung des Schemas ist über die Vornahme einer gewissenhaften Umsatzsteuerverprobung möglich!),
- Rückdatierungen,
- Haupt- und Nebenbücher stimmen nicht überein (→ dies kann durch fachgerechtes „Customizing" des Buchhaltungssystems ausgeschlossen werden!),
- Permanentes Öffnen bereits geschlossener Buchungsperioden,

[97] Siehe auch OECD-Handbuch, S. 11 und 12.

- Übermäßiges Anbuchen von Conti pro Diverse (CpD-Konten),
- Übermäßiges Anbuchen von Interimskonten,
- Fehlende Abstimmung bzw. Nichtabstimmbarkeit von Personen-, Verrechnungs- oder Transitkonten,
- Fehlende Saldenbestätigungen von Debitoren oder Kreditoren,
- Fehlende oder falsche Kassenbücher (→ negative Kassenbestände darf und kann es praktisch nicht geben!),
- Unterschiedliche Sätze von Geschäftsbüchern (→ damit nicht der Überblick verloren geht, werden häufig sog. „B-Buchhaltungen“ geführt),
- Fehlende, fingierte oder verfälschte Unterlagen im Geschäftsfreundebuch,
- Augenfällige Eigenbelege,
- Buchungsabwicklung außerhalb der gewöhnlichen Geschäftszeiten,
- Buchungen ohne Beleg,
- Geschäfts- oder Buchungsvorgänge werden ausschließlich nur durch einen bestimmten Mitarbeiter vorgenommen (ohne Vertretung),
- Die Kontrolle der Buchhaltung hin zum Beleg ist nicht möglich.

Um Schmiergeldzahlungen „korrekt“ auszuweisen, bestünde theoretisch die Möglichkeit, diese über das Konto „nicht abziehbare Betriebsausgaben“ zu erfassen. Hierdurch könnte für steuerliche Zwecke außerhalb der Bilanz eine Korrektur des Jahresergebnisses erfolgen. Allerdings werden durch diese Buchungsweise Gesetzesverstöße offen gezeigt, was das Risiko der Redepflicht des Abschlussprüfers (Wirtschaftsprüfer) sowie das Risiko einer Strafverfolgung in sich trägt.

Deswegen und auch wegen der Durchsetzung einer steuerlichen „Abziehbarkeit“ werden Falsch- und darüber hinaus Verschleierungsbuchungen vorgenommen, auf deren Grundlage der Grundsatz der Bilanzklarheit und der Bilanzwahrheit durchbrochen wird.[98] Eine Durchbrechung dieser Grundsätze bedeutet, dass der Jahresabschluss (Einzel- oder auch Konzernabschluss) oder der Lagebericht falsche Angaben aufgrund und im Sinne von beabsichtigten Verstößen enthält. Die Werthaltigkeit der mit dem Jahresabschluss vermittelten Gesamtaussage ist aus handelsrechtlicher Sicht abhängig von der Wesentlichkeit der falschen Angaben. Festgestellte schwerwiegende Verstöße, auch ohne Rechnungslegungsbezug, hat der Abschlussprüfer (Wirtschaftsprüfer) im Prüfungsbericht darzulegen (§ 321 Abs. 1 S. 3 HGB).

Auch wenn aufgedeckte Sachverhalte nicht schwerwiegend sind, also keinen wesentlichen Einfluss die Ordnungsmäßigkeit des Abschlusses haben, können dennoch die Voraussetzungen für eine Kündigung des Prüfungsauftrages durch den Wirtschaftsprüfer aus wichtigem Grund nach § 318 Abs. 6 HGB, z. B. wegen Täuschung, d. h. aufgrund einer fehlenden Vertrauensgrundlage, gegeben sein. Es ist damit zu rechnen, dass eine Kündigung des Prüfungsauftrages ebenso die Vertrauensgrundlage zu den Stakeholdern negativ beeinträchtigt.

---

[98] Zu weiterführenden Details siehe untenstehender Aufsatz in diesem Kapitel zum Thema Bilanzklarheit und Bilanzwahrheit.

Die Möglichkeiten der aufgrund von Falsch- oder Verschleierungsbuchungen realisierbaren Manipulationen des Jahresabschlusses (Bilanz, GuV, Anhang) sowie des Lageberichtes sind facettenreich und können sich auf sämtliche Bilanz- und GuV-Posten auswirken. Eine gelungene Systematisierung möglicher Manipulationen beinhaltet der Band von Peemöller / Hofmann zum Thema Bilanzskandale.[99]

3.3.2 Prüfungstechniken[100]

Zur Durchführung einer wirksamen Prüfung bedarf es geeigneter Verfahren und Techniken. Das OECD-Handbuch enthält eine Aufzählung möglicher Methoden zur Sammlung von Erkenntnissen mit besonderer Relevanz für die Aufdeckung von Bestechungstatbeständen. Neben Anhaltspunkten zu analytischen Tests, Unterlagensichtungen, Rückverfolgungsprüfungen bilden Anhaltspunkte zu Ermittlungen (Befragungen, Befragungstechniken) einen Schwerpunkt der Ausführungen im Handbuch.

An dieser Stelle sei noch der Hinweis angebracht, dass die Prüfungstechniken für die Aufdeckung doloser Handlungen aller Art gleichermaßen Bedeutung haben und sich somit nicht auf die in diesem Abschnitt thematisierten dolosen Handlungen beschränken.

3.4 Zifferntests zur Aufdeckung von Steuerhinterziehung und ihre Beurteilung durch die Gerichte

In den vergangenen Jahren haben sich sowohl die Anzahl der Schätzungsfälle als auch die Höhe der hinzugeschätzten Beträge deutlich erhöht.[101] Neben gestiegener Effizienz der Prüfung lässt sich diese Steigerung auf den Einsatz neuer Prüfmethoden zurückführen, deren massenhafte Anwendung erst durch die GDPdU (Grundsätze zum Datenzugriff und zur Prüfbarkeit digitaler Unterlagen) möglich wurde.[102] Der Zugriff auf Unterlagen in digitaler Form ermöglicht der Finanzverwaltung seit 2002 unter anderem den Einsatz digitaler Ziffernanalysen mit Hilfe der Prüfsoftware IDEA („Interactive Data Extraction and Analysis“). Vorliegender Beitrag stellt die Prüfmethode vor und ordnet sie in den Kontext der Verprobungsmethoden der Finanzverwaltung zur Überprüfung der sachlichen Richtigkeit der Buchführung ein[103]. Im Anschluss folgt ein Überblick über die bestehende Rechtsprechung der Finanzgerichte, die sich mit der Anwendung und Beweiskraft von Zifferntests beschäftigt.[104]

[99] Peemöller / Hofmann (2005), S. 127ff.

[100] Siehe auch OECD-Handbuch, S. 15ff.

[101] Vgl. Peetzke / Staab (2006), S. 78.

[102] Vgl. BMF v. 16.07.2001 – IV D 2 – S 0316 – 136/01.

[103] Vgl. für einen Überblick Diller et. al. (2015)

[104] Vgl. Peetzke / Staab (2006), S. 79.

3.4.1 Voraussetzungen für die Verwerfung der Buchführung

Die Schätzungsbefugnis der Finanzverwaltung knüpft an die Beweiskraft der Buchführung gem. § 158 AO an.[105] Bei der Beurteilung der Buchführung wird zwischen sachlicher und formeller Ordnungsmäßigkeit unterschieden.[106] Eine Buchführung, die den formellen Anforderungen der §§ 140-148 AO entspricht, wird der Besteuerung grundsätzlich zugrunde gelegt. § 158 AO stellt damit einen Vertrauensvorschuss dar, welcher in der widerlegbaren Vermutung der sachlichen Richtigkeit einer formell ordnungsmäßigen Buchführung besteht.[107] Eine Verwerfung der Buchführung und eine Befugnis zur Schätzung ergeben sich nur, wenn das Ergebnis der Buchführung mit „an Sicherheit grenzender Wahrscheinlichkeit"[108] sachlich unrichtig ist. Als sachlicher Fehler gilt insbesondere das Nichterfassen von Einnahmen und Ausgaben.[109]

Aufgefundene Mängel müssen dabei „so konkret sein, dass sie das Ergebnis der Buchführung als außerhalb der Wahrscheinlichkeit erscheinen lassen"[110]. Zweifel an der sachlichen Richtigkeit reichen dagegen nicht aus, um die Buchführung zu verwerfen. Dies bedeutet vor allem, dass die Buchführung nicht aufgrund der stichprobenhaften Überprüfung einzelner Geschäftsvorfälle widerlegt werden kann.[111] Ebenso ist jedoch auch kein Nachweis der Unrichtigkeit erforderlich.[112] Ausreichend ist ein Gegenbeweis im Sinne einer Zerrüttung der Vermutung des § 158 AO. Zeigt eine größere Zahl zufälliger Einzelprüfungen die unrichtige Verbuchung der zugrunde liegenden Geschäftsvorfälle, kann die sachliche Richtigkeit der Buchführung dadurch widerlegt werden.[113]

Die Widerlegung der Buchführung kann auf direktem oder indirektem Wege erfolgen. Eine direkte Widerlegung liegt vor, wenn von der Finanzbehörde ein konkreter Geschäftsvorfall überprüft und bis zum Urbeleg zurückverfolgt wird (Einzelfallprüfung). Auf indirekte Weise wird die Buchführung widerlegt, wenn die Finanzbehörde mittels geeigneter Verprobungen (Schlüssigkeitsprüfungen) feststellt, dass die Angaben des Steuerpflichtigen mit an Sicherheit grenzender Wahrscheinlichkeit unrichtig sind.[114]

Bezüglich der Verprobungsmethoden wird wiederum zwischen äußerem und innerem Betriebsvergleich unterschieden. Im Rahmen des äußeren Betriebsvergleichs wird ein Abgleich der Angaben des Steuerpflichtigen mit den Daten der amtlichen Richtsatzsammlung vorgenommen. Allein aufgrund sich hieraus ergebender Abweichungen kann keine Verwerfung der Buchführung vorgenommen werden, vielmehr sind dazu weitere konkrete

[105] Vgl. Schuster, in: Hübschmann / Hepp / Spitaler (2012), § 158 AO, Rz. 6.

[106] Vgl. Rau (2012), S. 8.

[107] Vgl. Seer, in: Tipke / Kruse (2012), AO/FGO, § 158 AO, Tz. 3.

[108] Schuster, in: Hübschmann / Hepp / Spitaler (2012), § 158 AO, Rz. 5.

[109] Vgl. Kratzsch / Rahe, StB 2010, 163.

[110] Schuster, in: Hübschmann / Hepp / Spitaler (2012), § 158 AO, Rz. 5.

[111] Vgl. Rüsken, in: Klein (2012), AO, § 158, Rz. 2.

[112] Vgl. Schuster, in: Hübschmann / Hepp / Spitaler (2012), § 158 AO, Rz. 5.

[113] Vgl. Rüsken, in: Klein (2012), AO, § 158, Rz. 2.

[114] Vgl. Schuster, in: Hübschmann / Hepp / Spitaler (2012), § 158 AO, Rz. 12.

Hinweise auf eine sachliche Unrichtigkeit erforderlich.[115] Im Rahmen des inneren Betriebsvergleichs wird ausschließlich auf die Daten des Steuerpflichtigen abgestellt und die Plausibilität der Buchführung durch Vergleich verschiedener Informationen bzw. verschiedener Besteuerungszeiträume überprüft. Neben den Methoden der Nachkalkulation sowie Geldverkehrs- und Vermögenszuwachsrechnungen erlaubt der Zugriff auf steuerrelevante Daten in digitaler Form vermehrt den Einsatz zeitsparender Prüfmethoden, die die Identifikation von Besonderheiten anhand der Analyse umfangreicher Datenmengen zulassen.[116] So wird beispielsweise mit Hilfe des Zeitreihenvergleichs versucht, durch Unterteilung des Betrachtungszeitraums in kürzere Abschnitte Auffälligkeiten im Zusammenhang mit den Rohgewinnaufschlägen einzelner Wochen oder Monate erkennbar zu machen.[117]

Eine weitere Prüfmethode, die im Folgenden näher untersucht werden soll, basiert auf der Untersuchung der Ziffernverteilung der Daten eines Steuerpflichtigen. Mit Hilfe der Ziffernanalyse, die auch als χ^2-Test (Chi-Quadrat-Test) bezeichnet wird, soll festgestellt werden, ob beispielsweise Kasseneinnahmen auf natürlichem Wege entstanden sind oder ob es sich um fingierte Beträge handelt. Der χ^2-Test wird im Allgemeinen als Methode des inneren Betriebsvergleichs aufgefasst, weil auch hierbei ausschließlich auf Daten des geprüften Steuerpflichtigen abgestellt wird.[118] Feststellungen, die mit Hilfe des inneren Betriebsvergleichs getroffen werden, sind grundsätzlich geeignet, eine Verwerfung der Buchführung zu begründen.[119] Auch ein auffälliges Ergebnis der Ziffernanalyse wird von der Finanzverwaltung häufig zum Anlass genommen, die Buchführung zu verwerfen und eine Schätzung vorzunehmen.[120] Im folgenden Abschnitt wird zunächst die Vorgehensweise der Finanzverwaltung bei Durchführung der Ziffernanalyse beschrieben. Im Anschluss wird anhand einer Untersuchung der einschlägigen Finanzgerichtsurteile näher auf einzelne Aspekte des Testverfahrens eingegangen und aufgezeigt, dass viele kritische Fragen im Rahmen der Beurteilung durch die Gerichte noch nicht abschließend geklärt werden konnten.

3.4.2 Zifferntests als Methode zur Beurteilung der Manipulationsfreiheit steuerrelevanter Daten

3.4.2.1 Annahme über die Ziffernverteilung in unmanipulierten Daten

3.4.2.1.1 Gleichverteilungsannahme

Zifferntests werden von der Finanzverwaltung bereits seit Längerem eingesetzt, um vor allem die Eintragungen in Kassenbücher auf ihre Plausibilität zu testen. Der Test beruht auf der Annahme, dass die verschiedenen Ziffern in unmanipulierten Daten mit einer gewissen

[115] Vgl. Schuster, in: Hübschmann / Hepp / Spitaler (2012), § 158 AO, Rz. 13.

[116] Vgl. Goldstein (2009), S. 65f.

[117] Vgl. Seer, in: Tipke / Kruse (2012), AO/FGO, § 158 AO, Tz. 21.

[118] Vgl. Kühnen, Anmerkung zum Urteil des FG Rheinland-Pfalz vom 24.08.2011, EFG 2012, S. 12.

[119] Vgl. Rüsken, in: Klein (2012), AO, § 158, Rz. 3.

[120] Vgl. Bisle, PStR 2012, 15.

942,27
313,25
388,83
452,37
1353,71
145,55
11,72
208,02
784,22
1086,28
679,33

Abb. 3.6 Prüfung auf Gleichverteilung

Wahrscheinlichkeit auftreten. Betrachtet werden dabei die Ziffern an einer bestimmten Position der Beträge. Häufig werden die Ziffern an den niedrigwertigen Stellen, beispielweise die „erste Ziffer vor dem Komma“[121] der Tageseinnahmen eines Jahres, auf ihre Verteilung untersucht (Abb. 3.6).

Unterstellt wird dabei, dass die Ziffern 0 bis 9 alle mit der gleichen Wahrscheinlichkeit von 10 % auftreten, wenn die Daten auf natürlichem Wege entstanden sind. Eine Abweichung von der Gleichverteilung wird als Hinweis auf das Vorliegen einer Manipulation gewertet. Die Annahme beruht zumeist auf der intuitiven Vorstellung, dass das Auftreten der Ziffern in Beträgen, die mit der Zufälligkeit entstanden sind, die dem Verkaufsvorgang mit wechselnder Nachfrage nach unterschiedlichen Produkten zugrunde liegt, naturgemäß gleichmäßig über die zehn Ziffern verteilt sind. Erste theoretische Ansätze liefern eine Fundierung für die Annahme der Gleichverteilung für die letzte von 0 verschiedene Stelle von Einnahmebeträgen und identifizieren Bedingungen für ihre Gültigkeit.[122]

Die Voraussetzungen betreffen den Umfang sowie die Ausgestaltung der Preisliste des geprüften Unternehmens. Zum einen muss gewährleistet sein, dass durch Addition der Preise zum letztlich resultierenden Tagesumsatz des Unternehmens an der betrachteten Stelle alle möglichen Ziffern tatsächlich auftreten können.[123] Diese Voraussetzung ist beispielsweise nicht erfüllt, wenn die Preise einer Gaststätte nur auf volle und halbe Euro-Beträge enden. In diesem Fall kann die letzte Stelle der Tageseinnahmen ebenfalls nur mit den Ziffern 0 oder 5 enden und keine Gleichverteilung der Ziffern entstehen. Es müssen folglich bestimmte Endziffern bzw. Endziffernkombinationen in der Preisliste des zu prüfenden Unternehmens vorhanden sein, um die Gleichverteilungsannahme zu rechtfertigen. Zum anderen müssen die Preise des Unternehmens so ausgestaltet sein, dass die Endziffer der Summe der Einzelumsätze unregelmäßig zu den verschiedenen Ziffern „zurückkehren“

[121] FG Münster vom 05.12.2002 – 8 V 5774/02 E, u. U.

[122] Vgl. Dlugosz / Müller-Funk (2009), S. 5.

[123] Vgl. Dlugosz / Müller-Funk (2009), S. 4.

942,27
313,25
388,83
452,37
1353,71
145,55
11,72
208,02
784,22
1086,28
679,33

Abb. 3.7 Prüfung auf Benford-Verteilung

kann.[124] Enden beispielsweise die Preise aller Produkte eines Unternehmens auf die Ziffer 9, so sind durch Verkauf mehrerer Produkte zwar an der letzten Stelle alle Ziffern „erreichbar" ($1 \cdot 9 = 9$; $2 \cdot 9 = 18$; $3 \cdot 9 = 27 \ldots$), die Rückkehr zu einer Ziffer ist jedoch nur nach einer festen Anzahl an verkauften Produkten möglich.

Abweichungen von der Gleichverteilung werden auf „Lieblingsziffern"[125] des Fälschers zurückgeführt, der annahmegemäß nicht in der Lage ist, bei Erfindung von Zahlen die natürliche Gleichverteilung der Ziffern der Einnahmebeträge nachzubilden.

3.4.2.1.2 Benford-Verteilung

Eine andere Vorgehensweise betrifft vor allem die Prüfung der Anfangsziffern der Beträge (Abb. 3.7).

In diesem Fall wird eine andere Sollverteilung für unmanipulierte Daten zugrunde gelegt. Diese beruht auf der als Benford's Law bekannten empirischen Beobachtung, dass die Ziffern an der führenden Position von Beträgen in einem zufällig entstandenen Datensatz eben nicht gleichverteilt sind, sondern mit unterschiedlichen Wahrscheinlichkeiten auftreten. Das Gesetz besagt, dass die Auftrittshäufigkeiten der Ziffern als führende Ziffern einer logarithmischen Verteilung folgen, was sich dahingehend äußert, dass niedrigwertige Ziffern häufiger auftreten als Ziffern höheren Werts. Die Wahrscheinlichkeit für das Auftreten der Ziffer D an der führenden Position der Zahl beträgt:[126]

$$W(D) = \log_{10}(1 + \frac{1}{D}), D = 1, \ldots, 9.$$

Die sich daraus ergebende Verteilung zeigt Abb. 3.8.

[124] Vgl. Dlugosz / Müller-Funk (2009), S. 5.

[125] Blenkers, StBp 2003, 262.

[126] Vgl. Posch (2010), S. 5.

Die Ziffer 1 tritt mit einer Wahrscheinlichkeit von 30,1 % auf, die Wahrscheinlichkeit für das Auftreten der Ziffer 2 beträgt 17,6 % usw. Ferner besagt Benford's Law, dass die Verzerrung der Ziffernhäufigkeiten bei Betrachtung weiter „rechts" gelegener Positionen immer mehr abnimmt.[127] Für die Positionen 2, 3 und 4 zeigen sich Verteilungen wie in Abb. 3.9–3.11 angegeben.

Ab der vierten von links aus betrachteten Position kann annähernd von Gleichverteilung der Ziffern ausgegangen werden.[128] Dies zeigt zum einen, dass der Ziffertest nach Benford's Law nicht auf die Prüfung der ersten Position der Beträge beschränkt ist, sondern für jede Position eine Sollverteilung besteht, die dem Test zugrunde gelegt werden kann. Zudem wird deutlich, dass ein Zusammenhang zwischen der Benford-Verteilung und der im vorherigen Abschnitt erläuterten Annahme der Gleichverteilung der hinteren Stellen der Beträge besteht.

Die Benford-Verteilung wurde empirisch für eine Vielzahl von Daten gezeigt.[129] Die erstmalige Anwendung von Benford's Law im Kontext der Überprüfung steuerlicher Angaben erfolgte durch Mark Nigrini, der durch die Untersuchung von 20.000 Steuererklärungen feststellte, dass auch diese der erwarteten Verteilung folgten.[130] Die empirische Beobachtung über die Ziffernverteilung wird häufig als eine Art Naturgesetz dargestellt, welches

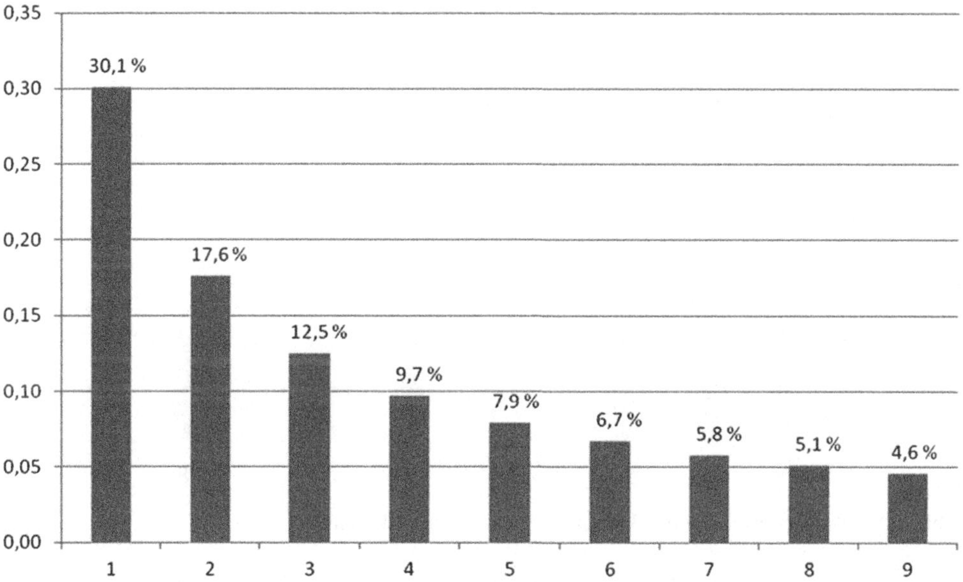

Abb. 3.8 Ziffernverteilung der 1. Position gemäß Benford's Law

[127] Vgl. Hill (1995), S. 354.

[128] Vgl. Rau (2012), S. 25; vgl. Trede / Watrin / Ullmann, DBW 2009, 705.

[129] Vgl. Benford (1938).

[130] Vgl. Nigrini (1996).

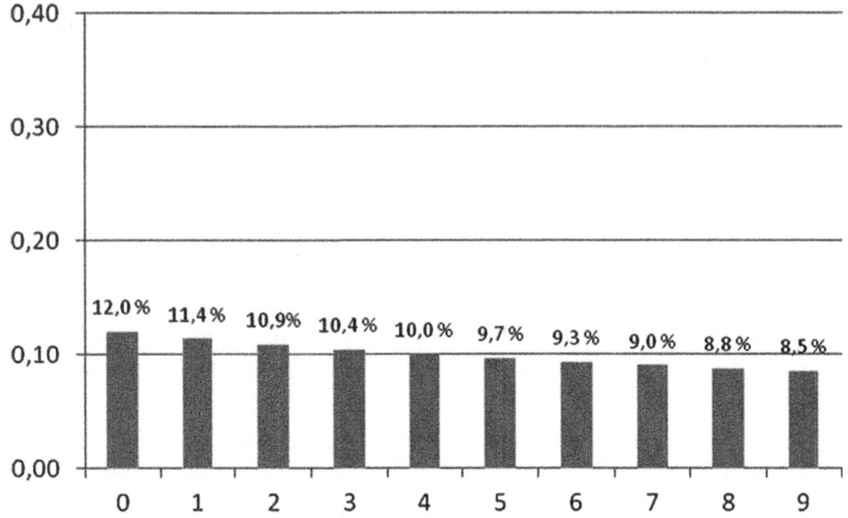

Abb. 3.9 Ziffernverteilung der 2. Position gemäß Benford's Law

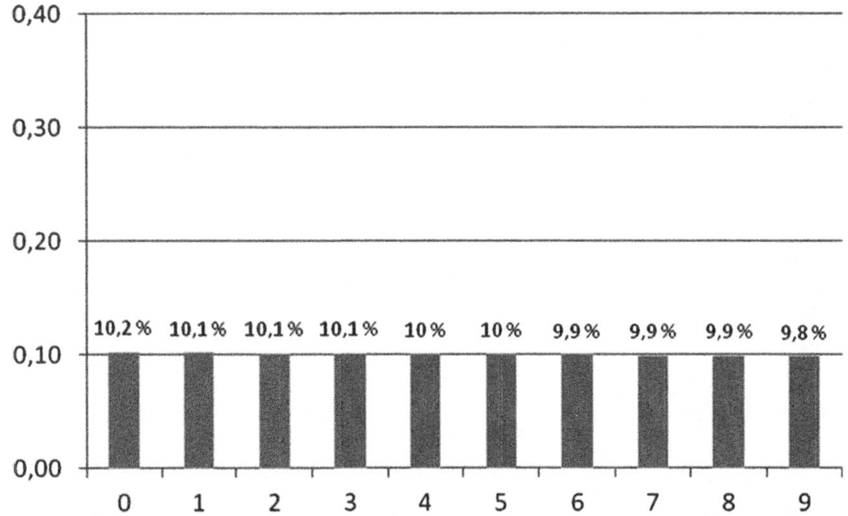

Abb. 3.10 Ziffernverteilung der 3. Position gemäß Benford's Law

für „natürliche Prozesse"[131] universelle Gültigkeit besitzt. So begründet die Literatur zum Einsatz der Ziffernanalyse in der Fraud-Aufdeckung die Annahme der Benford-Verteilung für unmanipulierte Kasseneinnahmen häufig mit der unterstellten „Natürlichkeit" wirtschaftlicher Daten.[132] Eine Erklärung für dieses Phänomen bzw. ein Beweis für die Gül-

[131] Sosna, StBp 2004, 249.

[132] Vgl. Sosna, StBp 2004, 249; vgl. Krüger / Schult / Vedder (2010), S. 125.

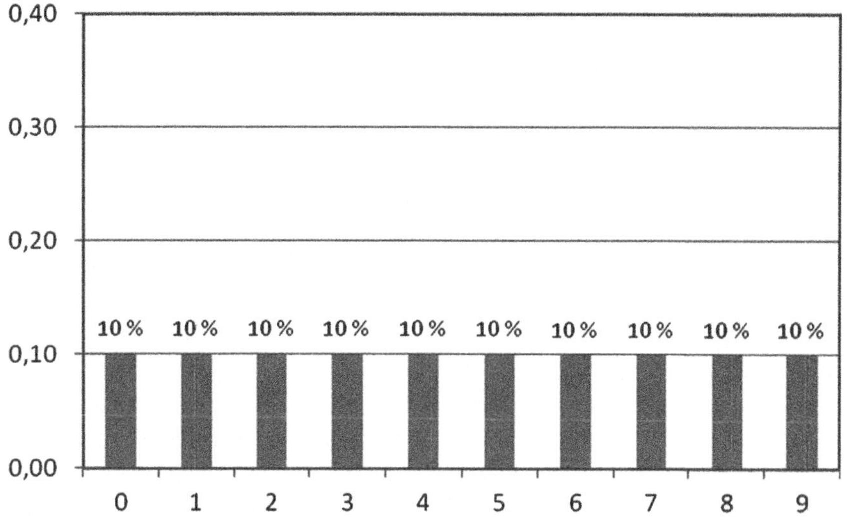

Abb. 3.11 Ziffernverteilung der 4. Position gemäß Benford's Law

tigkeit von Benford's Law für unmanipulierte Einnahmenbeträge konnte bislang jedoch nicht erbracht werden.[133] Ebenso wenig sind die Bedingungen für das Zustandekommen der Benford-Verteilung ausreichend geklärt. In der Literatur werden dennoch verschiedene Kriterien genannt, welche erfüllt sein müssen, um die Annahme der Benford-Verteilung zu rechtfertigen:[134]

- Die Daten sollten in der gleichen Einheit angegeben sein und die Größenordnung des gleichen Phänomens beschreiben.
- Die Daten dürfen ferner keine inhärenten Wertober- oder -untergrenzen und keine psychologischen Einflüsse aufweisen.
- Die Beträge dürfen außerdem keine zu Identifikationszwecken zugewiesenen Zahlen, beispielsweise eine durchlaufende Nummerierung, darstellen.

3.4.2.2 Durchführung des statistischen Tests

Statistische Anpassungstests wie der von der Finanzverwaltung verwendete und im Prüfprogramm IDEA implementierte χ^2-Test untersuchen, ob die empirischen Häufigkeiten einer Merkmalsausprägung in einer Stichprobe den erwarteten Häufigkeiten dieser Merkmalsausprägung entsprechen.[135] Bei dem zu untersuchenden Merkmal handelt es sich im Falle der Ziffernanalyse um die Ausprägung der Ziffern an der geprüften Stelle der Beträge. Die Vorgehensweise bei Durchführung des χ^2-Tests soll im Folgenden anhand eines Beispiels erläutert werden:

---

[133] Vgl. Mochty, WPg 2002, 734.

[134] Vgl. Nigrini (2011), S. 97 f.

[135] Vgl. Watrin / Ullmann, WPg 2009, 101.

Die Kassenaufzeichnungen eines Gastgewerbes umfassen für einen Veranlagungszeitraum 300 Einnahmenbeträge. Zu ihrer Überprüfung soll ein Test der ersten Stelle vor dem Komma auf Gleichverteilung erfolgen. Dazu wird der gesamte Datensatz, d. h. alle Einnahmenbeträge des Veranlagungszeitraums ($n = 300$), der Prüfung unterzogen.

Der erste Schritt besteht in der Aufstellung einer sogenannten Nullhypothese. Diese ist im Falle der Ziffernanalyse stets als „Unschuldsvermutung“ formuliert: Sie geht davon aus, dass die beobachtete Ziffernverteilung der theoretisch erwarteten Verteilung entspricht und lautet für das Beispiel daher:

H_0: „Die Ziffernverteilung der Grundgesamtheit an der ersten Stelle vor dem Komma entspricht der Gleichverteilung.“

Anhand des Testergebnisses wird eine Entscheidung über Annahme oder Ablehnung der Nullhypothese getroffen. Entscheidet der Test, dass die Verteilung der untersuchten Daten nicht der erwarteten Verteilung entspricht, so wird die Nullhypothese abgelehnt und von einer Manipulation der Daten ausgegangen. Die Ablehnung der Nullhypothese kann richtig oder falsch sein. Eine fälschliche Ablehnung der Nullhypothese liegt vor, wenn diese verworfen wird, die untersuchten Daten tatsächlich aber der erwarteten Verteilung folgen. Diese Art der Fehlentscheidung wird als Fehler 1. Art oder α-Fehler bezeichnet. Um die Wahrscheinlichkeit der Begehung eines solchen Fehlers auf einen maximalen Wert zu beschränken, ist vor Durchführung des Tests das Signifikanzniveau (die Irrtumswahrscheinlichkeit) α festzulegen. Dieses sagt aus, dass es bei sehr häufiger Wiederholung des Tests in weniger als α % der Fälle, in denen die Nullhypothese zutrifft, zu einer fälschlichen Ablehnung derselben kommt. Es wird bei der späteren Entscheidung über Annahme oder Ablehnung der Hypothese berücksichtigt. Üblicherweise wird der Wert für α mit 10 %, 5 % oder 1 % angenommen. Für das beschriebene Beispiel wird ein Signifikanzniveau von 5 % gewählt. Grundsätzlich gilt, dass je kleiner das Signifikanzniveau gewählt wird, desto unwahrscheinlicher wird die Begehung eines α-Fehlers.[136]

Nachdem eine Annahme über die Sollverteilung getroffen, die entsprechende Hypothese formuliert und ein Signifikanzniveau festgelegt wurde, kann mit der Durchführung des Tests begonnen werden. Dazu wird zunächst die Grundgesamtheit bezüglich des zu untersuchenden Merkmals, der Ausprägung der Ziffern an der ersten Stelle vor dem Komma, in k Klassen A_j für $j = 1, \ldots, k$ unterteilt.[137] Da im betrachteten Beispiel eine Prüfung im niedrigwertigen Bereich der Beträge erfolgen soll, ergeben sich $k = 10$ Klassen für die Ziffern 0 bis 9. Bei Prüfung der führenden Position ergeben sich dagegen nur 9 Klassen, da zur Prüfung auf die Benford-Verteilung stets die erste von 0 verschiedene Ziffer der Beträge herangezogen wird.

Nun werden die beobachteten Häufigkeiten h_j der Elemente der Stichprobe ermittelt, die in die einzelnen Klassen $A_1, A_2, \ldots A_j \ldots, A_k$ fallen.[138] Mit anderen Worten wird aus dem Datensatz ausgezählt, wie oft jede Ziffer an der untersuchten Stelle auftritt. Die empirischen Ziffernhäufigkeiten der für das Beispiel simulierten Kasseneinnahmen sind in der

[136] Vgl. Rottmann / Auer (2008), S. 350 f.

[137] Vgl. Rottmann / Auer (2008), S. 386.

[138] Vgl. Rottmann / Auer (2008), S. 387.

Tab. 3.2 Berechnung des χ^2-Werts

A_j	h_j	h_j^e	$h_j - h_j^e$	$(h_j - h_j^e)^2$	$\frac{(h_j - h_j^e)^2}{h_j^e}$
0	**28**	**30**	**−2**	**4**	**0,13**
1	**36**	**30**	**6**	**36**	**1,2**
2	33	30	3	9	0,3
3	25	30	−5	25	0,83
4	34	30	4	16	0,53
5	30	30	0	0	0
6	25	30	−5	25	0,83
7	29	30	−1	1	0,03
8	33	30	3	9	0,3
9	27	30	−3	9	0,3
					χ^2=4,45

Spalte h_j in Tab. 3.2 abgetragen. Um die beobachtete mit der erwarteten Ziffernverteilung vergleichen zu können, werden nun die erwarteten Häufigkeiten der verschiedenen Ziffern ermittelt. Sie ergeben sich durch Multiplikation der erwarteten Eintrittswahrscheinlichkeit der jeweiligen Ziffer gemäß der unterstellten Sollverteilung mit der Anzahl der Elemente in der untersuchten Stichprobe:

$$h_j^e = n \cdot p_j$$

Wird auf Gleichverteilung getestet, ergibt sich für jede der Klassen eine erwartete Häufigkeit von $n \cdot 10\,\%$. Im Beispiel wird folglich für jede Ziffer erwartet, dass sie an genau 30 Tagen als erste Ziffer vor dem Komma der Kasseneinnahmen auftritt. Anschließend wird der Wert der Prüfgröße, der χ^2-Wert wie folgt berechnet:

$$\chi^2 = \sum_{j=1}^{k} \frac{(h_j - h_j^e)^2}{h_j^e}$$

Für jede der Klassen wird die Abweichung zwischen empirischer und erwarteter Häufigkeit ermittelt. Anschließend wird diese Differenz quadriert, um zu verhindern, dass sich positive und negative Abweichungen ausgleichen. Dieser Wert wird durch die zugehörige erwartete Häufigkeit der jeweiligen Klasse dividiert, um die quadrierten Abweichungen zu gewichten.[139] In einem letzten Schritt werden die quadrierten und gewichteten Abweichungen über alle Klassen aufsummiert. Im Beispiel ergibt sich ein χ^2-Wert von 4,45. Die Berechnung kann in Tab. 3.2 nachvollzogen werden.

[139] Vgl. Trede / Watrin / Ullmann, DBW 2009, 705.

Es ist deutlich zu erkennen, dass die Prüfgröße einen umso höheren Wert annimmt, je größer die Abweichungen sind, die zwischen beobachteter und erwarteter Ziffernverteilung bestehen. Sind die beiden Verteilungen identisch, tritt also jede der Ziffern exakt mit der erwarteten Häufigkeit von 30 ein, so ergibt sich für jede Klasse eine Differenz von $(h_j - h_j^e) = 0$ und somit für die Prüfgröße ebenfalls ein Wert von $\chi^2 = 0$.[140]

In einem letzten Schritt wird anhand des ermittelten Werts der Prüfgröße eine Entscheidung über Annahme oder Ablehnung der Nullhypothese getroffen. Es kann gezeigt werden, dass die Prüfgröße unter H_0 bei ausreichend großem Stichprobenumfang näherungsweise einer χ^2-Verteilung mit $(k{-}1)$ Freiheitsgraden folgt.[141] In Abhängigkeit der Anzahl der Freiheitsgrade und dem gewählten Signifikanznivau α kann daher aus der Tabelle der χ^2-Verteilung (Abb. 3.12) der kritische Wert $\chi^2_{1-\alpha,k-1}$ abgelesen und mit der ermittelten Prüfgröße verglichen werden.

Es gilt, dass H_0 abgelehnt wird, falls $\chi^2 > \chi^2_{1-\alpha,k-1}$.[142]

Ist dieser Zusammenhang erfüllt, überschreitet also der Wert der Prüfgröße den kritischen Wert, so wird die Nullhypothese abgelehnt, was von der Finanzverwaltung als Indiz für eine Manipulation gewertet wird. Aus der Tabelle wird deutlich, dass die Prüfgröße umso höhere Werte annehmen darf, ohne dass es zu einer Ablehnung der Nullhypothese kommt, je niedriger das Signifikanzniveau gewählt wurde. Im Beispiel ergibt sich ein kritischer Wert $\chi^2_{1-\alpha,k-1}$ für das zuvor festgelegte Signifikanzniveau von 5 % und $k - 1 = 9$ Freiheitsgrade ($k = 10$ Klassen) in Höhe von 16,92. Ein Vergleich mit der errechneten Prüfgröße zeigt, dass diese unterhalb dieses kritischen Werts bleibt und die Nullhypothese („Die Ziffernverteilung der Grundgesamtheit an der ersten Stelle vor dem Komma entspricht der Gleichverteilung") daher nicht verworfen wird. Im Ergebnis werden durch den Test keine Auffälligkeiten der Ziffernverteilung an der untersuchten Stelle der Kasseneinnahmen festgestellt.

Wie bereits erwähnt, ist die Annahme der χ^2-Verteilung für die Prüfgröße an die Existenz einer ausreichend großen Stichprobe geknüpft. Als „Faustregel" wird vorausgesetzt,

k-1 \ 1-α	0,005	0,01	0,025	0,05	0,1	0,5	0,9	0,95	0,975	0,99	0,995
1	0	0	0	0	0,02	0,45	2,71	3,84	5,02	6,63	7,88
2	0,01	0,02	0,05	0,1	0,21	1,39	4,61	5,99	7,38	9,21	10,6
3	0,07	0,11	0,22	0,35	0,58	2,37	6,25	7,81	9,35	11,34	12,84
4	0,21	0,3	0,48	0,71	1,06	3,36	7,78	9,49	11,14	13,28	14,86
5	0,41	0,55	0,83	1,15	1,61	4,35	9,24	11,07	12,83	15,09	16,75
6	0,68	0,87	1,24	1,64	2,2	5,35	10,64	12,59	14,45	16,81	18,55
7	0,99	1,24	1,69	2,17	2,83	6,35	12,02	14,07	16,01	18,48	20,28
8	1,34	1,65	2,18	2,73	3,49	7,34	13,36	15,51	17,53	20,09	21,95
9	1,73	2,09	2,7	3,33	4,17	8,34	14,68	16,92	19,02	21,67	23,59
10	2,16	2,56	3,25	3,94	4,87	9,34	15,99	18,31	20,48	23,21	25,19

Abb. 3.12 χ^2-Verteilung

[140] Vgl. Watrin / Ullmann, WPg 2009, 102.

[141] Vgl. Rottmann / Auer (2008), S. 387.

[142] Vgl. Rottmann / Auer (2008), S. 388.

dass die erwarteten absoluten Häufigkeiten für jede Klasse einen Wert von mindestens 5 annehmen, d. h. $h_j^e \geq 5$ für alle $j = 1, 2, \ldots, k$.[143]

Für das Beispiel zeigt Tab. 3.2, dass für jede der Klassen eine Belegung mit 30 Beobachtungen erwartet wird. In diesem Fall ist der Test auf Gleichverteilung folglich gerechtfertigt. Damit die Voraussetzung erfüllt ist, wäre bei Prüfung auf Gleichverteilung bereits ein wesentlich niedrigerer Stichprobenumfang von 5 / 10 % = 50 ausreichend. Bei Prüfung auf die Benford-Verteilung wird die (am seltensten auftretende) Ziffer 9 an der ersten Stelle der Zahl mit einer Wahrscheinlichkeit von 4,58 % erwartet. Um für diese Ziffer eine erwartete absolute Häufigkeit von 5 Beobachtungen zu erreichen, ist folglich ein Stichprobenumfang von mindestens 5 / 4,58 % = 109,17 ≈ 110 erforderlich.

Obwohl diese Faustregel darauf schließen lässt, dass bereits relativ kleine Stichprobenumfänge für die Analyse ausreichend sind, ist bei größeren Stichproben von einer besseren Anpassung an die unterstellte Verteilung auszugehen. Andererseits sind jedoch auch übermäßig große Stichproben zu vermeiden: Ein zu hoher Stichprobenumfang führt dazu, dass bereits geringe Abweichungen der beobachteten von den erwarteten Häufigkeiten eine Ablehnung der Nullhypothese zur Folge haben.[144] Nigrini gibt an, dass dieses „excess power problem" ab einem Stichprobenumfang von 5000 Beobachtungen einsetzt.[145]

Im Folgenden wird anhand der bisherigen Rechtsprechung der Finanzgerichte die Vorgehensweise der Finanzverwaltung bei Durchführung der Ziffernanalyse näher erläutert und auf kritische Punkte eingegangen, die die Durchführung, Interpretation und Verwertbarkeit der Testergebnisse betreffen.

3.4.3 Beurteilung der Ziffernanalyse durch die Finanzgerichte

3.4.3.1 Datenauswahl und Sollverteilungsannahme

Zunächst soll auf die Frage eingegangen werden, welche Art der steuerrelevanten Daten für die Durchführung der Ziffernanalyse von der Finanzverwaltung herangezogen wird und welche Annahme über die Sollverteilung zugrunde gelegt wird. Das FG Münster befasste sich im Urteil vom 05.12.2002 zum ersten Mal seit Einführung des digitalen Datenzugriffs gem. §147 Abs. 6 AO mit der Verwertbarkeit eines χ^2-Tests zur Feststellung von Mängeln in der Ordnungsmäßigkeit der Buchführung. Im verhandelten Fall führte das Finanzamt die Ziffernanalyse „für die zweite und erste Ziffer vor sowie für die erste Ziffer nach dem Komma"[146] der Kasseneinnahmen eines Gastwirts durch. Für jede der geprüften Stellen wurde die Gleichverteilung als erwartete Verteilung unterstellt.[147]

[143] Vgl. Rottmann / Auer (2008), S. 387 f.

[144] Vgl. Posch (2010), S. 30 f.

[145] Vgl. Nigrini (2011), S. 112.

[146] FG Münster vom 05.12.2002 – 8 V 5774/02.

[147] Vgl. FG Münster vom 05.12.2002 – 8 V 5774/02.

Aus den untersuchten Urteilstexten ist ersichtlich, dass dies der üblichen Vorgehensweise der Finanzverwaltung entspricht: In der überwiegenden Anzahl der verhandelten Fälle wurde der Test zur Prüfung von Kasseneinnahmen eingesetzt und eine oder verschiedene niedrigwertige Stellen auf Gleichverteilung getestet.[148] Dabei wird jedoch von der gemäß Benford's Law üblichen Vorgehensweise abgewichen: Die Prüfung auf die Benford-Verteilung ist dadurch gekennzeichnet, dass unabhängig von der Wertigkeit der Ziffer in der Zahl die Ziffern an erster, zweiter, etc. Position „von links" aus betrachtet zur Prüfung herangezogen werden. Die Finanzverwaltung untersucht dagegen unabhängig von der Länge der Zahl Ziffern gleicher Wertigkeit. Es wird keine Linksreihung der Beträge vorgenommen. Dlugosz/Müller-Funk weisen darauf hin, dass auf diese Weise die Benford-Annahme der Gleichverteilung nicht unmittelbar greifen kann: Befinden sich im Datensatz Beträge mit unterschiedlicher Stellenzahl, führt dies dazu, dass die Ziffern beispielsweise an der „ersten Stelle vor dem Komma" nicht miteinander vergleichbar sind.[149] Weiterhin spielt die wertmäßige Größe der Beträge in dem Sinne eine Rolle, als dass von der Anzahl der Stellen und der betrachteten Stelle in der Zahl abhängt, von welcher theoretischen Ziffernverteilung gemäß Benford's Law auszugehen ist.[150] Von der Finanzverwaltung wird nicht berücksichtigt, dass die Annahme der Gleichverteilung gemäß Benford's Law erst ab der vierten Stelle gerechtfertigt ist. Auch „kürzere" Beträge gehen in die Analyse ein.[151] Aufgrund dieser Beobachtungen ist davon auszugehen, dass die Finanzverwaltung dem Test die Annahme der Gleichverteilung der niedrigwertigen Stellen unabhängig von Benford's Law zugrunde legt.

Daher ist in einem nächsten Schritt zu klären, ob in jedem Fall von Gleichverteilung für die hinteren Stellen der Einnahmenbeträge ausgegangen werden kann. In der Literatur sowie im Zusammenhang mit den Verhandlungen vor den Finanzgerichten wurden verschiedene Einwände gegen die Anwendbarkeit der Prüfmethode für bestimmte Unternehmen laut.

Häufig wird von den Steuerpflichtigen eingewendet, dass der Test aufgrund der „eingeschränkte[n] Produktpalette"[152] ihrer Betriebe nicht geeignet sei, die Ordnungsmäßigkeit der Kassenaufzeichnungen in Frage zu stellen oder gar eine Manipulation zu belegen: In Unternehmen mit wenig umfangreicher Produktpalette könne eine Anpassung an die Sollverteilung nicht erreicht werden, weshalb es durch Einsatz der Ziffernanalyse in diesen Fällen zu ungerechtfertigter Beschuldigung der Steuerpflichtigen kommen könnte.[153] Vor allem im Falle des ausschließlichen Verkaufs eines einzigen Produktes sei die Annahme der Gleichverteilung nicht gerechtfertigt: Im Urteil des FG Düsseldorf vom 03.06.2008

[148] Vgl. beispielsweise FG Münster vom 14.08.2003 – 8 V 2651/03; FG Münster vom 10.11.2003 – 6 V 4562/03.

[149] Vgl. Dlugosz / Müller-Funk (2012), S. 10.

[150] Vgl. FG Münster vom 05.12.2002 – 8 V 5774/02.

[151] Vgl. FG Münster vom 14.08.2003 – 8 V 2651/03.

[152] FG Münster vom 05.12.2002 – 8 V 5774/02.

[153] Vgl. FG Münster vom 05.12.2002 – 8 V 5774/02.

argumentiert der Betreiber eines Taxiunternehmens, dass aufgrund der Zusammensetzung seiner Tageseinnahmen aus dem Preis eines einzigen Produkts (dem gefahrenen Kilometer) bestimmte Werte naturgemäß häufiger auftreten. Das Finanzamt ist dagegen der Meinung, dass an den untersuchten Stellen eine evtl. eingeschränkte Produktpalette keinen negativen Einfluss auf die Gleichverteilungsannahme der Ziffern ausübt.[154] Offen bleibt in der Kritik stets die Angabe eines „Mindestproduktumfangs", welcher für die Anwendbarkeit der Ziffernanalyse vorausgesetzt werden sollte.

Weiterhin wird angeführt, dass das Ergebnis der Ziffernanalyse nur bei geeigneter Preisstruktur des geprüften Unternehmens als aussagekräftig bezeichnet werden könne. Das FG Rheinland-Pfalz entscheidet im Urteil vom 24.08.2011 zugunsten der Betreiberin eines Friseursalons, deren Kasseneinnahmen mit Hilfe des χ^2-Tests überprüft worden waren. Das Gericht geht davon aus, dass die Preisstruktur maßgeblichen Einfluss auf das Testergebnis ausübt und die Anwendung der Ziffernanalyse „bei einem Friseursalon, bei dem – wie hier – für die Leistungen ausschließlich volle bzw. halbe Euro-Beträge berechnet werden [...], ungeeignet erscheint."[155] Kühnen schlussfolgert in Übereinstimmung mit dem Gericht, dass keine Besonderheiten in der Preisgestaltung des geprüften Unternehmens vorliegen dürften, beispielsweise keine Preise, die häufig mit einer bestimmten Ziffer enden.[156]

Zusätzlich wird angenommen, dass sich der übermäßige Verkauf eines bestimmten Produkts im Vergleich zu anderen Produkten negativ auf die Anwendbarkeit des Tests auswirke und insofern die Ergebnisse verzerrt würden. So führt ein Unternehmer im Rahmen einer Verhandlung vor dem Finanzgericht Münster an, dass sein Betrieb vorwiegend ein bestimmtes Produkt verkaufe und dessen Preis im Vergleich zu anderen Werten daher sehr häufig wiederholt würde. Dies wiederum hätte ein übermäßiges Auftreten bestimmter Zahlenwerte innerhalb der Kasseneinnahmen zur Folge.[157]

Zuletzt wird mehrfach die Bedingung schwankender Absatzzahlen angesprochen, welche erfüllt sein müsse, damit der Test sachgerecht angewandt werden könne. So werden im Urteil des FG Münster vom 05.12.2002 mit dem Bezug auf die „wechselnden Gästezahlen"[158] diese indirekt als Voraussetzung genannt. Nehmen die Absatzzahlen im untersuchten Zeitraum jeweils Ausprägungen in ähnlicher Größenordnung an, könne dies vor allem in Kombination mit einer wenig umfangreichen Produktpalette dazu führen, dass bestimmte Einnahmenbeträge häufiger auftreten.[159] Die Frage, wie stark die Schwankungen der Nachfrage sein müssen, um eine sachgerechte Anwendung der Ziffernanalyse zu gewährleisten, wird nicht thematisiert.

---

[154] Vgl. FG Münster vom 05.12.2002 – 8 V 5774/02.

[155] FG Rheinland-Pfalz vom 24.08.2011 – 2 K 1277/10.

[156] Vgl. Kühnen, Anmerkung zum Urteil des FG Rheinland-Pfalz vom 24.08.2011, EFG 2012, S. 12.

[157] Vgl. FG Münster vom 05.12.2002 – 8 V 5774/02.

[158] FG Münster vom 05.12.2002 – 8 V 5774/02.

[159] Vgl. FG Düsseldorf vom 03.06.2008 – 14 V 1214/08.

3.4.3.2 Stichprobenumfang

Von der Ausgestaltung der Stichprobe hängt grundsätzlich ab, ob die Voraussetzungen für die Anwendung des statistischen Tests erfüllt sind. In der Statistik wird gefordert, dass eine für den χ^2-Test geeignete Stichprobe aus mindestens so vielen Werten bestehen sollte, dass in jeder der untersuchten Klassen eine absolute Häufigkeit von 5 Beobachtungen erwartet werden kann. Der geforderte Gesamtumfang der Stichprobe ist daher davon abhängig, welche Verteilungshypothese dem Test zugrunde gelegt wird. Im Falle der Prüfung auf Gleichverteilung ist sie mit 50 Beträgen bereits ausreichend umfangreich.

Aus den Urteilstexten der betrachteten Fälle wird ersichtlich, dass es sich bei den überprüften Beträgen zumeist um die Tageseinnahmen jeweils eines Veranlagungszeitraums handelt.[160] Im Streitfall vor dem FG Münster vom 14.08.2003 werden beispielsweise 217 Einnahmebeträge zur Prüfung herangezogen. In diesem Fall hält das Gericht den Umfang der Stichprobe für nicht ausreichend: Als Mindestumfang werden 500 Werte angegeben.[161] In anderen Verhandlungen wird dagegen ein Stichprobenumfang von 365 Beträgen für zulässig erachtet und als Begründung die beschriebene Faustregel herangezogen.[162] Schließlich wird in weiteren Fällen von der Berücksichtigung des Testergebnisses abgesehen, da unsicher sei, ob die Anzahl der Werte in der Stichprobe für die Durchführung des χ^2-Tests ausreichend ist.[163] Die unterschiedliche Beurteilung zeigt, dass ein einheitlicher Mindestumfang für die Größe der Stichprobe bislang nicht festgelegt wurde und insoweit nach wie vor Unsicherheit über die korrekte Durchführung des Tests besteht.

3.4.3.3 Interpretation des Testergebnisses

Bezüglich der Interpretation des Testergebnisses zeigt sich aus den Urteilen, dass die Finanzbehörde häufig einen kritischen Wert der Prüfgröße von 30 zugrunde legt.[164] Wird dieser überschritten, wird die Nullhypothese abgelehnt, da eine „so ungleichmäßige Verteilung der Ziffern“[165] bestehe, dass mit einer Wahrscheinlichkeit von „fast 100 %“[166] von einer Manipulation ausgegangen werden könne. Im Urteil des FG Düsseldorf vom 03.06.2008 ging die Betriebsprüfung davon aus, dass bis zu einem χ^2-Wert von 27,87 keine Auffälligkeiten vorliegen, ab einem Wert von 30 aber eine Manipulation angenommen werden könne.[167]

Die Wahl dieses Grenzwerts wird von der Betriebsprüfung nicht näher erläutert. Er lässt jedoch darauf schließen, dass die Finanzverwaltung dem Test ein äußerst niedriges Signifikanzniveau zugrunde legt. Wie im obigen Beispiel gezeigt wurde, ergibt sich bei

---

[160] Vgl. FG Münster vom 05.12.2002 – 8 V 5774/02; vgl. FG Münster vom 14.08.2003 – 8 V 2651/03.

[161] Vgl. FG Münster vom 14.08.2003 – 8 V 2651/03.

[162] Vgl. FG Münster vom 10.11.2003 – 6 V 4562/03.

[163] Vgl. FG Düsseldorf vom 13.04.2004 – 11 V 632/04.

[164] Vgl. FG Münster vom 14.08.2003 – 8 V 2651/03; vgl. FG Düsseldorf vom 13.04.2004 – 11 V 632/04; vgl. FG Düsseldorf vom 03.06.2008 – 14 V 1214/08.

[165] FG Düsseldorf vom 13.04.2004 – 11 V 632/04.

[166] FG Düsseldorf vom 13.04.2004 – 11 V 632/04.

[167] Vgl. FG Düsseldorf vom 03.06.2008 – 14 V 1214/08.

Verwendung eines in der Statistik üblichen Signifikanzniveaus von 5 % bei Prüfung auf Gleichverteilung für die Prüfgröße ein kritischer Wert von 16,92. Ein kritischer Wert von 30 lässt demgegenüber weitaus größere Abweichungen zwischen der beobachteten und der unterstellten Ziffernverteilung zu, ohne eine Ablehnung der Nullhypothese vorzunehmen. Die Gefahr, steuerliche Daten, die der unterstellten Sollverteilung folgen, fälschlicherweise als manipuliert einzustufen, wird dadurch auf ein sehr geringes Maß reduziert. Diese „steuerzahlerfreundliche" Praxis wird möglicherweise eingesetzt, um der für die Verwerfung der Buchführung erforderlichen „an Sicherheit grenzenden Wahrscheinlichkeit" möglichst nahe zu kommen und damit vorschnelle Verdächtigungen zu vermeiden.[168] Eine Entscheidung über ein einheitlich zu verwendendes Signifikanzniveau wurde bislang jedoch nicht getroffen.

3.4.3.4 Verwertbarkeit des Testergebnisses als Indiz für fehlerhafte Buchführung

Befürworter statistischer Prüfmethoden berufen sich häufig auf das Urteil vom 14.12.1989, durch das der BGH die Ermittlung der Schadenshöhe der Verwendung mathematisch-statistischer Verfahren zugänglich machte. Es wird von der Finanzverwaltung als grundlegend für die Anwendung statistischer Methoden auch in der Betriebsprüfung betrachtet.[169] Das Urteil bestätigt die Rechtmäßigkeit der Ermittlung von Schadenshöhe bzw. Schuldumfang durch Hochrechnung auf Grundlage wahrscheinlichkeitstheoretischer Annahmen. Im Falle von Abrechnungsbetrug eines Arztes bei Kassenleistungen wurde anhand der Aussagen einer zufällig ausgewählten Stichprobe von Patienten eine „Beanstandungsquote" als Verhältnis unrichtiger Eintragungen zur Summe aller Eintragungen erhoben und diese Quote unter „Beachtung einer Streuungsbreite"[170] auf die Gesamtheit der Patienten hochgerechnet. Die resultierende Schadenshöhe wurde vom Landgericht mit einer als „Vertrauensuntergrenze"[171] bezeichneten Wahrscheinlichkeit von 99,5 % als richtig eingestuft. Sowohl die Stichprobenauswahl als auch der Umfang der Stichprobe wurde als angemessen erachtet, die angewandte Methode wurde nicht beanstandet. Der BGH hatte folglich keine Einwände gegen die Feststellung des Schuldumfangs mittels der durchgeführten Hochrechnung.

Hervorzuheben ist jedoch, dass im Fall des BGH-Urteils vom 14.12.1989 durch Hochrechnung lediglich der Schuldumfang festgestellt wird. Sie erfolgte aus Gründen der Prozessökonomie und betrifft ausschließlich die Rechtsfolgeebene.[172] Ob jedoch auch die Verwerfung der Buchführung, also der Nachweis ihrer sachlichen Unrichtigkeit, mit Hilfe statistischer Verfahren begründet werden kann, lässt sich aus diesem Urteil nicht ohne Weiteres entnehmen. Ferner behandelt das BGH-Urteil eine Methode, die mit der Zif-

[168] Vgl. Gebbers, StBp 2008, 212.

[169] Vgl. Gebbers, StBp 2008, 212.

[170] BGH vom 14.12.1989 – 4 StR 419/89.

[171] BGH vom 14.12.1989 – 4 StR 419/89.

[172] Vgl. Lindemann (2012), S. 233.

fernanalyse nur wenig gemein hat. Beide sind zwar begrifflich den für zulässig erklärten „mathematisch-statistischen Verfahren" zuzuordnen, die Ausgestaltung der Ziffernanalyse weicht aber von der Methode der Hochrechnung zur Rechtsfolgenbemessung deutlich ab: Im Gegensatz zur Hochrechnung beruht sie auf der (ungesicherten) Annahme einer natürlichen Ziffernverteilung, die als Vergleichsobjekt dient.

Das FG Münster entschied bereits im ersten die Ziffernanalyse verhandelnden Fall im Jahr 2002, dass der χ^2-Test zumindest bei Existenz weiterer Indizien grundsätzlich geeignet ist, die Ordnungsmäßigkeit der Kassenbuchführung in Frage zu stellen. Das Gericht beschäftigt sich ausführlich mit der Ziffernanalyse und führt selbst eine Auswertung der Häufigkeiten einzelner Ziffern an den hinteren Stellen der Einnahmenbeträge durch. Es zieht den Schluss, dass die auftretende Häufung bestimmter Ziffern bei wechselnden Gästezahlen eines Gastronomiebetriebs nicht zu erklären sei.[173] Ein Jahr darauf stellt das FG Münster klar, dass das Testergebnis zwar Anhaltspunkte für bestehende Unregelmäßigkeiten liefern, jedoch nicht als Beweis im juristischen Sinne dienen kann.[174] Es wird argumentiert, dass selbst Befürworter der Analyse das Verfahren nicht als Methode betrachten, eine Einnahmemanipulation sicher zu belegen. Das Gericht hebt hervor, dass der χ^2-Test nur eine 95 %-ige Wahrscheinlichkeit liefere und daher sichere Kalkulations- oder Verprobungsmethoden wie die Vermögenszuwachs- oder Geldverkehrsrechnung nicht ersetzen könne.[175] Dem kann insofern zugestimmt werden, als dass das Testergebnis auch bei sehr niedrigem Signifikanzniveau Ausdruck wahrscheinlichkeitstheoretischer Überlegungen ist: Selbst bei einem Signifikanzniveau von 1 % würden bei Untersuchung von 1000 ehrlichen Unternehmen 10 fälschlicherweise der Manipulation beschuldigt.

In der Folgezeit wurde das Ergebnis einer Ziffernanalyse immer wieder als „starkes Indiz"[176] gewertet, um den Verdacht unvollständiger bzw. manipulierter Aufzeichnungen zu erhärten.[177] Dies gilt vor allem dann, wenn keine Besonderheiten in der Preisgestaltung des geprüften Unternehmens vorliegen, die ein auffälliges Ergebnis erklären könnten.[178] Die Entscheidung wird aber in keinem der Fälle ausschließlich auf das Testergebnis gestützt und der Test wird regelmäßig als nicht geeignet eingestuft, einen Beweis für eine nicht ordnungsgemäße Buchführung zu erbringen.[179] Liefert der Test Anzeichen für eine bestehende Manipulation, sollte dies von der Finanzverwaltung zum Anlass genommen werden, weitergehende Prüfungshandlungen vorzunehmen, um eine Einnahmemanipulation sicher zu belegen.[180] Risiken für die richtige Interpretation des Testergebnisses ergeben

[173] Vgl. FG Münster vom 05.12.2002 – 8 V 5774/02.

[174] Vgl. FG Münster vom 14.08.2003 – 8 V 2651/03.

[175] Vgl. FG Münster vom 14.08.2003 – 8 V 2651/03.

[176] FG Münster 10.11.2003 – 6 V 4562/03.

[177] Vgl. FG Münster 10.11.2003 – 6 V 4562/03; vgl. FG Düsseldorf vom 13.04.2004 – 11 V 632/04; vgl. FG Hamburg vom 24.06.2005 – I 153/04.

[178] Vgl. FG Düsseldorf vom 13.04.2004 – 11 V 632/04.

[179] Vgl. FG Niedersachsen vom 17.11.2009 – 15 K 12031/08.

[180] Vgl. FG Niedersachsen vom 17.11.2009 – 15 K 12031/08.

sich vor allem aufgrund einer besonderen Preisgestaltung des Betriebes.[181] So führt das FG Rheinland-Pfalz im Urteil vom 24.08.2011 aus, dass das Ergebnis des χ^2-Tests nur bei geeigneter Preisstruktur der vorliegenden Daten als aussagekräftig bezeichnet werden kann.[182]

Zuletzt wurde von den Gerichten darauf hingewiesen, dass der Test lediglich dazu dienen kann, Abweichungen von der Sollverteilung, d. h. Anhaltspunkte für eine Fehlerhaftigkeit der Kassenaufzeichnungen festzustellen, nicht jedoch dazu, bisher unberücksichtigte Einnahmen zu schätzen. Eine Aussage über die Höhe der nicht erfassten Einnahmen lässt sich mit Hilfe des χ^2-Tests nicht treffen.[183]

Auch in anderen Ländern wurde das Ergebnis des Tests vor Gericht zwar als Hinweis, aber nicht als Beweis für eine Manipulation gewertet. So wird in einem Urteil eines niederländischen Gerichts gefordert, dass mögliche Gründe für Abweichungen bzw. das Überschreiten des kritischen Werts der Prüfgröße differenziert erläutert werden müssen. Ein ausschließlicher Hinweis auf das auffällige Ergebnis ist nicht ausreichend um eine Manipulation anzunehmen.[184]

3.4.4 Schlussbemerkung

Der vorliegende Beitrag lieferte einen Überblick über die von der Betriebsprüfung zur Manipulationsaufdeckung verwendete Prüfmethode der Ziffernanalyse. Die Methode wurde in das Repertoire der Prüfungshandlungen der Finanzverwaltung zur Beurteilung der sachlichen Richtigkeit der Buchführung eingeordnet und anschließend näher vorgestellt. Es wurde zunächst auf die zugrunde liegenden Sollverteilungsannahmen (Benford-Verteilung und Gleichverteilung) eingegangen und anschließend die Durchführung des χ^2-Tests anhand eines Beispiels beschrieben. Dabei wurde der Schwerpunkt auf die Vorgehensweise gelegt, die von der Finanzverwaltung zur Prüfung der Kassenbuchführung herangezogen wird. Die anschließende Darstellung der Finanzrechtsprechung machte zum einen die „betont vorsichtigen Formulierungsweise zum Aussagegehalt des Chi-Quadrat-Anpassungstests“[185] deutlich und zeigte zum anderen auf, welche kritischen Punkte bei Beurteilung der Testdurchführung und -interpretation beachtet werden sollten. Es ist hervorzuheben, dass in keinem der verhandelten Fälle das Ergebnis der Ziffernanalyse zur Verwerfung der Buchführung geführt hat. Wurde die Buchführung allerdings aus anderweitigen Gründen verworfen, konnte diese Schlussfolgerung durch das auffällige Ergebnis des χ^2-Tests erhärtet werden. Ferner machte die Analyse der Rechtsprechung deutlich, dass verschiedene Aspekte der Testdurchführung von den Gerichten nicht einheitlich beurteilt wurden. Es ist daher in Zukunft umfassend zu klären, welche Bedingungen erfüllt sein

[181] Vgl. Trossen, Anmerkung zum Urteil des FG Münster vom 14.08.2003, EFG 2004, S. 12.

[182] Vgl. FG Rheinland-Pfalz vom 24.08.2011 – 2K 1277/10.

[183] Vgl. Trossen, Anmerkung zum Urteil des FG Münster vom 14.08.2003, EFG 2004, S. 12.

[184] Vgl. Gerechtshof Arnhem vom 03.01.2003 – AF3882, 01/00978.

[185] Trede / Watrin / Ullmann, DBW 2009, 708.

müssen, um für das geprüfte Unternehmen eine sachgerechte Anwendung der Ziffernanalyse zu gewährleisten und ferner einheitlich festzulegen, wie eine fehlerfreie Durchführung des Tests zu erfolgen hat.

3.5 Maßnahmen zur Anerkennung steuerrelevanter Sachverhalte

3.5.1 Mitwirkungs- und Dokumentationspflichten des Steuerpflichtigen bei der Sachverhaltsaufklärung

3.5.1.1 Überblick

Die Ermittlung des Sachverhalts ist durch § 88 AO im deutschen Steuerrecht grundsätzlich der Finanzverwaltung auferlegt. Doch in der Praxis führen die Ermittlungen nicht immer zu eindeutigen Feststellungen darüber, ob ein bestimmter steuerlicher Tatbestand verwirklicht worden ist, an den das Gesetz eine Leistungspflicht knüpft, mithin gem. § 37 AO ein Steueranspruch entstanden ist.

Aus diesem Grund hat der Steuergesetzgeber dem Steuerpflichtigen Mitwirkungspflichten auferlegt. Diese sind einschlägig bei Ermittlungsverfahren, bei außergerichtlichen Rechtsbehelfsverfahren, bei steuerlichen Außenprüfungen sowie bei gerichtlichen Rechtsbehelfsverfahren. Nach § 90 AO ist den Beteiligten (§ 78 AO) im Rahmen der Ermittlung der Besteuerungsgrundlagen eine allgemeine Mitwirkungspflicht auferlegt, die der Finanzverwaltung eine Sachverhaltsaufklärung ermöglichen bzw. erleichtern soll. § 90 entspricht quasi spiegelbildlich der Amtsermittlungspflicht der Finanzbehörde nach § 88 AO[186]. Synoptisch legen beide Vorschriften die Verantwortung für die Ermittlung des der Besteuerung zu Grunde zu legenden Sachverhalts der Finanzbehörde und dem bzw. den Beteiligten gemeinsam auf.

Unter Mitwirkungspflicht werden in § 90 AO insbesondere die vollständige und wahrheitsgemäße Offenlegung der für die Besteuerung erheblichen Tatsachen sowie die Bekanntgabe der den Beteiligten bekannten Beweismittel verstanden. Diese Vorschrift ist allerdings keine Grundlage, auf der die Finanzverwaltung ein bestimmtes Verhalten von den Beteiligten fordern kann.[187] Diese allgemeine Mitwirkungspflicht wird erst durch speziellere Vorschriften in den §§ 93 ff., §§ 134 ff. und §§ 140 ff. konkretisiert. Hierunter fallen insbesondere:

- die Auskunftspflicht der Beteiligten und anderer Personen (§ 93 AO),
- die allgemeine Mitteilungspflichten (§ 93a AO),
- der automatisierte Abruf von Kontoinformationen (§ 93b AO),
- die eidliche Vernehmung (§ 94 AO),
- die Versicherung an Eides statt (§ 95 AO),
- die Hinzuziehung von Sachverständigen (§ 96 AO),

[186] Vgl. Wünsch, in: Pahlke / König, § 90 Rn. 1.

[187] Vgl. ebenda.

- die Vorschriften zum Beweis durch Urkunden und Augenschein (§§ 97-100 AO),
- die Personenstands- und Betriebsaufnahme (§ 135 f. AO),
- die Vorschriften zu Buchführungs- und Aufzeichnungspflichten (§§ 140 f. AO),
- die Vorschriften zur Aufzeichnung des Warenein- und -ausgangs (§§ 143 f. AO) sowie,
- die diesbezüglichen allgemeinen und speziellen Ordnungsvorschriften betreffend Führung und Aufbewahrung (§§ 145 f. AO).

Zur Mitwirkung ist an erster Stelle der Beteiligte (§ 78 AO) verpflichtet. Andere Personen (zu denken ist insbesondere an Geschäftspartner, Mitarbeiter oder Familienangehörige) dürfen erst herangezogen werden, wenn die Sachverhaltsaufklärung durch den Beteiligten nicht zum Ziel führt.

§ 90 AO gilt im gesamten Besteuerungsverfahren einschließlich des Rechtsbehelfsverfahrens und der steuerlichen Außenprüfung und in jedem Stadium des Verfahrens, nicht jedoch im Steuerstraf- und Bußgeldverfahren. In diesem Verfahren besteht für den Beteiligten ein Aussageverweigerungsrecht, die Mitwirkungspflicht im Besteuerungsverfahren selbst bleibt aber bestehen.

3.5.1.2 Umfang der Mitwirkungspflicht im Ermittlungsverfahren

3.5.1.2.1 Allgemeine Mitwirkungspflicht

Der Umfang der Mitwirkungspflicht richtet sich nach den Umständen des Einzelfalls (§ 90 Abs. 1 S. 3 AO), wobei das Verhältnismäßigkeitsprinzip zu beachten ist. Die Mitwirkung muss daher zur Sachaufklärung geeignet, erfüllbar und zumutbar sein und der dem Beteiligten abverlangte Aufwand darf nicht außerhalb eines vernünftigen Verhältnisses zu der steuerlichen Bedeutung stehen.[188]

> Praxishinweis: Diese Abgrenzung dürfte in der Praxis sehr schwierig sein. Die Kommentierung vertritt die Ansicht, dass die Finanzbehörde die Sachaufklärung vom Beteiligen insoweit verlangen kann, als nur er allein oder mit geringerem Aufwand als die Finanzbehörde Tatsachen und Beweismittel angeben kann (Abgrenzung der Sachaufklärungspflicht nach der Beweisnähe des Beteiligten zu den entscheidungsrelevanten Tatsachen in seinem Lebensbereich). Das gilt uneingeschränkt für die Tatsachen, die allein seiner Wahrnehmung zugänglich sind wie bspw. innere Tatsachen (also Vorgänge, die im Inneren des Menschen stattfinden wie z. B. Vorsatz, Absicht, Kenntnis und die ein Dritter nur über eine Aussage des Betroffenen oder über Indizien erschließen kann) oder aber Tatsachen, welche die Finanzbehörde nur unter erheblichen Schwierigkeiten ermitteln kann.[189]

---

[188] Vgl. Wünsch, in: Pahlke / König, § 90 Rn. 12.

[189] Vgl. ebenda.

3.5.1.2.2 Mitwirkungspflicht bei Auslandssachverhalten

Bei Vorgängen mit Auslandsbezug legt der Steuergesetzgeber den Beteiligten besondere Mitwirkungspflichten (Sachverhaltsaufklärungs- und Beweismittelbeschaffungspflicht) auf, unabhängig von der weiterhin zudem bestehenden Amtsermittlungspflicht der Finanzbehörde. Diese weitergehende Verpflichtung ist u. a. darin begründet, dass die deutsche Finanzverwaltung im Ausland nicht hoheitlich tätig werden darf. Somit kann sie im Rahmen ihrer Amtsermittlungspflicht selbst nicht oder nur mit nicht unerheblichen Aufwand auf dem Weg der zwischenstaatlichen Rechts- und Amtshilfe nach § 117 AO ermitteln. Dies ist jedoch, wie kürzlich am Beispiel der Schweiz ersichtlich, nicht immer erfolgreich durchführbar. Der Gesetzgeber hält es in diesen Fällen für verhältnismäßig und insb. zumutbar, den Beteiligten zu einer erhöhten Mitwirkung zu verpflichten.[190]

▸ **Beraterhinweis** Der Beteiligte ist bei der Aufklärung von Auslandssachverhalten und Beweismittelbeschaffung gehalten, alle tatsächlichen und rechtlichen Möglichkeiten auszuschöpfen. Es ist für den Beteiligten nicht möglich, sich auf zu große Schwierigkeiten bei der Aufklärung und Beweismittelbeschaffung im Ausland oder fehlende Kenntnis im ausländischen Recht, die für die Sachverhaltsaufklärung und Beweismittelbeschaffung im Ausland erforderlich ist, zu berufen. Dies gilt insb. dann, wenn sich der Beteiligte bei Gestaltung seiner Verhältnisse die Möglichkeit dazu hätte beschaffen können.

Bei steuerlich bedeutsamen Auslandsbeziehungen hat sich der Beteiligte aus Sicht des BFH rechtzeitig der Mittel zur Sachverhaltsaufklärung und der Beweismittel zu versichern.[191]

So kann er grundsätzlich auch sein Unvermögen insbesondere nicht damit rechtfertigen, die für die Sachverhaltsaufklärung erforderlichen Unterlagen und Nachweise würden durch seine Vertragspartner oder bspw. seine ausländische Betriebsstätte nicht zur Verfügung gestellt.

3.5.1.2.3 Aufzeichnungspflichten bei Auslandssachverhalten

§ 90 AO enthält seit 2003 in Abs. 3 eine Erweiterung der bereits nach § 90 Abs. 2 AO bestehenden Mitwirkungspflichten der Beteiligten bei Auslandssachverhalten. Die Einzelanforderungen sind in der sog. „Gewinnabgrenzungsaufzeichnungsverordnung (GAufzV)" vom 13.11.2003[192] enthalten.

Die Vorschrift zielt insb. auf internationale Konzerne, die innerhalb ihres Konzernkreises Geschäftsbeziehungen unterhalten und bei denen diese sog. „Intercompany-Transaktionen" mit Verrechnungspreisen bewertet werden, welche aufgrund der meist vorhandenen Beherrschung der Konzernunternehmen durch ein Mutterunternehmen nicht zwingend Marktgegebenheiten entsprechen müssen. Diese etwaige Unangemessenheit der Geschäftsbeziehung kann zu Gewinnverlagerungen innerhalb des Konzerns und somit zu Steuerausfällen führen.

[190] Vgl. Wünsch, in: Pahlke / König, § 90 Rn. 16 m. w. N.

[191] BFH X R 73/91, BFH/NV 1995, 2.

[192] BGBl. I 2003, 2296, geändert durch G. v. 14. 8. 2007 (BGBl. I 2007, 1912).

§ 90 Abs. 3 AO verpflichtet nun die Beteiligten, diese Geschäftsbeziehungen zu dokumentieren und insbesondere Aufzeichnungen vorlegen zu können, anhand derer sich die Angemessenheit der Geschäftsbeziehung sowie die Begründung der für die jeweilige Geschäftsbeziehung gewählte Preisfestsetzung (also die gewählte Verrechnungspreismethode) erkennen lässt.[193]

▸ **Beraterhinweis** Diese Vorschrift bedeutet somit für den an Auslandssachverhalten Beteiligten, dass zu den nach § 90 Abs. 2 AO vorzuhaltenden bzw. zu beschaffenden existierende Unterlagen auch ggf. Beweismittel selbst zu erstellen sind!

Die Dokumentation nach § 4 GAufzV umfasst folgende Bereiche[194]:

1. Allgemeine Informationen über Beteiligungsverhältnisse, Geschäftsbetrieb und Organisationsaufbau:
a) Darstellung der Beteiligungsverhältnisse zwischen dem Steuerpflichtigen und nahe stehenden Personen im Sinne des § 1 Abs. 2 Nr. 1 und 2 des Außensteuergesetzes (AStG), mit denen er unmittelbar oder über Zwischenpersonen Geschäftsbeziehungen unterhält, zu Beginn des Prüfungszeitraums sowie deren Veränderung bis zu dessen Ende. b) Darstellung der sonstigen Umstände, die das „Nahestehen" im Sinne des § 1 Abs. 2 Nr. 3 AStG begründen können. c) Darstellung der organisatorischen und operativen Konzernstruktur sowie deren Veränderungen, einschließlich Betriebsstätten und Beteiligungen an Personengesellschaften. d) Beschreibung der Tätigkeitsbereiche des Steuerpflichtigen, zum Beispiel Dienstleistungen, Herstellung oder Vertrieb von Wirtschaftsgütern, Forschung und Entwicklung.
2. Geschäftsbeziehungen zu nahe stehenden Personen:
a) Darstellung der Geschäftsbeziehungen mit nahe stehenden Personen, Übersicht über Art und Umfang dieser Geschäftsbeziehungen (zum Beispiel Wareneinkauf, Dienstleistung, Darlehensverhältnisse und andere Nutzungsüberlassungen, Umlagen) und Übersicht über die den Geschäftsbeziehungen zu Grunde liegenden Verträge und ihre Veränderung. b) Zusammenstellung (Liste) der wesentlichen immateriellen Wirtschaftsgüter, die dem Steuerpflichtigen gehören und die er im Rahmen seiner Geschäftsbeziehungen zu Nahestehenden nutzt oder zur Nutzung überlässt.
3. Funktions- und Risikoanalyse:
a) Die Aufzeichnungen werden von der Finanzbehörde üblicherweise nur für die Durchführung einer Außenprüfung verlangt werden. Jedoch hat die Vorlage der Aufzeichnungen jeweils auf Anforderung innerhalb einer Frist von 60 Tagen zu erfolgen. In Fällen außergewöhnlicher Geschäftsvorfälle (insbesondere Fälle von Funktionsverlagerungen ins Ausland) vorzulegen sind, beträgt die Frist seit 2007 30 Tage.[1] b) Zu weiteren Ausführungen zum Thema Verrechnungspreise siehe auch unten Kap. 3.5.2 in diesem Band.
[1] Der Gesetzgeber geht wegen der Pflicht zur zeitnahen Aufzeichnung von außergewöhnlichen Geschäftsvorfällen davon aus, dass die Aufzeichnungen bereits zu Beginn der Außenprüfung vorliegen und eine Vorlagefrist von 30 Tagen ausreichend ist (BT-Drs. 16/4841 S. 82).

[193] Vgl. zu Historie und Inhalt insb. Vögele / Brem, IStR 2004, 48 ff.

[194] Quelle: Eigene Darstellung.

4. Verrechnungspreisanalyse:

a) Darstellung der angewandten Verrechnungspreismethode.
b) Begründung der Geeignetheit der angewandten Methode.
c) Unterlagen über die Berechnungen bei der Anwendung der gewählten Verrechnungspreismethode.
d) Aufbereitung der zum Vergleich herangezogenen Preise beziehungsweise Finanzdaten unabhängiger Unternehmen sowie Unterlagen über vorgenommene Anpassungsrechnungen.

[1] Der Gesetzgeber geht wegen der Pflicht zur zeitnahen Aufzeichnung von außergewöhnlichen Geschäftsvorfällen davon aus, dass die Aufzeichnungen bereits zu Beginn der Außenprüfung vorliegen und eine Vorlagefrist von 30 Tagen ausreichend ist (BT-Drs. 16/4841 S. 82).

Es handelt sich somit sowohl um Sachverhalts- wie auch Angemessenheitsdokumentation. Dieser ist das „ernsthafte Bemühen“[195] um eine verwendbare Dokumentation übergeordnet. Die gesamte Struktur der Vorschrift stellt sich wie abgebildet dar (Abb. 3.13):[196]

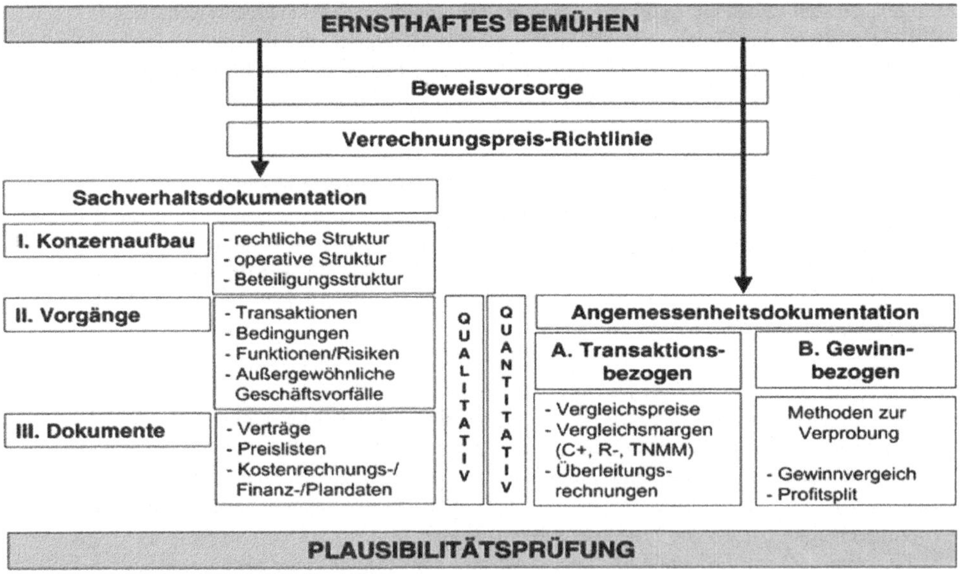

Abb. 3.13 Aufbau und Inhalt einer Dokumentation

[195] Als ernsthaftes Bemühen werden von der Finanzverwaltung insbesondere eine ausreichende Beweisvorsorge und die Erstellung einer konzerninternen Verrechnungspreisrichtlinie betrachtet, vgl. Vögele / Brem, IStR 2004, 49.

[196] Quelle: Vögele / Brem, IStR 2004, 49.

3.5.1.2.4 Austrocknung von Steueroasen

3.5.1.2.4.1 Nationale Initiative Deutschlands

Aufgrund der aufgedeckten Fälle von Steuerhinterziehung über das Ausland aus Vorfällen in den Jahren vor 2009 entstand in der Politik die Überzeugung, es müssten von legislativer Seite Vorbeugung gegen ähnliche Fälle unentdeckter Kapitalanlagen von unversteuerten Geldern im Ausland ergriffen werden.

Zu diesem Zweck wurde das Steuerhinterziehungsbekämpfungsgesetz[197] geschaffen, welches am 31. Juli 2009 in Kraft trat. Der zugehörige Gesetzesentwurf der Bundesregierung definiert als konkretes Ziel des Gesetzes, „Maßnahmen zu ergreifen, die einerseits die entsprechenden Staaten und Gebiete veranlassen, die Standards der OECD zu akzeptieren und die andererseits die Möglichkeiten der Sachverhaltsaufklärung durch die Finanzbehörden verbessern.“

Das Gesetz beinhaltet neben materiellen Regelungen insb. Änderungen im Verfahrensrecht soweit Mitwirkungs- und Aufzeichnungspflichten betroffen sind. Allerdings hat der Gesetzgeber die konkrete Ausformung der Anwendbarkeit der im Gesetz vorgesehenen Einschränkungen dem Erlass einer Verordnung vorbehalten. Diese Steuerhinterziehungsbekämpfungsverordnung[198] ist zeitnah ergangen.

Die wesentlichen Regelungen betreffen insbesondere folgende Bereiche:[199]

Gewährung des Betriebsausgaben- oder Werbungskostenabzuges

Eine Gewährung des Betriebsausgaben- oder Werbungskostenabzug bei Sachverhalten, die sich auf Vorgänge außerhalb des Geltungsbereichs des EStG beziehen erfolgt nur dann, wenn die nachfolgenden Mitwirkungs- und Nachweispflichten erfüllt werden:

- Bei Geschäftsbeziehungen mit nahe stehenden Personen im Ausland sowie hinsichtlich der Gewinnaufteilung zwischen unselbstständigen Unternehmensteilen (in- oder ausländische Betriebsstätte):
  Zeitnahe Dokumentation aller Geschäftsbeziehungen nach § 90 Abs. 3 S. 3 AO und Vorlage auf Anforderung innerhalb von 30 Tagen.
- Bei Geschäftsbeziehungen mit NICHT nahestehenden Personen:
  Zukünftig besteht selbst in diesen Fällen bei Geschäftsbeziehungen i. S. d. § 1 Abs. 2 AStG generell die Verpflichtung, die umfassenden deutschen Dokumentationsvorschriften zu erfüllen, wobei der Gesetzgeber eine Bagatellgrenze von EUR 10.000 eingeführt hat.
- Bei Geschäftsbeziehungen des Steuerpflichtigen zu Kreditinstituten im Ausland oder bei Bestehen objektiv erkennbarer Anhaltspunkte für die Annahme, dass

[197] Gesetz zur Bekämpfung der Steuerhinterziehung (Steuerhinterziehungsbekämpfungsgesetz) vom 29. Juli 2009, BGBl. I S. 2302.

[198] Steuerhinterziehungsbekämpfungsverordnung (SteuerHBekV) vom 18. September 2009, BGBl. I S. 3046.

[199] Vgl. Kubaile, in: PIStB, 09/2009, S. 243 f.

der Steuerpflichtige über Geschäftsbeziehungen zu Kreditinstituten im Ausland verfügt:
Der Steuerpflichtige hat nach Aufforderung der Finanzbehörde diese zu bevollmächtigen, in seinem Namen mögliche Auskunftsansprüche gerichtlich und außergerichtlich geltend zu machen.

Entlastung von deutscher Kapitalertragsteuer oder anderen Abzugssteuern nach § 50d Abs. 1 und 2 oder § 44a Abs. 9 EStG für ausländische Gesellschaften
Eine derartige Entlastung soll für ausländische Gesellschaften zukünftig versagt werden, sofern nicht die Identität der hinter der ausländischen Gesellschaft stehenden natürlichen Personen mit mittelbarer oder unmittelbarer Beteiligung von mehr als 10 % (Name und steuerlicher Wohnsitz) nachgewiesen werden kann. Die deutsche Finanzbehörde kann in Zweifelsfällen zusätzlich eine Ansässigkeitsbescheinigung i. S. d. § 50d Abs. 4 EStG vom ausländischen Ansässigkeitsstaat verlangen.

Anwendung der Abgeltungsteuer und des Teileinkünfteverfahrens
Die Anwendung hängt bei Geschäftsbeziehungen des Steuerpflichtigen zu Kreditinstituten im Ausland oder bei Bestehen objektiv erkennbarer Anhaltspunkte für die Annahme, dass der Steuerpflichtige über Geschäftsbeziehungen zu Kreditinstituten im Ausland verfügt, zukünftig davon ab, dass er nach Aufforderung der Finanzbehörde diese bevollmächtigt, in seinem Namen mögliche Auskunftsansprüche gerichtlich und außergerichtlich geltend zu machen.

Anwendung der Freistellung von Dividendenerträgen bei Kapitalgesellschaften (z. B. nach § 8b Abs. 1 KStG oder internationalem Schachtelprivileg im DBA) sowie entsprechende Veräußerungsgewinne nach § 8b Abs. 2 KStG
Die Freistellung wird bei dem Gesetz unterliegenden Fällen zukünftig versagt. Allerdings sollen diese Verschärfungen dann nicht greifen, wenn bei Geschäftsbeziehungen mit nahe stehenden Personen im Ausland alle Geschäftsbeziehungen zeitnah dokumentiert werden (§ 90 Abs. 3 S. 3 AO) und auf Anforderung vorgelegt werden können.

Es ist jedoch zu beachten, dass auch in diesem Fall bei Bestehen von Geschäftsbeziehungen des Steuerpflichtigen zu Kreditinstituten im Ausland oder objektiv erkennbarer Anhaltspunkte für die Annahme, dass der Steuerpflichtige über Geschäftsbeziehungen zu Kreditinstituten im Ausland verfügt, die Ermächtigung der Finanzverwaltung zur Anforderung einer Bevollmächtigung zur gerichtlichen und außergerichtlichen Geltendmachung möglicher Auskunftsansprüche im Namen des Steuerpflichtigen geltend zu machen besteht.

Auf der Basis der Steuerhinterziehungsbekämpfungsverordnung hat das BMF angekündigt, zukünftig Staaten und Gebiete, die sich dem Informationsaustausch verweigern und so Steuerflucht und Steuerhinterziehung fördern und ermöglichen, zu benennen. Allerdings hat das BMF (bisher letztmalig zum 1. Januar 2010) festgestellt[200], dass kein Staat oder Gebiet als nicht kooperierend i. S. d. Steuerhinterziehungsbekämpfungsverordnung (SteuerHBekV) einzustufen ist.

[200] BMF-Schreiben vom 2.1.10, IV B 2 - S 1315/08/10001-09, BB 10, 86.

Es bleibt anzumerken, dass die Verlagerung von wesentlichen Regelungen zur Anwendung der „drakonischen steuerlichen Nachteile“[201] auf die SteuerHBekV als kritisch zu sehen ist, da die Regelungen materiellen Gesetzescharakter haben und somit prinzipiell in einem formellen Gesetzgebungsverfahren hätten zustande kommen müssen.

> **Beraterhinweis** Es bleibt zu beobachten, wie die Rechtsprechung auf das Gesetz und die Rechtverordnung reagieren werden. Es ist m. E. auch nicht auszuschließen, dass zukünftige diesbezügliche Verfahren vor dem BVerfG enden, sodass es im Einzelfall ratsam sein könnte, bei entsprechenden Fällen auch den gerichtlichen Rechtsweg zu beschreiten, um über die Verfassungsmäßigkeit der Normen Klarheit zu erlangen.

3.5.1.2.4.2 BEPS-Aktionsplan der OECD

Ausgehend von einem Bericht über die Ursachen und Auswirkungen von Gewinnkürzungen und Gewinnverlagerungen (Base Erosion and Profit Shifting, BEPS) von multinational tätigen Unternehmen, den die OECD den G20 im Februar 2013 vorgelegt hat, haben diese der OECD ein Mandat zur Erarbeitung eines Aktionsplans mit Maßnahmen gegen BEPS beauftragt. Auf dessen Grundlage sollen bis Ende 2015 wirksame, international abgestimmte Regelungen gegen Gewinnkürzungen und Gewinnverlagerungen erarbeitet werden.[202]

Der Plan sieht 15 Aktionen (sog. „Deliverables“) vor, welche in drei Phasen bis zum Dezember 2015 finalisiert sein sollen[203] (Tab. 3.3).

Am 16. September 2014 hat die OECD die Ergebnisse zu sieben der 15 Maßnahmen des o. g. Aktionsplanes vorgestellt. Es handelt sich um zwei Schlussberichte (Maßnahmen Nr. 1 und 15), einen Zwischenbericht (Maßnahme Nr. 5) und vier Berichte mit Entwürfen zu Empfehlungen (Maßnahmen Nr. 2, 6, 8 und 13). Am 5. Oktober 2015 hat die OECD die Ergebnisse des gesamten BEPS-Projektes veröffentlicht[204]. Es ist also erkennbar, dass hier mit erheblichem Nachdruck eine Entwicklung vorangetrieben wird, die für international tätige Unternehmen bereits jetzt hinreichende Beachtung erfordert, zumal die avisierten Maßnahmen neben gesetzlichen Grundlagen v. a. auf Mitwirkungspflichten der Steuerpflichtigen abstellen und diese voraussichtlich wesentlich erhöhen werden (vgl. nur Maßnahmen 8.10, 11, 12 und 13). Das Bundesfinanzministerium äußert sich diesbezüglich auf seinen Webseiten zwar (derzeit noch?) eher zurückhaltend und verneint eine generelle

[201] Kubaile, in: PIStB, 09/2009, S. 243.

[202] Vgl. OECD, online: http://www.oecd.org/tax/beps-about.htm [25.11.2014] sowie Bundesministerium der Finanzen, online: http://www.bundesfinanzministerium.de/Content/DE/FAQ/2014-06-05-faq-beps.html [25.11.2014].

[203] Vgl. OECD, online: http://www.oecd.org/tax/beps-about.htm [25.11.2014].

[204] Das Bundesfinanzministerium hat hierzu Informationen auf seiner Webseite zur Verfügung gestellt: http://www.bundesfinanzministerium.de/Content/DE/Standardartikel/Themen/Steuern/beps-gewinnkuerzung-und-gewinnverlagerung.html [27.06.2016].

Tab. 3.3 Maßnahmen des BEPS-Aktionsplans der OECD

1	Lösung der mit der digitalen Wirtschaft verbundenen Besteuerungsprobleme
2	Neutralisierung der Effekte von Hybrid Mismatch Arrangements
3	Stärkung der Vorschriften zur Hinzurechnungsbesteuerung (sog. CFC-Rules)
4	Begrenzung der Erosion der Besteuerungsgrundlage durch Abzug von Zins- oder sonstigen finanziellen Aufwendungen
5	Wirksamere Bekämpfung steuerschädlicher Praktiken unter Berücksichtigung von Transparenz und Substanz
6	Verhinderung von Abkommensmissbrauch
7	Verhinderung der künstlichen Umgehung des Status als Betriebsstätte
8–10	Gewährleistung der Übereinstimmung zwischen Verrechnungspreisergebnissen und Wertschöpfung betreffend immaterielle Wirtschaftsgüter, Risiken und Kapital sowie sonstige risikoreiche Transaktionen
11	Entwicklung von Methoden zur Erfassung und Analyse von BEPS-Daten und Gegenmaßnahmen
12	Verpflichtung von Steuerpflichtigen zur Offenlegung ihrer aggressiven Steuerplanungsmodelle
13	Überprüfung der Verrechnungspreisdokumentation
14	Verbesserung der Effizienz von Streitbeilegungsmechanismen
15	Entwicklung eines multilateralen Instruments

Verschärfung des deutschen Steuerrechts und spricht von „punktuellen Ergänzungen und Anpassungen" der bestehenden Regelungen und verweist auf die derzeit laufende Prüfung des konkreten Umsetzungsbedarfs. Was darunter jedoch zu verstehen ist und wie weit solche Änderungen bzw. Anpassungen möglicherweise reichen könnten, bleibt abzuwarten und kritisch zu beobachten (man denke nur an die Änderung des alten § 42 AO).

3.5.1.3 Umfang der Mitwirkungspflicht im finanzgerichtlichen Verfahren

Auch im finanzgerichtlichen Verfahren haben die Beteiligten Mitwirkungspflichten. Das Gericht hat nach § 76 FGO die Befugnis und die Pflicht, die Beteiligten zur Erforschung des Sachverhalts heranzuziehen; diese haben ihre Erklärungen über tatsächliche Umstände vollständig und der Wahrheit gemäß abzugeben und sich auf Aufforderung des Gerichts zu den von den anderen Beteiligten vorgebrachten Tatsachen zu erklären. Hierbei gelten einige Vorschriften des Ermittlungsverfahrens der AO sinngemäß, insbesondere die oben bereits ausgeführte erhöhte Mitwirkungspflicht bei Auslandssachverhalten (§ 90 Abs. 2 AO).

3.5.1.4 Folgen der Verletzung von Mitwirkungspflichten

Die Verletzung von Mitwirkungspflichten führt zu einer Begrenzung der Sachaufklärungspflicht des Finanzamts bzw. im finanzgerichtlichen Verfahren der des Gerichts.

Folgen der Verletzung von Mitwirkungspflichten gegenüber dem Finanzamt werden letztendlich vornehmlich in der Nichtanerkennung von Betriebsausgaben oder Werbungskosten bestehen. Im Vorfeld hat die Finanzverwaltung jedoch die Möglichkeit, die Erfüllung der Mitwirkungspflichten zu erzwingen (Zwangsgeld nach § 328 AO). Scheitert die Ermittlung des steuerlichen Sachverhalts an der verweigerten Mitwirkung des Steuerpflichtigen, berechtigt dies die Finanzverwaltung zur Schätzung der Besteuerungsgrundlagen nach § 162 AO.[205]

Besondere Nachteile können entstehen, wenn durch die Verletzung der Mitwirkungspflicht Steuern verkürzt wurden. In diesen Fällen kann es zur Feststellung einer Steuerhinterziehung oder einer Steuerordnungswidrigkeit durch die Finanzbehörde kommen; diese darf allerdings nicht allein mittels reduzierten Beweismaßes angenommen werden.[206]

Folgen der Verletzung von Mitwirkungspflichten gegenüber dem Finanzgericht können aus Sicht des BFH bis zur Klageabweisung ohne Sachprüfung und Sachentscheidung führen. Die Folgen hängen jedoch vom Grad der Pflichtverletzung des Steuerpflichtigen ab, wobei der Grundsatz der Verhältnismäßigkeit, der Zumutbarkeitsgedanke sowie eine ggf. gesteigerte Mitverantwortung aus dem Gedanken der Beweisnähe zu würdigen sind.[207]

Sofern Auslandssachverhalte außerhalb des Geltungsbereichs der AO betroffen sind ist zu beachten, dass die Verweigerung oder Verschleierung von Auskünften über ausländische Geschäftspartner etc. und die Sachverhaltsaufklärung vereitelt und damit das Finanzamt und das Gericht von der Erhebung weiterer, entfernter liegender Beweise, die nicht oder nur unter unverhältnismäßigen Schwierigkeiten ermittelt werden könnten, entbindet. Dies hat auch in einem sich evtl. anschließenden finanzgerichtlichen Verfahren Auswirkungen, wenn der Kläger ausländische Zeugen benennt: Er hat diese als im Termin zur mündlichen Verhandlung präsente Zeugen selbst beizubringen.[208] Laut BFH[209] stellt dies auch keinen Verstoß gegen EU-Grundfreiheiten dar.

Noch gravierender als rein prozessuale Nachteile sind die Folgen aufgrund der Vorschrift des § 162 Abs. 4 AO: Legt ein Steuerpflichtiger Aufzeichnungen im Sinne des § 90 Abs. 3 AO (also betreffend Auslandssachverhalte) nicht vor oder sind vorgelegte Aufzeichnungen im Wesentlichen unverwertbar, ist ein Zuschlag von 5000 Euro festzusetzen. Der Zuschlag beträgt mindestens 5 Prozent und höchstens 10 Prozent des Mehrbetrags der Einkünfte, der sich nach einer Berichtigung auf Grund § 162 Abs. 3 AO ergibt, wenn sich danach ein Zuschlag von mehr als 5000 Euro ergibt.

Auch bereits bei verspäteter Vorlage von verwertbaren Aufzeichnungen beträgt der Zuschlag gemäß § 162 Abs. 4 AO bis zu 1.000.000 Euro, mindestens jedoch 100 Euro für jeden vollen Tag der Fristüberschreitung. Die Finanzbehörden sind jedoch gehalten, von der Festsetzung eines Zuschlags abzusehen, wenn die Nichterfüllung der Pflichten nach § 90 Abs. 3 AO entschuldbar erscheint oder ein Verschulden nur geringfügig ist.

---

[205] Hierzu auch BFH 24.01.2008 VIII B 163/06, BFH/NV 2008, 1099.

[206] BFH 24.01.2008 VIII B 163/06, BFH/NV 2008, 1099.

[207] Vgl. von Groll, in: von Gräber et al., § 76 Rz. 28, § 96 Rn. 25.

[208] BFH 05.02.2004 V B 205/02, BFH/NV 2004, 964.

[209] BFH 02.07.2009 VI B 38/09.

3.5.1.5 Fazit

Die durch den Steuergesetzgeber den Beteiligten auferlegten Mitwirkungspflichten sind nicht nur umfangreich sondern in der Praxis sicherlich auch aufwendig umzusetzen. Die sich aus Verletzung Mitwirkungspflichten ergebenden möglichen Nachteile machen es jedoch unabdingbar, sich rechtzeitig mit diesem Thema auseinanderzusetzen.

Insbesondere wenn Auslandssachverhalte betroffen sind, ist die Erstellung zeitnaher Aufzeichnungen unabdingbar. Neben reinen Compliance-Überlegungen ist es aus folgenden Gründen sinnvoll, insbesondere bei Auslandssachverhalten die Mitwirkungspflichten zu befolgen und das „ernsthafte Bemühen" erkennen zu lassen:[210]

- keine Ausschöpfung der Bandbreite zu Ungunsten des Steuerpflichtigen,
- keine Vermutung unangemessener Verrechnungspreise seitens der Finanzverwaltung,
- keine Reduzierung des Beweismaßes,
- Verringerung der Wahrscheinlichkeit einer Einkommenskorrektur bei außergewöhnlichen Fällen (z. B. Dauerverlusten),
- Geringere Gefahr ungünstiger Korrekturen der Verrechnungspreise durch die Finanzverwaltung (aufgrund Anerkennung des ernsthaften Bemühens),
- keine Zuschläge nach § 162 Abs. 3 AO durch die Finanzverwaltung.

▶ **Beraterhinweis** Die aus steuerlichen Gründen erforderliche (und angesichts des BEPS-Aktionsplans voraussichtlich wesentlich zunehmende) Dokumentations- und Analysearbeit kann im Unternehmen aber meist noch anderweitig genutzt werden, so z. B. betriebswirtschaftlich zu Lenkungs- oder Optimierungszwecken im Konzernverbund, aber bspw. auch für die Erlangung von Advance Pricing Agreements zur Beseitigung rechtlicher Unsicherheit bei zukünftigen Gestaltungen.

3.5.2 Verrechnungspreisdokumentation

3.5.2.1 Generelle Verpflichtungen

Gemäß § 90 Abs. 3 AO sind Unternehmen bei Vorgängen mit Auslandsbezug, die Leistungsbeziehungen mit verbundenen Unternehmen im Ausland i. S. d. § 1 Abs. 2 AStG betreffen, verpflichtet eine Verrechnungspreisdokumentation zu erstellen. Einzelheiten sind in Gewinnabgrenzungsaufzeichnungsverordnung (GAufzV) und im BMF-Schreiben vom 12. April 2005 zum „Verwaltungsgrundsätze-Verfahren" geregelt.

In § 1 Abs. 1 letzter Satz GAufzV ist geregelt, dass im Wesentlichen unverwertbare Aufzeichnungen (§ 162 Abs. 3 und 4 AO) so zu behandeln sind, als wären sind nicht erstellt worden. Dies ist mit entsprechenden unangenehmen Folgen verbunden.

---

[210] Vgl. Vögele / Brem, IStR 2004, 53.

Die Dokumentationspflichten gelten nicht nur für Transaktionen mit verbundenen Unternehmen, sondern gem. § 90 Abs. 3 S. 4 AO auch für die Gewinnabgrenzung zwischen dem Unternehmen und seinen Betriebsstätten.

Nach § 90 Abs. 3 AO sind neben Art, Umfang und Abwicklung der Geschäftsbeziehung auch deren wirtschaftliche und rechtliche Rahmenbedingungen zu dokumentieren. Im BMF-Schreiben vom 12. April 2005 wird in diesem Zusammenhang zwischen der „Sachverhaltsdokumentation“ (§ 1 Abs. 2 GAufzV), welche Aufzeichnungen zu Art und Inhalt der Geschäftsbeziehungen betreffen, und der „Angemessenheitsdokumentation“ (§ 90 Abs. 3 S. 2 AO, § 1 Abs. 1 und 3 GAufzV), welche Aufzeichnungen zu den rechtlichen und wirtschaftlichen Grundlagen betreffend den Fremdvergleichs-Grundsatz beachtende Preisvereinbarung und andere Geschäftsbedingungen einschließen, unterschieden.

Die Aufzeichnungen können gem. § 1 Abs. 1 GAufzV schriftlich oder elektronisch erstellt werden. Im Grundsatz sind die Aufzeichnungen gem. § 1 Abs. 2 GAufzV geschäftsvorfallbezogen zu erstellen. Da eine solche Einzelfallaufzeichnung bei entsprechendem Umfang unpraktikabel und sehr aufwendig ist, können gem. § 1 Abs. 3 GAufzV zusammenfassende Aufzeichnungen für vergleichbare Gruppen erstellt werden, wenn die Gruppenbildung zuvor entsprechend festgelegt wurde. Für internationale Konzerne ist eine konzerninterne Verrechnungspreisrichtlinie, die den einzelnen Konzernunternehmen eine oder mehrere Verrechnungspreismethoden vorgibt, empfehlenswert, da diese gem. § 2 Abs. 3 GAufzV als Bestandteil der Aufzeichnungen verwendet werden kann und soweit eine solche Richtlinie auch tatsächlich befolgt wird, kann auf eine geschäftsvorfallbezogene Einzelaufzeichnung verzichtet werden.

Die Verrechnungspreisdokumentation ist gem. § 2 Abs. 5 GAufzV grundsätzlich in deutscher Sprache zu erstellen. Auf Antrag kann die Finanzbehörde auch Ausnahmen zulassen. Der Antrag kann vor Anfertigung der Aufzeichnungen gestellt werden, muss aber spätestens nach Anforderung der Aufzeichnungen durch die Finanzbehörden erfolgen.

Die Aufzeichnungen sind nach Anforderung durch die Finanzbehörden innerhalb einer Frist von 60 Tagen vorzulegen (§ 90 Abs. 3 S. 8 AO). Soweit die Aufzeichnungen außergewöhnliche Geschäftsvorfälle (z. B. Umstrukturierungen, Strategieänderungen, Ablaufänderungen, wichtige Verträge) betreffen, beträgt die Frist nur 30 Tage (§ 90 Abs. 3 S. 9 AO). Zusätzlich ist in § 3 Abs. 1 GAufzV geregelt, dass die Aufzeichnungen für außergewöhnliche Geschäftsvorfälle zeitnah, d. h. innerhalb von sechs Monaten nach Ablauf des Wirtschaftsjahres gefertigt werden sollen. Eine entsprechende Regelung für alle anderen Fälle gibt es nicht.

Für kleine Unternehmen (i. S. d. § 6 Abs. 2 GAufzV) und Steuerpflichtige mit anderen als Gewinneinkünften gewährt § 6 GAufzV Erleichterungen.

Verstöße gegen die Dokumentationspflichten werden nach § 162 Abs. 3 und 4 AO sanktioniert. Verstöße liegen vor, wenn:

- keine Dokumentation vorgelegt wird (Totalverweigerung), d. h. keine oder keine ausreichenden Angaben zur Dokumentation der Angemessenheit der Verrechnungspreise vorliegen,
- eine im Wesentlichen unverwertbare Dokumentation vorgelegt wird, oder
- außergewöhnliche Vorgänge verspätet dokumentiert werden.

Die beiden erst genannten Verstöße lassen die widerlegbare Vermutung einer Minderung der Einkünfte zu, verbunden mit der Umkehrung der Beweislast (zu Lasten des steuerpflichtigen Unternehmens). Das Finanzamt hat die Möglichkeit, nach § 162 Abs. 3 AO Schätzungen innerhalb von Bandbreiten (Preisspannen) vorzunehmen. Die Sanktionierung erfolgt nach § 164 Abs. 4 AO durch Festsetzung eines Zuschlags in Höhe von 5 bis 10 % des Mehrbetrags der Einkünfte, mindestens jedoch EUR 5000. Im Falle der verspäteten Dokumentation außergewöhnlicher Vorgänge wird ein Zuschlag in Höhe von EUR 100 für jeden vollen Tag der Fristüberschreitung, maximal bis zu einer Million Euro festgesetzt.

Ebenso können steuerstrafrechtliche Sanktionen in Betracht kommen, wenn das Unternehmen vorsätzlich nicht mit dem Fremdvergleichsgrundsatz vereinbare Fremdvergleichspreise zum Ansatz bringt und dadurch Steuern verkürzt.

Hinsichtlich der möglichen Ausgestaltung der Verrechnungsdokumentation verweisen wir auf die vom IDW (Arbeitskreis „Außensteuerrecht") zusammengestellte Checkliste zur Verrechnungspreisermittlung.[211]

3.5.2.2 Aktuelle Entwicklungen

3.5.2.2.1 Betriebsstätten

Am 18. Oktober 2014 ist die **Betriebsstättengewinnaufteilungsverordnung** (BsGaV) in Kraft getreten.[212]

Ziel ist eine einheitliche Anwendung des Fremdvergleichsgrundsatzes in Fällen des Vorliegens von Betriebsstätten, womit Deutschland bei der Betriebsstättengewinnaufteilung größtenteils den Vorschlägen der OECD, wie sie im OECD-Betriebsstättenbericht aus dem Jahr 2010 („Report on the Attribution of Profits to Permanent Establishments") festgehalten sind, folgt.

Die hauptsächlichen Regelungen beinhalten:

- Zweistufiger Ansatz zur Gewinnaufteilung (analog (§ 1 Abs. 5 Satz 3 und 4 AStG)):
  1. Stufe: Zuordnung der Funktionen anhand des in der Betriebsstätte beschäftigten Personals mit anschließender Zuordnung der mit den ausgeübten Personalfunktionen verbundenen Vermögenswerte als auch der Chancen und Risiken der Geschäftstätigkeit aus den einzelnen Teilen des Unternehmens, mit darauffolgender Zuordnung des für die Ausübung der Funktionen und für die Übernahme der Risiken notwendigen Eigenkapitals,
  2. Stufe: Bestimmung der Art der Geschäftsbeziehung sowie die Ermittlung der fremdüblichen Vergütung derselben anhand der OECD-Verrechnungspreisgrundsätze,
- Zuordnung von Vermögenswerten:

[211] Arbeitshilfe des IDW zur Verrechnungspreisdokumentation, Beiheft zu FN-IDW 6/2004. Vgl. z. B. auch: Musterfragebogen in Kuckhoff / Schreiber, Verrechnungspreise in der Betriebsprüfung, 1997, S. 160 ff.

[212] BGBl. I 2014 S. 1603.

Hier erfolgt nur eine eindeutige Zuordnung, eine anteilige Zuordnung erfolgt nur in wenigen Ausnahmefällen,

- Bestimmung des Dotationskapitals und Zuordnung von Finanzierungsaufwendungen (inländische Betriebsstätten ausländischer Unternehmen -> vorrangig Kapitalaufteilungsmethode, ausländische Betriebsstätten inländischer Unternehmen -> Mindestkapitalausstattungsmethode),
- Sonderregelungen für Betriebsstätten von Banken, Versicherungen sowie Bau- und Montageunternehmen.
- Hilfs- und Nebenrechnung:
  Aufstellung von Betriebsstättenbilanz und -GuV, jeweils zum Beginn eines Wirtschaftsjahres, während des Wirtschaftsjahres ist diese fortzuschreiben und zum Ende des Wirtschaftsjahres abzuschließen.

3.5.2.2.2 Verrechnungspreisdokumentation im internationalen Vergleich

Verschiedene Staaten haben in den letzten Monaten und Jahren Maßnahmen auf dem Gebiet der Verrechnungspreise ergriffen, was verdeutlicht, welchen Stellenwert dieser Bereich aus Sicht der jeweiligen Finanzverwaltungen erlangt. Zumeist sind Neueinführung oder Verschärfung bestimmter Dokumentationsvorschriften intendiert und sollten daher von Unternehmen verfolgt werden. Die folgende Tab. 3.4 gibt einen Überblick über die internationalen Entwicklungen:

Tab. 3.4 Internationale Entwicklungen im Bereich Transfer Pricing

Land	Maßnahmen	Jahr
Südafrika[1]	Vermehrte Prüfung konzerninterner Transaktionen großer Unternehmen; Fokus auf den Sektoren Bergbau, Automobile, Pharmazie und Finanzen, insbesondere Dienstleistungen, Finanztransaktionen, Lizenzzahlungen und die Verrechnung von immateriellen Vermögensgegenständen	2012

[1] Quelle: Heidecke, IWB 7/2014 S. 274.
[2] Vgl. Bittner / Totzek, IWB 5/2014, 168.
[3] Vgl. Bollermann / Dybeli, IWB 12/2014, 457.
[4] Vgl. Schneider / Bärsch, IWB 15/2014, 560.
[5] Vgl. Koch, IWB 6/2014, 209.
[6] Vgl. Buurman / Schaller, IWB 24/2013, 868.
[7] Vgl. Hellio / Daluzeau / Jolk, IWB 15/2014, 575.
[8] Vgl. Mank / Totzek, IWB 7/2013, 252.
[9] Vgl. Dagnese, IWB 7/2013, 257.
[10] Vgl. Bittner / Jann, IWB 13/2012, 468.

Tab. 3.4 (*Fortsetzung*)

Land	Maßnahmen	Jahr
Italien[2]	• Einschränkung bei der Auswahl von Gewinnindikatoren für bestimmte Dienstleistungsunternehmen zur Verrechnungspreisbestimmung • Bezug bestimmter Werbedienstleistungen nur von Unternehmen mit italienischer Umsatzsteueridentifikationsnummer • Zugehörige Zahlungen nur über eine Bank oder durch elektronische-Postüberweisung oder eine andere Art der Zahlung, die eine vollständige Rückverfolgung der Transaktion inklusive der Umsatzsteuer-Id-Nr. des Anbieters zulässt • Verlängerung der Laufzeit von Vorab-Verständigungsverfahren auf fünf Jahre • Verrechnungspreisänderungen unterliegen der Regionalen Produktivitätssteuer IRAP	2013
Albanien[3]	Einführung von Verrechnungspreisvorschriften, weitestgehend entsprechend den OECD-Verrechnungspreisrichtlinien.	2014
Niederlanden[4]	Verabschiedung der neuen Fremdvergleichsverordnung. Weitgehend entsprechend den OECD-Richtlinien, aber wohl wesentliche Abweichungen und erheblicher Dokumentationsmehraufwand.	2014
Australien[5]	Neues Verrechnungspreisgesetz, Folge wohl v. a. erhöhte Transparenz- und damit Dokumentationsanforderungen	2013
Philippinen[6]	Einführung verbindlicher Regelungen zur Dokumentation konzerninterner Verrechnungspreise, stark an den OECD-Verrechnungspreisleitlinien orientiert.	2013
Frankreich[7]	Neue Auskunftspflichten für Verrechnungspreise, Folge wohl zusätzlicher Aufwand für große Unternehmen aufgrund zusätzlich einzureichender jährlicher Dokumentationen betreffend die verwendeten Verrechnungspreise	2013

[1] Quelle: Heidecke, IWB 7/2014 S. 274.
[2] Vgl. Bittner / Totzek, IWB 5/2014, 168.
[3] Vgl. Bollermann / Dybeli, IWB 12/2014, 457.
[4] Vgl. Schneider / Bärsch, IWB 15/2014, 560.
[5] Vgl. Koch, IWB 6/2014, 209.
[6] Vgl. Buurman / Schaller, IWB 24/2013, 868.
[7] Vgl. Hellio / Daluzeau / Jolk, IWB 15/2014, 575.
[8] Vgl. Mank / Totzek, IWB 7/2013, 252.
[9] Vgl. Dagnese, IWB 7/2013, 257.
[10] Vgl. Bittner / Jann, IWB 13/2012, 468.

Tab. 3.4 (*Fortsetzung*)

Land	Maßnahmen	Jahr
Kanada[8]	• Verpflichtung zur Einbeziehung des Transfer Pricing Review Committee immer bei der Umqualifizierung von Transaktionen durch die Betriebsprüfung sowie bei der Erhebung von Strafzuschlägen; • Rückwirkung der geänderten OECD-Verrechungspreisgrundätze 2010 auf vorangegangene Jahre.	2012
Brasilien[9]	Revision der bisherigen Verrechungspreisvorschriften. • Festlegung zum Teil neuer Gewinnmargen • gründlichere Erklärungen über die Anwendung und über die Berechnung der erlaubten Methoden • keine Annäherung an den Fremdvergleichsgrundsatz • Keine Reduzierung der Fiskalorientierung.	2012
Indien[10]	Verschärfung der Verrechnungspreisvorschriften, insbesondere durch Erweiterung der Dokumentationsvorschriften auf Inlandstransaktionen	2013

[1] Quelle: Heidecke, IWB 7/2014 S. 274.
[2] Vgl. Bittner / Totzek, IWB 5/2014, 168.
[3] Vgl. Bollermann / Dybeli, IWB 12/2014, 457.
[4] Vgl. Schneider / Bärsch, IWB 15/2014, 560.
[5] Vgl. Koch, IWB 6/2014, 209.
[6] Vgl. Buurman / Schaller, IWB 24/2013, 868.
[7] Vgl. Hellio / Daluzeau / Jolk, IWB 15/2014, 575.
[8] Vgl. Mank / Totzek, IWB 7/2013, 252.
[9] Vgl. Dagnese, IWB 7/2013, 257.
[10] Vgl. Bittner / Jann, IWB 13/2012, 468.

Prof. Dr. Alexander M. Dühnfort ist Professor für Bilanzierung und Steuerrecht an der Hochschule Ravensburg-Weingarten und seit vielen Jahren Lehrbeauftragter u. a. für bilanz- und steuerrechtliche Themen an der FOM – Fachhochschule für Oekonomie & Management im Studienzentrum München. Seine beruflichen Erfahrungen sammelte er vorrangig bei einer namhaften international tätigen Wirtschaftsprüfungs- und Steuerberatungsgesellschaft u. a. im Bereich der Prüfung und Beratung in- und ausländischer Mandanten, für die er derzeit noch freiberuflich tätig ist. Zudem verfügt er über langjährige Erfahrung als betriebswirtschaftlicher Berater mittelständischer Unternehmen. Seine derzeitigen Hauptinteressensgebiete sind Internationales Steuerrecht und Umsatzsteuer.

Monika Zitzmann ist Diplom-Finanzwirtin, Steuerberaterin und Fachberaterin für Zölle und Verbrauchsteuern. Als ehemalige Zollbeamtin konnte sie praktische Erfahrungen in die Beratung nationaler sowie internationaler Unternehmen in ihrer Eigenschaft als Partnerin einer Big-Four-Gesellschaft einbringen. Seit 2012 ist sie selbständig und berät im- und exportierende Unternehmen sowie Dienstleistungsgesellschaften auf dem Gebiet der indirekten Steuern, also Zölle, Verbrauchsteuern und Umsatzsteuern.

Michael Hundebeck ist Diplom-Finanzwirt und Senior Manager Customs & Trade bei KPMG. Er ist als Berater für Zölle und Verbrauchsteuern in der Service Line Indirect Taxation tätig.

Christian Hlavica ist Dipl.-Betriebswirt (FH), Certified Fraud Examiner (CFE) und Head of Inspection Unit der liechtensteinischen Abschlussprüferaufsicht der Finanzmarktaufsicht (FMA) Liechtenstein, Bereich Andere Finanzintermediäre (DNFBP). Davor betreute er Mandate in den Bereichen Forensik, Abschluss- und Konzernprüfung, Steuerberatung sowie Sanierung und Restrukturierung.

Daniela Kühne, M.Sc. ist wissenschaftliche Mitarbeiterin und Doktorandin am Lehrstuhl für Betriebswirtschaftslehre mit Schwerpunkt Taxation an der Universität Passau. Sie beschäftigt sich unter anderem mit der Identifikation von Steuervermeidung und der Weiterentwicklung von Methoden zur Aufdeckung von Steuerhinterziehung.

Unternehmen im Fokus von Geldwäscheaktivitäten

4

Dr. Albert Kaufmann

4.1 Geldwäsche – Begriff, Drei-Phasen-Modell und Bekämpfung im internationalen Kontext

4.1.1 Begriff der Geldwäsche

Eine international einheitliche und verbindliche Definition des Begriffs der Geldwäsche[1] existiert nicht. Insofern haben sich zur Begriffsbestimmung diverse Ansätze entwickelt. Beispielsweise definiert die Financial Action Task Force (FATF) als international führendes Gremium zur Bekämpfung der Geldwäsche den Geldwäschebegriff wie folgt:

Einschleusung illegal erwirtschafteter Gelder in den normalen Wirtschaftskreislauf zur Verschleierung ihrer illegalen Herkunft und Legitimierung der unrechtmäßig durch Straftaten erworbenen Erträge.[2]

Darüber hinaus findet sich in der vierten EU-Geldwäscherichtlinie vom 20. Mai 2015 (Richtlinie 2015/849/EU des Europäischen Parlaments und des Rates zur Verhinderung der Nutzung des Finanzsystems zum Zwecke der Geldwäsche und der Terrorismusfinanzierung, zur Änderung der Verordnung Nr. 648/2012/EU des Europäischen Parlaments und des Rates und zur Aufhebung der Richtlinie 2005/60/EG des Europäischen Parlaments und des Rates und der Richtlinie 2006/70/EG der Kommission) in Art. 1 Abs. 3 eine Aufzählung unterschiedlicher Handlungen, durch welche die Geldwäsche begangen wird:

[1] Österreich und Schweiz: Geldwäscherei.

[2] OECD, Handbuch „Geldwäsche", S. 11.

A. Kaufmann (✉)
Feldkirch, Österreich
E-Mail: albert.kaufmann@gmx.net

C. Hlavica, F. Hülsberg, U. Klapproth (Hrsg.), *Tax Fraud & Forensic Accounting*,
DOI 10.1007/978-3-658-07840-9_4

Als Geldwäsche im Sinne dieser Richtlinie gelten die folgenden Handlungen, wenn sie vorsätzlich begangen werden:

a) der Umtausch oder Transfer von Vermögensgegenständen in Kenntnis der Tatsache, dass diese Gegenstände aus einer kriminellen Tätigkeit oder aus der Teilnahme an einer solchen Tätigkeit stammen, zum Zwecke der Verheimlichung oder Verschleierung des illegalen Ursprungs der Vermögensgegenstände oder der Unterstützung von Personen, die an einer solchen Tätigkeit beteiligt sind, damit diese den Rechtsfolgen ihrer Tat entgehen;
b) die Verheimlichung oder Verschleierung der wahren Natur, Herkunft, Lage, Verfügung oder Bewegung von Vermögensgegenständen oder von Rechten oder Eigentum an Vermögensgegenständen in Kenntnis der Tatsache, dass diese Gegenstände aus einer kriminellen Tätigkeit oder aus der Teilnahme an einer solchen Tätigkeit stammen;
c) der Erwerb, der Besitz oder die Verwendung von Vermögensgegenständen, wenn dem Betreffenden bei der Übernahme dieser Vermögensgegenstände bekannt war, dass sie aus einer kriminellen Tätigkeit oder aus der Teilnahme an einer solchen Tätigkeit stammen;
d) die Beteiligung an einer der in den vorstehenden Buchstaben aufgeführten Handlungen, Zusammenschlüsse zur Ausführung einer solchen Handlung, Versuche einer solchen Handlung, Beihilfe, Anstiftung oder Beratung zur Ausführung einer solchen Handlung oder Erleichterung ihrer Ausführung.

Des Weiteren beschäftigen sich auch der Internationale Währungsfonds (IWF), Interpol, die Weltbank, die Vereinten Nationen (UN), die International Federation of Accountants (IFAC) sowie die International Organization of Securities Commissions (IOSCO) mit der Definition der Geldwäsche. Zufolge dem Bericht an das Niederländische Finanzministerium „The Amounts and the Effects of Money Laundering" ist diesen Definitionen gemeinsam, dass Gegenstand der Geldwäsche Gelder oder Vermögenswerte sind, welche aus illegaler oder krimineller Herkunft stammen. Dabei besteht das Ziel der Geldwäsche stets darin, die Gelder oder Vermögensgegenstände legal erscheinen zu lassen und/oder die illegale Herkunft zu verschleiern.[3]

4.1.2 Drei-Phasen-Modell der Geldwäsche

Zur Beschreibung des komplexen Prozesses der Geldwäsche haben sich im Laufe der Zeit unterschiedliche Modelle entwickelt, welche die einzelnen Schritte eines Geldwäschevorgangs beschreiben. Diese Modelle verfolgen den Zweck, den Prozess zwischen dem Anfall der aus krimineller Herkunft stammenden Vermögenswerte und dem Ziel, namentlich „saubere" Vermögenswerte zu erhalten, welche ohne Verdacht auf die kriminelle Herkunft als legal deklariert und investiert werden können, darzustellen.[4]

Das bekannteste und renommierteste Modell ist das sog. Drei-Phasen-Modell. Dieses wurde von der US-Zollbehörde im Jahre 1989 ursprünglich zur Untersuchung und Be-

[3] Unger et al., Money Laundering, S. 20 ff.

[4] Herzog / Achtelik in Herzog / Achtelik, GwG², Rz 5 zur Einleitung.

kämpfung der aus dem Drogenhandel entstandenen Geldwäsche entwickelt und sodann von der FATF übernommen. Es unterscheidet zwischen den folgenden drei Phasen:

- Phase 1: Platzierung („placement“)
- Phase 2: Verschleierung („layering“)
- Phase 3: Integration („integration“)

4.1.2.1 Platzierung

In der ersten Phase, dem „placement“, werden die illegal erworbenen Gelder in den legalen Finanz- bzw. Wirtschaftskreislauf eingebracht. Dabei bedienen sich die Geldwäscher unterschiedlicher Techniken, deren gemeinsames Ziel die Umwandlung des Bargeldes in Buchgeld, in andere Währungen oder in andere Vermögenswerte ist.[5] Eine der banalsten Techniken ist das sog. „smurfing“, bei welcher größere Bargeldmengen in kleinere Beträge gestückelt und auf eine Vielzahl von Konten eingezahlt werden, sodass sich Auffälligkeiten nur durch eine gezielte Analyse des Einzahlungsverhaltens bei Kenntnis der arbeitsteiligen Zusammenhänge zwischen verschiedenen Einzahlern erkennen lassen.[6]

Die Phase der Platzierung stellt den wichtigsten Ansatzpunkt zur Bekämpfung der Geldwäsche dar, da sie hier noch erkenn- bzw. nachweisbar sein kann. Daher besteht hier für die Geldwäscher auch das größte Entdeckungsrisiko.

4.1.2.2 Verschleierung

In der zweiten Phase, dem „layering“, soll die kriminelle Herkunft der Gelder durch komplexe Finanztransaktionen verschleiert werden. Zu diesem Zweck werden die Gelder häufig von einem auf ein anderes Konto, vorzugsweise grenzüberschreitend zwischen Personen und/oder Unternehmen in unterschiedlich hohen Beträgen hin und hergeschoben. Diese Aktionen können parallel oder zeitlich verzögert laufen. Damit die Transaktionen eine „Rechtfertigung“ erfahren, werden häufig Scheingeschäfte verwendet.

Im Weiteren geht es darum, die Papierspur, den sog. „paper trail“ des schmutzigen Geldes schwer nachvollziehbar zu gestalten. Internationalität und eine Vielfalt an beteiligten Finanzinstituten sind entscheidend für den Erfolg dieser Phase. Dabei sind vor allem (Offshore-) Finanzplätze von großem Interesse, die für die vorübergehende Unterbringung der illegalen Gelder besonders attraktiv sind.

In dieser Phase kann auffällig erscheinen, dass hohe Transaktionskosten in Kauf genommen werden, zumal nicht die ertragreiche Vermögensanlage, sondern die Verwischung von Spuren und die Herstellung von Anonymität im Vordergrund stehen. Umso komplexer eine Transaktionskette schließlich ist, desto schwieriger gestalten sich die Ermittlungen der Strafverfolgungsbehörden.[7]

---

[5] Ehlscheid / Pfeiffer, Geldwäscheprävention, S. 43.

[6] Herzog / Achtelik in Herzog / Achtelik, GwG², Rz 8 zur Einleitung.

[7] Herzog / Achtelik in Herzog / Achtelik, GwG², Rz 10 zur Einleitung; Ehlscheid / Pfeiffer, Geldwäscheprävention, S. 47.

4.1.2.3 Integration

Durch die dritte Phase, der sog. „integration" erfolgt die eigentliche Rückführung und Integration des Kapitals in die legale Wirtschaft, indem den Vermögenswerten eine scheinbar legale Herkunft gegeben wird. Diese Phase strebt eine mittel- oder langfristige Anlage der „sauberen" Vermögenswerte an, sodass diese nur noch mit legalen und steuerlich veranlagten Geschäften in Verbindung gebracht werden können. Damit ist das Ziel des Täters, illegal erworbene Gelder risikolos persönlich zu verwenden, erreicht.

Investitionen erfolgen in jeglicher Form, beispielsweise durch den Erwerb von Beteiligungen oder den Kauf von hochwertigen Immobilien. Häufig wird auch in Objekte investiert, die einen Synergieeffekt für die Infrastruktur der organisierten Kriminalität herstellen können, indem sie weitere Straftaten erleichtern. Es handelt sich oftmals um bargeldintensive Betriebe, wie zum Beispiel Restaurants, Spielbanken oder Wechselstuben, sowie Immobilien, Reedereien, Chemie- und Pharmaunternehmen (zur Erzeugung von Drogen) oder Banken.[8]

4.1.3 Geldwäschebekämpfung im internationalen Kontext

Auf internationaler Ebene gibt es unterschiedliche Institutionen, welche Aufgaben zur Bekämpfung der Geldwäsche wahrnehmen. Dabei gelten die Vereinten Nationen mit heute 193 Mitgliedstaaten als erste internationale Organisation, die maßgebliche Aktionen im Kampf gegen die Geldwäsche gesetzt hat. In der Praxis spielen die von den Vereinten Nationen im Bereich der Geldwäsche erlassenen Konventionen jedoch nur mehr eine untergeordnete Rolle.[9]

Die internationale Entwicklung im Bereich der Geldwäschebekämpfung wird heute maßgeblich von der FATF angetrieben. Sie gilt mittlerweile als weltweiter Standardsetzer für die Geldwäschebekämpfung, ohne jedoch jemals dafür formell von der Weltgemeinschaft mandatiert worden zu sein. Die Initiativen der FATF haben ebenso Niederschlag in den Regulierungsanstrengungen der Europäischen Gemeinschaft, welche mit ihren Geldwäscherichtlinien die nationalen europäischen Gesetzgebungen wesentlich beeinflusst, gefunden.

Im Folgenden werden die Regulierungsanstrengungen der FATF und der Europäischen Gemeinschaft näher dargestellt.

4.1.3.1 Financial Action Task Force (FATF)

Die FATF[10] wurde im Jahre 1989 von den G7-Staaten zu dem Zweck gegründet, die Bemühungen zur Bekämpfung des Missbrauchs des internationalen Finanzverkehrs zu kriminellen Zwecken international zu koordinieren und die Standpunkte der Wirtschaftsmächte auf den internationalen Finanzmärkten informell-regulatorisch durchzusetzen. Es handelt sich bei der FATF um ein zwischenstaatliches Gremium, dessen Sekretariat in Paris bei der

---

[8] Harnischmacher, Geldwäsche – Money Laundering, abrufbar unter: http://www.kriminalpolizei.de/themen/wissenschaft-und-forschung/detailansicht-wissenschaft-und-forschung/artikel/geldwaesche-money-laundering-1.html [20.12.2015].

[9] Ehlscheid / Pfeiffer, Geldwäscheprävention, S. 191.

[10] Französisch: Groupe d'Action Financière (GAFI).

Organisation for Economic Co-operation and Development (OECD) angesiedelt ist, ohne jedoch organisatorisch gesehen ein Teil der OECD zu sein.[11]

Gegenwärtig gehören der FATF 36 Mitglieder (u. a. Deutschland) an, davon 34 Länder und zwei internationale Organisationen (Europäische Kommission, Golf-Kooperationsrat). Zudem haben acht sog. „FATF-Style Regional Bodies" (FSRBs) den Status von assoziierten Mitgliedern. Sie haben eine der FATF vergleichbare Form und Funktion und dienen der Überwachung der Entwicklung ihrer Mitglieder bei der Implementierung der Standards von FATF im Wege gemeinsamer Evaluationen.

Ein solches FSRB stellt u. a. das Committee of Experts on the Evaluation of Anti-Money Laundering Measures and the Financing of Terrorism (MONEYVAL) dar. Dieses Gremium wurde vom Europarat im Jahre 1997 ins Leben gerufen, um die Umsetzung der Konvention gegen Geldwäsche und Terrorismusfinanzierung von 1990 zu überwachen und zu erleichtern. Dabei besteht eine Aufgabe von MONEYVAL darin, einzelne Länder, welche nicht Mitglied von FATF sind, im Hinblick auf die Einhaltung der FATF-Empfehlungen zu überprüfen.[12]

Im Wesentlichen lassen sich die Aufgaben der FATF wie folgt zusammenfassen:

- Erforschung von Prozessen und Methoden der Geldwäsche, zwecks Entwicklung von Geldwäschetypologien,
- Analyse von Maßnahmen gegen Geldwäsche und die Entwicklung von Empfehlungen für eine effektive Geldwäschebekämpfung, und
- zeitnahe Reaktion auf neu entstehende Bedrohungen.[13]

4.1.3.1.1 FATF-Empfehlungen 2012

Bereits ein Jahr nach seiner Gründung formulierte die FATF 40 Empfehlungen („40 Recommendations, R.1-R.40") zur Bekämpfung der Geldwäsche. Diese wurden schließlich mehrfach, insbesondere in den Jahren 1996 und 2003, überarbeitet. Zudem wurde im Oktober 2001 als Reaktion auf die Anschläge vom 11. September 2001 das Mandat der FATF auf die Bekämpfung der Terrorismusfinanzierung ausgeweitet und neun Sonderempfehlungen („Special Recommendations, SR I-IX") zur Verhinderung der Terrorismusfinanzierung veröffentlicht. Diese Empfehlungen der FATF wurden auch als „40 + 9 Empfehlungen" bezeichnet.

Im Jahre 2012 erfolgte sodann eine gänzliche Neufassung der FATF-Empfehlungen unter dem Titel „International Standards on Combating Money Laundering and the Financing of Terrorism & Proliferation – The FATF Recommendations". Dabei wurden u. a. die neun Sonderempfehlungen vollständig in die 40 FATF-Empfehlungen integriert sowie die Erweiterung des FATF-Mandats auf den Bereich der Verhinderung der Proliferationsfinanzierung[14] berücksichtigt.

Die FATF-Empfehlungen 2012 sind in die folgenden sieben Abschnitte (A–G) mit den jeweils dazu gehörenden Empfehlungen (R.1-R.40) untergliedert (Tab. 4.1).

---

[11] Herzog / Achtelik in Herzog / Achtelik, GwG², Rz 61 zur Einleitung.

[12] Ehlscheid / Pfeiffer, Geldwäscheprävention, S. 226.

[13] Herzog / Achtelik in Herzog / Achtelik, GwG², Rz 62 zur Einleitung.

[14] Darunter ist der Missbrauch des Finanzsystems zur Bereitstellung von Finanzmitteln oder Finanzdienstleistungen zum Zwecke der Finanzierung von Massenvernichtungswaffen zu verstehen.

Tab. 4.1 FATF-Empfehlungen 2012[1]

No.	Old Number	
A – AML/CFT POLICIES AND COORDINATION		
1		Assessing risks & applying a risk-based approach *
2	R.31	National cooperation and coordination
B – MONEY LAUNDERING AND CONFISCATION		
3	R.1 & R.2	Money laundering offence *
4	R.3	Confiscation and provisional measures *
C – TERRORIST FINANCING AND FINANCING OF PROLIFERATION		
5	SRII	Terrorist financing offence *
6	SRIII	Targeted financial sanctions related to terrorism & terrorist financing *
7		Targeted financial sanctions related to proliferation *
8	SRVIII	Non-profit organisations *
D – PREVENTIVE MEASURES		
9	R.4	Financial institution secrecy laws
Customer due diligence and record keeping		
10	R.5	Customer due diligence *
11	R.10	Record keeping
Additional measures for specific customers and activities		
12	R.6	Politically exposed persons *
13	R.7	Correspondent banking *
14	SRVI	Money or value transfer services *
15	R.8	New technologies
16	SRVII	Wire transfers *
Reliance, Controls and Financial Groups		
17	R.9	Reliance on third parties *
18	R.15 & R.22	Internal controls and foreign branches and subsidiaries *
19	R.21	Higher-risk countries *
Reporting of suspicious transactions		
20	R.13 & SRIV	Reporting of suspicious transactions *
21	R.14	Tipping-off and confidentiality

[1] Quelle: International Standards on Combating Money Laundering and the Financing of Terrorism & Proliferation – The FATF Recommendations 2012, abrufbar unter: http://www.fatf-gafi.org.

Tab. 4.1 (*Fortsetzung*)

No.	Old Number	
Designated non-financial Businesses and Professions (DNFBPs)		
22	R.12	DNFBPs: Customer due diligence *
23	R.16	DNFBPs: Other measures *
E – TRANSPARENCY AND BENEFICIAL OWNERSHIP OF LEGAL PERSONS AND ARRANGEMENTS		
24	R.33	Transparency and beneficial ownership of legal persons *
25	R.34	Transparency and beneficial ownership of legal arrangements *
F – POWERS AND RESPONSIBILITIES OF COMPETENT AUTHORITIES AND OTHER INSTITUTIONAL MEASURES		
Regulation and Supervision		
26	R.23	Regulation and supervision of financial institutions *
27	R.29	Powers of supervisors
28	R.24	Regulation and supervision of DNFBPs
Operational and Law Enforcement		
29	R.26	Financial intelligence units *
30	R.27	Responsibilities of law enforcement and investigative authorities *
31	R.28	Powers of law enforcement and investigative authorities
32	SRIX	Cash couriers *
General requirements		
33	R.32	Statistics
34	R.25	Guidance and feedback
Sanctions		
35	R.17	Sanctions
G – INTERNATIONAL COOPERATION		
36	R.35 & SRI	International instruments
37	R.36 & SRV	Mutual legal assistance
38	R.38	Mutual legal assistance: freezing and confiscation *
39	R.39	Extradition
40	R.40	Other forms of international cooperation *

[1] Quelle: International Standards on Combating Money Laundering and the Financing of Terrorism & Proliferation – The FATF Recommendations 2012, abrufbar unter: http://www.fatf-gafi.org.

In der Tab. 4.1 werden die alten FATF-Empfehlungen 2003 mit den überarbeiteten Empfehlungen vom Februar 2012 gegenüber gestellt. Dabei referenziert die Spalte „Old Number" auf die alten FATF-Empfehlungen 2003. Zu jenen Empfehlungen, welche mit einem Stern (*) markiert sind, bestehen Auslegungsvermerke („interpretative notes"), welche jeweils in Verbindung mit der Empfehlung gelesen werden sollten.

Im Bereich der Vortaten zur Geldwäsche sehen die revidierten FATF-Empfehlungen aus dem Jahre 2012 eine wesentliche Änderung zu den vorherigen Empfehlungen vor. Der Katalog der „Ausgewiesenen Kategorien von Straftaten" („designated categories of offences") enthält erstmals Steuerdelikte („tax crimes"). Die Frage der Aufnahme von Vortaten im Steuerbereich in die FATF-Empfehlungen ist allerdings nicht neu. Sie stellte sich bereits bei der Totalrevision 2003 und führte damals zur Aufnahme des Schmuggels im Zollbereich („smuggling"), der je nach Gesetzgebung schon indirekte Steuern betreffen kann (Zollabgaben, Mehrwertsteuer etc.). Der Schmuggel bezieht sich spezifisch auf die Zollabgaben und Verbrauchssteuern und bildet in den im Jahre 2012 revidierten Empfehlungen eine von den Steuerdelikten getrennte Vortaten-Kategorie.[15]

Wie bei den übrigen 20 Kategorien, die nach den Empfehlungen zwingend als Vortaten zu gelten haben, definiert die FATF auch bei den Steuerdelikten nicht, was darunter zu verstehen ist. Sie präzisiert lediglich, dass die Kategorie sowohl direkte als auch indirekte Steuern umfassen muss. Somit ist es den einzelnen Ländern überlassen, im Einklang mit ihrem innerstaatlichen Recht zu bestimmen, wie diese Steuerdelikte und die einzelnen Elemente zu definieren sind, die daraus schwere Straftaten[16] machen.

Der Vorstoß der FATF zur Erfassung von Steuerdelikten als Vortaten zur Geldwäsche wird jedoch auch kritisch gesehen. Dies unter anderem vor dem Hintergrund, da eine Totalkontamination des Vermögens des Steuerpflichtigen befürchtet wird. Hier bestünde nämlich die Problematik, dass bei Steuerdelikten kein konkreter Geldzufluss zugunsten des Steuerzahlers bestehe, sodass es unmöglich sei, die Steuerersparnis im Vermögen des Steuerpflichtigen zu lokalisieren. Infolge dieser Unlokalisierbarkeit würde es zu einer unerwünschten Belastung des gesamten Vermögens des Steuerpflichtigen kommen. Dies würde jedenfalls in Widerspruch dazu stehen, dass das Delikt der Geldwäsche immer implizit voraussetze, dass verbrecherische Vermögenswerte individualisierbar sein müssen, um sie von denen aus nicht-verbrecherischer Herkunft unterscheiden zu können. Diese und weitere Bedenken hätten schließlich zur Folge, dass auf Seiten der Finanzintermediäre ernste Rechtsunsicherheit entstehe, welche mitunter dazu führe, dass sie ihre eigenen Kunden durch systematische Verdachtsmeldungen an die Schweizerische Meldestelle für Geldwäscherei (MROS) anzeigen müssten.[17]

---

[15] Eidgenössisches Finanzdepartement (EFD), Staatssekretariat für internationale Finanzfragen (SIF), Umsetzung der 2012 revidierten Empfehlungen, S. 17, abrufbar unter: http://www.admin.ch/ch/d/gg/pc/documents/2309/GAFI-2012_Erl-Bericht_de.pdf [28.12.2015].

[16] Siehe allgemeiner Glossar zu den FATF-Empfehlungen 2012 unter „Ausgewiesene Kategorien von Straftaten" letzter Absatz: „Bei der Festlegung von Straftaten, die als Vortaten in den einzelnen oben aufgelisteten Kategorien einzustufen sind, kann jedes Land im Einklang mit dem nationalen Recht entscheiden, wie diese Straftaten definiert werden sollen und welche Ausprägungen die einzelnen Merkmale dieser Straftaten haben müssen, so dass diese als schwerwiegende Straftaten gelten."

[17] Naef / Clerici, Steuerstraftaten, S. 3 ff.

4.1.3.1.2 Durchsetzung und Überprüfung der Umsetzung der Empfehlungen durch FATF

Zur Durchsetzung ihrer Empfehlungen bedient sich die FATF einem Konzept der informellen Regulation. Dies bedeutet, dass zunächst jeder Mitgliedstaat verpflichtet ist, durch das Ausfüllen eines detaillierten Bewertungsfragebogens jährlich eine Selbst-Evaluation vorzunehmen hat („self-evaluation procedure"). Bedeutender ist hingegen die gegenseitige Evaluation, bei der turnusmäßig ein Land einer Überprüfung unterzogen wird („mutual evaluation procedure"). Im Anschluss an diese Länderprüfungen wird jeweils ein Bericht publiziert, welcher die rechtlichen und faktischen Schwächen des jeweiligen Landes bei der Umsetzung der Geldwäschebekämpfung aufzeigt.

Um den wirtschaftlichen und politischen Druck auf jene Staaten zu verstärken, welche den Empfehlungen der FATF nicht oder nur ungenügend nachkommen, identifiziert die FATF sog. Nichtkooperative Territorien und Länder, welche sie auf eine schwarze Liste setzt. Dabei gelten Transaktionen mit diesen Ländern als verdächtig und sind einem verstärkten Überwachungsregime zu unterwerfen. Diese Identifikation erstreckt sich auch auf Nichtmitglieder der FATF.[18]

4.1.3.2 Europäische Gemeinschaft

Die Initiative der G7-Staaten zur Bekämpfung der Geldwäsche fand ihren Niederschlag auch in der Politik und in den Regulierungsanstrengungen der Europäischen Gemeinschaft. Welche Bedeutung diesem Thema gewidmet werden soll, wurde eindrücklich in der Schlusserklärung des Europäischen Rates von Tampere am 15. und 16. Oktober 1999, namentlich in der Schlussfolgerung 51 festgehalten: „Geldwäsche ist das Herzstück der organisierten Kriminalität. Wo auch immer sie vorkommt, sollte sie ausgemerzt werden. Der Europäische Rat ist entschlossen, darauf hinzuwirken, dass konkrete Schritte unternommen werden, damit die Erträge aus Straftaten ermittelt, eingefroren, beschlagnahmt und eingezogen werden."[19]

Während in der zweiten EU-Geldwäscherichtlinie aus dem Jahre 2001 (Erwägungsgrund Nr. 7) erstmals auf die Empfehlungen der FATF Bezug genommen wird, verweisen die dritte (Erwägungsgrund Nr. 5) und vierte EU-Geldwäscherichtlinie (Erwägungsgrund Nr. 4) einleitend auf den Standard der FATF und darauf, dass dieser Standard mit dem der Geldwäscherichtlinie in Einklang stehen soll. Demzufolge lässt sich festhalten, dass der FATF auch eine zentrale Bedeutung für die Entwicklung von europäischen Standards zur Geldwäschebekämpfung zukommt.

4.1.3.2.1 Erste EU-Geldwäscherichtlinie

Die erste Etappe auf Gemeinschaftsebene bei der Bekämpfung des Phänomens der Geldwäsche bildet die Richtlinie 91/308/EWG des Rates vom 10. Juni 1991 zur Verhinderung der Nutzung des Finanzsystems zum Zwecke der Geldwäsche[20] (sog. erste EU-Geldwäscherichtlinie).

---

[18] Herzog / Achtelik in Herzog / Achtelik, GwG², Rz 70 zur Einleitung.

[19] Abrufbar unter: http://www.europarl.europa.eu/summits/tam_de.htm [20.12.2015].

[20] ABl. L 166 vom 28.06.1991, 77 ff.

Mit dieser Richtlinie sollte ein hoher Standard zum Schutz des Finanzsektors und anderer gefährdeter Tätigkeiten vor den nachteiligen Auswirkungen der aus Straftaten stammenden Erträge gesetzt werden.[21] Im Fokus stand die Bekämpfung der organisierten Kriminalität im Allgemeinen und des Rauschgifthandels im Besonderen. Dabei wurde das Erfordernis einer internationalen Regelung zur Geldwäschebekämpfung damit begründet, dass Maßnahmen, die ausschließlich auf nationaler Ebene getroffen werden, ohne der internationalen Koordinierung und Zusammenarbeit Rechnung zu tragen, nur eine sehr begrenzte Wirkung haben respektive mit der Vollendung des Binnenmarktes unvereinbar sein könnten. Andererseits könnten Geldwäscher versuchen, Vorteile aus der Freiheit des Kapitalverkehrs und der damit verbundenen finanziellen Dienstleistungen zu ziehen, um ihren kriminellen Tätigkeiten leichter nachgehen zu können.[22]

Wie bereits in der Wiener Drogenkonvention[23] erfasst auch in der Richtlinie der Begriff der Geldwäsche nur „vorsätzlich begangene Handlungen"[24]. Eine Verpflichtung zur Schaffung eines Straftatbestandes der Geldwäsche ist jedoch in der Richtlinie nicht ausdrücklich vorgesehen. Art. 2 der Richtlinie verpflichtet die Mitgliedstaaten lediglich dafür zu sorgen, „dass Geldwäsche im Sinne dieser Richtlinie untersagt wird". Die Mitgliedstaaten hatten nämlich ursprünglich eingewandt, dass der Gemeinschaft keine Regelungsbefugnis auf dem Gebiet des Strafrechts zustehe und verwiesen auf die bereits im Rahmen der Wiener Drogenkonvention eingegangene Verpflichtung, Geldwäsche unter Strafe zu stellen.[25]

Den Kern der Richtlinie bilden also die Kriminalisierung der Geldwäsche und die Verpflichtung der Mitgliedstaaten, insbesondere ihren Kredit- und Finanzinstituten bestimmte Pflichten aufzuerlegen, die der Bekämpfung der Geldwäsche dienen. Danach wurden Kredit- und Finanzinstitute verpflichtet, sowohl bei der Kontoeröffnung als auch bei Transaktionen die den Betrag von ECU 15.000 übersteigen, die Bekanntgabe der Identität ihrer Kunden zu verlangen.[26] Bei Verdacht auf Geldwäsche sollten die Kredit- und Finanzinstitute die Identität feststellen, selbst wenn der Betrag der Transaktion unter den genannten Grenzen liegt.[27] Die Identifizierung sollte dokumentiert und die Aufzeichnungen ebenso wie Belege von Transaktionen fünf Jahre lang aufbewahrt werden.[28] Ferner sollten die Institute sowie deren leitendes Personal und deren Angestellte mit den für die Bekämpfung der Geldwäsche zuständigen Behörden in vollem Umfang zusammenarbeiten.[29]

---

[21] Vgl. Erwägungsgrund Nr. 1 der Richtlinie 2001/97/EG in: ABl. L 344 vom 28.12.2001, 76.

[22] ABl. L 166 vom 28.06.1991, 77.

[23] Übereinkommen der Vereinten Nationen gegen den unerlaubten Verkehr mit Suchtstoffen und psychotropen Stoffen vom 19.12.1988.

[24] Vgl. Art. 1 der ersten EU-Geldwäscherichtlinie.

[25] Görg, Terrorismusbekämpfung, S. 24 f.

[26] Art. 3 Abs. 1 und 2 der ersten EU-Geldwäscherichtlinie.

[27] Art. 3 Abs. 6 der ersten EU-Geldwäscherichtlinie.

[28] Art. 4 der ersten EU-Geldwäscherichtlinie.

[29] Art. 6 der ersten EU-Geldwäscherichtlinie.

Der Tatbestand der Geldwäsche wurde am 15. Juli 1992 in das deutsche Strafgesetzbuch (§ 261 StGB) aufgenommen[30] und am 25. Oktober 1993 wurde das Gesetz über das Aufspüren von Gewinnen aus schweren Straftaten (Geldwäschegesetz – GwG)[31] erlassen. Darin wurden die Vorgaben der ersten EU-Geldwäscherichtlinie umfassend umgesetzt.

4.1.3.2.2 Zweite EU-Geldwäscherichtlinie

Die erste EU-Geldwäscherichtlinie wurde durch die Änderungsrichtlinie 2001/97/EG des Europäischen Parlaments und des Rates vom 4. Dezember 2001[32] (sog. zweite EU-Geldwäscherichtlinie) in wesentlichen Teilen modifiziert.

Als Reaktion auf die Suche der Geldwäscher nach anderen Möglichkeiten die Herkunft ihrer inkriminierten Gelder zu verschleiern, wurde die Definition der „Finanzinstitute" in Art. 1 der Richtlinie dahingehend erweitert, als dass nun auch die Tätigkeiten von Wechselstuben und Unternehmen, die das Finanztransfergeschäft betreiben, in den Anwendungsbereich der Richtlinie fallen. Darüber hinaus wurde Art. 2a neu eingefügt, um auch den folgenden juristischen oder natürlichen Personen bei der Ausübung ihrer beruflichen Tätigkeit die Verpflichtungen aus der zweiten EU-Geldwäscherichtlinie aufzuerlegen:

- Abschlussprüfer, externe Buchprüfer und Steuerberater,
- Immobilienmakler,
- Notare und andere selbständige Angehörige von Rechtsberufen, sofern sie für ihren Klienten an der Planung oder Durchführung von Transaktionen mitwirken, die im Einzelnen aufgezählte Geschäftsvorgänge betreffen, oder im Namen und auf Rechnung ihres Klienten Finanz- oder Immobilientransaktionen erledigen,
- Personen, die mit hochwertigen Gütern wie Edelsteinen und Edelmetallen oder mit Kunstwerken handeln, und Versteigerern, wenn eine Zahlung in bar erfolgt und sich der Betrag auf mindestens EUR 15.000 beläuft, und
- Kasinos.

Damit die berufliche Verschwiegenheitsverpflichtung der Notare, selbständigen Angehörigen von Rechtsberufen, Abschlussprüfer, externen Buchprüfer und Steuerberater gewährleistet werden kann, erfolgten Freistellungen von der Pflicht zur Meldung von Informationen, die vor oder nach einem Gerichtsverfahren bzw. während eines Gerichtsverfahrens oder im Rahmen der Beurteilung der Rechtslage für einen Klienten erlangt wurden. Diese Befreiungen sollten jedoch dann nicht gelten, wenn der Rechts- oder Steuerberater an den Geldwäschevorgängen beteiligt ist, die Beratung zum Zwecke der Geldwäsche erteilt wird, oder der Berater weiß, dass der Mandant die Beratung für Zwecke der Geldwäsche in Anspruch nimmt.[33]

---

[30] Art. 1 Nr. 19 OrgKG.

[31] BGBl. 1993 I, 1770 ff.

[32] ABl. L 344 vom 28.12.2001, 76 ff.

[33] Art. 6 Abs. 3 und Erwägungsgrund Nr. 17 der zweiten EU-Geldwäscherichtlinie.

Ferner wurde auch der Begriff der „kriminellen Tätigkeit" einer wesentlichen Änderung unterzogen. Es sollte nicht mehr allein der Rauschgifthandel eine „kriminelle Tätigkeit" im Sinne der Geldwäscherichtlinie darstellen, sondern auch Handlungen krimineller Vereinigungen, Betrug, Bestechung sowie Straftaten, die beträchtliche Erträge hervorbringen können und damit auch die finanziellen Interessen der Gemeinschaft berühren und nach dem Strafrecht des Mitgliedstaats mit einer langen Freiheitsstrafe geahndet werden können. Zudem wurde es den Mitgliedstaaten freigestellt, weitere Straftaten als kriminelle Handlungen im Sinne dieser Richtlinie zu benennen.[34]

Die Mitgliedstaaten sollten zudem dafür Sorge tragen, dass die dieser Richtlinie unterliegenden Institute und Personen spezifische und angemessene Maßnahmen ergreifen, die erforderlich sind, um das erhöhte Geldwäscherisiko auszugleichen, das bei der Aufnahme von Geschäftsbeziehungen oder beim Einleiten einer Transaktion mit einem Kunden, der zur Feststellung der Identität nicht physisch anwesend war, entsteht (Ferngeschäfte).[35]

Die Richtlinie sollte bis zum 15. Juni 2003 jeweils in nationales Recht umgesetzt sein. Deutschland ist dieser Verpflichtung mit der Novellierung des ursprünglichen Textes des GwG durch das Gesetz zur Verbesserung der Bekämpfung der Geldwäsche und der Bekämpfung der Finanzierung des Terrorismus vom 8. August 2002, in Kraft getreten am 15. August 2002 (Geldwäschebekämpfungsgesetz)[36], nachgekommen.

4.1.3.2.3 Dritte EU-Geldwäscherichtlinie

Am 15. Dezember 2005 haben das Europäische Parlament und der Rat die Richtlinie 2005/60/EG zur Verhinderung der Nutzung des Finanzsystems zum Zwecke der Geldwäsche und der Terrorismusfinanzierung[37] (sog. dritte EU-Geldwäscherichtlinie) erlassen. Hierbei handelt es sich um eine vollständig neu gefasste Richtlinie, mit der die erste EU-Geldwäscherichtlinie 91/308/EWG aufgehoben wurde, und damit sowohl diese als auch die Änderungsrichtlinie 2001/97/EG[38] vollständig ersetzt wurden.

Nachdem die FATF im Jahre 2003 ihre 40 Empfehlungen zur Bekämpfung der Geldwäsche aktualisiert hatte, galt es, die Umsetzung dieses überarbeiteten internationalen Standards zur Sicherung der Integrität des Finanzsystems in der Europäischen Gemeinschaft zu gewährleisten. In diesem Sinne verweist die dritte EU-Geldwäscherichtlinie[39] einleitend auf die FATF-Empfehlungen und darauf, dass die Richtlinie mit dem neuen internationalen Standard im Einklang stehen soll.

Überdies hatte die FATF aufgrund der Ereignisse vom 11. September 2001 ihr Mandat auf die Bekämpfung der Terrorismusfinanzierung ausgedehnt, sodass eine Integration der in diesem Zusammenhang von der FATF verabschiedeten neun Sonderempfehlungen in

[34] Art. 1 lit. E) der zweiten EU-Geldwäscherichtlinie.

[35] Art. 3 Abs. 11 der zweiten EU-Geldwäscherichtlinie.

[36] BGBl. 2002 I, 3105 ff.

[37] ABl. L 309 vom 25.11.2005, 15 ff.

[38] Sog. zweite EU-Geldwäscherichtlinie.

[39] Vgl. Erwägungsgrund Nr. 5 der dritten EU-Geldwäscherichtlinie.

die neue EU-Geldwäscherichtlinie erforderlich war.[40] Dabei wird der Begriff der Terrorismusfinanzierung in der Richtlinie[41] als „die Bereitstellung oder Sammlung finanzieller Mittel, gleichviel auf welche Weise, unmittelbar oder mittelbar, mit der Absicht oder in Kenntnis dessen, dass sie ganz oder teilweise zu terroristischen Straftaten verwendet werden" beschrieben.

Aus Anlass der Integration der Bekämpfung der Terrorismusfinanzierung war es zudem erforderlich, in den Katalog der „schweren Straftaten" ausdrücklich auch terroristische Straftaten aufzunehmen.[42] Das Europäische Parlament und der Rat der Europäischen Union haben jedoch davon abgesehen, entgegen dem Richtlinien-Vorschlag der Europäischen Kommission und der Sonderempfehlung II der FATF, die Terrorismusfinanzierung explizit als Geldwäschehandlung aufzunehmen. Die Terrorismusfinanzierung beschreibt nämlich exakt den umgekehrten Fall der Geldwäsche, indem aus „sauberem" Vermögen durch seine rechtswidrige terroristische Zweckbestimmung und Verwendung „schmutziges" Vermögen wird. Dennoch hat der Richtliniengeber dieses rechtsdogmatische Problem nicht gänzlich vermieden, indem er terroristische Straftaten in den Katalog der „schweren Straftaten" und damit der „kriminellen Tätigkeiten" aufgenommen hat.[43]

Nachdem bereits mit der zweiten EU-Geldwäscherichtlinie eine Erweiterung des Adressatenkreises, vor allem auf Angehörige rechtsberatender Berufe erfolgte[44], enthält die dritte EU-Geldwäscherichtlinie erneut eine Ausdehnung auf weitere Berufsgruppen. Die Bestimmungen der Richtlinie gelten nunmehr auch für Versicherungsvermittler[45] und Dienstleister für Trusts und Gesellschaften.[46] Außerdem wurde hinsichtlich der Händler mit Gütern[47] eine Ausdehnung dahingehend vorgenommen, als dass unabhängig von den gehandelten Gegenständen bei Barzahlung von EUR 15.000 oder mehr Sorgfaltspflichten wahrzunehmen sind.

Eine wesentliche Neuerung in der dritten EU-Geldwäscherichtlinie bestand in der Einführung eines sog. risikoorientierten Ansatzes („risk-based approach"). Dieser Ansatz sollte den bisher in der Geldwäschebekämpfung anzutreffenden regelbasierten Ansatz ablösen, dessen Verpflichtungen primär in der Einhaltung von formellen Identifizierungspflichten

---

[40] Siehe ergänzend die Ausführungen im Abschn. 4.1.3.1.1.

[41] Art. 1 Abs. 4 der dritten EU-Geldwäscherichtlinie.

[42] Art. 3 Ziff. 5 lit. a) der dritten EU-Geldwäscherichtlinie.

[43] Görg, Terrorismusbekämpfung, S. 87.

[44] Siehe ergänzend die Ausführungen im Abschn. 4.1.3.2.2.

[45] Art. 3 Ziff. 2 lit. e) der dritten EU-Geldwäscherichtlinie.

[46] Art. 2 Abs. 1 lit. c) der dritten EU-Geldwäscherichtlinie. Ein „Dienstleister für Trusts und Gesellschaften" ist jede natürliche oder juristische Person, die geschäftsmäßig eine der in Art. 3 Ziff. 7 lit. a) bis e) aufgelisteten Dienstleistungen erbringt, beispielsweise die Gründung von Gesellschaften oder anderen juristischen Personen; die Ausübung der Funktion eines Leiters oder Geschäftsführers einer Gesellschaft oder die Wahrnehmung einer vergleichbaren Position gegenüber anderen juristischen Personen; die Bereitstellung eines Geschäftssitzes, einer Geschäfts-, Verwaltungs- oder Postadresse und anderer damit zusammenhängender Dienstleistungen für eine Gesellschaft.

[47] Art. 2 Abs. 1 lit. e) der dritten EU-Geldwäscherichtlinie.

und konkreten Maßnahmenkatalogen bestand. Dem risikoorientierten Ansatz liegt die Annahme zugrunde, dass nicht jeder Kunde, jede Transaktion oder jedes Finanzprodukt in gleichem Maße geldwäschegefährlich ist.[48]

Aufgrund der Ausrichtung am Risiko wurden auch die Sorgfaltspflichten neu normiert. Die dritte EU-Geldwäscherichtlinie erlaubt im Sinne einer gezielten Ressourcenallokation einerseits Erleichterungen bei den Sorgfaltspflichten, sofern die betreffenden Finanztransaktionen nur ein geringes Geldwäscherisiko in sich bergen.[49] Andererseits werden für Fälle von erhöhtem Risiko der Geldwäsche oder Terrorismusfinanzierung verstärkte Sorgfaltspflichten vorgeschrieben.[50] Dabei werden exemplarisch drei Konstellationen aufgelistet, bei welchen verpflichtend von einem erhöhten Risiko auszugehen ist und daher verstärkte Maßnahmen zur Anwendung gelangen müssen. Die erste betrifft jene Fälle, bei denen der Kunde zur Feststellung der Identität nicht physisch anwesend war (Korrespondenzwegbeziehungen). Die zweite Konstellation umfasst Korrespondenzbankbeziehungen zu Korrespondenzinstituten aus Drittländern. Schließlich wird ein erhöhtes Risiko auch bei Transaktionen oder Geschäftsbeziehungen mit politisch exponierten Personen („politically exposed persons", PEPs) gesehen. Die vorgesehenen verstärkten Sorgfaltspflichten gelten allerdings nur für PEPs, die in einem anderen Mitgliedstaat oder in einem Drittland ansässig sind. Die Zuordnung zu den verstärkten Sorgfaltspflichten erfolgte vor dem Hintergrund der Korruptionsanfälligkeit von PEPs.[51]

Im Sinne der Risikoorientierung wurden auch neue Regeln für die Identifizierung aufgestellt. Die Identifizierung soll nicht durch eine bloße Aufzeichnung der Identitätsangaben erfolgen. Vielmehr sollte eine qualifizierte Identitätsfeststellung angestrebt werden, in deren Rahmen die Verpflichteten je nach Risikokategorien Informationen über die Art und den Zweck der Geschäftsbeziehung einholen und diese kontinuierlich überwachen müssen.[52]

Um die Transparenz zu fördern erhalten zudem die Normen über den wirtschaftlichen Eigentümer eine bedeutende Stellung. Dabei wird der wirtschaftliche Eigentümer in Art. 3 Ziff. 6 der Richtlinie ausführlich definiert.

Neu an der dritten EU-Geldwäscherichtlinie war auch die Ermächtigung der Kommission, Durchführungsmaßnahmen zu erlassen, wie zum Beispiel zur Festlegung technischer Kriterien für die Beurteilung der Frage, ob ein geringes oder hohes Risiko der Geldwäsche besteht.[53] Diese Ermächtigung hat die Kommission sodann bereits durch die Richtlinie 2006/70/EG[54] vom 1. August 2006 hinsichtlich der Begriffsbestimmungen von PEPs und der Festlegung der technischen Kriterien für vereinfachte Sorgfaltspflichten sowie für die

---

[48] Vgl. Erwägungsgrund Nr. 10 der dritten EU-Geldwäscherichtlinie; Herzog / Achtelik in Herzog / Achtelik, GwG², Rz 84 zur Einleitung.

[49] Art. 11 der dritten EU-Geldwäscherichtlinie.

[50] Art. 13 der dritten EU-Geldwäscherichtlinie.

[51] Herzog / Achtelik in Herzog / Achtelik, GwG², Rz 87 zur Einleitung.

[52] Art. 8 Abs. 1 lit. c) und d) der dritten EU-Geldwäscherichtlinie; Herzog / Achtelik in Herzog / Achtelik, GwG², Rz 88 zur Einleitung.

[53] Art. 40 der dritten EU-Geldwäscherichtlinie.

[54] ABl. L 214 vom 04.08.2006, 29 ff.

Befreiung von Fällen, in denen nur gelegentlich oder in sehr eingeschränktem Umfang Finanzgeschäfte getätigt werden, genutzt.

In Deutschland erfolgte die Umsetzung der dritten EU-Geldwäscherichtlinie mit dem Gesetz zur Ergänzung der Bekämpfung der Geldwäsche und der Terrorismusfinanzierung vom 13. August 2008, in Kraft getreten am 21. August 2008 (Geldwäschebekämpfungsergänzungsgesetz – GwBekErgG[55]).

4.1.3.2.4 Vierte EU-Geldwäscherichtlinie

Am 25. Juni 2015 haben das Europäische Parlament und der Rat die Richtlinie 2015/849/EU zur Verhinderung der Nutzung des Finanzsystems zum Zwecke der Geldwäsche und der Terrorismusfinanzierung, zur Änderung der Verordnung Nr. 648/2012 des Europäischen Parlaments und des Rates und zur Aufhebung der Richtlinie 2005/60/EG des Europäischen Parlaments und des Rates und der Richtlinie 2006/70/EG der Kommission[56] (sog. vierte EU-Geldwäscherichtlinie) erlassen.

Mit der vierten Geldwäscherichtlinie wurden die Richtlinie 2005/60/EG[57] sowie die im vorherigen Kapitel erwähnte Richtlinie 2006/70/EG aufgehoben und letztere in die vierte EU-Geldwäscherichtlinie integriert. Korrespondierend dazu wurde ebenfalls die Verordnung (EU) 2015/847[58] über die Übermittlung von Angaben bei Geldtransfers und zur Aufhebung der (bisherigen Geldtransfer-) Verordnung (EU) Nr. 1781/2006[59] veröffentlicht.

Hauptanlass für die Novellierung war der Umstand, dass die europäischen Regelungen zur Bekämpfung der Geldwäsche und Terrorismusfinanzierung an die überarbeiteten FATF-Empfehlungen 2012 angepasst werden mussten. In diesem Sinne verweist die vierte EU-Geldwäscherichtlinie[60] einleitend auf die FATF-Empfehlungen und darauf, dass die Richtlinie mit dem neuen internationalen Standard im Einklang stehen soll. Der europäische Gesetzgeber hat jedoch die Gelegenheit auch genutzt, um eigene Akzente zu setzen.

Im Fokus der neuen Richtlinie steht eine deutliche Verstärkung des risikoorientierten Ansatzes. Während die dritte EU-Geldwäscherichtlinie noch eine Liste vordefinierter Situationen mit geringerem oder erhöhtem Geldwäscherisiko enthielt, so verlangt die Novelle von den Verpflichteten, jede Geschäftsbeziehung und Transaktion individuell auf ihr jeweiliges Geldwäscherisiko zu prüfen. Umstände, die nach der dritten EU-Geldwäscherichtlinie automatisch zu einer Einstufung als geringeres Risiko führten (vereinfachte Sorgfaltspflichten), beispielsweise bei anderen Instituten, börsennotierten Unternehmen oder inländischen Behörden als Kunden, sind künftig lediglich als einzelne „Risikofaktoren" anzusehen. Erst die Gesamtbetrachtung aller relevanten Risikofaktoren führt zu der Endbewertung, ob eine individuelle Situation als geringeres oder erhöhtes Risiko angesehen werden muss.

---

[55] BGBl. 2008 I, 1690 ff.

[56] ABl. L 141 vom 05.06.2015, 73 ff.

[57] Sog. dritte EU-Geldwäscherichtlinie.

[58] ABl. L 141 vom 05.06.2015, 1 ff.

[59] ABl. L 345 vom 08.12.2006, 1 ff.

[60] Vgl. Erwägungsgrund Nr. 4 der vierten EU-Geldwäscherichtlinie.

Dadurch sollen Automatismen bei der Risikobewertung verhindert werden. Eine Durchbrechung gibt es allerdings bei der Beurteilung einiger Hochrisikosituationen: PEPs, Korrespondenzbankbeziehungen sowie Kunden aus bestimmten Hochrisikoländern werden weiterhin automatisch als Hochrisikosituation eingestuft. Betreffend „Drittländer mit hohem Risiko" wird die EU-Kommission eine „Black List" herausgeben. Das bisherige Konzept einer „White List" mit äquivalenten Drittländern wird aufgegeben.

Hinzu kommt, dass die vierte EU-Geldwäscherichtlinie die Definition einer PEP erweitert. Neu ist, dass Mitglieder der Führungsgremien politischer Parteien sowie Personen, die bei internationalen Organisationen wichtige Ämter innehaben, als PEP gelten. Außerdem verzichtet die vierte EU-Geldwäscherichtlinie auf eine Unterscheidung zwischen inländischen und ausländischen PEPs.

Darüber hinaus wird der risikoorientierte Ansatz auch auf die Mitgliedstaaten sowie die Aufsichtsbehörden ausgedehnt. Neu werden demnach die Mitgliedstaaten verpflichtet, eine nationale Risikoanalyse zu erstellen und zu aktualisieren, welche anderen Mitgliedstaaten zur Verfügung zu stellen ist. Auch die Aufsichtsbehörden werden in die Pflicht genommen und sollen ihre Ressourcen zielorientierter einsetzen. Dadurch sollen Bereiche, in denen ein höheres Risiko von Geldwäsche und Terrorismusfinanzierung besteht, effizienter bearbeitet werden können. Des Weiteren sollen die Europäischen Aufsichtsbehörden (European Banking Authority (EBA), European Securities and Markets Authority (ESMA), European Insurance and Occupational Pensions Authority (EIOPA)) eine gemeinsame Stellungnahme zu den Risiken der Geldwäsche und Terrorismusfinanzierung für den Finanzsektor der EU erarbeiten, die wiederum in einen supranationalen Risikobericht einfließen soll, den die EU-Kommission anzufertigen hat.

Was den Anwendungsbereich der vierten EU-Geldwäscherichtlinie betrifft, so erfolgt eine Herabsetzung der Schwelle für Personen, die gewerblich mit Gütern handeln, bei Barzahlungen von EUR 15.000 auf EUR 10.000. Ferner werden die Geldwäschebestimmungen auf sämtliche Anbieter von Glücksspieldiensten (bisher nur Kasinos) ausgedehnt.

Die vierte EU-Geldwäscherichtlinie sieht daneben auch vor, dass alle Steuerstraftaten, die im Höchstmaß mit einer Freiheitsstrafe von mehr als einem Jahr belegt werden können, als Vortat zur Geldwäsche einzustufen sind.

Art. 30 der vierten EU-Geldwäscherichtlinie begründet eine neue Art der Mitwirkungspflicht der Kunden. Danach sind künftig alle juristischen Personen verpflichtet, präzise und aktuelle Angaben zu ihren wirtschaftlich Berechtigten sowie zu Art und Umfang der wirtschaftlichen Berechtigung einzuholen und aufzubewahren. Diese Informationen sind in jedem Mitgliedstaat in einem zentralen Register aufzubewahren. Das Register ist nicht öffentlich einsehbar. Zugang erhalten grundsätzlich nur die Aufsichtsbehörden, die zentralen Verdachtsmeldestellen, Verpflichtete im Rahmen der Erfüllung der Sorgfaltspflichten sowie andere Personen oder Organisationen, die ein berechtigtes Interesse nachweisen können. Wo das Register in Deutschland eingerichtet wird, ist derzeit noch offen. Die registerführende Stelle muss die Angaben nicht überprüfen. Dies wird auch künftig Aufgabe der Verpflichteten sein.

Erstmals erhalten mit der vierten EU-Geldwäscherichtlinie auch die Europäischen Aufsichtsbehörden verbindliche Aufgaben im Bereich der Geldwäschebekämpfung: Neben der schon erwähnten gemeinsamen Stellungnahme für den Risikobericht der EU-Kommission müssen sie auch zu verschiedenen Punkten, die die Richtlinie nicht abschließend klärt, Leitlinien bzw. technische Regulierungsstandards entwerfen, zum Beispiel zu Voraussetzungen und Aufgaben der zentralen Kontaktstellen, zur risikoorientierten Aufsicht durch die zuständigen Behörden und zu den Risikofaktoren und Maßnahmen, die in Fällen geringeren oder erhöhten Risikos zu beachten sind. Erste Entwürfe wurden bereits zu Konsultationszwecken seitens der Europäischen Aufsichtsbehörden veröffentlicht.

Im Bereich der Sanktionen kommt es durch die vierte EU-Geldwäscherichtlinie zu deutlichen Verschärfungen. So legt sie beispielsweise für Kredit- und Finanzinstitute eine maximale Bußgeldhöhe von EUR 5 Mio. oder 10 % des jährlichen Gesamtumsatzes fest. Für deutsche Institute bedeutet dies eine wesentliche Änderung, da das GwG bisher nur maximale Bußgelder von EUR 100.000 vorsieht.[61] Ferner sollen künftig die betroffene natürliche oder juristische Person und die Art des Verstoßes öffentlich bekannt gegeben werden, sofern keine der Ausnahmen nach Art. 60 der vierten EU-Geldwäscherichtlinie greift. Ergänzend haben die nationalen Aufsichtsbehörden alle verwaltungsrechtlichen Sanktionen und Maßnahmen, die gemäß den Artikeln 58 und 59 der vierten EU-Geldwäscherichtlinie gegen Kredit- und Finanzinstitute verhängt werden, an die Europäischen Aufsichtsbehörden zu melden.

Die Mitgliedstaaten müssen die Bestimmungen der vierten EU-Geldwäscherichtlinie bis zum 26. Juni 2017 in nationales Recht umsetzen. Auch die sog. Geldtransferverordnung[62] wird erst mit Ablauf dieser Frist Gültigkeit erlangen.

Auch wenn einzelne Bestandteile der vierten EU-Geldwäscherichtlinie bereits in Deutschland umgesetzt wurden, bedeutet die verstärkte Fokussierung auf den risikoorientierten Ansatz einen nicht zu unterschätzenden Aufwand der Verpflichteten im Rahmen der regelmäßigen Gefährdungsanalyse. Auch die signifikante Erhöhung der potentiellen Bußgelder ist als ein deutliches Signal an die Verpflichteten zu sehen, sodass eine verstärkte Sensibilisierung der Verpflichteten zu erwarten sein wird.

4.2 Verpflichtungen der Wirtschaftsprüfer und Steuerberater nach dem Geldwäschegesetz

Seit dem Inkrafttreten der Änderungen des GwG durch das Geldwäschebekämpfungsgesetz[63] am 15. August 2002 unterliegt der Berufsstand der Wirtschaftsprüfer und Steuerberater erstmals einer gesetzlichen Mitwirkungspflicht bei der Bekämpfung der Geldwäsche.[64]

---

[61] Siehe ergänzend die Ausführungen im Abschn. 4.2.2.8.

[62] Verordnung (EU) 2015/847.

[63] BGBl. Nr. 57 I, 3105 ff.

[64] Siehe ergänzend die Ausführungen im Abschn. 4.1.3.2.2.

Durch das GwBekErgG vom 13. August 2008[65] kam es zu einer erneuten Novellierung des GwG, welche am 21. August 2008 in Kraft getreten ist. Mit dem GwBekErgG wurden zahlreiche Vorschriften des GwG in der Fassung aus dem Jahr 2002 geändert und damit neue und weitergehende Verpflichtungen für Wirtschaftsprüfer und Steuerberater zur Bekämpfung der Geldwäsche und der Terrorismusfinanzierung geschaffen.[66]

Das GwG ist zuletzt durch das Gesetz zur Optimierung der Geldwäscheprävention vom 22. Dezember 2011[67], das in wesentlichen Teilen am 29. Dezember 2011, im Übrigen am 1. März 2012 in Kraft getreten ist, sowie durch Gesetz zur Ergänzung des Geldwäschegesetzes (GwGErgG) vom 18. Februar 2013[68], in Kraft getreten am 19. Februar 2013, geändert worden.

Durch das Gesetz zur Optimierung der Geldwäscheprävention vom 22. Dezember 2011 sollten Defizite beseitigt werden, welche die FATF im Rahmen ihrer Deutschland-Prüfung im Jahre 2009 in Bezug auf die von ihr gesetzten Standards festgestellt hat. Diese gehen teilweise über die Anforderungen der dritten EU-Geldwäscherichtlinie hinaus und sind für Deutschland als Mitgliedstaat der FATF verbindlich. Darüber hinaus hatte die Europäische Kommission Deutschland im Januar 2011 aufgefordert, die dritte EU-Geldwäscherichtlinie vollständig umzusetzen.

Mit dem GwGErgG wurde der Kreis der Verpflichteten auf die Veranstalter und Vermittler von Glücksspielen im Internet ausgedehnt. Eine Anpassung war unter anderem aus dem Grund erforderlich, da das sog. Onlineglücksspiel zuvor in Deutschland ausnahmslos verboten war und es demzufolge auch nicht erforderlich war, diese Form des Glücksspiels in den Verpflichtetenkreis des GwG einzubeziehen. Eine Einbeziehung des Onlineglücksspiels war auch aus europarechtlichen Gründen erforderlich: Der Erwägungsgrund Nr. 14 der Richtlinie 2005/60/EG[69] besagt, dass diese auch für die Tätigkeiten der dieser Richtlinie unterliegenden Institute und Personen gelten soll, die über das Internet ausgeübt werden.

Durch diese letzten Gesetzesnovellen wurden im GwG erneut zahlreiche Vorschriften geändert und durch das Gesetz zur Optimierung der Geldwäscheprävention vom 22. Dezember 2011 auch für Wirtschaftsprüfer und Steuerberater neue Pflichten zur Bekämpfung der Geldwäsche und der Terrorismusfinanzierung geschaffen.

Die geldwäscherechtliche Aufsicht über die Wirtschaftsprüfer wird von der Wirtschaftsprüferkammer (§ 16 Abs. 2 Ziff. 7 GwG i. V. m § 57 Abs. 2 Ziff. 17 WPO) und über die Steuerberater von der jeweils örtlich zuständigen Steuerberaterkammer (§ 16 Abs. 2 Ziff. 8 GwG iVm § 76 StBerG) ausgeübt. Hinsichtlich der Steuerberater ist jedoch ergänzend darauf hinzuweisen, dass gewisse Kompetenzen von der Bundessteuerberaterkammer wahrgenommen werden. Zur Umsetzung der Sorgfaltspflichten und internen Sicherungsmaßnahmen hat die

[65] BGBl. Nr. 37 I, 1690 ff.

[66] Siehe ergänzend die Ausführungen im Abschn. 4.1.3.2.3.

[67] BGBl. Nr. 70 I, 2959 ff.

[68] BGBl. Nr. 9 I, 268 ff.

[69] Sog. dritte EU-Geldwäscherichtlinie.

Wirtschaftsprüferkammer Auslegungs- und Anwendungshinweise[70] respektive die Bundessteuerberaterkammer Anwendungshinweise erlassen[71] (§ 16 Abs. 5 GwG). Diese Hinweise dienen der Erläuterung der berufsgruppenspezifischen Anwendung des GwG und enthalten in diesem Sinne für Wirtschaftsprüfer und Steuerberater praxisbezogene Ausführungen. Sie sind daher umfassender Gegenstand der nachfolgenden Ausführungen, wobei die Anwendungshinweise der Bundessteuerberaterkammer nicht in vollem Umfang Berücksichtigung finden können.[72]

4.2.1 Gefährdung von Wirtschaftsprüfern und Steuerberatern durch Geldwäsche

Eine vom Bundesministerium der Justiz in Auftrag gegebene Studie des Max-Planck-Institutes für ausländisches und internationales Strafrecht vom Oktober 2004 hat sich mit der Gefährdung von Rechtsanwälten, Steuerberatern, Notaren und Wirtschaftsprüfern durch Geldwäsche befasst. Dabei wurde untersucht, inwieweit dieser Personenkreis tatsächlich von Geldwäsche betroffen ist und auf welche Weise versucht wird, sie zu Geldwäschezwecken zu missbrauchen.

Im Rahmen der Studie wurden neben Rechtsanwälten, Fachanwälten für Steuer- und Strafrecht, Notaren und vereidigten Buchprüfern auch 712 Wirtschaftsprüfer und Wirtschaftsprüfungsgesellschaften sowie 2300 Steuerberater befragt und relevante Ermittlungsverfahren angesehen und die dazugehörigen Verfahrensakten inhaltlich analysiert.[73] Im Ergebnis kommt die Studie u. a. zum Schluss, dass die untersuchten Berufsgruppen durch Geldwäsche aktiv, d. h. durch die bewusste Ermöglichung von bzw. der Beteiligung an herkunftsverschleiernden Finanztransaktionen von innen bzw. passiv, also durch den Missbrauch gutgläubiger Angehöriger des Berufsstandes von außen, gefährdet sind.[74]

Gefragt nach dem markantesten Fall eines Geldwäscheverdachts wurden von Wirtschaftsprüfern und Steuerberatern u. a.

- die Vortäuschung von Warentermingeschäften,
- die Ausweisung fiktiver Einnahmen,
- der Immobilienerwerb mit Schwarzgeld im Sinne einer Zuzahlung außerhalb des notariellen Kaufpreises,

---

[70] abrufbar unter http://www.wpk.de/uploads/tx_templavoila/WPK-Bekaempfung_der_Geldwaesche-Anwendungshinweise_01.pdf [28.12.2015].

[71] abrufbar unter: http://www.bstbk.de/export/sites/standard/de/ressourcen/Dokumente/04_presse/pressedossiers/03-2009-04-21_Anwendungshinweise_zum_GwG.pdf [28.12.2015].

[72] Diese wurden am 21.04.2009 beschlossen, sodass das hier relevante Gesetz zur Optimierung der Geldwäscheprävention vom 22.12.2011 noch außen vor ist.

[73] Max-Planck-Institut, Gefährdung von Rechtsanwälten et al., S. 7, abrufbar unter: http://www.wpk.de/uploads/tx_templavoila/wpk-bekaempfung_der_geldwaesche-gefaehrdung.pdf [28.12.2015].

[74] Max-Planck-Institut, Gefährdung von Rechtsanwälten et al., S. 91, a. a. O.

- die Gewinntransferierung in Off-Shore-Bereiche und Steueroasen,
- aus dem Ausland stammende erhebliche Anlagebeträge inländischer Mandanten im Immobilienbereich, und
- Beteiligungen von Personen oder Gesellschaften aus der ehemaligen Sowjetunion an deutschen Unternehmen

genannt.[75]

Außerdem wurden die untersuchten Berufsgruppen gefragt, bei welchen typischen Aufgaben innerhalb der jeweiligen Berufsausübung sie sich am ehesten vorstellen können, einem Geldwäscherisiko zu unterliegen. Dabei wurden von den Wirtschaftsprüfern insbesondere Treuhandtätigkeiten, Immobilientransaktionen und Unternehmensbeteiligungen genannt. Darüber hinaus sehen Wirtschaftsprüfer einen Schwerpunkt von Geldwäscheaktivitäten in der Abwicklung von Auslandsgeschäften. Besonders Beratungsmandate und Rechtsverhältnisse mit Bezügen in sogenannte Steueroasen und typische Standorte von Briefkastengesellschaften werden hier als äußerst anfällig für den Missbrauch durch Geldwäsche beschrieben.

Allgemeiner gehaltene Antworten betreffen die Testierung der Ordnungsmäßigkeit von Buchhaltung und Jahresabschlüssen vor allem von Unternehmen, die ohnehin mit „unsauberem" Geld Geschäfte abwickeln. Überdies wurde auf die Prüfung von Umsätzen hingewiesen, bei denen typischerweise mit hohen Bargeldbeträgen bezahlt wird, wie etwa im Gebrauchtwagenhandel, in der Automatenbranche, im Immobilien- und auch im Gastronomiebereich.[76]

Die Beratung von Gaststätten wird auch aus der Gruppe der Steuerberater als auffallend geldwäscheanfällig beschrieben. Insbesondere Gastronomiebetriebe mit ausländischen Inhabern (hier vor allem Pizzerien und chinesische Restaurants) seien häufig genug Garant für fingierte Angaben im Rahmen der Bilanzerstellung. Daneben werden, wie bei Wirtschaftsprüfern auch, vor allem Treuhandaufträge und die Verwaltung fremden Geldes in den Vordergrund gerückt. Auch der An- und Verkauf von Immobilien wird ebenso genannt wie kritisch zu bewertende Auslandsbezüge (in Form von Kapital- bzw. sonstigen Vermögensanlagen) oder die Beteiligung an Unternehmen und Firmen. Problematisiert werden darüber hinaus auch Jahresabschlüsse für sogenannte Scheinfirmen.[77]

4.2.2 Sorgfaltspflichten gemäß dem Geldwäschegesetz

Im Zuge der Umsetzung der dritten EU-Geldwäscherichtlinie wurde der sog. risikoorientierte Ansatz im GwG eingeführt, wodurch die Sorgfaltspflichten neu normiert wurden.[78] Dies bedeutet, dass die Sorgfaltspflichten nicht starr gelten, sondern nach Maßgabe der einschlägigen Vorschriften in Relation zum Risiko der Geldwäsche und der Terrorismusfinanzierung zu erfüllen sind. Wirtschaftsprüfer und Steuerberater haben daher bei der

[75] Max-Planck-Institut, Gefährdung von Rechtsanwälten et al., S. 15, a. a. O.

[76] Max-Planck-Institut, Gefährdung von Rechtsanwälten et al., S. 22, a. a. O.

[77] Max-Planck-Institut, Gefährdung von Rechtsanwälten et al., S. 22, a. a. O.

[78] Siehe ergänzend die Ausführungen im Abschn. 4.1.3.2.3.

Anwendung der Sorgfaltspflichten den konkreten Umfang der Maßnahmen entsprechend dem Risiko des Vertragspartners, der Geschäftsbeziehung oder der Transaktion selbst zu bestimmen (§3 Abs. 4 S. 1 GwG). Auf Verlangen müssen Wirtschaftsprüfer gegenüber der Wirtschaftsprüferkammer und Steuerberater gegenüber der jeweils örtlich zuständigen Steuerberaterkammer darlegen können, dass der Umfang der von ihnen getroffenen Maßnahmen als risikoangemessen anzusehen ist (§ 3 Abs. 4 S. 2 GwG).

Zum anderen hat der risikoorientierte Ansatz zur Folge, dass Wirtschaftsprüfer und Steuerberater unter dem Vorbehalt einer eigenen Risikobewertung in den Fällen des § 5 Abs. 2 GwG von der Erfüllung bestimmter Sorgfaltspflichten absehen können (vereinfachte Sorgfaltspflichten). Umgekehrt sieht das GwG zusätzliche Sorgfaltspflichten für Fallkonstellationen vor, bei denen ein erhöhtes Risiko besteht (§ 6 GwG; verstärkte Sorgfaltspflichten).

4.2.2.1 Anwendungsbereich

Die in § 3 Abs. 1 GwG definierten Sorgfaltspflichten sind nach § 3 Abs. 2 Ziff. 1 GwG bei Begründung einer Geschäftsbeziehung zu erfüllen. Eine Geschäftsbeziehung im Sinne von § 1 Abs. 3 GwG liegt jedoch nur dann vor, sofern bei Zustandekommen des geschäftlichen Kontakts davon ausgegangen werden kann, dass die Geschäftsbeziehung von gewisser Dauer sein wird. Insofern entstehen die Sorgfaltspflichten grundsätzlich erst mit Abschluss des Vertrages und nicht bereits in der reinen Anbahnungsphase.[79]

Eine Geschäftsbeziehung im Sinne von § 1 Abs. 3 GwG liegt aber auch dann nicht vor, wenn sich der eingegangene Vertrag in einer einmaligen Erfüllungshandlung erschöpft, wie etwa bei einer reinen Abschlussprüfung oder einem Steuerberatungsvertrag, welcher lediglich für ein Geschäftsjahr bzw. für ein Veranlagungsjahr in Auftrag gegeben wird, oder bei einem einmaligen Auftrag zur Erstellung der Buchführung, einer Steuererklärung, eines Jahresabschlusses oder eines Gutachtens.[80]

Eine Entscheidung ist unter Würdigung der Gesamtumstände zu treffen. Zeichnet sich etwa bereits bei Erstbeauftragung zu einer Abschlussprüfung ab, dass eine weitere Beauftragung für sich anschließende Geschäftsjahre beabsichtigt ist, liegt eine Geschäftsbeziehung vor. Die Identifizierungspflichten gemäß § 3 Abs. 1 GwG entstehen in diesem Fall bereits mit der Erstbeauftragung.[81]

Sollte den Anforderungen des § 3 Abs. 1 GwG bei der Erstbeauftragung nicht genügt worden sein, weil etwa der Wirtschaftsprüfer mit einer Abschlussprüfung für nur ein Geschäftsjahr oder einer einmaligen Erstellungshandlung ohne erkennbaren Willen des Mandaten, dass eine Folgebeauftragung erfolgen soll, beauftragt wurde, und es tritt entgegen den Erwartungen eine Folgebeauftragung ein, ist den Sorgfaltspflichten spätestens zum Zeitpunkt der Folgebeauftragung nachzukommen.[82]

---

[79] Bundessteuerberaterkammer, Anwendungshinweise, S. 3.

[80] Wirtschaftsprüferkammer, Auslegungs- und Anwendungshinweise, S. 4; Bundessteuerberaterkammer, Anwendungshinweise, S. 2.

[81] Warius in Herzog / Achtelik, GwG^2, Rz 171 zu § 2.

[82] Wirtschaftsprüferkammer, Auslegungs- und Anwendungshinweise, S. 4.

▸ **Beraterhinweis** Zur Vermeidung von Zweifelsfragen empfiehlt es sich, grundsätzlich bei sämtlichen Aufträgen Maßnahmen nach § 3 Abs. 1 GwG durchzuführen.

Vergleichbar ist die Situation beim Abschluss eines Steuerberatungsvertrages. Entscheidend ist auch hier die Frage, ob bereits im Rahmen der Erstbeauftragung erkennbar wird, dass eine Beauftragung über ein Veranlagungsjahr hinaus beabsichtigt ist. Die Identifizierungspflicht entsteht spätestens im Zeitpunkt der Folgebeauftragung.[83]

Ungeachtet der Dauer der Geschäftsbeziehung sind Sorgfaltspflichten zu erfüllen,

1. im Falle der Durchführung einer außerhalb einer bestehenden Geschäftsbeziehung anfallenden Transaktion im Wert von EUR 15.000 oder mehr; dies gilt auch, wenn mehrere Transaktionen durchgeführt werden, die zusammen einen Betrag im Wert von EUR 15.000 oder mehr ausmachen, sofern Anhaltspunkte dafür vorliegen, dass zwischen ihnen eine Verbindung besteht,
2. im Falle des Vorliegens von Tatsachen, die darauf hindeuten, dass es sich bei Vermögenswerten, die mit einer Transaktion oder Geschäftsbeziehung im Zusammenhang stehen, um den Gegenstand einer Straftat nach § 261 StGB handelt oder die Vermögenswerte im Zusammenhang mit Terrorismusfinanzierung stehen, ungeachtet etwaiger im GwG genannter Ausnahmeregelungen, Befreiungen und Schwellenbeträge, und
3. im Falle von Zweifeln, ob die auf Grund von Bestimmungen des GwG erhobenen Angaben zu der Identität des Vertragspartners oder des wirtschaftlich Berechtigten zutreffend sind.

Im Folgenden werden die wesentlichen Sorgfaltspflichten von Wirtschaftsprüfern und Steuerberatern auf der Grundlage des § 2 Abs. 1 Ziff. 8 GwG dargestellt. Sofern dabei von den Verpflichteten gesprochen wird, sind damit gleichermaßen Wirtschaftsprüfer und Steuerberater gemeint.

4.2.2.2 Sorgfaltspflichten im Einzelnen

Nach § 3 Abs. 1 GwG gehören zu den allgemeinen Sorgfaltspflichten:

- die Feststellung und Überprüfung der Identität des Vertragspartners,
- die Feststellung und Überprüfung der Identität des wirtschaftlich Berechtigten,
- die Abklärung des Hintergrundes der Geschäftsbeziehung, sowie
- die kontinuierliche Überwachung der Geschäftsbeziehung.

Sofern der Verpflichtete die Sorgfaltspflichten nach § 3 Abs. 1 Ziff. 1 bis 3 GwG nicht erfüllen kann, darf die Geschäftsbeziehung nicht begründet oder fortgesetzt und keine Transaktion durchgeführt werden. Soweit eine Geschäftsbeziehung bereits besteht, ist diese vom Verpflichteten ungeachtet anderer gesetzlicher oder vertraglicher Bestimmungen durch Kündigung oder auf andere Weise zu beenden (§ 3 Abs. 6 GwG).

---

[83] Bundessteuerberaterkammer, Anwendungshinweise, S. 2 f.

Von dieser Regelung sind Wirtschaftsprüfer und Steuerberater ausgenommen, sofern der Vertragspartner eine Rechtsberatung oder Prozessvertretung erstrebt, es sei denn, der Wirtschaftsprüfer oder Steuerberater weiß, dass der Vertragspartner die Rechtsberatung bewusst für den Zweck der Geldwäsche oder der Terrorismusfinanzierung in Anspruch nimmt.

4.2.2.2.1 Feststellung und Überprüfung der Identität des Vertragspartners

Die Pflicht zur Identifizierung des Vertragspartners respektive des Mandanten folgt aus § 3 Abs. 1 Ziff. 1 GwG und muss in dem durch § 4 Abs. 3 GwG bestimmten Umfang erfolgen. Danach hat der Verpflichtete folgende Angaben zur Feststellung der Identität des Vertragspartners zu erheben:

- bei einer natürlichen Person: Name, Geburtsort, Geburtsdatum, Staatsangehörigkeit und Anschrift,
- bei einer juristischen Person oder einer Personengesellschaft: Firma, Name oder Bezeichnung, Rechtsform, Registernummer soweit vorhanden, Anschrift des Sitzes oder der Hauptniederlassung und Namen der Mitglieder des Vertretungsorgans oder der gesetzlichen Vertreter; ist ein Mitglied des Vertretungsorgans oder der gesetzliche Vertreter eine juristische Person, so sind deren Firma, Name oder Bezeichnung, Rechtsform, Registernummer soweit vorhanden und Anschrift des Sitzes oder der Hauptniederlassung zu erheben.

Obwohl im GwG nur der „Name" verlangt wird, umfasst die Feststellung des Namens sowohl den Nachnamen als auch mindestens einen Vornamen.[84]

Zur Überprüfung der Identität des Vertragspartners hat sich der Verpflichtete anhand der nachfolgenden Dokumente zu vergewissern, dass die erhobenen Angaben zutreffend sind, soweit sie in den Dokumenten enthalten sind (§ 4 Abs. 4 GwG):

- bei natürlichen Personen vorbehaltlich der Fernidentifizierung anhand eines gültigen amtlichen Ausweises, der ein Lichtbild des Inhabers enthält und mit dem die Pass- und Ausweispflicht im Inland erfüllt wird, insbesondere anhand eines inländischen oder nach ausländerrechtlichen Bestimmungen anerkannten oder zugelassenen Passes, Personalausweises oder Pass- oder Ausweisersatzes,
- bei juristischen Personen oder Personengesellschaften anhand eines Auszugs aus dem Handels- oder Genossenschaftsregister oder einem vergleichbaren amtlichen Register oder Verzeichnis, der Gründungsdokumente oder gleichwertiger beweiskräftiger Dokumente oder durch Einsichtnahme in die Register- oder Verzeichnisdaten.

Dem Vertragspartner wird eine Mitwirkungspflicht auferlegt, als dass er dem Verpflichteten die zur Identifizierung und Überprüfung notwendigen Informationen und Unterlagen zur Verfügung zu stellen und sich im Laufe der Geschäftsbeziehung ergebende Änderungen unverzüglich anzuzeigen hat (§ 4 Abs. 6 GwG).

[84] Diergarten, Geldwäsche[3], S. 133.

▶ **Beraterhinweis** Es empfiehlt sich, den Mandanten bei der erstmaligen Beauftragung auf seine Mitwirkungspflicht aufmerksam zu machen.

4.2.2.2.2 Feststellung und Überprüfung der Identität des wirtschaftlich Berechtigten

Nach § 3 Abs. 1 Ziff. 3 GwG haben Verpflichtete in den Fällen von § 3 Abs. 2 GwG abzuklären, ob der Vertragspartner für einen wirtschaftlich Berechtigten handelt, und, soweit dies der Fall ist, dessen Identifizierung vorzunehmen. Dies schließt in Fällen, in denen der Vertragspartner keine natürliche Person ist, die Pflicht mit ein, die Eigentums- und Kontrollstruktur des Vertragspartners mit angemessenen Mitteln in Erfahrung zu bringen.

Hintergrund der Identifizierungspflicht von möglichen (abweichenden) wirtschaftlich Berechtigten ist, Strohmanngeschäften entgegen zu wirken und diejenigen natürlichen Personen sichtbar zu machen, in deren wirtschaftlichem oder rechtlichem Interesse eine Transaktion erfolgt oder in deren Eigentum oder Kontrolle der Vertragspartner steht oder die hauptsächlich Begünstigte einer fremdnützigen Gestaltung sind. Damit gibt es drei Fallkonstellationen, in denen eine natürliche Person wirtschaftlich Berechtigter sein kann:

- Wenn dieser Eigentümer des Geldes ist oder eine Kontrolle darüber ausübt.
- Wenn dieser eine Transaktion veranlasst.
- Wenn dieser Begünstigter einer fremdnützigen Gestaltung ist.[85]

Gemäß der gesetzlichen Begriffsbestimmung (§ 1 Abs. 6 S. 1 GwG) ist wirtschaftlich Berechtigter die natürliche Person, in deren Eigentum oder unter deren Kontrolle der Vertragspartner letztlich steht, oder die natürliche Person, auf deren Veranlassung eine Transaktion letztlich durchgeführt oder eine Geschäftsbeziehung letztlich begründet wird. Ergänzend enthält § 1 Abs. 6 S. 2 GwG eine exemplarische Darstellung von möglichen wirtschaftlich Berechtigten.

Zur Feststellung der Identität des wirtschaftlich Berechtigten ist zumindest dessen Name zu erheben (§ 4 Abs. 5 GwG). Die Erfassung weiterer Identifizierungsmerkmale wie beispielsweise Anschrift, Geburtstag und Staatsangehörigkeit ist nach dem Wortlaut von § 4 Abs. 5 GwG nur erforderlich, soweit dies in Ansehung des im Einzelfall bestehenden Risikos der Geldwäsche und der Terrorismusfinanzierung angemessen ist. Abweichend von diesem Grundsatz empfiehlt es sich dennoch, auch zusätzliche, über den Namen des wirtschaftlich Berechtigten hinausgehende Angaben zu berücksichtigen, soweit diese frei verfügbar sind. Insoweit stellt § 4 Abs. 5 S. 2 GwG klar, dass Geburtsdatum, Geburtsort und Anschrift unabhängig vom festgestellten Risiko erhoben werden dürfen.[86]

Neben der Feststellung der Identität des wirtschaftlich Berechtigten muss nach § 4 Abs. 5 S. 3 GwG stets auch eine Überprüfung der Identität des wirtschaftlich Berechtigten

---

[85] Diergarten, Geldwäsche³, S. 142.

[86] Warius in Herzog / Achtelik, GwG², Rz 62 zu § 4.

mittels risikoangemessener Maßnahmen durchgeführt werden. § 4 Abs. 5 S. 3 GwG stellt klar, dass sich der Verpflichtete zur Überprüfung der Identität des wirtschaftlich Berechtigten stets durch risikoangemessene Maßnahmen über die Richtigkeit der erhobenen Angaben zu vergewissern hat. Ein vollständiger Verzicht auf Maßnahmen zur Überprüfung der Identität des wirtschaftlich Berechtigten ist nicht zulässig.[87]

4.2.2.2.3 Abklärung des Hintergrundes der Geschäftsbeziehung

Sofern sich der Zweck und die angestrebte Art der Geschäftsbeziehung im Einzelfall nicht bereits zweifelsfrei aus der Geschäftsbeziehung ergeben, wie beispielsweise bei der Durchführung betriebswirtschaftlicher Prüfungen oder der Hilfeleistung in Steuersachen[88], besteht gemäß § 3 Abs. 1 Ziff. 2 GwG die Verpflichtung, Informationen zum Zweck und der Art der Geschäftsbeziehung einzuholen. Dadurch soll gewährleistet werden, dass die Verpflichteten ein Risikoprofil über ihre jeweiligen Vertragspartner entwickeln und dadurch eventuelle Geldwäscherisiken besser einschätzen können.

4.2.2.2.4 Kontinuierliche Überwachung der Geschäftsbeziehung

Die Verpflichteten trifft zudem nach § 3 Abs. 1 Ziff. 4 GwG die Pflicht, kontinuierlich die Geschäftsbeziehung einschließlich der im Verlauf der Geschäftsbeziehung durchgeführten Finanztransaktionen zu überwachen, wobei dies im Verhältnis zum konkreten Risiko zu erfolgen hat.

Diese Überwachungspflicht dient der Aufdeckung möglicher Diskrepanzen zwischen vorhandenen Informationen über den Vertragspartner und gegebenenfalls über den wirtschaftlich Berechtigten, deren Geschäftstätigkeit und Kundenprofil und allenfalls vorliegenden Informationen über die Vermögensherkunft. Geschäftsbeziehungen, die über eine gewisse Zeit andauern, sind naturgemäß Veränderungen unterworfen. Mit der Verpflichtung zur kontinuierlichen Überwachung sollen insbesondere Risikoindikatoren erkannt werden, die zum Zeitpunkt der Eingehung der Geschäftsbeziehung noch nicht existierten oder erkennbar waren, sondern erst während der laufenden Geschäftsbeziehung auftreten.[89]

Zu diesem Zweck sollte jeweils ein Risikoprofil erstellt werden, welches das Geschäftsverhalten des Vertragspartners wie auch einen Abgleich dieses Profils mit den durchgeführten Transaktionen verlangt. Dabei stellt die routinemäßige Abklärung der Vermögensherkunft keine Verpflichtung dar. Zu berücksichtigen sind allein tatsächlich vorliegende Erkenntnisse über die Herkunft der Vermögenswerte.[90]

Von den Verpflichteten ist außerdem sicherzustellen, dass im Rahmen der kontinuierlichen Überwachung die vorhandenen Dokumente, Daten oder Informationen in angemessenen zeitlichen Abständen aktualisiert werden (§ 3 Abs. 1 Ziff. 4 GwG).

---

[87] Warius in Herzog / Achtelik, GwG², Rz 68 zu § 4.

[88] Wirtschaftsprüferkammer, Auslegungs- und Anwendungshinweise, S. 13; Bundessteuerberaterkammer, Anwendungshinweise, S. 8.

[89] Warius in Herzog / Achtelik, GwG², Rz 29 zu § 3.

[90] Diergarten, Geldwäsche³, S. 105; Warius in Herzog / Achtelik, GwG², Rz 32 zu § 3.

4.2.2.3 Vereinfachte Sorgfaltspflichten

Sofern nicht verstärkte Sorgfaltspflichten (§ 6 GwG) anzuwenden sind, können die Verpflichteten vorbehaltlich einer Risikobewertung auf Grund besonderer Umstände des Einzelfalls vereinfachte Sorgfaltspflichten anwenden. Dies gilt nach § 5 Abs. 1 S. 2 GwG ausdrücklich für die Identifizierungspflicht des Vertragspartners sowie die Pflicht zur kontinuierlichen Überwachung bestehender Geschäftsbeziehungen. Kommt der Verpflichtete aufgrund der vorgenommenen Risikobewertung im Einzelfall zum Schluss, dass vereinfachte Sorgfaltspflichten anwendbar sind, können der Umfang der Überprüfung der Identität des Vertragspartners und der Überwachung angemessen reduziert werden.

Vorbehaltlich der Risikobewertung im Einzelfall können vereinfachte Sorgfaltspflichten ausschließlich in den folgenden Fällen angewendet werden:

- bei Transaktionen von oder zugunsten von und bei Begründung von Geschäftsbeziehungen mit Verpflichteten im Sinne des § 2 Abs. 1 Ziff. 1 bis 6 GwG (insbesondere Kredit- und Finanzdienstleistungsinstitute, Versicherungsunternehmen),
- bei Transaktionen von oder zugunsten von und bei Begründung von Geschäftsbeziehungen mit börsennotierten Gesellschaften,
- bei Transaktionen von oder zugunsten von und bei der Begründung von Geschäftsbeziehungen mit inländischen Behörden und – unter den in § 5 Abs. 2 Ziff. 4 GwG näher bestimmten Voraussetzungen – ausländischen Behörden und öffentlichen Einrichtungen, sowie
- bei Anderkonten von Rechtsanwälten und Notaren (nur bezüglich der Pflicht zur Feststellung der Identität des wirtschaftlich Berechtigten).

4.2.2.4 Verstärkte Sorgfaltspflichten

Hingegen werden für Fälle eines erhöhten Risikos bezüglich der Geldwäsche oder der Terrorismusfinanzierung den Verpflichteten zusätzliche, dem erhöhten Risiko angemessene Sorgfaltspflichten auferlegt (§ 6 Abs. 1 GwG). Insoweit schreibt § 6 Abs. 2 GwG ausdrücklich für die folgenden Fallkonstellationen verstärkte Sorgfaltspflichten vor:

4.2.2.4.1 Politisch exponierte Personen (PEPs)

Gemäß § 6 Abs. 2 Ziff. 1 GwG haben die Verpflichteten angemessene, risikoorientierte Verfahren anzuwenden, mit denen bestimmt werden kann, ob es sich bei dem Vertragspartner und, soweit vorhanden, dem wirtschaftlich Berechtigten um eine natürliche Person, die ein wichtiges öffentliches Amt ausübt oder ausgeübt hat, ein unmittelbares Familienmitglied dieser Person oder eine ihr bekanntermaßen nahe stehende Person im Sinne des Art. 2 der Richtlinie 2006/70/EG[91] („politisch exponierte Person, PEP") handelt.

Die Verpflichtung zur Abklärung, ob der Vertragspartner oder der wirtschaftlich Berechtigte einer Person nahe steht, die ein wichtiges öffentliches Amt ausübt, besteht nur

---

[91] Siehe ergänzend die Ausführungen im Abschn. 4.1.3.2.3.

insoweit, als diese Beziehung öffentlich bekannt ist oder der Verpflichtete Grund zur Annahme hat, dass eine solche Beziehung besteht. Er ist nicht verpflichtet, hierzu eigene Nachforschungen anzustellen (§ 6 Abs. 2 Ziff. 1 S. 3 GwG).

Der Vertragspartner hat dem Verpflichteten die für die Abklärung notwendigen Informationen zur Verfügung zu stellen und die sich im Laufe der Geschäftsbeziehung ergebenden Änderungen unverzüglich anzuzeigen (§ 6 Abs. 2 Ziff. 1 S. 6 GwG).

Handelt es sich beim Vertragspartner oder wirtschaftlich Berechtigten um eine PEP im obigen Sinn, ist anschließend zu prüfen, ob diese das wichtige öffentliche Amt im Inland ausübt. In diesem Fall finden vorbehaltlich einer Risikobewertung im Einzelfall nur die allgemeinen Sorgfaltspflichten gemäß § 3 GwG Anwendung. Dies gilt auch dann, wenn der Vertragspartner oder wirtschaftlich Berechtigte seit mehr als einem Jahr kein wichtiges öffentliches Amt mehr ausgeübt hat (§ 6 Abs. 2 Ziff. 1 S. 7 GwG). Andernfalls hat der Verpflichtete die folgenden zusätzlichen Sorgfaltspflichten zu erfüllen:

- Pflicht, die Begründung einer Geschäftsbeziehung durch einen für den Verpflichteten Handelnden von der Zustimmung eines diesem vorgesetzten Mitarbeiters abhängig zu machen,
- Ergreifung angemessener Maßnahmen, mit denen die Herkunft der Vermögenswerte bestimmt werden kann, die im Rahmen der Geschäftsbeziehung oder der Transaktion eingesetzt werden,
- verstärkte kontinuierliche Überwachung der Geschäftsbeziehung.

4.2.2.4.2 Nicht persönlich anwesender Vertragspartner

Handelt es sich beim Vertragspartner um eine natürliche Person, die zur Feststellung der Identität nicht persönlich anwesend ist, gelten gemäß § 6 Abs. 2 Ziff. 2 GwG die folgenden Sorgfaltspflichten:

- Überprüfung der Identität des Vertragspartners anhand eines Dokuments im Sinne des § 4 Abs. 4 S. 1 Ziff. 1 GwG (Reisepass, Personalausweis, etc.), einer beglaubigten Kopie eines solchen Dokuments, eines elektronischen Identitätsnachweises oder einer qualifizierten elektronischen Signatur, und
- außer im Fall eines elektronischen Identitätsnachweises die Sicherstellung, dass die erste Transaktion unmittelbar von einem Konto erfolgt, das auf den Namen des Vertragspartners bei einem unter die dritte EU-Geldwäscherichtlinie[92] fallenden Kreditinstitut oder Zahlungsinstitut oder bei einem Kreditinstitut in einem Drittstaat, für das Anforderungen gelten, die denen des GwG gleichwertig sind, eröffnet worden ist.[93]

---

[92] Siehe ergänzend die Ausführungen im Abschn. 4.1.3.2.3.

[93] Die aktuelle Liste der gleichwertigen Drittstaaten im Sinne des GwG ist unter http://www.wpk.de/mitglieder/praxishinweise/geldwaeschebekaempfung/ oder unter http://www.bstbk.de/de/themen/berufsrecht/bekaempfung_geldwaesche/ abrufbar.

4.2.2.4.3 Zweifelhafte oder ungewöhnliche Sachverhalte

Nach § 6 Abs. 2 Ziff. 3 S. 1 GwG besteht die Verpflichtung, jeden als zweifelhaft oder ungewöhnlich anzusehenden Sachverhalt zu untersuchen, um das Risiko der jeweiligen Geschäftsbeziehung oder Transaktion beurteilen und gegebenenfalls das Vorliegen einer Pflicht zur Verdachtsmeldung nach § 11 GwG prüfen zu können.

Die besondere Untersuchungspflicht des § 6 Abs. 2 Ziff. 3 S. 1 GwG geht über die Regelung des § 3 Abs. 2 Ziff. 4 GwG hinaus, der die Beachtung der allgemeinen Sorgfaltspflichten bei Zweifeln über die Identität des Vertragspartners oder des wirtschaftlich Berechtigten anordnet. Sie ist demnach nicht nur bei Zweifeln über die Identität der genannten Personen, sondern darüber hinaus bei jedem Sachverhalt zu erfüllen, der – aus welchen Gründen auch immer – als zweifelhaft oder ungewöhnlich anzusehen ist. Das Entstehen der Pflicht setzt nach der Gesetzesbegründung ausdrücklich nicht voraus, dass die Ungewöhnlichkeiten und Auffälligkeiten bereits die Qualität eines nach § 11 GwG meldepflichtigen Sachverhalts erreicht haben.[94]

Die Ergebnisse der Untersuchung sind nach Maßgabe des § 8 Abs. 1 bis 4 GwG aufzuzeichnen und aufzubewahren.

4.2.2.4.4 Hochrisikofälle

Mittels § 6 Abs. 2 Ziff. 4 GwG wird den zuständigen Behörden – für Wirtschaftsprüfer die Wirtschaftsprüferkammer und für Steuerberater die Bundessteuerberaterkammer (§ 6 Abs. 2 Ziff. 4 S. 1 i.V.m. § 16 Abs. 2 Ziff. 7 GwG und § 6 Abs. 2 Ziff. 4 S. 2 GwG) – eine Anordnungsbefugnis eingeräumt. Danach kann die Wirtschaftsprüferkammer respektive die Bundessteuerberaterkammer, wenn Tatsachen oder Bewertungen nationaler oder internationaler Stellen vorliegen, welche die Annahme rechtfertigen, dass insbesondere im Zusammenhang mit der Einhaltung von Sorgfaltspflichten in einem Staat ein erhöhtes Risiko besteht, im Wege der Allgemeinverfügung oder des Einzelverwaltungsakts anordnen, dass die Verpflichteten eine Transaktion oder eine Geschäftsbeziehung, insbesondere die Herkunft der im Rahmen der Geschäftsbeziehung oder Transaktion eingesetzten Vermögenswerte eines Kunden mit Sitz in einem solchen Staat, einer verstärkten Überwachung zu unterziehen und zusätzliche, dem Risiko angemessene Sorgfalts- und Organisationspflichten zu erfüllen haben.[95]

Die Regelung soll die Aufsichtsbehörden in die Lage versetzen, mit entsprechenden Anordnungen auf produkt- oder transaktionsbezogenen Risikokonstellationen sowie auf Länderrisiken zu reagieren. Zu letzteren gibt die FATF in ihrer öffentlichen Erklärung („public statement") unter anderem Länder bekannt, welche als Hochrisikoländer und nicht kooperative Jurisdiktionen bezeichnet werden[96].

---

[94] Wirtschaftsprüferkammer, Auslegungs- und Anwendungshinweise, S. 17.

[95] Wirtschaftsprüferkammer, Auslegungs- und Anwendungshinweise, S. 17 f.

[96] Die öffentliche Erklärung der FATF ist unter http://www.fatf-gafi.org abrufbar.

Weder die Wirtschaftsprüferkammer noch die Bundessteuerberaterkammer haben bisher die Veranlassung gesehen, von ihrer Anordnungsbefugnis des § 6 Abs. 2 Ziff. 4 GwG Gebrauch zu machen.

4.2.2.5 Aufzeichnungs- und Aufbewahrungspflichten

Die in Erfüllung der Sorgfaltspflichten erhobenen Angaben und eingeholten Informationen sind gemäß § 8 Abs. 1 GwG aufzuzeichnen. Bei der Überprüfung der Identität des Vertragspartners sind auch die Art, die Nummer und die ausstellende Behörde des Ausweisdokumentes aufzuzeichnen. Als Aufzeichnung gilt auch die Kopie des Ausweisdokumentes. Gleiches gilt für die Anfertigung eines Ausdrucks, soweit elektronisch geführte Register- oder Verzeichnisdaten eingesehen werden. Durch letzteres wird die Erfüllung der Aufzeichnungspflicht insbesondere bei der Identifizierung juristischer Personen erheblich vereinfacht. So reicht bei einer Einsichtnahme über das Internet der Ausdruck des Registerblattes aus (§ 8 Abs. 1 Sätze 1 bis 3 GwG).[97]

Wurde die Identifizierung bei einer früheren Gelegenheit vorgenommen, so sind der Name des Identifizierten und der Umstand, dass die Identifizierung schon früher vorgenommen wurde aufzuzeichnen (§ 8 Abs. 1 S. 4 GwG).

Die Aufzeichnungen können gemäß § 8 Abs. 2 GwG auf einem Bild- oder anderen Datenträger gespeichert werden. Dabei muss sichergestellt sein, dass die gespeicherten Daten mit den festgestellten Angaben übereinstimmen, während der Dauer der Aufbewahrungsfrist verfügbar sind und jederzeit innerhalb einer angemessenen Frist lesbar gemacht werden können.

Die Aufzeichnungen sind für mindestens fünf Jahre aufzubewahren (§ 8 Abs. 3 GwG). Die Aufbewahrungsfrist beginnt im Falle der Begründung einer Geschäftsbeziehung mit dem Schluss des Kalenderjahres, in dem die Geschäftsbeziehung endet und in den anderen Fällen des § 3 Abs. 2 GwG mit dem Schluss des Kalenderjahres, in dem die jeweiligen Angaben festgestellt wurden.

▸ **Beraterhinweis** Die nach § 8 Abs. 1 GwG gefertigten Aufzeichnungen dürfen gemäß § 15 Abs. 1 GwG zur Verfolgung einer Straftat nach § 261 StGB oder der in § 129a Abs. 2 oder § 261 Abs. 1 StGB genannten Straftaten für die Zwecke eines Strafverfahrens herangezogen und verwendet werden. Unter bestimmten Voraussetzungen darf gemäß § 15 Abs. 2 GwG auch eine Übermittlung an die zuständige Finanzbehörde zur Einleitung von Besteuerungsverfahren sowie Strafverfahren wegen Steuerstraftaten erfolgen. Da die Aufzeichnungen insoweit der Beschlagnahmefreiheit des § 97 StPO

[97] Wirtschaftsprüferkammer, Auslegungs- und Anwendungshinweise, S. 19 f.; Bundessteuerberaterkammer, Anwendungshinweise, S. 12.

nicht unterliegen, sollten sie getrennt von den übrigen Akten aufbewahrt werden.[98]

4.2.2.6 Meldung von Verdachtsfällen

Die Verpflichteten haben bei dem Vorliegen von Tatsachen, die darauf hindeuten, dass es sich bei Vermögenswerten, die mit einer Transaktion oder Geschäftsbeziehung in Zusammenhang stehen, um den Gegenstand einer Geldwäschestraftat nach § 261 StGB handelt oder in Zusammenhang mit einer Terrorismusfinanzierung stehen, die Transaktion unabhängig von ihrer Höhe oder die Geschäftsbeziehung unverzüglich dem Bundeskriminalamt (Zentralstelle für Verdachtsmeldungen) und der zuständigen Strafverfolgungsbehörde zu melden. Die Meldung kann mündlich, telefonisch, fernschriftlich oder durch elektronische Datenübermittlung erfolgen (§ 11 Abs. 1 GwG).

Während alle sonstigen Verpflichteten Verdachtsmeldungen unmittelbar gegenüber den zuständigen Strafverfolgungsbehörden und dem Bundeskriminalamt zu erstatten haben, konnten die Organisationen der betroffenen freien Berufe erreichen, dass diese Verdachtsmeldungen an die für sie zuständige Bundesberufskammer zu erstatten haben. Folglich haben Wirtschaftsprüfer an die Wirtschaftsprüferkammer und Steuerberater an die Bundessteuerberaterkammer zu melden. Die Bundesberufskammern führen keine eigene Prüfung durch, insbesondere ist es ihnen nicht gestattet, über das Vorliegen eines Verdachts im Sinne des § 11 Abs. 1 GwG zu entscheiden. Vielmehr haben sie alle Verdachtsmeldungen an das Bundeskriminalamt und die Strafverfolgungsbehörden weiterzuleiten, auch wenn sie hinsichtlich des Vorliegens eines Geldwäscheverdachts zu einem negativen Votum gelangen. Grund für die Einschaltung der Bundesberufskammern ist die stärkere Einbindung der Selbstverwaltungskörperschaften der betreffenden Berufe in die Geldwäscheprävention, insbesondere zu dem Zweck, dort ein entsprechendes Erfahrungswissen zu akkumulieren, welches zur Beratung der Mitglieder genutzt werden kann.[99]

Die Meldepflicht nach § 11 Abs. 1 GwG besteht auch bereits dann, wenn Tatsachen darauf schließen lassen, dass der Vertragspartner seiner Offenlegungspflicht nach § 4 Abs. 6 S. 2 GwG zuwidergehandelt hat. Nach § 4 Abs. 6 S. 2 GwG hat der Vertragspartner gegenüber dem Verpflichteten offenzulegen, ob er die Geschäftsbeziehung oder die Transaktion für einen wirtschaftlich Berechtigten begründen, fortsetzen oder durchführen will. Weiterer Anhaltspunkte für das Vorliegen einer Geldwäsche oder Terrorismusfinanzierung bedarf es für die Begründung der Meldepflicht nicht.

Abweichend von den vorherigen Ausführungen besteht die Verpflichtung zur Verdachtsmeldung dann nicht, wenn dem Geldwäscheverdacht Informationen zugrunde liegen, die Wirtschaftsprüfer und Steuerberater im Rahmen der Rechtsberatung oder der Prozess-

[98] Vgl. Wirtschaftsprüferkammer, Auslegungs- und Anwendungshinweise, S. 20 f.; Bundessteuerberaterkammer, Anwendungshinweise, S. 13.

[99] Wirtschaftsprüferkammer, Auslegungs- und Anwendungshinweise, S. 30 f.; Bundessteuerberaterkammer, Anwendungshinweise, S. 15 f.

vertretung des Vertragspartners erhalten haben (§ 11 Abs. 3 S. 1 GwG). Dabei umfasst der Bereich der außergerichtlichen Rechtsberatung auch den Bereich der Steuerberatung. Ferner ist aus Sicht der Wirtschaftsprüferkammer die prüfungsbegleitende Beratung als Rechtsberatung im Sinne der Vorschrift einzuordnen und somit privilegiert.[100]

Die Pflicht zur Verdachtsmeldung bleibt aber bestehen, wenn der betroffene Wirtschaftsprüfer/Steuerberater weiß, dass der Vertragspartner die Rechtsberatung bewusst für Zwecke der Geldwäsche oder der Terrorismusfinanzierung in Anspruch genommen hat oder nimmt (§ 11 Abs. 3 S. 2 GwG). Voraussetzung für das Bestehen der Meldepflicht ist damit der Vorsatz des Vertragspartners, den Wirtschaftsprüfer/Steuerberater für Zwecke der Geldwäsche oder Terrorismusfinanzierung zu missbrauchen und das positive Wissen des Wirtschaftsprüfers/Steuerberaters, dass dies beabsichtigt ist bzw. war.

Die Voraussetzungen für das Bestehen einer Verdachtsmeldepflicht sind wegen des möglichen Konflikts mit der beruflichen Verschwiegenheitspflicht sorgfältig zu prüfen. Es besteht insoweit eine problematische Lage, als dass eine nicht in Übereinstimmung mit § 11 Abs. 1 GwG, also ohne gesetzliche Pflicht vorgenommene Verdachtsmeldung ihrerseits nach § 203 StGB strafbar sein kann.

Dem Verpflichteten ist es gemäß § 12 Abs. 1 GwG untersagt, den Auftraggeber der Transaktion oder sonstige Dritte von einer beabsichtigten oder erstatteten Verdachtsmeldung oder von einem daraufhin eingeleiteten Ermittlungsverfahren zu unterrichten. Nach § 12 Abs. 1 Ziff. 1 bis 4 GwG ist die Informationsweitergabe in bestimmten Fällen jedoch ausnahmsweise zulässig.

4.2.2.7 Interne Sicherungsmaßnahmen

Soweit in der beruflichen Einheit mehr als zehn Berufsangehörige oder Berufsträger sozietätsfähiger Berufe tätig sind,[101] besteht gemäß § 9 Abs. 1 S. 1 GwG die Pflicht, angemessene interne Sicherungsmaßnahmen dagegen zu treffen, dass die Praxis zur Geldwäsche und zur Terrorismusfinanzierung missbraucht werden kann. Dabei handelt es sich gemäß § 9 Abs. 2 Ziff. 2 bis 4 GwG um folgende Vorkehrungen:

- Entwicklung und Aktualisierung angemessener geschäfts- und kundenbezogener Sicherungssysteme und Kontrollen zur Verhinderung der Geldwäsche und der Terrorismusfinanzierung. Hierzu gehört auch die Verhinderung des Missbrauchs von neuen Technologien für Zwecke der Geldwäsche und der Terrorismusfinanzierung oder für

[100] Wirtschaftsprüferkammer, Auslegungs- und Anwendungshinweise, S. 29; Bundessteuerberaterkammer, Anwendungshinweise, S. 13 f.

[101] Diese Vorgabe seitens der Wirtschaftsprüferkammer und der Bundessteuerberaterkammer (in eingeschränktem Maß hinsichtlich der Sicherungsmaßnahmen infolge des unberücksichtigten Gesetzes zur Optimierung der Geldwäscheprävention vom 22.12.2011) stützt sich auf die Befugnis nach § 9 Abs. 5 S. 2 GwG eine Anordnung zu den internen Sicherungsmaßnahmen erlassen zu können. Die Anordnung wurde mit Erläuterungen im WPK Magazin 2/2012, 30 ff. und in der Zeitschrift Deutsches Steuerrecht 2009, 393 f bekannt gemacht. Zu den Einzelheiten siehe Wirtschaftsprüferkammer, Auslegungs- und Anwendungshinweise, S. 25 f. und Bundessteuerberaterkammer, Anwendungshinweise, S. 19 f.

die Begünstigung der Anonymität von Geschäftsbeziehungen oder Transaktionen (§ 9 Abs. 2 Ziff. 2 GwG),

- Verfahren und Informationen zur Unterrichtung der Beschäftigten über Typologien und aktuelle Methoden der Geldwäsche und der Terrorismusfinanzierung und die zur Verhinderung von Geldwäsche und Terrorismusfinanzierung bestehenden Pflichten durch geeignete Maßnahmen (§ 9 Abs. 2 Ziff. 3 GwG),
- geeignete risikoorientierte Maßnahmen zur Prüfung der Zuverlässigkeit der Beschäftigten. Zuverlässig ist, wer die Gewähr dafür bietet, dass die geldwäscherechtlichen Pflichten und die beim Verpflichteten eingeführten Grundsätze, Verfahren, Kontrollen und Verhaltensrichtlinien zur Verhinderung der Geldwäsche und Terrorismusfinanzierung sorgfältig beachtet, Tatsachen im Sinne des § 11 Abs. 1 GwG dem Vorgesetzten oder Geldwäschebeauftragten, soweit ein solcher bestellt ist, meldet und sich nicht selbst an zweifelhaften Transaktionen oder Geschäften aktiv oder passiv beteiligt. Die Personalkontroll- und Beurteilungssysteme der Verpflichteten sollen grundsätzlich eine regelmäßige, die Zuverlässigkeit betreffende Überprüfung der Beschäftigten gewährleisten (§ 9 Abs. 2 Ziff. 4 GwG).

Grundsätzlich treffen die oben angeführten Pflichten zur Einführung interner Sicherungsmaßnahmen die natürlichen Personen, also Wirtschaftsprüfer und Steuerberater, unabhängig von ihrer Stellung in der beruflichen Einheit. Dies leitet sich aus § 9 Abs. 1 GwG i. V. m. § 2 Abs. 1 Ziff. 8 GwG ab. Falls die Berufsangehörigen ihre berufliche Tätigkeit als Angestellte eines Unternehmens ausüben, obliegt die Verpflichtung zu den internen Sicherungsmaßnahmen gemäß § 9 Abs. 3 S. 1 GwG dem Unternehmen.[102]

Wirtschaftsprüfer und Steuerberater sind grundsätzlich nicht verpflichtet, einen Geldwäschebeauftragten zu bestellen. Eine dahingehende gesetzliche Pflicht besteht nach wie vor ausschließlich für Finanzunternehmen nach § 2 Abs. 1 Ziff. 3 GwG sowie für Spielbanken und Veranstalter und Vermittler von Glücksspielen im Internet (§ 2 Abs. 1 Ziff. 11 und 12 GwG). Allerdings wurde der Wirtschaftsprüferkammer und der Bundessteuerberaterkammer die Befugnis eingeräumt, anzuordnen, dass ein Geldwäschebeauftragter zu bestellen ist, wenn sie dies für angemessen erachten (§ 9 Abs. 4 S. 1 und 2 GwG).

Aufgrund dieser Befugnis haben die genannten Bundesberufskammern eine Anordnung zur Bestellung eines Geldwäschebeauftragten getroffen.[103] Nach dieser Anordnung haben Wirtschaftsprüfer/Steuerberater, die in eigener Praxis tätig sind, einen Geldwäschebeauftragten, der Ansprechpartner für die Strafverfolgungsbehörden, das Bundeskriminalamt (Zentralstelle für Verdachtsmeldungen) und die Wirtschaftsprüferkammer bzw. die zuständige Steuerberaterkammer als Aufsichtsbehörde ist, zu bestellen, wenn in der eigenen

---

[102] Wirtschaftsprüferkammer, Auslegungs- und Anwendungshinweise, S. 24; Bundessteuerberaterkammer, Anwendungshinweise, S. 19.

[103] Diese Anordnung wurde mit Erläuterungen im WPK Magazin 2/2012, 32 f. und in DStR 2012, 772 bekannt gemacht. Zu den Einzelheiten siehe Wirtschaftsprüferkammer, Auslegungs- und Anwendungshinweise, S. 27 f.

Praxis mehr als insgesamt 30 Berufsangehörige oder Berufsträger sozietätsfähiger Berufe tätig sind. Für den Fall seiner Verhinderung ist dem Geldwäschebeauftragten ein Stellvertreter zuzuordnen. Seine Bestellung und Entpflichtung ist der Wirtschaftsprüferkammer bzw. der zuständigen Steuerberaterkammer mitzuteilen.

Entsprechendes gilt für Wirtschaftsprüfungsgesellschaften bzw. Steuerberatungsgesellschaften mit dem Unterschied, dass die Pflichten zu den internen Sicherungsmaßnahmen grundsätzlich die Berufsgesellschaft und nicht die natürlichen Personen des Berufsstandes treffen (§ 9 Abs. 3 S. 1 GwG i. V. m. § 9 Abs. 1 GwG).[104]

4.2.2.8 Sanktionen bei Verletzung der Sorgfaltspflichten

Gemäß § 17 Abs. 1 Ziff. 1 bis 6, 14 und 15 GwG begeht der Verpflichtete eine Ordnungswidrigkeit, wenn er vorsätzlich oder leichtfertig

- die Identifizierung des Vertragspartners nicht, nicht richtig, nicht vollständig, nicht in der vorgeschriebenen Weise oder nicht rechtzeitig vornimmt,
- das Vorhandensein eines wirtschaftlich Berechtigten nicht, nicht richtig, nicht vollständig oder nicht rechtzeitig abklärt,
- den Namen des wirtschaftlich Berechtigten nicht erhebt,
- die Identität des Vertragspartners entgegen § 6 Abs. 2 Ziff. 2 S. 1 GwG nicht, nicht richtig oder nicht vollständig überprüft oder nicht sicherstellt, dass die erste Transaktion von einem auf den Namen des Vertragspartners eröffneten Konto erfolgt,
- eine Angabe oder eine Information entgegen § 8 Abs. 1 Sätze 1, 2, 4 oder 5 GwG nicht, nicht richtig oder nicht vollständig aufzeichnet,
- eine Aufzeichnung oder einen sonstigen Beleg nicht oder nicht mindestens fünf Jahre aufbewahrt,
- eine Verdachtsmeldung nicht, nicht richtig, nicht vollständig oder nicht rechtzeitig macht,
- den Auftraggeber oder einen Dritten entgegen § 12 Abs. 1 S. 1 GwG in Kenntnis setzt.

Die verbleibenden Tatbestände (§ 17 Abs. 1 Ziff. 7 bis 13, 16 und 17 GwG) sind für Wirtschaftsprüfer und Steuerberater nicht relevant. Die Ordnungswidrigkeit kann mit einer Geldbuße bis zu EUR 100.000 geahndet werden (§ 17 Abs. 2 GwG).

Zuständige Behörde für die Verfolgung und Ahndung von Ordnungswidrigkeiten nach § 17 Abs. 1 GwG, die von Wirtschaftsprüfern begangen werden, ist die Wirtschaftsprüferkammer (§ 133 d S. 2 WPO), für von Steuerberatern begangene Ordnungswidrigkeiten das Finanzamt (§ 17 Abs. 3 S. 2 GwG).

[104] Wirtschaftsprüferkammer, Auslegungs- und Anwendungshinweise, S. 27 f.

4.3 Die strafrechtliche Dimension der Geldwäsche nach § 261 StGB

Der Geldwäsche macht sich gemäß § 261 StGB strafbar, wer einen Gegenstand, der aus einer Geldwäschevortat herrührt, verbirgt, dessen Herkunft verschleiert oder die Ermittlung der Herkunft, das Auffinden, den Verfall, die Einziehung oder die Sicherstellung eines solchen Gegenstandes vereitelt oder gefährdet.

Der Geldwäschetatbestand nach § 261 StGB ist als ein sog. Anschlussdelikt ausgestaltet, knüpft also an eine andere rechtswidrige Tat (Vortat) an, aus der die Gegenstände der Geldwäsche stammen müssen. Dabei ist der Katalog an Vortaten weit gefasst, denn er umfasst nicht nur die in § 261 Abs. 1 S. 2 StGB ausgewählten Vergehen, sondern auch alle Verbrechen, d. h. alle mit einer Mindeststrafe von einem Jahr bedrohten Delikte, und über die Einbeziehung der Organisationsdelikte auch alle diejenigen Taten, die von kriminellen Vereinigungen begangen werden. Auch Auslandstaten stellen taugliche Vortaten zur Geldwäsche dar, sofern sie den in § 261 Abs. 1 StGB genannten Taten entsprechen und im Ausland mit Strafe bedroht sind.[105]

Die zum Vollzug der Geldwäsche bestimmten Tathandlungen sind in § 261 Abs. 1 S. 1 und Abs. 2 StGB definiert. Mit dem „Verschleierungstatbestand" und dem „Vereitelungs- und Gefährdungstatbestand" werden diejenigen Verhaltensweisen erfasst, die darauf abzielen, den behördlichen Zugriff auf die Sache zu erschweren oder die staatlichen Maßnahmen tatsächlich zu vereiteln oder zu gefährden. Darüber hinaus hat der Gesetzgeber jedoch auch das bloße Verschaffen, Verwahren oder Verwenden geldwäschetauglicher Gegenstände sanktioniert (§ 261 Abs. 2 StGB). Um diesen etwas weit gefassten Straftatbestand in seinen Auswirkungen auf die Handlungen des täglichen Lebens legitimerweise einzuschränken, sieht § 261 Abs. 6 StGB Straffreiheit vor, wenn ein Dritter das Geldwäscheobjekt zuvor erlangt hat, ohne hierdurch eine Straftat zu begehen.

Der Strafrahmen bei Begehung der Geldwäsche ist in § 261 Abs. 1 S. 1 StGB (vorsätzliche Geldwäsche) und § 261 Abs. 5 StGB (leichtfertige Geldwäsche) beschrieben. Für besonders schwere Fälle ist in § 261 Abs. 4 StGB ein erhöhter Strafrahmen vorgesehen.

Zu beachten ist darüber hinaus, dass (auch bedingt) vorsätzliche Verletzungen der Sorgfaltspflichten nach dem GwG das Risiko einer Strafbarkeit wegen Beihilfe zur Geldwäsche (§§ 261, 27 StGB), Begünstigung (§ 257 StGB) oder Strafvereitelung (§ 258 StGB) begründen können. Darüber hinaus kann sich der Wirtschaftsprüfer/Steuerberater gemäß § 261 Abs. 5 StGB strafbar machen, wenn er in den Fällen des § 261 Abs. 2 StGB leichtfertig nicht erkennt, dass der Gegenstand einer Finanztransaktion aus einer der in § 261 Abs. 1 StGB genannten Vortaten herrührt (leichtfertige Geldwäsche). Die Verwahrung eines bemakelten Geldbetrags auf einem Anderkonto sowie Verfügungen über diesen Gegenstand können insoweit bereits tatbestandsmäßig sein (§ 261 Abs. 5 i. V. m. Abs. 2 StGB).[106]

[105] Herzog / Achtelik in Herzog / Achtelik, GwG², Rz 96 f zur Einleitung.

[106] Wirtschaftsprüferkammer, Auslegungs- und Anwendungshinweise, S. 34; Bundessteuerberaterkammer, Anwendungshinweise, S. 21.

4.4 Erscheinungsformen der Geldwäsche in der Praxis

4.4.1 Handelsbasierte Verschleierungstechniken

Einen besonderen Anreiz zur kriminellen Verwendung bieten die durch die Globalisierung zunehmenden weltweiten Handelsströme. Dies insbesondere vor dem Hintergrund, da zwar bargeldlose Überweisungen vorwiegend einer Überwachung unterliegen, hingegen der Handel mit Waren bislang nur wenig kontrolliert wird. Dabei werden beispielsweise fiktive Handels- oder Warengeschäfte von international domizilierten Gesellschaften zum Zwecke der Geldwäsche abgewickelt.[107]

Diese Möglichkeiten werden in den FATF-Typologien[108] als Geldwäsche mit einem handelsbasierten Ansatz („trade based money laundering") beschrieben. Darunter werden Prozesse verstanden, bei denen illegale Vermögenswerte im Rahmen von Handelstransaktionen verschleiert werden sollen.

4.4.1.1 Über- und Unterfakturierung

Bei der Überfakturierung wird anstelle des tatsächlichen Wertes einer Ware oder Dienstleistung eine zu hohe Gegenleistung erbracht. Meist handelt es sich bei der Gegenleistung um eine überhöhte Geldzahlung. In Höhe der Differenz zwischen tatsächlichem Wert und der zu hohen Gegenleistung wird ein Werttransfer in das Exportland bewirkt (Tab. 4.2).

> Die Firma A liefert 100.000 Stück Ersatzteile im Wert von EUR 3 Mio. Der Empfängerfirma B wird jedoch eine Rechnung über 100.000 Stück Ersatzteile zum Preis von EUR 5 Mio. ausgestellt. Firma B zahlt dann EUR 5 Mio. an A.

Hingegen wird bei der Unterfakturierung eine zu niedrige Gegenleistung (in der Regel Geldzahlung) im Verhältnis zum tatsächlichen Wert der Ware oder Dienstleistung erbracht. Durch diese Vorgehensweise wird ein Werttransfer in Höhe der Differenz zwischen dem tatsächlichen Wert und der zu niedrigen Gegenleistung in das Importland bewirkt (Tab. 4.2).

Tab. 4.2 Über- und Unterfakturierung[1]

	Methode	Merkmal	Verlagerung von Werten
Import	Überfakturierung	Teure Importe	Geld in das Ausland
	Unterfakturierung	Lukrativer Import	Waren in das Heimatland
Export	Überfakturierung	Lukrativer Export	Geld in das Heimatland
	Unterfakturierung	Billige Exporte	Waren in das Ausland

[1] Quelle: OECD, Handbuch „Geldwäsche" 39.

[107] Ehlscheid / Pfeiffer, Geldwäscheprävention, S. 48.

[108] FATF, Trade-Based Money Laundering, 23.06.2006; APG Typology Report on Trade Based Money Laundering, 20.07.2012, jeweils abrufbar unter http://www.fatf-gafi.org/media/fatf/documents/reports/Trade_Based_ML_APGReport.pdf [28.12.2015].

Die Firma A liefert 100.000 Stück Ersatzteile im Wert von EUR 5 Mio. Der Empfängerfirma B wird jedoch eine Rechnung über 100.000 Stück Ersatzteile zum Preis von EUR 3 Mio. ausgestellt. Firma B zahlt dann EUR 3 Mio. an A. Die Ersatzteile werden anschließend von der Firma B auf dem freien Markt für EUR 5 Mio. verkauft; die „gewonnene" Differenz von EUR 2 Mio. wird auf einem Konto geparkt, von welchem nach Anweisungen von Firma A verfügt werden kann.

Wichtig für den Erfolg dieser Methode ist es, dass die beiden Firmen in unterschiedlichen Ländern operieren und daher üblicherweise nicht von derselben staatlichen Behörde oder in einer konzertierten Aktion kontrolliert werden.[109]

Die Methode der Unterfakturierung wird in der Praxis häufiger angewandt, da Exporte in Drittländer weniger streng als Importe (wegen der darauf entfallenden Einfuhrabgaben) kontrolliert werden.[110]

Indikatoren für die Über- bzw. Unterfakturierung können zum Beispiel sein:

- Staat ist für den Im- oder Export der betreffenden Waren nicht bekannt,
- Lieferverbindungen mit Risikostaaten,
- Beteiligung neu gegründeter Unternehmen mit hoher Zahl von Im- und Exporten,
- Menge oder Art der Waren passt nicht zum Profil des Lieferanten oder Kunden,
- Offshore-Unternehmen als Lieferanten oder Käufer,
- hohe Lieferkosten im Verhältnis zum Warenwert,
- Größe bzw. Art der Waren passt nicht zur Liefermethode,
- erhebliche Unterschiede zwischen Zollangaben und Rechnungsangaben,
- Warenbezeichnung auf der Rechnung und tatsächlich gelieferte Waren unterscheiden sich stark,
- großer Unterschied zwischen angegebenem Wert und Marktwert,
- erheblicher Unterschied zwischen versichertem Wert und Rechnungswert,
- Unterschied zwischen der Herkunft der Waren und dem Bestimmungsort des Geldes (und umgekehrt),
- Unterschied zwischen der gezahlten Summe und dem in Rechnung gestellten Betrag,
- Zahlung erfolgt durch ein Offshore-Unternehmen oder von einem Offshore-Bankkonto,
- Provisionszahlungen an einen Dritten ohne Nachweis oder wirtschaftlich sinnvolle Begründung.[111]

[109] Herzog / Achtelik in Herzog / Achtelik, GwG^2, Rz 17 zur Einleitung.

[110] Ehlscheid / Pfeiffer, Geldwäscheprävention, S. 54.

[111] OECD, Handbuch „Geldwäsche", S. 41.

4.4.1.2 Scheingeschäfte

Mittels Scheingeschäfte wird von den Vertragsparteien der äußere Schein eines Rechtsgeschäfts erweckt, wobei keine Absicht besteht, die mit dem Geschäft verbundenen Rechtsfolgen eintreten zu lassen.[112] So werden unter anderem durch den Verkauf nicht existierender Waren Einnahmen als legal erwirtschaftet dargestellt.

Um die „schmutzigen" Gelder zu verschleiern, werden häufig auch Scheinfirmen gegründet, um die Gelder in den regulären Wirtschaftskreislauf einzuschleusen. Dabei wird von diesen Scheinfirmen teilweise ein unternehmerisches Geschehen inszeniert, indem zumindest ein gewisser Personalbestand, ein Fuhrpark, Niederlassungen und Ähnliches existieren. Bei näherer Betrachtung zeigt sich jedoch, dass auf den ersten Blick wirtschaftliche Tätigkeiten ausgeübt werden, die jedoch nicht den Umfang erreichen, der die Transaktionen und Einkünfte des Unternehmens plausibel erklären würde.

Darüber hinaus gelangen Briefkastenfirmen zur Anwendung. Diese existieren lediglich als „Adresse" und verfügen daher über kein Personal respektive gehen offenkundig keiner wirtschaftlichen Tätigkeit nach. Sowohl Briefkastenfirmen als auch Scheinfirmen dienen dem Zweck, eine Rechtfertigung für Transaktionen zu schaffen, um die Spuren inkriminierter Gelder und Vermögenswerte zu verwischen. Um dies zu erreichen, bedarf es auch buchhalterischer Manipulationen.[113]

Zur Begründung einer verbuchten Zahlung kommen sog. Luftbuchungen, also Buchungen ohne einen geschäftlichen Hintergrund, in unterschiedlichen Varianten in Betracht, wie etwa die Luftbuchung über eine nicht erbrachte Leistung, verbunden mit einer Gutschrift, beispielsweise aufgrund angeblicher Mängel, Rückabwicklung, Rücktritt etc.

Zur Legitimierung von Geldzuflüssen ist es regelmäßig erforderlich, fingierte Ausgaben, beispielsweise für Wareneinsätze gegenüberzustellen. Daher wird etwa ein Restaurant dem Finanzamt nicht nur die rein zu waschenden Gelder als Einnahmen angeben, sondern den Betriebseinnahmen auch plausible Aufwendungen gegenüberstellen, um keinen Verdacht zu erregen und zugleich eine Besteuerung zu verhindern.

In manchen Fällen kommt es auch vor, dass mittels eines angeblichen Schadenersatzanspruchs, insbesondere aufgrund einer behaupteten Verletzung von Rechten, versucht wird, eine Geldbewegung ohne Gegenleistung herbeizuführen. Im Gegensatz zur Über- bzw. Unterfakturierung fehlt es hier regelmäßig an einer überprüfbaren Gegenleistung, die zu dem Kaufpreis in Relation gesetzt werden könnte. Ein Indikator für die Geldwäsche könnte allerdings sein, dass eine Durchführung des Vertrages zu keinem Zeitpunkt beabsichtigt war und die Vertragsparteien keine marktüblichen Vorbereitungshandlungen, wie beispielsweise die Einholung von Gutachten oder üblicherweise dokumentierte Rechtsgeschäfte wie Mahnungen oder Aufzeichnungen von Arbeitsstunden, Reisekosten etc. fehlen. Eine Möglichkeit, solche Indikatoren zu erkennen, besteht etwa im Rahmen der Prüfung durch den Wirtschaftsprüfer.

Aber auch angebliche Dienstleistungen können Gegenstand einer Geldwäschehandlung sein. Hierzu werden vor allem solche Leistungen vorgetäuscht, die nur schwer zu bewerten

[112] Ehlscheid / Pfeiffer, Geldwäscheprävention, S. 73.

[113] Herzog / Achtelik in Herzog / Achtelik, GwG², Rz 12 zur Einleitung.

sind, wie etwa Vermittlungs-, Beratungs- oder Ingenieurleistungen. Zur Durchführung der Geldwäsche werden von den Firmen Leistungen bestätigt, die zu keinem Zeitpunkt erbracht worden sind.[114]

4.4.1.3 Loan-Back-Verfahren und Back-to-Back-Darlehen

Das Loan-Back-Verfahren ist die bekannteste Form der Geldwäsche in Verbindung mit Darlehen. Bei dieser Konstruktion „leiht" sich eine Person ihr illegales Geld selbst, ohne dass dies für einen externen Dritten ersichtlich ist. Dazu wird ein Darlehensvertrag mit einem „Freund" oder „Familienmitglied im Ausland" abgeschlossen. Als Darlehensgeber fungiert üblicherweise eine ausländische Offshore-Gesellschaft, die über ein Bankkonto in einem Staat mit strengem Bankgeheimnis verfügt.[115]

> Der Straftäter A verfügt über hohe Bargeldsummen, die er rein waschen möchte. Zu diesem Zweck wird das Bargeld auf diverse Bankkonten im Inland in kleinen Beträgen eingezahlt, die möglichst nicht die Aufmerksamkeit der Aufsichtsbehörden auf sich ziehen. Diese Beträge werden dann jeweils auf Konten einer ausländischen Bank überwiesen, wo sie wiederum auf einem Konto zusammengeführt werden, das dem ausländischen Unternehmen B gehört, das von A beherrscht wird. Dieses Geld geht schließlich als Darlehen an das inländische Unternehmen C des Straftäters A, damit dieser es wieder „legal" nutzen kann. In den Büchern des Unternehmens C erscheint das Geld als ein an das Unternehmen B zurückzuzahlendes Darlehen.

Die Weiterentwicklung des Loan-Back-Verfahrens ist das Back-to-Back-Darlehen. Hierbei handelt es sich um ein Darlehen, bei dem eine bereits existierende Sicherheit (wie zum Beispiel ein Guthaben auf einem Auslandskonto, die Bareinzahlung eines Betrags) für den Darlehensgeber als Sicherheit dient. Besteht die Sicherheit in Form von Vermögenswerten, die direkt oder indirekt durch eine Straftat erworben wurden, handelt es sich um Geldwäsche. Im Unterschied zum Loan-Back-Verfahren ist der Darlehensgeber hier ein fremder Dritter.

Zusätzlich zur direkten Beteiligung einer Partei (Loan-Back-Verfahren) oder zweier Parteien (Back-to-Back-Darlehen) kann es einen weiteren Straftäter geben, der im Hintergrund agiert. Dabei kann die Beteiligung eines Dritten darin bestehen, legale Geschäftsaktivitäten über Darlehen zu finanzieren, Kapital zu beschaffen oder illegale Gelder mit legalen Geldern zu vermischen.[116]

> Der Straftäter A verfügt über illegal erworbenes Bargeld. Er leiht dieses an das Unternehmen B, wobei B gleichzeitig verpflichtet wird, ein Darlehen aus eigenen Mitteln an C zu vergeben. Das Bargeld des Straftäters A dient in diesem Fall als Bürgschaft oder Sicherheit für den Darlehensgeber B. Der Straftäter A erhält ohne selbst in Erscheinung zu treten die investierten Gelder oder anders genutzten Mittel über C zurück.

---

[114] Ehlscheid / Pfeiffer, Geldwäscheprävention, S. 77 f.

[115] OECD, Handbuch „Geldwäsche", S. 43.

[116] OECD, Handbuch „Geldwäsche", S. 44.

Indikatoren, die für eine Rückgewährung eigener Gelder sprechen, können sich nach einem Abgleich mit den für eine Darlehensgewährung üblichen Gepflogenheiten in der Wirtschaft bzw. in der entsprechenden Branche ergeben. Danach können u. a. folgende Indizien auf ein Loan-Back-Verfahren bzw. ein Back-to-Back-Darlehen hindeuten:

- es wird nicht nach alternativen Finanzierungen gesucht,
- kein schriftlicher Darlehensvertrag,
- keine oder ungenügende Sicherheiten,
- unrealistischer Rückzahlungsplan,
- Zinssatz weicht erheblich vom marktüblichen Zinssatz ab,
- Zinszahlungen und Tilgungen erfolgen nicht oder Rückzahlungsplan wird nicht eingehalten,
- es werden keine Inkassomaßnahmen ergriffen,
- Rückzahlung erfolgt ohne tatsächlichen Kapitalfluss an den Darlehensgeber,
- hohe Abschreibung seitens des Darlehensgebers entweder kurz nach Ausreichung des Darlehens oder Jahre später und gestellte Sicherheit war unzureichend.[117]

Bei Sicherheiten oder Rückzahlung durch unbekannte Dritte sollte darauf geachtet werden, ob diese erkennbar in einer engen Beziehung zum Unternehmen stehen und ein plausibler Grund dafür ersichtlich ist.[118]

4.4.2 Informelle Geldtransfersysteme

Besonders geeignet für Zwecke der Geldwäsche sowie zur Finanzierung von terroristischen Infrastrukturen und Anschlägen sind informelle Geldtransfersysteme. Diese sind auch unter dem Begriff der Untergrundbanken bekannt und spielen vor allem im asiatischen Raum, Lateinamerika und dem Orient eine bedeutende Rolle. Das Besondere an deren Überweisungssystemen besteht darin, dass die handelnden Beteiligten beim Transfer einander bedingungslos vertrauen, Geschäfte ohne Buchungsunterlagen und Belege abwickeln und damit eine absolute Anonymität sicherstellen, sodass eine Form der Geldwäsche in welcher Form auch immer nicht nachweisbar ist.[119]

Das wohl gebräuchlichste dieser Transfersysteme ist das Hawala-Finanzsystem. Hawala wird wegen seiner Einbindung in kulturell-religiöse Traditionen insbesondere von Muslimen als effektives und vertrauenswürdiges Verfahren zum Transfer von Geld angesehen und ist mittlerweile auf der ganzen Welt verbreitet. Schätzungen von Experten zufolge

[117] OECD, Handbuch „Geldwäsche", S. 45.

[118] Ehlscheid / Pfeiffer, Geldwäscheprävention, S. 83.

[119] Harnischmacher, Geldwäsche – Money Laundering, a. a. O.

werde Hawala von ungefähr 300 Mio. Kunden verwendet und würden dadurch jährlich ca. USD 200 Mrd. bewegt.[120]

Zum Transfer des Geldes von einer Person an eine andere Person bedarf es auf beiden Seiten eines sog. Hawaladar, dem vertraut und das Geld übergeben bzw. von diesem ausbezahlt wird. Zur Authentifizierung gegenüber dem Hawaladar dient üblicherweise ein zwischen den beiden Personen vereinbarter Code. Bei diesem Code kann es sich beispielsweise um ein Wort oder um Zahlen handeln.

> Person A übergibt an Hawaladar X in San Francisco USD 100.000. Dieser steht in Beziehung zu Hawaladar Z in Hyderabad, Pakistan, der an Person B dort den gewechselten Gegenwert in Rupien ausbezahlt, ohne dass das Geld materiell den Ort wechselt. Dies geschieht häufig nicht zum offiziellen Wechselkurs, sondern erheblich günstiger, da keine Bankgebühren oder Steuern anfallen. Die gesamte Transaktion kann, sofern A und B sich gleichzeitig bei ihren Hawaladaren (X und Z) aufhalten, innerhalb weniger Minuten ablaufen, was in der Regel sehr viel schneller ist als normale Auslandsüberweisungen.
>
> Nun hat Hawaladar X USD 100.000 Schulden bei Hawaladar Z. Diese Schulden werden mit den nächsten Transaktionen, die mit den Personen A und B nichts zu tun haben müssen, wieder beglichen. Diese „Verrechnung", die häufig nicht notwendig ist, wird dann im Rahmen gegenseitiger Warenlieferungen, Dienstleistungen oder durch Schmuck, Gold oder andere Wertgegenstände vorgenommen.

Insofern ähnelt das System stark den auf Geschwindigkeit ausgelegten Auslandsüberweisungssystemen von Western Union und MoneyGram, mit dem Unterschied, dass bei Hawala-Banking die Hawaladare voneinander unabhängig handelnde Personen sind. Ein weiterer Unterschied ist der, dass sich die Kunden der Hawaladare normalerweise weder identifizieren noch die Herkunft des Geldes nachweisen müssen.

Hawaladare sind im Allgemeinen Händler oder Inhaber kleinerer Geschäfte wie Reisebüros, Altwarenhändler und Juweliere, die die Hawala-Aktivitäten neben dem normalen Geschäftsablauf betreiben. Das Hawala-Finanzsystem ist in den meisten Ländern der Welt illegal. Da in der Regel keine Aufzeichnungen über die Transaktionen gefertigt werden, somit keine „Papierspur" des Geldes zurückgelassen wird und da es keine Berührungspunkte zu oder gar Einbindungen in irgendwelche nationalen oder internationalen Finanzaufsichtsinstitutionen gibt, wird Hawala als eine permanente Quelle von Gefahren wie Drogen- und Waffenhandelsgeldtransfer sowie Geldwäsche angesehen.[121]

Ein weiteres bekanntes Beispiel für ein informelles Geldtransfersystem ist der sog. Black Market Peso Exchange. Dieses System, welches aus Lateinamerika stammt, steht einerseits in enger Verbindung mit dem Drogenhandel und wird andererseits von Migranten verwendet, um Geld in ihr Heimatland zu schicken. Der Transfer des Geldes wird hier ebenso nach Art von Hawala durchgeführt.[122]

---

[120] Herzog / Achtelik in Herzog / Achtelik, GwG^2, Rz 28 zur Einleitung.

[121] Herzog / Achtelik in Herzog / Achtelik, GwG^2, Rz 29 zur Einleitung.

[122] Herzog / Achtelik in Herzog / Achtelik, GwG^2, Rz 34 zur Einleitung.

4.4.3 Nutzung von Rechts-, Finanz- und anderen Dienstleistern

Infolge der mittlerweile engmaschigen Kontrollmechanismen im Bankensektor ist eine Verlagerung hin zu Dienstleistern im Rechts- und Finanzbereich zu beobachten, um dadurch das Entdeckungsrisiko von Geldwäscheaktivitäten zu minimieren. Zu dieser Verlagerung trägt aber auch bei, dass ein Straftäter zu einem bestimmten Zeitpunkt das Fachwissen eines professionellen Dienstleisters benötigt, unter anderem aufgrund gesetzlicher Vorschriften, wie beispielsweise die Einbindung eines Notars zur Abwicklung von Immobilientransaktionen.[123]

Die FATF macht seit vielen Jahren auf die besondere Rolle aufmerksam, die von Anwälten, Notaren und anderen Rechts- und Finanzexperten aufgrund ihres gesellschaftlichen Ansehens und ihres speziellen Fachwissens in Geldwäscheaktivitäten eingenommen werden kann. Von den Anwerbeversuchen sollen neben Vermögensverwaltern, Anlageberatern insbesondere Anwälte, Notare und Wirtschaftsprüfer betroffen sein.[124]

Die Beteiligung eines solchen Dienstleisters an einer Transaktion kann für Straftäter u. a. aus folgenden Gründen günstig sein:

- die Art der erbrachten Dienstleistung bei der Geldwäsche kann hilfreich sein,
- Name und Ruf einer Branche oder einer Gruppe von Geschäftstätigen schafft Vertrauen und gibt der Transaktion den Anschein eines legalen Vorgangs,
- die Vertraulichkeit durch bestimmte Dienstleister wird gewahrt,
- Treuhandkonten Dritter werden von bestimmten Dienstleistern zur Verfügung gestellt.[125]

Als klassisches Muster der Geldwäsche mithilfe von Dienstleistern gilt, dass Rechtsanwälte als Strohmänner auftreten indem sie in eigenem Namen Konten eröffnen, diese jedoch in Wirklichkeit für eine fremde Person vorgesehen sind. Solche Erscheinungsformen fallen insbesondere dann auf, wenn viel mehr Kontobewegungen stattfinden, als für diese Berufsgruppe normalerweise üblich ist.

Jedenfalls kann es sich als äußerst schwierig erweisen, eine Abgrenzung zwischen Anwerbeversuchen zu Zwecken der Geldwäsche respektive zu seriösen Zwecken zu treffen. Dies betrifft beispielsweise die Anfrage um Erteilung eines rechtlichen Rats, in welcher Jurisdiktion sich Offshore-Unternehmen besonders steuerschonend gründen lassen, verbunden mit der Anfrage nach den dortigen Standards zur Geldwäschebekämpfung. Eine Beurteilung ist aber auch dann schwierig zu treffen, wenn es um die Eröffnung und Verwaltung von Konten geht oder um die Beteiligung als Mittelsmann, um den Geschäften ein gewisses Maß an Seriosität zu verleihen.[126]

---

123 OECD, Handbuch „Geldwäsche", S. 47.

124 Herzog / Achtelik in Herzog / Achtelik, GwG², Rz 19 und 23 zur Einleitung.

125 OECD, Handbuch „Geldwäsche", S. 47.

126 Herzog / Achtelik in Herzog / Achtelik, GwG², Rz 23 zur Einleitung.

Gemäß dem Bericht der FATF vom Juni 2013 „Money Laundering and Terrorist Financing Vulnerabilities of Legal Professionals“[127] wurden u. a. folgende Methoden im Kontext von Geldwäsche und Terrorismusfinanzierung beobachtet:

- Missbrauch von Kundenkonten,
- Immobilienverkäufe,
- Errichtung und Management von Trusts und Unternehmen,
- bestimmte Rechtsstreitigkeiten,
- Errichtung und Betreuung von Stiftungen.

Im Ergebnis ist festzuhalten, dass nur durch eine entsprechende Sensibilisierung und Auseinandersetzung mit dem Thema Geldwäsche und Terrorismusfinanzierung Verdachtsfälle entdeckt werden können. Dienstleister sind insofern gefordert, bei der Abwicklung ihrer Geschäfte auf mögliche Indikatoren Bedacht zu nehmen, wie etwa die Forderung einer unüblichen Dienstleistung, das Angebot einer unüblich hohen Vergütung oder das Ersuchen um die Abwicklung ungewöhnlicher Transaktionen.

Dr. Albert Kaufmann ist stellvertretender Leiter der Abteilung Aufsicht im Bereich Andere Finanzintermediäre der Finanzmarktaufsicht (FMA) Liechtenstein. Seine beruflichen Schwerpunkte bilden die Durchführung von Kontrollen nach dem Sorgfaltspflichtgesetz, die Untersuchung von Verdachtsfällen im Bereich der Bekämpfung von Geldwäscherei, organisierter Kriminalität und Terrorismusfinanzierung sowie Regulierungsprojekte zum Erlass und Umsetzung von nationalem finanzmarktrelevantem Recht, insbesondere mit Fokus auf Anti-Money Laundering. Albert Kaufmann ist ferner ein Vertreter Liechtensteins in der Expert Group on Money Laundering and Terrorist Financing (EGMLTF) in Brüssel und als Referent bei zahlreichen Veranstaltungen rund um das Thema Anti-Money Laundering tätig. Davor war Albert Kaufmann als juristischer Mitarbeiter in einer führenden liechtensteinischen Rechtsanwaltskanzlei tätig.

[127] FATF Report – Money Laundering and Terrorist Financing Vulnerabilities of Legal Professionals, Juni 2013, abrufbar unter: http://www.fatf-gafi.org/media/fatf/documents/reports/ML%20and%20TF%20vulnerabilities%20legal%20professionals.pdf [28.12.2015].

5 Berufliche Anforderungen an den Steuerberater und Wirtschaftsprüfer

Christian Hlavica, Bianca Bitzer

5.1 Berufliche Anforderungen an den Steuerberater

5.1.1 Modernität der Steuerberatung

Die Internationalisierung der Geschäftsbeziehungen der Unternehmen sowie die zunehmende Komplexität und Dynamisierung des Unternehmensumfelds und die damit einhergehenden steigenden Anforderungen an die Unternehmensleitung haben auch das Aufgabenprofil des Steuerberaters beeinflusst. Die Zeiten, in denen der Steuerberater als Organ der Steuerrechtspflege ausschließlich mit klassischer Steuerberatung der Mandanten betraut war, sind vorbei.

Die Anforderungen an den Steuerberater sind immens gewachsen, vor allem im Hinblick auf die Beratung von Unternehmen. Zwar nimmt die Hilfeleistung in steuerrechtlichen Angelegenheiten immer noch einen Gutteil der Beratungsleistung ein, jedoch werden, gerade bei der Beratung von Unternehmen, betriebswirtschaftliche Beratungsfelder immer bedeutender.

Durch die kontinuierliche Nähe zum Mandanten und aufgrund seiner Ausbildung ist der Steuerberater prädestiniert, sich auch mit betriebswirtschaftlichen Problemstellungen zu befassen. Durch die laufende Steuerberatung und die ggf. damit verbundene Verantwortung für das betriebliche Rechnungswesen hat der Steuerberater Einblick in die Unternehmens- und Finanzsituation wie kein anderer externer Berater, so dass

C. Hlavica (✉)
München, Deutschland
E-Mail: christian.hlavica@online.de

B. Bitzer
Neu-Ulm, Deutschland
E-Mail: bitzerbianca@googlemail.com

C. Hlavica, F. Hülsberg, U. Klapproth (Hrsg.), *Tax Fraud & Forensic Accounting*,
DOI 10.1007/978-3-658-07840-9_5

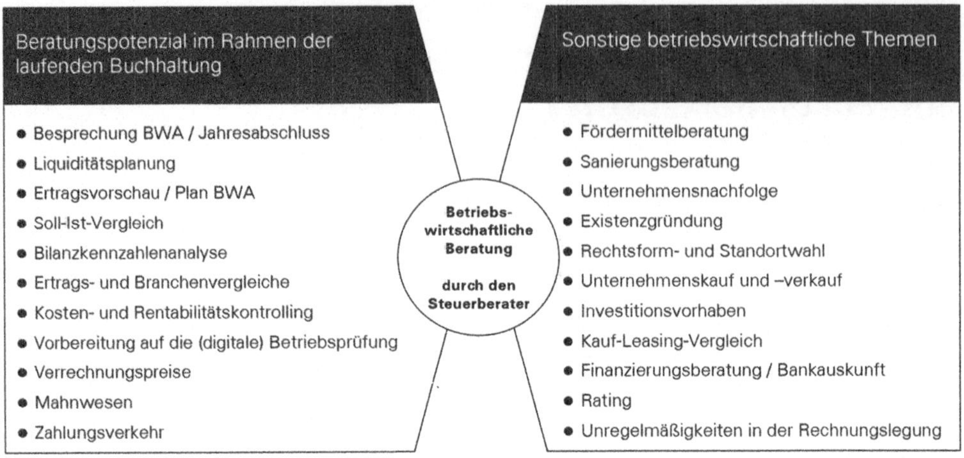

Abb. 5.1 Ausgewählte betriebswirtschaftliche Beratungsansätze

sich für ihn umfangreiche Möglichkeiten für weitergehende Beratungsansätze eröffnen. Es gibt mannigfaltige Beratungsansätze zur Steuerung betrieblicher, nicht unbedingt nur rechnungswesennaher Prozesse. Zudem sind steuerliche und betriebswirtschaftliche Fragestellungen in mancher Hinsicht eng mit einander verknüpft, so dass eine steueroptimale Lösung nicht ohne Berücksichtigung betriebswirtschaftlicher Aspekte erfolgen kann.

Die Themenpalette zur betriebswirtschaftlichen Beratung durch den Steuerberater ist facettenreich und kann, ohne Anspruch auf Vollständigkeit, wie abgebildet ausgeprägt sein (Abb. 5.1).

Ein weiteres Beratungsfeld ist die internationale Steuerberatung. Auch kleinere Unternehmen richten sich vermehrt auf internationale Geschäftsbeziehungen aus. Für den Mittelstand ist ein internationales Engagement durch Auslandsniederlassungen und Tochterunternehmen im Ausland Bestandteil einer typischen Unternehmensstruktur geworden. Der Steuerberater muss daher bereits bei der Beratung kleinerer Unternehmen auf besondere internationale Sachverhalte vorbereitet sein.

5.1.2 Verpflichtung des Steuerberaters zur Fraud-Aufdeckung?

Durch den Einbezug des Steuerberaters in die betriebswirtschaftliche Beratung und internationale Steuerberatung sowie durch die umfangreiche Einsicht in das Unternehmen des Mandanten sieht sich der Steuerberater auch mit Unregelmäßigkeiten im Zusammenhang mit Unterschlagung oder Untreue konfrontiert.

Es stellt sich hier die Frage, ob und / oder inwiefern den Steuerberater die Pflicht zur Identifizierung und Kommunizierung von Unregelmäßigkeiten trifft. Die im Rahmen der Beratungstätigkeit erfolgte Konfrontation mit Unregelmäßigkeiten ist in Bezug auf eine mögliche Haftung des Steuerberaters nicht unkritisch.

Im Sinne einer Reduzierung der Haftungsrisiken ist anzumerken, dass insbesondere bei der Abwicklung der Buchhaltung und der Jahresabschlusserstellung grundsätzlich darauf geachtet werden sollte, dass die vorgelegten Geschäftsvorfälle kritisch und mit dem nötigen Sachverstand bearbeitet werden. Wenn beispielsweise Millionenbeträge über das Konto „Durchlaufende Posten" gebucht werden und der Geschäftsbetrieb des Mandanten üblicherweise keine Vereinnahmungen oder Verausgabungen im Namen und auf Rechnung Dritter aufweist, dann sollten diese Buchungen bei kritischer und sorgfältiger Betrachtung dem Bearbeiter ins Auge fallen, hinterfragt und mit dem Mandanten besprochen werden.

Im Rahmen eines Akquisitionsgespräches wurde seitens eines Mandanten einmal treffend angemerkt, dass die angedachte Beauftragung der Finanzbuchhaltung und Jahresabschlusserstellung als „Accounting" und nicht als „Bookkeeping" (im Sinne von bloßem Erfassen des Buchungsstoffes) verstanden werde, denn „Bookkeeping" könne schließlich selbst bewerkstelligt werden, dazu sei kein Sachverstand notwendig. Was damit zum Ausdruck gebracht werden sollte ist genau der Punkt, um den es in dieser Abhandlung geht. Nämlich die vorgelegten Buchungsbelege mit der berufsüblichen, gebotenen Sorgfalt und nicht undifferenziert resp. unkritisch zu bearbeiten.

▶ **Beraterhinweis** Fehlleistungen von Angestellten des Steuerberaters (z. B. Steuerfachangestellte, Bilanzbuchhalter) sind nach § 278 S. 1 BGB dem Steuerberater zuzurechnen, weil sie im Verhältnis zu ihm als Erfüllungsgehilfen anzusehen sind. Für ein schuldhaftes Verhalten eines Erfüllungsgehilfen besteht eine Einstandspflicht des Steuerberaters, soweit das Fehlverhalten in einem unmittelbaren sachlichen Zusammenhang mit den Aufgaben steht, die dem Erfüllungsgehilfen im Hinblick auf die Vertragserfüllung zugewiesen waren.[1] Insofern ist es von essenzieller Wichtigkeit, dass die Mitarbeiter eingehend darauf hingewiesen werden, vorgelegte Sachverhalte sorgfältig zu bearbeiten und kritisch zu hinterfragen. Darüber hinaus sollten die Mitarbeiter durch Schulungsmaßnahmen in Bezug auf Fraud-Sachverhalte sensibilisiert werden.

Mögliche Anhaltspunkte für eine Sensibilisierung bieten die in diesem Band voranstehend in Abschn. 3.3 aufgezeigten Red Flags für vorliegende dolose Handlungen.

Die Frage der Haftung des Steuerberaters aus positiver Vertragsverletzung in Verbindung mit Fraud im beauftragenden Unternehmen ist in der Rechtsprechung bereits vielfach erörtert worden. Diesbezüglich sind insbesondere folgende Rechtsprechungen von Interesse:

- Die Rechtsprechung des BGH begründet durchaus eine Pflicht des Beraters, sich von der Ordnungsmäßigkeit einer Buchführung zu überzeugen; er meint damit die Pflicht zu prüfen, ob die Buchführung in ihrer Anlage und Ausgestaltung den Anforderungen an eine ordnungsgemäße Buchführung entspricht. Dazu gehört aber nicht die Prüfung

[1] OLG Hamm v. 27.03.2009, 25 U 58/07, Tz. 128.

jeder einzelnen Buchung oder der Gesamtheit der Buchungen auf ihre materielle Richtigkeit in jedem Einzelfall und darüber hinaus – gar in der Art einer Unterschlagungsprüfung – eine Nachprüfung, ob der Mandant Geschäftsvorfälle unterdrückt hat.[2]

- Wenn noch nicht einmal ein Auftrag zur Abschlussprüfung zur Durchführung einer Unterschlagungsprüfung verpflichtet, dann ist erst recht der Steuerberater im Rahmen eines Mandates mit dem vorliegenden, fest umrissenen Inhalt (hier: Erstellung der Buchhaltung und Ableitung / Erstellung des Jahresabschlusses ohne Belegprüfung) nicht verantwortlich für die Verhinderung von Fehlern, Täuschungen, Vermögensschädigungen und sonstigen Gesetzesverstößen des Geschäftsführers.[3]
- Ein Steuerberater soll, auch wenn ihm kein Auftrag zur „Buchprüfung" erteilt wurde, dem Mandanten gegenüber dennoch vertraglich verpflichtet sein, auf etwaige Mängel in der Buchführung, soweit sie ihm – im Rahmen der vertraglichen Tätigkeit zur Fertigung der Steuerbilanzen und Steuererklärungen – anhand der Bücher bei Anwendung der gebotenen Sorgfalt erkennbar waren, hinzuweisen.[4]
- Der Steuerberater kann grundsätzlich auf die Richtigkeit und Vollständigkeit der ihm gegebenen Auskünfte und Belege vertrauen. Es besteht insbesondere keine Pflicht, nach Unterschlagungen durch Angestellte des Mandanten zu suchen.[5]
- Der Steuerberater muss lediglich erkannten Mängeln der Buchführung, d. h. erkannten Unstimmigkeiten und Unklarheiten in den Mandantenangaben nachgehen und sie beim Auftraggeber durch Rückfragen zu beheben suchen; sind Verschleierungen bei Durchführung der berufsüblichen Buchführungsarbeit erkennbar, so trifft den Steuerberater eine Mitteilungspflicht; dies kann aber nur im Einzelfall festgestellt werden.[6]
- Sachverhalt (kurz): Der Steuerberater bekommt vom Geschäftsführer der Mandantin regelmäßig einen verschlossenen Umschlag mit Spesenbelegen. Auf dem Umschlag ist der Gesamtbetrag der „betrieblich veranlassten" Spesen handschriftlich vermerkt. Der Umschlag wird nicht vom Steuerberater geöffnet, lediglich der auf dem Umschlag angegebene Betrag wird verbucht. Die Spesen betreffen die private Lebensführung des Geschäftsführers. Das Unternehmen, das nur durch ihren Geschäftsführer handeln kann, muss sich entsprechend § 31 BGB so behandeln lassen, als habe sie die Kenntnisse im Zusammenhang mit der sog. Umschlagpraxis selbst besessen (Wissenszurechnung). Der Steuerberater hat in diesem Fall keine Mitteilungs- oder Aufklärungspflicht gegenüber den Gesellschaftern der Mandantin.[7]

---

[2] BGH, VersR 1968, 48 sowie OLG Köln vom 29.08.2002, 8 U 5/02, Tz. 39.

[3] OLG München, GI 2002, 174 sowie OLG Köln vom 29.08.2002, 8 U 5/02, Tz. 49.

[4] BGH, WM 1971, 1206 sowie OLG Köln vom 29.08.2002, 8 U 5/02, Tz. 39.

[5] OLG Hamm, ZIP 1983, 90 sowie OLG München, GI 2002, 174 sowie OLG Köln vom 29.08.2002, 8 U 5/02, Tz. 39.

[6] BGH, WM 1971, 1206 sowie OLG München, WM 1997, 613, 617 sowie OLG Köln vom 29.08.2002, 8 U 5/02, Tz. 39.

[7] OLG Köln vom 29.08.2002, 8 U 5/02, Tz. 42, 43.

- Die Grundsätze ordnungsgemäßer Buchführung und die Grundsätze im Zusammenhang mit der Erstellung der Jahresabschlüsse, soweit sie vom Steuerberater zu beachten sind, dienen hinsichtlich ihres Schutzzwecks dazu, die Entstehung von Mehrsteuern gegenüber dem Fiskus zu verhindern, nicht aber dazu, Gesellschafter vor unredlichen Geschäftsführern zu bewahren.[8]
- Unabhängig von der Verpflichtung zu einer Überprüfung der Buchführung des Mandanten ist der Steuerberater angehalten, auf für ihn bei der Erstellung der Jahresabschlüsse ohne Weiteres erkennbare Hinweise auf Ungereimtheiten in der Buchführung (im Sinne von hinterfragungswürdig, Verdacht muss sich aufdrängen), die den Verdacht auf Unregelmäßigkeiten nahe legen, zu reagieren und den Mandanten entsprechend zu informieren und zu warnen. Der Steuerberater ist nämlich verpflichtet, auch dann, wenn ihm kein Auftrag zur Erstellung oder Überprüfung der Buchführung erteilt worden ist, auf etwaige erkannte Unstimmigkeiten und Unklarheiten in der Buchführung sowie auf solche Mängel hinzuweisen, die ihm im Rahmen der vertraglichen Tätigkeiten bei Anwendung der gebotenen Sorgfalt erkennbar waren.[9]

Zusammenfassend lassen sich die wesentlichen Aspekte betreffend das Haftungsrisiko des Steuerberaters wie folgt darstellen:

- Der Steuerberater unterliegt keiner generellen Pflicht der Prüfung jeder einzelnen Buchung oder der Gesamtheit der Buchungen auf ihre materielle Richtigkeit. Eine Prüfung kann aber im Auftrag vorgesehen werden (allenfalls Stichprobenprüfungen oder Plausibilitätsprüfungen),
- Der Steuerberater ist nicht verpflichtet, Unregelmäßigkeiten in der Buchführung aufzudecken,
- Der Steuerberater hat den Auftrag mit der gebotenen Sorgfalt durchzuführen und ist verpflichtet, auf erkannte Mängel in der Buchführung hinzuweisen, auch wenn er keinen Auftrag zu einer Überprüfung der Buchhaltung bekommen hat;
- Arbeitet der Steuerberater mit der gebotenen Sorgfalt muss er zwangsläufig auf hinterfragungswürdige augenfällige Ungereimtheiten (die ihn quasi „anspringen") stoßen (vgl. Beispiel oben: Millionenbeträge auf dem Konto „Durchlaufende Posten").

In dem Fall, den das OLG Hamm am 27. März 2009 zu entscheiden hatte, wurde ein Steuerberater in die Haftung genommen, weil er über (eigene Anmerkung: zwangsweise) augenfällige Vorgänge (eben diese zuvor genannten Millionenbeträge) nicht unverzüglich über diesen verdächtigten Umstand in der Buchführung informiert und nicht veranlasst hat, den Grund für die verdächtigen Buchungen zu klären. Dadurch wurden dem Täter keine Schranken gesetzt und die Veruntreuungen konnten fortgesetzt werden. Für die fortgesetzten Veruntreuungen hatte nun der Steuerberater einzustehen.

---

[8] OLG Köln vom 29.08.2002, 8 U 5/02, Tz. 49.

[9] BGH, WM 1971, 1206 sowie OLG Hamm vom 27.03.2009, 25 U 58/07, Tz. 73.

Das Verschulden des Steuerberaters wurde in der Form der Fahrlässigkeit vermutet.

Da der Steuerberater mit der Hilfeleistung in Steuersachen (Buchführung, Jahresabschluss, Steuererklärungen) beauftragt worden war, kann der Auftraggeber sich nicht der Sachkunde des Steuerberaters in der Aufklärung doloser Handlungen bedient haben. Die Organisation eines Betriebsablaufes, die Sicherungen gegen Unterschlagungen beinhaltet, gehörte nicht zu dem Bereich, welcher dem Steuerberater als Fachmann anvertraut war. Insofern hatte der Auftraggeber ein Mitverschulden zu tragen, das vom Gericht nach § 254 Abs. 1 BGB mit 50 % bemessen wurde.[10]

Fazit: Auch wenn das Risiko letzten Endes halbiert wird, kann das Außerachtlassen der gebotenen Sorgfalt für den Steuerberater dennoch zu empfindlichen Regressen führen.

5.1.3 Verpflichtung des Steuerberaters nach dem Geldwäschegesetz

Im Zusammenhang mit der Darstellung der Verpflichtungen des Steuerberaters nach dem Geldwäschegesetz wird auf die Ausführungen in Kap. 4 Abschn. 4.2 dieses Bandes verwiesen.

5.2 Berufliche Anforderungen an den Wirtschaftsprüfer

5.2.1 Einleitung

In den Augen der Öffentlichkeit stellt der Bestätigungsvermerk des Abschlussprüfers eine Garantie dafür dar, dass der geprüfte Abschluss frei von Fehlern und die Darstellung Vermögens-, Finanz- und Ertragslage des Unternehmens zutreffend vorgenommen worden ist. Obwohl sich aus dem im § 317 Abs. 1 S. 3 HGB definierten Leistungsauftrag zur Abschlussprüfung gerade nicht ergibt, dass die Abschlussprüfung als Vollprüfung und konkrete Deliktsprüfung auszugestalten ist, wird der Bestätigungsvermerk durch die Öffentlichkeit dahingehend interpretiert. Durch diese Erwartungslücke gerät der Abschlussprüfer immer dann in die Kritik, wenn im Nachhinein grobe Gesetzesverstöße oder Manipulationen der Rechnungslegung beim geprüften Unternehmen festgestellt werden. Die Öffentlichkeit reagiert aus ihrer Sicht zu Recht mit Unverständnis, wenn sich herausstellt, dass das Unternehmen sich z. B. aufgrund von geschickten Bilanzmanipulationen besser dargestellt hat und die Abschlussprüfer dies nicht bemerkt haben. Kein Wunder, dass die aufgebrachte Öffentlichkeit bei bekannt werden von Bilanz- und Unternehmensskandalen die Schuld beim Wirtschaftsprüfer sucht und dann immer wieder fordert, dass die Prüfungsqualität erhöht werden muss, um solche Vorkommnisse in Zukunft zu vermeiden.[11]

Dennoch ist Jahresabschlussprüfung so anzulegen, dass Unrichtigkeiten und Verstöße, die sich wesentlich auf die Vermögens-, Finanz- und Ertragslage auswirken können, erkannt

[10] OLG Hamm v. 27.03.2009, 25 U 58/07, Tz. 110 - 112.

[11] Berndt / Jeker; BB 2007, 2616.

werden. Welche Pflichten sich hieraus für den Wirtschaftsprüfer ergeben ist in IDW PS 210 beschrieben und geregelt.

In diesem Abschnitt wird zunächst dargestellt, wie sich die nationalen Prüfungsstandards zur Fraud-Prüfung entwickelt haben. Daran anschließend wird auf die Abschlussprüfung unter Berücksichtigung von Fraud-Risiken eingegangen und hier insbesondere dargestellt, welche Anforderungen durch IDW PS 210 an den Abschlussprüfer gestellt werden.

5.2.2 Prüfungsstandards zur Fraud-Prüfung

5.2.2.1 IDW-Fachgutachten 1/1988

Im IDW-Fachgutachten 1/1988 ist die internationale Entwicklung, insbesondere in den USA, die eine zunehmende Verantwortung des Abschlussprüfers in Bezug auf die Berücksichtigung des Fraud-Risikos vorsah noch nicht spürbar. Gemäß Fachgutachten 1/1988 war die Abschlussprüfung ihrem Wesen nach gerade nicht auf die Aufdeckung und Aufklärung strafrechtlicher Tatbestände (z. B. Untreuehandlungen, Unterschlagung, Kollusionen) und außerhalb der Rechnungslegung begangene Ordnungswidrigkeiten ausgerichtet. Aufgrund dieses Grundsatzes waren auch gezielte Prüfungshandlungen zur Aufdeckung derartiger Tatbestände nicht Gegenstand der Abschlussprüfung. Es wurde nur gefordert, dass sich der Abschlussprüfer der Tatsache bewusst ist, dass betrügerische Handlungen möglich sind. Konnten betrügerische Handlungen nicht im Rahmen einer „ordnungsmäßigen Durchführung“ der Abschlussprüfung mit den „berufsüblichen Methoden“ festgestellt werden, war die Verantwortung des Abschlussprüfers klar abzulehnen.[12]

5.2.2.2 IDW-Stellungnahme HFA 7/1997 „Zur Aufdeckung von Unregelmäßigkeiten im Rahmen der Abschlussprüfung"

In der IDW-Stellungnahme HFA 7/1997 wurde die Pflicht des Abschlussprüfers zur Berücksichtigung des Risikos falscher Angaben im Abschluss erläutert und vertieft. In die IDW-Stellungnahme wurden die internationalen Prüfungsstandards ISA 240 und ISA 250 eingearbeitet mit dem Resultat, dass das Konzept der „kritischen Grundhaltung“ des Abschlussprüfers Eingang in die nationalen Prüfungsstandards fand. Nach wie vor galt jedoch, dass auch bei ordnungsmäßiger Prüfungsdurchführung ein unvermeidbares Risiko bestand, dass falsche Angaben mit einem wesentlichen Einfluss auf den Abschluss nicht aufgedeckt werden. Im Gegensatz zum IDW-Fachgutachten 1/1988 wurde aber vom Abschlussprüfer gefordert, dass er mit einer „kritischen Grundhaltung“ gegenüber dem geprüften Unternehmen und dessen Mitarbeitern die Abschlussprüfung plant und durchführt. Das Konzept der „kritischen Grundhaltung“ verlangte vom Abschlussprüfer eine Risikobeurteilung und darauf aufbauende Prüfungshandlungen, die dazu führten, dass wesentlich falsche Angaben im Jahresabschluss mit hinreichender Sicherheit durch den Abschlussprüfer entdeckt

---

[12] Berndt / Jeker, BB 2007, 2616.

werden. Für den Abschlussprüfer bestand dadurch erstmalig die Verpflichtung aktiv nach erhöhten Risiken in Bezug auf Fraud zu suchen.[13]

Bei der Risikobeurteilung konnte der Abschlussprüfer, solange keine gegenteiligen Anhaltspunkte vorlagen, von der Integrität und Ehrlichkeit der gesetzlichen Vertreter ausgehen. Außerdem wurde in HFA 7/1997 eine klare Unterscheidung zwischen der Abschlussprüfung und der Unterschlagungsprüfung im Hinblick auf den Grad des Misstrauens des Abschlussprüfers getroffen. Bei der Unterschlagungsprüfung geht das Misstrauen des Abschlussprüfers klar weit über die kritische Grundhaltung hinaus und im Regelfall wird eine Vollprüfung des Prüfungsgebietes unter zur Hilfenahme von kriminalistischen Methoden vorgenommen.[14]

5.2.2.3 IDW PS 210 „Zur Aufdeckung von Unregelmäßigkeiten im Rahmen der Abschlussprüfung"

5.2.2.3.1 Gesetzlicher Auftrag

5.2.2.3.1.1 Prüfungsnormen

Bei der Prüfung von Jahresabschlüssen sind handelsrechtliche Grundsätze zu beachten. Insbesondere zählen hierzu die §§ 316 f., 320 bis 322 HGB. Die gesetzlichen Prüfungsnormen sind allgemein formuliert, deswegen ist der Abschlussprüfer gemäß der in § 43 Abs. 1 WPO kodifizierten Pflicht zur gewissenhaften Berufsausübung gehalten, auch die maßgeblichen fachlichen Regeln gem. § 4 Abs. 1 BS WP / vBP zu beachten. Bei diesen fachlichen Regeln handelt es sich um die nationalen und internationalen Prüfungsstandards. Aufgrund der bestehenden Transformationspflicht sind vorzugsweise die nationalen Prüfungsstandards anzuwenden (IDW PS), sofern es sich um eine sachgerecht transformierte Prüfungsnorm handelt. Geht die internationale Prüfungsnorm über die nationale Prüfungsnorm hinaus oder wurde die internationale Prüfungsnorm nicht sachgerecht transformiert, hat ein im Sinne von § 43 Abs. 1 WPO gewissenhaft agierender Prüfer die internationale Prüfungsnorm zu beachten um festzustellen, ob sein Vorgehen den internationalen Erfordernissen entspricht.[15]

▶ **Beraterhinweis** Durch das BilMoG ist § 317 HGB um einen weiteren Absatz ergänzt worden. Gemäß § 317 Abs. 5 HGB hat der Abschlussprüfer bei der Durchführung von gesetzlichen Prüfungen die ISA anzuwenden, soweit sie von der EU übernommen worden sind. Die Übernahme der ISA durch die Europäische Kommission ist allerdings noch nicht erfolgt, so dass diese bei der Abschlussprüfung noch nicht zwingend anzuwenden sind.

[13] Berndt / Jeker, BB 2007, 2616.

[14] Berndt / Jeker, BB 2007, 2616f.

[15] Ruhnke, DB 2006, 1169.

Gemäß § 317 Abs. 1 S. 3 HGB ist die Abschlussprüfung so anzulegen, dass Unrichtigkeiten und Verstöße, die sich wesentlich auf die Darstellung der Vermögens-, Finanz- und Ertragslage des Unternehmens auswirken, bei gewissenhafter Berufsausübung durch den Abschlussprüfer erkannt werden. In Folge dessen hat die risikoorientierte Prüfung explizit das Fraud Risiko, d. h. das Risiko in Bezug auf Verstöße und Unregelmäßigkeiten, zu berücksichtigen.[16] Im nationalen Prüfungsstandard IDW PS 210 sind die in diesem Zusammenhang zu beachtenden Regeln beschrieben. Die maßgeblichen internationalen Prüfungsstandards fußen auf ISA 240 und ISA 250, die gemäß der Vorbemerkung zu IDW PS 210 in den nationalen Prüfungsstandard umgesetzt wurden.

5.2.2.3.1.2 Gegenstand der Prüfung

Für den Abschlussprüfer sind zwei Kategorien von Verstößen und Unregelmäßigkeiten relevant, die im nationalen Prüfungsstandard IDW PS 210 definiert werden:

Kategorie (1): Verstöße und Unregelmäßigkeiten, die zu falschen Angaben im Jahresabschluss führen wie Täuschungen, d. h. Manipulationen der Rechnungslegung, und Vermögensschädigungen.

Kategorie (2): Verstöße und Unregelmäßigkeiten, die zu keinen falschen Angaben im Jahresabschluss führen (sogenannte „sonstige Gesetzesverstöße"), aber schwerwiegende Verstöße gegen Gesetz, Gesellschaftsvertrag oder Satzung darstellen.

Entscheidend bei Kategorie (1), den Verstößen und Unregelmäßigkeiten die zu falschen Angaben im Jahresabschluss führen ist, dass deren Auswirkung auf die Vermögens-, Finanz- und Ertragslage des Unternehmens wesentlich ist. Bei Kategorie (2), den Verstößen die zu keinen falschen Angaben im Jahresabschluss führen ist ausschlaggebend, ob es sich um schwerwiegende Verstöße handelt. Die Unterscheidung in diese zwei Kategorien von Verstößen und Unregelmäßigkeiten ist wichtig, da sie unterschiedliche Konsequenzen für den Abschlussprüfer und die Abschlussprüfung nach sich ziehen.

▶ **Beraterhinweis** Sowohl Verstöße und Unregelmäßigkeiten, die zu falschen Angaben im Jahresabschluss (Täuschung und Vermögensschädigung) führen als auch Verstöße und Unregelmäßigkeiten, die zu keinen falschen Angaben im Jahresabschluss (sonstige Gesetzesverstöße) führen, sind gem. § 321 Abs. 1 HGB zu berichten, sofern diese den Bestand des geprüften Unternehmens oder dessen Entwicklung wesentlich beeinträchtigen oder sofern diese schwerwiegende Verstöße gegen Gesetz, Gesellschaftsvertrag oder Satzung erkennen lassen. Beide vorgenannten Kategorien können somit auch auf den Prüfungsbericht ausstrahlen.

Die nachfolgende Abbildung gibt einen zusammenfassenden Überblick über die Einteilung der Verstöße und Unregelmäßigkeiten in die beiden oben beschriebenen Kategorien (Abb. 5.2).

---

[16] Berndt / Jeker, BB 2007, 2621.

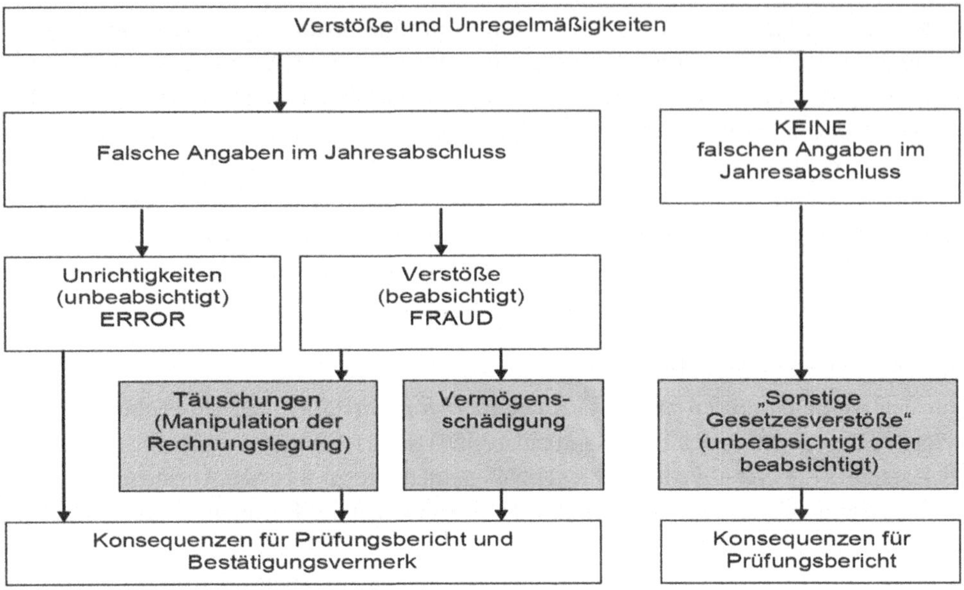

Abb. 5.2 Verstöße und Unregelmäßigkeiten

5.2.2.3.2 Historische Entwicklung von IDW PS 210

IDW PS 210 ersetzte im Mai 2003 den bislang geltenden HFA 7/1997 und berücksichtigte die zwischenzeitliche Weiterentwicklung des ISA 240. Die beiden wesentlichen Neuerungen waren, dass bereits im Rahmen der Prüfungsplanung die Pflicht zur gezielten Befragung der gesetzlichen Vertreter im Zusammenhang mit der Verhinderungen und Aufdeckung von Unregelmäßigkeiten verankert wurde und das die Ergebnisse dieser Befragung in die Risikobeurteilung durch den Abschlussprüfer einzubeziehen waren. Es wurde aber nicht von der Prämisse abgewichen, dass der Abschlussprüfer von der Integrität und Ehrlichkeit der gesetzlichen Vertreter ausgehen konnte.

Im IDW PS 210 in der Fassung vom 6. September 2006 wurden die Änderungen von ISA 240 revised (i.d. F. v. Februar 2004) eingearbeitet. Das Konzept der „kritischen Grundhaltung" wurde weiter ausgeweitet. Der Abschlussprüfer muss jetzt die Möglichkeit der Unehrlichkeit der gesetzlichen Vertreter von vorneherein in Betracht ziehen und kann nicht mehr wie in früheren Jahren von der Integrität und Ehrlichkeit der gesetzlichen Vertreter ausgehen, solange er keine gegenteiligen Informationen hat. Der Abschlussprüfer ist gezwungen, sich im Verlauf der Prüfung immer wieder mit der Möglichkeit von Fraud zu beschäftigen, ungeachtet seiner bisherigen Erfahrungen mit dem Mandanten und seiner persönlichen Einschätzung der Integrität und Ehrlichkeit der Geschäftsleitung.[17]

Im Rahmen des Clarity-Projekt sind im Zuge von Überarbeitungen des ISA 240 weitere Änderungen des IDW PS 210 vorgenommen (IDW PS 210 in der Fassung vom 9. Septem-

[17] Berndt / Jeker, BB 2007, 2617.

ber 2010). Gegenstand der Anpassungen sind besondere Mitteilungs- und Dokumentationspflichten für den Fall, dass der Abschlussprüfer die Notwendigkeit der Einholung von rechtlichem Rat in Erwägung ziehen muss, wenn keine Eskalationsmöglichkeiten innerhalb des geprüften Unternehmen gegeben sind oder wenn er der Auffassung ist, dass eine Mitteilung an das Management oder das Aufsichtsorgan möglicherweise zu keinen Konsequenzen führen würde oder weil er Zweifel darüber hat, gegenüber wem er zu berichten hat, weil die Berichtsadressaten an festgestellten Verstößen beteiligt waren.

Mit IDW PS 210 in der Fassung vom 12. Dezember 2012 erfolgte eine weitere Anpassung zur Bestimmung der Toleranzwesentlichkeit, einhergehend mit der Änderung von IDW PS 250 zur Bestimmung Wesentlichkeit aufgrund des Einflusses falscher Angaben auf die Prüfungsdurchführung, die Rechnungslegung sowie das Prüfungsurteil.

5.2.2.3.3 IDW PS 210 im Wesentlichen

5.2.2.3.3.1 Übersicht

Bereits in der Phase der Prüfungsplanung hat der Abschlussprüfer bestimmte Prüfungshandlungen in Bezug auf Fraud vorzunehmen. Er muss beurteilen, inwieweit das Risiko besteht, dass Verstöße und Unregelmäßigkeiten zu wesentlichen falschen Angaben im Abschluss führen. Diese Risikoeinschätzung ist während der Prüfungsdurchführung den gewonnen Erkenntnissen laufend anzupassen. Die im Rahmen der Risikobeurteilung identifizierten Auffälligkeiten bzw. Risiken sind mit dem Prüfungsteam zu besprechen.[18] Darüber hinaus sind bereits im Rahmen der Prüfungsplanung das Management und ausgesuchte Mitarbeiter des Unternehmens in Bezug auf Fraud-Themen zu befragen.

Auf die Prüfungsplanung folgt die Prüfungsdurchführung, in der aussagebezogene Prüfungshandlungen auf Grundlage der Erkenntnisse aus der Phase der Prüfungsplanung erfolgen. Neben den allgemeinen Dokumentationspflichten gem. IDW PS 261 und IDW PS 330 hat der Abschlussprüfer sämtliche Prüfungshandlungen und -ergebnisse in Bezug auf Fraud zu dokumentieren Bei Anzeichen auf Verstöße und Unrichtigkeiten treffen den Abschlussprüfer umfangreiche Mitteilungs- und Dokumentationspflichten.

Der Prüfungsablauf stellt sich graphisch wie aufgezeichnet dar (Abb. 5.3).

5.2.2.3.3.2 Verantwortung für die Aufdeckung und Vermeidung von Verstößen und Unregelmäßigkeiten

Die Verantwortung für die Aufdeckung und Vermeidung von Verstößen und Unregelmäßigkeiten liegt zunächst bei den gesetzlichen Vertretern der Gesellschaft. Um diese Sorgfaltspflicht (bei Kapitalgesellschaften gem. § 93 Abs. S. 1 AktG, § 43 Abs. 1 GmbHG) zu erfüllen, haben die gesetzlichen Vertreter entsprechende organisatorische Maßnahmen einzuführen und zu unterhalten. Hierzu gehört insbesondere die Einrichtung eines geeigneten und funktionierenden internen Kontrollsystems. Darüber hinaus umfasst dies aber auch die Pflicht der gesetzlichen Vertreter zur Schaffung eines funktionierenden Compliance Management Systems.

[18] Berndt / Jeker, BB 2007, 2619.

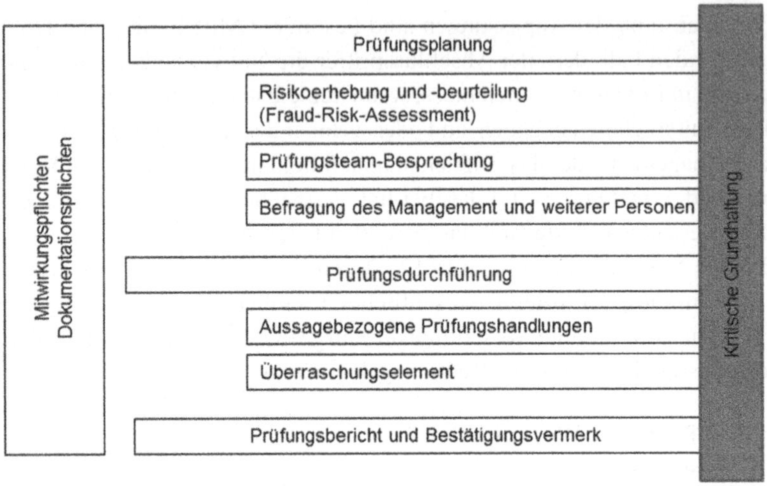

Abb. 5.3 Graphische Darstellung Prüfungsverlauf

▸ **Beraterhinweis** In IDW PS 980 ist dargestellt, welche Grundsätze für die Prüfung von Compliance Management Systemen gelten.

Neben den gesetzlichen Vertretern tragen auch die nach der jeweiligen Unternehmensverfassung maßgeblichen Aufsichtsgremien, deren Aufgabe die Überwachung der Geschäftsführung ist, die Verantwortung für eine wirksame Unternehmensüberwachung und in Folge dessen auch für die Aufdeckung und Vermeidung von Verstößen und Unregelmäßigkeiten.

▸ **Beraterhinweis** Die gesetzlichen Vertreter haben ihre Sorgfaltspflicht nicht schon allein dadurch erfüllt, dass sie den Abschlussprüfer bestellt haben.[19]

5.2.2.3.3.3 Verantwortung des Abschlussprüfers

Auch wenn die Abschlussprüfung eine vorbeugende Wirkung hinsichtlich der Vermeidung von Verstößen und Unrichtigkeiten hat, ist der Abschlussprüfer nicht verantwortlich für die Vermeidung von Verstößen und Unrichtigkeiten. Der Abschlussprüfer kann aufgrund des risikoorientierten Prüfungsansatzes und der Erkenntnisgrenzen keine absolute Sicherheit erlangen, dass der Jahresabschluss und der Lagebericht frei von wesentlichen falschen Angaben aufgrund von Verstößen und Unrichtigkeiten sind, deshalb ist es nach Maßgabe des IDW PS 210 ausreichend, wenn der Abschlussprüfer durch die Abschlussprüfung eine hinreichende Sicherheit erlangt.[20] Der Abschlussprüfer kann Fraud nur mit angemessener Wahrscheinlichkeit aufdecken, es besteht immer ein Restrisiko, insbesondere dann, wenn

[19] Berndt / Jeker, BB 2007, 2618.
[20] Berndt / Jeker, BB 2007, 2618.

„hohe kriminelle Energie“ beim Täter vorliegt oder das Management bzw. das oberste Aufsichtsorgan der Gesellschaft involviert ist.[21]

Unbedingt notwendig ist es, dass der Abschlussprüfer während der gesamten Abschlussprüfung eine kritische Grundhaltung in Bezug auf das Fraud-Risiko gegenüber dem Unternehmen einnimmt. Erlangte Informationen und Prüfungsnachweise sind stets auch unter dem Gesichtspunkt zu betrachten, ob sich daraus Hinweise auf Verstöße oder Unrichtigkeiten ergeben. Dies gilt insbesondere im Hinblick auf Management Override.[22] Es gibt keine typische Tätercharakteristik. Das sog. Fraud-Triangle von Donald Ray Cressey, der im IDW PS 210 im Rahmen der Risikoeinschätzung zum Einsatz kommt, ist nur ein Hilfsmittel, um mögliche Fraud-Risiken zu erkennen. In Bezug auf die Einschätzung der gesetzlichen Vertreter ist die Anwendung des Fraud-Triangle jedoch schwierig[23] und Bedarf deswegen ganz besonders der kritischen Grundhaltung und der Erfahrung des Abschlussprüfers.

▸ **Beraterhinweis** Umstände können sich ändern, d. h. man kann sich auf die bisherigen Erfahrungen mit dem Mandanten nicht vollumfänglich verlassen.[24] Auch langjährige gute Erfahrungen mit dem Mandanten sind kein Garant dafür, dass kein Fraud-Risiko besteht. Deswegen ist es wichtig, auch bei langjährigen Mandantenbeziehungen die kritische Grundhaltung nicht außer Acht zu lassen und diese während der ganzen Abschlussprüfung beizubehalten.

5.2.2.3.3.4 Prüfungsplanung

Risikoerhebung und -beurteilung

Ausgangspunkt der Fraud-Prüfung sollte das sog. Fraud-Risk-Assessment sein. Ziel des Fraud-Risk-Assessments ist es zu beurteilen, inwieweit ein Risiko in den einzelnen Bereichen des Unternehmens für Verstöße und Unregelmäßigkeiten besteht und ob dieses Risiko zu wesentlichen Falschangaben im Abschluss führen kann.

Der erste Schritt im Rahmen des Fraud-Risk-Assessments ist die Erstellung eines Fraud-Risk-Inventars. In diesem Fraud-Risk-Inventar werden alle Fraud-Risiken des Unternehmens aufgenommen. Zur Beurteilung, ob ein Fraud-Risiko vorliegt oder nicht, kommt unter anderem das vorhergehend genannte Fraud-Triangle zur Anwendung.

Verstöße und Unregelmäßigkeiten sind nach dieser Theorie immer dann zu erwarten, wenn sowohl eine Motivation, eine Gelegenheit als auch eine innere Rechtfertigung für die Handlung vorliegen. Nach Donald Ray Cressey's Theorie ist die Wahrscheinlichkeit für Verstöße und Unregelmäßigkeiten groß, wenn diese drei Faktoren gleichermaßen gegeben sind. Hinweise auf Risiken können sich aber auch aus während der Phase der Prüfungspla-

[21] Berndt / Jeker, BB 2007, 2621.

[22] Berndt / Jeker, BB 2007, 2618.

[23] Berndt / Jeker, BB 2007, 2621.

[24] Berndt / Jeker, BB 2007, 2621.

nung durchgeführten analytischen Prüfungshandlungen (ungewöhnliche oder unerwartete Verhältnisse) oder aus anderen Informationen ergeben. In IDW PS 210 sind eine Reihe von Sachverhalten aufgeführt, die Indizien für ein erhöhtes Fraud-Risiko sein können.

▸ **Beraterhinweis** In Bezug auf die Umsatzerlöse wird in IDW PS 210 eine Ausnahme bei der Risikoeinschätzung definiert. Es wird festgelegt, dass der Abschlussprüfer zu unterstellen hat, dass im Zusammenhang mit der Umsatzrealisierung ein erhöhtes Fraud-Risiko vorliegt. Dies wird damit begründet, dass wesentliche Falschangaben im Abschluss aufgrund von Täuschungen häufig auf einen überhöhten Ausweis der Umsatzerlöse zurückzuführen sind. Falls der Abschlussprüfer im Einzelfall doch zu der Einschätzung gelangt, dass die Umsatzrealisierung kein bedeutsames Fraud-Risiko ist, muss er die Gründe hierfür dokumentieren.

Im Anschluss an die Erstellung des Fraud-Risk-Inventars werden die darin enthaltenen Fraud-Risiken dahingehend beurteilt, ob sie einen wesentlichen Einfluss auf den Abschluss haben.

Im Verlauf der Prüfung sind die Ergebnisse des Fraud-Risk-Assessments immer wieder an die Erkenntnisse aus der Prüfung anzupassen und unter Umständen auch die festgelegte Prüfungsstrategie zu ändern.

Besprechung im Prüfungsteam

Mögliche Auffälligkeiten für falsche Angaben in der Rechnungslegung aufgrund von Verstößen und Unregelmäßigkeiten, die im Rahmen des Fraud-Risk-Assessment identifiziert wurden, sind bereits in der Phase der Prüfungsplanung innerhalb des Prüfungsteams zu erörtern. Ziel dieser Besprechung ist es, dass:

- jedes einzelne Teammitglied für die Begleitumstände von Verstößen und Unregelmäßigkeiten sensibilisiert wird,
- gemeinsam Überlegungen angestellt werden, wie möglicherweise Täuschungen verschleiert und wie Vermögenswerte des Unternehmens unterschlagen werden können (z. B. im Rahmen eines Fraud-Risk-Brainstorming), und
- jedes einzelne Teammitglied daran erinnert wird, dass während der gesamten Abschlussprüfung die Notwendigkeit besteht, eine kritische Grundhaltung in Bezug auf Fraud aufrecht zu erhalten.

Befragung von ausgesuchten Personen des Unternehmens

Besonders hervorgehoben wird in IDW PS 210 die Befragung des Managements und weiterer ausgesuchter Personen. Ziel dieser Befragungen ist es, sich als Abschlussprüfer ein Bild darüber zu machen, welche Einstellung die gesetzlichen Vertreter des Unternehmens zum Thema Fraud haben, ob Fälle von Fraud aufgetreten sind und wie mit diesen Fällen umgegangen wurde.

5.2.2.3.3.5 Prüfungsdurchführung

Analytische und substantielle (aussagebezogene) Prüfungshandlungen

Aufbauend auf den Erkenntnissen aus der Phase der Prüfungsplanung werden als nächstes die konkreten analytischen und substantiellen Prüfungshandlungen für die einzelnen Prüffelder festgelegt und durchgeführt. Insbesondere in jenen Bereichen, in denen Fraud wahrscheinlich ist, sollten die Prüfungshandlungen ausgeweitet werden.

In sensiblen Bereichen sollten die Prüfungshandlungen um ein Überraschungselement in der Auswahl von Art, Umfang und Zeitpunkt von Prüfungshandlungen ergänzt werden. Insbesondere im Hinblick auf die Berücksichtigung von Management Override und die Ausschaltung von internen Kontrollen im Rahmen der Prüfungshandlungen ist diese Vorgehensweise unabdingbar.[25]

Maßnahmen bei vermuteten oder aufgedeckten Unregelmäßigkeiten

Für den Fall, dass sich aufgrund der Prüfungshandlungen Hinweise auf Unregelmäßigkeiten ergeben oder sogar Unregelmäßigkeiten aufgedeckt werden, sind die in IDW PS 210 Tz. 58 ff. festgelegten Maßnahmen zu ergreifen.

Bei Anzeichen auf Unrichtigkeiten und Verstößen, die zu falschen Angaben in der Rechnungslegung führen, besteht zunächst eine erweiterte Prüfungspflicht für den Abschlussprüfer, d. h. dieser muss den Anhaltspunkten nachgehen und beurteilen, welche Umstände dazu geführt haben und welche Auswirkungen sich auf die Rechnungslegung ergeben.

Soweit es sich um Verstöße und Unrichtigkeiten handelt, die zu keinen falschen Angaben in der Rechnungslegung führen, ist keine Ausdehnung der Prüfungshandlungen für Zwecke der weiteren Sachverhaltsaufklärung erforderlich. Grund hierfür ist, dass solche Verstöße und Unrichtigkeiten nicht Gegenstand der Abschlussprüfung sind. Dem entsprechend muss der Abschlussprüfer das Risiko für sonstige Gesetzesverstöße im Rahmen der Prüfungsdurchführung auch nicht berücksichtigen.

▸ **Beraterhinweis** Welche Maßnahmen bei vermuteten oder aufgedeckten Unregelmäßigkeiten zu ergreifen sind, hängt entscheidend davon ab, um welche Kategorie von Unrichtigkeiten und Verstößen es sich handelt und ob sie wesentlich sind oder nicht. Deshalb ist zunächst unbedingt zu klären, ob die Unrichtigkeiten und Verstöße zu wesentlichen falschen Angaben in der Rechnungslegung führen oder nicht. Erst danach kann entschieden werden, welche weiteren Maßnahmen bzw. Prüfungshandlungen erforderlich sind.

5.2.2.3.3.6 Kommunikation und Dokumentation

Bei aufgedeckten oder vermuteten Unregelmäßigkeiten hat der Abschlussprüfer zeitnah nach pflichtgemäßem Ermessen zu beurteilen, welche Ebene des Managements zu informieren ist. Dies wird grundsätzlich zumindest immer eine Ebene über derjenigen sein,

[25] Berndt / Jeker, BB 2007, 2621.

der die verdächtigte Person zugeordnet ist. Wenn der Abschlussprüfer den begründeten Verdacht hat, dass die Verstöße unter Mitwirkung der gesetzlichen Vertreter erfolgten, hat er das zuständige Aufsichtsorgan zu informieren und mit ihm Art, Umfang und Zeitpunkt der Prüfungshandlungen zu erörtern, um die Abschlussprüfung zu Ende zu führen.

Für den Fall, dass innerhalb des geprüften Unternehmens keine Eskalationsmöglichkeiten bestehen oder dass der Abschlussprüfer der Auffassung ist, dass eine Mitteilung an das Management oder das Aufsichtsorgan möglicherweise zu keinen Konsequenzen führen würde oder dass der Abschlussprüfer Zweifel darüber hat, gegenüber wem er zu berichten hat, weil die Berichtsadressaten an festgestellten Verstößen beteiligt waren, muss dieser die Einholung von rechtlichem Rat in Erwägung ziehen.

Obwohl der Abschlussprüfer in Bezug auf die Aufdeckung von sonstigen Gesetzesverstößen keine erweiterte Prüfungspflicht hat, gilt auch in diesem Fall, dass er die gesetzlichen Vertreter zeitnah zu informieren oder sich zu vergewissern hat, dass diese in angemessener Weise informiert sind.

Dritten sind mit Ausnahme der gesetzlichen Meldepflichten die Erkenntnisse aufgrund der Verschwiegenheitspflicht des Abschlussprüfers nicht mitzuteilen. Ausnahmen bestehen unter anderem in Bezug auf die Meldepflichten bei Verdacht auf Geldwäsche gem. § 11 GwG und bei der Prüfung von Kreditinstituten oder Versicherungsunternehmen.[26]

Neben den allgemeinen Dokumentationspflichten hat der Abschlussprüfer insbesondere die Ergebnisse der Prüfungshandlungen zu dokumentieren, die sich auf das Risiko eines Management Override (Außerkraftsetzung von Kontrollmaßnahmen durch das Management) beziehen. Außerdem hat der Abschlussprüfer die Berichterstattung über Verstöße an das Management, an das Aufsichtsorgan, an die Aufsichtsbehörden und andere Dritte zu dokumentieren. Falls der Abschlussprüfer im Rahmen der Risikobeurteilung zu dem Schluss gelangt ist, dass die Umsatzrealisierung kein erhöhtes Risiko darstellt hat er die Gründe für diese Einschätzung ebenfalls in den Arbeitspapieren festzuhalten.

5.2.3 Verpflichtung des Wirtschaftsprüfers nach dem Geldwäschegesetz

Im Zusammenhang mit der Darstellung der Verpflichtungen des Wirtschaftsprüfers nach dem Geldwäschegesetz wird auf die Ausführungen in Kap. 4 Abschn. 4.2 dieses Bandes verwiesen.

Christian Hlavica ist Dipl.-Betriebswirt (FH), Certified Fraud Examiner (CFE) und Head of Inspection Unit der liechtensteinischen Abschlussprüferaufsicht der Finanzmarktaufsicht (FMA) Liechtenstein, Bereich Andere Finanzintermediäre (DNFBP). Davor betreute er Mandate in den Bereichen Forensik, Abschluss- und Konzernprüfung, Steuerberatung sowie Sanierung und Restrukturierung.

[26] Berndt / Jeker, BB 2007, 2619.

Bianca Bitzer ist Diplom-Ökonomin Univ. und Wirtschaftsprüferin und Steuerberaterin bei A&C. Zu ihren beruflichen Schwerpunkten gehören die Prüfung von Einzel- und Konzernabschlüssen nach HGB, US-GAAP und IFRS. Darüber hinaus hat sie weitreichende Erfahrung in der Durchführung von Due Diligences, die Implementierung und Evaluierung der Funktionsfähigkeit und Angemessenheit von Prozessabläufen und internen Kontrollen, die betriebswirtschaftliche Beratung mit den Schwerpunkt Unternehmensbesteuerung, internationale forensische Sonderuntersuchungen (im Zusammenhang mit Unterschlagungen, Betrug und Korruption – insbesondere Verstößen gegen den FCPA –, Vertragsverletzungen, Verstößen gegen das Datenschutzrecht und Bilanzmanipulationen) sowie Design und Implementierung von Fraud Risk Managementsystemen.

6 Strafrechtliche Rahmenordnung und Selbstregulierung

Dr. Daniel Schilling, Christian Hlavica, Eva Maria Bergmann

Wirtschaftskriminalität war in allen Zeitepochen ein Problem und ist kein Phänomen der Neuzeit. Die grundsätzliche Einstellung dazu hat sich jedoch im Verlauf der Zeit aufgrund verschiedener Ereignisse, insbesondere zahlreicher Skandale (u. a. Lockheed, Enron, WorldCom) grundlegend geändert. Davor wurde Wirtschaftskriminalität allgemein mehr oder weniger toleriert oder in manchen Bereichen und Ländern auch als notwendiges Übel angesehen.

Durch die Globalisierung und der damit einhergehenden Öffnung der Märkte wurde insbesondere die Korruption zunehmend als Handelshemmnis und unsichere Rechtskulturen als zu großes Risiko für Investitionen gesehen.[1] Diese veränderte Einstellung gegenüber Wirtschaftskriminalität führte zu Rahmenordnungsbestrebungen auf nationaler als auch auf internationaler Ebene. In allen bekannt gewordenen Skandalen hat neben dem kriminellen Verhalten der bilanzierenden Unternehmen und der Verantwortung der Wirtschaftsprüfer auch die Frage eine Rolle gespielt, ob die Normen des Bilanzrechts ausreichend sind, um Anleger und Gläubiger über die Lage und den Wert des Unternehmens objektiv zu informieren und ihre Ansprüche zu schützen.[2]

[1] Vgl. Pieth (2007), in: Handbuch der Korruptionsprävention, S. 566.

[2] Probst, in: Beiträge zum Transnationalen Wirtschaftsrecht, Heft 51, S. 6.

D. Schilling
Frankfurt, Deutschland
E-Mail: danielschilling@gmx.de

C. Hlavica (✉)
München, Deutschland
E-Mail: christian.hlavica@online.de

E. M. Bergmann
New York, USA
E-Mail: embergmann18@gmail.com

C. Hlavica, F. Hülsberg, U. Klapproth (Hrsg.), *Tax Fraud & Forensic Accounting*,
DOI 10.1007/978-3-658-07840-9_6

In diesem Kapitel wird die strafrechtliche Rahmenordnung in Deutschland als auch Präventionsmechanismen auf der Grundlage von Marktsteuerung und Selbstregulierung beleuchtet.

6.1 Fraud-Prävention durch strafrechtliche Rahmenordnung

6.1.1 Kernstrafrecht

Nachfolgend werden zentrale Straftatbestände des Kernstrafrechts dargestellt, die in der heutigen wirtschaftsstrafrechtlichen Praxis von besonderer Bedeutung sind. Hierbei handelt es sich um Betrugs-, Untreue- und Korruptionsdelikte.

6.1.1.1 Betrug

Betrugsdelikte machen mit Blick auf die Fallzahlen den größten Anteil der polizeilich registrierten Wirtschaftskriminalität[3] aus. 2013 wurden in der Polizeilichen Kriminalstatistik (PKS) insgesamt 71.663 Fälle registrierter Kriminalität dem Bereich der Wirtschaftskriminalität zugeordnet.[4] Bei 38.357 dieser Fälle handelte es sich um Betrugsdelikte.[5] Der Betrug gemäß § 263 StGB ist ein Vermögensdelikt. Es droht demjenigen mit Strafe, der in der Absicht, sich oder einem Dritten einen rechtswidrigen Vorteil zu verschaffen, das Vermögen eines anderen dadurch schädigt, dass er durch Vorspiegelung falscher oder durch Entstellung oder Unterdrückung wahrer Tatsachen einen Irrtum erregt oder unterhält.

Merkmale des objektiven Betrugstatbestandes sind die Täuschung, der Irrtum, die Vermögensverfügung und der Vermögensschaden. Der Täter muss zunächst über äußere oder innere Tatsachen täuschen. Unter Tatsachen versteht man dem Beweis zugängliche gegenwärtige Verhältnisse, Zustände und Geschehnisse.[6] Eine äußere Tatsache ist etwa die Eigenschaft, die Qualität oder die Herkunft eines Produkts oder die Kreditfähigkeit einer Person oder eines Unternehmens. Eine innere Tatsache ist das Motiv, die Absicht oder die Überzeugung einer Person (z. B. die Absicht, einen Kredit oder eine Forderung zu bedienen).[7] Eine Täuschung kann durch aktives Tun (Vorspiegelung falscher Tatsachen) oder durch pflichtwidriges Unterlassen[8] (Unterdrückung wahrer Tatsachen) erfolgen. Auch schlüssiges Verhalten kann eine Täuschung darstellen. Wer z. B. Waren bestellt oder einen Kredit aufnimmt, erklärt nach Auffassung der Rechtsprechung zugleich, am Fälligkeitstag

[3] Der Begriff „Wirtschaftskriminalität" ist nicht legaldefiniert. Die Polizei bedient sich bei der Zuordnung von Straftaten zum Bereich der Wirtschaftskriminalität dem Katalog des § 74c Abs. 1 Nr. 1 bis 6 b) GVG.

[4] Vgl. Bundeskriminalamt, Polizeiliche Kriminalstatistik 2013, http://www.bka.de.

[5] Vgl. Bundeskriminalamt, Bundeslagebild Wirtschaftskriminalität 2013, http://www.bka.de.

[6] Bloße Meinungsäußerungen oder Werturteile werden nicht von § 263 StGB erfasst.

[7] Zur Täuschung über die Zahlungs- und Erfüllungswilligkeit siehe BGHSt 15, 24 (26).

[8] Voraussetzung ist hier das Bestehen einer „Garantenpflicht zur Aufklärung".

die Gegenleistung erbringen zu können.[9] Durch die Täuschung muss kausal ein Irrtum über Tatsachen erregt oder unterhalten werden, d. h. es muss ein Widerspruch zwischen der subjektiven Vorstellung des Getäuschten und der objektive Wirklichkeit bestehen. Das schlichte Nichtwissen oder die Unkenntnis der Wahrheit stellt keine positive Fehlvorstellung dar. Zweifel schließen einen Irrtum nicht aus. Der Irrtum muss eine Vermögensverfügung bewirken. Hierunter ist jedes bewusste oder unbewusste Verhalten zu verstehen, das sich unmittelbar vermögensmindernd auswirkt. Getäuschter und Verfügender müssen dabei personengleich sein; Verfügender und Geschädigter hingegen nicht. Sind Verfügender und Geschädigter nicht identisch, spricht man von einem sog. Dreiecksbetrug.[10]

Der Taterfolg des Betruges liegt im Eintritt eines Vermögensschadens. Dieser muss unmittelbar auf die Vermögensverfügung des Getäuschten zurückgehen. Im Wege der Gesamtsaldierung ist hierbei festzustellen, ob zwischen der Vermögenslage vor und der Vermögenslage nach der Verfügung ein negativer Saldo besteht. Hinsichtlich des Begriffs „Vermögen“ werden unterschiedliche Definitionen verwandt. Während die Rechtsprechung die Gesamtheit der wirtschaftlichen (geldwerten) Güter einer Person ohne Rücksicht auf deren rechtliche Anerkennung als durch § 263 StGB geschützt ansieht (sog. wirtschaftlicher Vermögensbegriff)[11], anerkennt die herrschende Lehre allein Güter, die der rechtlich geschützten und gebilligten Verfügungsgewalt einer Person unterliegen (sog. juristisch-ökonomischer Vermögensbegriff)[12]. Maßgebend für die Schadensfeststellung ist in der Regel eine objektive Sichtweise. In Ausnahmefällen können auch subjektive Komponenten, wie z. B. individuelle wirtschaftliche Bedürfnisse oder persönliche Zweckbindungen, bei der Schadensfeststellung berücksichtigt werden.[13] In zeitlicher Hinsicht bejaht die Rechtsprechung einen Schaden bereits dann, wenn dieser noch nicht eingetreten, das Vermögen aber bereits konkret gefährdet ist, d. h. wenn der Eintritt eines wirtschaftlichen Nachteils Nahe liegt.[14] Man spricht in diesen Fällen von einem sog. Gefährdungsschaden. Mit Blick auf vertragliche Austauschverhältnisse sind die Fallgruppen des Eingehungs- und Erfüllungsbetruges von großer Bedeutung. Ein Eingehungsbetrug liegt vor, wenn der Getäuschte durch einen Vertragsschluss zu einem Verhalten verpflichtet wird, dessen objektiver Wert höher ist als der Wert der angebotenen Gegenleistung.[15] So kann bereits das Eingehen einer vertraglichen Verpflichtung eine schadensgleiche Vermögensgefährdung darstellen. Anders ist die Sachlage beim Erfüllungsbetrug. Dieser liegt vor, wenn die Täuschung erst bei Vornahme der Erfüllungshandlung erfolgt, d. h. wenn die tatsächlich erbrachte Leistung im Zeitpunkt der Erfüllung hinter der geschuldeten Leistung zurückbleibt.

---

[9] Zur Fallgruppe des Lieferanten- oder Warenkreditbetrugs siehe Nack, in: Müller-Gugenberger / Bieneck, § 48.

[10] Dies ist z. B. bei Verfügungen des Insolvenzverwalters über das Schuldnervermögen der Fall.

[11] RGSt 44, 230; 65, 3; BGHSt 1, 264; 16, 220; 34, 199; 38, 186.

[12] Vgl. u. a. Perron, in: Schönke / Schröder, § 263 Rn. 82 ff.

[13] Zum sog. „individuellen Schadenseinschlag“ siehe BGHSt 220, 221.

[14] BGHSt 34, 394 (395).

[15] Vgl. BGH NJW 1991, 2573.

In subjektiver Hinsicht setzt die Betrugsstrafbarkeit den Vorsatz des Täters hinsichtlich aller objektiven Merkmale sowie dessen Eigen- oder Drittbereicherungsabsicht voraus. Der Täter muss folglich mit Wissen und Wollen (ausreichend ist auch das billigende Inkaufnehmen z. B. des Vermögensschadens) hinsichtlich der objektiven Tatbestandsmerkmale des § 263 StGB handeln. Der Nachweis, dass die innere Tatseite, wie z. B. die Tilgungs- bzw. Zahlungswilligkeit, beim Täter zum Tatzeitpunkt wirklich vorlag, stellt dabei ein häufiges Praxisproblem dar. Ferner ist die Absicht des Täters erforderlich, sich oder einem Dritten einen rechtswidrigen Vermögensvorteil aus der Tat zu verschaffen. Der angestrebte rechtswidrige Vermögensvorteil, der in einer Vermögensmehrung oder in einem Abbau von Verbindlichkeiten bestehen kann, muss für die Vollendung des Betruges nur beabsichtigt, nicht hingegen eingetreten sein. Voraussetzung für die Beweisbarkeit des Vermögensvorteils ist in der Praxis nicht selten die Durchführung eines sog. Asset Tracing, d. h. einer Lokalisierung und Identifizierung von Vermögenswerten. Zu beachten ist schließlich, dass zwischen Vermögensvorteil und -schaden ein Unmittelbarkeitszusammenhang bestehen muss, d. h. Vorteil und Schaden müssen aus derselben Verfügungshandlung resultieren.[16]

Mit Blick auf wirtschaftskriminelles Handeln sind die Regelbeispiele des § 263 Abs. 3 Nr. 1 (gewerbsmäßige Begehung)[17] und Nr. 2 (Verursachung eines Vermögensverlustes großen Ausmaßes oder die Vermögensgefährdung bei einer großen Zahl von Menschen)[18] StGB von besonderer Bedeutung. Bei ihrem Vorliegen erhöht sich der mögliche Strafrahmen des Grundtatbestandes (Freiheitsstrafe von bis zu fünf Jahren oder Geldstrafe) auf eine Freiheitsstrafe von sechs Monate bis zu zehn Jahren.

Neben dem Grundtatbestand des § 263 StGB enthält das Strafgesetzbuch zahlreiche Sondertatbestände des Betruges (§§ 263a ff. StGB). Deren Einführung geht auf Strafrechtsreformen der 1970er und 1980er-Jahre zurück. Zur Schließung von Strafbarkeitslücken verzichtete der Gesetzgeber bei ihnen auf einzelne Anforderungen des Grundtatbestandes. § 264 StGB (Subventionsbetrug) und § 264a StGB (Kapitalanlagebetrug) sehen etwa von einem Schadenserfordernis ab (sog. abstrakte Gefährdungsdelikte) und § 263a StGB (Computerbetrug) enthält mit Blick auf den Täuschungsadressat „Datenverarbeitungsanlage" kein Erfordernis der irrtumsbedingten Vermögensverfügung.

- § 263a StGB[19] (Computerbetrug) erfasst vier Tathandlungen, die jeweils das Ergebnis eines Datenverarbeitungsvorganges beeinflussen müssen; dies sind im Einzelnen: die Programmmanipulation, die Inputmanipulation, die unbefugte Verwendung von Daten (häufiger Praxisfall: Missbrauch von Kreditkarten) und die sonstige unbefugte Einwirkung auf den Ablauf eines Datenverarbeitungsvorganges.

---

[16] Siehe in diesem Zusammenhang die Problematik des Provisionsvertreters; BGHSt 21, 384.

[17] Gewerbsmäßig handelt, wer sich aus einer wiederholten Tatbegehung eine fortlaufende Einnahmequelle von einiger Dauer und einem gewissen Umfang verschaffen will.

[18] Vgl. Darstellung herrschender Definitionen in Fischer, § 263, Rn. 215a ff. Ein Vermögensverlust großen Ausmaßes wird ab einem Schaden von TEUR 50 angenommen; eine „große Zahl von Menschen" ab 10 Personen.

[19] § 263a wurde 1986 durch das 2. WiKG in das StGB eingeführt.

- § 264 StGB[20] (Subventionsbetrug) schützt das staatliche Vermögen und die Funktionsfähigkeit der Subvention als staatliches Steuerungsinstrument. Pönalisiert werden u. a. die unrichtige und unvollständige vorteilhafte Angabe über subventionserhebliche Tatsachen i. S. d. § 264 Abs. 8 StGB, die zweckwidrige Verwendung von Subventionsmitteln und das Nichtinformieren des Subventionsgebers über subventionserhebliche Tatsachen. Der Eintritt eines Vermögensschadens ist nicht erforderlich. Nach § 264 Abs. 4 StGB ist in den hier aufgezählten Fällen auch leichtfertiges, d. h. grob fahrlässiges, Handeln strafbar. Praxisrelevant sind etwa Falschangaben oder Mittelfehlverwendungen im Zusammenhang mit der Beantragung bzw. Vergabe von staatlichen Zuschüssen.
- § 264a StGB[21] (Kapitalanlagebetrug) schützt die Funktionsfähigkeit des Kapitalmarktes. Der Tatbestand stellt, unter Verzicht auf das Schadenserfordernis, das Täuschungsverhalten im Vorfeld des Betruges, z. B. die Abgabe unrichtiger vorteilhafter Angaben gegenüber einem größeren Kreis von Personen in Prospekten oder das Verschweigen nachteiliger Tatsachen unter Strafe. Die Angaben bzw. Tatsachen müssen sich auf Wertpapiere beziehen und für die Anlageentscheidung erheblich sein. Typische Täter sind etwa Anlageberater, Rechtsanwälte, Wirtschaftsprüfer, Steuerberater oder Bankmitarbeiter. Delikte des Kapitalanlagebetrugs im weiteren Sinne verzeichneten dem Bundeslagebild Wirtschaftskriminalität 2013 zufolge im Vergleich zum Vorjahr einen deutlichen Anstieg von 27 %.[22]
- § 265b StGB[23] (Kreditbetrug) schützt neben dem Vermögen die Funktionsfähigkeit des Kreditwesens. Es handelt sich auch hier um ein abstraktes Gefährdungsdelikt, da weder die Kreditgewährung noch der Schadenseintritt für dessen Vollendung erforderlich ist. Als Kreditgeber und Kreditnehmer kommen nur Betriebe und Unternehmen i. S. d. § 265b Abs. 3 Nr. 1 StGB in Betracht. Die für den Kreditnehmer handelnde Person muss den Kreditgeber im Zusammenhang mit einem Kreditantrag, der neben der Gewährung auch die Belassung oder die Veränderungen der Bedingungen des Kredits betreffen kann, täuschen. Die Täuschung kann entweder durch aktives Handeln (z. B. Vorlage unrichtiger oder unvollständiger Unterlagen über die wirtschaftlichen Verhältnisse des Kreditnehmers) oder durch Unterlassen (z. B. Nichtkommunikation der Verschlechterung der wirtschaftlichen Verhältnisse) erfolgen.

6.1.1.2 Untreue

Die Untreue (§ 266 StGB), insbesondere der Unterfall der Organuntreue, wird häufig als das „typische(s) Wirtschaftsverbrechen unserer Zeit"[24] bezeichnet. Grund dafür ist neben dem häufigen Auseinanderfallen von Eigentum und Verwaltungsmacht vor allem die inhaltliche Weite des Untreuetatbestandes. Bei der strafrechtlichen Beurteilung von Unterneh-

[20] § 264 wurde 1976 durch das 1. WiKG in das StGB eingeführt.

[21] § 264a wurde 1986 durch das 2. WiKG in das StGB eingeführt.

[22] Bundeskriminalamt, Bundeslagebild Wirtschaftskriminalität 2013, S. 8, http://www.bka.de.

[23] § 265b wurde 1976 durch das 1. WiKG in das StGB eingeführt.

[24] Schünemann, Organuntreue, S. 7.

mensentscheidungen ist der Gemeinsatz „§ 266 StGB passt immer" der stetigen Bemühung der Rechtsprechung um Eingrenzung zum Trotz auch weiterhin zutreffend.[25] Dies wird durch die in den vergangenen Jahren gleichbleibend hohe Anzahl von Untreuestrafverfahren gegen Unternehmensverantwortliche hinreichend dokumentiert.

Der Untreuevorwurf wird häufig gegen Unternehmensangehörige erhoben. Geschädigt können dabei sowohl das Vermögen des Unternehmens selbst als auch das Vermögen eines Kunden sein. Die Motivlage eines Untreuetäters ist vielgestaltig. Er kann sowohl zum eigenen Vorteil als auch zum Vorteil des Unternehmens oder eins Dritten handeln. Ferner ist denkbar, dass er völlig ohne Bereicherungsabsicht allein mit dem Vorsatz der Schädigung des zu betreuenden Vermögens handelt.

Bezüglich der Tätertauglichkeit gilt: § 266 StGB ist ein Sonderdelikt, d. h. Untreuetäter kann nur sein, wer im Zeitpunkt der Tat die Pflicht innehat, „fremde Vermögensinteressen wahrzunehmen".[26] Diese häufig knapp als Vermögensbetreuungspflicht[27] bezeichnete Pflichtenstellung ist das zentrale, den Untreuetäter qualifizierende Merkmal. Der Begriff ist zugleich von einer solch uferlosen Weite, dass Rechtsprechung und Lehre zahlreiche Kriterien zur Konkretisierung des Täterkreises entwickelt haben. Nach dem Stand der heutigen Rechtsprechung ist eine Pflicht zur Wahrnehmung fremder Vermögensinteressen zu bejahen, wenn deren wesentlicher Inhalt[28] auf eine fremdnützige Geschäftsbesorgung[29] gerichtet ist und die Ausübung dieser Tätigkeit mit einer gewissen Bedeutung, Dauer und Selbstständigkeit[30] einhergeht.

In den Fällen der Organuntreue ist die Annahme einer Vermögensbetreuungspflicht unproblematisch zu bejahen, da Gesellschaftsorgane in der Regel qua Gesetz oder Vertrag verfügungs- und verpflichtungsbefugt sind.[31] So ist etwa der GmbH-Geschäftsführer unstreitig befugt, die Gesellschaft i. S. d. § 266 Abs. 1 Alt. 1 StGB wirksam zu verpflichten, ohne dass dabei interne Beschränkungen seine externen Befugnisse einschränken könnten (§§ 35 Abs. 1, 37 Abs. 2 GmbHG). Bei Aufsichtsräten ist hingegen zu beachten, dass ihnen Befugnisse zur aktiven Geschäftsführung nur in einem sehr begrenzten Umfang zustehen. Eine Täterqualifikation des Aufsichtsratsmitgliedes als Überwachungsorgan der Geschäftsführung nach § 111 AktG, § 52 GmbHG oder § 28 GenG kommt daher regelmäßig nur nach § 266 Abs. 1 Alt. 2 StGB in Betracht. Täter der Missbrauchsvariante (§ 266 Abs. 1 Alt. 1 StGB) kann ein Aufsichtsratsmitglied nur dann sein, wenn ihm das Gesetz ausnahmsweise eine unternehmerische Leitungsaufgabe zuweist. Dies ist z. B. der Fall, wenn der Aufsichtsrat die Gesellschaft gegenüber den Vorstandsmitglie-

---

[25] Ransiek, ZStW 116 (2004), S. 634.

[26] BGHSt 24, 387.

[27] Ausführlich zur Terminologie der Vermögensbetreuung bzw. Vermögenswahrnehmung siehe Kargl, ZStW 113 (2001), S. 577 ff.

[28] So bereits RGSt 69, 58.

[29] RGSt 71, 90, 91; BGHSt 1, 186, 188 ff.; 4, 170, 172; 13, 330, 332.

[30] Bereits RGSt 69, 58, 61; BGHSt 3, 289, 294; 4, 170, 172; 13, 330, 332.

[31] Zur Untreue durch Vorstände einer AG siehe: Brammsen, wistra 2009, S. 89 ff.

dern rechtsgeschäftlich vertritt.[32] Anderenfalls ist anerkannt, dass der Aufsichtsrat bei der Vorstandsüberwachung an der Leitungsbefugnis des Vorstandes partizipiert, woraus ihm eine Fürsorgepflicht gegenüber dem Gesellschaftsvermögen erwächst.[33] Folglich ist das Aufsichtsratsmitglied auch bei Wahrnehmung von Überwachungsfunktionen vermögensbetreuungspflichtig i. S. d. § 266 Abs. 1 Alt. 2 StGB.[34] Der GmbH-Gesellschafter ohne Leitungsfunktion und der Aktionär, der durch die Ausübung seines Stimmrechts Einfluss auf die Geschäftsführung nimmt, ist nach h. M. hingegen nicht vermögensbetreuungspflichtig.[35]

§ 266 StGB beschreibt zwei Begehungsvarianten: die Missbrauchs- und die Treubruchuntreue. § 266 Abs. 1 Alt. 1 StGB umschreibt die Tathandlung als Missbrauch der „Befugnis, über fremdes Vermögen zu verfügen oder einen anderen zu verpflichten". Gegenstand des Missbrauchs ist eine Rechtsposition, die es dem Täter erlaubt, den Vermögensinhaber rechtlich wirksam zu verpflichten oder auf den Bestand seines Vermögens rechtlich einzuwirken.[36] Ein Missbrauch dieser Befugnis ist gegeben, wenn der Täter „im Rahmen seines rechtsverbindlich wirkenden Könnens die Grenzen seines im Innenverhältnis einzuhaltenden rechtlichen Dürfens bewusst überschreitet".[37] Die Einstufung einer Handlung als missbräuchlich ist in zweifacher Hinsicht beschränkt. Zum einen erfasst der Missbrauchstatbestand nur rechtsgeschäftliches oder hoheitliches Handeln.[38] Zum anderen setzt er voraus, dass im Außenverhältnis ein wirksames, den Vermögensinhaber bindendes Rechtsgeschäft zustande kommt.[39] Rein tatsächliches Einwirken auf fremdes Vermögen ist genauso wenig von § 266 Abs. 1 Alt. 1 StGB erfasst, wie eine Handlung, die ohne rechtliche Bindungswirkung zu entfalten das fremde Vermögen nur faktisch schädigt.[40] Diese nicht durch den Missbrauchstatbestand erfassten Verhaltensweisen können aber gleichwohl als Treubruchuntreue nach § 266 Abs. 1 Alt. 2 StGB strafbar sein. Der Treubruchtatbestand wird daher auch als „Auffangnorm" zu § 266 Abs. 1 Alt. 1 StGB bezeichnet.[41] Dies ist vor allem der weiten Umschreibung der Tathandlung als Verletzung der „Pflicht, fremde Vermögensinteressen wahrzunehmen", geschuldet. § 266 StGB enthält keinerlei Angaben über den Inhalt der zu verletzenden Innenpflicht, sondern nennt allein die

---

[32] BGHZ 135, 244, 253 f.; zur Leitungsfunktion des Aufsichtsrats siehe Fleischer, ZIP 2003, S. 1 ff.

[33] Schmid, in: Müller-Gugenberger / Bieneck, § 31 Rn. 75.

[34] Poseck, Die strafrechtliche Haftung der Mitglieder des Aufsichtsrats einer AG, S. 76 f.

[35] Vgl. Perron, in: Schönke / Schröder, § 266, Rn. 26.

[36] Zu den Begriffen „verfügen" und „verpflichten" siehe Arzt/Weber, § 22, Rn. 12.

[37] Vgl. Wessels / Hillenkamp, BT 2, Rn. 751 ff.; BGHSt 5 61 (63). Der Missbrauchstatbestand setzt voraus, dass der Täter im Außenverhältnis zivilrechtlich mehr kann als im Innenverhältnis erlaubt ist. Dies ist typischerweise bei der Vornahme eines Rechtsgeschäfts durch den seine Vertretungsbefugnisse überschreitenden GmbH-Geschäftsführer oder Prokuristen der Fall. Denn die interne Beschränkung der Vertretungsbefugnis wirkt hier aufgrund der §§ 35 Abs. 1, 37 Abs. 2 GmbHG bzw. §§ 49, 50 HGB nicht nach außen.

[38] Wessels / Hillenkamp, BT 2, Rn. 751 ff.

[39] Arzt / Weber, § 22, Rn. 37.

[40] Mit Beispielen hierzu siehe Arzt / Weber, § 22, Rn. 43.

[41] Arzt / Weber, § 22, Rn. 43.

Pflichtenquellen (Gesetz, behördlichen Auftrag, Rechtsgeschäft und Treueverhältnis). Zur Ermittlung des konkreten Pflichteninhalts bedarf es daher des Rückgriffs auf die zwischen Täter und Vermögensinhaber getroffenen Vereinbarungen oder falls diese nicht bestehen, auf die dem Betreuungsverhältnis zugrundeliegenden zivil- oder öffentlich-rechtlichen Normen.[42] Der Pflichteninhalt ist somit aus der gesamten Rechtsordnung sowie aus allen bestehenden unternehmensinternen Regelungen (z. B. Code of Conduct) ableitbar.

Als Taterfolg setzt § 266 StGB den Eintritt eines Vermögensschadens voraus. Die Rechtsprechung hat mittlerweile die o. g. erweiterte Schadensdogmatik des Betrugs (§ 263 StGB) auf das Untreuestrafrecht übertragen[43], so dass z. B. auch die konkrete Vermögensgefährdung als schadensgleich gewertet wird oder Aspekte der individuellen wirtschaftlichen Zwecksetzung des Vermögensinhabers bei der eigentlich rein objektiven Schadensermittlung berücksichtigt werden.[44] Der zeitlichen Vorverlagerung des Schadenseintritts, die vor dem Hintergrund, dass der Untreueversuch nicht mit Strafe belegt ist, äußerst kritikwürdig ist, kommt in der Praxis vor allem bei Risikogeschäften, wie z. B. der Kreditvergabe, eine bedeutende Rolle zu.

Auf subjektiver Ebene setzt der Tatbestand des § 266 StGB vorsätzliches Handeln des Untreuetäters voraus. Bedingter Tatvorsatz ist hierfür ausreichend.[45] Eine darüber hinausgehende Schädigungs- oder ein Bereicherungsabsicht des Täters ist nicht erforderlich. Praxisprobleme ergeben sich häufig bei der Abgrenzung von Eventualvorsatz (Wissen um die Schadensgeneigtheit der Tathandlung und Inkaufnehmen des Schadenseintritts) und bewusster Fahrlässigkeit (Wissen um die Schadensgeneigtheit der Tathandlung und ernsthaft darauf vertrauen, dass der Schaden nicht eintreten werde) hinsichtlich der Schädigung bzw. der Gefährdung des fremden Vermögens.[46]

Bei folgenden Geschäftsvorgängen bzw. -praktiken ist eine Untreuestrafbarkeit in Betracht zu ziehen:

- Vornahme von Risikogeschäften, wie z. B. die Kreditvergabe, ohne ausreichende Absicherung des Risikos[47], (sog. Kredituntreue) oder von riskanten Investments, z. B. Asset Backed Securities (ABS)[48]
- In der Höhe unangemessenes Sponsoring ohne Nähe zum Unternehmensgegenstand[49],
- Churning[50],

[42] Inhalt und Umfang der Vermögensfürsorgepflicht sind dem Betreuungsverhältnis zu entnehmen, vgl. BGHSt 5, 187, 190.

[43] Hierzu mit kritischen Anmerkungen Schilling, Fragmentarisch oder umfassend?, S. 129 ff.

[44] Vgl. Saliger, ZStW 112 (2000), S. 589 ff; Schünemann, StV 2003, S. 463 ff.

[45] BGH NJW 1975, 1234 (1236).

[46] Zur Vorsatzfeststellung bei der Bankenuntreue siehe Keller/Sauer, wistra 2002, S. 369.

[47] Vgl. BGHSt 46, 30 ff.; BGHSt 47, 1211 ff.

[48] Siehe u. a. Schröder, NJW 2010, S. 1169 ff.

[49] Vgl. BGHSt 47, 187 ff.

[50] „Churning" ist die Umschichtung des Wertpapierdepots durch den Verwalter zum ausschließlichen Zweck der Provisionserlangung; vgl. Birnbaum, wistra 1991, 253 ff.

- Entnahme von GmbH-Vermögen[51],
- Aushöhlung von Gesellschaften im GmbH-Konzern[52],
- Gewährung von überhöhten Geschäftsführer- oder Vorstandsbezügen[53],
- Vor- oder Entgegennahme von Kick-Back-Zahlungen[54],
- Schmiergeldzahlungen[55],
- Einrichten oder bloßes Weiterführen sog. „schwarzer Kassen“[56].

6.1.1.3 Korruption

Eine Legaldefinition des Begriffes „Korruption“ enthält das StGB nicht. Das kriminologische Phänomen Korruption wird definiert als „Missbrauch eines öffentlichen Amtes, einer Funktion in der Wirtschaft oder eines politischen Mandats zugunsten eines anderen, auf dessen Veranlassung oder Eigeninitiative, zur Erlangung eines Vorteils für sich oder einen Dritten, mit Eintritt oder in Erwartung des Eintritts eines Schadens oder Nachteils für die Allgemeinheit (in amtlicher oder politischer Funktion) oder für ein Unternehmen (betreffend Täter als Funktionsträger in der Wirtschaft)“.[57] Kriminalstatistisch wird zwischen situativer und struktureller Korruption unterschieden. Unter situativer Korruption versteht man Korruptionshandlungen, denen ein spontaner Willensentschluss zugrunde liegt und die nicht gezielt geplant oder vorbereitet wurden. Strukturelle Korruption zeichnet sich durch Handlungen aus, die auf Grundlage längerfristig angelegter korruptiver Beziehungen erfolgen und bereits im Vorfeld der Tatbegehung bewusst geplant werden.

Das StGB unterscheidet je nach Subjekt der korruptiven Handlung zwischen der Wähler- und Abgeordnetenbestechung (§§ 108b, 108e StGB)[58], der Wirtschaftsbestechung (§§ 299–302 StGB) und der Amtsträgerbestechung §§ 331–335 StGB.[59] Ferner wird differenziert zwischen aktiver und passiver Korruption bzw. zwischen Bestechung und Vorteilsgewährung. Über das deutsche Recht hinaus enthalten das Gesetz zur Bekämpfung der internationalen Bestechung (IntBestG) und das EU-Bestechungsgesetz (EUBestG) relevante Vorschriften für internationale Korruptionssachverhalte.[60]

---

[51] Vgl. BGHSt 35, 333 ff.; BGH NJW 2000, 154 ff.

[52] Vgl. BGHSt 49, 147 ff.

[53] Vgl. BGHSt 50, 331 ff.

[54] Vgl. BGHSt 2001, 341 ff.; BGH NJW 1982, 1807 ff.

[55] Vgl. BGH wistra 1984, 226.

[56] BGHSt 52, 323.

[57] Vahlenkamp / Knauß: Korruption: Ein unscharfes Phänomen als Gegenstand zielgerichteter Prävention (BKA-Forschungsreihe; Band 33), S. 20 f.

[58] Mit dem zum 1.9.2014 in Kraft getretenen 48. Strafrechtsänderungsgesetz wurde die Strafbarkeit der Abgeordnetenbestechung gem. § 108e StGB auf die Bestechung und Bestechlichkeit deutscher Mandatsträger ausgeweitet und § 108e StGB in den Vortatenkatalog der Geldwäsche gem. § 261 StGB aufgenommen.

[59] Als Korruptionsdelikt im weiteren Sinne ist auch § 298 StGB zu nennen, der Wettbewerbsbeschränkende Absprachen bei Ausschreibungen unter Strafe stellt.

[60] Das EUBestG ist in Kraft jeweils seit 22.9.1998 und das IntBestG seit 15.2.1999.

Korruptionshandlungen zwischen Personen ohne Amtsträgereigenschaft werden von den §§ 299–302 StGB (Bestechung und Bestechlichkeit im geschäftlichen Verkehr) erfasst. § 299 StGB geht inhaltlich zurück auf den Tatbestand des § 12 UWG (Gesetz gegen den unlauteren Wettbewerb).[61] Im Jahre 2002 wurde der Anwendungsbereich des Tatbestandes durch die Einführung des Absatzes 3 auf Bestechungshandlungen im ausländischen Wettbewerb ausgedehnt.[62] In der Praxis betrifft dies vor allem Schmiergeldzahlungen deutscher Unternehmer an Repräsentanten ausländischer Unternehmen im Zusammenhang mit Auslandsprojekten. Schutzgüter des § 299 StGB sind nach h. M. die Lauterkeit des Wettbewerbes und die Interessen (Chancengleichheit und Vermögensinteressen) der Mitbewerber und des Geschäftsherren[63]. Mitbewerber und Geschäftsherr sind als Verletzte gemäß § 301 StGB strafantragsberechtigt. Bei Bejahung eines öffentlichen Interesses ist das Delikt von Amtswegen zu verfolgen.

§ 299 Abs. 1 StGB ist ein Sonderdelikt. Taugliche Täter sind allein Angestellte und Beauftragte eines geschäftlichen Betriebes. Angestellter ist, wer im Dienstverhältnis zum Geschäftsinhaber steht und dessen Weisungen unterworfen ist (z. B. der Abteilungsleiter Einkauf oder das Vorstandsmitglied einer AG). Der Begriff des Beauftragten ist weit zu verstehen, so dass auch Aufsichtsratsmitglieder, Architekten, Rechtsanwälte sowie Unternehmens- und Steuerberater von ihm erfasst sind. Kein tauglicher Täter des § 299 Abs. 1 StGB ist hingegen der Geschäftsinhaber selbst.

Die Tathandlung liegt in der Bevorzugung des Vorteilsgebers (z. B. Lieferant) „im Wettbewerb" durch den Angestellten oder Beauftragten eines Unternehmens. Eine Bevorzugung ist gegeben, wenn der Vorteilsgeber oder ein Dritter in unlauterer Weise vom Vorteilsnehmer beim Bezug von Waren oder gewerblichen Leistungen gegenüber Mitbewerbern vorteilig behandelt wird.[64] Die Bevorzugung bezieht sich auf die Auswahlentscheidung zwischen den Wettbewerbern, nicht hingegen auf Rahmenhandlungen, wie z. B. die Weitergabe von Submissionsinformationen.

Als Gegenleistung für die Bevorzugung im Wettbewerb muss der Täter vom Bevorzugten einen Vorteil für sich oder einen Dritten fordern, sich versprechen lassen oder annehmen. Unter Vorteil ist jede objektive Besserstellung der wirtschaftlichen, rechtlichen oder persönlichen Lage des Empfängers zu verstehen, auf die dieser keinen Anspruch hat.[65] Der Zusammenhang zwischen dem Einfordern eines Vorteils und der Bevorzugung im Wettbewerb wird auch als „Unrechtsvereinbarung" bezeichnet. Sie bildet den Unrechtskern des

---

[61] Durch das Korruptionsbekämpfungsgesetz vom 13.08.1997 (BGBl. I 1997, 2038) wurde der Tatbestand aus dem UWG in das StGB überführt und durch § 300 StGB (Besonders schwere Fälle) und § 302 StGB (Vermögensstrafe und erweiterter Verfall) ergänzt.

[62] EGFinSchÜbkProt2AG vom 22.08.2002 (BGBl. I 2002, 3387). Vor 2002 wurde die Bestechung privater Personen im Ausland von § 299 StGB nur dann erfasst, wenn auch inländische Wettbewerber von der korruptiven Handlung betroffen waren.

[63] Siehe BGHSt 31, 207 ff.

[64] Baumbach / Hefermehl, § 12, Rn. 8.

[65] Hellman / Beckemper, Wirtschaftsstrafrecht, Rn. 764.

§ 299 StGB. Das Element der Unrechtsvereinbarung stellt insofern einen Unterschied zu den Amtsdelikten der Vorteilsnahme bzw. -gewährung dar, als dass bei § 299 StGB eine Zuwendung zur Herbeiführung des allgemeinen Wohlwollens des Entscheidungsträgers bzw. das sog. „Anfüttern" desselben nicht ausreicht. Der Vorteilsnehmer muss vielmehr eine konkrete Leistung erbringen oder versprechen.[66]

Die Unlauterbarkeit der Bevorzugung im Wettbewerb ergibt sich aus der Gefahr, dass der Täter die Auswahlentscheidung in Bezug auf einen bestimmten Anbieter oder Abnehmer aus sachfremden, insbesondere eigennützigen, Motiven trifft.[67] Wird die Entscheidung nicht sachwidrig getroffen, entfällt die o. g. Gefahr und damit auch die Unlauterbarkeit der Bevorzugung.

Bei der Amtsträgerbestechung nach §§ 331–335 StGB wird zwischen aktiver und passiver Bevorteilung bzw. Bestechung unterschieden. Täter der passiven Begehungsvarianten des § 331 StGB (Vorteilsannahme) und des § 332 StGB (Bestechlichkeit) sind die Amtsträger; Täter der aktiven Begehungsvarianten des § 333 StGB (Vorteilsgewährung) und des § 334 StGB (Bestechung) die Vorteilsgeber. Die o. g. Delikte schützen das Vertrauen in die Integrität von Trägern staatlicher Funktionen und in die Sachlichkeit staatlicher Entscheidungen.[68] Den Delikten der Amtsträgerbestechung sind folgende drei Tatbestandsmerkmale gemein: die Amtsträgereigenschaft des Täters, der Vorteil und die Unrechtsvereinbarung.

Amtsträger sind gemäß § 11 Abs. 1 Nr. 2 StGB Beamte und Richter, sonstige in einem öffentlich-rechtlichen Amtsverhältnis stehende Personen (z. B. Notare, Bundes- und Landesminister) sowie Personen, die dazu bestellt sind, bei einer Behörde oder einer sonstigen Stelle oder in deren Auftrag Aufgaben der öffentlichen Verwaltung wahrzunehmen (z. B. Geschäftsführer einer städtischen GmbH). In den §§ 331 ff. StGB werden dem öffentlichen Dienst besonders verpflichtete Personen i. S. d. § 11 Abs. 1 Nr. 2 c) StGB (z. B. Schreibkräfte) den Amtsträgern gleichgestellt. Art. 2 § 2 EUBestG eröffnet die Anwendbarkeit der Bestechungsdelikte des StGB auf Auslandstaten deutscher und ausländischer Amtsträger.

Unter dem Begriff Vorteil ist jede materielle oder immaterielle Leistung an den Amtsträger zu verstehen, auf die er keinen rechtlichen Anspruch hat und die seine wirtschaftliche, rechtliche oder persönliche Lage bzw. die eines Dritten verbessert.[69] Damit werden auch Spenden an eine dem Amtsträger nahestehende Partei oder einen Sportverein erfasst. Der Wert des Vorteils ist nicht von Belang. Auch kleinere Geldbeträge oder geringfügige Gefälligkeiten können einen Vorteil darstellen. Ausgenommen sind sozial adäquate Zuwendungen, wie z. B. Kugelschreiber, Nahrungsmittel oder Zahlungen in die Kaffeekasse eines Krankenhauses, sofern diese einen Wert von ca. EUR 25 nicht überschreiten.

---

[66] Tiedemann, Wirtschaftsstrafrecht BT, Rn. 205.

[67] BGHSt 2, 396 ff.; 49, 24 ff.

[68] BGHSt 14, 123 ff.; 15, 88 ff.; 43, 370 ff.

[69] BGHSt 31, 264.

Weiterhin muss der Tathandlung (§§ 331, 332 StGB: fordern, sich versprechen lassen oder annehmen eines Vorteils) eine Unrechtsvereinbarung zugrunde liegen, d. h. die Vorteilsgewährung muss eine Gegenleistung für die Dienstausübung (außerdienstliches Handeln des Amtsträgers ist nicht erfasst) darstellen. Dabei ist es im Gegensatz zu § 299 StGB nicht erforderlich, dass der Vorteil für eine konkrete Diensthandlung erbracht wird. Folglich erfassen die §§ 331 ff. StGB auch Zuwendungen, die keiner konkreten Diensthandlung zugeordnet werden können, sondern allein der „Klimapflege" dienen.[70] Vor diesem Hintergrund sind zahlreiche, in der privaten Geschäftspraxis durchaus als üblich empfundene „Hospitality"-Leistungen, wie z. B. Einladungen zum Essen oder kostenpflichtigen Veranstaltungen, mit einem Strafbarkeitsrisiko verbunden, wenn es sich bei dem Eingeladenen um einen Amtsträger handelt.

§ 332 StGB (Bestechlichkeit) stellt insofern einen Qualifikationstatbestand zu § 331 StGB (Vorteilsannahme) dar, als dass die für den Vorteil zu erbringenden dienstliche bzw. richterliche Handlung pflichtwidrig sein muss, d. h. sie muss gegen Gesetze, Dienstvorschriften oder behördeninterne Weisungen verstoßen. Eine Diensthandlung ist z. B. pflichtwidrig, wenn der Täter seine Schweigepflicht verletzt[71] oder Akten beiseiteschafft[72]. Mit Blick auf künftige Handlungen reicht es aus, dass sich der Amtsträger dem Zuwendenden zur Pflichtverletzung bereit zeigt. Ob er die Amtshandlung später tatsächlich vornimmt, ist genauso unerheblich, wie die tatsächliche Möglichkeit oder der tatsächliche Willen zur Vornahme derselben.

Die Entsprechungstatbestände der §§ 331, 332 StGB für die zuwendende Privatperson sind § 333 StGB (Vorteilsgewährung) und § 334 StGB (Bestechung). Diese Delikte können von jedermann begangen werden und sind für Unternehmen und die für sie handelnden Personen von großer praktischer Relevanz. Zu beachten ist, dass Art. 2 § 1 Abs. 1 Nr. 2 EU-BestG die Amtsträger anderer Mitgliedsstaaten und die der EU-Institutionen inländischen Amtsträgern gleichstellt.[73] Die Bestechung von Amtsträgern in Staaten außerhalb der EU ist nach §§ 1 Nr. 2, 3 Nr. 1 IntBestG strafbar.

Ausblick zur Entwicklung des deutschen Korruptionsstrafrechts: Ein durch das BMJ im Juni 2014 vorgelegter Gesetzesentwurf zur Bekämpfung der Korruption sieht eine Erweiterung des Anwendungsbereiches des § 299 StGB auf Handlungen außerhalb des Wettbewerbs (d. h. Vorteile, die einem Angestellten oder Beauftragten eines Unternehmens als Gegenleistung für die Verletzung einer gegenüber dem Unternehmen bestehenden Pflicht gewährt werden, sollen erfasst sein), eine Aufnahme des § 299 StGB in den Vortatenkatalog der Geldwäsche gem. § 261 StGB sowie eine Ausdehnung der Anwendbarkeit der Delikte zur Amtsträgerkorruption gem. §§ 331 ff. auf ausländische und internationale Amtsträgern (inkl. Vorteilsgewährung und Vorteilsannahme) vor.

[70] Hellmann / Beckemper, Wirtschaftsstrafrecht, Rn. 779.

[71] BGHSt 4, 293.

[72] RGSt 39, 193.

[73] Dies betrifft die Anwendung der §§ 332, 334, 335, 336, 338 StGB.

6.1.1.4 Fazit

Die hier dargestellten Deliktsgruppen des Kernstrafrechts erfassen ein weites Spektrum der in der heutigen Unternehmenspraxis auftretenden wirtschaftskriminellen Handlungen. Weitere dem Wirtschaftsstrafrecht zuordenbare Delikte beinhaltet das Nebenstrafrecht; so z. B. §§ 331 ff. HGB (Bilanzfälschung), §§ 370 ff. AO (Steuerhinterziehung) oder § 38 WpHG (Insiderhandel).

Wie weit der strafrechtliche Zugriff heute reicht, verdeutlicht insbesondere der Blick auf die Vermögensdelikte des Betrugs und der Untreue. Durch die Aufweichung des Erfordernisses des Vermögensschadens reicht bereits das Herbeiführen einer bloßen Schadensgefahr oder eines subjektiv als Schaden empfundenen Ereignisses für die Deliktsvollendung aus. Dies führt insbesondere bei Risikogeschäften wie der Kreditvergabe oder bei Investitionsentscheidungen zu einem erhöhten Strafbarkeitsrisiko. Die Aufweichung des Taterfolges (Vermögensschaden) geht bei der Untreue einher mit einer äußerst vagen Umschreibung der Tathandlung als Pflichtverletzung. Das Merkmal Pflichtverletzung als Bestandteil der Unrechtsvereinbarung könnte zudem bei einer Reform des § 299 StGB besondere Relevanz erlangen.

> ▸ **Beraterhinweis** Der Inhalt der zu verletzenden Pflicht ist aus der gesamten Rechtordnung sowie aus allen individuell zwischen Vermögensinhaber und Vermögensbetreuer bzw. vereinbarten Pflichten (Arbeitsvertrag, Code of Conduct etc.) ableitbar. Dies hat zur Folge, dass sich unscharf formulierte und unabgestimmte Unternehmensrichtlinien schnell und ungewollt zu einer Strafbarkeitsfalle entwickeln können. Bedenkt man die stigmatisierenden Effekte, die bereits von der Einleitung eines Ermittlungsverfahrens für die betroffene Person und das betroffene Unternehmen ausgehen können, gilt es, dies durch präzisierte und abgestimmte Unternehmensrichtlinien zu vermeiden und auf etwaige Strafbarkeitsrisiken im Rahmen von Schulungen hinzuweisen.

Im Bereich des Korruptionsstrafrechts ist eine Tendenz zur Ausdehnung nationaler Strafvorschriften auf Auslandstaten festzustellen. Als Beispiel dient neben dem Foreign Corrupt Practices Act (FCPA) und dem UK Bribery Act nunmehr auch der o. g. Gesetzesentwurf des BMJ aus Juni 2014 zur Verschärfung des deutschen Korruptionsstrafrechts.

6.1.2 Unternehmensstrafrecht

Aus der Intention, die strafrechtliche Verfolgung auf kriminelle Handlungsweisen zu beschränken und die Verfolgung von strafwürdigen Zuwiderhandlungen gegen staatliche Gebote und Verbote einem davon abgegrenzten Verwaltungsverfahren zuzuführen, hat sich nach Kriegsende der Rechtszweig des Ordnungswidrigkeitenrechts entwickelt. Das Ordnungswidrigkeitenrecht befasst sich nicht nur mit Bagatellverstößen sondern sanktioniert auch bedeutsamere Verfehlungen, insbesondere im Bereich des Wirtschaftsrechts.[74]

[74] Göhler / Gürtler / Seitz, vor § 1, S. 4.

Die durch Skandale öffentlichkeitswirksam ins Augenmerk gerückten unternehmerischen Interessen[75] sowie der wachsende Einfluss wirtschaftlicher Organisationen auf die Gesellschaft (z. B. Infrastruktur, Beschäftigung, Politik) haben in Deutschland zu einer zunehmenden Diskussion über das Bedürfnis einer Unternehmensstrafe geführt. Entsprechend dem Grundsatz „societas delinquere non potest"[76] steht zwar die individualstrafrechtliche Verantwortlichkeit im Zentrum der deutschen Strafverfolgung. Jedoch hat sich im Zusammenhang mit der wachsenden Bedeutung unternehmerischer Interessen auch ein unternehmensbezogener Verfolgungsansatz herausgebildet. Anders als in den Rechtsordnungen des Common Law ist dieser allerdings schwächer entwickelt.[77] Diesem gedämpften Ansatz zufolge können nach deutschem Recht gegen Unternehmen keine Strafen, sondern wegen der Begehung von Ordnungswidrigkeiten „nur" Bußgelder verhängt werden (§ 30 OWiG).[78] Das Ordnungswidrigkeitenrecht kann als Strafrecht im weiteren Sinn verstanden werden.

Im Zuge der Europäisierung hat sich eine Abspaltung des Kartell-Ordnungswidrigkeitenrecht vom sonstigen Ordnungswidrigkeitenrecht vollzogen. Mit der Verselbständigung des Kartell-Ordnungswidrigkeitenrechts wurde u. a. die Möglichkeit einer umsatzbezogenen Geldbuße gegen Unternehmen und Unternehmensvereinigungen eingeführt (§ 81 Abs. 4 S. 2 GWB[79]). Nach europäischem Recht orientiert sich die Unternehmensverantwortung an der kartellrechtlichen Haftung gemäß der Verordnung (EG) Nr. 1/2003 des Rates der Europäischen Union vom 16. Dezember 2002 zur Durchführung der in den Artikeln 81 und 82 des Vertrags niedergelegten Wettbewerbsregeln (EG-VO Nr. 1/2003).[80]

Besonderes Charakteristikum der nach Ordnungswidrigkeitenrecht verhängbaren Geldbuße ist der Grundsatz, dass diese den wirtschaftlichen Vorteil, den der Täter aus der Ordnungswidrigkeit gezogen hat übersteigen soll (§ 17 Abs. 4 i. v. m. § 30 Abs. 3 OWiG; Art. 23 EG-VO Nr. 1/2003).

Obgleich sich mit der 8. GWG-Novelle im Jahr 2013 die ordnungswidrigkeitenrechtlichen Sanktionen zur Verbandsgeldbuße verzehnfacht haben, befassen sich Politik und Wirtschaft in Deutschland derzeit intensiv mit der Einführung eines Unternehmensstrafrechts im engeren Sinne (Verbandsstrafgesetzbuch). Ein entsprechender Gesetzesentwurf wurde durch das Land Nordrhein-Westfalen formuliert.[81] Hintergrund hierfür sind die Empfehlungen der OECD[82], auch Sanktionen gegen juristische Personen aussprechen zu können.

---

[75] Diese haben bspw. zu Kartellabsprachen, Umweltbelastungen, Gesundheitsgefährdungen oder Korruption geführt.

[76] Lat.: Deliktsunfähigkeit von Gesellschaften, d. h. juristischer Personen und Personenvereinigungen.

[77] Sieber, FS Tiedemann, S. 464.

[78] Mitsch, S. 4, Rn. 2.

[79] GWB: Gesetz gegen Wettbewerbsbeschränkungen.

[80] ABl. 2003, L1, 1.

[81] Abrufbar unter: https://www.justiz.nrw.de/JM/justizpolitik/jumiko/beschluesse/2013/herbstkonferenz13/zw3/TOP_II_5_Gesetzentwurf.pdf [05.05.2015].

[82] Gemäß Bericht der OECD vom 17. März 2011 über die Anwendung des Übereinkommens über die Bekämpfung der Bestechung ausländischer Amtsträger im internationalen Geschäftsverkehr.

Entsprechend wird das deutsche Recht im europäischen Vergleich auf dessen zeitgemäße Konzeptionierung hinterfragt. Die weitere Entwicklung bleibt abzuwarten.

Im Hinblick auf das Zusammenspiel von Unternehmensverantwortlichkeiten stehen die Verantwortlichkeit des Unternehmens (§ 30 OWiG) und die individuelle Verantwortlichkeit der Mitarbeiter im Unternehmen (§ 130 OWiG) im Mittelpunkt der nachfolgenden Ausführungen.

6.1.2.1 Verbandsgeldbuße

Mit der ordnungswidrigkeitenrechtlichen Verantwortlichkeit der Unternehmen gemäß § 30 OWiG erfolgte eine Durchbrechung des in Deutschland herrschenden individualstrafrechtlichen Verfolgungsansatzes. Nach § 30 Abs. 1 OWiG wird das Unternehmen sanktioniert, wenn eine Führungsperson eine Straftat oder Ordnungswidrigkeit begangen hat und hierdurch dem Unternehmen obliegende Pflichten verletzt worden sind oder das Unternehmen durch die Tat bereichert worden ist.

Als Unternehmen kommen folgende Verbände in Betracht:

- Juristische Personen,
- Nicht rechtsfähige Vereine,
- Rechtsfähige Personengesellschaften, das sind:
  - Personenhandelsgesellschaften,
  - Gesellschaften des Bürgerlichen Rechts,
  - Partnergesellschaften,
  - Europäische Wirtschaftliche Interessensvereinigungen.[83]

Als Führungskräfte gelten vertretungsberechtigte Organe juristischer Personen, Vorstände nicht rechtsfähiger Vereine, vertretungsberechtigte Gesellschafter rechtsfähiger Personengesellschaften, Generalbevollmächtigte, Prokuristen, Handlungsbevollmächtigte oder sonstige Personen, die für die Leitung eines Betriebes oder Unternehmens verantwortlich handeln (etwa Leiter von Abteilungen oder Teilbereichen des Unternehmens).

Die Sanktion des Verbandes basiert nicht auf dem Vorliegen eines Verbandsdelikts und somit einer Verbandsschuld sondern auf dem Prinzip der Akzessorietät und der Haftung des Verbandes. Nachdem die Tat in einem Tun oder auch in einem Unterlassen liegen kann, kann eine Sanktionierung auch durch die im Folgeabschnitt beschriebene Verletzung der Aufsichtspflicht des Inhabers eines Unternehmens oder Betriebes (Unterlassungsdelikt) nach § 130 OWiG begründet werden. Da die Sanktionen sich gegen verschiedene Subjekte richten, liegt in der Kumulation kein Verstoß gegen das Verbot der Doppelbestrafung (Art. 103 Abs. 3 GG) vor.[84] Die Regresspflicht der Führungskraft gegenüber dem Verband ist Gegenstand gesellschafts-, arbeits- und zivilrechtlicher Bestimmungen.

[83] Mitsch, § 16, Rn. 9 und 10.

[84] Mitsch, § 16, Rn. 5.

Die Geldbuße kann nach § 30 Abs. 2 S. 1 OWiG für den Fall einer strafbaren Anknüpfungstat

- bei Fahrlässigkeitsdelikten bis zu fünf Millionen Euro, und
- bei Vorsatzdelikten bis zu zehn Millionen Euro betragen.

Dieses Bußgeldhöchstmaß bedeutet eine Verzehnfachung der bisherigen Buße, eingeführt mit der am 30. Juni 2013 in Kraft getretenen und von der OECD angestoßenen 8. GWB-Novelle. Mithin wurde die Buße auf ein Niveau angehoben, das im Sinne der OECD wirksam, verhältnismäßig und abschreckend ist.

Reicht dieses gesetzliche Höchstmaß nicht aus, so kann es überschritten werden. Dies ist der Fall, wenn der wirtschaftliche Vorteil, den der Täter aus der Ordnungswidrigkeit resp. Straftat gezogen hat und dem Verband zugeflossen ist, die vorgenannte Geldbuße übersteigt (§§ 30 Abs. 3, 17 Abs. 4 OWiG). Die Praxis der jüngeren Vergangenheit hat aufgezeigt, dass demzufolge die Sanktion durch zusätzliche Abschöpfung auf mehrere hundert Millionen Euro anwachsen kann. Aufwendungen, die dem Täter zur Erzielung des wirtschaftlichen Vorteils erwachsen sind, werden aufgerechnet (Nettoprinzip).[85]

Mit der vorbezeichneten GWB-Novelle zählen nach § 30 Abs. 2a OWiG auch Rechtsnachfolger eines Unternehmens als Adressat einer Geldbuße, mit der Folge, dass die Unternehmensgeldbusse auch gegen den Gesamtrechtsnachfolger (z. B. nach Unternehmenskauf oder Verschmelzung) oder den partiellen Gesamtrechtsnachfolger (nach erfolgter Aufspaltung) ausgesprochen werden kann. Allerdings darf die Geldbuße in diesen Fällen den Wert des übernommenen Vermögens sowie die Höhe der gegenüber dem Rechtsvorgänger angemessenen Geldbuße nicht übersteigen.

Die in einem Bußgeldbescheid festgesetzte Geldbuße kann nach § 111 d Abs. 1 S. 2 StPO durch einen Gerichtsbeschluss gesichert werden (dinglicher Arrest) (§ 30 Abs. 6 OWiG).

▸ **Beraterhinweis** Die mit der 8. GWB-Novelle eingeführten Verschärfungen betreffend das Höchstmaß der Bebußung führen zu erhöhten Risiken auf Verbandsseite. So kann bereits ein „leicht" lückenhaftes Compliance-System zu empfindlichen Geldbußen führen. Bei Unternehmenskäufen oder in Umwandlungsfällen sind die Risiken aufgrund der Ausdehnung der Bebußung auf den Rechtsnachfolger bzw. den partiellen Rechtsnachfolger besonders undurchsichtig. Eine Evaluierung bzw. Restrukturierung des Compliance-Systems ist in solchen Fällen angezeigt.

Der Vollständigkeit halber sei noch darauf hingewiesen, dass mit dem Verfall gemäß § 29a OWiG eine weitere Möglichkeit der Abschöpfung geregelt ist. Dem Verfall von widerrechtlich Erlangtem kommt für Zwecke dieser Abhandlung jedoch keine Bedeutung zu, da zum einen das Merkmal der Vorwerfbarkeit nicht gegeben sein muss und zum anderen

[85] Mitsch, § 15, Rn. 15.

die Anknüpfungstat lediglich eine mit Geldbuße bedrohte Handlung (sprich Ordnungswidrigkeit) ist. Die im Fokus dieser Ausarbeitung stehenden Straftatbestände (wie Betrug, Untreue oder Korruption) können somit nicht Gegenstand des Verfalls nach § 29a OWiG sein. Aus gleichen Gründen ist ebenso die Mehrerlösabschöpfung gemäß § 8 WiStG nicht Gegenstand dieser Abhandlung.

▸ **Beraterhinweis** Mit der Verbandsgeldbuße wird u. a. der Zweck verfolgt, mittelbar präventiven Einfluss auf das Verhalten der für den Verband agierenden Personen auszuüben und diese Personen zu gehöriger Sorgfalt zu motivieren.[86] Zur Vermeidung von Haftungsfolgen und Reputationsverlusten ist die Einrichtung eines wirksamen Compliance-Systems zu empfehlen. Herrschen im Unternehmen deliktsfördernde Verhältnisse in den Kontrollsystemen („kriminelle Verbandsattitüde"[87]), kann dies die Höhe der Geldbuße deutlich beeinflussen. Im Umkehrschluss dürfte sich, wie unten noch aufzuzeigen ist, ein angemessenes Compliance-System im Tatfall mindernd auf die Bemessung der Geldbuße auswirken.

6.1.2.2 Unterlassen von Aufsichtspflichten

Eine Besonderheit der Unternehmensverantwortlichkeit umfasst der Regelungsgehalt des § 130 OWiG. Danach handelt der Inhaber eines Betriebes oder Unternehmens ordnungswidrig, wenn Mitarbeiter als Träger delegierter Inhaberpflichten unter Verletzung dieser Pflichten eine Straftat begehen und der Inhaber diese Straftat durch vorsätzliche oder auch fahrlässige Missachtung der gehörigen Aufsichtspflicht nicht verhindert oder wesentlich erschwert hat. Somit besteht im Vergleich zu den vorgenannten reinen Sanktionsvorschriften, Verbandsgeldbuße und Verfall, zumindest ein ähnlicher Fall der tatbestandsmäßigen Beteiligung.

Die Tathandlung besteht im Unterlassen der erforderlichen Aufsichtsmaßnahmen (echtes Unterlassungsdelikt, d. h. Verstoß gegen ein Handlungsgebot), insofern ist eine ordnungswidrige Tatbegehung durch Unterlassen im Sinne § 8 OWiG nicht einschlägig, da diese ein echtes Unterlassungsdelikt, d. h. Verstoß gegen ein Handlungsverbot (Garantenstellung) voraussetzt.

Normadressat ist expressis verbis der Inhaber eines Betriebes oder Unternehmens. In der Praxis bedient sich der Geschäftsherr oftmals unternehmensinterner oder externer Dritter, um die ihm obliegenden umfangreichen und vielschichtigen Pflichten wahrzunehmen. Insofern müssen geeignete Aufsichtsmaßnahmen eingerichtet werden, damit die dem Betriebsinhaber obliegenden betriebsbezogenen Pflichten eingehalten werden. Die Vorschrift des § 130 OWiG begegnet somit Zuwiderhandlungen Dritter, für die der Betriebsinhaber oder bei juristischen Personen bzw. Personenvereinigungen deren Organe, Vertreter oder Beauftragte (§ 9 OWiG) ordnungswidrigkeitenrechtlich haften, wenn die Zuwiderhandlungen durch geeignete Aufsicht hätte verhindert oder wesentlich erschwert werden können.

---

[86] Rogall, in KKOWiG, § 30, Rn. 16; Mitsch, § 16, Rn. 7.

[87] Göhler / Gürtler / Seitz, § 30, Rn. 36a; Mitsch § 16, Rn. 15.

Diese ordnungswidrigkeitenrechtliche Haftung bebußt den Aufsichtspflichtigen nicht für das Unrecht der Zuwiderhandlung des Mitarbeiters, sondern für die Gefährlichkeit einer unzureichenden Organisation im Unternehmen[88] bzw. für die Außerachtlassung der notwendigen Vorsorge des Unternehmens für normgemäßes Verhalten (sog. Vorverschulden).[89] Geschütztes Rechtsgut ist nicht ein staatliches Interesse an der Ordnung im Betrieb, sondern im Sinne eines vorgelagerten Rechtsgüterschutzes die durch die einzelnen betriebsbezogenen Straf- und Bußgeldvorschriften geschützten Interessen.[90]

Beraterhinweis Zu beachten ist, dass die Aufsichtspflichtverletzung lediglich (leichte) Fahrlässigkeit voraussetzt. Eine Befreiung von der Aufsichtspflicht durch einen Verzicht auf das Direktionsrecht ist nicht möglich. Dies gilt sowohl für kleine, mittlere und große Unternehmen.[91] Der Beraterhinweis zu vorhergehendem Unterabschnitt betreffend die Abhängigkeit der Sanktionsbemessung von dem Führen eines Compliance-Systems gilt an dieser Stelle gleichermaßen.

Nach § 130 Abs. 3 OWiG kann die Verletzung der Aufsichtspflicht, sofern die vorsätzliche Zuwiderhandlung des Dritten mit Strafe bedroht ist, mit einer Geldbuße bis zu einer Million Euro geahndet werden. Bei einem fahrlässigen Verstoß des Dritten kann sich die Geldbuße noch bis zu deren Hälfte, also bis zu TEUR 500 bemessen (§ 17 Abs. 2 OWiG).

6.1.2.3 Bedeutung von Compliance-Programmen für die unternehmensstrafrechtliche Verfolgung

Die Verpflichtung gesetzeskonformen Verhaltens lässt sich bereits aus den allgemeinen Sorgfaltspflichten der Unternehmensleitung und dem sich daraus ergebenden Haftung im Innenverhältnis ableiten.

- § 117 letzter Halbsatz HGB verpflichtet den Geschäftsführer von Personenhandelsgesellschaften zur ordnungsmäßigen Geschäftsführung,
- § 283 Nr. 3 AktG verpflichtet den Komplementär zu sorgfaltspflichtbewusstem und verantwortungsvollem Handeln,
- § 43 Abs. 1 GmbHG verpflichtet den Geschäftsführer zur Anwendung der Sorgfalt eines gewissenhaften Geschäftsmannes,
- § 93 Abs. 1 S. 1 AktG verpflichtet den Vorstand zur Anwendung der Sorgfalt eines gewissenhaften Geschäftsleiters.

---

[88] Mittelsdorf, S. 137.

[89] Sieber, FS Tiedemann, S. 466.

[90] Göhler / Gürtler / Seitz, § 130, Rn. 3a.

[91] Göhler / Gürtler / Seitz, § 130, Rn. 2 und 15b.

An dieser Stelle sei ergänzend auf mögliche Schadensersatzansprüche der Gesellschaft gegenüber der Geschäftsleitung hingewiesen. Mit Urteil des Landgerichts München I wurde ein Vorstandsmitglied einer Aktiengesellschaft auf der Grundlage von § 93 Abs. 2 S. 1 AktG zur Leistung eines Schadensersatzes in Höhe von EUR 15 Mio. an die Aktiengesellschaft verurteilt.[92] Maßgebend für die Verurteilung war die Verletzung der Legalitätspflicht, als Vorstandsmitglied nicht dafür Sorge getragen zu haben, dass das Unternehmen so organisiert und beaufsichtigt wird, dass keine Gesetzesverstöße wie Schmiergeldzahlungen erfolgten. Die Verletzung dieser Pflicht fußt somit dem Grunde nach auf dem Mangel, dass unter Betrachtung der Gefährdungslage des Unternehmens kein adäquates Compliance-System (Überwachungssystem) bestand.

Ausgehend von der Gesetzgebung in den Vereinigten Staaten von Amerika nach dem Sarbanes-Oxley Act vom 25. Juli 2002[93], der zunehmenden Dynamisierung und Internationalisierung des Wirtschaftslebens sowie der transnationalen Bestrebung der Harmonisierung des Rechts, wurde im Laufe des vergangenen Jahrzehnts, nach dem Vorbild des Bankenrechts[94], schrittweise dazu übergegangen, zur Schaffung einer Corporate Governance die Pflichten ordnungsmäßiger Unternehmensleitung per Gesetz und auch per Kodex zu definieren.

6.1.2.3.1 Warum Compliance?

Mit Einführung des Gesetzes zur Kontrolle und Transparenz im Unternehmensbereich (KonTraG) vom 27. April 1998[95] ist in Deutschland die Corporate Governance-Diskussion in Bewegung gekommen. Maßnahmen zur Verbesserung der Corporate Governance-Strukturen wurden durch die Regierungskommission „Corporate Governance" in ihrem Abschlussbericht[96] empfohlen und mit dem sogenannten „10-Punkte-Programm" in einem Maßnahmenkatalog zusammengefasst, welcher am 25. Februar 2003 durch das Bundesministerium der Justiz als „Maßnahmenkatalog zur Stärkung der Unternehmensintegrität und des Anlegerschutzes"[97] veröffentlicht wurde.

Diese Maßnahmen setzen auf Transparenz und Selbstregulierung und sollen das Pflichtbewusstsein derer fördern, die in börsennotierten Gesellschaften unternehmerische Verantwortung tragen. So wurde der Vorstand einer Aktiengesellschaft nach § 91 Abs. 2 AktG verpflichtet, geeignete Maßnahmen zu treffen, insbesondere ein Überwachungssystem einzurichten, damit den Fortbestand der Gesellschaft gefährdende Entwicklungen früh erkannt werden (Risikofrüherkennungssystem). Durch die in der Begründung zum Gesetz-

[92] LG München I v. 10.12.2013, Az. 5 HKO 1387/10.

[93] als Folgewirkung der Bilanzskandale um Enron und WorldCom.

[94] Bspw. §§ 9, 10, 33 WpHG, § 25a KWG, § 14 GWG.

[95] BGBl. 1998 I, 786.

[96] abrufbar unter: http://dip21.bundestag.de/dip21/btd/14/075/1407515.pdf [19.05.2015].

[97] abrufbar unter: http://www.gesmat.bundesgerichtshof.de/gesetzesmaterialien/15_wp/allg_dateien/massnahmenkatalog.pdf [19.05.2015].

entwurf zu § 91 Abs. 2 AktG[98] formulierte Ausstrahlungswirkung auf Gesellschaften anderer Rechtsformen, kann die Anforderung an diese Governance-Struktur für Gesellschaften anderer Rechtsformen gleichermaßen von Bedeutung sein.

Mit dem Gesetz zur Modernisierung des Bilanzrechts (Bilanzrechtsmodernisierungsgesetz – BilMoG) vom 25. Mai 2009[99] sind mit dem nach § 91 Abs. 2 AktG einzurichtenden Überwachungssystem auch solche Risiken zu kontrollieren, von denen keine bestandsgefährdende Wirkung ausgeht. Zudem hat sich der Vorstand in der Lageberichterstattung mit der Funktionsweise des Internen Kontrollsystems (IKS) auseinanderzusetzen. Der Aufsichtsrat muss sich ein Bild davon machen, ob das IKS Good Practice-Maßstäben genügt oder Schwächen aufweist. Durch die Anforderungen an die Lageberichterstattung gemäß § 289 Abs. 1 Satz 4 HGB erlangt der skizzierte Pflichtenrahmen für Aktiengesellschaften eine weitere bedeutsame Ausstrahlungswirkung auf Gesellschaften anderer Rechtsformen.

▸ **Beraterhinweis** Fazit – Das gesetzlich geforderte Überwachungssystem erfordert somit nicht nur ein allgemeines Risikofrüherkennungssystem, sondern auch ein auf Prozessebene geführtes Internes Kontrollsystem (IKS). Diese Anforderung mündet ebenso in die zuvor diskutierten, nach §§ 30, 130 OWiG normierten Unternehmensverantwortlichkeiten.

Die Beachtung von gesetzlichen Vorgaben kann durch das Führen eines sog. Compliance-Systems gesteuert und überwacht werden und kann im Zusammenhang mit einem Anti-Fraud Management-System zudem Schutz gegen Kriminalität gegen das Unternehmen, wie auch aus dem Unternehmen heraus bieten.

Der Bundesgerichtshof hat mit Urteil vom 17. Juni 2009 per obiter dictum die besondere Bedeutung eines Compliance-Systems herausgestellt.[100] Nach Auffassung des BGH ist einem Compliance Officer wegen der Übernahme von Obhutspflichten für eine bestimmte Gefahrenquelle eine Garantenstellung im Sinne des § 13 Abs. 1 StGB beizumessen. Der BGH legte dar, dass das Aufgabengebiet des Compliance Officers auch die Zuständigkeit für die Verhinderung von Straftaten aus dem Unternehmen heraus umfasst. Als Garant trägt der Compliance Officer somit auch die strafrechtliche Verantwortung für Straftaten Dritter, auch wenn er nicht Inhaber des Betriebes oder Unternehmens ist (Geschäftsherrenhaftung).[101] Durch die Verwirklichung eines Straftatbestands kämen als Folgewirkung auch die Unternehmensverantwortlichkeiten nach §§ 30, 130 OWiG zum Tragen.

---

[98] BR-DS, 872/97, 36.

[99] BGBl. 2009 I, 1102.

[100] BGH v. 17.07.2009, 5 StR 394/08.

[101] Dieser Aspekt wird in der Literatur auch kritisch gesehen. Vgl. dazu: Campos Nave, BB 2009, 2546.

Durch das BGH-Urteil wird der herausragenden Bedeutung von unternehmensinternen Selbstregulierungsmechanismen Rechnung getragen. Dies nicht nur vor dem Hintergrund des Schutzes vor Reputationsverlusten und sonstiger Schäden, sondern auch hinsichtlich der Schaffung von Awareness für Compliance und Moral, aber auch in Bezug struktureller Besonderheiten, die das Durchsetzungspotential des Wirtschaftsstrafrechts schwächen. Die strukturellen Probleme bei der Durchsetzung des Wirtschaftsstrafrechts umfassen nach Bussmann[102] folgende Aspekte:

- Bislang geringe Wahrnehmbarkeit und Kontrollmöglichkeit von Wirtschaftsstraftaten in Unternehmen. Hieraus folgt eine erheblich niedrige Anzeigenquote,
- Deutlich erhöhte sachliche und rechtliche Komplexität der Fälle, verbunden mit erheblichen prozessualen Problemen und überlangen Verfahren,
- Probleme beim Nachweis von Zurechenbarkeit, Vorsatz und persönlicher Schuld,
- Deutlich erhöhtes Verteidigungspotential auf Seiten der Beschuldigten,
- Strukturell mildere Sanktionierung, sowohl hinsichtlich der Kriterien der Strafzumessung und Aussetzung von Freiheitsstrafen zur Bewährung, aber auch Annahme höherer Strafempfindlichkeit.

Dies bedeutet, dass selbst mit gegebener Rechtsetzung dolose Handlungen nicht ausreichend steuerbar sind und somit der Druck auf die Unternehmensinhaber, gesetzliche Vertreter oder Mitarbeiter der Leitungsebene wächst resp. wachsen muss. Die Sanktionen nach §§ 30, 131 OWiG gewinnen in gleichem Maße an Bedeutung.

Damit ein Unrechtsbewusstsein im Unternehmen entstehen und das Risiko für deliktisches Handeln minimiert werden kann, müssen Verstöße im Unternehmen erkannt und kommuniziert werden. Dies kann durch Entwicklung und Vorleben eines wirkungsvollen Unternehmensleitbildes und Selbstregulierung umgesetzt werden.

Die sich in der Praxis herausgebildeten kontemporären Selbstregulierungskonzepte sind begrifflich vielseitig[103], beinhalten aber im Wesentlichen die gleichen Inhalte:

- Formulierung der gesetzlichen oder internen Vorschriften, die es einzuhalten gilt,
- Darlegung von Unternehmenswerten und Unternehmenszielen,
- Maßnahmen zur Ausrichtung der beruflichen Tätigkeit an ethischen / moralischen Werten,
- Mitwirkungspflichten,
- Interne Verfahren, mit denen delinquentes Verhalten kommuniziert, geahndet und verhindert werden soll,
- Schulungsprogramme zu vorgenannten Themen.

---

[102] Bussmann, MschrKrim 2003, 91.

[103] Business Ethics, Code of Conduct, Code of Ethics, Corporate Governance, Value Management, Compliance-Richtlinien, Corporate Social Responsibility, Integrity Code, Integrity Initiative, Integriertes Managementsystem u. s. w.

6.1.2.3.2 Compliance und Strafzumessung

Welche Bedeutung haben implementierte und gelebte Compliance-Richtlinien für die Strafzumessung nach Unternehmensstrafrecht? Eine auf gesetzlichem Fundament fußende Aussage kann auf diese Fragestellung nicht getroffen werden, da es in Deutschland kein Unternehmensstrafrecht als Kernstrafrecht gibt, dass bspw. nach dem Muster des Chapter 8 Part B der U. S. Federal Sentencing Guidelines[104] Strafnachlass für das Führen eines hinreichenden Compliance-Systems gewährt. Demzufolge gibt es keine anerkannte Handhabe, bestehende Compliance-Maßnahmen bei der Bemessung von Unternehmensbußen zu berücksichtigen.

Auswirkung auf die Strafzumessung nach § 30 OWiG (Verbandsgeldbuße)

Wegen des in § 30 OWiG zugrundeliegenden Haftungsprinzips kann ausgeschlossen werden, dass sich eine juristische Person oder Personenvereinigung (Verband) durch den Nachweis einer angemessenen Compliance-Struktur einer Verbandsgeldbuße entziehen kann.[105] Zudem wird der Verband nicht für eine unzureichende Organisation, sondern für eine Anknüpfungstat eines leitenden Mitarbeiters sanktioniert. Die Tat des Mitarbeiters wird dem Verband schlichtweg zugerechnet.

Jedoch enthält § 30 Abs. 1 OWiG eine Kann-Vorschrift zur Festsetzung einer Geldbuße, wonach die Festsetzung gemäß § 47 Abs. 1 OWiG im pflichtgemäßen Ermessen der zuständigen Behörde steht (Opportunitätsprinzip). Zumal die Tat des Unternehmensangehörigen auf ein originäres Verschulden des Verbandes (sog. Organisationsverschulden) zurückzuführen ist, kann sich nach herrschender Meinung die Ausgestaltung der Compliance-Organisation (Verbandsattitüde) im Zusammenhang mit dem Opportunitätsprinzip auf die Strafzumessung auswirken.[106]

Auswirkung auf die Strafzumessung nach § 130 OWiG (Aufsichtspflichtverletzung)

Da § 130 Abs. 1 OWiG auf die Verletzung der Aufsichtspflicht unmittelbar abstellt, ist die Sanktionierung abhängig von der Ausgestaltung resp. Qualität des Compliance-Programms.

> **Beraterhinweis** Je effektiver das Compliance-Programm ausgestaltet ist, desto wahrscheinlicher ist es, dass delinquentes Handeln verhindert oder wesentlich erschwert wird. Die Effektivität des Compliance-Systems ist Maßstab für die Strafzumessung. Sie kann eine Sanktionierung nach § 130 OWiG verhindern und diejenige nach § 30 OWiG minimieren. Insofern werden durch gegebenes Recht Anreize für die Entwicklung von Compliance-Strukturen geschaffen.

---

[104] Vgl. im Gegensatz dazu: 2014 Federal Sentencing Guidelines Manual der U.S. Federal Sentencing Commission, abrufbar unter: http://www.ussc.gov/guidelines-manual/2014/2014-ussc-guidelines-manual [19.05.2015].

[105] Sieber, FS Tiedemann, S. 466.

[106] Sieber, FS Tiedemann, S. 472.

6.2 Fraud-Prävention durch Marktsteuerung und Selbstregulierung

6.2.1 Fraud – Prävention als Ordnungsproblem?

In den vorangehenden Kapiteln wurde gezeigt, dass gesetzliche Rahmenordnungsbestrebungen zur Unterbindung von Wirtschaftskriminalität die strafrechtliche Regulierung zunehmend verschärfen und detaillieren. Derartige Ordnungspolitik im engeren Sinne bezieht sich auf die Rahmenbedingungen des Wirtschaftens. Ordnungspolitik bezeichnet alle staatlichen Maßnahmen, die auf die Erhaltung, Anpassung und Verbesserung der Wirtschaftsordnung ausgerichtet sind.[107] Maßnahmen zur Unterbindung von Wirtschaftskriminalität mit gesetzlich regulativem Charakter, also nicht durch privatwirtschaftliche Akteure selbst initiierte und vorangetriebene Maßnahmen, bezeichnet man als Fremdbindungsstrategien.

Das Konzept der Korruptionsprävention als volkswirtschaftliches Ordnungsproblem wurde insbesondere von Wirtschaftsethikern wie Karl Homann, Andreas Suchanek und Ingo Pies entwickelt, die Wirtschaftskriminalität als Verstöße gegen die Wirtschaftsordnung charakterisieren.[108] Wirtschaftskriminalität schädigt die Wirtschaftsordnung, da Unternehmen Wettbewerbsvorteile nicht über Preis, Qualität, Innovation und Service, sondern über illegale, wirtschaftskriminelle Verbindungen suchen. Wirtschaftskriminalität verzerrt zudem die Anreize der Wirtschaftssubjekte und führt dazu, dass die Verfolgung des rationalen Eigeninteresses anstatt zu einer gesamtgesellschaftlichen Wohlfahrt zu einer gesamtgesellschaftlichen Schädigung führt. Mittels der Ordnungspolitik zielen staatliche bzw. supranationale Instanzen von zentraler Ebene aus auf eine Veränderung der Rahmenbedingungen des Handelns, das die Wirtschaftssubjekte durch Regelsetzung direkt wie indirekt steuert.[109] Der Staat als Regelgeber setzt die institutionellen Rahmenbedingungen für das Wirtschaften, die die Unternehmen als Regelnehmer zu beachten haben.[110] Dies ist für Korruptionsdelikte für natürliche Personen im Rahmen des Strafgesetzbuchs längst geschehen. Aktuell stehen mit der Diskussion zur Einführung eines Unternehmensstrafrechts und der Verschärfung des Datenschutzrechts weitere staatliche Fremdregulierungen bevor.

Sowohl in Deutschland als auch auf internationaler Ebene wird das Bild der Prävention und Bekämpfung von Wirtschaftskriminalität bislang durch solche Fremdbindungsstrategien bestimmt. Einschlägiges Beispiel dafür ist das deutsche Strafrecht, das mittels der Definition von Tatbeständen und von Aufsichts- und Sorgfaltspflichten in Form eines pönalisierenden Ansatzes u. a. wirtschaftskriminelles Verhalten sanktioniert. Die gesetzlichen Bestrebungen zielen hierbei auf die Schließung möglicher Gesetzeslücken ab, ohne jedoch die Ursache von Wirtschaftskriminalität zu beseitigen, da eine Veränderung der

[107] Vgl. Schubert et al., S. nn.

[108] Vgl. Pies et al. (2005), S. 5.

[109] Vgl. ibid.

[110] Vgl. Pies (2008a), S. 4.

zugrundeliegenden Handlungsmotivation der Akteure nicht im Ansatz derartiger Fremdbindungsstrategien Berücksichtigung findet.

Den Regulierungsbehörden sind auf der Grundlage von Fremdbindungsstrategien zur Unterbindung von Wirtschaftskriminalität natürliche Grenzen gesetzt. Als problematisch erweist sich, dass es bei wirtschaftskriminellen Absprachen größtenteils an einem unmittelbar Geschädigten mangelt, der bspw. eine Korruptionsbeziehung zur Anzeige bringen würde. Insofern können auch bestehende gesetzliche Normen ins Leere laufen, da den rechtsstaatlichen Instanzen die notwendigen Informationen für einen Tatverdacht fehlen, um die Ermittlungen aufnehmen zu können. Diese Unzulänglichkeit der Rahmenordnung, Wirtschaftskriminalität einzudämmen wird beispielhaft an immer wieder vorkommenden Korruptionsskandalen und beruht in der Unfähigkeit, die Rahmenordnung effektiv und nachhaltig durchzusetzen.[111] Insofern findet eine dezentrale Aktivierung der Akteure durch gezielte Anreizschaffung nicht statt.[112]

Die Handlungsmotivation der Akteure kann jedoch durch eine persönliche Betroffenheit bzw. strafrechtliche Verantwortung der Unternehmensverantwortlichen beeinflusst werden, was eine Ablehnung von wirtschaftskriminellem Verhalten aus Eigeninteresse zur Folge hätte. Als Eigeninteresse ist der Antrieb zu verstehen, ohne den die Wirtschaft nicht funktionsfähig wäre. Wenn sich wirtschaftliches Handeln in eine unerwünschte Richtung bewegt, darf nicht der Motor – das Eigeninteresse – gebremst werden, sondern es muss an der Lenkung – der Wirtschaftsordnung – angesetzt werden. Es gilt, die marktwirtschaftliche Ordnung zu stärken, um das Eigeninteresse des Einzelnen wieder in den Dienst der Allgemeinheit zu stellen.[113]

An den beschriebenen Grenzen setzen die Rahmenordnungsbestrebungen der Privatwirtschaft im Rahmen von Selbstregulierungsinitiativen an. In diesem Sinne wurde auch das Konzept der „Corporate Citizenship“ entwickelt, das Unternehmen eine Ordnungsverantwortung zuweist. D. h. Unternehmen bzw. Unternehmensleitungen setzen sich selbst den Rahmen für ihre zukünftigen Handlungsbedingungen.[114] Zudem tragen Unternehmen immer mehr Verantwortung, die ihnen gesellschaftlich zugeschrieben und in der Fachliteratur zur Unternehmensethik auch „License to Operate“[115] genannt wird. Ingo Pies geht in dieser Diskussion noch einen Schritt weiter und beschreibt Korruptionsprävention auf Seiten privatwirtschaftlicher Akteure als „Ordnungspolitik zweiter Ordnung“ und entwickelt diese Idee als Grundlage zur Anreizsetzung für Korruptionsprävention in und durch Unternehmen.[116] Unternehmen verfügen über einen Informationsvorsprung gegenüber den Regulatoren und deren Überwachungsorganen, beispielsweise den Strafverfolgungsbe-

[111] Vgl. Homann / Blome-Drees, S. 164.

[112] Vgl. hierzu: Pies et al. (2005), S. 6.

[113] Vgl. Pies et al. (2005), S. 20.

[114] Vgl. Pies (2008b), S. 202.

[115] Dies bedeutet, dass Unternehmen ihre Gestaltungsspielräume zum gesamtgesellschaftlichen Vorteil/Fortschritt und nicht zu Lasten Dritter benutzen. Vgl. Suchanek, S. 134–135.

[116] Vgl. Pies (2008a), S. VI.

hörden. Innerhalb ihrer Branche und ihres Geschäfts sind sie besser über Vorhandensein, Ausmaß, und Art und Weise wirtschaftskrimineller Praktiken vertraut. Kennzeichen eines Selbststeuerungsansatzes ist daher die proaktive Einbindung von Unternehmen in die Korruptionsbekämpfung. Dabei ist Selbststeuerung nicht substitutiv, sondern komplementär zu den Ansätzen der Rahmenordnungsbestrebungen zu begreifen. Nur durch ein funktionierendes Rechtssystem in Verbindung mit gesellschaftlich verankerten Moralvorstellungen und Verantwortungsbewusstsein kann die volle Wirkungskraft des Selbststeuerungsansatzes zur Geltung gebracht werden.[117]

Der Deutsche Corporate Governance Kodex (DCGK) als Selbstregulierungsinitiative ist sowohl öffentliches als auch privatwirtschaftliches Regulierungsinstrument und somit ein Sonderfall. Die Corporate Governance Komissision wurde von der Bundesregierung initiiert. Sie ist aber mit nicht-staatlichen Akteuren (Vertreter der Wirtschaft und Wissenschaft) besetzt und verfolgt das Ziel der Selbstregulierung der Wirtschaft. Die Vertreter berichten diesbezüglich jährlich an die Bundesregierung (Corporate-Governance-Bericht). Durch flankierende gesetzliche Vorschriften, wie bspw. und insbesondere § 161 AktG (sog. Entsprechenserklärung) wird diese Form der Selbstregulierung unterstützt.

Dieser Beitrag möchte nach kurzer Begriffsklärung und volkswirtschaftlicher Skizzierung zunächst auf die Ordnungsbestrebungen des Marktes aus spieltheoretischer Sicht eingehen. Die Entstehung und Mechanismen von Selbstregulierungsinitiativen kollektiver Art werden modellartig vorgestellt, um im Folgenden deren praktische Umsetzung anhand von Beispielen aufzuzeigen.

6.2.2 Selbststeuerung

Der Ansatz der Selbststeuerung ist durch eine proaktive Haltung der Unternehmen, d. h. durch im Unternehmen selbst (also innerhalb des Wirtschaftssystems) entwickelte Maßnahmen gekennzeichnet. Wie aus dem Terminus „Selbststeuerung" abzuleiten ist, wird bei einer eigens initiierten, sog. Selbstbindung ohne staatlichen Druck oder Kontrollen, die Einsatzbereitschaft der Akteure in Anspruch genommen, um sich regulativ wie operativ „selbst zu regulieren".[118] Dabei wird durch Selbststeuerung nicht nur eine Regulierungslücke geschlossen, sondern es werden insbesondere Regulierungsprobleme bewältigt, die seitens des Staates aufgrund gegebener Informationsasymmetrien gar nicht hätten gelöst werden können. In der Regel gehen Selbstregulierungsinitiativen sogar über die gesetzlichen Ansprüche hinaus. Unter konkreter Bezugnahme auf Wirtschaftskriminalität geben Selbstregulierungsinitiativen den Beteiligten (in der Regel nicht-staatlichen Akteuren) durch geeignete Regelsetzung den Anreiz, aus eigenem Interesse gegen Korruption vorzu-

[117] Zur Definition des Konzepts der Selbststeuerung vgl. Pies et al. (2005), S. 180–181; Wieland (2002), S. 81 f., und PwC (2008), Crisis Management, S. X.

[118] Vgl. Wieland (2002), S. 81.

gehen.[119] Gewöhnlich resultiert daraus eine Verpflichtung, d. h. eine Art impliziter Vertrag mit sich selbst oder Dritten, auch individuelle oder kollektive Selbstbindung genannt. In der Wirtschaftsethik findet sich hierfür der Begriff „Institution". Institutionen sind gestaltbare, dauerhafte und anreizbewehrte Regeln bzw. Regelsysteme, wie zum Beispiel Verhaltenskodizes, DIN-Normen oder Verträge.[120] Abstrakt gesprochen errichten Institutionen ein Regelwerk, das den Akteuren ermöglicht, die vermutlichen Handlungen bzw. Handlungsoptionen der Gegenspieler abzuschätzen und die eigenen Handlungen darauf abzustimmen und Zuwiderhandlungen zum Gegenstand von Sanktionen machen zu können. Dadurch werden gesamtgesellschaftlich vorteilhafte Investitionen ermöglicht, da eine denkbare Ausbeutung des Investierenden / First-Mover unterbunden wird. Auf diese Systematik wird im Nachfolgenden genauer eingegangen werden. Notwendig dafür ist die Glaubwürdigkeit bzw. die Durchsetzungskraft der Institution. Erfolgsfaktoren für Selbstbindungsinitiativen werden im Nachfolgenden ebenso erläutert werden. Ohne Zweifel sind auftretende dolose Handlungen stets ein Anzeichen dafür, dass die Institutionen (somit das Regelwerk) nicht richtig gestaltet wurden.

Bei der sogenannten individuellen Selbstbindung ist die Ausgestaltung der Selbstregulierungsmechanismen individuell auf das jeweilige Unternehmen zugeschnitten. Eine solche Selbstverpflichtung führt zur freiwilligen Bindung an ethische Grund- und Leitsätze, Verhaltens- und Verfahrensrichtlinien oder Standards, verbunden mit der Vorgabe gewisser Verhaltensgrundsätze bzw. -formen.[121] In erster Linie lassen sich derartige Selbstverpflichtungen als Reaktion auf die scharfe Kritik in der Öffentlichkeit zurückführen, die ökologische und soziale Standards seitens der Industrie einforderte. Unternehmen wurden aufgefordert, die Verantwortung für ihre Handlungen und deren Folgen zu übernehmen. Als erstes multinationales Unternehmen verpflichtete sich Levi Strauss zu Verhaltensstandards im Sozialbereich, die auch für Zulieferfirmen verbindlich waren. Derartige Corporate Social Responsibility-Aktivitäten können als individuelle Selbstbindungen verstanden werden, da sie versuchen durch Selbstverpflichtung implizite und explizite gesellschaftliche Erwartungen an die Unternehmen zu übertreffen.[122] Neue soziale Trends werden auf diese Weise von den Unternehmen aufgegriffen und durch das unternehmerische Engagement vorangetrieben. Dabei können die Unternehmen sich als First-Mover etablieren und allgemeingültige Standards in ihrer Branche setzten. In diesem Sinne ist Antikorruption, Wirtschaftsethik, Compliance (oder welche Bezeichnung man auch verwenden mag) ein relativ junger und vor allem aktueller gesellschaftlicher Trend, der nun auch von den Unternehmen in Eigeninitiative aufgegriffen wird. Die öffentliche Sensibilisierung veranlasst die Privatwirtschaft, Wirtschaftskriminalität immer engagierter zu bekämpfen. Infolge der gestiegenen Anforderungen wurden Handbücher zu wirtschaftsethischem Verhalten und Verhaltensrichtlinien entwickelt, die Unternehmen anleiten, Compliance-Richtlinien und Compliance Management Systeme in Eigeninitiative

[119] Vgl. Pies et al. (2005), S. 180–181.

[120] Vgl. Suchanek, S. 62.

[121] Vgl. ibid., S. 6.

[122] Vgl. Falck / Heblich (2007), S. 247.

zu errichten. Der Verhaltenskodex für die Wirtschaft der Internationalen Handelskammer,[123] der bereits in den 1970er-Jahren erstmals Anleitungen zur Korruptionsbekämpfung aufstellte, sowie die „Geschäftsgrundsätze für die Bekämpfung von Korruption ("Business Principles for Countering Bribery")" von Transparency International fungieren als ein umfassendes Referenzsystem von bewährten Praxisstandards für die Korruptionsbekämpfung.[124] Die individuelle Bekennung zu solchen Kodizes stellt die freiwillige Bindung an Regeln dar.

In den 1990er-Jahren wurden Verhaltenskodizes erstmals seitens der Privatwirtschaft erschlossen und angewendet. Unternehmen erarbeiteten individuelle Verhaltensstandards, sog. Corporate Codes of Conduct, die sie sich selbstverpflichtend auferlegten. Heutzutage erfassen Verhaltenskodizes ein breites Spektrum an Themen rund um das Integritätsmanagement und zielen verstärkt auf das strategische Management von Chancen und Risiken.[125] Verhaltensstandards werden nicht nur als Reaktionsinstrument auf äußere Kritik wahrgenommen, sondern auch proaktiv aus den Unternehmen heraus entwickelt.

Allerdings sind individuelle Selbstbindungsinitiativen per se nicht unumstritten. Die Effektivität und Glaubwürdigkeit unternehmerischer Bekennung zum Kampf gegen Wirtschaftskriminalität wird seitens des Staats und der Gesellschaft häufig mit Skepsis verfolgt. Ebenso mögen Unternehmen befürchten, dass die freiwillige Übererfüllung von Standards, Gesetzen und Konventionen nur dazu führt, dass das Anspruchsniveau an ihr Verhalten erhöht und womöglich in Folge auf diesem Niveau dennoch rechtlich reguliert wird.[126]

6.2.3 Die Unternehmen gefangen in Dilemmasituationen

Im Gegensatz dazu zielen sogenannte kollektive Selbstbindungsmechanismen darauf ab, mehrere Wirtschaftssubjekte zu gemeinsamen Verhaltensstandards zu verpflichten. Um die Entstehung und Mechanismen von kollektiven Selbstregulierungsinitiativen zu verstehen, ist es wichtig, die ökonomische Logik der Dilemmastrukturen kennenzulernen, mit der Unternehmen in einem Wettbewerbsmarkt konfrontiert werden.[127] Die Wettbewerbssituation auf Märkten wird in der Volkswirtschaftslehre im Rahmen der Spieltheorie am Beispiel des Gefangenendilemmas modelliert. Der Markt repräsentiert das Spielfeld. Die Wettbewerbsregeln, Spielregeln und Handlungsoptionen stellen die Spielzüge dar und die Unternehmen verkörpern die Spieler. Unternehmen werden dabei als rationale Wesen ver-

---

[123] Abrufbar unter: www.icc-deutschland.de/fileadmin/ICC_Dokumente/ICC-Verhaltenskodex_Korruption_final.pdf [19.02.2010].

[124] Siehe hierzu die Checkliste für „Self-Audits" zur Korruptionsprävention in Unternehmen, herausgegeben von Transparency International Deutschland. Diese orientiert sich im Wesentlichen an den „Geschäftsgrundsätzen für die Bekämpfung von Korruption", die 2003 auf Initiative von Transparency International erstellt wurden. Abrufbar unter: www.transparency.de/fileadmin/pdfs/Themen/Wirtschaft/checklisteNEUNPR.pdf [19.02.2010].

[125] Vgl. hierzu: Beckmann et al., S. 1–5.

[126] Vgl. Wieland (2002), S. 81.

[127] Vgl. Homann (2002), S. 95.

Abb. 6.1 Das Gefangenendilemma auf einem Wettbewerbsmarkt

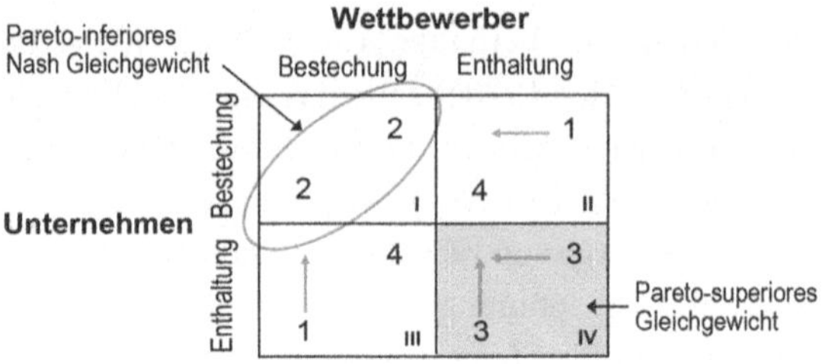

standen, die auf situative Anreizbedingungen reagieren.[128] In einer öffentlichen Ausschreibung beispielsweise konkurrieren zwei Unternehmen um einen Auftrag. Dabei können sie sich zwischen zwei Handlungsstrategien für die Auftragseinholung entscheiden: Entweder wird ein „ehrliches" Angebot abgegeben und mit Qualität, Preis und Leistung überzeugt oder es wird der Beamte bestochen, der die Auftragsvergabe zu verantworten hat. Mittels des Verstoßes gegen die faire Wettbewerbspraxis beabsichtigen Unternehmen, illegal einen Vorteil gegenüber den anderen Wettbewerbern am Markt zu gewinnen. Diese Situation kann spieltheoretisch wie dargestellt modelliert werden (Abb. 6.1).

Die Matrix zeigt die Auszahlung der Unternehmen in Abhängigkeit von der gewählten Handlungsstrategie in Form einer ordinalen Nutzenskala (4 > 3 > 2 > 1) im Sinne eines erwarteten Nutzens (Ertrag). Denkbar sind vier verschiede Ergebnis-Szenarien:

- Beide Unternehmen bestechen (I),
- ein Unternehmen schmiert und das andere enthält sich (II und III), oder
- beide konkurrieren mit fairen Mitteln (IV).

Für das einzelne Unternehmen ergibt sich folgende Situation: Falls der Wettbewerber besticht, ist die Option ebenfalls zu bestechen die rationale Entscheidung (2 > 1). Falls der Konkurrent jedoch nicht besticht, ist für das Unternehmen Bestechung ebenso vorteilhaft (4 > 3). Das bedeutet, dass Korruption unabhängig von der Handlungsstrategie des Gegenspielers immer die bessere Alternative darstellt (dominante Strategie). Folglich verhält sich jedes Unternehmen so, wie es die Handlungen der Gegenspieler befürchtet. Daraus ergibt sich eine Dilemmasituation. In letztgenannter Spielkonstellation (Quadrant II) erzielt das Unternehmen sogar den höchst möglichen Nutzen (Ertrag), weil es das ehrliche Verhalten des Wettbewerbers „ausbeuten" kann. Mit Hilfe von Bestechung kann es sich den Auftrag von (korrupten) Auftraggebern sichern und das ehrliche Verhalten des integren Gegenspielers ausbeuten. Letztendlich scheint es vorteilhaft, der einzige „Unehrliche" zu sein, denn das integre Unternehmen erzielt einen geringeren Nutzen (Ertrag). Das unternehmerische Eigeninteresse, den Auftrag zu bekommen scheint mit Moral nicht kompatibel zu sein. Wer sich in dieser Situation als einzelner Bestechungszahlungen enthält, muss mit geschäftlichen Nachteilen in Form von Auftragsverlusten rechnen.[129]

[128] Vgl. Suchanek, S. 48.

[129] Vgl. hierzu: Homann / Blome-Drees, S. 165.

Die Gleichgewichtslösung dieses Spiels liegt in Quadrant I mit einem Nutzen (Ertrag) von 2 für beide Unternehmen. Dies ist gemessen an den ordinalen Nutzenwerten nicht die bestmöglichste Lösung. Wenn beide korrumpieren, bleiben die Chancen für den öffentlichen Auftrag gleich. Zudem verringern Transaktionskosten und die Ausgaben für die Bestechungszahlung, das Entdeckungsrisiko sowie mögliche Konsequenzen im Schadensfall im Vergleich zu Quadrant IV den Nutzen (Ertrag). Anstelle eines Preis-Leistungs-Wettbewerbs entsteht ein illegaler und Kosten verursachender Korruptionswettlauf, bei dem das Angebot mit der attraktivsten Bestechungssumme den Zuschlag erhält. Die Unternehmen wären mit gegenseitiger Kooperation, d. h. Konkurrenz gemäß einem fairen marktwirtschaftlichen Wettbewerb besser gestellt (Nutzen von 3, Quadrant IV).

Diese Widersprüchlichkeit ist Kennzeichen der sozialen Dilemmastruktur, in der sich die Unternehmen befinden. Die Rahmenbedingungen bzw. die Anreizkonstellation des Spiels zwingen die einzelnen Akteure eine für sie letztendlich schädliche Strategie zu wählen. Die Situationslogik verursacht, dass die Spieler systematisch gegen ihre Interessen verstoßen müssen.[130] Ein einzelnes Unternehmen kann die Dilemmastruktur nicht umkehren. Der einzige Ausweg ist eine Kooperationslösung, die den Unternehmen die Möglichkeit eröffnet, gleiche und faire Wettbewerbsbedingungen und ein berechenbares, transparentes Geschäftsumfeld zu gestalten.[131] Dabei müssen die Spielregeln, d. h. die Anreiz- bzw. Handlungsbedingungen systematisch so gestaltet sein, dass die Unternehmen im Eigeninteresse kooperieren.[132] Mittels einer kollektiven Selbstbindung an allgemeinverbindliche Regeln, eine Art Vertragswerk, kann die Enthaltung von Bestechung zur dominanten Strategie avancieren. Die gemeinsame Verpflichtung zu ehrlichem Verhalten ändert das Kalkül der Unternehmen und es ergibt sich genau jenes gesamtgesellschaftlich vorteilhafte Verhaltensgleichgewicht (Quadrant IV), das beide Spieler im Alleingang zuvor nicht erreichen konnten. Mit der Änderung der Spielregeln liegt Bestechung nun nicht mehr im Interesse der Akteure, sondern es entsteht Anreizkompatibilität zwischen Gewinnstreben und moralischem Verhalten.[133] Die Spielregeländerung kann auch darauf abzielen, die Defektionsstrategie[134] mit negativen Sanktionen zu belegen (also Änderung der Nutzenmatrix), zum Beispiel durch straf- oder unternehmensstrafrechtliche Regulierungen. Dieser Ansatz wurde bereits einleitend diskutiert und soll an dieser Stelle nicht weiter verfolgt werden.

Wenn man ausgehend von dieser modelltheoretischen Überlegung des einmaligen Spiels mit zwei Akteuren, d. h. des Zusammentreffens zweier Unternehmen in einer öffentlichen Ausschreibung das Blickfeld erweitert, wird deutlich, dass sich in der Realität mehrere Unternehmen in unendlich vielen Spielen bzw. Situationen gegenüberstehen. Bei unendlicher Wiederholung des Spiels mag Bestechung auch nicht mehr die dominante Strategie

[130] Vgl. Homann / Blome-Drees, S. 32.

[131] Vgl. Homann / Blome-Drees, S. 35; Pies (2008a), S. 156; Niehus, S. 45.

[132] Vgl. Suchanek, S. 50.

[133] Siehe auch: Homann (2002), S. 101.

[134] Strategie, die darauf abzielt, sich als erster Akteur eines Markt- oder Branchenkollektivs unkooperativ zu verhalten (defektieren).

sein.[135] Eine tit-for-tat-Strategie („Wie du mir, so ich Dir“)[136], die sich im ersten Zug mit Kooperation willig zeigt und danach den Strategiezug des Gegenspielers der Vorperiode imitiert, führt bei der Modellierung von unendlichen Spielen ebenfalls zu einem Verhaltensgleichgewicht (Nash-Gleichgewicht). Das würde bedeuten, dass allein durch den Tatbestand der unendlichen Repetition des Spiels Kooperation zustande kommen könnte. Jedoch zeigt die Praxis, dass wiederholte Spiele allein nicht ausreichen um Kooperation zu institutionalisieren.

Die ausschlaggebende Frage lautet: Wie können Unternehmen diesem Gefangenendilemma entrinnen und sich glaubwürdig zu einer Kooperationsstrategie verpflichten? Um diese Problemstellung anzugehen, ist es notwendig die Anreizkonstellation der beteiligten Akteure zu betrachten.[137] Die Rahmenordnung bestimmt die Handlungsergebnisse, deshalb müssen die Spielregeln umgestaltet und Anreize für Regelkonformität geschaffen werden.[138] Mit anderen Worten, es muss an der Änderung der Rahmenbedingungen angesetzt werden, um das fremd- und selbstschädigende korrupte Verhalten von Unternehmen zu ändern. Eine bedeutende Bedingung für die Umsetzung beschreibt Suchanek. Danach ist eine Zusammenarbeit nur dann erfolgreich, wenn die Bedingung der Anreizkompatibilität für jeden erfüllt ist. Das bedeutet: Das Eigeninteresse ist nicht in einen Gegensatz zur Moral zu bringen, sondern für die Realisierung moralischer Ideale fruchtbar zu machen, indem nach geeigneten Investitionen in die Zusammenarbeit zum gegenseitigen Vorteil gesucht wird.[139]

Um dem Dilemma zu entrinnen, schließen sich die Unternehmen zusammen und verabreden allgemeinverbindliche Spielregeln und Standards, zum Beispiel innerhalb ihrer Branche. Dabei handelt es sich im Sinne einer ordnungspolitischen Strategie um eine kollektive Selbstbindung. Mittels der gemeinsamen Verpflichtung kann moralisches Handeln nicht mehr ausgebeutet werden. Bei der Kooperationslösung muss jedoch die Vermeidung von Trittbrettfahrerproblemen adressiert werden. Branchenkodizes in dieser Form als kollektive Selbstbindung besitzen die Eigenschaft eines öffentlichen Gutes. Es fehlt der Anreiz, zu dem Erwerb und dem Erhalt dieses Gutes beizutragen. Dieses Trittbrettfahrerproblem hat Olson[140] bereits in den 1960er-Jahren anhand der Logik von wirtschaftlichen und politischen Interessengruppen analysiert. Unternehmen verhalten sich als Trittbrettfahrer, wenn sie ohne einen eigenen Beitrag – zum Beispiel durch die erarbeitete Reputation, beispielsweise nach einer Zertifizierung der Initiative – von den positiven Effekten der Branchenkodizes profitieren, sei es monetärer oder in anderer Art und Weise. Die Problematik liegt in der Erstellung und der inhärenten Instabilität eines öffentlichen Gutes. Dies

[135] Vgl. Sandler, S. 80.

[136] Hat der Gegenspieler zuvor kooperiert, so wird kooperiert. Hat der Gegenspieler jedoch in der Vorrunde defektiert, so wird ebenfalls mit Defektion zur Vergeltung geantwortet.

[137] Vgl. Lucke (2008), S. 18–23.

[138] Siehe: Homann / Blome-Drees, S. 36.

[139] Vgl. Suchanek, S. 117.

[140] Mancur Olson, The Logic of Collective Action: Public Goods and the Theory of Groups, Cambridge 1965.

macht die Etablierung von effektiven Kontrollen und Sanktionen erforderlich, weil sonst unter Umständen das öffentliche Gut Verhaltenskodex gar nicht erstellt oder die verabredeten Regulierungen unterlaufen würden.[141] Mit Hilfe von Institutionen – hier mittels der Errichtung eines geeigneten Regelwerks, das mit entsprechenden Sanktionen untermauert ist – muss Defektieren ökonomisch uninteressant gestaltet werden.[142] Durch kollektive Selbstbindungen in Form von Branchenvereinbarungen können Unternehmen selbst dem Wettbewerb eine neue Ordnung geben. Sie übernehmen Ordnungsverantwortung gemeinsam mit anderen Unternehmen, die wettbewerbstechnisch ihre Konkurrenten sind und auch bleiben. Dies ist im Gegensatz zur Kartellbildung eine gewünschte Kooperation unter Wettbewerbern und dient der Überwindung von Dilemmastrukturen. Sie ergänzen die staatliche Ordnungspolitik und etablieren somit ein gemeinsames Handlungsfeld für fairen Wettbewerb, ein sogenanntes „Level Playing Field".[143]

Einige Bedingungen für die erfolgreiche Umsetzung von Selbstbindungsinitiativen wurden bereits erwähnt. Bevor im Anschluss weitere Voraussetzungen für den nachhaltigen Erfolg von kollektiven Selbstbindungsinitiativen erörtert werden, führt folgender Abschnitt in die praktische Anwendung von Selbstregulierung anhand konkreter Beispiele ein.

6.2.4 Selbstregulierung in der Anwendung

Selbstregulierungsinitiativen in Form von langfristig angelegten Branchenkodizes oder punktuellen Integritätspakten wurden schon seit den 1990er-Jahren als Antikorruptionsinstrument der Privatwirtschaft diskutiert. In Deutschland haben sie jedoch – abgesehen von wenigen Beispielen – in der Praxis bisher wenig Beachtung gefunden,[144] obwohl Selbstregulierungsinitiativen ein opportunes Instrument zur Bekämpfung von Wirtschaftskriminalität darstellen. Vorteilhaft daran ist, dass nichtstaatliche Akteure weniger schwerfällig agieren und reagieren, sich leichter an sich verändernde Handlungsbedingungen anpassen und zudem als Regulierender und Regulierter gemäß dem Subsidiaritätsprinzip viel mehr Kompetenz in der Sache aufweisen. Darüber hinaus können Selbstregulierungsinitiativen auf lokale und industriespezifische Besonderheiten angepasst werden und somit eine höhere Wirkungskraft entfalten.[145] Die Vielfalt der Gestaltungsmöglichkeiten von kollektiven Selbstregulierungsinitiativen ist groß. Je nach den Bedürfnissen der Unternehmen, des Industrie- oder Geschäftszweigs und den gegebenen wirtschaftlichen und ordnungspolitischen Rahmenbedingungen können Initiativen projektbasiert oder langfristig ausgerichtet sein. Zudem kann unterschieden werden, ob die Initiative lediglich aus einer ethischen

[141] Vgl. hierzu: Homann / Blome-Drees, S. 139–140.

[142] Vgl. Homann (2002), S. 99.

[143] Vgl. hierzu: Homann / Blome-Drees, S. 138 und Homann (2005): S. 10.

[144] Vgl. hierzu: http://www.collective-action.com/initiatives/map [09.09.2014].

[145] Vgl. hierzu auch: Homann / Blome-Drees, S. 139; Pies (2005), S. 184; PwC (2008), Crisis Management, S. 4; Lucke (2008), S. 42.

Abb. 6.2 Arten von Selbstbindungsinitiativen

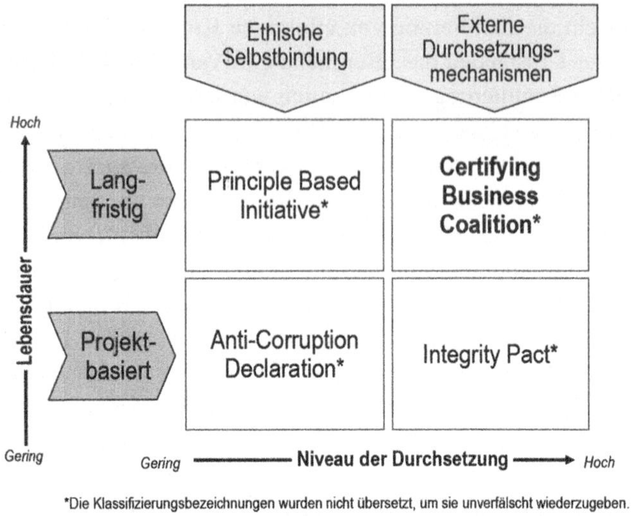

Verpflichtung / Selbstbindung (Wohlverhaltenserklärung) oder aus einer Institution / einem Vertrag mit Sanktionierungsmöglichkeiten entstanden ist. Auch wenn die reine Verpflichtung zu ethischen Standards zu begrüßen ist, muss an dieser Stelle angemerkt werden, dass diese ohne Durchsetzungsmechanismen oft ein pures Lippenbekenntnis bleibt, da keine Instrumente verfügbar sind, um die postulierten Grundsätze in die Praxis umzusetzen. Arten von Selbstbindungsinitiativen werden in Abb. 6.2 veranschaulicht.

Während die Selbstbindung nach dem Typus „Principle Based Initiative" keine Sanktionen vorsieht, werden Verstöße gegen die Selbstbindung nach dem Typus „Certifying Business Coalition" sanktioniert. Letztere gilt somit auch als Institution. Darüber hinaus bestimmen weitere Parameter wie der Umfang der Eingliederung bzw. der Aktionsradius (ein Geschäftszweig, eine Branche oder die gesamte Wertschöpfungskette) und die geographische Reichweite (lokal, national, global) die Ausgestaltung einer Selbstregulierungsinitiative.

Eine weitere Kategorisierung von kollektiven Selbstbindungsinitiativen anhand des Grads der Bindung und Durchsetzungskraft der Vereinbarung nimmt das International Centre for Collective Action des Basel Institute on Governance vor, in „Declarations and Joint Activities" als freiwillige Verhaltenserklärung ohne besondere Durchsetzungsmechanismen, „Standard Setting Initiatives" mit verpflichtenden Verhaltenserklärungen und den „Integrity Pact". Der Integritätspakt (Integrity Pact) – von Transparency International in den 1990er-Jahren entwickelt – ist dabei einer der bekanntesten Arten von Selbstbindungsinitiativen. Ziel des Integritätspakts ist es, öffentliche Beschaffungsverfahren korruptionsfrei und unter fairen marktwirtschaftlichen Wettbewerbsbedingungen abzuwickeln.

▸ **Beraterhinweis** Bei öffentlichen Ausschreibungsverfahren, bei denen Bedenken hinsichtlich der fairen Wettbewerbsbedingungen bestehen, ist es lohnenswert die Anwendung eines Integritätspakts in Erwägung zu ziehen. In einem Integritätsvertrag zwischen den Auftraggebern und den Bietern

> wird im Wesentlichen festgehalten, dass keine Partei Bestechungsgelder oder anderweitige Vorteile annehmen oder fordern darf, dass seitens der an der Ausschreibung teilnehmenden Unternehmen keine wettbewerbswidrigen Absprachen getroffen und alle Zahlungen an Mittelsmänner sowie Interessenskonflikte offen gelegt werden. Gleiches gilt analog für die öffentlichen Institutionen unter der Betonung der Verpflichtung alle Bieter gleich zu behandeln und sie mit denselben Informationen zu versorgen. Im Falle einer Vertragsverletzung werden Strafen für die jeweiligen Parteien spezifiziert, zum Beispiel auf der Bieterseite der Ausschluss aus der aktuellen Vertragsvergabe, die Kündigung des bereits geschlossenen Vertrages oder die Sperre für künftige Ausschreibungen. Idealerweise wird zum Schutz der Projektintegrität ein unabhängiger Beobachter bestellt.

Zur Unterstützung der Umsetzung von Selbstbindungsinitiativen und zum Zwecke einer Diskussionsplattform haben sich in der Zwischenzeit mehrere Plattformen gebildet. Zum Beispiel hat das Weltbankinstitut, als Think Tank der Weltbank, in Zusammenarbeit mit verschiedenen Kooperationspartnern, darunter der UN Global Compact und internationale Konzerne, einen konzeptionellen Wegweiser für Selbstregulierungsinitiativen (engl. Collective Action) verfasst.[146] Weiterhin hat sich 2012 das bereits erwähnte International Centre for Collective Action gebildet, mit dem Ziel, Unternehmen und ihre Stakeholder bei der Umsetzung von Selbstbindungsinitiativen zu unterstützen.

Dieser in diesem Abschnitt dargestellte Einblick in die Kategorisierung ist als Hilfestellung für einen Überblick und keineswegs abschließend zu verstehen, denn die Abgrenzung kann in der Praxis nicht immer eindeutig erfolgen. Insgesamt verfolgen die dargestellten Varianten alle gleichermaßen das Ziel, Wirtschaftskriminalität und insbesondre Korruption zu bekämpfen.

6.2.4.1 Die Wolfsberg –Gruppe

Internationale Großbanken haben sich Ende 2000 zu der Wolfsberg-Gruppe, eine der ersten Formen von kollektiven Selbstregulierungsinitiativen, zusammengeschlossen. Dabei waren als „Facilitator" und Experten ein Vertreter von Transparency International sowie ein anerkannter Korruptionsforscher des Basel Institute on Governance fester Bestandteil der Gruppe. Heute besteht die Wolfsberg-Gruppe aus der Vereinigung von elf internationalen Banken, mit dem Ziel branchenweite Standards in der Finanzindustrie zu entwickeln und zu implementieren und dabei Regulierungslücken zu schließen. Die von ihr entwickelten diversen Richt- und Leitlinien insbesondere zur Bekämpfung von Geldwäsche, Terrorismusfinanzierung sowie später auch zur Korruption wurden zum Vorbild für viele internationale Regulierungsbehörden. Jährlich wird das sogenannte Wolfsberg Forum abgehalten, zu dem Banken und Regulierungsbehörden eingeladen werden, um die Entwürfe neuer Richtlinien und Branchenstandards zu kommentieren und weiter zu entwickeln. Die

---

[146] Abrufbar unter: http://info.worldbank.org/etools/docs/antic/Whole_guide_Oct.pdf [14.09.2014]. Für weitere Informationen siehe auch Zindera, S. 701–703.

Wolfsberg-Gruppe ist dem Typus „Principle Based Initiative" bzw. der „Standard Setting Initiatives" zuzuordnen.[147]

6.2.4.2 UN Global Compact

Der Grundgedanke des UN Global Compact als „Principle Based Initiative" ist es, mit den Unternehmen als zentrale Akteure proaktiv und nicht auf regulatorische Art die Verbreitung und weltweite Umsetzung von universellen Prinzipien zu fördern. Auf dem Weltwirtschaftsforum in Davos im Jahre 1999 wurde der Global Compact von Kofi Annan, damaliger Generalsekretär der Vereinten Nationen, ins Leben gerufen. Inzwischen folgen dem UN Global Compact weltweit über 12.000 Unternehmen sowie Arbeitnehmer-, Menschenrechts-, Umwelt- und Entwicklungsorganisationen. Der Pakt umfasst zehn Prinzipien aus den Bereichen Menschenrechte, Arbeitsnormen, Umweltschutz und Korruptionsbekämpfung. Das im Juni 2004 hinzugefügte zehnte Prinzip zur Korruptionsbekämpfung feierte 2014 seinen zehnten Jahrestag, was die steigende Bedeutung von Fraud-Prävention unter nichtstaatlichen Akteuren und auf internationaler Ebene verdeutlicht. Der UN Global Compact versteht sich nicht als politisches Kontroll- und Regulierungsinstrument im Sinne supranationaler Rahmenordnungsbestregungen, daher sind mit Ausnahme einer regelmäßigen Berichterstattung keine Kontrollen für seine Mitglieder vorgesehen. Es handelt sich vielmehr um eine Lern- und Dialogplattform über gesellschaftlich verantwortliches unternehmerisches Handeln, an der vornehmlich nichtstaatliche Akteure (Unternehmen und Nichtregierungsorganisationen) Best Practice-Erfahrungen zur Umsetzung der zehn Prinzipien diskutieren, austauschen und weiterentwickeln. Das Deutsche Global Compact Netzwerk umfasst heute mehr als 340 Unternehmen, NGOs, öffentliche Institutionen und Organisationen aus der Wissenschaft und Forschung. Um nicht als Grundlage für Lippenbekenntnisse zu fungieren, wurden bis Mitte Juni 2016 bereits 7868 Unternehmen aus der internationalen Datenbank des UN Global Compacts wieder ausgeschlossen,[148] da sie nicht in Übereinstimmung mit den Integritätsvorgaben über ihren jährlichen Fortschritt in regelmäßigen und vorab definierten Zeitabständen berichtet haben (Communication on Progress).[149]

6.2.4.3 Ethikmanagement der Bayerischen Bauwirtschaft

Das Ethikmanagement der Bayerischen Bauwirtschaft (EMB) ist ein deutsches Beispiel für die Selbstregulierungsfähigkeit der Wirtschaft. Diese Selbstregulierungsinitiative des Typus einer „Certifying Business Coalition", die darauf abzielt, die eingeführten Verhaltensstandards durch Durchsetzungsmechanismen verbindlich zu machen, setzt den ordnungspoli-

---

[147] Für weitere Informationen siehe Aiolfi / Bauer, S. 97–113 sowie http://www.wolfsberg-principles.com/index.html [27.09.2014].

[148] Eine Liste der Unternehmen, die nicht mehr im Global Compact geführt werden, ist in einer Datenbank abzurufen unter: https://www.unglobalcompact.org/COP/analyzing_progress/expelled_participants.html [17.05.2015].

[149] Vgl.: http://bulletin.unglobalcompact.org/t/r-55270C5E77CD3DEF2540EF23F30FEDED [11.09.2014].

tischen Rahmen für selbstverantwortliches unternehmerisches Handeln. Auf Initiative der Bayerischen Bauindustrie wurde 1996 der Verein Ethikmanagement der Bauwirtschaft e. V. als freiwilliger Zusammenschluss von Firmen mit wissenschaftlicher Unterstützung der Wirtschaftsethiker Karl Homann und Josef Wieland gegründet. Diese Selbstbindungsinitiative zielt darauf ab, aktiv für Integrität und faire Geschäftspraktiken in der Baubranche einzutreten sowie die Reputation der Bauwirtschaft zu bewahren und zu fördern. Die Initiative wurde vom Hauptverband der Deutschen Bauindustrie 2007 aufgegriffen. Somit wurde das EMB zu einer Initiative für die Bauindustrie in ganz Deutschland erhoben.

Das EMB erkennt das oberste Unternehmensziel an, nachhaltigen wirtschaftlichen Erfolg und Gewinn zu erzielen. Deshalb wird mittels der Initiative versucht, die Handlungsbedingungen in der Bauwirtschaft so zu gestalten, dass die einzelnen Akteure Integrität, Fairness und Transparenz, die es zu praktizieren gilt, auch ohne Ausbeutung bzw. Nachteile praktizieren können. Dafür soll ein Rahmen in Form eines Wertemanagementsystems für einen fairen Wettbewerb zum Wohl der Allgemeinheit institutionalisiert und kontinuierlich weiterentwickelt werden. Die Mitglieder sind verpflichtet, ein solches Wertemanagementsystem zu erarbeiten, schriftlich zu fixieren, seine Anwendung zu dokumentieren und sich regelmäßig externen Kontrollen zu unterwerfen. Dabei geht es nicht um Legal Compliance, die durch formal und rechtlich orientierte Prüfungsverfahren, bestehend aus Standards, Dokumentation und Prüfung derselben analog zu einem ISO-9000 Verfahren oder mittels einer Abschlussprüfung betrieben wird, sondern um eine werteorientierte Führungskultur, um Verhaltensstandards und um eine transparente Kommunikation.[150]

Das EMB ist zweistufig aufgebaut, um unterschiedlichen Unternehmensgrößen gerecht zu werden und um Mittelständlern auch eine schnelle Beteiligung zu ermöglichen. Die erste Stufe beinhaltet die Implementierung eines Werteprogramms und ist als Mindeststandard für alle Mitglieder verpflichtend. Das Werteprogramm besteht aus einem Wertegrundkatalog inkl. Verhaltensstandards, der Verankerung der Zuständigkeit des Wertemanagements auf der Führungsebene, der praktischen Umsetzung der Verhaltensstandrads in Form von Arbeitsanweisungen, der Schulung der Mitarbeiter über das Werteprogramm sowie Offenheit in Form der Verpflichtung zu externen Kontroll- und Auditverfahren. Größere Unternehmen können freiwillig in einer zweiten Stufe ein Wertesystem mit höheren Ansprüchen aufbauen. Integre Unternehmen werden im Rahmen der externen Auditierung[151] zertifiziert und können mit dem Zertifikat für ihre Reputation als vertrauenswürdiger und fairer Geschäftspartner werben. Diese externe „Akkreditierung" steigert die Glaubwürdigkeit des Verhaltensbekenntnisses der Unternehmen deutlich. Insbesondere der unternommene Aufwand zur Implementierung des Werteprogramms, die Unterwerfung unter externe Kontrollen sowie die Möglichkeit der Aberkennung der Zertifizierung bei Missverhalten unterstreichen die Glaubhaftigkeit der Initiative in der Innen- und Außenwirkung. Vorteilhaft für EMB-Mitglieder ist die Anerkennung und Akzeptanz des EMB bei Auftraggebern, die dessen Richtlinien

[150] Für ein ausführliches Praxisbeispiel siehe Filippi, S. 385–393. Siehe auch Hess, S. 139–151.

[151] Vgl. hierzu: www.bauindustrie-bayern.de/fileadmin/docs_pub/emb/docs/emb_broschuere2007.pdf, insbes. S. 25–31 [14.09.2014].

als geeignete Maßnahmen für Korruptionsprävention ansehen.[152] Somit kann die EMB-Mitgliedschaft bei öffentlichen Aufträgen „präqualifizieren“ oder eventuell unterstützen, nach einem Ausschluss aus dem Bieterverfahren wieder die Zulassung zu erlangen.

6.2.4.4 Initiative Corporate Governance der Immobilienwirtschaft

Die Initiative Corporate Governance der deutschen Immobilienwirtschaft e. V. (ICG)[153] wurde im Herbst 2002 gegründet, um Grundsätze einer transparenten und professionellen Unternehmensführung zu etablieren, mit dem Ziel, das Ansehen und die Wettbewerbsfähigkeit der deutschen Immobilienwirtschaft zu stärken. Führende Unternehmen der Immobilienwirtschaft, die die gesamte Wertschöpfungskette widerspiegeln, darunter Bauunternehmen, Architekten, Makler, Banken, Immobilienfonds etc. als auch persönliche Mitglieder haben sich der Initiative angeschlossen. Zunächst wurden anerkannte und überprüfbare Standards als Grundstein für eine an Werten orientierte Geschäftsführung definiert (Values vgl. Abbildung unten) und in den „Grundsätzen ordnungsmäßiger und lauterer Geschäftsführung der Immobilienwirtschaft“[154] fixiert. Diese Leitlinien verpflichten die Mitglieder der Branche, in ihrem Tagesgeschäft und bei der Unternehmensführung auf Werte wie Professionalität, Transparenz und Fairness zu achten. Zum Beispiel verlangen sie die Offenlegung von Interessenkonflikten sowie die Einrichtung und Fortentwicklung interner Kontroll- und Risikomanagementsysteme. Darüber hinaus wurden weitere Kodizes und Leitfäden zu nachhaltiger und guter Unternehmensführung (Corporate Governance), zu Wertemanagement (Values Management) und ein Pflichtenheft zur Sicherstellung und Einhaltung rechtlich bindender und freiwillig verpflichteter Verhaltensregeln und Standards (Compliance Management) verfasst. Das Pflichtenheft umfasst fünf Bausteine zu Grundwerten, Verhaltensstandards, Verbindlichkeit, d. h. eine verbindliche Konkretisierung der Verhaltensgrundsätze in Leitlinien und Verfahren, zur Kommunikation und letztlich zur Sicherstellung des Wertemanagements. Abb. 6.3 liefert einen Überblick über die Verhaltensgrundsätze der ICG.

Darüber hinaus wurde ein Auditierungs- und Zertifizierungssystem entwickelt.[155] Gegenstand dieser Verfahren ist die Überprüfung (Auditierung) und Bestätigung (Zertifizierung), dass das ICG-Mitglied ein Wertemanagement gemäß den fünf Bausteinen des Pflichtenkatalogs in Übereinstimmung mit den Mindestvorschriften der Satzung und der Auditierungs- und Zertifizierungsordnung etabliert hat. Ein unabhängiger Prüfer, in der Regel eine Wirtschaftsprüfungsgesellschaft, soll dieses Urteil fällen. Inwieweit auch die Umsetzung und Wirksamkeit der etablierten Richtlinien und Maßnahmen im Einzelnen gewürdigt wird, lässt sich der Auditierungs- und Zertifizierungsordnung jedoch nicht entnehmen.

[152] Vgl. hierzu: http://www.bauindustrie.de/media/attachments/BI-aktuell_3_Quartal_2013.pdf, S. 23–24 [14.09.2014].

[153] Für weitere Informationen siehe www.immo-initiative.de [14.09.2014].

[154] Siehe http://www.immo-initiative.de/wp-content/uploads/2014/08/grundsaetze.pdf [06.09.2014].

[155] Siehe Richtlinie zur Durchführung von Auditierungs- und Zertifizierungsverfahren. Unter http://www.immo-initiative.de/wp-content/uploads/downloads/2011/zertifizierung/pruefordnung.pdf [14.09.2014].

Abb. 6.3 Überblick über die Verhaltensgrundsätze der ICG

Auch Nicht-Mitglieder können sich zertifizieren lassen. Die teilnehmenden Unternehmen sollen durch die Zertifizierung u. a. Wettbewerbsvorteile bei Ausschreibungen oder der Gewinnung von Mandaten genießen. Ferner wurde im Herbst 2008 eine Schiedsordnung beschlossen, die die Corporate Governance der Mitglieder sowie die Einhaltung der ICG-Vorschriften betreffen. Dementsprechend wurde ein Schiedsverfahren etabliert, das dazu dient, mögliche Streitfälle im Vorfeld vor gerichtlichen Auseinandersetzungen mittels Mediation bei der Schiedsstelle oder dem Schiedsgericht zu beheben. Bei Fehlverhalten von Mitgliedern obliegt dem Schiedsgericht gemäß dem ICG auch die Möglichkeit zur Sanktionierung, wie beispielsweise die Erteilung von Auflagen für die künftige Pflichtenerfüllung, die Verhängung von Geldbußen, sowie der Entzug oder die Stilllegung der Mitgliedschaft, insbesondere der Aberkennung der Zertifizierung.[156] Diese Initiative ist aufgrund der vorgesehenen Sanktionsmechanismen dem Typus „Certifying Business Coalition“ zuzuordnen.

6.2.4.5 Compliance-Initiative des Bundesverbands Materialwirtschaft

Der Bundesverband Materialwirtschaft, Einkauf und Logistik e. V. (BME), der rund 1500 Firmenmitglieder aus allen Branchen vertritt, hat bereits 2008 einen branchenübergreifenden Verhaltenskodex (Code of Conduct des Bundesverbandes Materialwirtschaft, Einkauf und Logistik) entwickelt. Dieser ist neben Deutsch und Englisch in diversen Sprachen erhältlich und enthält fundamentale Regeln zur Bekämpfung von Korruption, zu kartellrechtswidrigen Absprachen, Kinder- und Zwangsarbeit sowie zur Einhaltung ethischer

[156] Vgl. hierzu: Dieners, S. 114.

Grundsätze gegenüber Lieferanten. Der Kodex umfasst zudem Grundsätze zur Einhaltung von Menschenrechten, zu Umwelt- und Gesundheitsschutz und fairen Arbeitsbedingungen. Der BME-Verhaltenskodex gehört zu den „allgemein anerkannten CMS-Rahmenkonzepten" des Prüfungsstandards 980 zu Compliance-Management-Systemen des Instituts der Wirtschaftsprüfer. Unternehmen, die sich zu dem Kodex und somit zu der BME-Compliance-Initiative bekennen verpflichten sich, auch die Grundsätze des UN Global Compact einzuhalten. Die Geschäftspartner der Unternehmen können seit 2009 eine Liste mit den Unterzeichnern einsehen, die auf der Webseite des BME geführt wird.[157]

Neben dem Code of Conduct wurde im Rahmen der BME-Compliance-Initiative ein Standard zu den Anforderungen an einen Compliance-Prozess im Lieferantenmanagement veröffentlicht, der Grundsätze zur Integration von Compliance und Nachhaltigkeit in der Lieferkette darlegt. Er wird ergänzt durch weitere einzelne Standards zu verschiedenen Compliance-Rechtsgebieten im Lieferantenmanagement wie beispielsweise Kinderarbeit, Korruption, Kartellrecht, Geldwäsche und Exportkontrolle.[158]

Seitens der Geschäftsführung des BME wird betont, dass die Glaubwürdigkeit eines Verhaltenskodex von der konsequenten Umsetzung entsprechender Maßnahmen abhängt. Daher werden die Mitglieder angeregt, regelmäßig über implementierte Compliance-Maßnahmen zu berichten, Ombudsmänner als Ansprechpartner bei Interessenkonflikten zu benennen, Richtlinien für den Umgang mit Geschenken sowie zum Umgang mit Geschäftsgeheimnissen zu etablieren. Mittels regelmäßiger Befragungen möchte der BME auf der Website dokumentieren, wie aktiv die einzelnen Mitglieder ihre Bemühungen hinsichtlich interner Compliance vorantreiben.[159] Da jedoch im Rahmen der Initiative keine Sanktionsmechanismen vorliegen, ist diese dem Typus „Principle Based Initiative" bzw. „Standard Setting Initiatives" zuzuordnen.

6.2.4.6 Internationale Vereinigung beratender Ingenieure

Aufgrund des Missbrauchsrisikos werden Beraterverträge immer genaueren Prüfungen unterzogen. In forensischen Sonderuntersuchungen stellen Beraterverträge im Zusammenhang mit Vertragsabschlüssen und Auftragsvergaben ein „Red Flag", d.h. ein Warnsignal dar. Beraterhonorare im Bauwesen belaufen sich jährlich auf fast 500 Mrd. US-Dollar.[160] Die Zusammenarbeit mit Beratern ist oft geschäftlich notwendig und für sich gesehen legitim. Jedoch sind Beraterverträge ein opportunes Mittel, um Bestechungszahlungen weiterzuleiten und zu verschleiern. Beim Abschluss von vertrieblichen Beraterverträgen ist daher angeraten sicherzustellen, dass der Berater sorgfältig ausgewählt wird und mit ihm keine rechtlich fragwürdigen Vereinbarungen getroffen werden. Der Berufsstand beratender Ingenieure, international organisiert in der Fédération Internationale des Ingénieurs Con-

---

[157] Für die Teilnehmerliste siehe: http://www.bme.de/fileadmin/bilder/China/bme_qs/bme_code_of_conduct_participants.pdf [14.09.2014].

[158] Vgl. hierzu: http://www.bme.de/Compliance-Prozess-Lieferanten-management.compliance-lieferantenmanagement.0.html [14.09.2014].

[159] Vgl. hierzu: Transparency International, Scheinwerfer, S. 14.

[160] Vgl. Padilla, S. 146.

seils (FIDIC), hat sich weltweit diese Anforderungen zum Ziel gesetzt. Die FIDIC vertritt international durch nationale Mitgliederverbände eine Vielzahl von beratenden Ingenieuren bzw. Ingenieurgesellschaften und ist in Deutschland als Verband beratender Ingenieure e. V. (VBI) organisiert. Die FIDIC hat u. a. den satzungsgemäß festgeschriebenen Zweck, die Erfüllung von Integrität und definierten ethischen Verhaltensgrundsätzen zu unterstützen, die Reputation des Berufsstands zu verbessern sowie die Verpflichtung der Mitglieder, eine diesbezügliche nachhaltige Entwicklung zu fördern.[161] Zu dem Ethikstandard wurden Grundsatzerklärungen entwickelt, u. a. zu den Themengebieten Korruption und Interessenskonflikte.[162] Mitgliedsfirmen, die unter dem Logo firmieren möchten, müssen sich zu diesen Prinzipien verpflichten.

Darüber hinaus wurde ein Integritätsmanagementsystem (Business Integrity Management System)[163] entwickelt und verabschiedet, welches den Mitgliedsfirmen Leitlinien für dessen Umsetzung an die Hand gibt. Die Überprüfung der Anwendung und Umsetzung des empfohlenen Integritätsmanagementsystems (Qualitätsmanagement) ist nicht Teil der Initiative. Daher zählt sie zu dem Typus „Principle Based Initiative". Da die Vertragsgestaltung beratender Ingenieure bei großen Bauvorhaben wesentlich ist, hat die FIDIC standardisierte Musterverträge für internationale Bauvorhaben entwickelt, die insbesondere bei großen Projekten, die von multilateralen Entwicklungsbanken oder supranationalen Institutionen ausgeschrieben werden zum Einsatz kommen oder teilweise sogar vorgeschrieben sind.

Weitere Literatur und Best-Practice-Beispiele zu Collective Action sind auf der Website des International Centre for Collective Action des Basel Institute on Governance zu finden.[164]

6.2.5 Erfolgsfaktoren für kollektive Selbstbindung

Nachdem vorhergehend sowohl das Konzept einschließlich der Anreizbedingungen für die Gestaltung von Selbstbindungsinitiativen erklärt, als auch Hinweise zur praktischen Anwendung anhand von Beispielen gegeben wurden, soll in diesem Abschnitt die Operationalisierung, d. h. die Umsetzungs- und Zukunftsfähigkeit einer kollektiven Selbstbindungsinitiative erläutert werden. Dies vor dem Hintergrund, da Verträge, Konventionen und Verhaltenskodizes nur in dem Maße effektiv und erfolgreich sein können, wie sie auch in der Praxis umgesetzt und gelebt werden. Welche Mindestanforderungen müssen Selbstregulierungsinitiativen erfüllen, um glaubwürdig, effektiv und effizient zu sein? Erfolgsfaktoren einer kollektiven Selbstbindungsinitiative sind unterschiedlicher Natur und können in endogene und exogene Faktoren differenziert werden.[165] Endogene Erfolgsfaktoren charakterisieren sich als dem Prozess inhärent bzw. hängen ausschließlich von den

[161] Vgl. http://fidic.org/sites/default/files/statutes_en_2011.pdf S. 2 [14.09.2014].

[162] Siehe hierzu: http://fidic.org/node/744 [19.09.2014].

[163] Vgl. http://fidic.org/node/748 [15.09.2014].

[164] Vgl. http://www.collective-action.com/resources/all_publications [14.09.2014].

[165] Vgl. Lucke / Lütge, S. 306.

Beteiligten der Initiative ab, d. h. sie liegen in der Gestaltungsmacht der Akteure. Exogene Erfolgsfaktoren hingegen beziehen sich auf den Einfluss der äußeren Rahmenbedingungen jenseits der Gestaltungsmacht der Akteure.

6.2.5.1 Endogene Erfolgsfaktoren

Die Gestaltung einer kollektiven Selbstbindungsinitiative sollte mit einer sorgfältigen und umfassenden Risiko- und Schwachstellenanalyse sowie einer Machbarkeitsstudie beginnen. Auch externe Situationsbedingungen der Branche, inhärente Risiken des Geschäftsumfelds und regionale Besonderheiten sollten einbezogen werden, um sicherzustellen, dass die vorbereitete Strategie auch den Erfordernissen entspricht.[166] Bei der Planung ist vor allem darauf zu achten, dass erreichbare Ziele definiert werden und nicht unrealistische Vorstellungen in Bezug auf Erfolge vorherrschen, denn dies birgt die Gefahr, dass die Akteure bei sehr langsamem Fortschritt enttäuscht von der Errichtung der Initiative ablassen.[167] Allzu ambitionierten Zielvorstellungen sind Stufenlösungen vorzuziehen, wie sie beispielsweise in dem Ethikmanagementsystem der Bauindustrie implementiert wurden.

Kollektives Vorgehen kann nur dann gelingen, wenn auf einzelunternehmerischer Ebene ebenfalls effiziente Maßnahmen gegen Korruption implementiert werden, denn die Akteure müssen sich als glaubwürdige und zuverlässige Partner gegenüber ihren Vertragskollegen und auch Dritten auszeichnen. Glaubwürdigkeit bzw. gegenseitiges Vertrauen sind von essentieller Bedeutung und kommen erstens vor Vertragsabschluss, zweitens während der Kooperationslösung und letztlich auch im Umgang mit externen Dritten zum Tragen.[168]

▸ **Beraterhinweis** In jedem Fall sollten interne Maßnahmen zur Korruptionsprävention in der Unternehmenspolitik strategisch verankert werden und der kollektiven Selbststeuerung vorausgehen. Ohne eine entsprechende unternehmensinterne Verpflichtung, d. h. ein internes Compliance- und Wertemanagementsystem können Unternehmen die an sie gestellten kollektiven Anforderungen nicht erfüllen und externe Maßnahmen bleiben ein Lippenbekenntnis.

Ein Fahrplan sollte neue Mitglieder darauf verpflichten, ihre internen Unternehmensrichtlinien an dem gemeinsamen Verhaltenskodex auszurichten und deren schrittweise Umsetzung festzulegen. Nur mittels geeigneten oder gegebenenfalls angepassten internen Maßnahmen kann ein Unternehmen auch nach innen halten, was es gegenüber Konkurrenten und der Gesellschaft nach außen verspricht. Andernfalls besteht die Gefahr, dass die Selbstbindungsinitiative nicht ernst zu nehmen ist, wenn die einzelunternehmerische Umsetzung nicht verfolgt wird. Nur mit beständiger Kongruenz von geschriebenen Ver-

---

[166] Vgl. hierzu: Wiehen, Werte als Faktor der Korruptionsprävention, S. 232.

[167] Vgl. Lucke / Lütge, S. 306 sowie Lucke (2008), S. 43.

[168] Vgl. hierzu auch: Aiolfi / Bauer, S. 97–112.

haltensregeln und tatsächlichen Handlungen kann glaubhaft eine Reputation für Integrität geschaffen werden.[169]

Eine Herausforderung, die es zu bewältigen gilt, besteht darin, dass kollektive Selbstbindungen ihre gemeinsam vereinbarten Regeln mit Sanktionen hinterlegen, um „Defektieren“ uninteressant zu machen.[170] Für ein effektives Sanktionsregime sind Kontrollen nötig, die mit verschiedenen Eskalationsstufen von den Teilnehmern vereinbart werden und deren Umsetzung von einer neutralen, allgemein akzeptierten Instanz gesichert wird. In einem weiteren Schritt kann durchaus auch an eine externe Verifizierung der Selbstregulierung gedacht werden, denn die Akteure müssen Vertrauen und Glaubwürdigkeit auch nach außen tragen, um eine Reputation als integerer Geschäftspartner zu etablieren.[171] Außerdem schafft die Zertifizierung für die Mitgliedsunternehmen einen zusätzlichen Anreiz, die Durchsetzung des gemeinsamen Verhaltenskodex voranzutreiben. Selbstverständlich sollte die Zertifizierung nicht allein mit dem Beitritt vergeben werden, sondern erst, nachdem die Befolgung der Vereinbarungen wirklich erfolgt ist. Nur wenn mit der Erlangung der Zertifizierung ein wahrer Aufwand verbunden und solch ein „Gütesiegel“ mit kontrollierten Werten unterlegt ist, kann es als Qualitätsmerkmal und Reputationssignal dienen. Eine Zertifizierung ist auch als Stufenlösung denkbar – analog zur stufenweisen Umsetzung des internen Werte- und Compliance-Managementsystems –, indem unterschiedliche Qualitätssiegel für die verschiedenen Implementierungsstufen vergeben werden. Die nivellierte Zertifizierung verschafft den in Sachen Compliance noch nicht „so weit entwickelten“ Unternehmen bei entsprechender Entlohnung den Anreiz, die höchste Stufe zu erreichen. Die Glaubwürdigkeit der Zertifizierung kann durch ein externes Audit verstärkt werden, beispielsweise durch eine Wirtschaftsprüfungsgesellschaft. Zweifelsohne erfordert eine externe Prüfung eine vertraglich geregelte allgemeinverbindliche Checkliste als Mindeststandard.

Für das aktive Fortschreiten einer Selbstregulierungsinitiative ist die Übernahme von Führung („Leadership“) einer oder mehrerer Mitglieder von zentraler Bedeutung. Ein Vorreiter, beispielsweise ein führender multinationaler Konzern kann andere Akteure motivieren und mitziehen.[172] Dabei spielt die eindeutige Haltung der Unternehmensführung, der sog. „Tone at the Top“, intern wie extern unmissverständlich keine Toleranz für wirtschaftskriminelle Geschäftsstrategien aufzuzeigen (sog. Null-Toleranz), eine gewichtige Rolle bei der Umsetzung von Selbstregulierungsinitiativen.[173] Der Aufbau einer kollektiven Selbstbindung erfordert Anstrengungen und bindet viele Ressourcen. Folglich spiegelt sich die Ernsthaftigkeit der eingegangenen Selbstverpflichtung auch im Einsatz personeller und materieller Ressourcen wider. Die Repräsentanten der einzelnen Mitgliedsfirmen müssen mit ausreichender Entscheidungsbefugnis ausgestattet sein, andernfalls gestalten sich Ent-

[169] Vgl. hierzu Niehus, S. 135 für die Qualität einer Autoritätsperson.

[170] Vgl. Homann (2002), S. 99.

[171] Siehe hierzu: Lucke / Lütge, S. 308–308 sowie Lucke (2008), S. 33.

[172] Siehe hierzu: Pieth (2012), S. 11.

[173] Vgl. hierzu: Wiehen, S. 231; World Bank Institute, Fighting Corruption through Collective Action. A Guide for Business, S. 58.

scheidungen und damit die Operationalisierung unnötig zäh. Idealerweise ist ein Vertreter des Managements involviert.[174] Die Selbstregulierungsinitiative sollte Chefsache sein. Neben der personellen Verpflichtung ist eine solide und nachhaltige Finanzierung der Projekte und Aktivitäten der Selbstregulierungsinitiative unabdinglich, wofür Mechanismen und Rahmenbedingungen geschaffen werden müssen. Nützlich kann es sein, einen von allen Mitgliedern finanzierten Fonds zu errichten, wobei auch finanzielle Asymmetrien aufgrund der Unternehmensgröße berücksichtigt werden sollten. Eine angemessene Finanzierung der Selbstbindungsinitiative zeigt ein glaubwürdiges Engagement der Unternehmen.[175] Darüber hinaus kann die Einbindung eines neutralen und renommierten Vermittlers in der Rolle eines Paten förderlich sein. Der sogenannte „Facilitator", eine vertrauenswürdige, unabhängige, allgemein anerkannte Partei, wie beispielsweise lokal vertretene Organisationen, NGOs, Unternehmensverbände oder ein wissenschaftlicher Beirat[176] kann Schlüsselpersonen versammeln und als organisatorischer Koordinator, Vermittler zwischen Stakeholdern oder auch als Überwachungsorgan fungieren.[177] Der Facilitator kann aus neutraler Position Fragen ansprechen, die ansonsten schwieriger oder nicht gestellt werden können. Insbesondere die Involvierung eines Unternehmensverbands kann auf unternehmerischer Seite den Entstehungsprozess einer Selbstregulierungsinitiative stabilisieren und Glaubwürdigkeit verleihen.

Alle bisher erläuterten Erfolgsfaktoren sind gleichzeitig Indikatoren dafür, inwieweit das einzelne Unternehmen sein Engagement mit Ernsthaftigkeit verfolgt und tragen essentiell zur Glaubwürdigkeit als auch zur Reputation der Initiative bei. Zusammengefasst hängen Erfolg und Bestand der Initiative davon ab, dass neben der formalen Vertragsunterzeichnung eine wirkliche Verpflichtung der Unternehmen gelebt wird, d. h. dass die Mitgliedsunternehmen regelmäßig zum Fortschritt der Initiative beitragen und nicht zum Trittbrettfahrer mutieren.

Eng mit diesen Erfolgsfaktoren verzahnt ist die Schaffung von Transparenz und Öffentlichkeit für die Selbstregulierungsinitiative. Bereits Ende der 1980er-Jahre merkte Korruptionswissenschaftler Klitgaard an, dass für Antikorruptionsstrategien die Herstellung von öffentlichem Bewusstsein unentbehrlich ist.[178] Unternehmen, die sich kollektiv zu Integritätsrichtlinien bekennen, sollten dies publik machen. Die Bekanntmachung und Platzierung der Selbstregulierungsinitiative in der Medienberichterstattung zählen daher zu grundlegenden Erfolgsfaktoren.[179] Wenn die Integritätsinitiative unbeachtet bleibt, kann sie auch nicht gewürdigt werden, d. h. eine Zertifizierung liefert den Akteuren keinen Mehrwert.

---

[174] Vgl. Lucke / Lütge, S. 306–307 oder EMB-Wertemanagement Bau, S. 19.

[175] Siehe hierzu: Lucke / Lütge, S. 307.

[176] Die renommierten Wirtschaftsethiker Homann und Wieland unterstützen die Entwicklung des Ethikmanagements der Bayerischen Bauindustrie.

[177] Siehe hierzu: World Bank Institute, S. 38, 58 bzw. Lucke (2008) S. 40.

[178] Vgl. Klitgaard, S. 186.

[179] Siehe hierzu: Lucke / Lütge, S. 310, 313–314 sowie Lucke (2008), S. 45.

▶ **Beraterhinweis** Eine weitreichende Bekanntmachung, Öffentlichkeit und Transparenz ist zudem eine Möglichkeit, Verwechslungen von kollektiven Verträgen mit Kartellen vorzubeugen. Prinzipiell ist der Marktwettbewerb eine gewünschte Dilemmasituation, um gesellschaftliche Kooperationsgewinne zu realisieren. Kartelle hingegen sind das Beispiel für gesamtgesellschaftlich schädliche Kooperationen – eine Zusammenarbeit der beteiligten Akteure zum gegenseitigen Vorteil, aber zu Lasten Dritter, bspw. der Konsumenten. Deshalb werden durch Kartellämter (institutioneller Rahmen) Kartellabsprachen verfolgt und geahndet. Zur Korruptionsbekämpfung jedoch ist diese Kooperation zur Überwindung des Dilemmas gewünscht.

Deshalb ist es wichtig, dass eine kollektive Selbstbindungsinitiative nicht den Eindruck wettbewerbswidriger Absprachen oder organisierter Wirtschaftskriminalität erweckt, denn bei unklarer Abgrenzung kann sie sich in einer absteigenden Spirale verfangen.[180] Ein neutraler Facilitator, wie ein Industrie- oder Branchenverband, eine Handelskammer oder eine NGO können die Initiative in ihrer externen Kommunikation glaubwürdig unterstützen. Mittels gezielter Bewusstseinsschärfung von Schlüsselakteuren, zum Beispiel von Branchenvertretern, politischen Vertretern oder Lobbygruppen, die diese Botschaft weitertragen, kann die Basis für eine nachhaltige Anerkennung und Unterstützung geschaffen werden. Persönlichkeiten des öffentlichen Interesses, wie Wissenschaftler oder Richter können den Verhaltenskodex prüfen und verteidigen.[181] Abermals sind die Integrität der Akteure sowie die Glaubwürdigkeit der gebildeten Institution in der Innen- und insbesondere in der Außenwirkung entscheidend.

Im engen Zusammenhang mit der Schaffung von Öffentlichkeit und Transparenz steht die Inklusionsbedingung als endogener Erfolgsfaktor, die bereits zu den exogenen Erfolgsfaktoren überleitet. Inklusion bezieht sich auf Zugänglichkeit, die Integration von Nicht-Mitgliedern sowie die Erweiterung der Selbstregulierungsinitiative, z. B. auf die gesamte Wertschöpfungskette. Der letztendliche Integrationswille anderer Unternehmen liegt bekannterweise nicht ausschließlich in der Macht der Mitglieder, deshalb stellt diese Bedingung den Übergang zu den exogenen Erfolgsfaktoren dar. Prinzipiell gilt, je mehr Unternehmen der Branchenlösung angehören, desto gewichtiger ist deren Wirkung. Deshalb sollten Selbstbindungsinitiativen die Bereitschaft zeigen, neue Mitglieder aufzunehmen, die sich ebenfalls zu den konzertierten Standards bekennen möchten, um nicht den Eindruck einer „geschlossenen Gruppe" zu vermitteln. Außerdem kann der öffentliche Aufruf zum Beitritt verhindern, dass kollektive Initiativen als Kartell verurteilt werden. Auf der Ebene der horizontalen Inklusion, d. h. bei der Einbeziehung weiterer direkter Konkurrenten der Branche stellt sich die Frage nach dem kritischen Organisationsgrad. Wie viele Unternehmen müssen an der Initiative partizipieren, so dass wirtschaftskriminelles Verhalten für Nicht-Teilnehmer aufgrund der sich etablierenden Marktmacht der Mitglieder der Initiative

[180] Vgl. hierzu: Lucke / Lütge, S. 310 sowie Lucke (2008), S. 49 ff.

[181] Vgl. Homann / Blome-Drees, S. 140.

unattraktiv wird?[182] Bisher existieren keine validierten empirischen Forschungsergebnisse, die diese Frage beantworten könnten. Entsprechend der spieltheoretischen Grundlogik reicht schließlich ein Defektierer aus, um eine kollektive Verpflichtung zu unterwandern. Dies trifft allerdings nicht die Realität, da natürlich auch keine vollkommenen Märkte vorzufinden sind. Gewiss ist jedoch, dass eine relativ hohe Marktabdeckung ein Erfolgsfaktor für branchenspezifische Vereinbarungen ist. Daher sind oligopolistische Märkte eine günstige Voraussetzung, denn eine sehr große Anzahl an Marktteilnehmern fragmentiert und erleichtert das Trittbrettfahren.[183] Die Integration anderer zielt aber nicht nur auf die horizontale Inklusion, sondern auch auf die vertikale Inklusion der Wertschöpfungskette ab. Die Vereinigung von Unternehmen, die nicht nur substituierende sondern auch komplementäre Güter produzieren und somit die gesamte Wertschöpfungskette repräsentieren, entfaltet eine viel stärkere Wirkung, im Vergleich zum Zusammenschluss eines bestimmten Geschäftszweigs. Wenn beispielsweise nur die Zulieferer einer Industrie eine kollektive Selbstbindung vereinbaren, fehlt der Einbezug der Wertschöpfungsglieder, die das Endprodukt oder die Dienstleistung an den Endabnehmer verkaufen, denn insbesondere der Kunde kann die Antikorruptionsanstrengungen der Unternehmen mit erhöhter Zahlungsbereitschaft oder Anerkennung (Reputation) würdigen.[184]

6.2.5.2 Exogene Erfolgsfaktoren

Die Zertifizierung der Initiative, deren öffentliche Bekanntmachung und die Vermeidung des Anscheins eines Kartells sind alles bereits Erfolgsfaktoren, die in Verbindung mit den äußeren Rahmenbedingungen stehen. Der Übergang von endogenen und exogenen Einflussfaktoren läuft fließend. Ein aktivierendes Umfeld, auch „Enabling Environment" genannt, unterstützt die Bildung von Selbstbindungsinitiativen.[185] Die Effektivität und der Erfolg privatwirtschaftlicher kollektiver Selbstregulierung sind unausweichlich mit dem politischen, regulativen, sozialen und wirtschaftlichen Kontext verbunden. Selbstregulation kann nicht funktionieren, wenn essentielle systemische Rahmenbedingungen nicht erfüllt sind.[186] Funktionierende Institutionen, Rechtsstaatlichkeit und insbesondere eine unabhängige Judikative sind dabei ausschlaggebend. Die Realität zeigt, dass unter Umständen ein fehlendes „Enabling Environment" auch ausschlaggebend für ein Scheitern von Selbstregulierungsinitiativen sein kann.[187] Demnach hängt der Erfolg einer privatwirtschaftlichen Selbstregulierungsinitiative von der Fähigkeit des politischen, wirtschaftlichen und gesellschaftlichen Umfelds ab, den Mehrwert dieser unternehmerischen Aktivitäten zu erkennen und zu würdigen. Wenn den Anstrengungen der Mitgliedsunternehmen keinerlei Wertschätzung – sei es materieller (höhere Zahlungsbereitschaft) als auch immaterieller Art (Reputation) – entgegen gebracht wird, entsteht kein Anreiz, die Investition in die

[182] Vgl. PwC (2008), Crisis Management, S. 5.

[183] Vgl. hierzu: Lucke (2008), S. 51–53 sowie Pieth (2012), S. 12.

[184] Vgl. Lucke (2008), S. 46–48.

[185] Vgl. Pies (2008a), S. 179 und Pies et al., S. 195.

[186] Vgl. hierzu: OECD, Private Initiatives for Corporate Responsibility, S. 18.

[187] Vgl. hierzu: Lucke / Lütge, S. 312 sowie Lucke (2008), S. 46–49.

Selbstregulierungsinitiative aufrecht zu erhalten. Bekanntlich verursacht das Engagement Kosten und dessen Wirkungslosigkeit steht dem grundlegenden Unternehmensziel der Gewinnerwirtschaftung und Profitabilität entgegen.

Es müssen sowohl der öffentliche Sektor als auch die Zivilgesellschaft der Selbstverpflichtungsinitiative Beachtung und Anerkennung – mit anderen Worten ein aktivierendes Umfeld (Enabling Environment) – entgegen bringen. Zum Beispiel könnte auf staatlicher/politischer Ebene die Wertschätzung dadurch ausgesprochen werden, dass die Zugehörigkeit zu einer zertifizierten Initiative als eine Präqualifikation oder sogar Voraussetzung für öffentliche Ausschreibungen gilt. Seitens der Zivilgesellschaft muss das Bedürfnis nach einer integren Unternehmensführung adressiert werden, so dass die Unternehmen ihren Handlungsbedarf erkennen. Dies erfordert eine moralisch sensibilisierte und emanzipierte Gesellschaft, die in der Lage ist, Forderungen zu stellen, zu formulieren und zu kanalisieren.[188] Solch eine „mündige" Gesellschaft wird in Europa und Nordamerika als selbstverständlich angenommen, jedoch ist sie als Stakeholder der Unternehmen auf internationaler Ebene nicht in gleichem Maße vorhanden. Darüber hinaus muss die Zivilgesellschaft die Anstrengungen honorieren und dadurch die kollektive Selbstregulierungsinitiative kooperativ unterstützen.[189]

Dieselben Bedingungen gelten analog für das wirtschaftliche Umfeld. Zum Beispiel sind eine verankerte Kultur des langfristigen Denkens sowie der mittel- bis langfristigen Planung förderlich für den Bestand einer langfristigen Selbstbindungsinitiative.[190] Auch im Wirtschaftsleben muss Integrität aktiv nachgefragt bzw. gefordert werden, so dass einzelne motiviert werden, Ordnungsverantwortung zu übernehmen und in Antikorruptionsinitiativen zu investieren.

Zur Veranschaulichung resümiert Abb. 6.4 die Wechselbeziehung zwischen den verschiedenen Stufen von Selbstbindungsinitiativen und den Einfluss des "Enabling Environment" in seinen verschiedenen Ausprägungen.

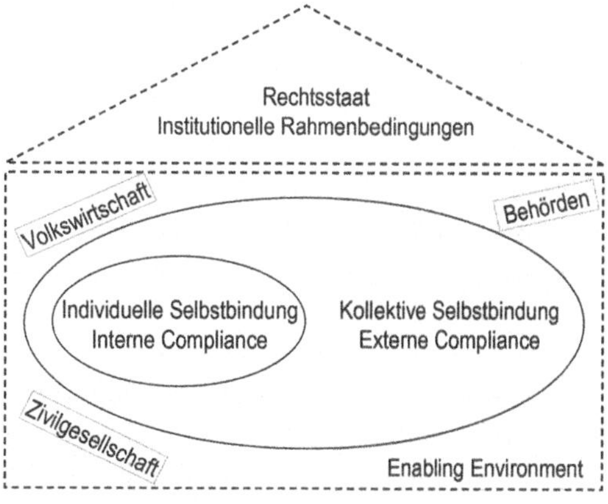

Abb. 6.4 Stufen der Selbstbindung und Zusammenspiel der Einflussfaktoren (Quelle: Eigene Darstellung angelehnt an Pies et al. (2005), S. 204, Vgl. Lucke (2009), S. 9)

[188] Vgl. OECD, Private Initiatives for Corporate Responsibility, S. 18.

[189] Vgl. Pies et al., S. 203.

[190] Vgl. hierzu: Lucke / Lütge, S. 313 sowie Lucke (2008), S. 49.

Wie bei der Darstellung der Dilemmasituation gezeigt wurde, können unternehmerische Selbstverpflichtungen im Alleingang unter ungünstigen Umständen auch zu Wettbewerbsnachteilen führen. Durch die strategische Verknüpfung von individueller und kollektiver Selbstregulierung kann unternehmerisches Engagement in der Korruptionsbekämpfung bestehen und nachhaltig erfolgreich sein. Hinzu kommt die Notwendigkeit gefestigter institutioneller Rahmenbedingungen sowie der Existenz eines aktivierenden Umfelds. Während der Diskussion der Erfolgsfaktoren wurden neben der Glaubwürdigkeit immer wieder die Anreize als Motivatoren und dementsprechend Erfolgsfaktoren für die kollektive Selbstregulierung angesprochen. Abgesehen von einer möglichen unternehmerischen intrinsischen Motivation ist insbesondere die Motivation durch Entlohnung für das Verhalten wirtschaftlicher Akteure entscheidend. Letztlich ist die Zusammenwirkung dieser Einflussfaktoren entscheidend dafür, dass private Akteure nachhaltig Ordnungsverantwortung übernehmen können.[191]

6.2.6 Zusammenfassung und Ausblick

Gegenwärtig haben Unternehmen schon längst begonnen, ihre Verantwortung als „Coporate Citizen“ wahrzunehmen und sich im Bereich unternehmerischer Verantwortung zu engagieren, angetrieben durch eine Vielzahl von Motiven.

Zum einen stehen Unternehmen vor dem Hintergrund der Exzesse der Finanzkrise und der Korruptionsskandale unter Handlungsdruck und müssen dazu beitragen, den Vertrauensverlust in die Integrität des Wirtschaftssystems wiederherzustellen. Die Öffentlichkeit ist mehr als je zuvor für dieses Thema sensibilisiert und verlangt von den Unternehmen, den Legitimitätsverlust wiederherzustellen. Die sogenannte „License to Operate“ bezeichnet die gesellschaftliche Akzeptanz von Unternehmen, die auf der intersubjektiven Wahrnehmung der Mitglieder einer demokratisch legitimierten Gesellschaft basiert. Zum anderen stehen Unternehmen durch Schäden aus Korruptionsskandalen und auferlegte Regulierungen unter Handlungszwang.

Darüber hinaus existieren jedoch weitere Motive für unternehmerisches selbstregulatorisches Engagement. Eine individuelle Selbstverpflichtung kann durchaus von strategischem Kalkül der Unternehmensführung geprägt sein. Dies entspricht auch dem Konzept der Corporate Social Responsibility.[192] Die Unternehmensstrategie, auf universelle Prinzipien und Werte aufzubauen, ein möglichst risikofreies Umfeld für Geschäftshandlungen zu schaffen, die Loyalität der Mitarbeiter zu bewahren und dem steigenden Problembewusstsein der Kunden und Investoren für Integrität unter Umständen jenseits nationalstaatlicher Grenzen Rechnung zu tragen und dies alles in einem Konzept zu verankern ist durchaus geschäftspolitisch strategisch. Beispielsweise ist für Pharmaunternehmen von Bedeutung, das Vertrauen der Öffentlichkeit in die Zusammenarbeit mit Vertretern aus medizinischen Fachkreisen und Organisationen des Gesundheitssystems zu stärken, wofür der Transpa-

[191] Siehe hierzu auch: Lucke / Lütge, S. 304–306, PwC, Crisis Management, S. 4; Pies et al., S. X.

[192] Für weitere Ausführungen siehe Palazzo / Rasche, S. 745–760.

renz-Kodex der European Federation of Pharmaceutical Industries and Associates (EFPIA) Mitte 2013 ins Leben gerufen wurde. Dadurch können sich Unternehmen am Markt positionieren, ihre Reputation erhöhen, sich die Vorreiterrolle sichern und einen Pioniergewinn verzeichnen. Damit sichern sie sich nicht nur Marktanteile, sondern setzten als sogenannter „First Mover" Branchenstandards, beeinflussen eventuell sogar die Agenda der Regulierungsbehörden und schaffen Eintrittsbarrieren für Wettbewerber.[193]

Mögen Motive und Gestaltungsmöglichkeiten für Selbstregulierungsinitiativen unterschiedlich sein, so sind jedoch die Grundstrukturen sowie die inhärenten Erfolgsfaktoren der verschiedenen Formen der Selbstregulierung grundsätzlich gültig.

Dr. Daniel Schilling ist als stellvertretender Konzerngeldwäschebeauftragter der KfW Bankengruppe für die Themen AML/CFT und Sanctions verantwortlich. Zuvor betreute er als Senior Compliance Manager die Themen Fraud & Corruption Prevention in der KfW. Von 2007 bis 2010 führte er als im Wirtschaftsstrafrecht spezialisierter Rechtsanwalt bei KPMG im Bereich Risk & Compliance / Forensic europaweit Investigations- und Präventionsprojekte mit dem Schwerpunkt Fraud & Misconduct sowohl im Banken- als auch im Industriesektor durch.

Christian Hlavica ist Dipl.-Betriebswirt (FH), Certified Fraud Examiner (CFE) und Head of Inspection Unit der liechtensteinischen Abschlussprüferaufsicht der Finanzmarktaufsicht (FMA) Liechtenstein, Bereich Andere Finanzintermediäre (DNFBP). Davor betreute er Mandate in den Bereichen Forensik, Abschluss- und Konzernprüfung, Steuerberatung sowie Sanierung und Restrukturierung.

Eva Bergmann ist Director, Ethics & Compliance bei Bertelsmann, wo sie das konzernweite Compliance-Risikomanagement, das Themenfeld Anti-Korruption sowie die Abstimmung der Governance, Risk und Compliance (GRC)-Prozesse betreut. Vor ihrem Einstieg bei Bertelsmann war sie fünf Jahre im Consulting bei einer großen Wirtschaftsprüfungsgesellschaft sowohl in Deutschland als auch Australien tätig. Hierbei hat sie praktische Erfahrung bei der Prävention und Aufklärung von Wirtschaftskriminalität, der Entwicklung von Risikomanagementsystemen, der Durchführung ausgelagerter Revisionsprüfungen sowie der Entwicklung und Prüfung von Compliance-Management Systemen gesammelt. Eva Bergmann ist Diplom-Volks- und Diplom-Kulturwirtin und ihre Forschungsarbeit zu privatwirtschaftlichen Sektorinitiativen wurde sowohl vom Weltbank-Institut als auch vom Institut der deutschen Wirtschaft (IW) ausgezeichnet.

---

[193] Falck / Heblich (2006) wenden dies auf das Konzept Corporate Social Responsibility an. Die Argumentation ist ohne Weiteres auf Fraud-Prävention übertragbar.

Fraud-Aufdeckung und Prävention durch Forensic Accounting 7

Bianca Bitzer, Detlef Thomann, Dr. Markus Grottke, Jörg Meyer, Stephan Zirch, Rüdiger Birkental, Dr. Uwe Klapproth, Christian Hlavica, Damian James Byrne

B. Bitzer
Neu-Ulm, Deutschland
E-Mail: bitzerbianca@googlemail.com

D. Thomann
Hamburg, Deutschland
E-Mail: detlefthomann@alice-dsl.de

M. Grottke
Passau, Deutschland
E-Mail: Markus.grottke@uni-passau.de

J. Meyer
Köln, Deutschland
E-Mail: joerg.meyer@holtzbrinck.com

S. Zirch
München, Deutschland
E-Mail: szirch@kpmg.com

R. Birkental
Oberhaching, Deutschland
E-Mail: rbirkental@kpmg.com

U. Klapproth
München, Deutschland
E-Mail: Uwe.klapproth@gmx.de

C. Hlavica (✉)
München, Deutschland
E-Mail: christian.hlavica@online.de

D. J. Byrne
Nottingham, UK

C. Hlavica, F. Hülsberg, U. Klapproth (Hrsg.), *Tax Fraud & Forensic Accounting*,
DOI 10.1007/978-3-658-07840-9_7

7.1 Forensic Accounting

Vor einigen Jahren war der Begriff „Forensic Accounting“ vollständig unbekannt. Erst durch die weltweit bekannt gewordenen Unternehmensskandale ist der Begriff in das Bewusstsein einer breiteren Öffentlichkeit gerückt. Als Folge dieser Skandale und auch heute wissen nur wenige, was sich hinter diesem Begriff verbirgt. Was versteht man unter Forensic Accounting, was sind die Tätigkeitsfelder und wie sieht die Tätigkeit in diesem Bereich aus? Diese Fragen sollen in diesem Kapitel geklärt werden.

7.1.1 Begriffsbestimmung

Der Ausdruck „Forensic Accounting“ kommt ursprünglich aus dem englischsprachigen Raum. Der Begriff Forensik (englisch „Forensic“) ist ein Sammelbegriff für wissenschaftliche und technische Arbeitsgebiete, in denen kriminelle Handlungen systematisch untersucht werden. Forensik lässt sich vom lateinischen Begriff „Forum“ ableiten, was übersetzt Forum, Marktplatz bedeutet. Im antiken Rom fanden die Gerichtsverfahren, Untersuchungen, Urteilsverkündungen sowie der Strafvollzug öffentlich zumeist auf dem Marktplatz statt. Das englische Wort „Accounting“ bedeutet Rechnungswesen, Buchhaltung sowie Buchführung. Forensic Accounting ist demnach ein Untergebiet der Forensik, das sich mit den kriminellen Handlungen im Bereich der Rechnungslegung, also im weitesten Sinne Wirtschaftskriminalität, beschäftigt. Synonyme für Forensic Accounting sind Forensic Auditing oder Forensic Investigation.

7.1.2 Tätigkeitsfelder

Forensic Accouting umfasst eine Vielzahl von Tätigkeiten und ein sehr weites Tätigkeitsfeld. Zur Anwendung kommen dabei Ansätze aus dem Bereich der Rechnungslegung, der Wirtschaftsprüfung und der Ermittlungsbehörden. Die großen Wirtschaftsprüfungsgesellschaften in Deutschland verfügen über spezialisierte Abteilungen, die forensische Dienstleistungen anbieten. Daneben gibt es auch noch Beratungsunternehmen, die sich auf diesen Bereich spezialisiert haben. Aufgrund des breiten Aufgabenspektrums sind in den Teams meist eine Vielzahl von unterschiedlichen Berufsgruppen vertreten. Hierzu zählen neben Wirtschaftsprüfern, Steuerberatern und Rechtsanwälten auch Kriminalisten (ehemalige Kriminalbeamte, Staatsanwälte, Richter), Betriebswirte, Volkswirte, Informatiker, IT-Spezialisten, Psychologen, Fachleute aus dem Bereich Compliance, interne Revision, Business Intelligence sowie Mathematiker.

Der Forensic Accountant ist keine geschützte Berufsbezeichnung. Für die Berufsausübung gibt es auch keine bestimmte Ausbildung. Seit einigen Jahren gibt es allerdings die Möglichkeit, sich auf diesem Gebiet zu qualifizieren und sich zum Certified Fraud Examiners (CFE) weiterzubilden.

Das Leistungsspektrum des Forensic Accouting beinhaltet die Aufdeckung (Aufklärung) von wirtschaftskriminellem Handeln sowie die Prävention davor und umfasst unter anderem die folgenden Tätigkeitsfelder:

- Criminal Investigation (Aufklärung von Bilanzdelikten, Korruption, Unterschlagungen etc.),
- Loss Evaluation (Feststellung des Schadens aufgrund wirtschaftskrimineller Handlungen),
- Asset Tracing (Auffinden und Sicherstellen von Vermögensgegenständen),
- IT-Forensic: Forensic Data Analysis, Digital Evidence Recovery, Cyber Forensic Investigation etc.,
- Forensic Profiling,
- Business Intelligence (Hintergrundinformationen über Personen, Projekte, Geschäftsabschlüsse, Machtsysteme, Länder etc.),
- Crisis Management (Beratung und Unterstützung im Krisenfall aufgrund wirtschaftskriminellen Handelns),
- Litigation Support, Dispute Services (Unterstützung von Rechtsanwälten bei der Vorbereitung und Durchführung von Prozessen), oder
- Fraud-Risk Management, Fraud-Risk Assessment, Fraud-Risk Review (Prävention, Analyse des internen Kontrollsystems des Unternehmens, Aufdeckung von Schwachstellen und deren Beseitigung, Überwachung des internen Kontrollsystems etc.).

Projekte im Bereich Forensic Accounting umfassen nicht nur die eine oder andere beispielhaft angeführte Leistung, sondern erfordern regelmäßig eine Vielzahl derer.

Daneben kommt es häufig zu Kooperationen mit anderen Dienstleistern. Ein weiteres Betätigungsfeld des Forensic Accountants ist unter anderem die Unterstützung von Wirtschaftsprüfern im Rahmen der Abschlussprüfung oder der Staatsanwaltschaft bei der Aufklärung von Sachverhalten.

7.1.3 Fraud-Aufdeckung

Der Anlass für Untersuchungen ist zumeist eine vermutete oder tatsächliche wirtschaftskriminelle Handlung in einem Unternehmen oder einer anderen Institution oder eine vermutete oder tatsächliche wirtschaftskriminelle Handlung, deren Opfer ein Unternehmen oder eine andere Institution geworden ist.

In den meisten Fällen wird das Unternehmen oder die Institution nicht durch die eigenen Aufsichtsmechanismen auf die wirtschaftskriminellen Handlungen aufmerksam, sondern erhält einen Hinweis z. B. über sog. Hinweisgebersysteme, von innen aus der Organisation oder von außen bzw. es wird mit einer offiziellen Untersuchung einer Behörde konfrontiert (z. B. durch die SEC). Die meisten Hinweise, die zur Aufdeckung von wirtschaftskriminellem Handeln führen, kommen von Mitarbeitern des Unternehmens über sog. Hinweisgebersysteme.

Bei Verdachtsfällen ist es das Ziel, das Verdachtsmoment durch eine Untersuchung der Fakten, Informationen und Unterlagen zu erhärten oder zu widerlegen. Erhärtet sich der Verdacht, steht die gerichtsverwertbare Aufbereitung der Tat im Mittelpunkt der Untersuchung.

Untersuchungen können offen oder verdeckt erfolgen. Welche Form der Untersuchung gewählt wird hängt dabei vom Auftrag und Gegenstand der Untersuchung ab. In der Regel erfolgen verdeckte Untersuchungen um zu verhindern, dass Beweise verschleiert oder sogar beseitigt werden. Ein weiterer wichtiger Grund ist, Aufmerksamkeit innerhalb und außerhalb (z. B. durch die Presse) des Unternehmens zu vermeiden, damit zu dem bereits entstandenen Schaden nicht auch noch ein Reputationsschaden für das Unternehmen eintritt. Bei einer verdeckten Untersuchung wird das Team unter einer Legende tätig, welche es erlaubt, die Untersuchung ohne Aufsehen zu erregen durchzuführen, ohne den wahren Beweggrund dafür in der Belegschaft des Unternehmens offen zu legen. Hierbei bietet es sich an, unter dem Deckmantel (Legende)

- der Jahresabschlussprüfung,
- der Prüfung eines Zwischenabschlusses,
- der Prüfung des Risikomanagementsystems,
- der Inventarisierung / Aufnahme von Risiken oder bspw. auch
- der internen Revision

tätig zu werden. Also in Bereichen, die den Zugriff auf die notwendigen Informationen und Unterlagen erlauben, ohne Aufmerksamkeit in der Belegschaft bzw. im Speziellen der verdächtigen Personen zu erregen.

Offene Untersuchungen sind immer dann möglich bzw. empfehlenswert, wenn das vermutete oder tatsächliche Delikt bereits einem größeren Kreis von Personen bekannt ist und ein Tätigwerden des Unternehmens gefordert oder aus Unternehmenserwägungen wichtig ist, bspw. um die Glaubwürdigkeit des Unternehmens zu wahren oder auch um ein Zeichen der Nulltoleranz zu setzten.

Im Anschluss an eine Untersuchung erfolgt in der Regel auch eine Überprüfung des internen Kontrollsystems, um künftig weitere Delikte zu verhindern.

7.1.4 Prävention

Unabhängig von vermuteten oder tatsächlichen Delikten werden aus Gründen des Schutzes vor Delikten und für Zwecke der Überprüfung der Stabilität der unternehmensinternen Sicherungs- bzw. Kontrollsysteme Forensic Accountants zur Durchführung von Präventionsprojekten eingesetzt.

Solche Projekte haben in den letzten Jahren immer mehr an Bedeutung gewonnen. Der beste Schutz vor wirtschaftskriminellem Handeln ist Prävention. Bei der Kriminalprävention werden drei Arten unterschieden:

- Universelle (primäre) Prävention:
  Universelle Maßnahmen, die auf die Beseitigung der Ursachen abzielen. Diese Maßnahmen zielen vor allem auf die Schaffung von gesellschaftlichen Werten ab bzw. sollen dem Werteverfall innerhalb Gesellschaft entgegen wirken und ihn verhindern.
- Situative (sekundäre) Prävention:
  Maßnahmen, die potenzielle Täter abschrecken und das Unternehmen vor wirtschaftskriminellem Handeln schützen.
- Indizierte (tertiäre) Prävention:
  Personenorientierte Maßnahmen wie Sanktionen bei wirtschaftskriminellem Handeln, die Behandlung von Tätern und deren Resozialisierung.

Für Unternehmen sind die universelle und die situative Prävention von wesentlicher Bedeutung. Im Bereich der universellen Prävention kann durch die Entwicklung von Verhaltensleit- und -richtlinien (Code of Conduct, Code of Ethics) ein für alle Mitarbeiter (einschließlich Management) verbindlicher Verhaltensstandard gesetzt werden, der keinen Platz für das Unternehmen schädigende Handlungen bietet.

Bei der Implementierung von geeigneten Kontrollen innerhalb des internen Kontrollsystems handelt es sich um Maßnahmen im Rahmen der situativen Prävention.

Ansatzpunkte für Forensic Accounting im Bereich der Prävention sind unter anderem:

- Implementierung eines geeigneten Instrumentariums von universellen und selektiven Präventionsmaßnahmen (z. B. Code of Ethics, Code of Conduct, spezifische interne Kontrollen, Fraud-Risk Management),
- Überprüfung des Aufbaus und der Funktion des bestehenden internen Kontrollsystems in Bezug auf universelle und selektive Präventionsmaßnahmen,
- Identifizierung von Schwachstellen im bestehenden internen Kontrollsystem und deren Beseitigung,
- Überprüfung des Risikofrüherkennungssystems in Bezug auf wirtschaftskriminelles Handeln,
- Fraud-Risk Assessment (Feststellung der in einem bestimmten Unternehmen bestehenden Risiken für wirtschaftskriminelles Handeln),
- Fraud-Risk Review (Feststellung des Status Quo eines Unternehmens im Hinblick auf bestehende Risiken für wirtschaftskriminelles Handeln), oder auch
- Implementierung eines Hinweisgebersystems.

Trotz eines funktionierenden internen Kontrollsystems und einer gelebten Unternehmenskultur muss man sich allerdings darüber im Klaren sein, dass sich wirtschaftskriminelles Handeln auch durch diese Maßnahmen nicht vollständig verhindern lässt. Außerdem unterliegt das Umfeld des Unternehmens ständigen Veränderungen, denen durch ständige Überprüfung und Anpassung des Kontrollsystems und der Unternehmenskultur des Unternehmens Rechnung getragen werden muss.

7.2 Risikofaktoren und Indikatoren für dolose Handlungen

Bei den Bemühungen Fraud zu bekämpfen muss das oberste Ziel der Schutz der Organisation und der Menschen sein, die für sie tätig sind. Da es jedoch keinen absoluten Schutz bzw. keine absolute Sicherheit gibt, ist es ein weiteres Ziel, Verstöße, nachdem sie begangen wurden, so früh wie möglich aufzudecken. Um diese Ziele erreichen zu können, ist es erforderlich, die äußeren Umstände so zu gestalten, dass die Eintrittswahrscheinlichkeit für Fraud so gering wie möglich und die Aufdeckungswahrscheinlichkeit so groß wie möglich wird.

7.2.1 Begriffliches Verständnis

Den Ausgangspunkt für diese Ziele bilden die folgenden Überlegungen: (1) wie müssen die äußeren Umstände beschaffen sein, um Fraud zu ermöglichen oder zu begünstigen (Risikofaktoren) und (2) an welchen Merkmalen lässt sich Fraud erkennen, wenn schon eine vollständige Verhinderung nicht bewerkstelligt werden kann (Indikatoren oder Red Flags)?

Im Hinblick auf die gestaltende Einflussnahme zum Zweck der Prävention gilt es, entsprechende Umstände anhand bekannter und identifizierter Risikofaktoren zu beseitigen. Im anschließenden Betrieb der Arbeitsabläufe ist sodann auf Warnsignale zu achten, die zu einer unmittelbaren Reaktion auffordern.

Ausgangspunkt für die Überlegungen zur Ausgestaltung der äußeren Umstände ist Cressey's Untersuchung zu den Bedingungen, welche Fraud begünstigen. Cressey war dabei insbesondere an den Umständen interessiert, die für Unterschlagungstäter eine Versuchung dargestellt haben.[1] Das Ergebnis seiner Untersuchung ist die folgende Hypothese:

> „Trusted persons became trust violators when they conceive of themselves as having a financial problem which is non-shareable, are aware this problem can be secretly resolved by violation of the position of financial trust, and are able to apply to their own conduct in that situation verbalizations which enable them to adjust their conception of themselves as trusted persons with their conceptions of themselves as users of the entrusted funds or property."[2]

Über die Jahre entwickelte sich diese Hypothese und wurde besser bekannt als das sogenannte „Fraud Triangle"[3]:

[1] Vgl. Cressey.

[2] Vgl. Cressey, S. 30.

[3] Vgl. ACFE Fraud Examiners Manual 2009, International Edition, S. 4503. Dieser Ansatz ist auch Struktur gebendes Element für den internationalen Prüfungsstandard ISA 240 geworden.

Die Wahrscheinlichkeit oder das Risiko des Auftretens von Verstößen ist nach diesem Ansatz dann am größten, wenn die sich gegenseitig bedingenden Schlüsselfaktoren[4] gleichzeitig erfüllt sind: Eine Person sieht sich einer Situation ausgesetzt, in der sie nach eigener Einschätzung ihren Status scheinbar nicht mehr mit legalen Mitteln wird halten können. In den meisten Fällen spielen finanzielle Notlagen[5] die Hauptrolle, man braucht dringend mehr Geld, als man aus den gewöhnlichen Einkunftsquellen zur Verfügung hat. Sich in dieser Notlage befindend, entdeckt diese Person eine Möglichkeit, eine neue Geldquelle zu erschließen. Ausschlaggebend ist, dass die Person zu der Einschätzung kommt, die Tat verschleiern zu können: eine Gelegenheit ist entdeckt. Das Problem besteht aber darin, dass das Ergreifen dieser Möglichkeit gegen Gesetze, vertragliche Vereinbarungen oder interne Regelungen verstößt. Täter brauchen also einen Weg, ihre Tat als akzeptabel zu rechtfertigen.[6] Bildlich gesprochen könnte man diese Schlüsselfaktoren mit Sauerstoff, Hitze und Treibstoff vergleichen. Liegen sie vor, erhält man ein explosives Gemisch.[7] Um es zum Explodieren zu bringen, wird nur noch ein Funke benötigt.

Bedeutsam erscheint die Anmerkung, dass es immer Menschen sind, die absichtlich gegen Gesetze, vertragliche Vereinbarungen oder interne Regelungen verstoßen. Die Anreize für eine Tat könnten vielfältiger nicht sein. Sie können mithin nicht nur im Bereich der privaten Lebensführung liegen, einem Bereich, der sich jedenfalls den Gestaltungsmöglichkeiten der Organisation entzieht. Aber auch innerhalb dieser können nicht optimale Anreizstrukturen Mitarbeiter in Versuchung führen.

Eine Gelegenheit ist überall dort gegeben, wo es keine wirksamen Kontrollen gegen Versehen oder gar Fehlverhalten gibt. Das kann heißen, dass es überhaupt keine Kontrollen gibt oder dass die Kontrollen, die es gibt resp. vorgesehen sind, nicht oder nicht richtig angewendet werden.

Wie die Umstände, die dem Schlüsselfaktor Anreiz / Druck zuzuordnen sind, ist die Rechtfertigung durch höchst subjektive Komponenten geprägt. Ein Sprichwort sagt: „Man kann den Leuten nur vor den Kopf schauen!". Gleichwohl ist eine Person stets in Interaktion mit seiner Umwelt. Sie agiert nicht nur, sondern sie reagiert auch.[8] Einen entscheiden-

---

[4] Bei den Schlüsselfaktoren Anreiz / Druck, Gelegenheit und Rechtfertigung handelt es sich um Kategorien einschlägiger Risikofaktoren.

[5] Weitere Ursachen für einen Anreiz / Druck können auch in nicht finanziellen Gründen liegen: Die Not, bessere Ergebnisse zu melden als die aktuelle Entwicklung dies zulassen würde, Frustration auf der Arbeit oder einfach nur die Herausforderung, ob man es kann.

[6] Zur Verdeutlichung könnten z. B. Rechtfertigungen in Betracht kommen, dass der Täter nicht glaubte, etwas Unrechtes zu tun, obwohl es unethisch sein könnte. Oder diese Person glaubte einen Erbanspruch zu haben und das Geld später zurückzahlen zu können. Nach ihrer Wahrnehmung hat sie lediglich etwas geliehen und obwohl ihre Methode vielleicht unethisch sein könnte, würde sie die Schuld zurückzahlen. Letzten Endes leiht sich doch fast jeder Geld.

[7] Vgl. Albrecht, S. 19.

[8] Vgl. Schulz von Thun.

den Einfluss auf das eigene Verhalten wird vom sozialen Umfeld des Täters ausgeübt.[9] Die Unternehmenskultur stellt mithin den Rahmen dessen dar, was in diesem Unternehmen als normal anzusehen ist. [10] Hieran ansetzend gibt es Gestaltungsmöglichkeiten. Entsprechende Umstände, die das Risiko einer Verhaltensfehlleitung in sich tragen, gilt es zu vermeiden, indem ein Wertekanon und entsprechende Verhaltensrichtlinien in der Organisation etabliert werden.

Die Bedeutung des Fraud Triangles als Ansatz für die zu ergreifenden Präventionsmaßnahmen liegt darin, eine Gestaltung des Unternehmens oder der Organisation zu erreichen, in der die den drei oben genannten Schlüsselfaktoren (Anreiz / Druck, Gelegenheit und Rechtfertigung) zuzuordnenden Umstände so weit wie möglich vermieden werden. Dadurch wird das Risiko von Fraud vermindert. Bildlich gesprochen wird dadurch erreicht, dass einem möglichen Feuer die Nahrung (Sauerstoff, Hitze und Treibstoff) vorenthalten wird.

Am Beginn der Präventionsmaßnahmen zur Bekämpfung von Fraud sollte daher eine Positionsbestimmung des Unternehmens stehen (Ist-Analyse). Diese Standortbestimmung ist Ausgangspunkt für den Weg zum Ziel der optimierten Organisation. Der Weg dorthin wird bestimmt durch die identifizierten Risikobereiche. Neben den Gestaltungsmaßnahmen, die auf die Zukunft gerichtet sind, ist es erforderlich, in den identifizierten Risikobereichen gezielt nach Indikatoren oder Red Flags zu suchen. Die zu beantwortende Fragestellung ist dabei, ob sich das abstrakte Fraud-Risiko bereits in der Vergangenheit konkretisiert hatte. Aufgedeckte Red Flags fordern dazu auf, die Ursache hierfür zu ermitteln. Da es sich bei dem Zusammenhang von Ursache (entweder Fraud oder Versehen) und Wirkung (Red Flag) nicht um eine eindeutige Beziehung handelt, ist einem Red Flag im Umkehrschluss nicht zweifelsfrei anzusehen, ob die Ursache in diesem Fall gerade Fraud oder doch nur ein Versehen ist.

7.2.2 Risikofaktoren für Fraud

Die nachfolgende Darstellung von Risikofaktoren für Fraud ist beispielhaft und hat lediglich exemplarischen Charakter.[11] Sie muss daher im Hinblick auf die vielfältigen Situationen im Geschäftsgeschehen unvollständig bleiben. Ausschlaggebend ist die Betrachtung des konkreten Falles, d. h. es können zusätzliche oder andere Risikofaktoren identifiziert

[9] Im Einfluss des sozialen Verhaltens Vieler auf einen Einzelnen hat Cialdini ein Verhaltensgrundmuster erkannt und das Prinzip der „sozialen Bewährtheit" formuliert. Demnach orientieren sich Menschen in ihrem eigenen Verhalten an dem von anderen Menschen. Dies gilt insbesondere wenn es darum geht, in Krisensituationen, für die das Individuum bisher kein Verhaltensmuster gelernt hat, eine Entscheidung über das weitere Verhalten zu treffen. Vgl. Cialdini, S. 114 ff.

[10] Häufig vorgebrachte Rechtfertigungen sind: „Ich mache nur, was die anderen auch machen!" „Ich bin so oft bei meiner Beförderung übergangen worden. Ich habe mir nur genommen, was mir zusteht." „Das ist doch gar nicht schlimm. Das trifft doch nicht das Unternehmen. Wir sind doch versichert.".

[11] Die Darstellung geht zurück auf die Kategorisierung nach ISA 240, Anhang 1.

werden. Ihre Relevanz ist abhängig von allen Umständen des zu betrachtenden Einzelfalles und nicht von der Reihenfolge der nachfolgenden Darstellung. Diese soll auch keine Aussage zu einer relativen Bedeutung oder Häufigkeit des Auftretens der Risikofaktoren darstellen.

Die Gliederung der Risikofaktoren folgt dem oben dargestellten Fraud Triangle-Ansatz nach Anreiz / Druck, Gelegenheit und Rechtfertigung. Die weitere Untergliederung innerhalb dieser Schlüsselfaktoren ist an den drei Arten von Fraud, Manipulation von Finanzinformationen, Missbrauch von Vermögenswerten und Korruption, orientiert.

7.2.2.1 Anreiz / Druck

Ein Anreiz oder ein Druck stellt zum einen das Fraud auslösende Moment als auch das Ziel dar, auf das der Täter den zu begehenden Verstoß ausrichtet. Die möglichen Ursachen hierfür sind genauso vielfältig wie die Lebenssituationen von Menschen. Diese können sowohl im Bereich der privaten Lebensführung als auch in der geschäftlichen bzw. beruflichen Tätigkeit liegen. Die folgenden Beispiele geben einen Eindruck möglicher Risikofaktoren.

7.2.2.1.1 Risikofaktoren für den Anreiz zur Manipulation der Rechnungslegung

Manipulationen der Rechnungslegung umfassen beabsichtigt falsche Angaben im Abschluss, einschließlich des Weglassens von Beträgen oder Angaben, um die Abschlussadressaten auf diese Weise in die Irre zu führen. Sie sollen dazu verleitet werden, Entscheidungen zu treffen, die sie bei voller Kenntnis des Sachverhalts so nicht treffen würden, weil sie falsche Schlüsse über den wirtschaftlichen Erfolg gezogen haben.

Wenn das finanzielle Gleichgewicht oder die Ertragskraft eines Unternehmens durch gesamtwirtschaftliche, branchen- oder einheitsspezifische Einflussfaktoren gefährdet ist, kann dies einen Anreiz zur Manipulation der Rechnungslegung darstellen. Faktoren oder Hinweise auf eine Gefährdung der finanziellen Situation der Einheit sind z. B.:

- Starker Wettbewerb oder hoher Marktsättigungsgrad mit gleichzeitig sinkenden Gewinnmargen,
- Hohe Anfälligkeit gegenüber schnellen Veränderungen, wie z. B. technologischer Wandel oder Produktveralterung,
- Bedeutender Rückgang der Kundennachfrage und steigende Zahl von Insolvenzen innerhalb der Branche oder der gesamten Volkswirtschaft,
- Operative Verluste, aufgrund derer die Einheit akut von Insolvenz, Zwangsvollstreckung oder einer feindlichen Übernahme bedroht ist,
- Dauerhaft negativer oder ungenügender Cash-flow aus betrieblicher Geschäftstätigkeit bei gleichzeitigem Ausweis eines Gewinns oder gar Gewinnwachstums,
- Schnelles Wachstum oder auffällige Ertragsstärke (vor allem im Vergleich zu anderen Unternehmen der gleichen Branche),
- Neue Rechnungslegungsnormen oder gesetzliche bzw. aufsichtsrechtliche Anforderungen.

Weiterhin könnten Anforderungen oder Erwartungen Dritter einen außergewöhnlich starken Druck auf das Management darstellen:

- Erwartungen bezüglich des Ergebnisses oder der Ergebnisentwicklung, die von Analysten, Anlegern, bedeutenden Gläubigern oder sonstigen Dritten. Hiervon eingeschlossen sind Erwartungen, die vom Management z. B. durch übertrieben optimistische Pressemitteilungen und Aussagen in Geschäftsberichten geweckt werden,
- Zusätzlicher Fremd- oder Eigenfinanzierungsbedarf, z. B. zur Erhaltung der Wettbewerbsfähigkeit oder zur Finanzierung von Großprojekten im Bereich Forschung und Entwicklung oder von Investitionen,
- Schwierigkeiten bei der Einhaltung der Anforderungen durch Börsennotierung, Schuldentilgung oder sonstiger bei der Aufnahme von Schulden eingegangener Verpflichtungen,
- Vermutete oder tatsächliche negative Auswirkungen bei Ausweis einer schwachen Ertragslage auf bedeutende, in der Schwebe befindliche Geschäftsabschlüsse wie z. B. Fusionen oder bevorstehende Auftragsvergaben.

Eine Motivation, d. h. einen Anreiz oder einen Druck zur Manipulation der Rechnungslegung könnten gesetzliche Vertreter, andere Führungskräfte oder Mitglieder des Aufsichtsorgans haben, wenn aufgrund einer negativen Ertragsentwicklung der Organisation deren persönliche Vermögenssituation oder deren persönlicher Zielerreichungsgrad im Unternehmen gefährdet ist. Folgende Indikatoren bieten ein Potenzial für Anreiz- bzw. Drucksituationen:

- Bedeutende finanzielle Beteiligungen an der Unternehmenseinheit,
- Bedeutende Vergütungsbestandteile (z. B. Bonuszahlungen, Aktienoptionen und gewinnabhängige Vergütung („Earn-out Arrangements")) der betreffenden Personen sind vom Erreichen aggressiver Zielvorgaben (z. B. Aktienkurs, Umsatzerlöse, Betriebsergebnis, Vermögens- und Finanzlage, Cash-flow oder Marktanteilen) beeinflusst,
- Persönliche Bürgschaften für Schulden der Unternehmenseinheit.

Außerdem könnten gesetzliche Vertreter und andere Führungskräfte sowie Mitarbeiter der operativen Bereiche unter dem starken Druck stehen, die von den Mitgliedern des Aufsichtsorgans festgelegten finanziellen Ziele (z. B. Planvorgaben, Budgets, Zielvereinbarungen) zu erreichen. Diese Ziele können auch umsatz- oder ertragsbezogen sein. Je nach Aggressivität dieser Vorgaben ist ihnen gerade vor dem Hintergrund einer rückläufigen Branchenentwicklung ein besonderes Fraud-Risiko beizumessen.

7.2.2.1.2 Risikofaktoren für den Anreiz zu Vermögensschädigungen

Persönliche finanzielle Verpflichtungen können die gesetzlichen Vertreter und andere Führungskräfte oder Mitarbeiter mit Zugang zu Bargeld oder anderen für Diebstahl anfälligen Vermögensgegenständen unter Druck setzen und sie zur Veruntreuung dieser Gegenstände veranlassen. Die Schwierigkeit bei der Identifizierung der Risikofaktoren liegt hierbei darin, dass die Ursachen für die Drucksituation der Person in deren privaten Lebensbereich zu suchen sind.

Mitarbeiter mit Zugang zu Bargeld oder anderen für Diebstahl oder Missbrauch anfällige Vermögenswerte, die ein konfliktträchtiges Verhältnis zu den gesetzlichen Vertretern oder anderen Führungskräften haben, könnten sich hierdurch zu Vermögensschädigungen verleitet sehen. Als mögliche Gründe für ein solches konfliktträchtiges Verhältnis und damit Faktoren für Fraud kommen in Betracht:

- Die bekannte oder vermutete künftige Freisetzung von Mitarbeitern,
- Vor kurzem stattgefundene oder geplante Änderungen der Mitarbeitervergütung oder von Pensionsplänen,
- Nicht den Erwartungen entsprechende Beförderungen, Vergütungen oder sonstige Belohnungen.

7.2.2.1.3 Risikofaktoren für den Anreiz zu Korruption

Auch die Korruption ist eine Medaille mit zwei Seiten. Auf der einen Seite stellen Personen Vergünstigungen[12] zur Verfügung und auf der anderen Seite nehmen Personen diese Vergünstigungen an. Generell sind Bestechung und Korruption Verstöße in der Form von Schmiergeld, Geschenken oder sonstiger Zuwendungen vom Auftragnehmer an Mitarbeiter des Auftraggebers. Die aktive respektive passive Rolle hierbei kann auf beiden Seiten liegen. Z. B. kommt der Vertriebsmitarbeiter in Betracht, der dem Einkäufer Schmiergeld oder andere Vorteile von Wert für die Auftragsannahme verspricht. Andererseits könnte der Einkäufer das Schmiergeld oder andere Vorteile von Wert von sich aus vom Vertriebsmitarbeiter fordern. Je nach Standpunkt werden unterschiedliche Ziele verfolgt. Dies bedeutet für die Akteure unterschiedliche aber bereits bekannte Anreize.

Der Anlass für Mitarbeiter des Kunden (Auftraggeber), einen Vermögensvorteil vom Mitarbeiter des Lieferanten/Dienstleisters (Auftragnehmer) anzunehmen bzw. zu fordern, liegt in den allermeisten Fällen in persönlichen Gründen. Daher kann auf die Risikofaktoren für den Anreiz zu Vermögensschädigungen verwiesen werden. Im Wesentlichen sind dies:

- persönliche finanzielle Verpflichtungen von den Mitarbeitern, zu deren Aufgabenbereich die Entscheidung über die Erteilung oder die Versagung von Vergünstigungen gehört, oder
- ein konfliktträchtiges Verhältnis des Mitarbeiters zu seinen Vorgesetzten oder seinem Dienstherrn. Die Gründe für ein derartiges Verhältnis können die gleichen sein, wie bereits unter den Risikofaktoren für Vermögensschädigungen dargestellt.

Mit der Korruption bzw. der Bestechung aus Sicht des Auftragnehmers und Bestechlichkeit aus Sicht des Auftraggebers wird darauf abgezielt, einen Geschäftsabschluss

[12] Eine Vergünstigung in dieser Hinsicht kann z. B. in einer Auftragserteilung oder in der Erteilung einer für den Geschäftsbetrieb erforderlichen behördlichen Genehmigung liegen.

zu erreichen, eine bisher nicht bestehende Geschäftsbeziehung anzubahnen oder eine bestehende Geschäftsbeziehung zu erhalten. Durch die Zuwendung eines Vorteils von Wert aus Sicht des Bestochenen, wird eine Wettbewerbssituation mit weiteren Anbietern umgangen. Der hierin liegende Vorteil kommt in erster Linie dem Unternehmen des Auftragnehmers zugute.[13] Dass mit dem Geschäftsabschluss auch ein persönlicher Vorteil für den Mitarbeiter verbunden sein kann, wird in Kauf genommen, stellt aber in vielen Fällen nicht die eigentliche Absicht dar. Daher kann insoweit auf Risikofaktoren für den Anreiz zur Manipulation der Rechnungslegung verwiesen werden. Im Wesentlichen sind dies:

- gesamtwirtschaftliche, branchen- oder einheitsspezifische Faktoren mit Einfluss auf das finanzielle Gleichgewicht oder die Ertragskraft,
- der aus den Anforderungen oder Erwartungen seitens Dritter resultierende außergewöhnlich starke Druck auf die gesetzlichen Vertreter und andere Führungskräfte, insbesondere der für den Absatz von Gütern und Diensten zuständigen Personen,
- die persönliche Vermögenssituation von Mitgliedern des Managements oder des Aufsichtsorgans, welche durch eine drohende negative Ertragsentwicklung der Einheit gefährdet wäre,
- der aus den von den Mitgliedern des Aufsichtsorgans festgelegten finanziellen (insbesondere umsatz- oder ertragsbezogenen) Zielen resultierende übermäßig starke Druck, diese Ziele zu erreichen.

7.2.2.2 Gelegenheit

Zu einem Anreiz bzw. Druck muss eine Gelegenheit hinzukommen, ohne die ein Verstoß nicht möglich wäre, weil er von vornherein verhindert oder sofort aufgedeckt würde. Gelegenheiten ergeben sich immer dort, wo es keine oder unangemessene oder unwirksame Kontrollen gibt. Insofern verwundert es nicht, dass die durch Fraud verursachten Schäden mit der Dauer der Zugehörigkeit des Täters stark anstiegen. Je länger der Täter in der Einheit beschäftigt ist, desto besser lernt er das Kontrollsystem einschließlich dessen Schwachstellen kennen. Mögliche Risikofaktoren sind nachfolgend dargestellt.

7.2.2.2.1 Risikofaktoren für die Gelegenheit zur Manipulation der Rechnungslegung

Aus der Art der Branche oder Geschäftstätigkeit heraus können sich Gelegenheiten zur Manipulation der Rechnungslegung ergeben, die aufgrund folgender Sachverhalte entstehen können:

[13] In vielen Fällen der Korruption im Vertriebsbereich gaben Beteiligte als Motiv an, ihren Beitrag zum Erhalt der Arbeitsplätze geleistet haben oder nur zum Wohle der Gesellschaft gehandelt haben zu wollen. Oft wird hierin gar nichts Unrechtes gesehen, schließlich seien die Aufträge der Gesellschaft zugutegekommen.

- Bedeutende Geschäftsvorfälle mit nahestehenden Personen, die außerhalb der normalen Geschäftstätigkeit oder mit nicht geprüften bzw. von einem anderen Abschlussprüfer geprüften nahestehenden Einheiten erfolgt,
- Eine starke finanzielle Stellung oder die Fähigkeit, eine bestimmte Branche zu dominieren, sodass Geschäftsbeziehungen nach eigenen Bedingungen gestaltet werden können, die ggf. nicht mehr angemessen sind oder dem Fremdvergleichsprinzip nicht entsprechen,
- Die Wertansätze für Aktiva, Passiva, Erträge oder Aufwendungen basieren auf bedeutenden Schätzungen, bei denen subjektive Beurteilungen eine Rolle spielen oder Ungewissheiten bestehen, die nur schwer auszuräumen sind,
- Bedeutende, ungewöhnliche oder hochkomplexe Geschäftsvorfälle, insbesondere in zeitlicher Nähe zum Abschlussstichtag, die schwierige Fragen in Bezug auf das Prinzip der wirtschaftlichen Betrachtungsweise („Substance over Form") aufwerfen,
- Bedeutende Teile der Unternehmenseinheit befinden sich in Ländern mit einem anderen Geschäftsumfeld und einer anderen Geschäftskultur oder bedeutende Geschäftstätigkeiten erfolgen über die Grenzen derartiger Länder hinweg,
- Eine veranlasste Zwischenschaltung von Intermediären ohne eine erkennbare betriebliche Notwendigkeit, oder
- Bedeutende Bankkonten, Tochtergesellschaften oder Zweigniederlassungen befinden sich in Steueroasen, ohne dass dafür eine notwendige betriebliche Veranlassung erkennbar ist.

Eine ineffektive Überwachung der gesetzlichen Vertreter und anderer Führungskräfte kann Gelegenheit zur Manipulation der Rechnungslegung bieten. Hierfür kann es folgende Risikofaktoren geben:

- Das Leitungsorgan wird von einer einzelnen Person oder von einer kleinen Gruppe dominiert, ohne dass entsprechende, dieser Vorherrschaft entgegenwirkende Kontrollen eingerichtet sind, oder
- Fehlende wirksame Überwachung des Rechnungslegungsprozesses und des Internen Kontrollsystems durch Mitglieder des Aufsichtsorgans.

In einer komplexen oder instabilen Organisationsstruktur kann die Gelegenheit für eine Manipulation der Rechnungslegung mit einer höheren Wahrscheinlichkeit gegeben sein. Folgende Risikofaktoren kommen diesbezüglich in Betracht:

- Größere Schwierigkeiten bei der Feststellung, welche Organisation oder welche Personen an der Einheit maßgeblich beteiligt ist,
- Die vorliegende Organisationsstruktur ist übermäßig komplex und umfasst ungewöhnliche Rechtsgebilde oder Weisungsstrukturen, oder
- Die Besetzung der obersten Führungsebene, der Rechtsabteilung oder des Aufsichtsorgans wechselt häufig.

Ein weiterer Risikofaktor liegt in der mangelhaften Ausgestaltung des Internen Kontrollsystems aufgrund:

- Unzureichender Überwachung der Wirksamkeit der Kontrollen, auch wenn sie automatisiert ablaufen (auch in den Fällen, in denen eine externe Berichterstattung erforderlich ist),
- Hoher Personalfluktuation oder der Beschäftigung ungeeigneter Mitarbeiter im Rechnungswesen, in der Internen Revision oder im Bereich der Informationstechnologie, oder
- Ineffektiver Rechnungslegungs- und Informationssysteme, wobei das Interne Kontrollsystem in bestimmten Situationen wesentliche Schwachstellen aufweist.

7.2.2.2.2 Risikofaktoren für die Gelegenheit zu Vermögensschädigungen

Bestimmte Eigenschaften oder Umstände können die Anfälligkeit von einzelnen Vermögenswerten für Vermögensschädigungen erhöhen. Beispielsweise könnte dies durch die folgenden Risikofaktoren begünstigt werden:

- Hohe Kassenbestände oder umfangreiche abzuwickelnde Transaktionen in bar,
- Gegenstände in den Vorräten, die klein und von hohem Wert sind und nach denen eine hohe Nachfrage besteht,
- Leicht liquidierbare Werte, z. B. Inhaberschuldverschreibungen, Diamanten oder Computer-Chips, oder
- Kleine, marktgängige oder nicht mit Merkmalen zur Identifikation des Eigentümers versehene Gegenstände des Anlagevermögens.

Ein unzureichendes Internes Kontrollsystem in Bezug auf bestimmte Vermögensgegenstände kann die Gefahr von Vermögensschädigungen erhöhen. Folgende Faktoren deuten hierauf hin:

- Unzureichende Funktionstrennung[14] oder fehlende unabhängige Kontrollen, fehlende Mitarbeiter-Rotation bei den einzelnen Kontrollen,

[14] Es ist von großer Bedeutung, sich den Unterschied zwischen Funktionstrennung und Vier-Augen-Prinzip zu vergegenwärtigen. Dieser liegt im disziplinarischen Verhältnis der Personen zueinander. Während die Personen, welche die Kontrollaktivitäten im Rahmen einer wirksamen Funktionstrennung ausführen, aus disziplinarischer Sicht unabhängig voneinander sind, ist dies kein Kriterium des Vier-Augen-Prinzips. Dieses besagt schlicht, dass Entscheidungen oder Kontrollen nicht von einer einzelnen Person getroffen oder durchgeführt werden sollen. Das Ziel ist die Reduzierung von Fehlern und die Vorbeugung von Missbrauch. In vielen Fällen waren Kontrollen nach diesem Prinzip unwirksam, weil eine vorgesetzte Person eine Untergebene missbräuchlich anwies, die Ordnungsmäßigkeit zu bestätigen. Nach dem Prinzip der Funktionstrennung dürfen vollziehende, verwaltende und dokumentierende Aktivitäten nicht in einer Hand liegen. Die zuständigen Personen sollen in ihrer disziplinarischen Führung voneinander unabhängig sein, damit sie nicht einem Dilemma ausgesetzt werden, sich zwischen disziplinarischen Maßnahmen einerseits oder nicht ordnungsgemäß ausgeübter Kontrollen andererseits entscheiden zu müssen.

- Unzureichende Überwachung der Ausgaben der obersten Führungskräfte, z. B. bei Reisekosten oder anderen Aufwandsentschädigungen,
- Fehlende angemessene Überwachung der Mitarbeiter, die für die Vermögensgegenstände verantwortlich sind, z. B. durch fehlende Aufsicht oder Überwachung weiter entfernter Standorte,
- Mangelhafte Überprüfung bei der Einstellung von Mitarbeitern mit Zugang zu Vermögenswerten, die für Missbrauch anfällig sind,
- Unzureichende Anlagen- und Bestandsbuchhaltung,
- Unzureichendes Autorisierungs- und Genehmigungssystem für Geschäftsvorfälle, z. B. bei der Beschaffung,
- Unzureichende physische Sicherungsmaßnahmen für Bargeld, Finanzanlagen, Vorräte oder Anlagevermögen,
- Kein vollständiger und regelmäßiger Abgleich der Inventurbestände mit den Buchbeständen,
- Keine zeitgerechte und angemessene Dokumentation von Geschäftsvorfällen, z. B. hinsichtlich Gutschriften bei Warenretouren,
- Mitarbeiter in Schlüsselfunktionen (das IKS betreffend) werden nicht dazu angehalten, ihren Urlaub zu nehmen,
- Mangelndes Verständnis der gesetzlichen Vertreter und anderer Führungskräfte für die Informationstechnologie, sodass Mitarbeiter im IT-Bereich zu wenig Kontrollen erfahren, woraus sich Gelegenheiten für Verstöße ergeben, oder
- Unzureichende Zugangskontrollen bei automatisierter Buchführung.

7.2.2.2.3 Risikofaktoren für die Gelegenheit zu Korruption

Abgesehen von den oben genannten Risikofaktoren, aus denen sich auch eine Gelegenheit zu Korruption ergeben können, bestehen weitere spezifische Faktoren für Korruption. Wie bei der Betrachtung von Anreizen sind die Gelegenheiten zur Korruption zu unterscheiden nach der möglichen (primären) Zielsetzung möglicher Täter. Die persönliche Bereicherung – welche auf den Beschaffungsbereich von Unternehmen hindeutet – oder die Erzielung von Geschäftsabschlüssen – was auf den Absatzbereich hindeutet.

Risikofaktoren die auf eine Korruptionsgefährdung mit dem primären Ziel der persönlichen Bereicherung hindeuten, sind daher denen der Vermögensschädigung vergleichbar. Daher ist grundsätzlich dort ein Korruptionsrisiko zu sehen, wo ein Beschäftigter durch sein Verhalten oder durch seine Entscheidung Einfluss auf einen außerhalb der Einheit stehenden Dritten hat. Dieser Einfluss kann für den Dritten sowohl die Zuwendung eines materiellen oder immateriellen Vorteils als auch die Abwendung eines Nachteils bedeuten.[15]

[15] Auch in der Abwendung eines Nachteils ist eine Vorteilhaftigkeit in Bezug auf die eigene Position zu sehen, so dass im Folgenden nur noch von entsprechenden Vorteilen gesprochen wird. Im Übrigen vergleiche Richtlinie zur Verhütung und Bekämpfung von Korruption in der öffentlichen Verwaltung vom 13. April 2004 des Bayerischen Staatsministeriums für Wissenschaft, Forschung und Kunst, Anlage 3, Bayerischer Staatsanzeiger Nr. 17/2004 vom 23.04.2004 und im KWMBl I, S. 124.

Das Korruptionsrisiko ist dann besonders hoch, wenn der mögliche Vorteil für den Dritten von besonderer Bedeutung ist und die Tätigkeit des Beschäftigten verbunden ist mit:

- Häufigen Außenkontakten zu einem bestimmten Personenkreis, der von der Entscheidung des Beschäftigten Vorteile zu erwarten hat (insbesondere bei Kontroll- und Aufsichtstätigkeiten),
- Zuständigkeit für die Mittel zur Vergabe von Aufträgen,
- Vorbereitung und Entscheidung über die Vergabe von Aufträgen,
- Erteilung von Zustimmungen, Erlaubnissen oder Leistungsabnahmen (z. B. im Baugewerbe), oder
- Bearbeitung von Vorgängen mit internen Informationen, die für Dritte (z. B. Wettbewerber) nicht bestimmt aber für diese von besonderer Bedeutung sind.

Korruptionsgefährdung ist auf der anderen Seite auch dort gegeben, wo die Akquisition von Aufträgen oder die Erhaltung der Geschäftsbeziehung im Vordergrund steht. Risiken der Korruption im Vertrieb sind demzufolge mit den Risikofaktoren für die Gelegenheit zur Manipulation der Rechnungslegung vergleichbar.

Eine ineffektive Überwachung der Führungskräfte im Vertriebsbereich kann Gelegenheit zur Korruption bieten. Hierfür kann es folgende Risikofaktoren geben:

- Das Leitungsorgan wird von einer einzelnen Person oder von einer kleinen Gruppe dominiert, ohne dass entsprechende, dieser Vorherrschaft entgegenwirkende Kontrollen eingerichtet sind, oder
- Fehlende wirksame Überwachung der Vertriebsaktivitäten und des Internen Kontrollsystems durch Mitglieder der Unternehmensleitung.

In einer komplexen oder instabilen Organisationsstruktur kann insbesondere eine Gelegenheit für Vertriebskorruption gegeben sein. Folgende Risikofaktoren kommen hierbei in Betracht:

- Die vorliegende Organisationsstruktur ist übermäßig komplex und umfasst ungewöhnliche Rechtsgebilde oder Weisungsstrukturen, oder
- Die Besetzung der obersten Führungsebene, der Rechtsabteilung oder des Aufsichtsorgans wechselt häufig.

Ein weiterer Risikofaktor liegt in der mangelhaften Ausgestaltung des Internen Kontrollsystems aufgrund:

- Unzureichender Überwachung der Wirksamkeit der Kontrollen, auch wenn sie automatisiert ablaufen, oder
- Ineffektiver Rechnungslegungs- und Informationssysteme, wobei das Interne Kontrollsystem in bestimmten Situationen wesentliche Schwachstellen aufweist.

Weitere Risikofaktoren beziehen sich auf die Geschäftstätigkeit unter geografischen Gesichtspunkten. In Anlehnung an den Corruption Perception Index (CPI) von Transparency International[16] besteht in Abhängigkeit von dem Land, in dem Geschäfte abgewickelt werden ein unterschiedlich hohes Risiko für Korruption. Die folgenden Indikatoren sind ausschlaggebend für die Korruptionsgefährdung:

- Geschäftstätigkeit in Ländern, in denen Korruption nicht geächtet ist bzw. zur wirtschaftlichen Kultur gehört,
- Tätigkeit in Ländern, die keinen rechtlich stabilen Rahmen bieten,
- Gesetzliche Intransparenz in denjenigen Ländern, in welchen die Geschäftspartner ansässig sind, oder
- Geschäftstätigkeit in Ländern mit einem kritischen CPI.

Gelegenheit zu Korruption besteht außerdem hinsichtlich der Art des Absatzmarktes. Wenn das Geschäft z. B. stark von wenigen Großaufträgen abhängt oder langfristige Lieferverträge bestehen, kann dies eine Gelegenheit zu Korruption liefern.

Außerdem besteht das Risiko der Umgehung des Korruptionsverbots in der Einbeziehung von Absatzmittlern oder Agenten, deren Akquisitionstätigkeit ungenügend kontrolliert und dokumentiert wird.[17]

7.2.2.3 Einstellung / Rechtfertigung

Der Aspekt der Rechtfertigung bzw. Einstellung, der eine wirtschaftskriminelle Handlung für den Handelnden als adäquate Handlungsalternative erscheinen lässt, hat eine stark subjektive Komponente, die durch den sozialen Kontext im Unternehmen, d. h. die von ethischen Werten bestimmte Unternehmenskultur beeinflusst, jedoch nicht kontrolliert werden kann. Die folgende Aufstellung von möglichen Risikofaktoren, die auf eine Rechtfertigung von Verstößen hindeuten, können Hilfestellungen zu deren Bekämpfung bieten.

7.2.2.3.1 Risikofaktoren für die Rechtfertigung zur Manipulation der Rechnungslegung

Durch das Verhalten von Führungskräften wird die Unternehmenskultur nachhaltig geprägt. Insofern besteht das Risiko, dass einschlägige Signale die Beschäftigten zu dem Eindruck verleiten, dass wirtschaftskriminelles Verhalten geduldet ist bzw. dass die Ergebnisse aus

---

[16] Vgl. www.transparency.org.

[17] In der Praxis ist häufig die Einstellung anzutreffen, dass man als Auftraggeber seinen beauftragten Agenten schlecht überwachen könne. Man hätte schließlich keine Mittel, falls der Agent unerwünschte Geschäftspraktiken bei der Akquisition bzw. Vermittlung neuer Aufträge anwenden würde. Dem ist entgegenzuhalten, dass eine allzu leichtfertige Haltung gegenüber dem Agenten u. U. selbst strafrechtlich relevantes Handel bzw. Unterlassen darstellt. Darüber hinaus ist darauf hinzuweisen, dass - im Gegensatz zum Strafgesetzbuch - der US-amerikanische Foreign Corrupt Practices Act (FCPA) unter Umständen Umgehungstatbestände berücksichtigt, wodurch auch die Unternehmensleitung selbst strafbar gemacht werden könnte.

wirtschaftskriminellem Verhalten wichtiger sind als korrektes und gesetzeskonformes Handeln.[18] Die im Folgenden aufgelisteten Risikofaktoren können möglichen Tätern eine Grundlage für die Rechtfertigung der Manipulation der Rechnungslegung bieten:

- Mangelhafte Vermittlung, Umsetzung, Unterstützung oder Durchsetzung der Werte der Unternehmenseinheit oder ethischer Normen durch die gesetzlichen Vertreter und andere Führungskräfte oder Vermittlung unangemessener Werte oder ethischer Normen,
- Verstöße gegen Wertpapiergesetze oder sonstige Gesetze und Vorschriften in der Vergangenheit oder Klagen gegen die Unternehmenseinheit, ihre obersten Führungskräfte oder der Mitglieder des Aufsichtsorgans wegen Verstößen oder Nichtbeachtung von Gesetzen und Vorschriften,
- Übermäßiges Interesse der gesetzlichen Vertreter und anderer Führungskräfte an der Konstanz oder der Steigerung des Aktienkurses oder des Ertragstrends der Einheit,
- Die gesetzlichen Vertreter und andere Führungskräfte geben gegenüber Analysten, Gläubigern und anderen Dritten regelmäßig Zusagen zur Einhaltung aggressiver oder unrealistischer Prognosen ab,
- Die gesetzlichen Vertreter und andere Führungskräfte versäumen die zeitgerechte Beseitigung bekannt gewordener wesentlicher Schwachstellen im Internen Kontrollsystem,
- Interesse der gesetzlichen Vertreter und anderer Führungskräfte, aus steuerlich motivierten Gründen unsachgemäße Maßnahmen zur Minimierung des Gewinns zu ergreifen,
- Schlechte Moral auf der obersten Führungsebene (Tone-at-the-Top),
- Der Gesellschafter-Geschäftsführer trennt nicht zwischen privaten und geschäftlichen Transaktionen, oder
- Uneinigkeit zwischen Anteilseignern einer Einheit mit einer geringen Zahl von Gesellschaftern.

Außerdem können während der Abschlussprüfung die folgenden Auffälligkeiten, die Mitglieder der Führungsebene betreffend, auf ein Risiko der Manipulation der Rechnungslegung schließen lassen:

- Wiederkehrende Versuche seitens der gesetzlichen Vertreter und anderer Führungskräfte, mit dem Argument der Wesentlichkeit strittige oder unangemessene Rechnungslegungspraktiken zu rechtfertigen,
- Nicht im Finanzbereich tätige gesetzliche Vertreter und andere Führungskräfte sind übermäßig an der Auswahl der Rechnungslegungsmethoden oder der Festlegung bedeutender geschätzter Werte beteiligt bzw. beschäftigen sich intensiv mit solchen Aufgaben,

[18] An dieser Stelle sei ausdrücklich auf die alte Volksweisheit hingewiesen, nach der schon lange bekannt ist und sich immer wieder bewahrheitet, dass der Fisch vom Kopf her zu glänzen anfängt.

- Häufige Meinungsverschiedenheiten zwischen der Führungsebene und dem derzeitigen oder früheren Abschlussprüfer in Fragen der Rechnungslegung, Prüfung oder Berichterstattung,
- Unzumutbare Forderungen der Führungsebene an den Abschlussprüfer, z. B. Gewährung eines unangemessenen kurzen Zeitrahmens für die Beendigung der Abschlussprüfung oder die Erteilung des Bestätigungsvermerks,
- Formelle oder informelle Einschränkungen für den Abschlussprüfer, die seinen Zugang zu Personen oder Informationen unangemessen einengen oder die Möglichkeit einschränken, wirksam mit den Mitgliedern des Aufsichtsorgans zu kommunizieren, oder
- Dominierendes Verhalten der gesetzlichen Vertreter oder anderer Führungskräfte gegenüber dem Abschlussprüfer, insbesondere Versuche, den Umfang der Prüfungshandlungen oder die Auswahl bzw. fortgesetzte Beteiligung von Mitgliedern des Prüfungsteams oder der im Rahmen der Prüfung hinzugezogenen Personen zu beeinflussen.

7.2.2.3.2 Risikofaktoren für die Rechtfertigung zu Vermögensschädigungen

Die folgenden Indikatoren fördern Möglichkeiten zur individuellen Rechtfertigung von Vermögensschädigungen und verstärken somit die Auftrittswahrscheinlichkeit von Fraud:

- Fehlen eines Bewusstseins für die Notwendigkeit, die Risiken für Vermögensschädigungen zu überwachen und zu reduzieren,
- Missachtung interner Kontrollen zur Vermeidung von Vermögensschädigungen, indem bestehende Kontrollen unterlaufen werden oder bekannte Mängel des Internen Kontrollsystems nicht behoben werden, oder
- Verhalten, das auf Missfallen gegenüber oder Unzufriedenheit mit der Einheit oder deren Umgang mit Mitarbeitern hindeutet,
- Veränderungen im Verhalten oder Lebensstil, die auf eine Vermögensschädigung hinweisen können, oder
- Duldung geringfügiger Diebstähle.

7.2.2.3.3 Risikofaktoren für die Rechtfertigung zu Korruption

Betreffend die Rechtfertigung von Korruption greifen im Hinblick auf deren Zielsetzung unterschiedliche Betrachtungsweisen. Einerseits steht die persönliche Bereicherung im Vordergrund und andererseits kommt der Vortäuschung einer höheren Wettbewerbs- und Leistungsfähigkeit der Unternehmenseinheit eine besondere Rolle zu.

Die Risikofaktoren betreffend die Rechtfertigung der Korruption zur persönlichen Bereicherung stellen sich vergleichbar zu denjenigen der Rechtfertigung der Vermögensschädigung dar. Die Risikofaktoren betreffend Rechtfertigung der Korruption im Hinblick auf die Vortäuschung einer höheren Wettbewerbs- oder Leistungsfähigkeit der Unternehmenseinheit sind hingegen mit denjenigen der Manipulation der Rechnungslegung vergleichbar.

Als Risikofaktoren, die auf eine Rechtfertigung von (Vertriebs-)Korruption hindeuten gelten:

- An einer Geschäftstätigkeit, insbesondere in Ländern mit einem kritischen CPI, wird mit dem Argument festgehalten, diesen Markt nicht dem Wettbewerb zu überlassen bzw. überlassen zu wollen,
- Korruption wird unter Verweis auf die regionalen Gegebenheiten als Normalzustand (Geschenkkultur) gerechtfertigt,
- Voranstellen des Dogmas, Geschäfte (in der jeweiligen Region) nicht auf eine andere Art und Weise tätigen zu können, wenn man den jeweiligen Markt nicht dem Wettbewerb überlassen wolle, oder
- die Verharmlosung durch Sprache, wonach aus Bestechung und Schmiergeld nützliche Aufwendungen werden.

7.2.3 Red Flags

Mit der Buchführung und dem Jahresabschluss sind die beiden Hauptzwecke Dokumentation und Information verbunden. Gemäß § 238 Abs. 1 S. 2 u. 3 HGB muss die Buchführung so beschaffen sein, dass sie einem sachverständigen Dritten innerhalb angemessener Zeit einen Überblick über die Geschäftsvorfälle und über die Lage des Unternehmens vermitteln kann. Die Geschäftsvorfälle müssen sich in ihrer Entstehung und Abwicklung verfolgen lassen. Würde die Abbildung der Geschäftsvorfälle, in denen oder mit denen der Täter die Verstöße verursachte, die Anforderungen des § 238 Abs. 1 HGB nicht erfüllen, müsste er damit rechnen, dass seine Taten aufgedeckt und er zur Rechenschaft gezogen wird. Daher wird er versuchen, das Entdeckungsrisiko durch eine geeignete Verschleierung zu verringern, indem er die Buchhaltungsbelege der Geschäftsvorfälle verfälscht. Genau hierin liegt die Schwierigkeit, Verstöße aufzudecken. Genau dies will der Täter auch verhindern. Dies gilt sowohl für die Fraud-Kategorie Manipulation der Rechnungslegung zur Täuschung der Adressaten des Jahresabschlusses als auch für die Kategorie des Missbrauchs von Vermögenswerten. Im ersten Fall ist die Manipulation der Buchführung Haupt- und im zweiten Fall Nebenzweck. Auch die Korruption als dritte Kategorie wird in der Buchführung nicht offen als „Zahlung von Schmiergeld" ausgewiesen.

Nachdem im vorstehenden Unterabschnitt geklärt wurde, wie die äußeren Umstände beschaffen sein müssen, um Fraud zu ermöglichen oder zu begünstigen (Risikofaktoren) ist im Folgenden auf die Frage einzugehen, an welchen Merkmalen sich Verstöße erkennen lassen, wenn sie schon nicht vollständig verhindert werden können (Indikatoren, Warnhinweise oder Red Flags). Identifizierte Indikatoren erfordern im nächsten Schritt unmittelbare Reaktionen (Prävention und Aufdeckung).[19]

[19] Risikofaktoren geben Hinweise zu einem möglichen Tatpotenzial, also im Vorfeld einer Tat. Red Flags sind Erkennungsmerkmale für das Vorliegen einer Tat, also nachdem die Tat begangen worden ist.

Wie auch bei der Beurteilung der Risikofaktoren ist es erforderlich, die Red Flags im Zusammenhang mit der Gesamtrisikosituation zu bewerten. Indikatoren bieten isoliert betrachtet nur eine bedingte Beurteilungsmöglichkeit und lassen nicht zwangsläufig den Rückschluss auf einen Verstoß zu. Das Ergebnis dieser Bewertung ist eine Aussage, ob Absicht und damit Fraud als Ursache für die Unregelmäßigkeit, auf die der identifizierte Indikator oder Warnhinweis hindeutet, auszuschließen ist oder nicht. Im Ausschlussfall läge ein Versehen, also Error, vor.[20]

Einige der hier aufgelisteten Red Flags[21] können strukturbedingt in manchen Unternehmen auf Fraud hindeuten. Aufgrund spezifischer Umstände kann Fraud in anderen Unternehmen wiederum ausgeschlossen werden. Aus diesem Grund kann es keine vollständige Zusammenstellung aller Risikofaktoren zu Fraud geben. Außerdem können einzelne Red Flags auf verschiedene Verstöße hinweisen, weshalb eine Gliederung, wie sie oben bei der Beschreibung der Indikatoren gewählt wurde nicht zielführend ist.

Warnhinweise können in der Grundhaltung der gesetzlichen Vertreter oder anderer Führungskräfte gesehen werden, die sich durch folgende Umstände ausdrücken:

- Mangelnde Bereitschaft der gesetzlichen Vertreter und anderer Führungskräfte, dem Abschlussprüfer Vier-Augen-Gespräche mit den Mitgliedern des Aufsichtsorgans zu gestatten,
- Dem Anschein nach von den branchenüblichen Gepflogenheiten abweichende Rechnungslegungsmethoden,
- Häufige Änderungen von geschätzten Werten in der Rechnungslegung, die nicht auf geänderten Umständen zu beruhen scheinen, oder
- Duldung von Verstößen gegen den Verhaltenskodex der Einheit.

Innerhalb der Buchführungsunterlagen können die folgenden Red Flags auf Inkonsistenzen hinweisen:

- Unvollständig oder nicht zeitgerecht erfasste Geschäftsvorfälle,
- Geschäftsvorfälle, die hinsichtlich Betrag, Berichtsperiode oder Kontenzuordnung nicht ordnungsgemäß erfasst sind,
- Geschäftsvorfälle, die nicht entsprechend den von der Unternehmenseinheit anzuwendenden Rechnungslegungsmethoden erfasst sind,
- Geschäftsvorfälle, deren Salden nicht belegt (Buchung ohne Beleg) oder nicht autorisiert sind,

[20] Hierin liegt in der Praxis die Schwierigkeit. Nachdem ein Verstoß aufgedeckt und aufgeklärt wurde, erscheint die Ursache der - ebenfalls im Nachhinein betrachteten - Warnhinweise zwangsläufig Fraud gewesen zu sein. Steht man aber am Anfang der Betrachtung eines oder mehrerer Indikatoren ist noch nicht klar, ob im vorliegenden Fall Fraud oder Error die Ursache ist. Je nach Trennschärfe der gewählten Parameter zur Identifizierung von Warnhinweisen ergeben sich mehr oder weniger Geschäftsvorfälle, die einer Ursachenanalyse zu unterziehen sind.

[21] Die Darstellung der Warnhinweise geht zurück auf die Kategorisierung nach ISA 240, Anhang 3.

- In letzter Minute vorgenommene Anpassungen, die sich bedeutend auf das Periodenergebnis auswirken,
- Hinweise darauf, dass bei verschiedenen Mitarbeitern die tatsächlichen Zugriffe auf Systeme und Konten nicht mit dem im Rahmen ihres Aufgabenprofils zu erwartenden Zugriffsmuster übereinstimmen, oder
- Hinweise oder Beschwerden an den Abschlussprüfer, in denen Verstöße unterstellt werden.

Zu den Grundsätzen ordnungsmäßiger Buchführung gehört der Grundsatz der Vollständigkeit und Richtigkeit. Demnach sind alle Geschäftsvorfälle lückenlos zu erfassen und zu buchen, keine Buchungen zu fingieren und alle Geschäftsvorfälle auf dem zutreffenden Konto zu buchen. Vor diesem Hintergrund könnten die folgenden Umstände auf Red Flags hindeuten:

- Fehlende Unterlagen,
- Unterlagen, an denen anscheinend Änderungen vorgenommen wurden,
- Unterlagen liegen nur als Fotokopie oder in elektronischer Form vor, obgleich eigentlich Originale vorhanden sein müssten,
- Bedeutende ungeklärte Posten bei Abstimmungen,
- Auffällige Veränderungen in der Bilanz oder von Entwicklungen bzw. wichtigen Kennzahlen im Abschluss, z. B. eine die Umsatzzuwächse übersteigende Zunahme der Forderungen,
- Widersprüchliche, vage oder nicht plausible Antworten der gesetzlichen Vertreter und anderer Führungskräfte oder sonstiger Mitarbeiter bei Befragungen oder analytischen Prüfungshandlungen,
- Auffällige Unstimmigkeiten zwischen den Unterlagen der Unternehmenseinheit und den Antworten auf Bestätigungsanfragen,
- Die Debitorenbuchhaltung weist eine hohe Anzahl von Haben-Buchungen und sonstige Anpassungen auf,
- Nicht oder unzureichend erläuterte Abweichungen zwischen der Debitorenbuchhaltung und dem Abstimmungskonto im Hauptbuch oder zwischen den Kundenbestätigungen und der Debitorenbuchhaltung,
- Fehlen oder Nichtvorhandensein stornierter Schecks in Fällen, in denen diese gewöhnlich zusammen mit dem zugehörigen Kontoauszug an die Unternehmenseinheit zurückgesendet werden,
- Vorräte oder Sacheinlagen fehlen in bedeutendem Umfang,
- Mit den Aufbewahrungsgepflogenheiten oder -richtlinien der Unternehmenseinheit unvereinbare Nichtverfügbarkeit bzw. unvereinbares Fehlen elektronischer Belege,
- Die Zahl der auf Bestätigungsanfragen erhaltenen Antworten ist geringer oder höher als erwartet, oder
- Unfähigkeit zur Erbringung von Nachweisen über die Testverfahren zu wichtigen Systementwicklungen und Programmänderungen sowie über Implementierungsmaßnahmen im Rahmen der im laufenden Jahr erfolgten Systemänderungen und -einführungen.

Sofern überhaupt beobachtbar, können in einer problematischen oder ungewöhnlichen Beziehung zwischen den gesetzlichen Vertretern oder anderen Führungskräften und dem Abschlussprüfer folgende Umstände Warnhinweise darstellen:

- Verweigerung des Zugangs zu Unterlagen, Einrichtungen, bestimmten Mitarbeitern, Kunden, Lieferanten oder sonstigen Personen, die zur Beschaffung von Prüfungsnachweisen befragt werden könnten,
- Die gesetzlichen Vertreter und andere Führungskräfte setzen den Abschlussprüfer bei der Lösung komplexer oder strittiger Fragen unter unverhältnismäßig großen Zeitdruck,
- Beschwerden der gesetzlichen Vertreter und anderer Führungskräfte über die Durchführung der Prüfung oder Einschüchterung von Mitgliedern des Prüfungsteams durch gesetzliche Vertreter und andere Führungskräfte, insbesondere in Verbindung mit der kritischen Würdigung der Prüfungsnachweise durch den Abschlussprüfer oder der Ausräumung potenzieller Meinungsverschiedenheiten mit den gesetzlichen Vertretern und anderen Führungskräften,
- Ungewöhnliche Verzögerungen seitens der Unternehmenseinheit bei der Bereitstellung verlangter Informationen,
- Mangelnde Bereitschaft, dem Abschlussprüfer zwecks Anwendung IT-gestützter Prüfungstechniken Zugang zu besonders wichtigen Dateien zu gewähren,
- Verweigerung des Zugangs zu zentralen Mitarbeitern und Anlagen oder Einrichtungen der IT, einschließlich Mitarbeitern der Arbeitsbereiche Sicherheit, Betrieb und Systementwicklung,
- Mangelnde Bereitschaft, Ergänzungen oder Änderungen von Angaben im Abschluss vorzunehmen, um die Vollständigkeit oder Verständlichkeit des Abschlusses zu verbessern, oder
- Mangelnde Bereitschaft, bekannte Schwachstellen im internen Kontrollsystem zeitgerecht zu beheben.

Warnhinweise, die auf Korruption hindeuten stellen eine besondere Kategorie dar, weil die zugrundeliegenden Geschäftsvorfälle zwar in der Rechnungslegung abzubilden sind, Schmiergeldzahlungen aber oft außerhalb der Buchführung erfolgen. Dabei wird der Vermögenswerte-Vorteil dem Mitarbeiter des Auftraggebers grundsätzlich im privaten Lebensbereich zugeführt. Die entsprechende Finanzierung erfolgt ebenso oft über sogenannte schwarze Kassen, also Bankkonten oder Kassen, die nicht von der Buchführung umfasst sind.[22] [23]

[22] Korruption und Bestechung wird daher auch als Off-Book-Fraud bezeichnet, vgl. ACFE, 2009 Fraud Examiners Manual (International), S. 1701.

[23] Gleichwohl müssen die schwarzen Kassen gefüllt werden. Die entsprechenden Mittel werden von der Unternehmenseinheit erwirtschaftet. Im einfachsten Fall werden Leistungen erbracht, die dem Auftraggeber nicht über die Buchhaltung in Rechnung gestellt werden. Die Bezahlung erfolgt an die schwarze Kasse. Dabei sind verschiedene Szenarien mit und ohne bewusste Beteiligung des Auftraggebers denkbar.

Warnsignale für ein mögliches korruptes Verhalten sind vielfältig. Sie lassen sich überwiegend an der Schnittstelle von Liefer- und Leistungsbeziehungen im Sinne einer Beziehung zwischen Kunde und Lieferant bzw. Dienstleister erkennen und entsprechend strukturieren.[24] Insbesondere die Bearbeitung einzelner Geschäftsvorgänge sollten transparent dokumentiert werden. Warnhinweise können insoweit sein:

- Umgehen oder „Übersehen" von Vorschriften, Häufung kleinerer Unregelmäßigkeiten,
- Mangelnde Transparenz behördlicher Unterlagen, Abweichung zwischen tatsächlichem Vorgangsablauf und späterer Dokumentation, Verheimlichung von Vorgängen,
- Eingänge ohne erforderlichen Eingangsstempel (Eingang „über die persönliche Schiene"),
- Ungewöhnliche Entscheidungen ohne nachvollziehbare Begründung, unterschiedliche Bewertungen und Entscheidungen bei Vorgängen mit gleichem Sachverhalt und verschiedenen Anbietern, nicht nachvollziehbare Ausübung des Ermessensspielraums, plötzlicher Meinungswandel,
- Oberflächliche Vorgangsbearbeitung (häufiges Übersehen von Details),
- Parteinahme für einen bestimmten Dritten bei Entscheidungen, die nicht zum eigenen Zuständigkeitsbereich gehören,
- Erteilung einer Zusage bzw. Genehmigung unter Umgehung anderer zuständiger Stellen,
- Auffällig abweichende Arbeitszeiten von Vorgängen, insbesondere auffällig kurze Bearbeitungszeiten bei einzelnen begünstigenden Entscheidungen,[25] oder
- Bearbeitung durch Führungskräfte ohne Beteiligung eines Sachbearbeiters.

Neben den Indikatoren im Rahmen der Vorgangsbearbeitung können Umstände in der Art, wie Beschäftigte ihre Außenkontakte gestalten, Indikatoren für Korruption darstellen. Warnhinweise können insoweit sein:

- „Kumpelhafter" Umgangston, auffallend entgegenkommende Behandlung oder auffallende Nachgiebigkeit bei Verhandlungen mit Auftragnehmern (oder Antragstellern),
- Ausspielen von (vermeintlichen) Machtpositionen durch Unternehmen,
- Häufige als Dienstreisen deklarierte Ausflüge zu bestimmten Unternehmen (auffallend insbesondere dann, wenn eigentlich nicht erforderliche Übernachtungen anfallen),

[24] Im Übrigen vergleiche mit dem in der Richtlinie zur Verhütung und Bekämpfung von Korruption in der öffentlichen Verwaltung vom 13. April 2004 des Bayerischen Staatsministeriums für Wissenschaft, Forschung und Kunst, Anlage 3, Bayerischer Staatsanzeiger Nr. 17/2004 vom 23.04.2004 und im KWMBl I, S. 124, verwiesenen Leitfaden gegen Korruption für Führungskräfte, Anlage: Anzeichen für Korruption, Warnsignale.

[25] Begünstigende Entscheidungen sind nicht nur im Zusammenhang mit Anträgen im Bereich des öffentlichen Rechts zu sehen. Auch in der Entscheidung über die Auswahl anzuschreibender Bieter ist insofern eine begünstigende Entscheidung zu sehen.

- Permanente Besuche von Unternehmensvertretern am Arbeitsplatz (bei einem bestimmten Entscheidungsträger oder Sachbearbeiter) und Vorsprache bestimmter Unternehmen nur dann, wenn „ihr" Ansprechpartner anwesend ist,
- Lange Dauer der Geschäftsbeziehung, „Hoflieferantentum", wiederkehrende Bieterkreise, Einschaltung stets gleicher Geschäftspartner bei stets gleichem Nutzer,
- Reibungsloser Verwaltungsablauf in Bereichen, in denen typischerweise mit Konflikten zu rechnen ist,
- Stillschweigende Duldung von Fehlverhalten, insbesondere bei rechtswidrigem Verhalten, Ausbleiben von behördlichen (Re-)Aktionen,
- Ausbleiben von Reaktionen auf Verdachtsmomente oder Vorkommnisse, oder
- fehlende Vorgangskontrolle dort, wo sie besonders notwendig wäre.

Das persönliche Verhalten von Beschäftigten bieten weitere Anhaltspunkte. Warnhinweise können insoweit sein:

- Abschirmen des Aufgabenbereichs (z. B. durch Anwesenheit bei Krankheit und Verzicht auf Urlaub, Unabkömmlichkeit), Mitnahme von Vorgängen nach Hause, gezielte Umgehung von Kontrollen,
- Gezielte Ausschaltung oder Umgehung von Kontrollen,
- Aufkommende Verschlossenheit, plötzliche Veränderungen im Verhalten gegenüber Kollegen und Vorgesetzten, atypisches, nicht erklärbares Verhalten (z. B. aufgrund eines bestehenden Erpressungsverhältnisses bzw. schlechten Gewissens),
- Sich plötzlich ändernder und unerklärlicher aufwendiger Lebensstil, Vorzeigen von Statussymbolen,
- Prahlen mit Kontakten im dienstlichen und privaten Bereich, Geltungssucht,
- Auffällige private Kontakte zwischen dem Beschäftigten und Auftragnehmern bzw. Antragstellern oder Bietern (z. B. über eine finanzielle Beteiligung),
- Ausübung von Nebentätigkeiten ohne entsprechende Genehmigung bzw. Anzeige, Nebentätigkeiten von Beschäftigten oder Tätigkeit ihrer Angehörigen für Unternehmen, die gleichzeitig Auftragnehmer oder Antragsteller sind,
- Inanspruchnahme von Vergünstigungen durch Dritte (z. B. Sonderkonditionen beim Einkauf, Einladungen),
- Unerklärlicher Widerstand gegen eine Aufgabenänderung oder eine Umsetzung, insb. wenn sie mit einer Beförderung bzw. Gehaltsaufbesserung oder zumindest der Aussicht darauf verbunden ist,
- Plötzliches Interesse für Entscheidungen eines anderen Sachgebiets ohne dienstlichen Grund,
- Fehlende oder abnehmende Identifikation mit dem Dienstherrn oder den Aufgaben, „Innere Kündigung", Gefühl der Unterbezahlung,
- Fehlendes Unrechtsbewusstsein bei dienstlichen Fehlern, oder
- Persönliche Probleme (z. B. Alkohol-, Drogen- oder Spielsucht, Überschuldung, Frustration).

Neben den personenbezogenen Indikatoren können in organisationsbezogenen Indikatoren weitere Red Flags gesehen werden. Warnhinweise können insoweit sein:

- Aufgabenkonzentration auf eine Person (insbesondere auf eigenen Wunsch),
- Stets gleiche Personalkonstellation (z. B. Bauleiter / Bauaufseher),
- Räumliche Auslagerung mit einhergehendem Mangel an Kontrolle,
- Zu große unkontrollierte Entscheidungsspielräume,
- Durchschaubares Kontrollsystem, unzureichende Kontrollstrukturen, fehlende Kontrollmöglichkeiten,
- Schwer verständliche Vorschriften, auf wenige Beschäftigte konzentriertes Fachwissen, unzureichende fachliche Spezialisierung der Kontrolleure,
- Wirtschaftliche Verflechtungen, oder
- Andeutungen von Unregelmäßigkeiten, sei es im Kollegenkreis oder von außen.

Vorgänge in der Beschaffung und der Auftragsvergabe können genauso komplex werden wie die Projekte selbst, für welche Güter und Dienste von zu beauftragenden Unternehmen zu beschaffen sind.
Die nachfolgend dargestellten Indikatoren sind dem entsprechend den Phasen eines exemplarischen Vorgangs strukturiert.

1. Warnhinweise in der **Planungsphase** können sein:
- Unsachgemäße (überhöhte) Kostenvoranschläge,
- Erhebliche bzw. wiederholte Überschreitung der vorgesehenen Auftragswerte,
- Verdeckte Planung durch Externe (Bieter),
- Lückenhafte Planung als Vergabegrundlage,
- Beschaffungen zum marktunüblichen Preis,
- unsinnige Anschaffungen,
- Abschluss langfristiger Verträge ohne transparenten Wettbewerb mit für den Auftraggeber ungünstigen Konditionen, oder
- Auftragssplitting mittels mehrerer Bestellscheine zwecks Umgehung vorgeschriebener Schwellenwerte zur Durchführung entsprechender Vergabeverfahren.

2. Warnhinweise in der **Phase der Leistungsbeschreibung** können sein:
- Zu kurz bemessene Angebotsfrist,
- Zu kurz bemessene Ausführungsfrist,
- Unangemessene Vertragsbedingungen, oder
- Ungewöhnliche Vorgaben (Vorgabe bestimmter Stoffe, Fabrikate, Teile oder Bauweisen).

3. Warnhinweise in der **Phase der Ausschreibung** können sein:
- Unsachgemäße Ausschreibungsart: Bevorzugung der beschränkten Ausschreibung, der freihändigen Vergaben oder des Verhandlungsverfahrens, Splitten von Aufträgen, um freihändige Vergaben zu ermöglichen, Vermeiden des Einholens von Vergleichsangeboten,
- Bieterauswahl (im Wesentlichen) auf Ortsansässige beschränkt (oftmals begleitet durch das Argument, die regionale Wirtschaft stärken zu wollen), oder

- Verwendung vieler Bedarfs- bzw. Wahlpositionen sowie von sogenannten Scheinpositionen (bei denen vorher klar ist, dass diese nicht zur Ausführung kommen) und „Luftpositionen" (Positionen, die in anderen Positionen bereits enthalten sind).

4. Warnhinweise in der **Phase zwischen Angebotsabgabe und Zuschlag / Auftragserteilung** können sein:

- Angebotspreise, die bei sonst geringer Streuung aus dem Rahmen fallen,
- Fehlende Angebotsvielfalt, insbesondere wenn trotz vieler Bewerber nur wenige Angebote eingehen,
- Einzelpreise verschiedener Angebote sind gleich oder unterscheiden sich von einander durch einen konstanten Zuschlag, gleiche Fehler in mehreren Angeboten, nicht angemessene Einzelpreise in den Angeboten, Spekulationspreise, „Mischkalkulation" (aus spekulativ niedrigen und spekulativ hohen Einheitspreisen insbesondere im Hinblick darauf, ob die auszuführende Arbeit personal- oder maschinenintensiv sein wird, weil der Bieter auf lukrative Nachträge hofft), manipulierbare Preiseinträge,
- Positionen ohne Preiseintrag,
- Nicht verlesene Preisnachlässe,
- Nicht gekennzeichnete Nachlassschreiben / Nebenangebote,
- Ein oder zwei Angebotspreise fallen bei sonst geringer Streuung aus dem Rahmen,
- „Stille" Arbeitsgemeinschaften, d. h. hoher Ausführungsanteil durch Subunternehmen,
- Günstigstes Angebot durch Bietergemeinschaft bei geringem Bauumfang,
- Wertung nicht zugelassener Nebenangebote,
- Wertung zweifelhafter Nachlässe / Angebote,
- Unzulässige Preis- bzw. Nachverhandlungen,
- Aufhebung der Ausschreibung und freie Nachverhandlung,
- Auffallend häufige Rechenfehler bzw. Nachbesserungen in Leistungsverzeichnissen,
- Fehlender Seitenübertrag, Überschreiben, Radieren, Tipp-Ex, Textlücken, unkorrekte Lochung und Siegelung,
- Notizen im Leistungsverzeichnis,
- Korrektur des Submissionsangebots, insbesondere wegen Rechenfehlern,
- Plötzliche Verfahrensbeschleunigung,
- Leistungserweiterungen durch Bedarfspositionen und Nachträge, häufige oder aufwendige Nachträge, Auftragserweiterungen ohne gesonderte Ausschreibung, oder
- Relative Häufigkeit der Zuschlagserteilung und Auftragsvergabe eines bestimmten Unternehmens durch bestimmte Beschäftigte.

5. Warnhinweise in der **Phase nach Auftragserteilung (Auftragsdurchführung)** können sein:

- Unvollständige Liefer- bzw. Leistungsnachweise,
- Fehlende Übereinstimmung von Leistungsverzeichnis und ausgeführter Leistung,
- Auffällig schnelle Zahlungsanweisung im Vergleich zu anderen Auftragnehmern,
- Keine Anforderung von Sicherheitsleistungen (Bürgschaften),
- Unvollständige Rechnungsunterlagen, oder
- Fortwährende Nichtbeachtung von Prüfungsbeanstandungen.

Im Rahmen der Bekämpfung von Fraud dient die Berücksichtigung der Indikatoren der planvollen, strukturierten und gezielten Aufdeckung von Verstößen. Gleichzeitig vorbeugend und abschreckend wirkt eine Schulung der Beschäftigten im Hinblick auf die jeweils einschlägigen Risikofaktoren und Indikatoren sowie die Durchführung gezielt vorbereiteter Prüfungen durch die Interne Revision. Neben dieser Vielfalt an Red Flags steht die Möglichkeit der Aufdeckung von Indikatoren mittels IT-unterstützter Diagnoseprogramme zur Analyse der Buchhaltungsdaten zur Verfügung.

7.3 Fraudulent Statements: Analyse von Textinformationen in Geschäftsberichten – Ansätze zur Erkennung unzuverlässiger Informationen durch forensische und literaturwissenschaftliche Methoden

Lassen sich tatsächlich Fraudulent Statements in Geschäftsberichten erkennen? Langjährige Forschungen an der Universität Passau wie auch Praxiserfahrungen des Autors geben Hinweise darauf, dass sich in Kriminalistik, forensischer Psychologie und strukturaler Textanalyse empirisch als wirksam angesehene Textsignale für Falschaussagen auch auf den Geschäftsbericht übertragen und für eine intuitiv einleuchtende, wenngleich nur bedingt trennscharfe Früherkennung nutzen lassen. Die zentralen Grundgedanken dieser Ansätze werden im Folgenden kurz umrissen und anhand von typischen Beispielen illustriert.

7.3.1 Einführung

IDW PS 210 definiert Fraud als eine falsche Angabe, welche auch auf einem beabsichtigten Verstoß gegen handelsrechtliche Vorschriften oder Rechnungslegungsgrundsätze beruhen kann.

Gerade bei Textinformationen, welche zumeist auf Basis von Vorschriften erstellt werden, welche wenigen bzw. auslegungsbedürftigen gesetzlichen Vorgaben unterliegen, ist dies jedoch regelmäßig schwierig zu beurteilen. Unmittelbar einsichtig ist dies bei den freien Teilen des Geschäftsberichtes. Auch bei dem Lagebericht gilt jedoch wenig anderes. So sind bereits die Gesetzesvorschriften der §§ 289, 289a und 315 HGB und die Grundsätze der ordnungsgemäßen Lageberichterstattung bzw. das IFRS Practice Statement „Management Commentary – A Framework for Presentation" sehr vage gehalten und mit zahlreichen Ermessensspielräumen behaftet. Auch die detaillierteren Vorschriften des DRS 20 lassen sich weitgehend formal erfüllen, ohne inhaltlich übermäßig informativ zu sein.[26] Bei der Prüfung stellt dies kontrollierende Instanzen der Ersteller des Geschäftsberichts wie Wirtschaftsprüfer oder Aufsichtsräte regelmäßig vor die Aufgabe, Diskussionen über die Erfüllung oder Nichterfüllung der Vorschriften mit dem Vorstand ohne wirkungsvolle rechtliche Argumentationsgrundlage zu führen. Bei diesen Diskussionen verfügen sie nicht nur regelmäßig über weit weniger Infor-

[26] Vgl. auch Hoffmann / Lüdenbach, in: NWB Kommentar, § 289 Rn. 15.

mationen als der Vorstand; vielfach fehlen ihnen zudem Ansätze, um hinreichend abschätzen zu können, bei welchen Aussagen mit Blick auf die eigenen Zeitrestriktionen besser ein Abbau der Informationsasymmetrien erfolgen sollte und bei welchen dies nicht unbedingt zielführend ist. Ob beispielsweise Aussagen des Lageberichts noch ein den tatsächlichen Verhältnissen entsprechendes Bild von dem Unternehmen im Sinne des § 289 Abs. 1 S. 1 HGB zeichnen oder nicht, lässt sich darum regelmäßig nur in einem sehr bescheidenen Ausmaß überprüfen und gegenüber dem Mandanten bzw. dem zu kontrollierenden Vorstand durchsetzen.

Gerade die von Privatinvestoren in nicht geringem Maße beachteten Textbestandteile des Geschäftsberichts[27] sind darum besonders geeignet, die Erwartungslücke zwischen dem, was an Kontrolle aktuell möglich ist, und dem, was seitens der Berichtsadressaten an Kontrolle erwartet wird, zu vergrößern.[28] Da regelmäßig für später eingetretene Schäden keine konkreten Anzeichen vorliegen, sind die Reputationsverluste im Schadensfall häufig groß und Haftungsklagen gegen Aufsichtsräte und Wirtschaftsprüfer zahlreich.

Insgesamt steigt damit der Druck auf Aufsichtsräte und Wirtschaftsprüfer, nach einem Instrumentarium zu suchen, welches eine möglichst frühzeitige Identifikation potentieller Fraud-Fälle ermöglicht. Ein Ansatz besteht hier in der systematischen Durchleuchtung der Textaussagen des Geschäftsberichts auf Red Flags, d. h. Hinweisen auf Fraud, um so die Erwartungslücke und damit mögliche spätere Reputationsverluste und Haftungsgefahren zu minimieren.

Der hier vorgestellte Ansatz zielt darauf ab, dem Interesse an einer möglichst frühzeitigen Identifikation nachzukommen; er sucht, Hinweise auf Fraud anhand von Textinformationen des Geschäftsberichts bereits dann zu geben, wenn noch keine direkten inhaltlichen Informationen zu möglichen Problemfeldern vorliegen. Im Vordergrund stehen ungleich subtilere und weit früher auftretende Anzeichen für Fraud. Zurückgegriffen wird zu diesem Zweck auf eine Vielzahl an Kennzeichen, die in verschiedenen Wissenschaften, etwa der Kriminalistik, forensischen Psychologie und der strukturalen Textanalyse fiktiver unzuverlässiger Erzähler in der Literaturwissenschaft, erarbeitet wurden. Zielsetzung dieser Forschungszweige ist es, allein anhand existierender Textaussagen – ohne eine Kontrollmöglichkeit anhand der beschriebenen Sachverhalte – Rückschlüsse darauf zu ziehen, ob Textaussagen die von ihnen geschilderten Sachverhalte falsch wiedergeben.

Zunächst erfolgt ein Überblick über die theoretische Grundkonzeption des Ansatzes. Dann werden beispielhaft konkrete Textsignale angeführt. Im dritten und vierten Schritt wird auf Grenzen des Analyseansatzes eingegangen.

7.3.2 Die theoretische Grundkonzeption

Eine unzuverlässige Information wird definiert als jedes im Geschäftsbericht selbst anzutreffende Textsignal, welches den Wahrheitsgehalt der mit dem Textsignal behafteten Textstelle im Geschäftsbericht in Bezug auf die tatsächlichen Unternehmensverhältnisse

[27] Vgl. auch Pellens / Schmidt, S. 39.

[28] Für den Lagebericht so auch Ballwieser (2005), S. 8.

infrage stellen könnte. Diese Definition beschränkt die Suche nach Hinweisen auf Fraudulent Statements allein auf das konkret vorliegende Schriftstück des Geschäftsberichts.[29]

Um herzuleiten, welche Textsignale unzuverlässige Informationen darstellen und damit auf Fraudulent Statements hinweisen könnten und damit einen systematischen Analyseansatz zur Identifikation zu entwickeln, ist es sinnvoll, als Ausgangspunkt den Entstehensprozess von Fraudulent Statements zu wählen. Dazu wird im Folgenden vorausgesetzt, dass eine Aussage unzweifelhaft falsch sei und dann gefragt, an welchen Textmerkmalen - wenn solche überhaupt existieren - sich dies erkennen lassen könnte. Diese bewusst gesetzte Prämisse ist zwar im zweiten Schritt wieder zu relativieren, weil die Textsignale für sich genommen zumeist auch anderweitig verursacht sein können;[30] sie ist aber eine notwendige Bedingung, um überhaupt Textsignale ableiten zu können. Wird sie nun zunächst vorausgesetzt, so lässt sich das Entstehen der Fraudulent Statements immer anhand des graphisch aufgezeigten Prozesses kennzeichnen (Abb. 7.1).

Ein so entstandenes Fraudulent Statement setzt zum einen voraus, dass die Darstellung im Geschäftsbericht von den prinzipiell intern verfügbaren Informationen über die Unternehmensrealität abweicht (inhaltsbezogene Abweichung). Daraus folgt, dass Textsignale in den Stationen wurzeln müssen, die von der richtigen Unternehmensrealität bis hin zur erzeugten falschen Aussage im Lagebericht durchlaufen werden.

Zum anderen müssen Fraudulent Statements immer durch eine oder mehrere Personen erzeugt werden.[31] Darum lässt sich zumindest als Möglichkeit voraussetzen, dass der Akt der Erzeugung auf den Produzenten der Fraudulent Statements, den Ersteller, Einfluss genommen hat, so dass er sich aufgrund dessen anders verhält, als ein Ersteller richtiger Informationen (personenbezogene Abweichung).[32]

Das Entstehen eines Fraudulent Statement in Form der inhaltsbezogenen Abweichung ist hierbei an vier Bedingungen geknüpft (vgl. nachstehende Abbildung). Erstens bedarf es einer Unterdrückung der verfügbaren Unternehmensrealität (1). Zum Zweiten muss eine Scheinrealität erzeugt werden, welche an die Stelle der verfügbaren Realität tritt (2). Zum Dritten muss diese Scheinrealität in die sonstigen abgebildeten richtigen Informationen eingepasst werden (3). Zum Vierten müssen die sonstigen abgebildeten richtigen Informationen über

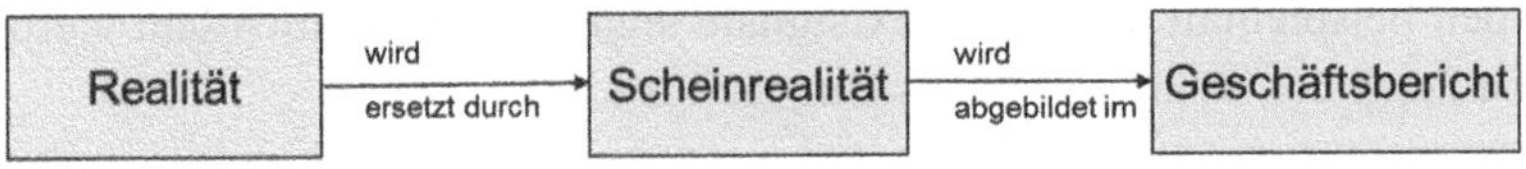

Abb. 7.1 Der Entstehensprozess von Fraudulent Statements

[29] Vgl. Grottke (2012), S. 306 mit Bezug auf Hof (1984), S. 41. Dieser stark limitierte Ansatz wird bewusst gewählt – einerseits, weil andere Abschnitte des Werks Fragen wie das Fraud-Triangle u. ä. hinreichend behandeln, andererseits, weil er erlaubt, zunächst einmal solche Hinweise abzuleiten, welche allein für Textpassagen des Geschäftsberichts spezifisch sind.

[30] Darauf wird bei der Diskussion der Grenzen im Abschn. 7.4.5 eingegangen.

[31] Auf die anderen Konsequenzen dieses zweiten Aspekts hat zuerst Hof (1984), S. 74, hingewiesen.

[32] So auch Busch (1998), S. 41.

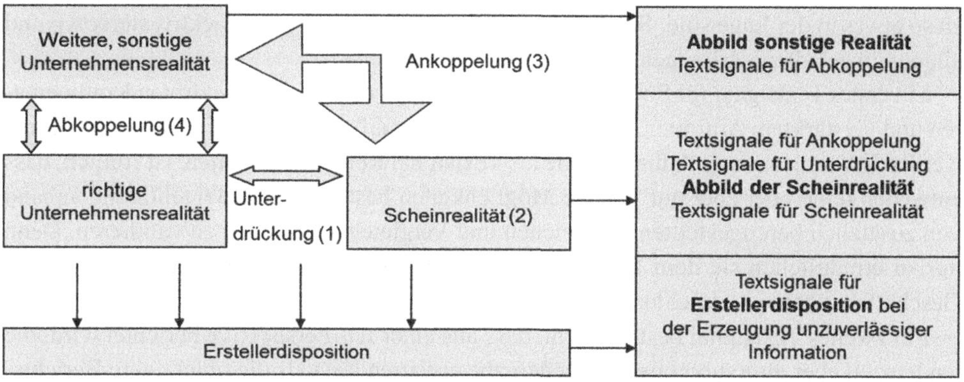

Abb. 7.2 Quellen für Textsignale bei gegebenen Fraudulent Statements

andere Teile der Unternehmensrealität, welche Verbindungen zu der unterdrückten richtigen Realität aufweisen, bei der Abbildung angepasst werden (4). Alle vier Schritte hinterlassen potentiell Spuren in dem öffentlich verfügbaren Geschäftsbericht in Form von Textsignalen.

In Bezug auf die personenbezogene Voraussetzung der Erstellerdisposition gilt bei Fraud definitionsgemäß die Voraussetzung der Intentionalität: Der Ersteller ist sich dessen bewusst, was er tut. Auch das kann im Text Spuren hinterlassen. So können Textsignale daraus resultieren, dass der Ersteller von Skrupeln geplagt ist. Ferner können Immunisierungssignale gegenüber späteren Aufdeckungen und Signale der Leserlenkung anzutreffen sein.

Die folgende Abbildung fasst die möglichen Quellen für die Textsignale zusammen (Abb. 7.2).

7.3.3 Konkrete Textsignale

7.3.3.1 Textsignale für die Abbildung falscher Inhalte

Im Folgenden werden Textsignale im Geschäftsbericht beschrieben, welche mit den in vorstehender Abbildung genannten Quellen (1)-(4) korrespondieren und demnach bei Fraudulent Statements vermehrt zu erwarten sind. Dabei können zwei unterschiedliche Gründe für das Auftreten der Textsignale geltend gemacht werden: Entweder sie lösen bestimmte, bei Fraudulent Statements auftretende Probleme des Erstellers in besonders vorteilhafter Weise oder sie zeichnen sich dadurch aus, dass sie genau an denjenigen Schwierigkeiten scheitern, welche durch die Erzeugung der Fraudulent Statements erst hervorgerufen werden.

7.3.3.1.1 Textsignale für die Lösung von Problemen bei der Erzeugung unzuverlässiger Informationen

Ein grundsätzliches Problem, welches bei An- und Abkoppelung sowie der Erzeugung einer Scheinrealität existiert, besteht darin, dass bei dem erstmaligen Erzeugungsvorgang wie bei der Fortschreibung der Scheinrealität nachweisbare Fehler und Inkonsistenzen vermieden werden müssen. Dadurch werden diejenigen Darstellungsformen attraktiv, welche zu so etwas in der Lage sind. Solche Formen sind, neben anderen, subjektiv, stereotyp und allgemein gehaltene Aussagen.

Ein erstes Textsignal für Subjektivität kann anhand von subjektiv gefärbten Kommentaren und verstärktem Auftreten von evaluierenden Ausdrücken und Werturteilen abgelesen werden.[33] Voraussetzung dafür, dass sie als Textsignal Relevanz entfalten, ist freilich, dass entweder keine oder aber nur wenige Möglichkeiten bestehen, ihre Berechtigung anhand von zusätzlich bereitgestellten Vergleichen und Vergleichsmaßstäben zu validieren. Denn nur so ermöglichen sie dem Ersteller, die Prüfung der Berechtigung einer Aussage im Geschäftsbericht zu vermeiden.

Ein zweites Textsignal besteht darin, dass aus einer Ich-Perspektive berichtet wird, die tendenziell eher eine subjektivere Wiedergabe erwarten lässt als die objektivere Berichtsperspektive eines Außenstehenden.[34] Ein Textsignal hierfür ist die verstärkte Nutzung von Personalpronomina wie „wir", „unserer Einschätzung nach" etc.[35] Auch die – insbesondere im freien Teil des Geschäftsberichts häufig vorkommende – Ich-Perspektive wird allerdings erst dann interessant, wenn dadurch sichtbar Intersubjektivität und damit Überprüfbarkeit von Sachverhalten unterdrückt wird.[36]

Beispiel 1[37]

„Die Umsatzrendite lag mit 15 % innerhalb unserer Erwartungen."

Der Vorteil einer solchen Formulierung liegt darin, dass, sofern die Erwartungen selbst nur innerhalb des Unternehmens bekannt waren und vorher nicht nach außen kommuniziert wurden, es auch möglich wäre, dass das Ergebnis in Wahrheit nicht den Erwartungen entsprach, sie beispielsweise weit unterschritten hat oder nur unter hohem Druck und massivem Einsatz von Bilanzpolitik erzeugt wurde. Zudem lässt sich ohne weitere Informationen nicht intersubjektiv überprüfen, ob diese Erwartungen realistisch oder gerechtfertigt sind, weil der Raum der eigenen Erwartungen variabel bleibt. Lautete die Formulierung hingegen:

„Die Umsatzrendite lag mit 15 % innerhalb der Erwartungen der Gesamtbranche."

[33] Vgl. auch Nünning (1998), S. 6. Illustrierend sei auf den ersten Satz des Beispiels 3 verwiesen. Die Wertung „deutlich" wird dort vorgenommen, obwohl sie sich anhand der weiteren Aussagen gerade nicht belegen lässt.

[34] Vgl. auch Hof (1984), S. 45.

[35] Vgl. auch Nünning (1998), S. 6.

[36] Vgl. auch Jahn (1998), S. 83.

[37] Sämtliche angeführten Beispiele entstammen realen Geschäftsberichten realer Konzerne. Wegen des hier allein didaktischen Zwecks werden die Fälle ohne Namensnennung und leicht verfremdet vorgetragen.

So implizierte dies, dass die Erwartungen einer Außenperspektive entstammen und dass sie durch die Betrachtung vieler Unternehmen sichtbar und damit intersubjektivierbar waren. Dadurch fällt die Aufmerksamkeit auf die gut überprüfbare Plausibilität der Umsatzrendite im Vergleich zu anderen Unternehmen. Sollte insofern eine Intersubjektivität unterdrückende Aussage vorliegen, ist es sinnvoll, sicherzustellen, dass diese Erwartungserfüllungen nicht nur für Kommunikationszwecke nach außen formuliert wurden und sich intern ein immer höherer Druck aufbaut, unrealistische Vorgaben zu erfüllen.[38]

Ein weiteres Indiz sind Textsignale für den Einsatz von Stereotypen. Stereotype sind feststehende, wenig veränderliche Aussagen, z. B. Standardklauseln. Der Einsatz von Stereotypen ist darum so attraktiv, weil sie ein Schöpfen von Verdacht aufgrund von ungewöhnlichen und darum Aufmerksamkeit erregenden Sachverhalten vermeiden. Ebenso lässt sich tendenziell verhindern, dass unerwartete Probleme bei zukünftigen Informationsanschlüssen übersehen werden, da Stereotype bereits gut durchdacht sind und intuitiv wirken. Freilich setzt die Identifikation von Stereotypen in der Regel ein hohes Maß an Branchenkenntnis voraus. Ein häufig eingesetztes, auch branchenunabhängig erkennbares Stereotyp liegt jedoch in Form einer typischerweise gebrauchten Rechnungswesenfachsprache vor, die keine Rückschlüsse auf Hintergründe der jeweiligen Transaktionen zulässt. Testen lässt sich eine Aussage auf Stereotype gedanklich dabei immer dadurch, dass überlegt wird, ob sie auch in dem Geschäftsbericht eines völlig anderen Unternehmens derselben oder einer anderen Branche stehen könnte oder ob sie bestimmten stehenden Redewendungen aus anderen Unternehmensveröffentlichungen desselben Unternehmens entspricht.

Beispiel 2

„Ergebnisbelastend wirkten Sonderaufwendungen zur Erschließung zusätzlicher internationaler Märkte (EUR 9 Mio.) und der Eintritt in neue komplementäre Technologien zum Ausbau der Produktpalette für regenerative Energiesysteme (EUR 12 Mio.). Darin enthalten sind auch die bereits in 2006 entstandenen Kosten für den Aufbau der voll integrierten solaren Wafer-, Zellen- und Modulproduktion zur Vertiefung der Wertschöpfung im Kerngeschäft Photovoltaik. Demgegenüber stehen Sondererlöse in Höhe von EUR 16 Mio., die hauptsächlich aus dem Verkauf zweier Grundstücke erzielt wurden."

In diesem Beispiel der später von der Deutschen Prüfstelle für Rechnungslegung (DPR) zu einer Fehlermeldung nach § 37q Abs. 2 S. 1 WpHG verpflichteten Gesellschaft zeigt sich, dass genau die später monierte Position, nämlich der mit einem sale-and-lease-back verbundene Verkauf eines Grundstücks zu überhöhten Preisen, sich dadurch auszeichnet, am wenigsten unternehmensspezifisch beschrieben zu sein. Gerade diejenigen Aussagen, welche scheinbar am gewöhnlichsten und unscheinbarsten aussehen, sollten darum immer einer genauen Überprüfung unterzogen werden – zumindest sofern sie auf inhaltlich bedeutsame Werttreiber Bezug nehmen.

[38] Diese Berichtspraxis war beispielsweise bei Enron bereits einige Jahre vor dem Skandal zu beobachten, vgl. McLean / Elkind (2004), S. 127 f.

Ähnliche Vorteile wie Stereotype weisen auch Textsignale für allgemein gehaltene Aussagen auf.[39] So bewirkte ein ansteigender Detailgrad eine immer stärkere Festlegung in Bezug auf An- und Abkoppelungen sowie die Scheinrealität (vgl. Abbildung oben: „Quellen für Textsignale bei gegebenen Fraudulent Statements"). Damit steigen die kognitiven Anforderungen, um Widerspruchsfreiheit und Plausibilität bei der Darstellung zu wahren. Hinzu kommt, dass die Fortschreibung der Scheinrealität bei dynamischen Entwicklungen mit unvorhergesehenen Ereignissen höchst schwierig wird.[40] Der allgemein gehaltene Charakter von Aussagen ist insofern aus Sicht des Erstellers, welcher das Fraudulent Statement produziert, eine Strategie, sich gegen genau diese Nachteile zu schützen. Zugleich weist sie den Vorteil auf, dass konkrete Ansatzpunkte für zielgenaue Rückfragen aufgrund der Allgemeinheit der Aussagen für Wirtschaftsprüfer, Aufsichtsräte und Außenstehende schwieriger zu formulieren sind.

Beispiel 3

„Die aktuelle Liquiditätssituation insbesondere unter Einbeziehung der Zusagen der Sparkassen zeigt deutlich, dass die Zahlungsfähigkeit der Gesellschaft und die Refinanzierung des Neugeschäfts sichergestellt sind. Die Limite wurden im Jahresverlauf zu jeder Zeit eingehalten. Dies gilt auch für simulierte Stresszenarien. Im Jahr 2006 erfolgte eine stärkere Nutzung der betriebswirtschaftlich günstigeren besicherten Refinanzierungspotentiale in Repogeschäften und Offenmarktgeschäften."

Die zu diesem Abschnitt veröffentlichte Fehlermeldung nach § 37q Abs. 2 S. 1 WpHG wies darauf hin, dass die Liquiditätsrisiken aus der eingeleiteten Ausweitung der Geschäfte einer Zweckgesellschaft (Conduit) in Höhe von EUR 25 Mrd. nicht deutlich wurden. Auch der diesen Fall überprüfende Landesrechnungshof betonte seinerzeit in seinem Sonderbericht, dass die allgemein gehaltenen Angaben über Jahre die Lage der Gesellschaft nicht zutreffend wiedergegeben hätten, da die eingegangenen Geschäfte bereits bei kurzfristigen Kapitalmarktstörungen zu Liquiditäts- und Solvenzproblemen führen konnten. De facto sind die Aussagen der Gesellschaft zum damaligen Zeitpunkt nicht direkt falsch, die Berichterstattung findet allerdings auf einem derart allgemein gehaltenen Niveau statt, dass sich hinter den Aussagen eine riesige Spanne an Risikoeinschätzungen verbergen kann. Dies liegt daran, dass weder eine Quantifizierung erfolgt, noch ein Vorjahresvergleich, noch erläutert wird, welche Limite überhaupt bestehen, noch, wie sich die Refinanzierungspotentiale exakt ermitteln, noch, welches Neugeschäft überhaupt zu refinanzieren sein wird oder zu welchem Zeitpunkt die Zahlungsfähigkeit als gesichert gilt. Bevor ein Wirtschaftsprüfer bzw. Aufsichtsrat derart allgemein formulierte Passagen in einem Lagebericht nach außen treten lässt, sollte er genauestens geprüft haben, ob sich dahinter hochproblematische tatsächliche Verhältnisse des Unternehmens verbergen.

[39] Vgl. dazu auch Steck (2009), S. 158. Auch hier kann Enron erneut als typischer Vorläufer bezeichnet werden: Komplexe Finanztransaktionen, welche zu viele Fragen aufzuwerfen drohten, wurden in den Geschäftsberichten bewusst äußerst allgemein gehalten, vgl. McLean/Elkind (2004), S. 155.

[40] Vgl. Vrij (2009), S. 104.

7.3.3.1.2 Der Widerspruch als zentrales Textsignal für eine misslungene Erzeugung eines Fraudulent Statement

Sowohl die Scheinrealität als auch An- und Abkoppelungssignale betreffend ist das wohl bekannteste Textsignal der Widerspruch.[41]

In Bezug auf die Scheinrealität besteht für unwahre Sachverhalte das Problem, dass der Ersteller bei der Fortspinnung der Aussagen nicht über die Möglichkeit verfügt, in der Realität normalerweise vorhandene Zusammenhänge zur Absicherung heranzuziehen. Vorhanden für eine Überprüfung, ob der Eindruck einer – faktisch ja nicht vorhandenen – realitätsnahen Fortspinnung erzeugt wurde, sind schließlich nur die bislang geäußerten Fehldarstellungen, nicht aber die Realität. Werden die in der Scheinrealität erzeugten Tatbestände zu umfangreich, lassen sie sich darum kaum widerspruchsfrei aufrechterhalten, da sie für den einzelnen Ersteller in allen ihren Facetten und Interdependenzen kaum mehr zu überblicken sind.

Zugleich ist die vielfältige Vernetzung der zu unterdrückenden Unternehmensrealität mit anderen Informationen des Umfelds für den Ersteller schwierig zu kontrollieren. Er muss diese Vernetzung mit Umfeldinformationen der tatsächlichen Unternehmensrealität lösen, die entsprechenden Querverbindungen entfernen und sie durch gleichermaßen plausible Vernetzungen mit Informationen aus der Scheinrealität ersetzen. Daraus entsteht das Problem, dass der Ersteller beständig eine Darstellung erzeugen muss, welche vor seinen Augen mit der tatsächlichen Unternehmensrealität kollidiert. Inkonsistenzen sind demnach immer an denjenigen Stellen zu erwarten, an welchen dem Ersteller die Elimination von Abkoppelungs- und die Schaffung von Ankoppelungsinformationen nicht vollständig gelungen sind.

Einer von vielen fruchtbaren Ansatzpunkten zur Ermittlung von Widersprüchen besteht z. B. in dem Vergleich von Soll-Zielsetzungen und Ist-Handlungen des Unternehmens. Wenn eine Scheinrealität geschaffen wird, so wird dies nicht (es sei denn bei Irrtum oder Realitätsverlust) bewirken, dass sich das Unternehmen selbst auch in der Scheinrealität bewegt. Es wird sich vielmehr mit seinen Handlungen in der tatsächlichen Welt bewegen und seine Handlungen an deren Erfordernissen ausrichten. Hinweise auf Widersprüche im Text ergeben sich dann, indem auf ein mögliches Auseinanderfallen von Aussagen über die Zielsetzung von Unternehmenshandlungen und Aussagen über die Handlungen selbst geachtet wird.

Beispiel 4

„Der Geschäftsbereich wird den im abgelaufenen Geschäftsjahr erreichten Turnaround auch im nächsten Jahr weiter ausbauen können."

Diese Aussage ist widersprüchlich, weil nur ein bereits bestehender Zustand oder eine bestehende Entwicklung ausgebaut werden kann, nicht aber ein Turnaround, der ja per defini-

[41] Vgl. Nünning (1998), S. 6.

tionem einen Wendepunkt markiert. Die Prognose, dass etwas ausgebaut wird, setzt folglich eine andere Information voraus, als sie mit dem Turnaround gegeben wird. Zu möglichen Konsequenzen aus diesem Widerspruch sei auf die Diskussion in Abschn. 7.4.5 verwiesen.

In der Regel liegen solche Widersprüche nicht offen auf der Hand, sondern sind erst nach einer genauen Textanalyse identifizierbar. Ermitteln lassen sie sich systematisch, indem zunächst der eine und dann der andere Vergleichspunkt, d. h. alle jeweils zugehörigen Textstellen, separat herausgearbeitet werden, um dann miteinander verglichen zu werden.

7.3.3.2 Textsignale bei der Erstellerdisposition

7.3.3.2.1 Textsignale für die persönliche Erstellerdisposition

Wenn ein Ersteller bewusst täuscht, so kann das – wenn er darin nicht bereits besonders geübt oder skrupellos ist – Schuldgefühle und Gewissensbisse verursachen. Diese können sich in Formulierungen äußern, die durch negative Ausdrücke geprägt sind. Gleichermaßen können sie dazu führen, dass Sätze nicht positiv-affirmativ formuliert werden, sondern negativ defensiv.[42] Zuletzt kann ein Textsignal sein, dass der Täuschende versucht, die Täuschung von seiner Person oder Institution fernzuhalten, z. B. indem er verstärkt auf indirekte, distanzierte oder vermeidende Aussagen zurückgreift, anstatt einen direkten Bezug zu sich selbst zuzulassen.[43]

Beispiel 5

„Die Erfahrungen mit den Ereignissen der Branche im Berichtsjahr zeigen, dass Ereignisse aufgrund von Schwächen in Kontrollprozessen, unzureichendem Managementüberblick oder betrügerischen Aktivitäten in Zeiten extremer Marktvolatilität mit deutlich höherer Wahrscheinlichkeit in signifikanten Verlusten resultieren. Wir haben darum einen Schwerpunkt auf die Überprüfung der Kontrollprozesse gelegt[...].“

In diesem Textabschnitt wird für die verstärkten Maßnahmen eine externe Ursache angeführt. Dadurch wird die Begründung von dem Unternehmen selbst entfernt. Gerade solche externen Rechtfertigungen können jedoch die tatsächlichen eigenen Motivationen für Handlungen verdecken. So galt bei dem hier betrachteten Unternehmen zeitgleich, dass in dem betrachteten Geschäftsjahr nicht nur ein Ansteigen der neu entstandenen Verluste aus den beschriebenen Risiken zu verzeichnen war, sondern auch, dass hierfür angegebene Zahlen im Vergleich der Geschäftsjahre nicht ineinander überführbar waren. In den nicht sichtbaren Hintergründen für diese Anomalien dürfte wohl der tatsächliche Grund für die Kontrollen zu finden sein. Liegen solche Aussagen im Geschäftsbericht vor, sollte darum

[42] Vgl. Vrij (2009), S. 103. Interessanterweise wurde dieses negativ defensive Verhalten für eine Vielzahl von Lageberichten getestet und statistisch validiert, vgl. Aerts, AOS 2005, S. 511.

[43] Vgl. Vrij (2009), S. 103 f., S. 106. Auch dieses Phänomen ist für Lageberichte statistisch getestet und bestätigt worden, vgl. dazu Aerts, AOS 1994, S. 339.

jeweils genau ermittelt werden, ob anstatt der angeführten externen Ursache gegebenenfalls andere Hintergründe verantwortlich zeichnen sowie ob diese unkritisch sind oder ob sie Fraud implizieren.

Ein aufschlussreiches Textsignal kann auch die Thematisierung der eigenen Glaubwürdigkeit darstellen. Dies zeigt, dass sich der Ersteller aktiv mit seiner Glaubwürdigkeit auseinandergesetzt hat,[44] möglicherweise, weil er sich sorgt, dass er unglaubwürdig wirken könnte. Eine Form der Thematisierung besteht darin, eine Immunisierungsstrategie zu verfolgen. Diese beinhaltet häufig, dass einerseits eine Alternativverklärung für den zu verdeckenden Sachverhalt besonders deutlich in den Vordergrund gestellt wird und andererseits die Berechtigung der eigenen Wirklichkeitsbeschreibung betont wird. Insbesondere in Risikoberichten ist diese Strategie erkennbar, indem dort statt auf die Risiken eines Sachverhalts auf dessen Vorteile hingewiesen wird und die Qualität des Risikomanagementsystems umso greller in den Vordergrund gerückt wird, je unverantwortlicher die eingegangenen Risiken ausfallen.[45] Zu sehen war die Darstellung als Vorteil bereits in Beispiel 3, in dem der Eingang höherer Risiken als die Nutzung betriebswirtschaftlich günstigerer Refinanzierungsmöglichkeiten beschrieben wird. Wie die Fortführung des Beispiels zeigt, ging auch dieser Fall mit der Hervorhebung der Qualität des eigenen Risikomanagements einher.

Beispiel 6

„Durch die kontinuierliche Analyse und ständige Weiterentwicklung des Risikomanagements wird die Gesellschaft auch künftig in der Lage sein, frühzeitig negative Entwicklungen zu erkennen und zu steuern."

Der im Risikobericht dieser Gesellschaft im Vergleich zu den Vorjahren neu eingefügte Passus stellt als Fakt dar, dass die Gesellschaft zur Früherkennung negativer Entwicklungen in der Lage gewesen sei und dies überdies auch zukünftig sein werde. Den Untersuchungsergebnissen des Landesrechnungshofes zufolge wurden allerdings zu diesem Zeitpunkt bereits zahlreiche Warnzeichen von Mitarbeitern auf solche negativen Entwicklungen durch die verantwortlichen Führungskräfte nicht ausreichend gewürdigt. Für Aufsichtsräte und Wirtschaftsprüfer folgt hieraus, dass insbesondere, wenn in genuinen Risikoberichten, d. h. solchen mit einem separaten Chancenbericht, Sachverhalte nicht als Risiko, sondern als Vorteil dargestellt werden und die Qualität des eigenen Risikomanagements deutlicher betont wird als zuvor, genauer nachgeforscht werden muss.

7.3.3.2.2 Textsignale für eine bewusste Leserlenkung

Ein Ersteller, der sich dessen bewusst ist, dass seine Darstellung einen unglaubwürdigen Eindruck auf den Geschäftsberichtsleser machen könnte, kann versuchen, diesen Eindruck durch aktive Leserlenkung zu verwischen. Dazu stehen ihm verschiedene Mittel zur Ver-

[44] Vgl. Bauer (2005), S. 107.

[45] Vgl. zu Beispielen Grottke (2011), S. 102.

fügung. Mit dem Einsatz von falschen Fährten sei ein besonders subtiles Fallbeispiel vorgestellt.

Falsche Fährten lassen sich definieren als Verfahren der Textgestaltung, welche den Leser veranlassen sollen, unterbewusst unzutreffende Hypothesen auszubilden.[46] Sie bedienen sich bekannter Erfahrungen und Vorerwartungen der Leser, indem diese durch die bereitgestellten Informationen unterstützt werden, um den Leser zu einem falschen Verständnis zu führen.[47]

Falsche Fährten lassen sich beispielsweise mit Hilfe von Textstrukturen legen, welche derart ausformuliert sind, dass sie automatisch und unreflektiert aufgefüllt werden.[48] Der Leser konkretisiert dann im Geiste, was nicht gesagt wurde und erschließt sich so weitere Sachverhalte, die im Text aber keine Erwähnung fanden.[49]

Beispiel 7

„Die Rezession im inländischen Baugeschäft wird auch 1997 anhalten. Die Gründe dafür sind vielfältig: Leere öffentliche Kassen, die Verlagerung von Produktionen der Industrie ins Ausland, aber auch der rückläufige Wohnungsbau infolge der Änderung der steuerlichen Abschreibungsmöglichkeiten. Diese Situation wird verschärft durch die Konkurrenten aus anderen europäischen Ländern, die mit niedrigeren Lohnkosten anbieten können. Da die Marktentwicklung langfristig im Ausland Erfolg verspricht, verstärken wir unsere internationale Ausrichtung […]. Die Aktivitäten in den Wachstumsmärkten Asiens und Lateinamerika bauen wir gezielt weiter aus.[...] Im Energie und Umweltbereich wollen wir unsere Marktpositionen ausbauen und die Internationalisierung ausgewählter Geschäftsfelder, angesichts eines zu erwartenden rückläufigen Geschäfts im Inland, vorantreiben. […] Wir werden uns dabei auf ertragsstarke Projekte konzentrieren. Insgesamt wird aber das zunehmende Auslandsgeschäft die sinkende Inlandsnachfrage nicht ausgleichen können."

Anhand des Textausschnittes lassen sich zwei einander logisch ausschließende Teilgebiete formulieren sowie mit Eigenschaften ausstatten: Inland und Ausland. Die hier (Tab. 7.1) fett gedruckte unreflektierte Auffüllung bewirkt, dass in dem einen Teilgebiet angesprochene Eigenschaften im anderen Teilgebiet jeweils logisch gegensätzlich automatisch ergänzt werden.

Wird der Textabschnitt ohne Auffüllung betrachtet, so zeigt sich, dass die Eigenschaften von In- und Ausland gar nicht verglichen werden. Betrachtet man freilich die Auffüllungen, wird klar, warum der Abschnitt scheinbar überzeugend für eine Konzentration auf das Ausland spricht.

[46] Vgl. auch Hartmann (2005), S. 154; Lahde (2005), S. 298.

[47] Vgl. Schweinitz (2005), S. 90 f.

[48] Vgl. auch Meder (2005), S. 180.

[49] Vgl. Ingarden (1997), S. 36 f.

Tab. 7.1 Falsche Fährten

Inland	Ausland
Leere öffentliche Kassen	**{Volle öffentliche Kassen}**
Verlagerung der Industrieproduktion ins Ausland	**{Keine Verlagerung der Industrieproduktion}**
Rückläufiger Wohnungsbau	**{Steigender Wohnungsbau}**
Hoher Wettbewerb durch Billiganbieter aus europäischem Ausland	**{Niedriger Wettbewerb durch Billiganbieter aus europäischem Ausland}**
{Keine Wachstumsmärkte}	Wachstumsmärkte in Asien / Lateinamerika
Rückläufiges Geschäft mit Energie und Umwelt	**{Wachsendes Geschäft mit Energie und Umwelt}**
Sinkende Inlandsnachfrage	**{Steigende Auslandsnachfrage}**

7.3.4 Empirische Grenzen des Analyseansatzes

Wenngleich mit Hilfe des Analyseansatzes zahlreiche, hier nur auszugsweise vorgestellte,[50] Textsignale für die Unzuverlässigkeit logisch abgeleitet werden können, müssen dennoch drei Einschränkungen formuliert werden.

Zum Ersten ist darauf hinzuweisen, dass die Effekte zwar – soweit sie explizit getestet wurden – nach Kenntnis des Autors empirisch gut bestätigt sind. Allerdings sind die empirischen Ergebnisse in der Regel nur schwach positiv, d. h. die in Falschaussagen anzutreffenden Textsignale unterscheiden sich nicht klar und deutlich, sondern allenfalls ein wenig von denen richtiger Aussagen.[51] Darum reicht es auch nicht aus, nur ein Textsignal zu identifizieren, vielmehr müssen in der Regel mehrere Signale zusammenkommen, bevor Fraudulent Statements wahrscheinlich werden.

Anzumerken ist zum Zweiten, dass die verfügbaren empirischen Studien an relativ einfachen Beispielen durchgeführt wurden. Dass die Signale auch bei den teilweise sehr komplexen und vielfach Korrektur gelesenen Geschäftsberichten aussagekräftig sind, wurde bislang nur an Einzelfällen untersucht und bestätigt; umfassendere empirische Analysen erscheinen schon deshalb schwierig, weil derartige Textstellen einen starken Kontextbezug aufweisen, welcher eine Aggregation und einen verallgemeinerten empirischen Test an einer Vielzahl von Betrugsfällen erschwert.

Zum Dritten gilt, dass gerade Geschäftsberichte häufig von sich aus subjektiv, allgemein gehalten, stereotyp und eine konkrete Verantwortungszurechnung erschwerend formuliert

[50] Vgl. zu weiteren Textsignalen Grottke (2012), S. 299-368; Kühne / Grottke, BFuP 2014, S. 159-171.

[51] Vgl. zu Überblickstudien von empirischen Forschungsergebnissen Vrij (2009), S. 106, S. 108 sowie DePaulo / Lindsay et al (2003).

werden. Wenn allerdings aus einem Geschäftsbericht bereits per se nichts mehr zu entnehmen ist, kann auch kaum gehofft werden, aus diesem Fraud erkennen zu können. Insofern ist die Trennschärfe der angeführten Textsignale beschränkt. Als hilfreich erweist es sich im Regelfall, ein Vorjahresvergleich durchzuführen, um herauszufinden, ob die Textsignale gleich bleibend, erstmals oder verstärkt auftreten.[52] Soweit nämlich lediglich Vorjahresaussagen unverändert übernommen wurden, lässt sich nur folgern, dass das Unternehmen nicht daran interessiert ist, über die tatsächlichen Verhältnisse des Unternehmens zu informieren, nicht aber, ob neue Falschinformationen vorliegen. Weil sich auch dahinter freilich weiterhin ein Fraudulent Statement verbergen kann, stehen Aufsichtsrat und Wirtschaftsprüfer dann vor der Frage, in welchem Umfang sie eine weitgehend ungerichtete Suche durchführen oder das Risiko eines unentdeckten Falles in Kauf nehmen wollen.

7.3.5 Theoretische Grenzen der Rekonstruktion von Fraudulent Statements

Auch wenn Textsignale für unzuverlässige Informationen durch Wirtschaftsprüfer und Aufsichtsrat identifiziert werden, berechtigt das noch nicht zur sicheren Annahme von Fraud. So kann die zu Beginn gesetzte Prämisse, die Informationen seien tatsächlich falsch, ohne weitere Informationen regelmäßig nicht so klar getroffen werden. Für das abschließende Urteil, dass Fraud vorliegt, bedarf es vielmehr eines Zusammenwirkens von drei Elementen, nämlich der hier dargestellten objektiv verifizierbaren Textsignale, der berechtigten Annahme eines Erstellerinteresses an Falschaussagen sowie des Ausschlusses alternativer Deutungsmöglichkeiten.[53]

Wie stark das Wissen um ein Erstellerinteresse die Interpretation der Textsignale verstärkt, kann anhand des Beispiels 4 verdeutlicht werden. So wird der dort vorgeführte Widerspruch eine gänzlich andere Bedeutung erhalten, wenn vor dem abgelaufenen Geschäftsjahr der Vorstand wechselte und der neue Vorstand die altbekannte bilanzpolitische Strategie einschlug, durch eine maßlose Übertreibung der schlechten Unternehmenssituation stille Reserven zu bilden. Unter solchen Bedingungen gewinnt das Textsignal erheblich an Bedeutung, weil es dann ein Zeichen dafür ist, dass die Darstellung der Unternehmenslage im vergangenen Jahr bewusst verfälscht wurde und ein Turnaround gar nicht vorlag. Andernfalls wäre wahrscheinlich eher von einer Nachlässigkeit oder einem Versehen auszugehen.

Ein sinnvoller Umgang mit dieser Kontextabhängigkeit der Textsignale liegt darin, die Textsignale als Ausgangspunkt für eine intensivere Suche nach möglichen Motivationen zu wählen.

Darüber hinaus darf nicht vergessen werden, auch alternative Deutungsmöglichkeiten für die Textsignale einzubeziehen, da sonst eine Konfrontation des Vorstands mit dem

---

[52] So ist Beispiel 6 de facto in vielen Lageberichten anzutreffen. Wäre dieses Textsignal bei dem in Beispiel 6 betrachteten Unternehmen bereits über Jahre aufgetreten, wäre es als Signal nur eingeschränkt brauchbar gewesen.

[53] Vgl. Nünning (2005), S. 90 f.; Nünning (1998), S. 23.

Textsignal argumentativ leicht ausgehebelt werden kann. So bleibt es Deutung, welche möglichen Gründe für das Auftreten der Textsignale zu einer eigenen Interpretation vereinheitlicht werden.[54] Fraudulent Statements sind nur eine mögliche Interpretationsstrategie.[55] Widersprüche können auch durch einfache Unachtsamkeiten des Geschäftsberichterstellers resultieren, der vergessen hat, zwei verschiedene Quellen, aus denen die Informationen entnommen wurden, miteinander abzugleichen, oder Ergebnis der Arbeitsteilung zwischen verschiedenen Personen bei der Erstellung des Geschäftsberichts sein.[56] Allgemeinheit wiederum kann auch als Folge von umfangreichen Informationsverdichtungen über viele Hierarchiestufen des Unternehmens resultieren. Hier ist vor der Diskussion in zwei Schritten vorzugehen. Deren erster beinhaltet, mögliche alternative Deutungsmöglichkeiten durchzugehen, indem sie geprüft und ausgeschlossen werden. Deren zweiter besteht in der Suche nach weiteren Textsignalen – so wird die Interpretationsstrategie Fraud immer robuster, je heterogener die angetroffenen Textsignale ausfallen, weil alternative Deutungsmöglichkeiten in der Regel nur für ein Textsignal greifen, nicht aber für alle.

▶ **Beraterhinweis** In der Praxis lässt sich der Hintergrund von mit Textsignalen behafteten und darum verdächtig erscheinenden Passagen aus Sicht eines Aufsichtsrats am besten überprüfen, indem ohne Beisein des Vorstandes das Gespräch mit dem Wirtschaftsprüfer gesucht wird und dieser zu Hintergründen der Formulierung befragt wird. Diese Strategie ist selbst dann vielversprechend, wenn keine Verdachtsmomente auftreten – dann bietet es sich nämlich an, gezielt zu fragen, welche Sachverhalte im Rahmen der Abschlussprüfung die meisten Diskussionen auslösten.[57]

Gerade angesichts des Zeitdrucks, unter dem Geschäftsberichte in der Praxis erstellt werden, dürften die Textsignale bei Fraudulent Statements häufig auftreten. Insofern lohnt es sich, trotz der Grenzen des Ansatzes, bei dem Antreffen von einem oder mehreren Textsignalen detailliertere Analysen anzustreben.

7.4 Forensische Datenanalyse

Mehr als 90 % aller geschäftlichen Dokumente werden heutzutage elektronisch erstellt, und ca. 30 % davon werden niemals ausgedruckt. Waren früher somit die Unternehmensinformationen hauptsächlich Dokumente in Schriftform, haben mit der Digitalisierung der Geschäftsprozesse die elektronisch vorgehaltenen Daten diese Rolle eingenommen. Dabei decken diese Daten ein Spektrum aller Geschäftsvorgänge ab: Vereinbarungen mit

[54] Vgl. Manns (2005), S. 14.

[55] Vgl. Allrath (1998), S. 60.

[56] Vgl. Fludernik (2005), S. 40.

[57] Vgl. Grottke, StB 2013, S. 540.

Kunden und Partnern werden per E-Mail getroffen, Geschäftsberichte und Verträge sind in Textverarbeitungs- oder PDF-Dateien gespeichert, Listen und Aufstellungen sind in Tabellenblättern erfasst und Absprachen über technische Details liegen in Präsentationen oder digitalen Zeichnungen vor. Das Medium E-Mail veränderte sich in den letzten Jahren von einem Kommunikationsmittel zu einem Dokumentationsmedium und die relevanten Informationen liegen massenweise unstrukturiert und häufig zu Hunderten im Status „Ungelesen" in den E-Mail-Postfächern der Mitarbeiter. Nicht nur der Umfang der digitalen Informationen nimmt in den Unternehmen ständig zu, auch die Anzahl der Formate, in denen diese Inhalte abgelegt werden, steigt.

7.4.1 Arten von Datenanalysen

In der Praxis wird zwischen „strukturierten Daten" und „unstrukturierten Daten" unterschieden:

- **Strukturierte Daten** sind Informationen, die in einer bestimmten Weise einheitlich strukturiert sind und eine inhaltliche Verknüpfung untereinander aufweisen. Sie sind üblicherweise in Datenbanken abgespeichert und neben der Datenstruktur auch durch die Operationen auf diesen Daten miteinander verknüpft. Strukturierte Daten sind Grundlage und Dokumentation der regelmäßigen Geschäftsprozesse der Unternehmen. Man findet sie in Finanzbuchhaltungssystemen, in der Materialwirtschaft, in der Logistik und in vielen Fachanwendungen. Für Anwendungen mit einem besonders großen Volumen an strukturierten Daten, wie beispielsweise elektronischen Handelssystemen, Internetportalen oder ähnlichen Datenbeständen hat sich der unspezifische, aber plakative Begriff „Big Data" eingebürgert.
- **Unstrukturierte Daten** sind dagegen solche Daten, die keine gemeinsame innere Struktur aufweisen. Dazu gehören praktisch alle Dateien der üblichen Office-Anwendungen, wie Textdokumente, Tabellenkalkulationsmappen, Präsentationen, E-Mails, Fotos, Audio- und Videodateien. Dazu kommen die Protokolle oder Auszüge der neueren Kommunikationsmöglichkeiten via SMS, Blogs, Skype, verschiedenen Messenger-Programmen, Facebook, Twitter oder anderen sozialen Netzwerke. Sie liegen typischerweise auf lokalen Festplatten oder in Datei-Systemen auf Servern vor. Jeder Dateityp kann dabei eine eigene, technische Struktur aufweisen, jedoch besteht zwischen den Inhalten keine übergreifende Relation.

Die Gesamtheit aller Daten, einschließlich der noch-nicht-digitalisierten Alt-Daten in Form von Formularen, Mikro-Fiches[58] und auf Papier können und müssen teilweise bei einer Analyse einbezogen werden.

[58] Mikrofiche: Mikroplanfilm als analoges Speichermedium zur Archivierung von Daten, in dem gedruckte Vorlagen verfilmt und stark verkleinert werden; in Bibliotheken z. B. bei Zeitschriftenarchivierung verwendet.

7.4.2 Analyse unstrukturierter Daten

Die systematische Analyse des unstrukturierten Datenbestandes dient häufig der Suche nach Hinweisen oder Beweisen für Absprachen zwischen internen oder mit externen Personen.

▸ **Beraterhinweis** Bevor es an die Erfassung und Aufbereitung der Daten geht, sollte geklärt werden, welche Daten oder Datenträger tatsächlich zu berücksichtigen und auszuwerten sind. Sind neben den Backup-Bändern auch lokale PC-Daten oder solche von firmeneigenen Notebooks, Mobiltelefonen oder Mobilgeräten zu berücksichtigen? Dabei sind die Vorgaben zum jeweiligen Datenschutz zu beachten. Auch sollten Überlegungen zum Finden und Eliminieren von mehrfach enthaltenen Datenobjekten (z. B. mehrmals das selbe E-Mail) zwecks Reduktion des Umfangs und Vermeidung redundanter Sichtungen angestellt werden. Hierbei ist abzuwägen, ob die Kenntnis der Verbreitung von E-Mails oder anderen Datenobjekten oder die Vermeidung mehrfacher Bearbeitung desselben Objektes im Einzelfall als wichtiger eingestuft wird.

7.4.2.1 Beweismittelsicherung

Für die Analyse der unstrukturierten Daten werden die digitalen Datenbestände zunächst gerichtsverwertbar gesichert (DER – Digital Evidence Recovery). Dabei können gelöschte oder beschädigte Daten im Rahmen der technischen Möglichkeiten wiederhergestellt werden. Auch ist es möglich, verschlüsselte Dateien gezielt zu suchen und zu öffnen oder das EDV-Nutzungsverhalten der Benutzer zu rekonstruieren, sofern eine qualifizierte juristische Einzelfallprüfung vorab eine rechtliche Zulässigkeit für den auslösenden Einzelfall ergeben hat.

Die Sicherung der digitalen Beweismittel wird bei Netzwerkbeständen und Festplatten häufig in Form einer Festplattenspiegelung durchgeführt. Dabei gibt es zwei wesentlich unterschiedliche Arten der Datenspiegelung, zum einen die Vollkopie, bei der eine Festplatte auf eine gleichgroße (oder geringfügig größere) Festplatte übertragen wird und zum anderen die Image-Erstellung, bei der das Quellmedium in eine oder mehrere Dateien innerhalb der Zielplatte übertragen wird. Die Festplattenkopie wird häufig parallel auf zwei Zielmedien abgesichert. Dies ermöglicht die getrennte Behandlung einer Arbeitskopie, die zur Durchsuchung der Festplatte genutzt werden kann, und einer Beweiskopie, die unmittelbar versiegelt und archiviert werden kann. Durch die Erstellung von Festplatten-Imagedateien anstelle von Festplatten-Vollkopien können mehrere Medien auf einer Ziel-Festplatte zusammengefasst werden.

E-Mail-Postfächer und bewegliche Datenträger wie Mobiltelefone und Tablet werden in anderen Verfahren sichergestellt. Für diese Vorgänge ist die richtige Hard- und Software nötig und es ist hilfreich, einen Schreibschutz-Adapter zu nutzen, der das Überschreiben des Quellmediums bei korrekter Anwendung ausschließt.

Bis vor wenigen Jahren waren die Größen von Quell- und Zielmedium ähnlich. Dies führte in der Anfangszeit zur Erstellung von Vollkopien als Standardprozess. Durch die technische Entwicklung haben sich die Kapazitäten der Festplatten jedoch in den letzten Jahren sehr schnell geändert. Die Festplattenkapazität der verfügbaren Zielmedien hat sich schneller verändert, als die der in den Unternehmen eingesetzten PC-Festplatten, also der Quellmedien. Dies führt aktuell zur Erstellung von Imagedateien als Standardprozess.

Am Ende des Sicherungsprozesses kann durch die genutzte Software eine eindeutige Prüfziffer, der sogenannte Hashwert, errechnet werden. Bei der kleinsten Abweichung der Daten oder Veränderung des Zielmediums ergäbe die Überprüfung eine andere Prüfziffer und der Sicherungsvorgang sollte wiederholt werden. So kann das Fehlerrisiko zwischen Quell- und Zielmedium minimiert werden und die Authentizität der Kopie ist beweisbar. Falls das Quellmedium weiter im Einsatz bleibt, kann zum Abgleich der Authentizität der dokumentierte Wert der Prüfziffer zum Zeitpunkt der Kopieerstellung verwendet werden. Eine entsprechende schriftliche Dokumentation des gesamten Sicherungs- und Speichervorgangs ist natürlich unverzichtbar.

Praxisbeispiel

Ein mittelständisches Unternehmen hat einen anonymen Hinweis erhalten, dass eine Gruppe von Mitarbeitern im Rahmen der Arbeitszeit und unter Nutzung dienstlicher Ressourcen einen Webshop betreiben würde. Weitere Details enthielt der Hinweis nicht. Die Unternehmensleitung vermutete, dass Mitarbeiter der EDV-Abteilung in die Vorwürfe verwickelt sein mussten. Entsprechend war für die Beweismittelsicherung zu berücksichtigen, dass sich die Server mit dem vermuteten Webshop im speziell gesicherten Serverraum mit den anderen Servern befinden würden und dass eine Vollsicherung aller Server vom technischen Aufwand nicht vertretbar gewesen wäre. Da man die EDV-Administration nicht vor der Aufklärung einbeziehen wollte, war eine Analyse und logische Kartierung der EDV-Landschaft als vorausgehender Schritt durchzuführen. Der aktuelle Trend der Virtualisierung von Servern auf eine geringere Anzahl physikalisch vorhandener Maschinen erhöht die Anforderungen an die Versiertheit des Sonderuntersuchungsteam zusätzlich.

▸ **Beraterhinweis** Die Analyse elektronischer Unternehmensdaten (Electronic Discovery) im Prozessfall gewinnt immer mehr an Bedeutung. Insbesondere in Ländern mit angelsächsisch geprägtem Rechtssystem werden bei zivilrechtlichen Prozessen beklagte Unternehmen häufig dazu verpflichtet, Beweismaterialien für Ermittlungen der Klägerseite bereitzustellen. In Deutschland hat das Thema Electronic Discovery über Mutter- oder Tochtergesellschaften Einzug gefunden. Dabei wird noch nicht der Stellenwert wie in der amerikanischen Rechtspraxis erreicht, wir erleben jedoch eine kontinuierliche Zunahme der Fälle. Vor dem Hintergrund des deutschen Datenschutzes kann sich durch eine ausländische Herausgabeverpflichtung durchaus eine Dilemma-Situation ergeben.

Eine vorbeugende Sicherung digitaler Beweismittel zur Absicherung für eventuell bevorstehende Auseinandersetzungen oder zumindest die planmäßige Vorbereitung des Sicherungsprozesses im Sinne einer „Litigation Readiness" ist für jedes Unternehmen mit großem digitalem Datenbestand geboten und es ist absehbar, dass die digitale Beweiserhebung auch in Deutschland und anderen europäischen Ländern zunehmen wird.

7.4.2.2 Analyseverfahren

Die auf den Festplatten gespeicherten Images sind zunächst nicht direkt analysierbar und können nur durch bestimmte Software aufbereitet und eingesehen werden. Bei der Datenaufbereitung ist besonders auf die gründliche Suche nach wiederherstellbaren gelöschten Dateien oder Dateifragmenten sowie auf die Zulässigkeit der Öffnung verschlüsselter Dateien zu achten. Auch hier sollte die Vorgehensweise genau dokumentiert werden.

Nach der Datenaufbereitung wird die Analyse mittels Analysesoftware durchgeführt. Diese Softwarekategorie entwickelt sich seit Jahren kontinuierlich weiter. Durch Suchworte werden Cluster gebildet und die unstrukturierten Daten werden zu inhaltlichen Datenclustern zusammengefasst. Bei der Analyse sollte auf die richtige Balance zwischen den Ähnlichkeitsmerkmalen, der Clusterbildung und der Analysemöglichkeit geachtet werden, um die Ergebnisse für weitere Auswertungen sinnvoll nutzen zu können. Bei neuerer Analysesoftware können die Schlagworte auch automatisch zusammengestellt und praktikable Cluster gebildet werden.

7.4.3 Analyse strukturierter Daten

Im Rahmen der Analyse wirtschaftskrimineller Handlungen dient die systematische Analyse eines strukturierten Datenbestandes häufig der Aufdeckung doloser Handlungen durch interne oder externe Personen.[59] Außerhalb der Analyse von Wirtschaftskriminalität dient die Auswertung strukturierter Datenbestände häufig der Aufdeckung von bisher unbekannten Mustern oder Zusammenhängen. Ein bekanntes Beispiel ist die Suche nach typischen Verhaltensmustern von Online-Käufern, um sie danach zu Kundensegmenten zusammenzufassen und sie sodann durch Zielgruppen-gerechte Werbung zu mehr Umsatz zu animieren.

Auf Grundlage des Abgleichs der Datenbestände mit spezifischen Key Fraud Indicators oder durch Modellierung von schädigenden Handlungsmustern werden Auffälligkeiten ermittelt und einer inhaltlichen Beurteilung zugeführt. Dabei kommen Datenbestände zum Einsatz, die üblicherweise bereits in wohl dokumentierten Datenbanken gespeichert vorliegen. Eine Übersicht und Abgrenzung der auszuwertenden Datenmenge ist in der Praxis leichter möglich als bei den unstrukturierten Datenbeständen. Dennoch ist die Beschaffung der zu analysierenden Daten gründlich zu planen, da diese eine erhebliche Größe erreichen können und direkt aus dem System entnommen werden müssen. Um die Arbeit am Produktiv-System des Unternehmens nicht zu beeinflussen, wird häufig eine Kopie der

[59] Vgl. Meyer.

Datenbank erstellt und analysiert. Oft werden zunächst nur bestimmte Systemabschnitte oder Teilbereiche für erste Tests genutzt.

Vor der Analyse der Daten sollten diese zunächst verstanden und die von den Unternehmen gemachten Annahmen überprüft werden. Die anschließende Analyse der Daten erfolgt dann häufig zuerst mit Regelsets und danach über individuelle Abfragen.

7.4.3.1 Massendatenanalysen mittels Regelsets

Bestehende und erprobte Abfragen zu einem Themengebiet werden überwiegend zu Regelsets oder Modulen zusammengefasst. Dies ermöglicht eine einheitliche Vorgehensweise über mehrere Aufträge oder Landesgrenzen hinweg und vereinfacht die Erstellung von Produktblättern, Prozessdokumentationsvordrucken und Marketingmaterial. Aufgrund des effizienten Abarbeitungsprozesses eignen sie sich gut für erste Analysen. Typischerweise beginnen solche Analyseläufe mit statistischen Übersichten, die das Grundverständnis des vorliegenden Datenbestandes vertiefen (explorative Analysen), einschlägigen Schichtungen und Gruppierungen, bevor sie dann in den fachspezifischen Analyseteil übergehen. Regelsets decken häufig auch Compliance-Fragestellungen ab, in dem sie über charakteristische Indikatoren Spuren vermuteten Fehlverhaltens nachweisen. Ein wichtiger Bestandteil der Massendatenanalysen mittels Regelsets ist die Qualitätssicherung der Tätigkeiten über interne Kontrollen und Vergleiche der Ergebnisse einzelner Abfragen zueinander.

Praxisbeispiel

In der Praxis werden bei der Analyse großer Datenbestände stets Annahmen über die Daten oder über Zusammenhänge zwischen den Daten verwendet. Dies kann mehr oder weniger offensichtlich sein: „Ein Kunde hat stets mindestens einen Vertrag" oder „Buchungen sind stets ausgeglichen zwischen Soll- und Haben-Beträgen" oder „Zu jedem Detaildatensatz gibt es mindestens einen Stammdatensatz". Es lohnt sich, Annahmen vorab zu überprüfen. Einige werden sich dann als nicht haltbar herausstellen. Es lohnt sich weiterhin zu überlegen, welche Annahmen überhaupt implizit getroffen werden.

7.4.3.2 Individuelle Massendatenanalysen

Gegenstand individueller Datenanalysen im Rahmen forensischer Sonderuntersuchungen ist häufig die Suche nach einem Handlungsmuster, das der oder die Täter angewandt haben können. Täter bedienen sich in der Regel wenig bekannter Schwachstellen im Kontrollsystem, zum Beispiel in der Freigabe von Vorgängen oder von Überberechtigungen. Das zu suchende Verhalten wird zunächst unter Einbeziehung fachlicher Expertise und von Detailkenntnissen über das Unternehmen gedanklich modelliert und die Daten werden dann durch individuelle Abfragen analysiert. Ziel ist es zunächst, die inneren Zusammenhänge der Datentabellen besser zu verstehen. Nur dadurch ist es möglich, unauffällige und auffällige Datensätze oder Vorgänge voneinander zu trennen. Im weiteren Verlauf versucht das Untersuchungsteam Spuren oder Nachweise des gedanklich modellierten Handlungsablaufs zu finden bzw. den in der Regel unternehmensschädigenden Ablauf nachzubilden. Hierbei können natürlich auch ganz neue Sachverhalte entdeckt werden.

Bei mittelständischen Unternehmen ist die Kategorie der Standard-Audit-Software-Pakete eine Hilfe für die Analyse. Für große Datenbestände aus großen Unternehmen wird dagegen oft eine eigene Datenbank angelegt. Ein Problem bei großen Datenbeständen kann auch die Zusammenführung getrennter Datenbestände aus mehreren Anwendungen werden, zum Beispiel nach einem Systemwechsel oder bei getrennten Standorten oder Firmenteilen. Dies sollte vor der Analyse berücksichtigt werden.

Nützlich bei diesen Analysen können auch statistische Tests wie Regressions- oder Signifikanztests oder Benford-Analysen sein.

Die Ergebnisse der individuellen Datenanalysen können für Bewertungen von IT-Berechtigungen und von Prozessen der Berechtigungsvergabe für Netzwerke und Anwendungen oder für die Analyse und Bewertung von IT-Abteilungen hinsichtlich ihrer Effizienz, Effektivität, Aufgabentrennung und Dokumentationspflichten genutzt werden.

▸ **Beraterhinweis** Die großen Wirtschaftsprüfungsgesellschaften haben in den letzten Jahren jeweils eigene Software zur Analyse großer Datenbestände entwickelt. Diese basieren auf einem generischen Unternehmensmodell und entsprechenden Routinen für das Erkennen von Fraud-Verdachtsfällen in Datenbeständen – z. B. in den Bereichen Einkauf / Beschaffung, Personal oder Vertrieb. Hierbei finden sowohl generische als auch branchenspezifische Prozesse Berücksichtigung, so dass Kontrollschwächen und -lücken in den Unternehmen identifiziert und analysiert werden können. Dies beinhaltet die Durchführung eines Fraud Risk Assessments und Scoring von Key Fraud Indicators zur späteren Bewertung von Auffälligkeiten, die systematische Untersuchung und Auswertung strukturierter Datenbestände durch standardisierte Testszenarien, die Ergänzung der Auswertung durch branchen-, unternehmens- oder prozessspezifische Tests, die statistische Auswertung über spezifische Handlungsmuster, die Identifikation von Anomalien zur Verbesserung der Prozessqualität und -konsistenz und die forensische Plausibilisierung zur Sicherstellung hoher Datenqualität und -Integrität.

7.4.3.3 Datenvorbereitung

Daten, die man zur Analyse erhält, sind nicht immer direkt für die Analyse geeignet. Oft weisen sie die merkwürdigsten Formate auf. Im Prinzip erhält man stets Textdateien, auch ASCII-Dateien genannt. In der Praxis sind diese aber häufig durchsetzt mit Kopf- und Fußzeilen für eine Druckaufbereitung, enthalten Sonderzeichen wie z. B. zum Seitenvorschub oder wiederholte Überschriftenzeilen, nicht benötigte Gruppensummen oder andere Textzeilen, die keine Datenzeilen sind. Manchmal sind die angeforderten Datensätze auch über mehrere Textzeilen gestreckt oder enthalten Detaildatensätze aus untergeordneten Tabellen in eingerückten Textzeilen. Es gibt verschiedene Wege, solche Rohdaten in die Datenbank zu importieren oder sie zuerst in ein importfähiges Format zu wandeln. Man sollte jedoch bei der Zeit- und Aufwandsplanung diesen Punkt nicht übersehen.

7.4.3.4 Datenvisualisierung

Genauso wie Rohdaten nicht immer sofort zur Analyse geeignet sind und aufbereitet werden müssen, sind auch Ergebnisse von Datenanalysen nicht immer direkt zum allgemeinen Genuss geeignet. Ergebnisse sind häufig viel besser verständlich, insbesondere für einen nicht an der Analyse beteiligten Berichtsempfänger, wenn diese in Form von Abbildungen oder Diagrammen geeignet dargestellt werden. Dabei kommt es darauf an, die beabsichtigte Aussage klar und verständlich in einen inhaltlichen Kontext zu setzen.

Dabei macht man sich zu Nutze, dass das menschliche Auge und Gehirn komplexe Bilder und Anordnungen viel leichter erfassen können, als die kürzesten Zahlenreihen. Deswegen dürfen gute Visualisierungen auch mehrere Hundert Werte enthalten, wenn sie diese clever einpacken und dem Leser durch genügend Kontext das Verständnis ermöglichen. Es hat sich bewährt, in solchen Grafiken keine Zahlen einzutragen, sondern die Kurven, Säulen, Linien oder was auch immer für sich sprechen zu lassen. Jede Zahl würde da nur von der eigentlichen Aussage ablenken.[60]

7.4.4 Rechtlicher Rahmen

Für alle Datenanalysen sind die datenschutzrechtlichen Bestimmungen der einschlägigen Gesetze, darunter mindestens das Bundesdatenschutzgesetz (BDSG, unter besonderer Berücksichtigung der Änderungen aus der Novellierung per 30. September 2009), das Telekommunikationsgesetz (TKG) sowie gegebenenfalls das Betriebsverfassungsgesetz (BetrVG) zu beachten. Gerade bei der Analyse von Arbeitnehmerdaten oder anderen personenbezogenen Daten ist vorher zu prüfen, welche Analysen nach dem am Ort der Analyse geltenden oder für die zu analysierenden Daten anzuwendenden Gesetz zulässig sind.

7.4.5 Interpretation und Ableitung von Prüfungshandlungen

7.4.5.1 Zielsetzung einer forensischen Massendatenanalyse

Die forensische Massendatenanalyse ist ein Hilfsmittel bei der systematischen Identifizierung von Fraud-Auffälligkeiten. Wesentliches Merkmal der forensischen Massendatenanalyse ist die graphische Aufbereitung strukturierter Daten. Unterliegt die Interne Revision der Einschätzung durch den Abschlussprüfer (PS 321) bzw. aufsichtsrechtlicher Vorschriften (MaRisk bei Kreditinstituten), unterstützt die forensische Massendatenanalyse zudem die Einhaltung der geforderten beruflichen Sorgfaltspflichten (Revisionsstandard Nr. 3 Qualitätsmanagement in der Internen Revision des Deutschen Instituts für Interne Revision e. V.); u. a. Planung, Durchführung und Follow up von Prüfungen.

[60] Vgl. Meyer, Kap. 15.

7.4.5.2 Aufbau und Besetzung der Projektteams

Eine interdisziplinäre Zusammensetzung des Projektteams durch Mitarbeiter der IT-Revision sowie Mitarbeiter der Fachrevision des jeweiligen Untersuchungsgebietes stellt sicher, dass diese Experten ihr Fachwissen zielgerichtet einbringen. Zum einen übernimmt die IT-Revision u. a. die Einspielung der zu analysierenden Daten sowie die technische Umsetzung der Analysen inklusive der graphischen Aufbereitung. Zum anderen unterstützt die Fachrevision die Analysetätigkeiten mit ihrem speziellen Know-how auf dem zu untersuchenden Gebiet, u. a. bei der Definition von Auffälligkeiten (Red Flags) sowie bei der Interpretation der Ergebnisse. Aufgrund der engen Zusammenarbeit im Projektteam ist eine zeitnahe Reaktion auf die identifizierten Auffälligkeiten gewährleistet.

7.4.5.3 Durchführung der Analysen und Interpretation der Prüfungsergebnisse

Zu Projektbeginn werden zunächst mittels eines sogenannten „Walk Through" die grundlegenden Prozessabläufe des zu untersuchenden Gebietes, die dabei involvierten EDV-Systeme sowie die bestehenden internen Kontrollen ermittelt und dokumentiert. In der sich anschließenden Analysearbeit werden ausgehend von der Prozesserhebung im Vorfeld für die einzelnen Untersuchungsgebiete zunächst Hypothesen formuliert, wie durch Kombination von Datenfeldern Red Flags in sinnvolle Datenanalysen umgesetzt werden können. Diese Red Flags beinhalten neben den typischen Auffälligkeiten (z. B. Buchungen zu außergewöhnlichen Uhrzeiten und an Feiertagen) auch die Identifikation von individuellen Handlungsmustern (z. B. nachträgliche Änderungen bereits abgeschlossener Geschäftsvorfälle). Das Resultat dieser Analysearbeit besteht in einem Datenbeschaffungsauftrag sowie SQL- oder Skript-Programmieraufträgen, die anschließend ausgeführt und im Rahmen von Queries (Abfragen) auf die erhobenen Datenbestände angewendet werden. Mittels graphischer und mehrdimensionaler Illustration werden die Untersuchungsgebiete dargestellt und die Ergebnisse der Analysen miteinander kombiniert. Dies ermöglicht eine hohe Informationsdichte, die für das Projektteam in einer einfachen und visualisierten Form dargestellt ist. Somit ist das Projektteam in der Lage, Auffälligkeiten schnell zu erkennen, um ggf. weitere Analysen zu kreieren. Anschließend erfolgt die Überprüfung der auffälligen Geschäftsvorfälle durch die jeweilige Fachrevision, um mögliche dolose Handlungen aufzudecken. Als Ergebnis ist festzuhalten, dass die forensische Massendatenanalyse eine Sonderuntersuchung in drei Schritten unterstützt.

7.4.5.3.1 Erkennen von Trends und Identifizierung von Untersuchungsgebieten

Im ersten Schritt dient die forensische Massendatenanalyse dazu, bei der Prüfungsplanung die Untersuchungsgebiete zu identifizieren. Davon ausgehend, dass im Unternehmen eine Vielzahl von Prozessen bestehen, die alle mehr oder weniger Fraud-anfällig sind, werden in diesem Schritt mit Hilfe der forensischen Massendatenanalyse die Untersuchungsgebiete identifiziert, die für das Projektteam oder die Entscheidungsträger im Unternehmen als auffällig erscheinen, z. B. die Abweichung der Entwicklung einzelner Geschäftsfelder von der Risikostrategie des Unternehmens. Somit können Prioritäten gesetzt werden. Dieser erste Schritt unterstützt die Interne Revision bei der Prüfungsplanung und stellt eine optimierte und risikoadjustierte Ressourcenallokation sicher.

Praxisbeispiel

Der Prüfungsplan der Internen Revision einer großen Einzelhandelskette sieht in diesem Jahr eine detaillierte Prüfung des Einkaufs vor. Die Interne Revision setzt zum ersten Mal die forensische Massendatenanalyse ein und stellte bei der durchgeführten Trendanalyse aller Einkaufsdivisionen auffällige Entwicklungen im Bereich „Ausländische Milchprodukte" fest. Das Projektteam legt deshalb fest, dieses Untersuchungsgebiet weiter zu analysieren.

7.4.5.3.2 Bestimmung von Untersuchungsschwerpunkten

Basis für die Bestimmung der Untersuchungsschwerpunkte bilden die im ersten Schritt identifizierten Untersuchungsgebiete. Die weiteren fokussierten Analysen dienen in diesem zweiten Schritt der Einarbeitung des Projektteams in die Untersuchungsmaterie, der Detailplanung des Untersuchungsablaufes sowie der Bildung von Untersuchungsschwerpunkten (Vorauswahl) anhand analytischer Untersuchungshandlungen.

Auf Basis der bestehenden Datenstrukturen der Untersuchungsgebiete werden Analysen entwickelt, um auffällige Geschäftsvorfälle zu identifizieren.

▸ **Beraterhinweis** Die Auswahl der Untersuchungsschwerpunkte sollte zehn Kriterien nicht überschreiten. Deshalb empfiehlt es sich, bereits im Vorfeld die Untersuchungsschwerpunkte mit den Red Flags zu priorisieren, deren Wahrscheinlichkeit einer Aufdeckung von dolosen Handlungen am höchsten ist. Zudem ist es notwendig, die forensischen Erfahrungen des Projektteams mit einzubeziehen. Verfügt das Projektteam nicht über einschlägige Expertisen, ist es ratsam, speziell ausgebildete Mitarbeiter bzw. externe Spezialisten zur Unterstützung hinzuzuziehen.

Anhand der festgelegten Untersuchungsschwerpunkte werden die Daten graphisch aufbereitet. Anschließend erfolgt eine Interpretation und Würdigung der Ergebnisse durch das Projektteam. Ziel ist es, zu klären, ob die identifizierten Auffälligkeiten plausibel oder ob weitere Untersuchungshandlungen notwendig sind.

Praxisbeispiel (Fortführung von oben)

Dieser Schritt unterstützt das Projektteam, die weitere Untersuchung des Untersuchungsgebietes „Ausländische Milchprodukte" zu planen. Als ein Untersuchungsschwerpunkt wurde vom Projektteam festgelegt, das Verhalten einzelner Einkäufer zu bestimmten Molkereien in Bezug zu den verhandelten Preisen zu analysieren. Dabei wurden vom Projektteam Auffälligkeiten bei mehreren Einkäufern in Südeuropa festgestellt. Die weiteren durchgeführten Analysen führten zu dem Ergebnis, dass die Auffälligkeiten nicht erklärbar waren. Das Projektteam beschloss daraufhin, die Interne Revision der jeweiligen Länder hinzuzuziehen, um das Projektteam zu ergänzen.

7.4.5.3.3 Risikoorientierte Stichprobenauswahl

Die Ergebnisse aus der Bestimmung der Untersuchungsschwerpunkte dienen im dritten Schritt als Basis für eine risikoorientierte Stichprobenauswahl. Sollte sich bei der Würdigung der Ergebnisse im zweiten Schritt ergeben, dass die identifizierten Auffälligkeiten nicht erklärbar sind, werden gezielte Analysen zur Unterstützung der sich anschließenden Untersuchungsdurchführung notwendig. Diese dienen der konkreten Bestimmung des Untersuchungsumfangs sowie des bestehenden Risikopotenzials des zu untersuchenden Gebietes. Die Detailanalysen ermöglichen dem Projektteam eine gezielte Auswahl von tendenziell risikobehafteten Geschäftsvorfällen. Die in dieser Stichprobe bestimmten Geschäftsvorfälle werden von der Fachrevision auf mögliche dolose Handlungen bzw. weitere Auffälligkeiten untersucht.

Praxisbeispiel (Fortführung von oben)

Während der Durchführung der Detailanalysen wurden vom Projektteam konkrete Geschäftsvorfälle identifiziert, die auf dolose Handlungen hinweisen. Mit dem dritten Schritt wurde die Stichprobenauswahl risikoorientiert eingegrenzt. Die identifizierten Geschäftsvorfälle werden anschließend von der jeweiligen Fachrevision weiter untersucht.

7.4.5.4 Weitere Anwendungsmöglichkeiten

7.4.5.4.1 Erweitertes Informationsspektrum zur Prüfung des Risikomanagementsystems

In der grundsätzlichen Verantwortung der Internen Revision liegt die Überwachung des Risikomanagementsystems.[61] Insbesondere ist ihre Aufgabe das Feststellen von Mängeln, die Empfehlung geeigneter Verbesserungsmaßnahmen sowie die Überwachung der Umsetzung. Um dieser Verantwortung gerecht zu werden, benötigt die Interne Revision detaillierte Kenntnisse über die Prozesse im Unternehmen sowie über deren internes Kontrollsystem. Zudem muss die Interne Revision über Informationen der bestehenden Chancen und Risiken zur künftigen Unternehmensentwicklung verfügen, um die Umsetzung der Maßnahmen zum Risikofrüherkennungssystem sowie die Angemessenheit der eingeleiteten Maßnahmen bei einem sich wandelnden Umfeld prüfen zu können.

▸ **Beraterhinweis** Die Interne Revision kann bei der Gewinnung der für diese Aufgaben notwendigen Informationen nur eingeschränkt auf das Risikoreporting zurückgreifen, da dieses in vielen Fällen Bestandteil des Risikomanagementsystems ist. Es empfiehlt sich daher, die notwendigen Erkenntnisse aus „unabhängigen" Datenquellen herzuleiten.

[61] Vgl. Revisionsstandard Nr. 2 des Deutschen Instituts für Interne Revision e. V.: Prüfung des Risikomanagement durch die Interne Revision, abrufbar unter: http://www.diir.de/fileadmin/fachwissen/standards/downloads/Revisionsstandard_Nr._2.pdf [26.05.2015].

Mit Hilfe der forensischen Massendatenanalyse ist die Interne Revision von den Daten aus dem Risikomanagementsystem weitgehend unabhängig, da diese ungefiltert auf die Rohdaten in den Primärsystemen zurückgreift. Erfolgen diese Analysen standardisiert, verringert sich der Aufwand für diese Art der Informationsbeschaffung.

7.4.5.4.2 Nachverfolgung der Prüfungsergebnisse

Die Überwachung der fristgerechten Beseitigung festgestellter Mängel kann die Interne Revision mit Hilfe der forensischen Massendatenanalyse nachweisbar unterstützen, indem sie die relevanten Analysen nach der Erledigungsmeldung des zuständigen Bereiches erneut durchführt.

7.4.5.4.3 Mögliche Untersuchungsgebiete

Die forensische Massendatenanalyse kommt bei Prüfungen zum Einsatz, wenn eine manuelle Auswertung (Vollprüfung) aufgrund der hohen Anzahl an Daten nicht möglich ist und statistische Auswertungen ebenfalls nur einen begrenzten Aussagewert besitzen. Die Untersuchungsobjekte können sowohl spezielle Prüfungsgebiete (z. B. Einkauf) im Unternehmen als auch allgemeine interne Prozesse (u. a. Reisekosten, Spesenabrechnungen) beinhalten.

Die forensische Massendatenanalyse unterstützt nicht nur die Interne Revision bei ihren Aufgaben, sondern sie ist auch in weiteren Bereichen mit Überwachungsfunktionen, z. B. in Compliance-Abteilungen, übergreifend anwendbar.

> **Beraterhinweis** Die Analysen können in pseudonymisierter Form durchgeführt werden und beeinträchtigen nicht das Recht der Mitarbeiter auf Datenschutz. Es empfiehlt sich, bereits vor den ersten Analysen, die Daten, die auf einen bestimmten Mitarbeiter hinweisen, so zu ändern, dass Rückschlüsse auf die Person nur über Mapping-Tabellen möglich sind. Dies kann dadurch erreicht werden, dass dem Projektteam nur pseudonymisierte Daten zur Verfügung stehen (z. B. Aliasnamen). Die zugrundeliegende Mapping-Tabelle kann beispielsweise beim Leiter der Internen Revision verbleiben. Somit ist im konkreten Verdachtsfall ein Rückschluss auf auffällige Mitarbeiter möglich.

7.5 Hinzuziehung von externen Spezialisten

Externe Spezialisten sind externe Dritte, die das Unternehmen unter Einsatz spezialisierter Fähigkeiten und Technologie bei der Untersuchung eines Verdachts unterstützen. Hierbei kann es sich um spezialisierte Abteilungen von Wirtschaftsprüfungsgesellschaften, Rechtsanwaltskanzleien, aber auch um die Bundesanstalt für Finanzdienstleistungsaufsicht (BaFin) oder um die Interne Revision eines Unternehmens oder andere auf forensische Beratungsdienstleistungen spezialisierte kleine Anbieter (sog. „Boutiquen") handeln.

7.5.1 Nutzen für das Unternehmen

7.5.1.1 Unabhängigkeit

Studien haben herausgearbeitet, dass der typische Fraudster mindestens fünf Jahre im Unternehmen tätig ist, eine leitende Position innehat und hohes Vertrauen und Ansehen in seinem Kollegenkreis genießt. Gerade deshalb wird ein Verdacht auf dolose Handlungen von seinem Umfeld häufig ungläubig aufgenommen und eine Aufklärung der Ereignisse erschwert.

Daher ist bei Aufklärung von Verdachtsmomenten sowie der Entdeckung von möglichen weiteren dolosen Handlungen ein unverstellter Blick auf das Unternehmen und seine Prozesse unerlässlich. Nur so können etwaige Kontrollschwächen, die sich durch langjährige Gewohnheit oder die Ausnutzung von hohem Vertrauen zwischen den Kollegen gebildet haben, als solche erkannt werden.

Hier hat sich gezeigt, dass interne Mitarbeiter des Unternehmens zwar über eine gute Kenntnis des Unternehmens und ein hohes Detailwissen über die Prozesse verfügen, Kontrollschwächen aber oft nicht als solche erkennen, da sie als tägliche (und fälschlicherweise damit auch als richtige) Übung angesehen werden. Der externe Spezialist verfügt im Gegensatz dazu zwar nicht über die detaillierten internen Kenntnisse, kann aber durch seine tatsächliche Fremdheit die vorhandenen Prozesse besser auf ihre Funktionalität und Kontrollstärke hin überprüfen.

Darüber hinaus kann es vorkommen, dass die Identifikation des Mitarbeiters mit dem Unternehmen, die im Normalfall durch die Leitung des Unternehmens erwünscht ist und gefördert wird, hier umgekehrt zum Tragen kommt, so dass ein Mitarbeiter meint, im Sinne des Unternehmens zu handeln, wenn er belastende Informationen zurückhält und damit den Täter sogar schützt (sog. falsch verstandene Loyalität). Gegebenenfalls führt auch die Überzeugung, dass die „schon immer so" gewählten und ausgeführten Abläufe nicht geändert werden sollen, zu einer Abwehr von vorgeschlagenen, notwendigen Veränderungen. Auch hier ist festzustellen, dass ein externer Spezialist zum einen radikaler denkt, also auch für den Mitarbeiter zunächst fern liegende Möglichkeiten in Betracht zieht, als auch einen objektiveren Blick auf das Verbesserungspotenzial der Kontrollen und Prozesse hat.

Ein weiterer wichtiger Aspekt ist die Tatsache, dass ein externer Dritter weder von Unternehmenspolitik noch vom Vorgesetztenverhältnis beeinflusst wird und somit auch Vorschläge unterbreiten oder Kritik an bestehenden Prozessen anbringen kann, die einem Mitarbeiter aus eben diesen Gründen nicht möglich wären.

Wesentlicher Vorteil der Durchführung einer Sonderuntersuchung durch externe Dritte ist die Distanz zum Unternehmen. Zur Sicherung dieser Distanz müssen z. B. von jedem Mitarbeiter einer Wirtschaftsprüfungsgesellschaft die berufsständischen Normen u. a. zur Unabhängigkeit für diesen Berufszweig eingehalten werden. Die professionelle Unabhängigkeit gliedert sich in zwei Bereiche: Zum einen muss der externe Spezialist unabhängig im Geiste sein. Diese so genannte innere Unabhängigkeit betrifft die innere Einstellung, nur die für den vorliegenden Auftrag relevanten Aspekte zu betrachten. Zum anderen muss die äußere Unabhängigkeit erfüllt sein. Der externe Spezialist darf weder finanziell noch persönlich mit dem zu untersuchenden Unternehmen verbunden sein und insbesondere keinen eigenen Belange bei der Ausübung des Auftrags in Erwägung ziehen. Auch der Anschein dessen ist zu vermeiden.[62]

Diese normierte Unabhängigkeit, als auch die tatsächliche Fremdheit zum Unternehmen führen dazu, dass der externe Spezialist mit objektivem Blick die vorhandenen Sachverhalte untersuchen und aufklären kann. Weiterhin verfügt ein externer Spezialist aufgrund der tagtäglichen Auseinandersetzung mit Betrug, Unterschlagung und Bilanzmanipulationen über umfassende Erfahrung, wie er auch schwierige Fälle professionell untersucht und effizient Untersuchungsergebnisse erarbeitet. Auch verfügt er über ein großes Wissen an „Best Practices" anderer Unternehmen in den Bereichen Prozesse und Kontrollen, Ermittlungsvorgehen, Umgang mit Behörden und Umgang mit Beweismitteln, über die ein unternehmensinterner Ermittler zwangsläufig nicht verfügt.

Insgesamt ist es zu begrüßen, wenn externe Ermittler derartigen berufsständigen Normen unterliegen oder diese freiwillig beachten. Dies ist jedoch bei Nicht-Wirtschaftsprüfungsgesellschaften nicht zwingend der Fall.

7.5.1.2 Berufsrechtliche Verschwiegenheit

Ein wesentlicher weiterer Baustein einer professionellen Untersuchung ist die Verschwiegenheit des Ermittlers. Der verschwiegene Umgang mit Informationen ist ein unerlässlicher Schlüssel für die vollumfängliche und professionelle Untersuchung. So wünschen in vielen Ermittlungen die Hinweisgeber eine vertrauliche Behandlung von gegebenen Informationen, aber auch die verdeckte Ermittlung oder eine vorurteilsfreie Aufklärung bedingen Verschwiegenheit. Auch das untersuchte Unternehmen selbst beauftragt im Regelfall eine absolut vertrauliche Untersuchung, um möglichst selbst die an dem Vorfall interessierten Kreise (z. B. der Aufsichtsrat, die Öffentlichkeit, Medien) ggf. abgestuft unterrichten zu können.

Alle Angestellten einer Wirtschaftsprüfungsgesellschaft sind zur Verschwiegenheit verpflichtet. Die Verschwiegenheit ist nicht nur durch die berufsständischen Normen geregelt, sondern sogar verfassungs-, zivil- und strafrechtlich abgesichert und gilt auch bei beratenden Tätigkeiten.[63]

Informationen, die im „mittelbaren oder inneren Zusammenhang mit der Tätigkeit stehen"[64], dürfen zum einen nicht „unbefugt offenbart werden"[65], zum anderen müssen geeignete Vorkehrungen getroffen werden, dass die Informationen nicht durch andere Umstände bekannt werden. Die Pflicht zur Verschwiegenheit ist zeitlich unbegrenzt und gilt gegenüber jedem. Hierbei enthalten ist auch ein Verbot der Verwertung der Informationen für eigene Belange. Die Pflicht zur Verschwiegenheit führt zum Auskunftsverweigerungsrecht gegenüber Finanzbehörden oder der Wertpapieraufsicht sowie einem Zeugnisverweigerungsrecht in Prozessen.

---

[62] IDW, WP Handbuch 2006, A 284 ff.

[63] IDW, WP Handbuch 2006, A 335 ff.

[64] IDW, WP Handbuch 2006, A 340.

[65] IDW, WP Handbuch 2006, A 340.

Unter das Zeugnisverweigerungsrecht fallen auch Gegenstände, die der externe Spezialist vom Mandanten im Rahmen seiner Tätigkeit erhalten hat. Eine Beschlagnahmung dieser Gegenstände (z. B. Akten) durch Behörden ist daher nicht bzw. nur in Ausnahmefällen möglich.

Eine Befreiung von der Verschwiegenheit durch den Mandanten selbst ist z. B. möglich für die Durchführung von Interviews mit Auskunftspersonen oder für Auskünfte in einem Gerichtsverfahren. Eine Offenbarungspflicht hingegen besteht gegenüber dem Mandanten für Informationen, die der Spezialist aus anderen Quellen erfährt.[66]

Gerade bei der Aufklärung von Verdachtsmomenten bei Wirtschaftskriminalität ist Verschwiegenheit ein wesentlicher Erfolgsfaktor. Zum einen besteht in jeder Ermittlung die Möglichkeit, dass sich die Verdächtigungen als nicht haltbar erweisen. In diesem Fall hat das Unternehmen ein besonderes Interesse an der Geheimhaltung bzw. vertraulichen Durchführung der Ermittlungen, da sich oft allein die Tatsache der Durchführung von Ermittlungen bereits negativ auf die Reputation der betreffenden Personen auswirken kann. Sollten sich die Verdachtsmomente als zutreffend erweisen, so ist es für das Unternehmen wichtig, die Informationshoheit zu behalten und arbeitsrechtliche Konsequenzen und ggf. eine Strafverfolgung selbst initiieren zu können. Der Erfolg jeder Untersuchung wird durch das Ausmaß der zusicherbaren Verschwiegenheit gestärkt, da ein Unternehmen und deren Mitarbeiter dem externen Spezialisten nur dann alle Informationen vorbehaltlos zur Verfügung stellen werden, wenn sichergestellt ist, dass diese Informationen nur für die Ermittlung im Unternehmen genutzt werden und nicht nach außen dringen. Ein unternehmensinterner Ermittler hingegen kann von den unternehmensinternen Auskunftspersonen als „verlängerter Arm" der Unternehmensleitung (und damit des Arbeitgebers) angesehen werden. Damit werden für die Untersuchung relevante Auskünfte internen Ermittlern in der Regel zurückhaltender zur Verfügung gestellt bzw. mitgeteilt, als externen Ermittlern.

Die Verpflichtung zur Verschwiegenheit im Zusammenhang mit der gebotenen Unabhängigkeit zeigt sich zum Beispiel bei der Nutzung von externen Rechtsanwälten für sog. Hinweisgeber-Systeme. Mitarbeiter sind eher dazu bereit, ihren Verdacht zu äußern, wenn ihnen Anonymität zugesichert werden kann und sie sicher sein können, dass die Information nicht an Unbefugte gelangt.

Damit ist die Sicherstellung der Verschwiegenheit ein wesentlicher Erfolgsfaktor bei forensischen Sonderuntersuchungen.

7.5.1.3 Haftung

Das Risiko einer Pflichtverletzung im Rahmen der erbrachten Tätigkeiten führt direkt zum Risiko der Haftung. Generell gilt, dass der externe Spezialist unbeschränkt für eigene Pflichtverletzungen haftet. Eine Beschränkung erfolgt erst durch individuelle Vereinbarung oder durch Verwendung von allgemeinen Auftragsbedingungen. Die Haftung bei Wirtschaftsprüfungsgesellschaften zum Beispiel wird bei gesetzlich vorgeschriebenen Prüfungen (zumeist Jahresabschlussprüfungen) auf EUR 1 Mio. bzw. EUR 4 Mio. bei grober

[66] IDW, WP Handbuch 2006, A 343 ff.

Fahrlässigkeit begrenzt. Für alle anderen Dienstleistungen gilt ebenfalls die Grenze von EUR 4 Mio. bzw. EUR 5 Mio. bei Schadensfällen, die auf mehrfacher Vorkommnis der gleichartigen Fehlerquelle beruhen und miteinander im Zusammenhang stehen.[67]

Erwähnt sei an dieser Stelle, dass auch eine Haftung aus sittenwidriger Schädigung, aus unerlaubtem Handeln oder aus Verträgen mit Schutzwirkung zugunsten Dritter entstehen kann. Darüber hinaus zieht die Prospekthaftung den externen Spezialisten für die Enttäuschung des Vertrauens in dessen Sachkenntnis zur Verantwortung.[68]

Für eine konkrete Einschätzung der Haftung sind in jeder Situation die konkreten Umstände und Handlungen zu analysieren. Hierfür sind die jeweiligen berufsrechtlichen Vorgaben oder die Vorgabe der Branche des Auftragnehmers zu beachten.

Insgesamt bedeutet die Einschaltung eines externen Spezialisten in forensischen Ermittlungsverfahren gegenüber einem internen Ermittler beim Thema Haftung, dass zumindest bei nachgewiesenen vorsätzlichen oder fahrlässigen Pflichtverletzungen die Möglichkeit besteht, im Rahmen der vereinbarten Haftungsregelungen Schadensersatz zu erlangen.

7.5.1.4 Forensic-Spezialisten

Auf der Basis des Vorstehenden lässt sich leicht erkennen, warum externe Dienstleister für die Ermittlung bei Verdachtsmomenten hinsichtlich Fraud vorteilhaft sind. Es bleibt zu klären, warum ein Rückgriff auf forensische Spezialisten im Regelfall die bessere Alternative darstellt als auf reine Wirtschaftsprüfer (verstanden als Wirtschaftsprüfer, die ganzjährig Jahresabschlussprüfungen und ggf. Steuerberatung durchführen, aber keine Erfahrung in der Durchführung von Sonderuntersuchungen aufweisen), Berater oder interne Fachkräfte.

Die Untersuchung eines Verdachtsfalls ist so vielseitig wie außergewöhnlich. Im besten Fall kommt Fraud im Unternehmen gar nicht oder extrem selten vor. Im konkreten Fall hat das Unternehmen also im Zweifelsfall weder Erfahrung noch ausgebildetes Personal für die Untersuchung solcher Verdachtsfälle. Dies gilt insbesondere für kleine und mittelgroße Unternehmen. Interne Spezialisten aus großen Unternehmen kennen meist aber nur das eigene Unternehmen und haben keine Erfahrung aus Best Practices (z. B. im Bereich von Ermittlungsvorgehen oder Beweissicherung) aus anderen Unternehmen, wie sie ein externer Spezialist aufweist.

Ist eine Interne Revision im Unternehmen vorhanden, so hat das Unternehmen zwar Personal, welches potenziell mit der Aufklärung des Vorfalls betraut werden kann. Hier zeigt sich jedoch, dass die entsprechende Expertise, die für die Aufschlüsselung eines Fraud-Falls notwendig ist, oft nicht vorhanden ist, da der interne Revisor zwar Risiken für Fraud erkennen können soll, jedoch kein Experte für die Aufdeckung sein muss.[69]

Zumeist ist ein Fraud-Fall kein einfacher Diebstahl von Material aus dem Lager, sondern gestaltet sich oft facettenreicher, als zunächst vermutet. Verschleierungsbuchungen müssen

---

[67] Allgemeine Auftragsbedingungen für Wirtschaftsprüfer und Wirtschaftsprüfungsgesellschaften vom 1. Januar 2002; § 323 Abs 2 HGB.

[68] IDW, WP Handbuch 2006, A 549 ff.

[69] www.theiia.org; Standards for CIAs: Implementation Standard 1210.A2.

als solche erkannt und verfolgt werden. Ist der Täter zum Beispiel ein Buchhaltungsmitarbeiter, so kann er Buchungen über verschiedene Konten initiieren, stornieren, die Beträge aufteilen oder an Konten buchen, die ansonsten nicht mehr genutzt werden. Für die Analyse dessen ist nicht nur buchhalterischer Sachverstand, sondern häufig auch eine technische Extraktion aller Buchhaltungsdaten notwendig.

Darüber hinaus ist bei der Aufklärung von Fraud-Fällen nicht nur die Aufdeckung der Tat (Diebstahl im Materiallager) sondern auch die Erklärung der Tat (Möglichkeit des Diebstahls) wesentlich. Während die Entdeckung der Tat meist noch durch einen einfachen Hinweis erfolgen kann, ist die Erklärung, wie Fraud möglich wurde, sowie die Entdeckung von weiteren, verbundenen Fällen und die Verhinderung neuer Fälle bereits sehr viel komplizierter zu lösen.

Für die Aufklärung werden daher spezialisierte Fähigkeiten benötigt. Die Erkennung einer gefälschten Unterschrift, die Wiederherstellung von gelöschten Dateien oder Ermittlung von gesellschaftsrechtlichen Verflechtungen einer Person sind klassische Beispiele von Fähigkeiten, über die Spezialisten verfügen. Hier können ungeübte oder nicht auf Forensic spezialisierte Mitarbeiter oder Personen durch falsche Vorgehensweisen ganze Beweisketten zerstören oder für ein Gerichtsverfahren unbrauchbar machen.

Der Einsatz von Spezialisten bildet daher eine klassische make-or-buy Entscheidung ab. Bei einem guten internen Kontrollumfeld sollte das Unternehmen davon ausgehen, dass Fraud nur sehr selten und wenn, dann nicht in gleicher Form wiederholt auftritt. Hält das Unternehmen daher Fähigkeiten für jeden denkbaren Fall von Fraud vor, so benötigt es zum einen sehr viele Kapazitäten, die es laufend auf dem neuesten Stand des Wissens halten muss. Zum anderen werden diese Kapazitäten nur eine sehr geringe Auslastung haben, was zu sehr hohen Vorratshaltungskosten führt.

Tatsächlich kann man hier in Anlehnung an das Konzept der Lean Production, bzw. des Just-in-Time-Managements, so vorgehen, dass die benötigten Ressourcen im notwendigen Einsatzfall von außen eingekauft werden. Diese können dann auf die besonderen Erfordernisse ausgerichtet werden. Kosten entstehen nur bei der Ermittlung selbst, nicht aber durch das Vorhalten der Fähigkeiten.

Da es bei einem Verdacht nicht nur auf eine gründliche, sondern häufig auch auf eine zeitnahe Aufdeckung ankommt, kann es hilfreich sein, bereits im Vorfeld Rahmenverträge mit externen Dienstleistern abzuschließen, so dass im Verdachtsfall keine zeitraubenden Ausschreibungen und Auswahlprozesse absolviert werden müssen.

Während externe Spezialisten Expertise für die Aufklärung mitbringen, hat die Interne Revision eines Unternehmens eine umfangreiche Fachkenntnis hinsichtlich der Prozesse, gelebten Kontrollen als auch den verantwortlichen Personen im Unternehmen. Eine Zusammenarbeit kann daher vorteilhaft sein.

Insgesamt gibt es nur wenige große Unternehmen, die forensische Spezialisten im Unternehmen anstellen und forensische Sonderuntersuchungen durch diese durchführen lassen. Im Regelfall sprechen viele Gründe für die Beauftragung externer Spezialisten bei Sonderuntersuchungen, hierzu zählen z. B. das tiefe und aktuelle forensische Experten-Know-how, die Verwendung der neuesten Tools und Techniken, das vorhandene Netzwerk im In- und Ausland, die Unabhängigkeit vom Untersuchungsobjekt, Unabhängigkeit von firmeninterner „Politik“, Wissen über zahlreiche Fraud-Muster der Branche und über Best Practices bei der Behebung festgestellter Prozess- oder Kontrollschwächen, die den Fraud Fall ggf. begünstigt haben. Das alt bekannte Sprichwort gilt auch hier: „Dem Prophet im eigenen Lande wird meist wenig Glauben geschenkt“. Eine externe Stimme erhält hier zumeist mehr Gehör im Unternehmen und kann mehr bewirken, insbesondere da Mitarbeiter des Unternehmens betroffen sind.

7.5.1.5 Interdisziplinäres internationales Netzwerk

Nicht nur für das Unternehmen ist es schwierig und zumeist wirtschaftlich nicht sinnvoll, alle für eine Sonderuntersuchung notwendigen Expertisen und Kenntnisse vorzuhalten. Auch eine Einzelperson kann unmöglich in allen betroffenen Feldern einer Sonderuntersuchung die benötigte Expertise besitzen. Daher ist es unerlässlich, dass die einzelnen Spezialisten eine profunde und aktuelle Fähigkeit hinsichtlich ihres Spezialgebietes aufweisen und eine breite Kenntnis über die für den Gang der Untersuchung notwendigen und im Kollegenkreis vorhandenen Fähigkeiten besitzen. Die Durchführung forensischer Untersuchungen ist fast immer zeitkritisch – z. B. könnten Beweise vernichtet oder dem Unternehmen könnte weiterer Schaden zugefügt werden –, daher ist es wichtig, dass auf weitere spezialisierte Fähigkeiten, deren Notwendigkeit möglicherweise erst im Laufe der Durchführung erkennbar wird, schnell und zuverlässig zurückgegriffen werden kann. Die dann benötigten weiteren Spezialisten müssen sich unmittelbar und ohne große Einarbeitungszeit in das Untersuchungsteam einfügen.

Bei einer Forensic Accounting Untersuchung / Forensic Investigation ist möglicherweise zunächst buchhalterische Expertise im Inland gefragt. Hat der Fall auch Spuren im Ausland, muss die Untersuchung auch im Ausland zeitnah in der jeweiligen Landessprache ausgedehnt werden. Im Laufe der Untersuchung wird ggf. deutlich, dass weitere Personen involviert sein könnten, so dass eine Hintergrundrecherche zum Netzwerk der Personen untereinander und zu anderen Verflechtungen notwendig ist. Hierzu werden Corporate (oder Business) Intelligence Ressourcen angefragt, die ihrerseits ihr globales Netzwerk nutzen, um die notwendigen Informationen zusammen zu stellen. Eine Erweiterung einer Untersuchung kann auch über einen Datenabzug des Buchhaltungssystems und seiner systematischen Auswertung durch umfangreiche Datenanalyseprogramme stattfinden. Hierzu ist die technische Expertise der IT-Forensic gefragt.

Wichtig ist in jedem Fall die schnelle, reibungslose und zuverlässige Einbeziehung von Spezialisten aus einem nachweisbar funktionsfähigen internationalen Netzwerk. Diesem Anspruch können nur hoch spezialisierte forensische Fachabteilungen von international tätigen, renommierten Unternehmen genügen. Bedenkt man, dass aus der Erfahrung forensischer Sonderuntersuchungen heraus am Anfang meist ein (vager) Anfangsverdacht besteht, deren Ausmaß sich dann im Zuge der Untersuchungen sehr schnell in alle Verästelungen forensischen Spezial-Know-hows ausbreitet und internationale Geschäftsverbindungen, Unternehmensteile oder Akteure betrifft, so ist bereits vor Auftragserteilung der richtige externe Anbieter für forensische Dienstleistungen auszuwählen, der alle derzeit bekannten aber auch zukünftig möglichen Anforderungen an eine forensische Sonderuntersuchung erfüllen kann. Hier im Laufe einer Ermittlung die Beauftragung ändern, d. h. „das Pferd wechseln zu wollen“, ist zumeist nicht möglich, kontraproduktiv und teuer.

Bei der benötigten Fachexpertise kann es sich um Personen handeln, die auf eine Tätigkeit (z. B. Recherchieren) oder ein Tätigkeitsgebiet (z. B. Ermittlung von Schäden) spezialisiert sind, als auch um Personen, die auf eine Branche oder einen Sektor spezialisiert sind (z. B. Finanzdienstleistungen). Zudem ist es oft notwendig steuerliche oder rechtliche Fragestellungen zu bearbeiten, was den Einsatz von Steuerberatern und Rechtsanwälten erfordert. Eine wesentliche und notwendige Erweiterung bietet das Netzwerk eines Spezialisten durch internationale Verbindungen zu Kollegen oder Dienstleistern. Hierdurch potenziert sich die fachliche Kenntnis auf unterschiedliche rechtliche und kulturelle Hintergründe. Wichtig ist, dass sämtliche Kollegen eines internationalen Netzwerkes von forensischen Spezialisten glaubwürdig nach einer einheitlichen Methodologie Untersuchungen vornehmen, damit die Untersuchung ohne Abstimmungs- und Qualitätsverluste durchgeführt wird.

7.5.1.6 Gerichtsverwertbarkeit

Bei einer Sonderuntersuchung werden zahlreiche Informationen gesammelt, die bei einem möglichen späteren Gerichtsverfahren Bestand haben müssen. Hierzu ist es notwendig, dass die Informationsgrundlage und Beweislage stichhaltig und gut belegt ist.

Ein unprofessioneller Umgang mit späteren Beweismitteln kann deren Gerichtsverwertbarkeit zunichtemachen. Daher ist von Beginn der forensischen Prüfung an ein professionelles Vorgehen unerlässlich. Auch dies spricht für die Einschaltung externer Spezialisten.

Bei den unterschiedlichen Untersuchungshandlungen sind wichtige Aspekte zu beachten. So ist es bei der Erstellung von Interviewprotokollen z. B. wichtig, dass die interviewte Person das Protokoll des Interviews unterschreibt und so die Richtigkeit des Protokolls dokumentiert. Bei der Sicherung von IT-Daten sollte grundsätzlich auf eine bit-für-bit Kopie (1:1 Kopie, inkl. einer Sicherungskopie, die nicht forensisch bearbeitet wird und den Originalzustand des Datenträgers dokumentiert) geachtet werden. Wichtig ist in jedem Fall, dass für die Erfassung bzw. Sicherung von Informationen grundsätzlich das Vier-Augen-Prinzip genutzt wird. Dies gilt sowohl für Interviews als auch für die Sicherung von Daten auf eine zweite Festplatte.

Auch bei der Erstellung von Kopien sollte die Übereinstimmung mit dem Original durch die die Kopie anfertigende Person bestätigt werden.

Gerichtsfest sind die Informationen insbesondere dann, wenn gesichert ist, dass die vorliegende Fassung eines Dokumentes die einzig richtige, ursprüngliche und unverfälschte ist. Dies gilt auch für Datenauszüge aus Unternehmens-IT-Systemen. Wichtig ist weiterhin, dass eine Änderung der eingesammelten Informationen nachverfolgbar identifiziert werden kann bzw. eine Änderung von Informationen (z. B. Entfernung einer Seite aus einem Stapel Papier) nicht unbemerkt geschehen kann.

7.5.2 Verfahrensweisen

Für die Aufklärung von Verdachtsmomenten bieten sich das offene und das nicht offene (verdeckte) Ermittlungsvorgehen an. Beide Verfahrensweisen bieten, je nach Sachverhaltstypus, verschiedene Vorteile.

7.5.2.1 Offene Ermittlungen

Offene Ermittlungen eines Verdachtsfalls sind insbesondere dann angezeigt, wenn sich der vermutliche Täter nicht mehr im Unternehmen befindet. Dies kann der Fall sein, wenn der Fall sehr weit in die Vergangenheit reicht und der vermutliche Täter das Unternehmen verlassen hat, oder wenn der vermutliche Täter bereits wegen eines schwerwiegenden Verdachts durch den Arbeitgeber freigestellt wurde. Bei einer offenen Ermittlung ist den beteiligten Personen der Hintergrund, als auch Ziel und Zweck der Untersuchung klar. Häufig ist auch bekannt, wer beschuldigt wird.

Bei Untersuchungen, die von Wirtschaftsprüfungs- oder Rechtsanwaltsgesellschaften durchgeführt werden, handelt es sich um die Durchsicht und Analyse der im Unternehmen vorhandenen Dokumente und Daten, sowie die Durchführung von Interviews mit Mitarbeitern des Unternehmens. Ergänzend werden, sofern notwendig und ggf. nach Erteilung einer Entbindung von der Verschwiegenheit durch das beauftragende Unternehmen, Interviews mit Lieferanten, Geschäftspartnern oder Kunden durchgeführt. Beschattungen, Observationen, Hausdurchsuchungen oder ähnliches werden von diesen Berufsgruppen im Rahmen forensischer Untersuchungen nicht vorgenommen.

Eine offene Ermittlung hat den Vorteil, dass die ermittelnden Personen im Unternehmen offen agieren können. Hierzu gehören vor allem Interviews, die direkt auf die Verdachtsmomente gerichtet sind, als auch die Möglichkeit der offenen Anforderung von relevanten Dokumenten und Daten.

Ein weiterer Vorteil ist, dass eine offene Untersuchung von Verdachtsmomenten hinsichtlich doloser Handlungen von den verbleibenden Mitarbeitern im Unternehmen als solche wahrgenommen wird. Es wird für die Mitarbeiter ersichtlich, dass Verstöße gegen interne Regelungen und Gesetze nicht geduldet und eine schonungslose Aufklärung verfolgt werden. Hier ergibt sich ein großes Präventionspotenzial. Darüber ist es für die Mitarbeiter einfacher, bei der Untersuchung mitzuwirken oder sie durch weitere Hinweise zu unterstützen, wenn sie über Zweck und Ziel informiert werden.

Besteht allerdings die Gefahr, dass relevante Unterlagen noch vernichtet werden können, so ist eine offene Ermittlung im Regelfall nicht ratsam. Dies ist vor allem dann der Fall, wenn der vermutliche Täter noch im Unternehmen weilt oder kollusive bzw. „loyale Mitarbeiter" vermutet werden.

Daher ist eine offene Ermittlung insbesondere dann zu empfehlen, wenn der Tathergang bereits erkennbar ist, aber die Schadenshöhe noch ermittelt werden muss.[70]

Welche Art der Ermittlung gewählt wird, hängt grundsätzlich von der Ermittlungstaktik ab und ist immer auch eine Ermessensentscheidung. So sollte z. B. bei einer Untersuchung

[70] Heißner; S. 310.

gegen den Abteilungsleiter Einkauf der Rechner des Beschuldigten untersucht werden. Da dies nur mit dem persönlichen Einverständnis des Betroffenen möglich war, unterrichtete der Geschäftsführer den Beschuldigten von den Vorwürfen und konnte den Leiter Einkauf davon überzeugen, dass es für beide Parteien vorteilhaft ist, wenn der Rechner untersucht wird. Durch die Geheimhaltung der Untersuchung anderen Personen gegenüber war es möglich, den Leiter Einkauf nach Entkräftung der Verdachtsmomente in seiner Position zu behalten, ohne dass Gerüchte über die Verdächtigungen im Unternehmen laut wurden. Hier wurde dem Beschuldigten gegenüber die Ermittlung offen kommuniziert, während andere Personen von der Untersuchung keine Kenntnis hatten.

7.5.2.2 Verdeckte Ermittlungen

Der Begriff „Verdeckte Ermittlungen" umfasst solche Ermittlungen, bei denen weder der Beschuldigte noch Personen in dessen Umfeld der Untersuchung gewahr werden. Zur verdeckten Ermittlung gehört unter anderem die Annahme einer falschen Identität. Diese Art der Ermittlungen ist der Polizei vorbehalten und wird vornehmlich im Bereich der Bekämpfung der organisierten Kriminalität und der Korruption angewandt.[71]

Im Unterschied dazu wurde im privatwirtschaftlichen Bereich der Begriff der „Ermittlung unter Legende" geprägt. Hierbei handelt es sich um Ermittlungen, bei denen weder der Beschuldigte, noch sein Umfeld über den wahren Zweck der Untersuchung informiert sind. Hierbei wird nicht die Annahme einer falschen Identität, sondern lediglich eine nicht korrekte Angabe des Zwecks der Untersuchung verwendet, um die Vorteile einer nicht offenen Ermittlung zu nutzen.

Die Ermittlung unter Legende ist insbesondere dann angezeigt, wenn die Hinweise auf fraudulentes Verhalten noch nicht stichhaltig sind und auch noch nicht für arbeits- oder strafrechtliche Schritte ausreichen und das Unternehmen zunächst klären möchte, inwieweit die Anschuldigungen begründet sind oder die Gefahr besteht, dass bei Bekanntwerden des wahren Zwecks der Ermittlung beweiskräftige Unterlagen und Daten vernichtet bzw. Spuren in der Rechnungslegung verschleiert werden oder der Beschuldigte versucht, sich der Untersuchung zu entziehen. Bestätigen sich die Vorwürfe nicht, so kann nach der Ermittlung unter Legende der Mitarbeiter unbehelligt weiter in dem Unternehmen beschäftigt bleiben, der Ruf ist nicht beschädigt.

Auch wenn der Täter bereits das Unternehmen verlassen hat und dadurch eigentlich offen ermittelt werden könnte, sollte geklärt werden, ob nicht im Kollegium noch Mittäter oder dem Täter zugeneigte Mitwisser vorhanden sind, die ggf. Beweise vernichten oder Spuren verschleiern können. Zudem besteht die Gefahr von Absprachen und gefilterten Informationen im Rahmen von Interviews. In diesen Fällen käme auch eine verdeckte Ermittlung in Betracht.

Bestätigen / konkretisieren sich die Hinweise im Laufe der Untersuchung unter Legende, wird diese häufig als offene Ermittlung weitergeführt, um die Vorteile der besseren Informationsgewinnung ausschöpfen zu können und ggf. Hinweise auf weitere dolose Handlungen zu bekommen.

[71] Heißner, S. 231.

7.5.3 Zielsetzung von Sonderuntersuchungen

Eine Sonderuntersuchung verfolgt, je nach Sachverhalt, jeweils unterschiedliche Ziele. Folgende Unterziele sind in jeder Sonderuntersuchung mehr oder weniger stark ausgeprägt:

1. Bestätigung / Entkräftung des Verdachts – Tathergang und Schadenshöhe,
2. Identifizierung der Entstehung der Tat – Unternehmenskultur und Kontrolllücken,
3. Identifizierung von weiteren möglichen Schäden / Taten / Tätern,
4. Überprüfung der Effizienz der Kontrollen und Hinweisgebersysteme,
5. Signal an Mitarbeiter, Lieferanten und / oder Kunden.

Dabei bildet die Bestätigung oder Entkräftung eines Verdachts hinsichtlich der Existenz von dolosen Handlungen meist das zentrale Ermittlungsziel. Die Bestätigung oder Entkräftung des Verdachts bedingt alle weiteren Ziele. Hierbei steht die Identifizierung des Tathergangs sowie der Schadenshöhe im Vordergrund. Wesentlich ist die sichere und nachweisbare Feststellung, so dass eine zivil-, arbeitsrechtliche und / oder strafrechtliche Verfolgung, soweit zweckmäßig oder gewünscht, möglich wird.

Um die Tat zu verstehen, ist es unerlässlich, zu identifizieren, wie die Tat möglich wurde und wie sie motiviert war. Hierzu ist es wichtig, die Unternehmenskultur zu entschlüsseln. Ggf. liegen hier Fehlanreize oder eine schlechte Kommunikation von Unternehmenszielen vor. Im Sinne einer effektiven Verhinderung weiterer Fälle ist das Verständnis für die Motivation des Täters wichtig. Hat er sich falsch oder ungerecht behandelt gefühlt? Oder hatte er persönliche Probleme? Konnte er sich durch schlechte Kontrollen oder sogar Bestätigungen in seinem Handeln durch Vorgesetzte oder Kollegen vor sich selbst rechtfertigen?[72]

Darüber hinaus ist das Ziel einer Sonderuntersuchung das Verständnis, ob auch weitere Personen der gleichen Motivation oder den gleichen Fehlanreizen unterliegen könnten und ob es eventuell zu weiteren Schäden kam. Auch das Nachverfolgen der Hinweise auf die dolose Handlung selbst ist von Interesse. Dies betrifft Fragen wie: Woher kam der Hinweis auf Fraud? War es eine zufällige Entdeckung oder Ergebnis einer systematischen Überprüfung? Ziel der Überprüfung der Kontrollen und Hinweisgebersystem ist es, festzustellen, mit welcher Sicherheit Verstöße im Unternehmen entdeckt werden und wie man zukünftig deren Meldung aber auch deren Vermeidung sicherstellen kann. Zu guter Letzt ist eine Sonderuntersuchung stets auch ein Signal an die Mitarbeiter, Lieferanten und / oder Kunden, aber auch Kreditgeber und Gesellschafter, dass Verstöße weder geduldet noch unterstützt werden und dass das unternehmensinterne Kontrollumfeld kontinuierlich überwacht und verbessert wird.

Im Rahmen einer Sonderuntersuchung auf Basis eines Verdachts hinsichtlich dolosen Handelns, werden nicht nur die Buchhaltung, sondern häufig auch die Prozessketten, Unterschriftenrichtlinien, Reisekostenverordnungen sowie Kontrollfunktionen und Kontroll-

[72] Vgl. hierzu auch Thomann / Bantleon, DStR 38/2006, 4.

handlungen untersucht und analysiert. Hierbei bietet es sich an, das neu gewonnene Wissen in der Organisation über vorhandene Lücken und Verbesserungspotenziale sogleich zu nutzen, um zukünftig Fehlanreize als auch dolose Handlungen zu vermeiden. Hier setzt die Präventionsstrategie an.

Die Erkenntnisse aus einer Sonderuntersuchung werden im Anschluss an die Untersuchung in einer zweiten Phase mit Schwerpunkt auf das Anti-Fraud-Management genutzt. So kann zum einen vermieden werden, dass sich das Geschehene wiederholt. Zum anderen werden häufig auch Kontrolllücken, die auch andere Fraud-Handlungen ermöglichen könnten geschlossen als auch neue Kontrollen, die den gerade betrachteten Fall verhindert hätten, eingeführt. Darüber hinaus ist die Prävention ein wichtiger Baustein bei der Wiederherstellung der möglicherweise geschädigten Reputation und ein wichtiges Signal an Kunden, Kreditgeber und Gesellschafter aber ggf. auch an Strafverfolgungsbehörden im Sinne der Dokumentation einer nachhaltigen Selbstreinigung (Strafmilderungsstrategie).

7.5.4 Rechtsstreitigkeiten (Disputes) als Folge wirtschaftskrimineller Handlungen

7.5.4.1 Einleitung

Wirtschaftskriminalität kann vielfältige und weitreichende Folgen haben. Wenn sich ein Unternehmen erstmal darüber klargeworden ist, dass es Opfer einer wirtschaftskriminellen Straftat gleich welcher Art und welchen Ausmaßes geworden ist sowie die Folgen abschätzen und notwendige Abhilfemaßnahmen ergreifen kann, wird es auch versuchen, den entstandenen finanziellen Schaden geltend zu machen. In einfachen Fällen bedeutet dies die Zurückgewinnung von Vermögenswerten oder direkte Entschädigung für den Verlust von Vermögenswerten. In komplizierten Fällen können als Folgen beispielsweise Umsatzeinbrüche, Reputationsverlust oder im schlimmsten Fall die komplette Existenzvernichtung eintreten.

Bei der Bewertung des erlittenen Verlusts ist es wichtig, die folgenden Schlüsselfragen zu berücksichtigen:

- Ist ein finanzieller Verlust entstanden?
- Wenn ja, lässt sich ermitteln, wie hoch der Verlust ist?
- Ist der Verlust dauerhaft?
- Wer hat den Verlust erlitten?
- Wie kann die Höhe des Verlusts ermittelt werden und wie kann dies belegt werden?
- Von wem kann Schadenersatz gefordert werden und verfügt der Beklagte über genügend Mittel, so dass eine Schadenersatzklage Sinn macht?

Diese Fragen bilden die Grundlage für forensische Sonderuntersuchungen, insbesondere Forensic Accounting.

7.5.4.2 Arten wirtschaftskrimineller Handlungen

Wirtschaftskriminelle Handlungen entstehen oft in Zusammenhang mit der Unterschlagung von Vermögenswerten innerhalb eines Unternehmens. Meist handelt es sich dabei um Barmittel oder aber leicht verwertbare Vermögensgegenstände wie zum Beispiel verkäufliche Güter. Die Veruntreuung von Barmitteln kann auf verschiedenen Wegen erfolgen, beispielsweise direkt durch Bezahlung fiktiver Rechnungen oder indirekt durch die missbräuchliche Vergabe von Aufträgen an Zulieferer (zu unter Umständen für das Unternehmen nachteiligen Auftragsbedingungen) in deren Verlauf der Betrüger von dem Zulieferer Bestechungszahlungen in Form von Bargeld oder anderen finanziellen oder materiellen Zuwendungen erhält.

Wirtschaftskriminalität betrifft jedoch nicht immer physische Vermögenswerte. Die durch Fraud erzielten Vergünstigungen sind häufig auch die Folge einer Manipulation von Finanzinformationen, beispielsweise durch Überbewertung von Gewinnen oder der Verschleierung von Verlusten. Dies wird beispielsweise gemacht, um Bonuszahlungen zu erhalten, die den Abfluss von Barmitteln aus dem Unternehmen an Einzelpersonen zur Folge haben oder um neue Kreditverträge abschließen zu können oder vertraglich vereinbarte Zahlungen zur Unternehmensfinanzierung leisten zu können, die von Unternehmen in einem anderen Bereich eingespart werden müssen.

7.5.4.3 Folgen wirtschaftskrimineller Handlungen und die Verlustquellen

Art und Umfang der Handlung können also vielfältig sein und diese wird entweder durch die Veruntreuung von Vermögenswerten oder durch die Manipulation von Finanzinformationen begangen. Die Folgeschäden, die dem Unternehmen durch den Betrug entstehen, können ebenso vielfältig sein.

7.5.4.3.1 Verlust unternehmenseigener Vermögenswerte

Im einfachsten Fall, bei dem ein Unternehmen Betrug durch Veruntreuung von Vermögenswerten erfährt, erleidet das Unternehmen einen Verlust in Höhe der veruntreuten Vermögenswerte und – falls der Betrug keine weitergehenden Folgen für den Betrieb des Unternehmens hat – beschränkt sich normalerweise auch der finanzielle Schaden auf den Verlust dieser Vermögenswerte.

Zusätzlich können aber auch weitere Kosten in Zusammenhang mit dem Betrugsfall entstehen, beispielsweise Zeit- und Personalressourcen, die zur Aufklärung und Regelung des Betrugs aufgewendet werden müssen oder auch durch die Beauftragung externer Berater wie beispielsweise forensischer Spezialisten oder Anwälte, die bei der Sachverhaltsaufklärung wirtschaftskrimineller Handlungen unterstützen sowie Empfehlungen zu möglichen Abhilfemaßnahmen geben und bei der Sicherung und Zurückgewinnung der Vermögenswerte unterstützen.

Je nachdem, wie schwer sich der Abfluss von Vermögenswerten durch die wirtschaftskriminelle Handlung auf das Unternehmen auswirkt, können als mögliche weitere Folge der wirtschaftskriminellen Handlung zusätzliche Zinsaufwendungen entstehen.

7.5.4.3.2 Geschäftsausfälle

In komplexeren Fällen kann das Unternehmen Verluste durch Geschäftsausfälle erleiden. Ist zum Beispiel ein wichtiger Zulieferer oder Kunde in den Betrug involviert, kann dies zu einem Abbruch der Geschäftsbeziehung führen. Dem Unternehmen entstehen daraus dann Folgeschäden durch die Inanspruchnahme zusätzlicher Zeit- und Personalressourcen, um neue Zulieferer und Kunden zu gewinnen. Auch durch die notwendige kurzfristige Beschaffung von Gütern können Zusatzkosten entstehen.

Weitere mögliche negative Auswirkung auf das Unternehmen sind etwaige Schwierigkeiten mit Bezug auf bestehende oder neue Finanzierungsverträge. Sofern die Bonität aufgrund wirtschaftskrimineller Handlungen in Mitleidenschaft gezogen worden ist, kann sich die Prolongation oder die Neufassung von Krediten als schwierig erweisen. Bei bereits bestehenden Finanzierungen können die Aufwendungen zur Behebung der durch wirtschaftskriminelle Handlungen entstandenen finanziellen Auswirkungen dazu führen, dass das Unternehmen seine bestehenden Kreditzahlungen nicht mehr erfüllen kann, was mit Vertragsstrafen und im schlimmsten Fall mit einer Auflösung bzw. Fälligstellung eines Darlehens und somit mit einer Insolvenzgefahr für das Unternehmen verbunden ist.

7.5.4.3.3 Verluste Dritter

Auch die falsche Darstellung oder die beschönigende Manipulation der Vermögens-, Finanz- und Ertragslage eines Unternehmens ist oft Bestandteil wirtschaftskrimineller Handlungen. So kann ein Unternehmen beispielsweise seine finanzielle Lage oder seine Performance beschönigen, um Kredite zu erhalten oder dies nach der Kreditvergabe tun, um seine Zahlungsverpflichtungen gegenüber Banken erfüllen zu können.

In diesem Fall beschränkt sich der Verlust des Kreditgebers, solange diesem nicht weitere Implikationen daraus entstehen sollten, auf die Höhe der vergebenen Kreditsumme, unter Berücksichtigung vertraglich vereinbarter Zinszahlungen oder Zahlungen aus Vertragsstrafen infolge der Nichterfüllung. In Fällen, in denen das Unternehmen seine wirtschaftliche Lage falsch dargestellt hat, aber seinen Zahlungen trotzdem weiterhin nachkommt, hat der Geldgeber zwar ein erhöhtes Risiko, aber erleidet nicht notwendigerweise tatsächlich einen finanziellen Verlust. In diesen Fällen wird die Entschädigungszahlung für die wirtschaftskriminelle Handlung auf Basis vertraglicher Vereinbarungen zwischen den Parteien und den jeweils bestehenden wirtschaftlichen Rahmenbedingungen bestimmt.

Eine weitere wirtschaftskriminelle Handlung ist die Steuerhinterziehung mittels falscher oder unterlassener Angaben gegenüber den Steuerbehörden. In komplexeren Fällen können dies ausgefeilte, sich über mehrere Länder spannende Betrugssysteme zur Vermeidung von Mehrwertsteuerzahlungen sein. Beim sogenannten „Karussellbetrug“ wirken eine Vielzahl von Händlern zusammen, die alle in die Kette eingebunden sind, um das Betrugssystem möglichst komplex zu gestalten. Hier erleidet der Staat einen Verlust aufgrund fehlender Steuereinnahmen.

7.5.4.3.4 Reputationsverlust

Als Folge der wirtschaftskriminellen Handlung können die Unternehmen erhebliche Reputationsverluste erleiden. Daraus wiederum können sich negative Auswirkungen auf das Handelsgeschäft ergeben, wenn Kunden oder Zulieferer abspringen bzw. Risiken im Handel mit Unternehmen mit bestehenden ethischen Schwierigkeiten sehen. Dadurch können Lieferschwierigkeiten entstehen und es müssen Zeit und Ressourcen aufgewendet werden, um zu einem normalen Handelsgeschäft zurückzukehren. Vor allem bei Aktiengesellschaften kann das Auftreten einer wirtschaftskriminellen Handlung ein Hinweis auf das Versagen interner Kontrollsysteme sein, was den Aktienkurs negativ beeinflussen kann.

7.5.4.3.5 Insolvenz eines Unternehmens

Im Extremfall kann eine wirtschaftskriminelle Handlung auch dazu führen, dass ein Unternehmen Insolvenz beantragen muss. In diesem Fall ist der Reputationsverlust so weitreichend und das Vertrauen in das Unternehmen so schwer beschädigt, dass die Investoren abspringen, meist wenn die finanzielle Lage des Unternehmens verfälscht dargestellt wurde. Der spektakuläre Zusammenbruch von Enron im Jahr 2001 als Folge von Bilanzfälschungen und die sich daraus ergebenden negativen Auswirkungen auf die Weltwirtschaft sind ein gutes Beispiel dafür, welche Auswirkungen die Aufdeckung von Wirtschaftskriminalität nach sich ziehen kann.

7.5.4.4 Art und Ermittlung der Ansprüche

7.5.4.4.1 Verlust von Vermögenswerten

Für den Fall, dass ein Unternehmen einen Verlust von Vermögenswerten erleidet, ist die im Rahmen der Auseinandersetzung zu erfolgende Festsetzung des Werts für Zwecke der Rückgewinnung nicht immer unkompliziert. Dazu kann die Unterstützung durch einen forensischen Spezialisten nötig sein, um die bekannten Betrugsfälle zu analysieren und zu bewerten, nach weiteren ähnlichen Fällen zu suchen und eine weitergehende Beurteilung abzugeben, in welchen anderen Bereichen das Unternehmen möglicherweise von Wirtschaftskriminalität betroffen sein könnte.

7.5.4.4.2 Verluste Dritter

Sofern auch Dritte, wie beispielsweise Kreditinstitute oder Steuerbehörden von Wirtschaftskriminalität betroffen sind, kann eine weitreichende forensische Untersuchung unumgänglich sein. Für diese Fälle bietet sich die Inanspruchnahme eines neutralen Gutachters an, der über eine entsprechende Expertise verfügt, um auch komplexe Sachverhalte und deren wirtschaftliche Folgen beurteilen zu können.

7.5.4.4.3 Geschäftsausfälle

Für den Fall, dass das Unternehmen Verluste durch Geschäftsausfälle erleidet, kann es sehr viel schwerer sein, die tatsächliche Höhe des entstandenen Verlusts zu bestimmen. Das grundlegende Konzept besteht darin, die Situation, in der sich das Unternehmen befindet, mit der Situation zu vergleichen, in der es sich nach realistischer Einschätzung befinden würde, wenn die wirtschaftskriminelle Handlung nicht stattgefunden hätte.

Von besonderer Bedeutung sind die Feststellung der Hauptursache des Geschäftseinbruches und die Ermittlung dessen Höhe. Beispielsweise können Geschäfts- oder Gewinneinbrüche auf rückläufige Verkaufszahlen zurückgeführt werden, was wiederum auf regulären Vertragsbeendigungen oder auf einer allgemeinen Kundenfluktuation oder aber in Bezug auf den bekannt gewordenen Fraud-Fall auf einer speziellen Kundenfluktuation beruhen kann.

Anhaltspunkte für die Bemessung der Höhe des Verlustes bieten umsatzseitig die Parameter der beendeten Kundenverträge. Als Parameter können hierbei Verkaufswert, Auftragswert oder Stückpreise relevant sein. Im Allgemeinen werden im Unternehmen (zum Beispiel auf vierteljährlicher Basis) Budgetpläne und Prognosen im Rahmen der Geschäftsplanung erstellt. Die Berücksichtigung dieser Informationen kann für die Ermittlung von Verlusten von großer Bedeutung sein, da diese auf bestehenden Geschäftsbeziehungen vor der wirtschaftskriminellen Handlung aufsetzen und das Zahlenwerk eines „normalen" Geschäftsverlaufs repräsentieren. Problematisch ist dies allerdings, wenn die Planungsrechnung fingierte Bestandteile aufweist. In einem solchen Fall ist diese allerdings nicht als Hilfsmittel für die Ermittlung von Gewinneinbußen geeignet.

Es ist darauf zu achten, dass Prognosedaten gleich zu Anbeginn der Sachverhaltsaufklärung beigebracht werden, denn später zur Verfügung gestellte Planungsrechnungen können vor dem Hintergrund eines sich „Positv-Rechnens", gerade im Rahmen von geführten gerichtlichen Auseinandersetzungen, mit Zweifeln behaftet sein. Greift man gleich zu Beginn der Ermittlungen auf vorhandene Informationen zurück, entfällt der mögliche Vorwurf der einseitigen Verzerrung und man erhält gleichzeitig wertvolle Hinweise darauf, welcher Geschäftsverlauf tatsächlich erwartet wurde.

Dennoch müssen zunächst Art und Zweck jeder Prognose untersucht werden, um festzustellen, welche Aussagekraft sie zur Beurteilung eines Verlustes oder Gewinnes hat. So kann beispielsweise auch ohne das Vorliegen einer Klage eine Prognose geschönt worden sein, wenn das Unternehmen beispielsweise ehrgeizige Zielsetzungen vorgeben wollte. Durch Nachfrage beim Management lässt sich meist herausfinden, zu welchem Zweck und auf welche Weise eine Prognose erstellt wurde.

Wenn eine Basis zur Bestimmung der entgangenen Aufträge geschaffen wurde, ist der nächste Schritt die genaue Bestimmung der Höhe des Gewinns, der durch diese Aufträge erzielt worden wäre. Auch hier ist es wichtig, aktuelle Informationen zu berücksichtigen, da diese Rückschlüsse darauf zulassen, wie die wirtschaftliche Lage des Unternehmens zum Zeitpunkt der Begehung der wirtschaftskriminellen Handlung war. Bei der Berechnung des Gewinns, den das geschädigte Unternehmen erzielt hätte, muss die Kostenbasis des Unternehmens ermittelt werden. Eventuell bestehende Fixkosten hätte das Unternehmen auch dann begleichen müssen, wenn es keinen Geschäftsausfall erlitten hätte. Mit anderen Worten, sollten zur Berechnung des entgangenen Gewinns Fixkosten nicht vom Forderungsbetrag abgezogen werden, da diese Kosten dem Unternehmen dann effektiv doppelt entstehen würden. Dementsprechend sollten variable

Kosten abgezogen werden, da das Unternehmen diese hätte aufbringen müssen, um die entgangenen Gewinne zu erzielen.

Oft sind die Kosten aber nicht immer eindeutig als Fixkosten oder variable Kosten zu bestimmen und es sind weitergehende Untersuchungen notwendig, um zu bestimmen, wie sich die Kosten bei Änderungen im Auftragsvolumen verhalten. In der produzierenden Industrie können zum Beispiel Lohnkosten variabel erscheinen, da diese direkt im Zusammenhang mit der Produktion entstehen. Tatsächlich können Unternehmen aber ihre Lohnkosten nicht immer kurzfristig senken, wenn die Arbeitnehmer zum Beispiel eine vertraglich festgeschriebene Wochenarbeitszeit haben.

Sobald die Berechnungsgrundlage zur Ermittlung der Ansprüche des Geschädigten geschaffen wurde, sollte ein sorgfältiger forensischer Spezialist noch einmal eine Plausibilitätsprüfung der Höhe des ermittelten entgangenen Gewinns durchführen. Auch hier kann die Berücksichtigung von Informationen, die vor Eintritt der wirtschaftskriminellen Handlung erstellt wurden hilfreich sein, um zu ermitteln welchen Geschäftsverlauf das Unternehmen hätte erwarten können. Bei diesen Informationen kann es sich um rechnungslegungsrelevante Unterlagen, aber auch andere verwertbare Unterlagen wie Protokolle über Vorstandsitzungen oder interne Präsentationen handeln.

Darüber hinaus ist es notwendig sicherzustellen, dass auch alle möglichen indirekten Auswirkungen, die sich für das Unternehmen infolge der wirtschaftskriminellen Handlung ergeben können, vollständig berücksichtigt werden. Zum Beispiel kann der Fall eintreten, dass die Verkaufszahlen in einem Bereich zwar sinken, das Unternehmen die dadurch zur Verfügung stehenden Waren aber möglicherweise anderweitig veräußern kann. Gelingt es einem Unternehmen, seine Verluste auf diese Weise auszugleichen, sollte dieser Gewinn von der Gesamtforderung abgezogen werden.

7.5.4.4.4 Unternehmenswertverlust

Unter gewissen Voraussetzungen kann auch die Ermittlung des Unternehmenswertverlustes als alternative Möglichkeit zur Ermittlung des entgangenen Gewinns herangezogen werden. Dies kann durch den Vergleich des Werts des Unternehmens vor und nach Aufdeckung der wirtschaftskriminellen Handlung geschehen. Im schlimmsten Fall, wenn das Unternehmen Insolvenz beantragen musste, wird es nur noch einen geringen oder keinen Restwert mehr haben und die Forderung wird sich auf den Wert des Unternehmens unmittelbar vor Eintritt der wirtschaftskriminellen Handlung belaufen.

Eine einfache Methode zur Ermittlung des Unternehmenswerts erfolgt auf Basis des Nettovermögens des geschädigten Unternehmens. Die Grundlage der Berechnung bildet hierbei der Gesamtwert der Verbindlichkeiten und Rückstellungen abzüglich des Gesamtwertes des Vermögens (zu Wiederbeschaffungspreisen), ist gleich Substanzwert.

Sehr viel häufiger wird der Unternehmenswert mit Hilfe des sog. Ertragswertverfahrens ermittelt. Hierbei wird der Wert des Unternehmens durch sein Potential, in der Zukunft Gewinne zu erzielen, ermittelt. Als weitere Alternative kann der Wert des Unternehmens durch Ermittlung des zu erwartenden Cash Flows aus laufender Umsatztätigkeit (Discounted Cash Flow) ermittelt werden, aber auch hier wird das Potential des Unternehmens, in der Zukunft Gewinne zu erzielen, zugrunde gelegt.

Schließlich kann der Unternehmenswert auch auf Basis seines Börsenkurses ermittelt werden. Dies ist nur bei Aktiengesellschaften möglich. Jedoch bedeutet ein sinkender Aktienkurs nicht immer automatisch auch einen Verlust für das Unternehmen. Auch der Verlust der Anteilsbesitzer als Folge des sinkenden Aktienkurses kann nur vorübergehender Natur sein.

7.5.4.5 Schadensersatzansprüche

Selbst wenn man schließlich eine geeignete Methode gefunden hat, um die Höhe des Verlusts, den das Unternehmen erlitten hat, zu bestimmen, so bleibt doch eine wichtige Frage offen: Von wem soll der Verlust ersetzt werden?

Bei allen oben behandelten Möglichkeiten ist die Frage nach der Werthaltigkeit des Anspruchs von grundlegender Bedeutung. Wenn eine Einzelperson eine wirtschaftskriminelle Handlung mit schwerwiegenden und ernstzunehmenden Auswirkungen begeht, mit anderen Worten also mehr als nur ein geringfügiger Fall von Veruntreuung vorliegt, beschränkt sich die Höhe der Entschädigung, die das Unternehmen von der Einzelperson erhalten kann, auf die Vermögenswerte dieser Einzelperson. In vielen Fällen ist die Rückforderung hoher Verluste daher schlichtweg nicht möglich.

In diesem Fall können aber Schadensersatzforderungen gegen andere Beteiligte möglich sein. Das Auftreten von Wirtschaftskriminalität ist immer ein Anzeichen für das Versagen interner Arbeitsabläufe und Kontrollsysteme. Dabei geraten häufig die Berater eines Unternehmens, zum Beispiel Wirtschaftsprüfungsgesellschaften, in den Fokus der Aufmerksamkeit, mit dem Ziel, Schadenersatzansprüche auf diese abzuwälzen. Hintergrund dafür sind Vorwürfe, wirtschaftskriminelle Handlungen im Rahmen der Abschlussprüfung nicht entdeckt zu haben. An dieser Stelle stellt sich nun die Frage, was genau die Aufgaben eines Abschlussprüfers umfassen. Es ist unbestreitbar, dass sich die Prüfungshandlungen oft auf die Bereiche erstrecken, in denen Wirtschaftskriminalität auftritt. Das Testat eines Wirtschaftsprüfers besagt jedoch nur, dass der Jahresabschluss (Bilanz, Gewinn- und Verlustrechnung, Anhang) sowie der Lagebericht frei von wesentlichen Fehlern sind. Nicht aber, dass das geprüfte Unternehmen frei von Wirtschaftskriminalität ist (sog. Expectation Gap).

7.5.4.6 Zuhilfenahme von Forensic-Spezialisten

Für die Aufklärung von wirtschaftskriminellen Handlungen sowie für die Begleitung von Dispute-Fällen bieten sich die Dienstleistungen von Forensic-Spezialisten an. In erster Linie bieten Wirtschaftsprüfungsgesellschaften forensische Dienstleistungen über eigens dafür vorgesehene Forensic-Abteilungen an. Forensische Dienstleistungen gehören, auch wenn ein Bezug zur Jahresabschlussprüfung nicht gegeben ist, zu den originären Aufgaben des Wirtschaftsprüfers. Der mit der Jahresabschlussprüfung (gesetzlich oder freiwillig) verknüpfte Gläubigerschutzgedanke ist in gleichem Maße bei forensischen Sonderuntersuchungen einschlägig.

Die Zuhilfenahme von Wirtschaftsprüfungsgesellschaften ist mit folgenden Vorteilen für das beauftragende und ggf. betroffene Unternehmen verbunden:

- Wirtschaftsprüfer sind unabhängig und agieren als neutraler Gutachter,
- Wirtschaftsprüfer sind per Gesetz zur Verschwiegenheit verpflichtet,

- Wirtschaftsprüfer verfügen aufgrund ihrer Ausbildung und insbesondere aufgrund ihrer Expertise in der Rechnungslegung über die notwendigen fachlichen Voraussetzungen zur Durchführung derartiger und notwendigerweise gerichtsverwertbarer Sonderuntersuchungen,
- Wirtschaftsprüfer haften für Falschaussagen, oder
- Wirtschaftsprüfer arbeiten in einem interdisziplinären Umfeld und können somit auf alle denkbaren Fall- und Fragenkonstellationen reagieren.

Bianca Bitzer ist Diplom-Ökonomin Univ. und Wirtschaftsprüferin und Steuerberaterin bei A&C. Zu ihren beruflichen Schwerpunkten gehören die Prüfung von Einzel- und Konzernabschlüssen nach HGB, US-GAAP und IFRS. Darüber hinaus hat sie weitreichende Erfahrung in der Durchführung von Due Diligences, die Implementierung und Evaluierung der Funktionsfähigkeit und Angemessenheit von Prozessabläufen und internen Kontrollen, die betriebswirtschaftliche Beratung mit den Schwerpunkt Unternehmensbesteuerung, internationale forensische Sonderuntersuchungen (im Zusammenhang mit Unterschlagungen, Betrug und Korruption – insbesondere Verstößen gegen den FCPA –, Vertragsverletzungen, Verstößen gegen das Datenschutzrecht und Bilanzmanipulationen) sowie Design und Implementierung von Fraud Risk Managementsystemen.

Detlef Thomann ist Diplom-Kaufmann, Wirtschaftsprüfer, Steuerberater, Certified Fraud Examiner und Leiter Compliance / Anti Money Laundering bei Portigon. Die Schwerpunkte seiner fachlichen Tätigkeiten liegen zudem auf der ereignisunabhängigen Identifizierung von Risikobereichen sowie von Schwachstellen in Arbeitsabläufen (Entity Level bzw. Process Level Fraud Risk Assessment) und der Unterstützung des Mandanten bei deren Beseitigung (Anti-Fraud-Management). Darüber hinaus befasst sich Detlef Thomann mit ereignisbezogenen Sachverhaltsaufklärungen (Fraud Investigation). Seine umfassende praktische Erfahrung bei der Durchführung von zahlreichen Sonderuntersuchungen stammt überwiegend aus den Bereichen Bilanzmanipulation, Missbrauch von Vermögenswerten und Korruption. Detlef Thomann ist Referent und Trainer bei zahlreichen Veranstaltungen rund um das Thema Wirtschaftskriminalität (Fraud).

Dr. Markus Grottke ist wissenschaftlicher Mitarbeiter am Lehrstuhl für Betriebswirtschaft mit Schwerpunkt Taxation an der Universität Passau. Markus Grottke absolvierte von 2000 bis 2005 ein Studium der Betriebswirtschaftslehre mit Schwerpunkt Revision und Unternehmensrechnung, Finanzierung und betriebswirtschaftliche Steuerlehre an der Universität Passau. Begleitend studierte er von 2002 bis 2007 im Zweitstudium Philosophie, Germanistik und Politikwissenschaft an der Universität Passau. Von 2005 bis 2010 promovierte er an der Universität Passau bei Prof. Dr. Thomas Schildbach am Lehrstuhl für Revision und Unternehmensrechnung zum Thema der qualitativen Datenauswertung. Er gründete mit Dietrich Höschele und Dr. Stephan Wildner die vI verbal Intelligence GmbH, um Verfahren zur automatisierten Auswertung von Textinformationen in Geschäftsberichten zu entwickeln. In 2013 kehrte er in die Wissenschaft zurück und habilitiert aktuell im Bereich Rechnungslegung und Steuern an der Universität Passau.

Jörg Meyer ist Diplom-Mathematiker und Leiter der Internen Revision einer internationalen Verlagsgruppe. Davor war er mehr als zwölf Jahre bei einer großen Wirtschaftsprüfungsgesellschaft im Bereich Forensic tätig. Dort leitete er mit dem Bereich Data Analytics die Auswertung großer Datenbestände und die Visualisierung der Ergebnisse. Weiterhin führte er zahlreiche Sonderuntersuchungen und Beratungsprojekte durch und war Referent bei nationalen und internationalen Veranstaltungen. Jörg Meyer ist der Autor des Buches "Forensische Datenanalyse, Dolose Handlungen in Unternehmen erkennen und aufdecken". Davor war er Leiter der Datenverarbeitung bei einer mittelständischen Unternehmensgruppe.

Stephan Zirch ist Forensic Manager bei der KPMG AG Wirtschaftsprüfungsgesellschaft. Sein Schwerpunkt liegt in der Aufdeckung und Verhinderung von Fraud sowie Unterstützung der Audit Teams bei der Beurteilung von Fraud-Risiken im Rahmen der Jahresabschlussprüfung. Als Manager leitet er forensische Massendatenanalysen und unterstützt die Projektteams bei den Analysetätigkeiten.

Rüdiger Birkental ist Wirtschaftsprüfer und Steuerberater und Partner bei der KPMG AG Wirtschaftsprüfungsgesellschaft. Sein Schwerpunkt liegt in der Aufdeckung und Verhinderung von Fraud und in der Präventionsberatung. Daneben ist er verantwortlich für die Bereiche Dispute Advisory Services und Corporate Intelligence bei KPMG Forensic. In der Vergangenheit war Rüdiger Birkental bei zwei weiteren Big Four Prüfungsgesellschaften tätig mit den Schwerpunkten Wirtschaftsprüfung, Unternehmensbewertung, Financial Due Diligence und Sonderuntersuchungen.

Dr. Uwe Klapproth ist Head of Group Operations Risk & Security (CSO) bei der Allianz SE in München. Er studierte Politik, Betriebswirtschaft und Kriminalwissenschaften und ist Certified Fraud Examiner (CFE). Außerdem war er als Kriminalbeamter tätig. Berufserfahrung sammelte er bei der Durchführung forensischer Untersuchungen bei deutschen Großunternehmen, der Durchführung diverser kriminalpolizeilicher Ermittlungen im Rahmen der Wirtschaftskriminalität (u. a. mit folgenden Schwerpunkten: Ermittlung über Unregelmäßigkeiten im Management, Aufklärung von Tatsachen hinsichtlich potenzieller Verletzung von Regulierungsvorschriften und Aktiengesetzen, Aufklärungs- und Ermittlungstätigkeit bei Verdacht auf nicht vertragskonforme Abrechnung von Leistungen eines Dienstleisters, Korruptionsdelikte, Manipulationsfälle im Vorfeld, Verlauf und der Abwicklung von Objekt- und Endfinanzierungen aufdecken) und der Leitung von etlichen Arbeitsgruppen im Bereich Wirtschaftskriminalität. Uwe Klapproth übt Vortrags- und Autorentätigkeiten im Bereich der Wirtschaftskriminalität, Compliance and Risk aus und verfügt über branchenübergreifende Erfahrungen (Finanzdienstleister, Automotive, Energie u. a.).

Christian Hlavica ist Dipl.-Betriebswirt (FH), Certified Fraud Examiner (CFE) und Head of Inspection Unit der liechtensteinischen Abschlussprüferaufsicht der Finanzmarktaufsicht (FMA) Liechtenstein, Bereich Andere Finanzintermediäre (DNFBP). Davor betreute er Mandate in den Bereichen Forensik, Abschluss- und Konzernprüfung, Steuerberatung sowie Sanierung und Restrukturierung.

Damian James Byrne ist Chartered Accountant (ACA) und Forensic Director bei KPMG UK. Zu seinen beruflichen Schwerpunkten gehören die Prüfung von Jahresabschlüssen (Einzel- und Konzernabschlüsse, UK-GAAP / IFRS) sowie Forensic Accounting Services. Damian Byrne besitzt langjährige internationale Erfahrung (Europa / USA) in der Untersuchung von Fraud und Unregelmäßigkeiten in der Rechnungslegung. Hierbei spezialisierte er sich auf Beratungsleistungen im Bereich Dispute Advisory im Rahmen sich anbahnender oder anhängiger Rechtsstreitigkeiten (Gerichtsverfahren, internationale Schiedsgerichtsverfahren) sowie nachvertraglicher Auseinandersetzungen (Post-Completion Disputes).

Anti-Fraud Management als Risikomanagementdisziplin

8

Verena Brandt, Heiko Fauck, Christian Hlavica, Nina Kiehne, Safet Kopov, Detlef Thomann

Die anhaltende öffentliche Diskussion um Risiko- und Compliance Management, die bereits dargestellten Anforderungen aus dem regulatorischen Umfeld sowie die trotz zunehmend verbesserten Anti-Fraud Management-Maßnahmen in Unternehmen weiterhin auftretenden Fälle von Wirtschaftskriminalität zeigen ganz deutlich, dass Fraud eine ernsthafte Bedrohung für Unternehmen darstellt, der mit entsprechender Risikoprävention begegnet werden muss. Wesentliche Ziele solcher Präventionsmaßnahmen sind die frühzeitige Identifikation und Bewältigung von potenziellen Fraud-Risiken und damit letztlich die Reduktion persönlicher Haftungsrisiken für die Unternehmensorgane sowie

V. Brandt
Ratingen, Deutschland
E-Mail: vbrandt@kpmg.com

H. Fauck
Köln, Deutschland
E-Mail: hfauck@kpmg.com

C. Hlavica (✉)
München, Deutschland
E-Mail: christian.hlavica@online.de

N. Kiehne
München, Deutschland
E-Mail: nkiehne@kpmg.com

S. Kopov
Altenstadt, Deutschland
E-Mail: skopov@kpmg.com

D. Thomann
Hamburg, Deutschland
E-Mail: detlefthomann@alice-dsl.de

C. Hlavica, F. Hülsberg, U. Klapproth (Hrsg.), *Tax Fraud & Forensic Accounting*,
DOI 10.1007/978-3-658-07840-9_8

die Vermeidung von direkt oder indirekten verursachten finanziellen Schäden. Wie groß dieses Schadenspotenzial ist, zeigt u. a. die Association of Certified Fraud Examiners (ACFE) in ihrer regelmäßig, alle zwei Jahre erscheinenden Untersuchung „Report to the Nations on Occupational Fraud and Abuse“. Nach Schätzungen der Teilnehmer der letzten Studie beliefen sich die Schäden von Organisationen in den USA auf 5 % ihrer jährlichen Umsatzerlöse.[1]

Die Frage nach dem Nutzen bzw. der Rentabilität von Investitionen in Compliance Management bzw. Risikoprävention wird in der Praxis häufig gestellt; erfahrungsgemäß investieren Unternehmen häufig erst dann, wenn sie konkret von Wirtschaftskriminalität betroffen sind. Diese Diskussion wird sicherlich durch die Problematik der Messbarkeit des Nutzens erfolgreicher Fraud-Prävention, hier definiert durch die Höhe der verhinderten Schäden, angetrieben. Um den möglichen Vorteilsumfang dennoch zu veranschaulichen, ist ein statistischer Vergleich erforderlich. Im Ergebnis dieses Vergleiches zeigen sich vorbeugend tätige Organisationen deutlich gesünder. Sie konnten ihre Verluste aus Schäden durch Fraud im Vergleich zu Organisationen, die bestimmte Kontrollmaßnahmen nicht ergriffen haben, in großem Umfang reduzieren. Darüber hinaus darf gemutmaßt werden, dass der Nachteil von Unternehmen mit weniger ausgeprägter Präventionskultur durch das Dunkelfeld der nicht aufgedeckten Schäden aus Fraud noch vergrößert wird.

Die Unternehmensführung ist im Rahmen ihrer Sorgfaltspflichten[2] originär für Vorkehrungen zum Risikomanagement, insbesondere die Einrichtung und Aufrechterhaltung von geeigneten internen Kontrollen und Maßnahmen zur Verhinderung und Aufdeckung von Fraud und sonstigen Rechtsverstößen verantwortlich. Diese Verpflichtung ist nicht delegierbar, insbesondere nicht auf den Abschlussprüfer. Dieser hat zwar entsprechend § 317 Abs. 1 HGB die Pflicht, die Abschlussprüfung so auszurichten, dass wesentliche Falschaussagen in Jahresabschluss und Lagebericht aufgrund von Unrichtigkeiten und Verstößen gegen gesetzliche Vorschriften mit hinreichender Sicherheit erkannt werden, jedoch entspricht die Jahresabschlussprüfung weder einer Unterschlagungs- noch einer Deliktsprüfung. Der Abschlussprüfer wird regelmäßig mit einer kritischen Grundhaltung vorgehen und grundsätzlich von der Ehrlichkeit der Unternehmensvertreter und der Richtigkeit der vorgelegten Unterlagen ausgehen, solange dem keine konkreten Verdachtsmomente entgegenstehen.[3] Bei Feststellungen wird er angemessen im Sinne einer Ausdehnung der Prüfungshandlungen auf die entsprechenden Risiken reagieren und ggf. Sachverständige hinzuziehen.

[1] Vgl. Association of Certified Fraud Examiner (ACFE), 2014 Report to the Nations on Occupational Fraud and Abuse, S. 4.

[2] Allgemeine Leitungspflichten nach §§ 43 (1) GmbHG, 76 (1), 93 AktG.

[3] Vgl. IDW: PS 210.

8.1 Anti-Fraud Management – Konzeptionelle Grundlagen und Rahmenelemente

Eine grundlegende Hilfestellung für die Gestaltung eines Anti-Fraud Management Systems (AFM) bietet im Besonderen die ACFE durch ein inzwischen weltweit anerkanntes Rahmenkonzept. Dabei handelt es sich um ein in Wirtschaftseinheiten einsetzbares Organisationskonzept zur Prävention, Entdeckung und Aufarbeitung von wirtschaftskriminellen Handlungen. In Ergänzung dazu hat die ACFE zusätzlich ein Fraud Prevention Tool entwickelt, das insgesamt 15 Module umfasst. Das ACFE Anti Fraud-Programm baut dabei auf dem Konzept des sogenannten Fraud Triangle mit den als ursächlich für Fraud erkannten Umständen, kategorisiert nach Anreiz / Druck, Gelegenheit und innere Rechtfertigung auf.

Mit dem Fragebogen „Fraud Prevention Check-up" bietet die ACFE auf ihrer Website ein Präventionsinstrument zur freien Verfügung.[4] Hierbei handelt es sich um einen Fragebogen, der als quantitativ orientierte Selbstbeurteilung konzipiert ist. Die Fragen zielen auf Präventionsprozesse und -maßnahmen der zu beurteilenden Organisation ab und geben damit das Soll-Objekt vor. Über eine quantifizierende Bewertung und deren Erläuterung durch den Selbstbeurteiler wird eine Soll-Ist-Analyse möglich, die folgende Elemente umfasst:

1. *Fraud Risk Oversight* – Bis zu welchem Grad verfügt die Wirtschaftseinheit über einen Prozess, der sicherstellt, dass sich die oberste Geschäftsleitung mit den Risiken von Fraud und Fehlverhalten auseinandersetzt?
2. *Fraud Risk Ownership* – Sind die Verantwortlichkeiten zur Identifikation und Überwachung von Fraud-Risiken eindeutig und klar einem Mitglied der obersten Geschäftsleitung zugewiesen?
3. *Fraud Risk Assessment* – Wie stellt die Wirtschaftseinheit sicher, dass die wesentlichen Fraud-Risiken laufend identifiziert und bewertet werden?
4. *Fraud Risk Tolerance and Risk Management Policy* – Wie hat die oberste Geschäftsleitung bestimmt, bis zu welcher Grenze sie welche Risiken zu tolerieren bereit ist und dies formell festgelegt? Liegt eine formell durch die oberste Geschäftsleitung bewilligte Weisung vor, wie die Wirtschaftseinheit mit den Fraud-Risiken umgehen will?
5. *Process Level Anti-Fraud Controls / Reengineering* – In welchem Maße hat die Wirtschaftseinheit Maßnahmen ergriffen um, wo möglich, die wichtigen Fraud-Risiken, die im Zuge des Risk Assessment identifiziert wurden, durch Prozessoptimierung zu beseitigen oder zu reduzieren? In welchem Maße hat die Wirtschaftseinheit Maßnahmen auf der Prozessebene ergriffen, um die wichtigen Fraud-Risiken, die im Zuge des Risk Assessment identifiziert wurden, zu vermeiden oder sie zu identifizieren und zu verhindern?

[4] Vgl. ACFE, Fraud Prevention Check-up, abrufbar unter: http://www.acfe.com/uploadedFiles/ACFE_Website/Content/documents/Fraud_Prev_Checkup_DL.pdf [19.05.2015].

6. *Environment Level Anti-Fraud Controls* – Besteht ein Arbeitsumfeld in der Wirtschaftseinheit, das ethisches und korrektes Verhalten fördert? Welche Maßnahmen werden zur Gestaltung des Arbeitsklimas und der Unternehmenskultur getroffen? Liegt ein auf die Wirtschaftseinheit zugeschnittener Verhaltenskodex oder Ethikkodex vor, der in Einklang mit den Unternehmenswerten steht? Wie erfolgt die Schulung der Mitarbeiterinnen und Mitarbeiter aller Stufen hinsichtlich des Verhaltenskodex? Gibt es konkrete Handlungsanleitungen und / oder geeignete Ansprechpartner für Mitarbeiterinnen und Mitarbeiter in sogenannten Dilemma-Situationen?
7. *Proactive Fraud Detection* – Welche organisatorischen Maßnahmen hat eine Gesellschaft ergriffen und welche Warnindikatoren beobachtet sie, um mögliches Fehlverhalten proaktiv zu identifizieren?

Die Ergebnisse aus dem ACFE Fraud Prevention Check-up können im Vergleich zu bewährten Praxiskonzepten (Good oder Best Practice) in einem Fraud Präventions-Profil der Organisation, wie in nachfolgender Abb. 8.1 dargestellt, zusammengefasst und visualisiert werden. In dem Ausmaß, in dem die für die Organisation festgestellten Ist-Werte hinter den durch Best Practice definierten Sollvorgaben zurückbleiben, liefert die Analyse eine Indikation für die Höhe des Fraud-Risikos infolge festgestellter Defizite im AFM.

Nach Intention der ACFE dient der „Fraud Prevention Check-up" einer ersten kurzen Positionsbestimmung, durch die wichtige Hinweise auf die Bereiche gegeben werden, in denen die Maßnahmen zur Vorbeugung von Fraud verbessert werden können. Dabei ist die präzise Punktzahl[5] weniger wichtig als der hierdurch vermittelte übergeordnete Eindruck

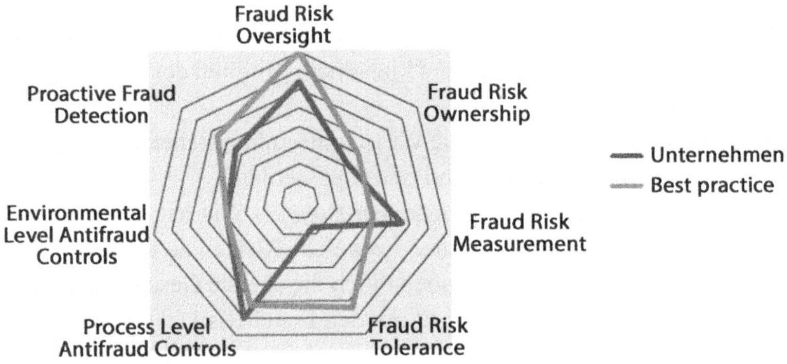

Abb. 8.1 Fraud Präventions-Profil. (Nach ACFE)

[5] Die erwünschte Punktzahl für eine Organisation ist grundsätzlich 100 Punkte, unter der Voraussetzung, dass die empfohlenen Prozesse auf die Größe der zu beurteilenden Organisation angepasst werden können. Dabei sollte für die meisten Organisationen erwartet werden, dass das Ergebnis einer ersten Kontrolluntersuchung wesentlich unter 100 Punkten liegen wird. Hierbei soll es sich nach den Angaben der ACFE gegenwärtig nicht um ein bedeutsames Risiko im Rahmen des internen Kontrollsystems („material weakness") handeln, welches nach den Regeln der US-Börsenaufsicht zu melden wäre.

davon, wie stabil gerüstet die Organisation gegen Fraud erscheint, zumal die Effektivität von Anti-Fraud Management-Systemen letztlich auch von dem Zusammenwirken der jeweiligen Maßnahmen und deren Ausgestaltung im jeweiligen Unternehmensumfeld abhängig ist.[6, 7]

Ein „Best Practice" AFM sollte nach unseren Erfahrungen die nachfolgend beschriebenen Mindestelemente beinhalten, wobei deren Ausgestaltung und konzeptioneller Rahmen im Einzelnen maßgeblich jeweils von Unternehmensgröße, -struktur und -umfeld mitbestimmt werden.

8.1.1 AFM-Verantwortlichkeiten und -prozesse

Dies beinhaltet die Festlegung grundlegender Aufgaben und Verantwortlichkeiten für Anti-Fraud Management-Fragestellungen, zumal erfahrungsgemäß verschiedene Unternehmenseinheiten beteiligt sein können (z. B. Compliance, Interne Revision, Risikomanagement, Rechtsabteilung, Finanzwesen und weitere Fachbereiche). Darüber hinaus müssen aufbau- und ablauforganisatorische Festlegungen getroffen werden.

8.1.2 Strategie und Zielfestlegung – Verhaltens- oder Ethikkodex

In dieser Stufe muss sich die Wirtschaftseinheit ihrer Grundwerte, Visionen und Missionen, ggf. sogar im Rahmen einer umfassenden „Compliance Strategie", klar werden und diese kodifizieren. Die Erstellung eines Verhaltenskodex (Ethikkodex oder Code of Conduct) ist eine Führungsaufgabe, die geltende Verhaltensstandards und Leitbilder in allgemein verständlicher Form festlegt. Mit der Festlegung allein ist es nicht getan. Die Standards müssen durchgesetzt, gelebt und kontrolliert werden. Ein auf eine nachhaltige Integritätskultur ausgerichtetes Wertemanagement kommt im Zusammenhang mit Fraud-Prävention eine besondere Bedeutung zu, da Fraud-Risiken sich insbesondere durch die starke Verhaltenskomponente auszeichnen. Die erfolgreiche Werteimplementierung kann dabei wie folgt erfolgen (Abb. 8.2).[8]

---

[6] Vgl. ACFE, Fraud Prevention Check-up, S. 11.

[7] Vgl. grundsätzlich Public Company Accounting Oversight Board (PCAOB); Notice of Filing of Proposed Rule on Auditing Standard No. 2, An Audit of Internal Control Over Financial Reporting Performed in Conjunction with an Audit of Financial Statements, insbesondere Appendix D Examples of Significant Deficiency and Material Weaknesses.

[8] KPMG AG Wirtschaftsprüfungsgesellschaft, Anti Fraud Management – Best Practice der Prävention gegen Wirtschaftskriminalität, 2006, Seite 14 f.

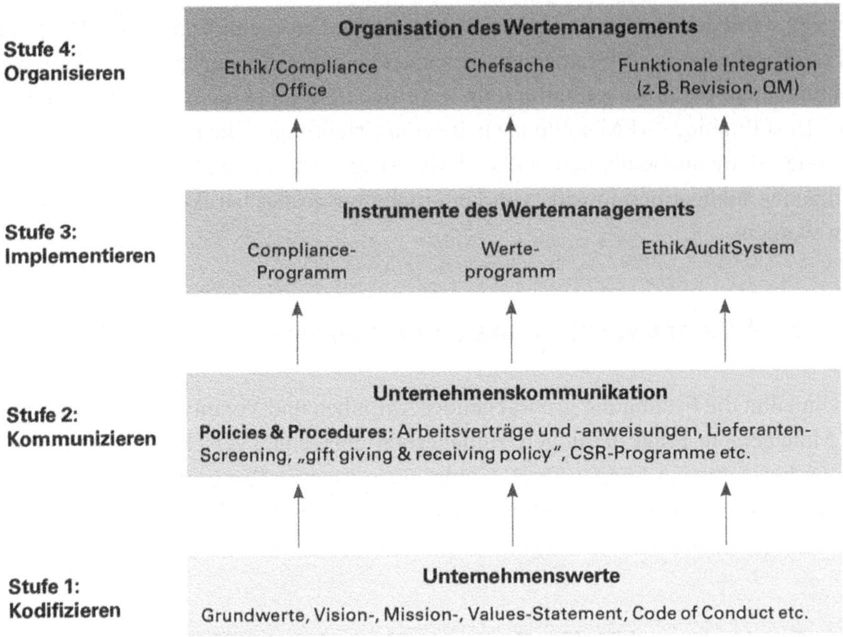

Abb. 8.2 Stufen des Wertemanagements

8.1.3 Fraud Risk Assessment – Identifikation und Bewertung der wesentlichen Fraud-Risiken

Mit dem Fraud Risk Assessment sollen potenzielle Fraud-Risiken möglichst frühzeitig identifiziert werden. Umso wichtiger ist es, dass dieser Prozess umfassend und strukturiert verläuft. Die Identifikation und Bewertung der Fraud-Risikoexposition kann, wiederum je nach Unternehmensstruktur und -größe, auf unterschiedliche Weise erfolgen. Gängige Instrumentarien sind Einzelbefragungen, Erarbeitung eines Risikoinventars im Rahmen von Workshops und / oder sogenannte „Self Assessments" auf Checklistenbasis. Vom ACFE wurde dazu eine unterstützende Checkliste erarbeitet.[9] Dabei sind sowohl der vollständige Aufbau des AFM als auch die gesamte Ablauforganisation zu betrachten. Teil des Fraud Risk Assessment ist die Priorisierung der Risiken und die Einschätzung, inwieweit die bestehenden Kontrollen die Fraud-Risiken mindern und somit das interne Kontrollsystem effektiv sind.

[9] Siehe http://www.acfe.com/frat.aspx?id=6797 [19.05.2015].

8.1.4 Implementierung von Maßnahmen – Festlegung und Umsetzung von angemessenen Fraud Prevention- und Detection-Maßnahmen

Auf Basis der Ergebnisse des Fraud Risk Assessment wird ein geeignetes AFM-System implementiert und dessen Anwendung mittels eines Regel- und Kontrollprozesses sichergestellt. In dieser Phase werden die geplanten Maßnahmen und organisatorischen Strukturen in die Praxis umgesetzt. Diese können beispielsweise sein:

- Schulungen der Mitarbeiter aller Ebenen zur Implementierung des Code of Conduct sowie zu ergänzenden Einzelregelungen,
- Einführung eines Hinweisgebersystems (Whistleblowing-System), durch das Mitarbeitern die Möglichkeit gegeben wird, Verdachtsmomente zu adressieren,
- Einsatz von Corporate Intelligence z. B. zur Lieferantenbeurteilung oder zum Pre-Employment Screening,
- Einsatz von Fraud Due Diligence Audits im Rahmen von Unternehmenserwerben,
- Prozessbezogene Fraud-spezifische interne Kontrollen,
- Massendatenanalysen zur Aufdeckung von Fraud-Indikatoren, bzw.
- Einführung eines Krisen-Managements sowie von Response-Plänen zum Umgang mit vermuteten und aufgedeckten Verstößen.

8.1.5 Reporting & Monitoring – Fraud Reporting und periodische Überprüfung der Wirksamkeit des AFM

Die systematische Zusammenfassung festgestellter Fraud Risiken und aufgedeckter Fälle und deren Berichterstattung im Rahmen der für das jeweilige Unternehmen festgelegten Berichtswege ist ein weiterer wichtiger Baustein eines AFM. Das Fraud Reporting ist zum einen die Grundlage für die zielgerichtete Information des Managements und hat damit eine wesentliche Steuerungsfunktion. Zum anderen lassen sich aus der Zusammenführung dieser Informationen Hinweise für die Optimierung des AFM sowie zur Gestaltung von Maßnahmen ableiten. Aus der Aufarbeitung von Fraud-Szenarien ergeben sich beispielsweise weitere Rückschlüsse auf mögliche Handlungsmuster und ggf. geeignete Frühwarnindikatoren für die Präventions- und Aufdeckungsmaßnahmen.

Analog zum klassischen unternehmerischen Risikomanagement ist eine periodische Wirksamkeitsüberprüfung bzw. ein laufendes Fraud Prevention Monitoring ein unverzichtbares Element eines AFM. Das Monitoring der Umsetzung von Präventionsmaßnahmen im Sinne einer Verankerung in die Organisationskultur und operativen Prozessen ist ein entscheidendes Qualitätsattribut für ein „Best Practice" AFM und ermöglicht durch entsprechend gestaltete Rückkoppelung in den Regelkreis die kontinuierliche Anpassung des AFM an sich verändernde Anforderungen und Bedingungen im Sinne einer „lernenden Organisation".

8.2 Fraud Risk Assessment

Die systematische und zielgerichtete Erfassung und Bewertung des unternehmensspezifischen Fraud-Risikoprofils ist wesentlicher Ausgangspunkt für zielgerichtete Präventionsmaßnahmen sowie ein angemessenes Risikomanagement, im Sinne einer Risikovermeidung, -reduktion oder -abwälzung (z. B. auf einen Versicherer).

Die Risikoanalyse kann im Rahmen eines Top-Down- oder Bottom-Up-Ansatzes durch die Abfrage von Risiken aus dezentralen Einheiten oder Bereichen durchgeführt werden. Sie kann dabei aus Sicht verschiedener Einheiten, Divisionen, Abteilungen und / oder Personen erfolgen, sollte aber möglichst einen repräsentativen „buy-in" von Mitarbeitern aus wesentlichen Querschnittsfunktionen (z. B. HR, Rechtsabteilung, Compliance Office, Innenrevision, IT) sowie aus den operativen Unternehmensprozessen berücksichtigen. Zur Strukturierung der Risikoidentifikation ist die Verwendung eines Ordnungsrahmens hilfreich, nachfolgend werden dazu verschiedene Ansätze vorgestellt.

Die Identifizierung und Bewertung der Risiken kann auf verschiedenen Ebenen und somit in unterschiedlicher Ausprägung erfolgen, die in der nachfolgenden Abb. 8.3 grafisch dargestellt sind.

Ebene 1 – Fraud Prevention Infrastructure – Beurteilung der übergeordneten Überlegungen und organisatorischen Maßnahmen zum AFM

- Umgang mit den Thema Betrug und Fehlverhalten auf oberster Unternehmensebene, Risikotoleranz sowie „Tone at the Top",
- Existenz und Ausgestaltung eines Verhaltenskodex und eines Fraud Risk Management-Programms.

Ebene 2 – Entity Level Fraud Risks – Identifizierung von Risiken auf Unternehmensebene

- Konkrete Betrugs- und Fehlverhaltensrisiken, die sich aus der Art des Unternehmens und seines spezifischen Tätigkeitsfeldes ergeben können (z. B. dezentrale Unterneh-

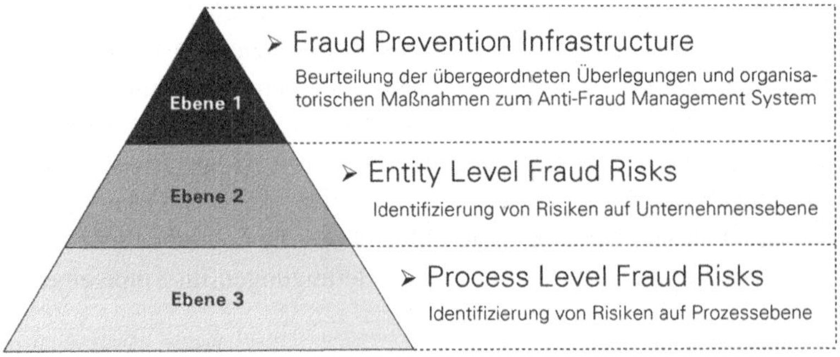

Abb. 8.3 Mögliche Ebenen der Identifizierung und Bewertung von Fraud-Risiken

menseinheiten in Ländern mit hohem Korruptionsrisiko; Branchen mit tendenziell hoher Korruptionsanfälligkeit),
- Berücksichtigung verhaltenssteuernder Elemente, wie z. B. Anreizsysteme.

Mögliche Risikokategorien auf Unternehmensebene können sein (Abb. 8.4).

Ebene 3 – Process Level Fraud Risks – Identifizierung von Risiken auf Prozessebene

- Prozess-typische Betrugs- / Fehlverhaltensrisiken (z. B. Einkaufs- und Vertriebskorruption),
- Berücksichtigung von Fraud-Mustern und -Szenarien in Geschäftsprozessen, z. B. Vertriebskorruption, Kick-back-Zahlungen im Einkauf,
- Weiterer Fokus als das rechnungslegungsbezogene IKS erforderlich.

Eine Hilfestellung zur Identifikation und weiteren Analyse von Fraud-Risikofaktoren bietet die ACFE Mitgliedern auf ihrer Website an (ACFE Faud Risk Assessment).[10] Es besteht aus 15 Modulen. Der Anwender soll anhand von Fragebögen Schwachstellen für interne Verstöße identifizieren und adressieren. Auf Grundlage der erkannten Fraud Risiken können Gegenmaßnahmen eingeleitet werden. Jedes der nachfolgend genannten 15 Module des ACFE Fraud Risk Assessment umfasst neben dem Fragebogen selbst auch entsprechende Anweisungen, diesen anzuwenden und Leitgedanken, um die Antworten zu interpretieren:

- Modul 1: Employee Assessment
- Modul 2: Management / Key Employee Assessment

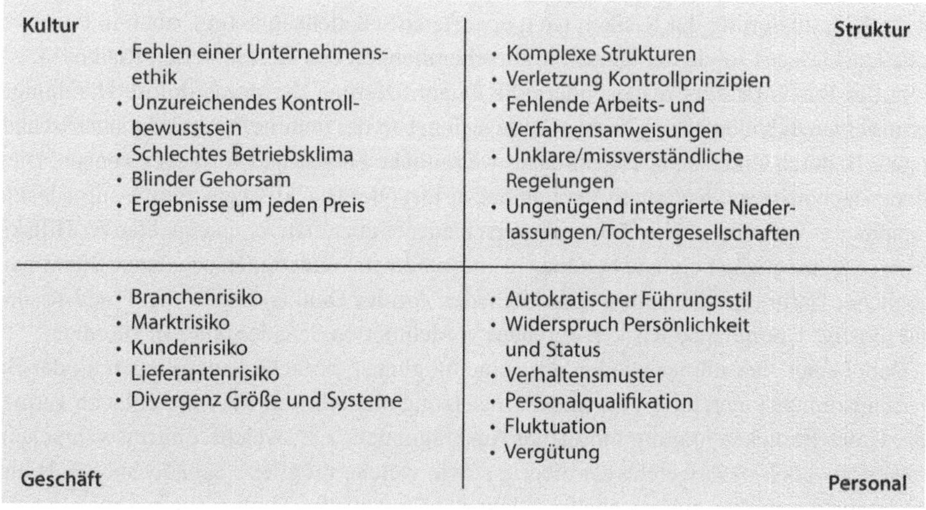

Abb. 8.4 Risikokategorien (Entity-Level)

[10] Siehe http://www.acfe.com/frat.aspx?id=6797 [19.05.2015].

- Modul 3: Physical Controls
- Modul 4: Skimming Schemes
- Modul 5: Cash Larceny Scheme
- Modul 6: Check Tampering Schemes
- Modul 7: Cash Register Schemes
- Modul 8: Purchasing and Billing Schemes
- Modul 9: Payroll Schemes
- Modul 10: Expense Schemes
- Modul 11: Theft of Inventory and Equipment
- Modul 12: Theft of Proprietary Information
- Modul 13: Corruption
- Modul 14: Conflicts of Interest
- Modul 15: Fraudulent Financial Reports

Ziel dieser Risikoinventur ist es, eine für die Organisation spezifische Risikolandschaft zu ermitteln. Für ein umfassendes Vorgehen sollte sich diese Aktivität auf die gesamte Organisation erstrecken, wobei ein wirtschaftliches Vorgehen zunächst auf die am wichtigsten erscheinenden Bereiche konzentriert werden kann. Als Instrumente stehen dem Projektteam Workshops, Befragungen bzw. Selbstbeurteilungen mittels Fragebogen zur Verfügung. Im letztgenannten Fall hat sich gezeigt, dass die Angaben verlässlicher ausfielen, wenn der Fragebogen mit der Ankündigung verbunden wurde, im Nachgang zu einem späteren Zeitpunkt eine Prüfung der Angaben durch die Interne Revision vornehmen zu lassen.[11]

Neben der Bruttoerfassung des potenziellen Gefährdungspotenzials muss in einem weiteren Schritt eine Priorisierung und Erfassung der Bedeutung der Risiken für das Unternehmen erfolgen. Eine in der Risikomanagementtheorie und -praxis gängige Vorgehensweise ist die Klassifizierung der Risiken nach erwarteter Schadenshöhe (ggf. auch in Form von Schadensklassen) sowie der Eintrittswahrscheinlichkeit des identifizierten Risikos.

In der Praxis bereitet insbesondere die Quantifizierung der durch dolose Handlungen verursachten Schäden häufig Probleme, da sich neben der unmittelbaren Vermögensschädigung z. B. durch Unterschlagung durchaus wesentliche Folgeschäden ergeben können. Diese können sich insbesondere durch Reputationsverlust oder Blacklistings infolge aufgedeckter Compliance-Verstöße äußern. Mit Hilfe verschiedener quantitativer und qualitativer Hilfskriterien (z. B. mögliche Folgeaufwendungen aufgrund von Sonderuntersuchungen, Signifikanz möglicher Haftungsrisiken für Organmitglieder, Art des Delikts) lassen sich Fraud-Risiken und sonstige Compliance-Risiken durchaus vordefinierten Schadensklassen zuordnen.

Dabei zeigt sich immer wieder, dass eine möglichst einfache Untergliederung der Bewertungsdimensionen hilft, eine in der Umsetzung unerwünschte Komplexität zu vermeiden. Unter Berücksichtigung möglicher Ausprägungen, z. B. welche Eintrittswahrscheinlichkeit als hoch bzw. welche als niedrig sowie welche mögliche Schadenshöhe als eine mit hoher Auswirkung anzusehen ist, legt die Organisation unter Zugrundelegung von

[11] Die Identifizierung möglicher Risiken sollte zunächst unter der Prämisse eines inhärenten Risikos ohne Berücksichtigung möglicher interner Kontrollen erfolgen.

Wesentlichkeitsgrenzen ihre Risikoneigung fest. Im einfachsten Fall werden Eintrittswahrscheinlichkeit und mögliche Auswirkung in hoch und niedrig unterteilt. Hieraus ergibt sich das nachfolgend (Abb. 8.5) beispielhaft dargestellte Matrix-Modell mit vier Quadranten.[12]

Identifizierte Risiken sind zu bewerten und können somit einem der vier Quadranten der vorstehenden Matrix zugeordnet werden. Die Vorgehensweise bei der Risikobewertung soll nachfolgendes Beispiel veranschaulichen:

> **Beraterhinweis** Eine in der Buchhaltung für den Geschäftsbereich Infrastruktur beschäftigte Person hat die Aufgabe, Eingangsrechnungen mit einem Betrag von bis zu EUR 1000 in eigener Verantwortung zur Zahlung anzuweisen. Einmal in jedem Monat wird ein Zahlungslauf ausgeführt. Das Zahlungsvolumen beträgt im Monatsdurchschnitt EUR 100.000. Davon soll auf unsere Person im Durchschnitt ein Betrag von EUR 12.000 entfallen (bis zu 12 Transaktionen im Monat). Um das Fraud Risiko im Hinblick auf die mögliche Auswirkung hin zu untersuchen, ist das inhärente Risiko unter Außerachtlassung jedweder Kontrollen (auch Bruttorisiko genannt) zu quantifizieren. In diesem Fall beträgt es auf das Jahr bezogen EUR 144.000.
>
> Interne Kontrollen werden im Beispielfall alle drei Monate durch die Interne Revision mit Hilfe einer stichprobenartigen Prüfung der Auszahlungen ausgeführt. Dabei wird im Durchschnitt jede dritte Zahlung aufgegriffen. Im

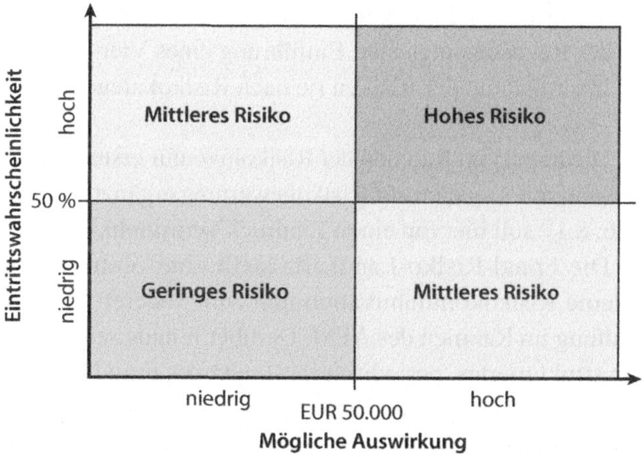

Abb. 8.5 Beispielhafte Fraud Risiko Bewertungsmatrix

[12] Die in der Abbildung gewählten Wesentlichkeitsgrenzen mit einer Eintrittswahrscheinlichkeit von 50 % und einer möglichen Auswirkung in Höhe von EUR 50.000 sind willkürlich gewählt. Hierin drückt sich die Risikoneigung aus. Jede weitere Untergliederung führt zu einer größeren Zahl von Komponenten als Elemente der Matrix. Aus einer Aufteilung der Ausprägung in „hoch", „mittel" und „gering" ergeben sich bereits neun Felder von Risiken, denen spezifische Gegenmaßnahmen zuzuordnen sind. Zur besseren Veranschaulichung werden von den Befürwortern einer differenzierteren Betrachtungsweise mehrere Gruppen zusammengefasst und ebenfalls nur mit den drei Farben Rot, Gelb, Grün gekennzeichnet, womit sich am Ende wieder die einfachere Darstellung ergibt.

Rahmen des Fraud Risk Assessment ist es nun erforderlich, die Qualität dieser internen Kontrolle auf ihre Wirksamkeit hin zu überprüfen. Dies kann dadurch geschehen, dass die Kontrolltätigkeiten für einen ausgewählten Zeitraum lückenlos nachvollzogen werden. Anhand der Ergebnisse kann die Qualität der Kontrollaktivität eingeschätzt werden.

Für das Beispiel sei die volle Wirksamkeit angenommen. Hieraus ergibt sich eine Aufdeckungswahrscheinlichkeit von 33 %. Umgekehrt führt dies zu einer möglichen unentdeckten Eintrittswahrscheinlichkeit von 67 % (verbleibendes oder resultierendes Risiko). Auf die Buchhaltungskraft bezogen verbliebe demzufolge ein bewertetes Risiko in Höhe von EUR 96.480.

Im vorliegenden Beispiel wurden die Wesentlichkeitsgrenzen für die Eintrittswahrscheinlichkeit auf 50 % und für mögliche Auswirkungen auf EUR 50.000 festgesetzt. Hierin spiegelt sich die Risikoneigung in der Organisation wider. Für den Fall, dass die Eintrittswahrscheinlichkeit bezogen auf die Buchhaltungskraft höher als 50 % eingeschätzt würde, wäre das resultierende Risiko der Kategorie „hohes Risiko" zuzuordnen.

Die Organisation wird auf dieses Risiko reagieren. Als grundlegende Strategien hierfür kämen in Betracht:

1. Abwälzung der Risiken (z. B. durch den Abschluss einer Versicherung oder Aufgabe / Veräußerung des Geschäftsbereichs),
2. Reduktion der Risiken (Anpassung an Gegebenheiten, die zu einer niedrigeren Eintrittswahrscheinlichkeit bzw. einer niedrigeren Schadenshöhe führen, z. B. Erhöhung der Revisionsintensität, Einführung eines Vier-Augen-Prinzips) oder ggf.,
3. Inkaufnahme der Risiken (je nach Risikokategorie).

Die bereits im Rahmen der Risikoinventur erstellte Liste der Fraud-Risiken kann erweitert und mit Angaben zur Risikobewertung ergänzt werden. Die nachfolgende beispielhafte Tab. 8.1[13] soll hiervon einen Eindruck vermitteln.

Die Fraud-Risiko-Landkarte stellt eine zentrale Grundlage dar, zum einen für die interne Risikokommunikation und zum anderen für eine zielgerichtete Maßnahmengestaltung im Rahmen des AFM. Darüber hinaus zeigen die Erfahrungen in der Praxis, dass ein strukturiertes, periodisch stattfindendes Fraud Risk Assessment gleichzeitig erheblich zur Sensibilisierung der beteiligten Einheiten und Mitarbeiter beitragen kann. Der Aspekt der Sensibilisierung bzw. der Fraud Awareness wird im nachfolgenden Abschnitt aufgegriffen.

[13] Vgl. The Institute of Internal Auditors / The American Institute of Certified Public Accountants / Association of Certified Fraud Examiners: Managing the Business Risk of Fraud – A Practical Guide, S. 21 und Appendix D, abrufbar unter: http://www.acfe.com/uploadedfiles/acfe_website/content/documents/managing-business-risk.pdf [19.05.2015].

Tab. 8.1 Beispielhafte Fraud Risiko Landkarte

Identifizierte Fraud Risiken und Muster	Eintrittswahrscheinlichkeit	Mögliche Auswirkung	Abteilung bzw. Person	Bestehende Anti-Fraud Kontrolle	Wirksamkeit der Kontrolle	Resultierendes Risiko	Maßnahmen zur Reduzierung
Erlösrealisierung							

8.3 Fraud Awareness

Neben der Identifizierung der für das Unternehmen wesentlichen Risiken sind ein angemessenes Risiko-Bewusstsein und damit einhergehende Aufmerksamkeit für mögliche Hinweise auf Risiken im Unternehmensalltag eine wesentliche Grundlage wirksamer Präventionsprogramme. Voraussetzung dafür, solche Risiken bzw. Hinweise darauf zu entdecken, ist eine hinreichende Sensibilisierung der Mitarbeiter für die Möglichkeit von Fraud, ergänzt durch hinreichendes Grundverständnis darüber, wie wirtschaftskriminelles Verhalten entsteht und welche Indikatoren unter bestimmten Umständen auf wirtschaftskriminelles Verhalten hinweisen können. Eine Sensibilisierung sollte die Führungsebene und Aufsichtsorgane, alle Mitarbeiterebenen und ggf. sogar externe Dritte (z. B. Lieferanten) umfassen.

Kommunikation ist dabei ein wesentliches Element für die Schaffung von Fraud Awareness, z. B. in Form von:

- Bottom-up-Berichterstattung im Sinne der Informierung der Führungsebene über mögliche Risiken und deren Gegenmaßnahmen,
- Horizontale Kommunikation im Sinne der Informierung unternehmensexterner Interessengruppen wie z. B. Kunden, Lieferanten oder die Öffentlichkeit über Werte, Richtlinien und Maßnahmen gegen wirtschaftskriminelles Verhalten,
- Top-down-Kommunikation im Sinne der Sensibilisierung der Mitarbeiter hinsichtlich möglicher Handlungsmuster, die es zu entdecken gilt und die auf wirtschaftskriminelles Verhalten hinweisen können.

Praktisch zeigt sich diese Art der Kommunikation (sowohl schriftlich als auch mündlich) häufig in Form von Richtlinien, Pressekonferenzen bzw. Veröffentlichungen und Trainings. Ein weiteres nicht zu unterschätzendes Kommunikationsinstrument ist die Unterstützung einer den Unternehmenswerten angemessenen Integritätskultur durch entsprechende Leitbild- und Vorbildfunktion der Führungsebene. Nur durch eine von der obersten Führungsebene aktiv getragene Wertekommunikation („Tone at the Top") und das nach außen erkennbare Bekenntnis zu diesen Werten wird letztlich eine nachhaltige Integritätskultur geschaffen werden können.

Entscheidend ist jedoch nicht nur, dass überhaupt kommuniziert wird, sondern inwiefern dies geschieht, um die Motivation der Beteiligten hinsichtlich der Prävention und Aufdeckung von wirtschaftskriminellen Verhaltensweisen zu fördern. Im Folgenden wird weiter auf Einzelaspekte der Kommunikation im Zusammenhang mit der Schaffung von Fraud Awareness eingegangen.

8.3.1 Risikokommunikation

Laut dem Gesetz zur Kontrolle und Transparenz im Unternehmensbereich (KonTraG) müssen bestehende Risiken im Unternehmen aufgezeigt und der Unternehmensleitung sowie den Anteilseignern transparent gemacht werden. Dies gilt grundsätzlich für alle das Unternehmen potenziell betreffenden Risiken, darunter natürlich auch Fraud-Risiken als eine besondere Risikodimension. Ein periodisches Fraud-Reporting fördert zudem Fraud-Awareness, indem potenzielle Bedrohungen transparent gemacht und Erkenntnisse aus aufgedeckten wirtschaftskriminellen Handlungen zur Optimierung des Risikomanagements verwertet werden können.

Durch eine angemessene Risikoberichterstattung sollte der Unternehmensleitung deutlich gemacht werden, welche Risiken bestehen und wie diesen begegnet wird. Frequenz und Art der Kommunikation kann individuell gewählt werden. Neben einer regelmäßigen Berichterstattung ist es wichtig, auf plötzlich auftretende Risiken von vermuteter starker Auswirkung ad hoc reagieren zu können, also die Kommunikationswege entsprechend flexibel zu gestalten. Dazu sollten Schwellenwerte definiert werden, die schwerwiegende von nicht unmittelbar gefährdenden Risiken trennen. Somit kann verhindert werden, dass die Führungsebene mit weniger relevanten Risiken überhäuft wird und in der Folge die Sensibilität für schwerwiegende Risiken verliert.

Wie wird eine Berichterstattung über Risiken an die Führungsebene institutionalisiert? Natürlich sollte wenigstens ein Verantwortlicher im Unternehmen existieren, dem die relevanten Informationen aus allen Bereichen des Unternehmens zugetragen werden und der diese hinsichtlich der zuvor definierten Schwellenwerte bewertet und zu einem Bericht zusammenfasst. Dieser Verantwortliche muss entscheiden, welche Risiken ad hoc an die Führungsebene kommuniziert werden und welche Risiken in den regelmäßigen Bericht Eingang finden. Risiken mit geringer Schadensfolge oder Eintrittswahrscheinlichkeit können ggf. ohne Benachrichtigung der Führungsebene bearbeitet und behoben werden (abhängig von den definierten Befugnissen des Verantwortlichen) und finden in den Bericht im Sinne behobener Gefahrenquellen Eingang.

Effektive Risikokommunikation muss eine möglichst vollständige Berichterstattung über die wesentlichen Risiken sicherstellen und zum anderen nicht selten psychologische Barrieren im Umgang mit Fraud-Risiken überwinden. Umso wichtiger ist eine offene Kommunikationskultur im Hinblick auf wirtschaftskriminelles und / oder unethisches Verhalten. Je mehr es gelingt, durch entsprechende Aufbauorganisation klare Berichtswege zu definieren und die Mitarbeiter zu motivieren an der Verhinderung bzw. Aufdeckung von wirtschaftskriminellem Verhalten aktiv mitzuwirken, umso wirksamer ist die Risikokommunikation.

Die Bottom-up-Kommunikation ist nicht nur im Hinblick auf die Unterrichtung der Führungsebene über bestehende und mögliche Risiken wichtig, sondern auch vor dem Hintergrund des modellhaften Verhaltens der Führungsebene gegenüber den Mitarbeitern des Unternehmens. Erachtet die Führungsebene Fraud-relevante Risiken als unwichtig, hat sie keine Zeit für ausreichende Kommunikation darüber oder begegnet sie den formulierten Risiken nicht angemessen, kann das eine falsche Botschaft an die Mitarbeiter im Unternehmen senden, die dazu führt, dass die Motivation im Unternehmen zur Aufdeckung oder Verhinderung von wirtschaftskriminellem Verhalten sinkt. Durch eine regelmäßige, fest verankerte und definierte Risikoberichterstattung und die angemessene Reaktion der Führungsebene darauf, werden Signale an die Mitarbeiter gesendet, die dazu führen, Fraud ernst zu nehmen und aktiv zu bekämpfen.

Die Positionierung des Unternehmens in Bezug auf Compliance kann durch die horizontale Kommunikation zudem nach außen an Kunden, Lieferanten, Geschäftspartner und die Presse vermittelt werden, beispielsweise durch die Offenlegung von Unternehmenswerten und Compliance Programmen im Internet oder durch die Verpflichtung von Geschäftspartnern zur Einhaltung der gewisser Mindeststandards. Die horizontale Kommunikation dient nicht nur dazu, Interessengruppen über Fraud und wie dagegen vorgegangen wird zu informieren. Sie positioniert das Unternehmen klar auf dem Markt und beeinflusst Geschäftspartner bezüglich ggf. bestehendem wirtschaftskriminellen Verhalten. Klare Botschaften, die das Unternehmen z. B. von Korruption abgrenzen, können dazu führen, dass sich Geschäftspartner ähnlich verhalten werden bzw. dass nur solche Geschäftspartner ausgewählt werden, die sich ähnlich positionieren.

Natürlich kann Fraud trotz aller Bemühungen im Unternehmen vorkommen. Im Krisenfall ist es von großer Bedeutung, sämtliche Interessengruppen so zu informieren, dass das Unternehmen die Kontrolle über die Kommunikation behält.[14] Häufig ist eine proaktive Kommunikationsstrategie dabei vorteilhaft. Konkrete und strukturierte Informationen zum Sachverhalt verhindern Gerüchte, die dem Unternehmen langfristig schaden können. Wird beispielsweise auf Stellungnahmen in der Presse verzichtet, greift diese möglicherweise auf andere Informationsquellen zurück, die im Zweifel nicht valide sind.

8.3.2 Training

Anti-Fraud Training ist ein Beispiel für Top-down-Kommunikation. Training ist ein wesentliches Instrument zur Mitarbeitersensibilisierung für Fraud und die damit verbundenen Risikoindikatoren. Laut KPMG-Studie „Wirtschaftskriminalität in Deutschland 2014“

---

[14] Jäger / Rödl / Campos Nave, S. 329 ff.

werden wirtschaftskriminelle Handlungen am häufigsten durch die Interne Revision oder einer sonstigen internen Ermittlungseinheit (52 % der Nennungen) oder durch Hinweise unternehmensinterner Personen (57 %) aufgedeckt.[15] Trotz der relativ hohen Quote der durch Zufall aufgedeckten Fraud-Fälle (54 % der Nennungen) kommt hinreichend sensibilisierten Mitarbeitern offenbar dennoch eine wesentliche Bedeutung für die Aufdeckung von Wirtschaftskriminalität zu.

Die Studie von ACFE „2014 Report to the Nations on Occupational Fraud & Abuse" belegt neben der hohen Aufdeckungsquote durch Hinweise außerdem, dass insbesondere wirtschaftskriminelle Handlungen im Unternehmen durch Mitarbeiter (Management Review, Internal Audit) aufgedeckt werden.[16] Vor diesem Hintergrund ist die Schulung von Mitarbeitern in Bezug auf Fraud und mögliche Handlungsmuster besonders wichtig. Die Top-down-Kommunikation sollte insbesondere in Fraud-anfälligen Unternehmensbereichen oder -prozessen (z. B. Einkauf, Vertrieb) umfassend ausgebaut und regelmäßig im Hinblick auf deren Wirksamkeit geprüft werden.

Ein in der Praxis verbreitetes Problem bei Schulungen ist die fehlende Internalisierung und Akzeptanz der Schulungsinhalte. Das bedeutet, dass Schulungsinhalte zwar gehört, jedoch in der Praxis nicht umgesetzt werden und damit wirkungslos bleiben. Dem kann mit dem Einsatz von den jeweiligen Inhalten, Gegebenheiten und Zielgruppen angepasste Trainingsmethoden begegnet werden. Ein Beispiel sind interaktive Workshops, in denen die Inhalte von den Schulungsteilnehmern selbst erarbeitet werden. Dadurch werden diese erfahrungsgemäß besser akzeptiert und verinnerlicht. Außerdem stärken Workshops die Motivation der Teilnehmer, das Gelernte umzusetzen.

Dies gilt insbesondere im Zusammenhang mit der Schaffung von Fraud-Awareness, da die Thematik wegen der impliziten Verhaltenskomponente sehr komplex ist und es keine allgemein gültigen Abläufe und Regeln gibt, die in jedem Fall Fraud verhindern bzw. aufdecken. In der Praxis existieren trotz immer wiederkehrender Grundmuster zahlreiche und sich stetig verändernde Szenarien und Konstellationen von Fraud und Möglichkeiten der Verschleierung von dolosen Handlungen.

► **Beraterhinweis** Zur Fraud-Sensibilisierung sind moderierte interaktive Workshops, in denen offenes Brainstorming gewünscht ist, besonders zweckmäßig. Geeignet sind didaktische Konzepte, die auf einer Spielsituation aufbauen[17]. Durch Praxisbeispiele und konkrete Dilemmasituationen erarbeiten die Workshop-Teilnehmer hier im Rahmen einer Spielsituation, welche Verhaltensweisen nicht unternehmenskonform sind und auf welche Weise mit dem Dilemma

---

[15] KPMG Audit Forensic, Wirtschaftskriminalität in Deutschland 2014, S. 23–24, abrufbar unter http://www.kpmg.com/DE/de/Documents/Wikri-Studie_2014_sec.pdf [20.05.2015]; Mehrfachnennungen möglich.

[16] ACFE, 2014 Report to the Nations on Occupational Fraud & Abuse, S. 19. Abrufbar unter: www.acfe.com/rttn/docs/2014-report-to-nations.pdf [21.05.2015].

[17] z. B. das KPMG Integrity Game.

umgegangen werden kann. Auf Basis solcher Workshops lassen sich neben der Sensibilisierung für das Thema auch Richtlinien und Regeln gegen Fraud oder andere unerwünschte Verhaltensweisen entwickeln, implementieren und überprüfen.

8.3.3 Motivation

Wie oben erwähnt spielt Motivation bei der Entdeckung von Fraud eine große Rolle. Die Sensibilisierung der Mitarbeiter hinsichtlich Fraud hat keinen Nutzen, wenn die Mitarbeiter nicht dazu motiviert werden, die gewonnen Erkenntnisse im Arbeitsalltag umzusetzen und identifizierte Gefahren zu melden. Wird im Unternehmen oft über solche Gefahren hinweggesehen, werden Maßnahmen gegen Fraud mit hoher Wahrscheinlichkeit in der Mitarbeiterwahrnehmung als zweitrangig erachtet. Wenn die Mitarbeiter gleichzeitig besonderen Anreizen für dolose Handlungen ausgesetzt sind (z. B. überdurchschnittlich hoher Umsatzdruck, finanzielle Probleme im privaten Umfeld), steigt die Wahrscheinlichkeit für Fraud abermals.

Motivation wird insgesamt durch Unternehmenskultur, Werte, Führung und Ziele gesteuert. Im gesamten Unternehmenskreislauf werden hierdurch die Grundsteine für integeres Verhalten gelegt.

8.4 Prozessbezogene Anti-Fraud Kontrollen

Neben den oben dargestellten Elementen und Maßnahmen stellen in den Unternehmensprozessen eingebettete Anti-Fraud Kontrollen ein weiteres Präventionsinstrument dar. Wesentliche Zielsetzung solcher Kontrollen muss es sein, die Möglichkeiten zur Durchführung von dolosen Handlungen und / oder deren Verschleierung so weit wie möglich zu reduzieren und somit neben der Verhaltensbeeinflussung durch Richtlinien und Trainings eine weitere Barriere gegen Wirtschaftskriminalität zu setzen. Zu diesem Zweck soll der folgende Beitrag Praxishinweise zur Implementierung von Anti-Fraud Kontrollen auf Prozessebene eines Unternehmens geben.

„Vertrauen ist gut – Kontrolle ist besser!“ sagt der Volksmund und kennzeichnet damit gleichzeitig eine der wesentlichen Herausforderungen bei der Gestaltung effektiver, aber zugleich auch im jeweiligen Unternehmensumfeld effizienter Anti-Fraud Kontrollen. Dies gilt umso mehr in mitteständisch strukturierten Unternehmen, in denen ein vergleichsweise geringer Formalisierungsgrad bezüglich des Internen Kontrollsystems sowie ein gelebtes Vertrauensprinzip das Leitbild der Unternehmenskultur prägen.

Nicht nur in diesem Kontext sind die „besten“ Verstöße solche, die im Vorfeld hätten verhindert werden können – wohl wissend, dass es weder einen absoluten Schutz gegen Fraud geben kann. Auch gibt es kein optimales Gerüst gleichermaßen passender Anti-Fraud Kontrollen für alle Unternehmen, im Sinne eines „one-size-fits-all“-Konzepts.

Auf der anderen Seite kann ein risikofokussiertes, intelligent auf die jeweiligen Unternehmensanforderungen angepasstes Konzept prozessimmanenter interner Kontrollen erheblich zur Risikoreduktion beitragen. Grundsätzlich ergeben sich zwei Kategorien interner Kontrollen auf Prozessebene: präventiv oder vorbeugend und detektiv oder aufdeckend wirkende Kontrolltätigkeiten. Das Resultat des Zusammenwirkens beider Arten der Kontrollen ist das verbleibende Fraud-Risiko (Restrisiko) oder im Umkehrschluss ein bestimmtes Maß an Sicherheit. Eine Organisation wird zu aller erst festlegen, welches verbleibende Restrisiko sie zu tragen bereit sein wird (Risikoneigung). Dies wirkt sich direkt auf die beiden Faktoren der vorbeugenden und der aufdeckenden Kontrollen aus: je wirksamer vorbeugende Kontrollen sind, desto größer kann das Risiko sein, tatsächliche Verstöße durch aufdeckende Kontrollen zu übersehen, um immer noch das festgelegte Restrisiko zu erreichen.

8.4.1 Maßnahmen zur Reduktion von Fraud-Risiken

Unabhängig von den Anforderungen und Risiken einzelner Geschäftsprozesse können folgende grundlegenden Maßnahmen zur Reduktion von Fraud-Risiken beitragen:

- Angemessene Aufgaben- und Funktionstrennung:
  Als organisatorische Sicherungsmaßnahme, z. B. Trennung von Buchungsverantwortung und Berechtigung zur Zahlungsfreigabe. Dies erschwert tendenziell die Möglichkeit zur Unterschlagung finanzieller Mittel durch einzelne Personen.
- Vier-Augen-Prinzip:
  Die Anforderung des Vier-Augen-Prinzips für bestimmte (kritische) Prozessschritte und Geschäftsvorfälle reduziert tendenziell das Risiko von unbewussten Fehlern als auch das Risiko intentionalen Fehlverhaltens Einzelner.
- Interne Richtlinien und Arbeitsanweisungen:
  Z. B. Vorgaben und Dokumentationsanforderungen im Zusammenhang mit der Lieferantenauswahl und Beschaffungsvorgängen. Durch klare Vorgaben werden Transparenz, Abstimmungserfordernisse und Dokumentationsanforderungen erhöht und damit potenzielle Fraud-Risiken bei Beschaffungsvorgängen adressiert.
- Genehmigungs- und Kompetenzenrichtlinien:
  Sowohl im Innen- als auch im Außenverhältnis. Hierdurch werden klare Vorgaben zur Autorisierung bestimmter Geschäftsvorfälle gesetzt und in der Regel auch ein Vier-Augen-Prinzip institutionalisiert.
- Zugangskontrollen:
  Sowohl physisch als auch IT-technisch. Durch physische Zugangskontrollen erfolgt ein Schutz vor unberechtigtem Zugriff, z. B. auf diebstahlanfällige Produkte oder sensible Informationen.
- IT-Berechtigungskonzept:
  Ein solches reflektiert idealerweise die auf Organisationsebene definierten Vorgaben zur Aufgaben- und Funktionstrennung sowie zu gewollten und angemessenen Be-

rechtigungen für den Zugriff auf bestimmte Daten und Informationen (z. B. Kundenstammdaten, Rezepturen, Buchhaltungsdaten) durch bestimmte Personen.[18]

- Integrierter Workflow und automatisierte Kontrollen:
  Integrierte, modular aufgebaute EDV-Systeme ermöglichen die Abbildung von vollständigen Geschäftsvorfällen bei gleichzeitiger Steuerung der Berechtigungen zum Eingriff in den Prozess über ein entsprechend ausgestaltetes IT-Berechtigungskonzept. Der Verarbeitungsprozess wird begleitet durch die Möglichkeit automatisierter Kontrollen (z. B. Plausibilitätskontrollen, automatische Abgleiche, Schwellenwerte und Toleranzgrenzen). Ein Beispiel hierfür ist die Abbildung eines Beschaffungsvorgangs im EDV-System: Es erfolgt eine entsprechend des Vier-Augen-Prinzips zu genehmigende Bedarfsanforderung und Bestellung im EDV-System (initiiert durch den Einkauf bzw. einkaufsverantwortliche Mitarbeiter). Die nachfolgende Rechnungsprüfung durch die Finanzbuchhaltung erfolgt anhand der Bestelldaten sowie der typischerweise vom Vorratsmanagement / Lagerverantwortlichen erfassten Wareneingangsmeldung. Abweichungen zwischen Bestelldaten und tatsächlichen Daten können im EDV-System durch vordefinierte Schwellenwerte separat herausgefiltert werden. In integrierten Workflows kommt dem IT-Berechtigungskonzept sowie der Kontrolle über wesentliche Steuerungsinformationen im Prozess (Stammdaten) eine wesentliche Bedeutung zu.
- Kontrollen hinsichtlich der Verwaltung und Verarbeitung von Stammdaten:
  Stammdatenverwaltungskontrollen nehmen erfahrungsgemäß einen wichtigen Stellenwert in der Fraud-Prävention ein und sind oft eng verknüpft mit dem Postulat einer angemessenen Aufgaben und Funktionstrennung. Z. B. sollten Vertriebsmitarbeiter mit Blick auf mögliche Vertriebskorruptionsmuster keine Berechtigung zur Erfassung und Änderung vertriebsrelevanter Stammdaten haben. Ähnliches gilt bspw. auch für Bankverbindungen von Lieferanten.
- Abstimmhandlungen, Plausibilitätskontrollen:
  Typische Kontrollaktivitäten mit Fraud-Präventions-Charakter sind u. a. auch Abstimmungen zwischen Haupt- und Nebenbuch, Abstimmungen mit externen Saldenbestätigungen von Lieferanten und Kunden oder periodische Margen- und KPI-Analysen.
- Körperliche Bestandsaufnahmen:
  Physische Inventuren stellen ein geeignetes Mittel zu periodischen Prüfung der Existenz von bilanzierten Vermögenswerten dar.
- Pre Employment Screening:
  Hintergrundrecherchen aus öffentlich zugänglichen Quellen (und unter Beachtung der datenschutzrechtlichen Anforderungen) über Bewerber, insbesondere von Schlüsselpositionen, sind grundsätzlich geeignet, Fraud-Risiken bereits bei der Einstellung von Mitarbeitern zu reduzieren.

[18] In der Praxis gewinnt das Thema Identity & Access Management (IAM) insbesondere aus der Sicht von Governance und Comliance-Programmen zunehmend an Bedeutung. Insbesondere deshalb, weil erkannt wurde welche Manipulationsmöglichkeiten bei unkontrollierten Zugangsberechtigungen verbunden sind. Oft genug konnte festgestellt werden, dass Auszubildende, die während ihrer Ausbildungszeit sämtliche Abteilungen durchlaufen haben, entsprechend viele IT-Berechtigungen zugewiesen bekommen hatten, welche am Ende nicht wieder zurückgenommen wurden.

- IT-gestützte Datenanalysen:
  IT-gestützte Massendatenanalysen, verstanden als die kontinuierliche Untersuchung großer Datenbestände im Hinblick auf bestimmte, als potenziell Fraud-relevant definierte Attribute bzw. Muster, haben sowohl vorbeugende als auch aufdeckende Wirkung. Massendatenanalysen basieren auf der These, dass dolose Handlungen erfahrungsgemäß Spuren in Daten- und Buchungsmaterial hinterlassen.

8.4.2 Kompetenzen und Genehmigungsgrenzen

Verstöße werden weniger wahrscheinlich, wenn Kompetenzen und Genehmigungsgrenzen einander entsprechen. Einheitliche und verbindliche Genehmigungsgrenzen können über eine gesamte Organisation hinweg eingeführt sein. Diese fungieren als sogenannte Entity-Level-Kontrollen auf Unternehmensebene. Auf der Ebene der Geschäfts- bzw. Aufgabenbereiche sind Menschen tätig, deren Spielraum spezifisch kontrolliert werden muss. Ihr begrenzter Zugriff auf die IT-Systeme ist dem entsprechend als Process-Level-Kontrolle ausgestaltet.

Diese Kontrollen entfalten ihre Wirkung als eine erste wichtige Verteidigungslinie gegen Fraud, wenn sie durch eine durchgreifende Funktionstrennung gestärkt werden. In der Praxis werden die Begriffe Funktionstrennung und Vier-Augen-Prinzip häufig verwechselt. Beiden Begriffen gemeinsam ist, dass sich wenigstens zwei Personen mit einem Vorgang beschäftigen. In dem Punkt der disziplinarischen Zuordnung der Beschäftigten unterscheiden sich die Begriffe jedoch. Während das Vier-Augen-Prinzip gewahrt bleibt, wenn der Abteilungsleiter und sein Sachbearbeiter einen Vorgang bearbeiten, z. B. einen Scheck unterschreiben, ist eine Funktionstrennung an dieser Stelle jedoch nicht gegeben. Der Grund liegt im disziplinarischen Über- / Unterordnungsverhältnis von Abteilungsleiter und dessen Sachbearbeiter. Eine Funktionstrennung (im Sinne von Prozessverantwortungen) ist dann als wirksam zu bezeichnen, wenn die Mitarbeiter in den unterschiedlichen Funktionen (z. B. ausführende, dokumentierende und prüfende Tätigkeiten) disziplinarisch unterschiedlichen Vorgesetzten unterstehen.

8.4.3 Interessenskollisionen

Sowohl einkaufs- als auch verkaufsseitig ist es nicht praxisfremd, dass das Unternehmen Geschäftsbeziehungen zu nahestehenden Personen von Mitarbeitern oder auch Organen des Unternehmens unterhalten. Als nahestehende Personen können in diesem Kontext Dritte, die eine enge persönliche (familiäre / freundschaftliche) oder wirtschaftliche Beziehung zu Mitarbeitern bzw. Organen des Unternehmens unterhalten, verstanden werden. Bei Bestehen von Geschäftsbeziehungen zu solchen Dritten ist damit zu rechnen, dass Interessenskollisionen einhergehen können, die ggf. dazu führen, dass Entscheidungen nicht zum Wohle des Unternehmens getroffen werden.

Es empfiehlt sich, dadurch ggf. entstehende Probleme unternehmensweit zu thematisieren und eine Anordnung zur Vermeidung von Interessenskollisionen in die Unternehmens-Policy mit aufzunehmen. Geschäftsbeziehungen mit Nahestehenden bedürfen einer besonderen Beobachtung. Insofern sollte deren Aufnahme Anzeige- und Genehmigungspflicht unterliegen.

Darüber hinaus ist es, besonders im Einkaufsbereich empfehlenswert, sich vor Annahme eines Angebotes bzw. Abschlusses eines Vertrages, mit Hilfe einer Integrity Due Diligence von der Integrität des Geschäftspartners zu überzeugen. Es kommt nicht selten vor, dass hierdurch kritische Nähebeziehungen zwischen Unternehmen und (künftigen) Geschäftspartner identifiziert werden.

Eine Überprüfung von bestehenden dolosen Geschäftsbeziehungen zu nahestehenden Dritten ist zwar sehr aufwendig, kann sich aber lohnen. So können derartige Beziehungen früher entdeckt und Verlustpotential eingeschränkt werden. Denkbar wären folgende Beispielsituationen:

- Die Ehefrau des Leiters IT ist Geschäftsführerin eines IT Service-Providers. Dieser Provider wird bevorzugt beauftragt und unangemessen hoch vergütet,
- Der kaufmännische Leiter ist Inhaber einer Promotion-Agentur. Die Agentur rechnet gegenüber dem Unternehmen Leistungen ab, die nicht spezifizierbar und nachweisbar sind,
- Der Einkaufsleiter ist gleichzeitig Inhaber einer Marketingagentur und der Leiter Rechnungswesen ist Gesellschafter eines Montagebauunternehmens. Die Agentur ist bevorzugte Dienstleisterin des Montagebauunternehmens. Um das Montagebauunternehmen vor der Insolvenz zu retten, beeinflusst der Einkaufsleiter eine Ausschreibung zugunsten des Montagebauunternehmens. Der Einkaufsleiter und der Leiter Rechnungswesen spielen auch im Tennisclub ein erfolgreiches Doppel.

Die Beispiele zeigen auf, dass den Gefahren bereits durch eine wirksame Funktionstrennung und ein gelebtes Vier-Augen-Prinzip begegnet werden kann. Eine Aufdeckung solcher Konstrukte kann initial durch Abgleich der Stammdaten (Name, Adresse, Bankverbindung, Telefonnummern) der Mitarbeiter mit denjenigen der Geschäftspartner erfolgen.

Auf datenschutzrechtliche Fragestellungen sei an dieser Stelle hingewiesen. Es empfiehlt sich daher die Einschaltung des Datenschutzbeauftragten und die Einholung von rechtlichem Rat.

8.4.4 Aufdeckende prozessbezogene Kontrollen

Aufdeckende Kontrolltätigkeiten werden ausgeführt, nachdem ein Verstoß stattgefunden hat. Diese Kontrollen sind im Kampf gegen Fraud erforderlich, weil Verstöße trotz ausgezeichneter Prävention möglich sein können. Eine absolute Sicherheit gibt es nicht. Aufdeckende Kontrolltätigkeiten richten sich auf das Restrisiko. Diese Maßnahmen werden dem entsprechend so zu gestalten sein, dass Verstöße möglichst frühzeitig aufgedeckt werden. Der hierfür erforderliche Aufwand wird sich danach richten, von welcher Qualität die vorbeugenden Kontrollen sind.

Kontrollen sind speziell darauf auszurichten, Unregelmäßigkeiten zu identifizieren, von denen im Zeitpunkt ihrer Aufdeckung noch nicht klar ist, ob die Ursache hierfür Irrtum oder

Absicht ist. In weiteren Untersuchungen wird es darum gehen müssen, diese Unklarheit zu beseitigen, um angemessen zu reagieren.

Bei der Entwicklung von effizient wirkenden Mechanismen sollten automatisierte Kontrollen besondere Beachtung geschenkt werden. Datenanalysen mit Hilfe von IT-Tools führen zur schnellen Identifizierung von Anomalien, Trends und Risikoindikatoren in einer großen Anzahl von Geschäftsvorfällen.[19] Mit den geeigneten Werkzeugen ist es möglich, innerhalb der Journaleinträge nach auffälligen Ereignissen zu suchen, insbesondere im Zusammenhang mit der Vornahme von Periodenabgrenzungen. Diese Werkzeuge ermöglichen es, im Periodenvergleich Buchungen zu identifizieren, die bspw. der Darstellung von besseren Ergebnissen gedient haben, um die Bemessungsgrundlagen der Boni zu erhöhen.

Automatisierte und kontinuierliche Prüfungstechniken (Continuous Auditing / Monitoring) erlauben eine Datenanalyse in Echtzeit. Unregelmäßigkeiten werden wesentlich schneller aufgedeckt.

Die Möglichkeiten einer Organisation, die gesamte elektronische Kommunikation ihrer Beschäftigten zu erfassen, zu speichern und durchzusehen, hat bspw. in der Vergangenheit zur Aufdeckung und Verfolgung von zahlreichen Verstößen geführt. Dies wurde zum einen durch die strickte Nutzung regelmäßiger Backup-Programme möglich, auch wenn diese nicht in erster Linie dem Zweck dienen, Fraud aufzudecken. Zum anderen tun sich Organisationen mit der Analyse des E-Mail-Verkehrs leichter, wenn sie die IT-Infrastruktur ausschließlich für dienstliche Zwecke freigegeben haben und die regelkonforme Nutzung überwachen. Selbst unter diesen Umständen können bestimmte gesetzliche Regelungen z. B. aus dem Bundesdatenschutzgesetz oder dem Telekommunikationsgesetz dem Zugriff und der Analyse dieser Daten verhindern. Es empfiehlt sich in jedem Fall vor Initiierung, den Datenschutzbeauftragten einzubinden und rechtlichen Rat einzuholen.

In dem Maße, in dem sich Organisationen verändern, ist es erforderlich, Kontrolltätigkeiten und IT-Infrastruktur anzupassen. Gelegenheiten für Verstöße ändern sich und Verstöße sind vor allem in schnell wachsenden Unternehmen in ihren verschiedenen Spielarten nicht mit ein- und demselben Werkzeug bezähmbar. Es ist erforderlich, in der Organisation regelmäßig die Wirksamkeit der Prozesskontrollen im Rahmen von spezifischen Fraud Risk Assessments zu überprüfen. Auf der Grundlage dieser Ergebnisse wird notwendiger Verbesserungsbedarf identifiziert.

8.5 Fraud Risk Policy

Grundsätzliche Festlegungen zum Anti-Fraud Management sollten in einer unternehmensweit gültigen Fraud Risk Policy verfasst und kommuniziert werden. Umfang, Ausgestaltung und Regelungstiefe eines solchen Regelwerkes sind u. a. von Unternehmensgröße und

[19] In der Praxis bauen sich die Hindernisse nicht an der Frage nach den technischen Möglichkeiten auf. Die Qualität der Beziehung zwischen Geschäftsleitung einerseits und Arbeitnehmervertretung bzw. Datenschutzbeauftragtem andererseits bestimmt, in welchem Umfang Datenanalyse möglich wird.

-struktur abhängig. Eine Fraud Risk Policy dient der Schaffung eines prozessübergreifenden Kontrollumfelds. Ohne ein entsprechendes Regelwerk können keine wirksamen Präventionsmaßnahmen geschaffen werden. Der Mindestumfang einer solchen Policy enthält Grundwerte, Stellungnahmen sowie ein Verhaltenskodex. Das grundlegende Rahmenwerk sollte um weiterführende Richtlinien für bestimmte operative Fragestellungen ergänzt werden.

Der Bedarf der Einführung einer unternehmensweiten Fraud Risk Policy steht für Gesellschaften jeder Größe außer Frage. Die schriftlich zu verfassenden Rahmenbedingungen stellen eine Erklärung in Bezug auf die Nichttoleranz von Fraud in all seinen Facetten dar. Sie vermitteln die zu lebenden Werte eines Unternehmens sowie Anweisungen zur Vorgehensweise im Falle einer Kenntniserlangung von Gesetzes- bzw. Richtlinienverstößen. Zudem wird das Bewusstsein der Belegschaft betreffend des Themas Fraud sensibilisiert.

Für den Inhalt und den Aufbau eines solchen Rahmenwerkes gibt es zwar mittlerweile standardisierte Bausteine jedoch keine vollumfängliche Standardlösung. Die Ausgestaltung des Rahmenwerkes muss an den unternehmensindividuellen Gegebenheiten ausgerichtet sein.

Die nachfolgenden Punkte (Abb. 8.6) stellen beispielhafte Grundelemente einer Fraud Risk Policy dar.

Die Fraud Risk Policy kann mit einem einführenden Abschnitt zu Sinn, Zweck und Zielen des Rahmenwerkes ausgestaltet werden. In der Praxis wird an dieser Stelle oftmals ein übergeordnetes Fraud-Statement der Unternehmensleitung abgeben. Dieses kann durch eine Darstellung beispielhafter oder ggf. auch einschlägiger Fraud-Fall-Typen ergänzt werden. Gibt es im Unternehmen eine Abteilung (bspw. Compliance, Revision, Legal oder Unternehmenssicherheit), die die Verantwortung für das Fraud Risk Management trägt, sollten deren Aufgaben dargestellt und Ansprechpartner genannt werden.

Bei Ausführungen zu Präventionsmaßnahmen ist es zweckmäßig, auf eingerichtete Systeme wie z. B. eine Whistleblowing-Hotline einzugehen. Weiterhin sollte nicht darauf verzichtet werden, den Weg der Eskalation der Kenntnis von dolosen Handlungen zu erklären.

Da Fraud-Fälle häufig durch interne Hinweise aufgedeckt werden, müssen Richtlinien zum Verhalten sowie der zeitlichen Handhabe herausgestellt werden. An dieser Stelle können Mitarbeiter zu einer offenen, ehrlichen und vertrauenswürdigen Kommunikation ermutigt werden. Ziel muss es sein, das Personal betreffend Fraud zu sensibilisieren, Werte darzustellen, mit denen sich die Mitarbeiter identifizieren können sowie den Nutzen aufzuzeigen. Denn ein gesundes und regelkonformes Unternehmensumfeld stärkt die Organisation in sozialer sowie wirtschaftlicher Hinsicht und ist weniger krisenanfällig.

Abb. 8.6 Grundelemente einer Fraud Risk Policy

Erläuterungen zu Aufdeckungsmaßnahmen im Rahmen der Policy bietet Raum für die Darstellung einzelner Schritte bei Vorliegen von Compliance-Fällen. Neben der Veranschaulichung der prozessualen Einbindung aller relevanten Abteilungen können mögliche organisatorische, arbeitsrechtliche und strafrechtliche Konsequenzen aufgezeigt werden. Identifizierte und ggf. auch in der Öffentlichkeit diskutierte Compliance-Fälle führen zu finanziellen Schäden für das Unternehmen und schwächen es am Markt. Mögliche wirtschaftliche Folgen sollten beispielhaft aufgeführt werden, vor allem mit der Zielsetzung, bei den Mitarbeitern Betroffenheit herzustellen.

Die aus der Bearbeitung von Compliance-Fällen gewonnenen Erkenntnisse dienen dazu, Schwachstellen zu beseitigen und das Kontrollsystem zu verbessern. Dies gibt auch Anlass dazu, nicht betroffene Kontrollprozesse auf deren Wirksamkeit hin zu untersuchen. Die Fraud Risk Policy kann diesbezüglich einen Aufruf an die Mitarbeiter beinhalten, im Rahmen des Remediationprozesses aktiv mitzuwirken und Verbesserungsmöglichkeiten einzubringen.

Um die geplanten Ziele einer Fraud Risk Policy zu verwirklichen, ist es für die Unternehmensleitung unerlässlich, sich mit der Wahl des besten Kommunikationsweges für das Rahmenwerk auseinander zu setzen. Wichtig ist die vollständige Erreichung aller Mitarbeiter und ggf. auch externer Dritter. Die Vor- oder Nachteile unterschiedlicher Kommunikationsmethoden muss jede Gesellschaft für sich abwägen. In Betracht käme bspw. eine Verbreitung des Rahmenwerkes per E-Mail, per Intranet-Portal oder im Rahmen persönlicher oder web-basierter Trainings.

8.6 Whistleblowing

8.6.1 Begriff und rechtliche Grundlagen

Hinter dem Begriff Whistleblowing verbirgt sich ein in das Unternehmen integriertes Hinweisgebersystem, das Mitarbeitern die Möglichkeit geben soll, Unregelmäßigkeiten im Sinne von illegalen, unmoralischen oder illegitimen Praktiken anonym zu melden.

Den höchsten Bekanntheitsgrad in Deutschland erreichte ein derartiges System im Rahmen der Debatte um den Schutz für Whistleblower, die eine Änderung des § 612a BGB zum Inhalt hatte. Auslöser hierfür war der sogenannte „Gammelfleisch-Skandal". Die letztendlich abgelehnte Zielvorstellung sah vor, dass Arbeitnehmer Informationen an externe Behörden weitergeben dürfen, ohne den Arbeitgeber davon zu unterrichten.[20] Einen exemplarischen Ablauf eines Hinweisgebersystems veranschaulicht Abb. 8.7.

Für den Arbeitgeber sind die Vorteile eines solchen Systems offensichtlich:

- Schnelle Kenntnis von dolosen Handlungen,
- Frühes Einleiten von Aufklärungsmaßnahmen ist möglich, oder auch

[20] Vgl. hierzu Sigm: Verpfeifen im Betrieb wird doch nicht leichter, in: Handelsblatt vom 04.02.2009, abrufbar unter: www.handelsblatt.com/politik/deutschland/whistleblower-verpfeifen-im-betrieb-wird-doch-nicht-leichter/3104074.html [20.05.2015].

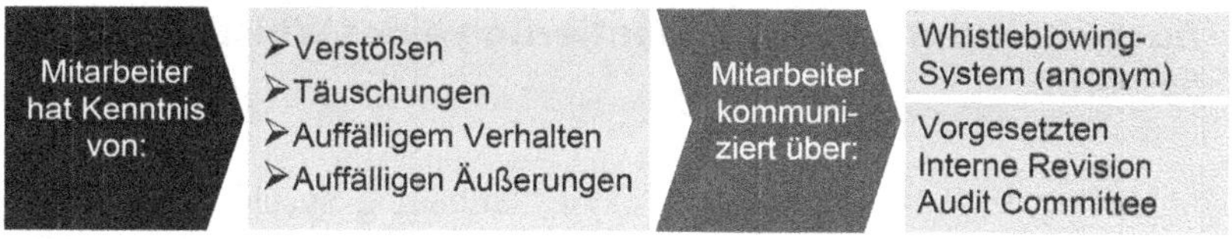

Abb. 8.7 Exemplarischer Ablauf des Hinweisgebersystems aus Sicht des Whistleblowers

- Überbringung von Verdachtsmomenten ist möglich, so dass Straftaten noch verhindert werden können.

Warum scheuen sich dennoch viele Unternehmen vor der Implementierung? Die Kosten der Einrichtung oder der Auswertung von Hinweisen stehen dem Nutzen nicht unverhältnismäßig entgegen. Ist es vielmehr die Furcht vor einem Verstoß gegen Gesetze oder ethische Leitlinien?

Die Bedenken können durch eine gewissenhafte Ausgestaltung behoben werden. Einen ersten Ansatzpunkt bieten die Richtlinien zum Whistleblowing der Internationalen Handelskammer (ICC). Diese umfassen einen Acht-Punkte-Rahmen und geben insbesondere Hinweise zu Zielsetzung, Verantwortlichkeiten, Einbindung in die Organisation in Abhängigkeit von der Unternehmenskomplexität und Diskretion.[21]

Das ICC bietet hinsichtlich der negativen Behaftung der deutschen Übersetzung des Wortes Whistleblowing einen guten Denkansatz. Im deutschen Sprachgebrauch wird das Whistleblowing überwiegend noch denunzierend und daher negativ verstanden. Das ICC legt dar, dass die Übersetzung eigentlich bedeutet: „Eine Person zur Anzeige bringen, die etwas Unrechtes oder Unmoralisches tut".[22] So wird vielmehr positiv dargestellt, dass Mitarbeiter durch ihr Verhalten Schlimmeres verhindern können.

Ein Whistleblowing-System kann in ein bestehendes Risikofrüherkennungssystem integriert werden und dient der Unternehmensleitung als Risikosteuerungs- und Risikomanagementinstrument. Börsennotierte Aktiengesellschaften haben gemäß § 91 Abs. 2 AktG die Verpflichtung, ein Risikofrüherkennungssystem einzurichten. § 317 Abs. 4 HGB kodifiziert die Überprüfung der Angemessenheit und Wirksamkeit des Systems durch den Abschlussprüfer.

Der nach dem Bilanzrechtsmodernisierungsgesetz neu eingeführte § 289 Abs. 5 HGB verpflichtet Kapitalgesellschaften im Sinne des § 264 d HGB, die wesentlichen Merkmale des internen Kontroll- und des Risikomanagementsystems im Hinblick auf den Rechnungslegungsprozess zu beschreiben. Zudem verpflichtet § 289a Abs. 2 HGB börsennotierte Aktiengesellschaften, in einem Bericht zu Unternehmensführung u. a. relevante Angaben zu Unternehmensführungspraktiken, die über die gesetzlichen Anforderungen hinaus angewandt werden, in den Lagebericht aufzunehmen. Ein Whistleblowing-System wäre damit bspw. als Bestandteil zusätzlicher Ethikrichtlinien anzusehen.

---

[21] International Chamber of Commerce (ICC): ICC Guidelines on Whistleblowing, S. 4–6, abrufbar unter: http://www.iccgermany.de/fileadmin/ICC_Dokumente/ICC_Guidelines_Whistleblowing.pdf [21.05.2015].

[22] Vgl. ICC Guidelines on Whistleblowing, S. 4.

8.6.2 Ausgestaltung und Implementierung eines Whistleblowing-Systems

Die Möglichkeiten der Ausgestaltung eines Whistleblowing-Systems sind vielfältig. Die Kommunikationswege können schriftlich oder mündlich ausgearbeitet werden. Die Wirksamkeit des Systems hängt unmittelbar davon ab, ob der Zugang zu den Mitteilungen vollständig gesichert und auf einen festen, vertrauenswürdigen Personenkreis beschränkt ist.

Eine mündliche bzw. schriftliche anonyme oder nicht anonyme Kommunikation kann über den direkten Kontakt mit dem Vorgesetzten, über interne unabhängige Abteilungen (z. B. Interne Revision, Audit Committee, Rechtsabteilung) oder auch über einen externen Ombudsmann (z. B. Rechtsanwalt) erfolgen. Eingerichtete Whistleblowing-Hotlines bieten zudem die Möglichkeit, einer anonymen elektronischen Mitteilung.

Die folgende Übersicht (Abb. 8.8–8.10) enthält ausgewählte Fragestellungen, die zu einer erfolgreichen Implementierung eines internen Hinweisgebersystems beitragen können.

8.6.3 Sichere Annahme, Auswertung, Kommunikation und Dokumentation von Hinweisen

Um die Seriosität eines Whistleblowing-Systems zu gewährleisten und bei Arbeitnehmern das Vertrauen zu wecken, Hinweise ohne negative Konsequenzen für sich selbst zu melden, muss ein Unternehmen eine verlässliche Auswertung, eine sichere Kommunikation sowie Dokumentation garantieren. Der alleinige Entwurf des Systems und das Einrichten einer Hotline werden nicht zu dem erwünschten Ergebnis führen[23] – das System muss von den Mitarbeitern angenommen und gelebt werden.

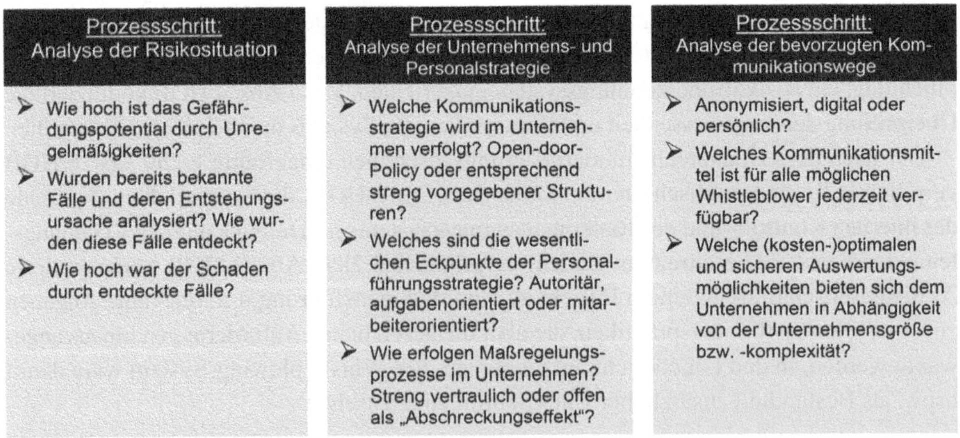

Abb. 8.8 Ausgewählte Fragestellungen zur Implementierung eines internen Hinweissystems (Teil I)

[23] Vgl. Rohde-Liebenau, BB 2008, M16.

Prozessschritt:
Entwicklung einer Whistleblowingstrategie

- Soll das System unternehmensübergreifend eingerichtet werden oder auf bestimmte Bereiche beschränkt werden, wie etwa Finanzbereich?
- Welche Unregelmäßigkeiten sollen gemeldet werden? Gesetzesverstöße oder auch Verstöße gegen interne Regelungen, die über gesetzliche Ansprüche hinaus gehen?
- Welches Kommunikationsmittel soll Verwendung finden?
- Soll der Hinweisempfänger intern oder ein externer Ombudsmann sein?
- Sollen sich nur interne Mitarbeiter melden können oder sollen Kunden / Lieferanten auch die Möglichkeit zur Hinweisabgabe erhalten?
- Wie wird sichergestellt, dass datenschutzrechtliche und arbeitsrechtliche Regelungen nicht verletzt werden?
- Wer wird verantwortlich für Entgegennahme und Auswertung sein?
- Wie wird die Vollständigkeit der Meldungen in den Auswertungslisten und deren vollständige Abarbeitung gewährleistet?
- Wie wird eine effiziente und sichere Auswertung gewährleistet?
- Wer wird verantwortlich für die eventuelle Einleitung von Folgeschritten sein? Wie wird eine effiziente und sichere Kommunikation an Unternehmensleitung / Überwachungsorgane gewährleistet?
- Wie wird eine angemessene Reaktion auf kommunizierte Fälle gewährleistet?
- Wie wird eine effiziente und sichere Dokumentation gewährleistet?
- Wie werden Angemessenheit und Wirksamkeit des implementierten Systems regelmäßig überprüft?

Abb. 8.9 Ausgewählte Fragestellungen zur Implementierung eines internen Hinweissystems (Teil II)

Prozessschritt:
Analyse der Kommunikationsstrategie des entworfenen Whistleblowingsystems an die Arbeitnehmer

- Wie nehmen die Mitarbeiter das System in seiner Funktionsweise ernst? Wie kann Verantwortungsgefühl vermittelt werden?
- Wie wird das System als glaubwürdig und wünschenswert kommuniziert?
- Wie wird das Vertrauen in das System und dessen Auswertung bei den Mitarbeitern gesichert?
- Müssen die Verantwortlichen speziell geschult werden? Soll die Verschwiegenheit in die Arbeitsverträge mit aufgenommen werden?
- Wie erfolgt die Sicherung der Anonymität gegenüber anderen Kollegen in Sinne des „Schutzes des Whistleblowers"?

Abb. 8.10 Ausgewählte Fragestellungen zur Implementierung eines internen Hinweissystems (Teil III)

Ein zentraler Punkt sollte die Entscheidung über die Verantwortlichkeiten sein. Hat ein Arbeitnehmer Zweifel an der Verschwiegenheit und die Besorgnis, dass vor Kollegen im Nachgang keine Anonymität gewahrt bleibt oder er sogar Sanktionen bzw. eine Kündigung riskiert, wird er das System selbst bei beobachteten schwerwiegenden Verstößen nicht nutzen. Um geeignete Vertrauenspersonen zu finden, sollten interne Strukturen gewissenhaft durchleuchtet werden. Bei der Auswahl der in Frage kommenden Vertrauenspersonen ist auch deren hierarchische Stellung im Unternehmen zu berücksichtigen, um dem Hinweisgeber Gewissheit zu vermitteln, dass entgegengenommene Hinweise nicht ins Leere laufen.[24] Die ausgewählten Personen sollten sich einem speziellen Training unterziehen.

[24] Vgl. Gach / Rützel, BB 1997, 1963.

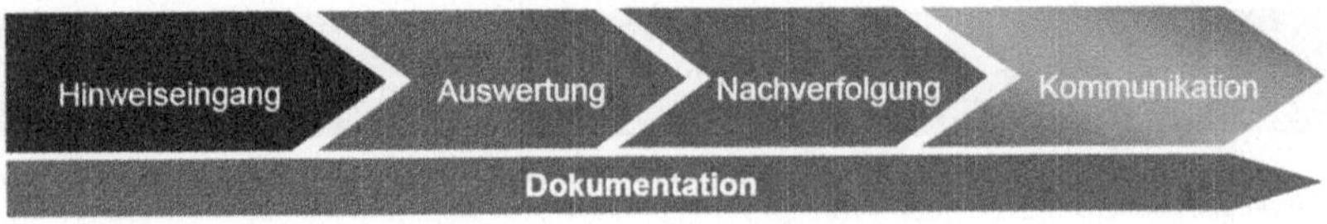

Abb. 8.11 Prozessschritte eines Hinweises beim Durchlaufen eines Whistleblowing-Systems

Es ist daran zu denken, in die jeweiligen Arbeitsverträge eine entsprechende Verschwiegenheitsregelung mit aufzunehmen.

Findet sich im Unternehmen keine Vertrauensperson oder ist eine interne Lösung nicht gewollt, so bietet eine Externalisierung der Ombudsfunktion, bspw. durch einen Rechtsanwalt, Wirtschaftsprüfer oder Steuerberater eine Alternative. Aufgrund der diesen Berufsträgern anhaftenden gesetzlichen Verschwiegenheitspflicht ist eine vertrauensvolle Zusammenarbeit zwischen Hinweisgebern und Ombudsstelle gewährleistet. Zudem verfügen die Kanzleien über rechtliches und betriebswirtschaftliches Know-how und können dem Unternehmen in Compliance-Fällen umgehend und umfassend beratend zur Seite stehen.

Der Hinweisempfänger muss sich dessen bewusst sein, dass Meldungen im Moment des Eintreffens noch keinen Tatsachencharakter haben. Die Tatsachenfindung erfolgt erst durch weiterführende objektive Untersuchungen. Es sollte sichergestellt werden, dass die Kommunikation mit dem Hinweisgeber ausschließlich durch den Hinweisempfänger erfolgt. Der Hinweisgeber muss vor internen Benachteiligungen geschützt werden.

Dieser Schutz muss bei jedem Prozessschritt, den ein Hinweis durchläuft, gewährleistet sein (Abb. 8.11).

Hinsichtlich der Wahrnehmbarkeit des Hinweisgebersystems ist ein effizientes Zeitmanagement anzustreben. Verweilen bspw. Hinweise wochenlang unbearbeitet, so verliert das System an Wirkungskraft. Werden Hinweise zwar vollständig ausgewertet, bemerkt der Whistleblower jedoch keine Reaktion, so wird der Hinweis ggf. als unwichtig erachtet, mit der Folge, dass das Hinweisgebersystem möglicherweise als ebenso unwichtig angesehen wird. Dies führt zudem dazu, dass ein Verdächtigter trotz Meldung seine Vergehen uneingeschränkt weiter fortsetzen kann.

8.6.4 Datenschutzrechtliche und arbeitsrechtliche Herausforderungen

Unternehmen, die die Einführung eines erfolgreichen Whistleblowing-Systems anstreben, haben in Deutschland weitaus mehr Regularien zu beachten als bspw. US-amerikanische Unternehmen, welche durch den im Jahre 2002 eingeführten Sabanes-Oxley Act in der Einrichtung eines solchen Systems im Besonderen unterstützt werden. Zudem genießen Whistleblowing-Systeme in der US-Bevölkerung ein deutlich höheres Ansehen als in Deutschland. So führte der amerikanische Bundesgesetzgeber sogar eine „Erfolgsbeteiligung" für Anzeigen unter bestimmten Voraussetzungen ein. Besonders erwähnenswert ist an dieser Stelle der im Juli 2010 von US-Präsident Barack Obama unterzeichnete „Dodd-Frank Wall Street Reform and Consumer Protection Act of 2010". Der Dodd-Frank Act ist ein Finanzmarktreformgesetz von beachtlichem Ausmaß. Mit Sec. 922 dieses Gesetzes wurde eine neue Vorschrift eingeführt, die Hinweisgeber mit einer Belohnung („Award") locken sollen, Verstöße gegen US-amerikanische Wertpapiergesetze (z. B. Sarbanes-Oxley Act oder auch Foreign Corrupt Practices Act) zu melden. Die ausgesetzte Belohnung bemisst sich auf 10–30 % der verhängten Geldstrafe bzw. des abgeschöpften Gewinns, so dass eine Belohnung in Millionenhöhe (US-Dollar) möglich ist.[25]

> **Beraterhinweis** Unternehmen mit Bezug zum US-Kapitalmarkt sind gefordert, das bestehende Compliance- und Hinweisgeber-Konzept auf dessen Wirkungsweise hin zu überarbeiten, insbesondere vor dem Hintergrund, ggf. Maßnahmen zur Stärkung der Loyalität der Mitarbeiter gegenüber dem Unternehmen zu ergreifen.

In Deutschland gilt es insbesondere eine Kollision mit Datenschutzbestimmungen und dem geltenden Arbeitsrecht zu vermeiden. Im Folgenden soll als Praxishilfe ein Überblick über zentrale Vorschriften, die mit der Einführung eines Hinweisgebersystems im Zusammenhang stehen, gegeben werden. Es ist nicht im Sinne der Autoren, an dieser Stelle Vollständigkeit zu gewährleisten oder eine umfassende juristische Darstellung vorzunehmen. Es wird empfohlen, in datenschutzrechtlichen Fragen rechtlichen Rat einzuholen.

Publikumswirksam gewordene „Datenschutzskandale" beschäftigten in der Vergangenheit die deutschen Medien sowie die Fachwelt. Eine Verletzung dieser strengen Vorschriften führt unmittelbar zum Scheitern eines noch so gut durchdachten Hinweisgebersystems.

Bei der Einstellung oder im Rahmen des Arbeitsverhältnisses erhobene Daten über Mitarbeiter eines Unternehmens stellen personenbezogene Daten gemäß § 3 Abs. 2 des Bundesdatenschutzgesetzes (BDSG) dar. Dies führt unmittelbar zur notwendigen Beachtung weiterer Vorschriften des BDSG (Abb. 8.12).[26]

Darüber hinaus hat die Gesellschaft u. a. folgende EG-Richtlinien in diesem Zusammenhang zu beachten:

- Grundsätze in Bezug auf die Zulässigkeit der Verarbeitung von Daten: Art. 7 der I. Richtlinie 95/46/EG des Europäischen Parlaments und des Rates vom 24. Oktober 1995 zum Schutz natürlicher Personen bei der Verarbeitung personenbezogener Daten und zum freien Datenverkehr,
- Regelungen zur Vertraulichkeit der Verarbeitung: Art. 16 der I. Richtlinie 95/46/EG des Europäischen Parlaments und des Rates vom 24. Oktober 1995 zum Schutz natürlicher Personen bei der Verarbeitung personenbezogener Daten und zum freien Datenverkehr,
- Regelungen zur Sicherheit der Verarbeitung: Art 17 der I. Richtlinie 95/46/EG des Europäischen Parlaments und des Rates vom 24. Oktober 1995 zum Schutz natürlicher Personen bei der Verarbeitung personenbezogener Daten und zum freien Datenverkehr.

---

[25] Darüber hinaus etablierten sich private Stiftungen, die Preise an Whistleblower verleihen. Vgl. hierzu Gach / Rützel, BB 1997, 1959.

[26] Vgl. hierzu Wisskirchen et al., BB 2006, 1568.

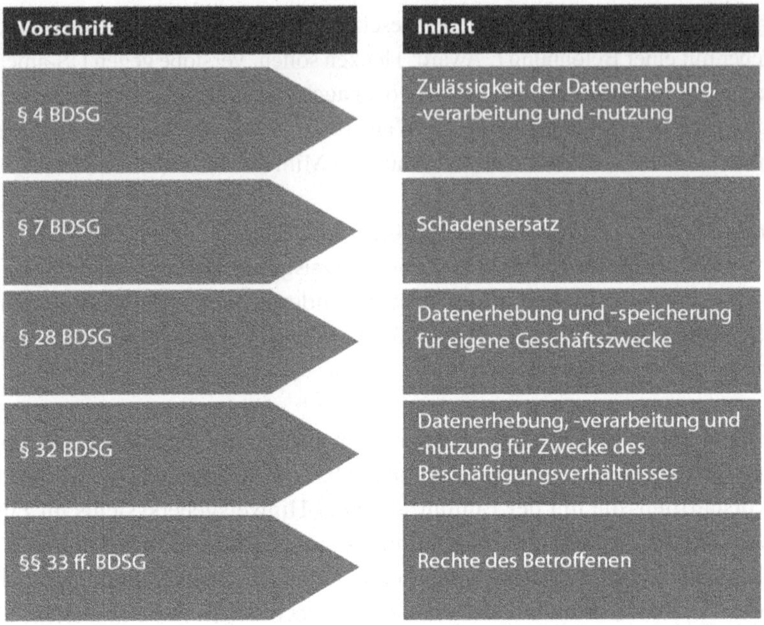

Abb. 8.12 Ausgewählte Vorschriften aus dem BDSG zur Beachtung bei der Implementierung eines Whistleblowing-Sytems

8.7 Notfallplanung

Bestehen in einem Unternehmen Verdachtsmomente oder werden Fraud-Fälle entdeckt, so dient ein Notfallplan einer strukturierten Verfahrensweise, wie bei Bekanntwerden eines Falles zu verfahren ist. Ziel ist eine schnelle und vor allem richtige Reaktion auf die Geschehnisse. Die Einrichtung eines Notfallplans kann auf der Grundlage des nachfolgenden Drei-Komponenten-Modells erfolgen (Abb. 8.13).

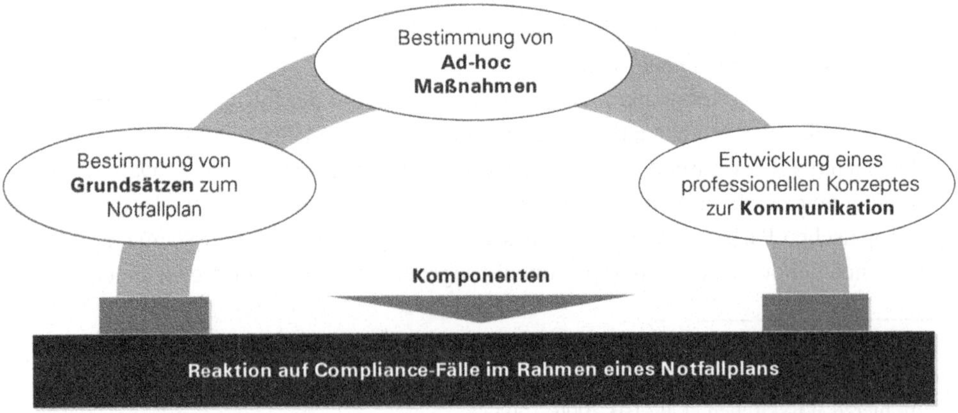

Abb. 8.13 Drei-Komponenten-Modell für die Einrichtung eines Notfallplans

Eine gute Voraussetzung für eine reibungslose Umsetzung des Notfallplans bildet dessen vorhergehende schriftliche Fixierung und Festlegung der Verantwortlichkeiten.

8.7.1 Bestimmung von Grundsätzen zum Notfallplan

Bei der Festsetzung der Grundsätze zum Notfallplan geht es um die Schaffung eines Rahmenwerkes, welche die Bestimmung von Sollanforderungen an einen strukturierten Notfallablauf zum Inhalt haben.

Zur Sicherstellung schneller und zielführender Reaktionen muss sich die Gesellschaft mit der Festlegung der Verantwortlichkeiten auseinandersetzen. Das für den Notfalleinsatz zu bestimmende AFM-Gremium (in der Praxis oft als Krisenstab, Compliance Committee oder Compliance Panel bezeichnet) sollte sich idealerweise aus leitenden Mitarbeitern der Abteilungen Compliance, Risk Management, Interne Revision, Recht und Personal zusammensetzen. Ggf. kann diesem AFM-Gremium auch ein externer Berater (z. B. Wirtschaftsprüfer, Rechtsanwalt) angehören. Um eine optimale Stellenbesetzung zu gewährleisten, empfiehlt es sich, dass die Geschäftsführung und Aufsichtsorgane gemeinsam Kompetenzprofile für die einzelnen Gremienmitglieder erstellen. Verpflichtend muss die erste Anlaufstelle inklusive Stellvertretung festgelegt und in der Organisation kommuniziert werden. Von wichtiger Bedeutung ist eine jederzeitige Erreichbarkeit sowie Kontinuität in der Besetzung.[27]

In einem weiteren Schritt sollten Ziele und Strategie zur Notfallplanung bestimmt werden. Dabei ist zu berücksichtigen, dass neben den Maßnahmen, die eine effiziente, umfassende und zeitnahe Aufklärung des Tatbestands oder des Verdachts einleiten, auch Themenstellungen zu Schadensbegrenzung und Schadensersatz erfasst werden. Ein arbeitsintensiver Punkt sind Rahmenregelungen bzgl. der Art der Ermittlungen (offen / verdeckt) und der arbeits- und strafrechtlichen Konsequenzen aus der Tatbegehung. Die zu wählende Handhabe ist abhängig von der Bedeutung und Schwere der Tat.

Im Regelwerk sind die Strategie der Informationspolitik sowie der Konsultationspflichten festzulegen. Insbesondere ist dabei auf eine zeitliche Priorisierung zu achten. Einseitige Berichterstattung ohne Einbezug der Aufsichtsorgane ist unbedingt zu vermeiden, da auch die Geschäftsführung unter Verdacht stehen könnte.[28] Des Weiteren ist die Einschaltung externer Dritter zu planen. Zu denken ist hier an Forensic-Spezialisten (z. B. Wirtschaftsprüfungsgesellschaften) hinsichtlich der Erstellung gerichtsverwertbarer Gutachten, die Staatsanwaltschaft oder ggf. einschlägige Aufsichtsbehörden.

Hinsichtlich der Gewährleistung der Wirksamkeit des Notfallplans obliegt es der Geschäftsleitung, das zugehörige Regelwerk einer regelmäßigen Kontrolle hinsichtlich der Aktualität und der Angemessenheit der Maßnahmen zu unterziehen.

---

[27] Vgl. KPMG: Anti Fraud Management – Best Practice der Prävention gegen Wirtschaftskriminalität, S. 27.

[28] Vgl. ibid.

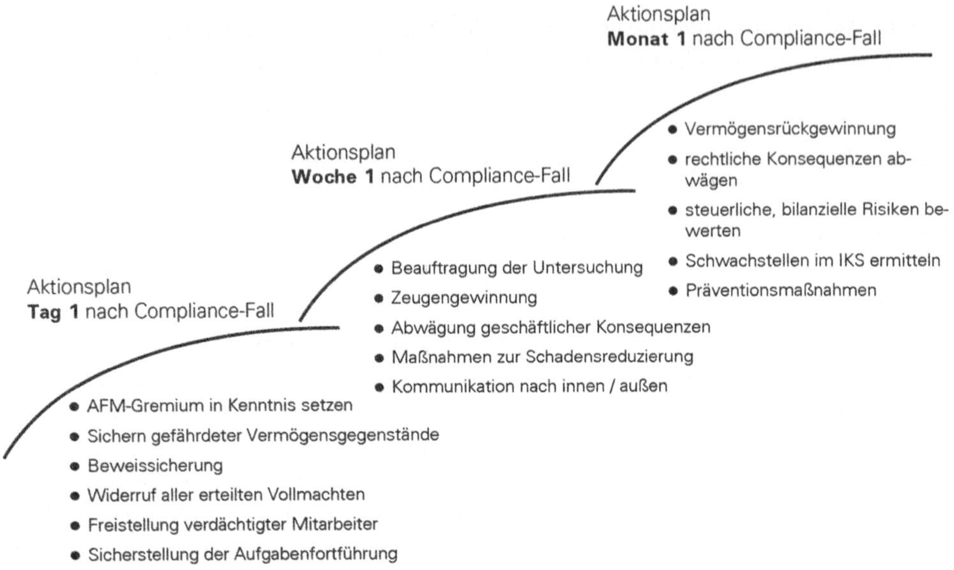

Abb. 8.14 „1-1-1-Schema" zur Bestimmung von Ad-hoc Maßnahmen

8.7.2 Bestimmung von Ad-hoc Maßnahmen

Die zweite Komponente umfasst die Entwicklung und Implementierung wirksamer Ad-hoc Maßnahmen. Diese sollen nicht separat von den Grundsätzen betrachtet werden, sondern ergänzen. Sie besitzen hohe Bedeutung hinsichtlich der richtigen Reaktion in der ersten Zeit nach Kenntniserlangung eines Compliance-Falles. Wesentliche Elemente von Ad-hoc Maßnahmen können im Rahmen eines „1-1-1-Schemas" (Abb. 8.14) festgelegt werden.

Bei bestätigten Tatbeständen sollte der Arbeitsplatz von dem betroffenen Mitarbeiter, nach Entnahme seiner persönlichen Dinge, unter Aufsicht gestellt werden. Dabei geht es nicht nur um den Schutz dort liegender Unterlagen und Gegenstände des Unternehmens, sondern auch um den Schutz von lokalen Dateien, E-Mails und sonstigen elektronischen Beweismitteln. Papierkörbe und Schredderboxen bedürfen einer besonderen Beobachtung.

8.7.3 Entwicklung eines professionellen Konzeptes zur Kommunikation

Die dritte Komponente der Notfallplanung umfasst die Entwicklung und Bestimmung von professionellen Regelungen zur internen und externen Kommunikation. Neben der Einschaltung des AFM-Gremiums ist auch der Betriebsrat in den Sachverhalt einzubeziehen. Gemäß § 79 BetrVG unterliegt der Betriebsrat über Vorgänge, die ihm im Rahmen seiner Betriebsratstätigkeit bekannt geworden sind einer gesetzlichen Verschwiegenheitspflicht. Diese Verschwiegenheitspflicht gilt nicht gegenüber Arbeitnehmervertretern des Aufsichtsrates, anderen Betriebsratsmitgliedern, dem Konzern- oder dem Gesamtbetriebsrat.

Je nach Bedeutung und Schwere des Falles erfolgt keine oder eine gezielte Kommunikation nach außen. Ggf. ist eine Zusammenarbeit mit der Staatsanwaltschaft anzustreben. Einige Täter neigen zu einer Selbstanzeigebereitschaft, daher ist zu erwägen, dieser Anzeige im Hinblick einer Milderung eines möglichen Strafmaßes (z. B. Verbandsgeldbuße oder individuellen Strafe) zuvorzukommen. Ist ein Strafantrag gestellt worden, ist eine unbedingte und aktive Kooperation mit der Staatsanwaltschaft anzustreben. Dies signalisiert das Bestreben des Unternehmens, aktiv an der Sachverhaltsaufklärung mitzuwirken. Die eigenständige Einleitung einer forensischen Sonderuntersuchung durch eine Wirtschaftsprüfungsgesellschaft bestätigt zudem eine Selbstreinigungsbereitschaft. Dies alles findet in der Rechtsprechungspraxis ebenso Berücksichtigung in der Bemessung möglicher Strafen oder Bußgelder.

Eine Kommunikation mit den Medien sollte ausschließlich über eine eigens dafür eingerichtete Pressestelle erfolgen. Betreffend die Investor-Relations-Kommunikation wird auf ggf. einschlägige gesonderte Publizitätspflichten hingewiesen.

Die Kommunikation im Innenverhältnis ist von verschiedenen Faktoren abhängig. Zu bedenken ist, dass nach innen gegebene Informationen unerwünscht, unkontrolliert und gezielt nach außen, an Wettbewerber, Medien oder an die Staatsanwaltschaft getragen werden können. Wenn bspw. ein aus Unternehmenssicht unbedeutender Compliance-Fall vorliegt und daher beschlossen wurde, dies nicht im Außenverhältnis an „die große Glocke" zu hängen, kann es bei erfolgter Kommunikation im Innenverhältnis dennoch zu unangenehmen Folgen führen, wenn unvorhergesehen staatsanwaltschaftliche Ermittlungen durchgeführt werden.

Die Staatsanwaltschaft hat bei Bestehen eines Anfangsverdachts, sofern es sich um ein Offizialdelikt handelt, z. B. im Falle von Betrug oder Untreue, Ermittlungen aufzunehmen. Sofern es sich um ein Antragsdelikt handelt, z. B. Bestechung und Bestechlichkeit im geschäftlichen Verkehr, gilt dies lediglich im Falle des Vorliegens eines Strafantrags oder ggf. eines besonderen öffentlichen Interesses.

Strategien zu internen Kommunikation können sein:

- Signalisierung von „Null-Toleranz" (deutliche Kommunikation),
- Bestreben der Gewinnung unverfälschter bzw. ungefilterter Informationen und Vermeidung von Absprachen ggf. kollusiv handelnder Mitarbeiter (keine Kommunikation),
- Schonung des Unternehmensklimas, d. h. Vermeidung von Unruhen und Reibungsverlusten (eingeschränkte bis keine Kommunikation),
- Vermeidung wirtschaftlicher Risiken, z. B. in Form von Markt-Ausschlüssen und sonstigen Markteffekten (gezielte bis keine Kommunikation), oder
- Defensive Kommunikationspolitik, um das Selbstanzeigerisiko des Täters oder der Täter zu minimieren (gezielte bis keine Kommunikation).

8.8 Remediation

Zur wirksamen Bekämpfung von Fraud gehören nicht nur Maßnahmen zur Prävention und Aufdeckung, sondern zudem Maßnahmen der „Sanierung" nach einem Compliance-Fall. Unter Remediation ist die Feststellung und nachhaltige Behebung von Kontrollschwächen, die auf Mängel in der konzeptionellen Ausgestaltung der Kontrollverfahren (Design of Control) oder in der Durchführung der Kontrollaktivitäten (fehlende Effektivität) zurückzuführen sind, zu verstehen.

Eine bedarfsgerechte Remediation ist abhängig von den Gegebenheiten im Unternehmen und den Herausforderungen des Einzelfalls. Dennoch gibt es strukturell in der Abwicklung mehrere Prozessschritte, an denen man sich orientieren kann (Abb. 8.15).

Gegenstand weiterführender Maßnahmen zur Sanierung ist hierbei die Frage, wie aus der Aufbereitung des Vorfalls größtmöglicher Schutz vor weiteren dolosen Handlungen erreicht werden kann. Eine gewissenhafte Erforschung der Ursachen bietet hierfür die Grundlage. Anschließend können darauf aufbauend weitere Maßnahmen eingeleitet werden, um die Schwachstellen abzuschaffen.

Zur Behebung identifizierter Kontrollschwächen, muss die Funktionsfähigkeit der bestehenden Kontrollprozesse in den betroffenen Geschäfts- oder Unternehmensbereichen analysiert werden. Hierdurch können fehlende oder mangelhafte Kontrollmechanismen festgestellt und die Einrichtung weiterer oder besonderer Kontrollinstanzen veranlasst werden.

Die von Compliance-Fällen betroffenen Bereiche sollten in der Folgezeit Gegenstand einer intensivierten Prüfung durch die Interne Revision sein.

Um das Risiko doloser Handlungen zu reduzieren empfiehlt sich die Institutionalisierung von Mitarbeiter-Screenings (bei Neueinstellungen) sowie Business-Partner-Screenings

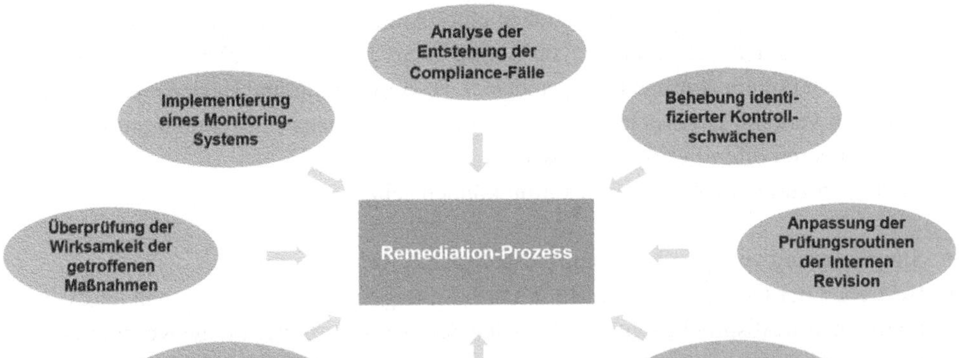

Abb. 8.15 Mögliche Prozessschritte einer Remediation

(bei Geschäftsanbahnung). Zur Recherche können national wie international öffentlich zugängliche Quellen herangezogen werden, wie bspw.:

- Öffentliche kommerzielle Register und Datenbanken (sog. Wirtschaftsdatenbanken), welche Informationen aus Handels-, Insolvenz-, Steuer- und anderen behördlichen Registern zusammenführen,
- Presseberichterstattungen,
- Datenbanken mit Dokumentationen von Zivil-, Straf-, Schieds- und anderen Gerichten, oder
- Compliance-Datenbanken, welche Informationen von internationalen Sanktionslisten zusammenführen (z. B. FBI, Interpol, Weltbank, BaFin).

Ein weiterer wichtiger Schritt ist die Schaffung von Compliance-Awareness in der Belegschaft. Dies kann durch persönliche oder Intranet basierende Trainings erfolgen. Die Mitarbeiter sollen hierbei nicht nur mit den Compliance-Richtlinien, den Sorgfalts-, Dokumentations- und Meldepflichten vertraut gemacht werden. Ziel ist es, Unternehmenswerte zu vermitteln und aktiv dazu beizutragen, dass die Mitarbeiter sich mit diesen Werten identifizieren.

Die im Rahmen der prozessualen Aufarbeitung des Compliance-Falls angepassten oder neu geschaffenen Ablauf- oder Kontrollprozesse sollten auf deren Funktionsfähigkeit und Wirksamkeit hin überprüft werden (Funktionstest).

In einem letzten Schritt des Remediation-Prozesses bietet sich an, die neu geschaffenen Geschäftsablauf- und Kontrollprozesse einem kontinuierlichen Monitoring zu unterwerfen. Um den Monitoring-Prozess abzurunden, empfiehlt es sich, die Prozesse und Kontrollmechanismen durch Self-Assessments oder durch eine gezielte Überprüfung durch einen Wirtschaftsprüfer, neben der turnusmäßigen Prüfung durch die Interne Revision, abzusichern.

Verena Brandt ist Diplom-Kauffrau, Wirtschaftsprüferin, Steuerberaterin und Partnerin bei KPMG im Bereich Audit & Assurance. Ihre aktuellen fachlichen Schwerpunkte liegen in der Gestaltung, Implementierung und Optimierung von Compliance Management Systemen und in diesem Zusammenhang insbesondere auf den Bereichen Fraud Risk Assessment, der Konzeptionierung und Durchführung von Compliance & Awareness Trainings sowie Maßnahmen im Rahmen des Anti-Fraud Managements. Verena Brandt hat darüber hinaus langjährige praktische Erfahrungen als Wirtschaftsprüferin und Beraterin und hat in dieser Funktion umfangreiche praktische Erfahrungen in Bezug auf Interne Kontrollsysteme sowie anlassbezogene Sonderuntersuchungen und Sachverhaltsaufklärungen (Fraud Investigation) gewonnen.

Heiko Fauck ist Diplom-Ökonom, ISO27001 Lead Auditor und Manager bei KPMG. Zu seinem Aufgabengebiet gehören Corporate Intelligence Services wie auch Forensic Investigations und Forensic Technology-Prozesse. Vor seiner nun 15 Jahre andauernden

Tätigkeit bei KPMG war Heiko Fauck wissenschaftlicher Mitarbeiter an der Akademie der Wissenschaften in Berlin sowie an der Universität zu Köln.

Christian Hlavica ist Dipl.-Betriebswirt (FH), Certified Fraud Examiner (CFE) und Head of Inspection Unit der liechtensteinischen Abschlussprüferaufsicht der Finanzmarktaufsicht (FMA) Liechtenstein, Bereich Andere Finanzintermediäre (DNFBP). Davor betreute er Mandate in den Bereichen Forensik, Abschluss- und Konzernprüfung, Steuerberatung sowie Sanierung und Restrukturierung.

Nina Kiehne ist Diplomkauffrau, Master of Criminology and Police Science (M.A.), Certified Fraud Examiner und Senior Manager bei KPMG. Im Rahmen ihrer langjährigen Tätigkeit bei KPMG gehörten neben der Prüfung von Jahres- und Konzernabschlüssen auch forensische Sonderuntersuchungen, Fraud Risk Assessments sowie die Analyse von Massendaten zu ihren Aufgabenschwerpunkten. Derzeit unterstützt sie ihre Mandanten mit der Implementierung von risikoorientierten Prozess- und Kontrollverbesserungen im Rahmen von Großbauprojekten.

Safet Kopov ist Diplom-Betriebswirt (FH) und Forensic Senior Manager bei KPMG. Neben der Prüfung von Jahresabschlüssen (Einzel- und Konzernabschlüsse) nach HGB, IFRS und US GAAP (inkl. SOX) gehören die Durchführung forensischer Sonderuntersuchungen, die Untersuchung nicht vertragskonformer Abrechnungen und die Durchführung von Risk Assessments im Compliance Bereich zu seinen Tätigkeitsschwerpunkten. Zum weiteren Tätigkeitsgebiet von Safet Kopov zählen die Prüfung von Verstößen gegen interne oder gesetzliche Vorschriften, die Durchführung von Mergers & Acquisitions und sowie die Prüfung von Prozessen in Unternehmen unterschiedlicher Branchen im Bereich Industrie und Handel.

Detlef Thomann ist Diplom-Kaufmann, Wirtschaftsprüfer, Steuerberater, Certified Fraud Examiner und Leiter Compliance / Anti Money Laundering bei Portigon. Die Schwerpunkte seiner fachlichen Tätigkeiten liegen zudem auf der ereignisunabhängigen Identifizierung von Risikobereichen sowie von Schwachstellen in Arbeitsabläufen (Entity Level bzw. Process Level Fraud Risk Assessment) und der Unterstützung des Mandanten bei deren Beseitigung (Anti-Fraud-Management). Darüber hinaus befasst sich Detlef Thomann mit ereignisbezogenen Sachverhaltsaufklärungen (Fraud Investigation). Seine umfassende praktische Erfahrung bei der Durchführung von zahlreichen Sonderuntersuchungen stammt überwiegend aus den Bereichen Bilanzmanipulation, Missbrauch von Vermögenswerten und Korruption. Detlef Thomann ist Referent und Trainer bei zahlreichen Veranstaltungen rund um das Thema Wirtschaftskriminalität (Fraud).

Literatur

Achenbach, Hans: Die wirtschaftsstrafrechtliche Reformbewegung – ein Rückblick in: Sieber, Ulrich / Dannecker, Gerhard u. a. (Hrsg.), Strafrecht und Wirtschaftsstrafrecht – Dogmatik, Rechtsvergleich, Rechtsstaatsachen – Festschrift für Klaus Tiedemann, Köln / München 2008

Acker, Wendelin / Froesch, Daniel / Kappel, Jan: Zivilrechtliche Ansprüche in Korruptionsfällen und ihre kommerzielle Folgen – wer haftet wem?, BB 2007, 1509–1515

Adams, Heinz / Johannsen, Dirk: Das „gerichtsfeste" Produktionsunternehmen, BB 1996, 1017–1021

Aerts, Walter: On the Use of Accounting Logic as an Explanatory Category in Narrative Accounting Disclosures, AOS 1994, 337–353

Aerts, Walter: Picking up The Pieces: Impression Management in the Retrospective Attributional Framing of Accounting Outcomes, AOS 2005, 493–518

Ahlbrecht, Heiko / Böhm, Klaus-Michael / Esser, Robert: Internationales Strafrecht in der Praxis, Heidelberg 2008

Aiolfi, Gemma / Bauer, Hans-Peter: The Wolfsberg Group in: Pieth, Mark (Hrsg.): Collective Action – Innovative Strategies to Prevent Corruption, Zürich / St. Gallen 2012

Albrecht, Steven W / Albrecht, Chad, Fraud Examination & Prevention, Mason 2003

Allrath, Gaby: But why will you say that I am mad? – Textuelle Signale für die Ermittlung von Unreliable Narration in: Nünning, Ansgar (Hrsg.): Unreliable Narration, Trier 1998

Altmeppen, Holger / Roth, Günter H.: GmbHG, 6. Aufl., München, 2009

Ambos, Kai: Internationales Strafrecht, 2. Aufl., München 2008

American Institute of Certified Public Accountants (Hrsg.): What Does New Audit Standard SAS No. 99, Consideration of Fraud in a Financial Statement Audit, Mean for Business and Industry Members?, The CPA Letter, November 2002

Arnold, Volker / Grabner-Kräuter, Sonja (Hrsg.): Wirtschaftsethische Perspektiven VI. Korruption, Strafe und Vertrauen, Verteilungs- und Steuergerechtigkeit, Umweltethik, Ordnungsfragen, Berlin 2002

Arzt, Gunther / Weber, Ulrich: Strafrecht Besonderer Teil, Bielefeld 2000

Asia / Pacific Group on Money Laundering – APG (Hrsg.): APG Typology Report on Trade Based Money Laundering, 20. Juli 2012

Association of Certified Fraud Examiners (ACFE) (Hrsg.): 2014 Report to the Nations on Occupational Fraud and Abuse, Austin 2014

C. Hlavica, F. Hülsberg, U. Klapproth (Hrsg.), *Tax Fraud & Forensic Accounting*,
DOI 10.1007/978-3-658-07840-9

Association of Certified Fraud Examiners (ACFE) (Hrsg.): ACFE Fraud Prevention – Check-Up, Austin 2008

Association of Certified Fraud Examiners (ACFE) (Hrsg.): Fraud Examiners Manual, International Edition, Austin 2009

Aufderheide, Detlef / Dabrowski, Martin (Hrsg.): Corporate Governance und Korruption – wirtschaftsethische und moralökonomische Perspektiven der Bestechung und ihrer Bekämpfung, 1. Aufl., Berlin 2005

Ax, Thomas / Schneider, Matthias (Hrsg.): Rechtshandbuch der Korruptionsbekämpfung, 2006

Bähr, Gottfried / Fischer-Winkelmann, Wolf F. / List, Stephan: Buchführung und Jahresabschluss, München 2006

Balfanz, Judith / Parsow, Christian: Milliardenschäden durch Wirtschaftskriminalität – Praktische Ausgestaltung eines Anti-Fraud-Managements unter Einsatz digitaler Signaturen, ew, Jg.106 (2007)/5, 67–70

Ballwieser, Wolfgang: Die Entwicklungen beim Lagebericht in: Baetge, Jörg / Kirsch Hans-Jürgen (Hrsg.): Anpassung des Bilanzrechts an internationale Standards – Bilanzrechtsreform und Bilanzkontrollgesetz, Düsseldorf 2005

Balzli, Beat / Mahler, Armin u.a. (Hrsg.): Angst vor dem Ausverkauf (Börse), Der Spiegel 2002, Ausgabe 27/2002, 86 (88)

Bannenberg, Britta / Rössner, Dieter: Kriminalität in Deutschland, München 2005

Bannenberg, Britta / Schaupensteiner, Wolfgang: Korruption in Deutschland – Portrait einer Wachstumsbranche, 3. Aufl., München 2007

Bantleon, Ulrich / Thomann, Detlef: Grundlegendes zum Thema „Fraud“ und dessen Vorbeugung, DStR 2006, 1714 (1721)

Bauer, Matthias: Unzuverlässige Verführungsszenen in Atom Egoyans Exotica oder warum die Narratologie keine Freudlose Angelegenheit sein kann in: Liptay, Fabienne / Wolf, Yvonne (Hrsg.): Was stimmt denn jetzt? Unzuverlässiges Erzählen in Literatur und Film, München 2005

Baumbach, Adolf / Hefermehl, Wolfgang: Wettbewerbsrecht, 19. Aufl., München 1996

Baumbach, Adolf / Hueck, Alfred: GmbHG, 19. Aufl., München 2010

Beckmann, Markus / Pies, Ingo: Freiheit durch Bindung – Zur ökonomischen Logik von Verhaltenskodizes, Diskussionspapier 09-2006, Martin-Luther-Universität Halle-Wittenberg

Behling, Thorsten B.: Compliance versus Fernmeldegeheimnis, BB 2010, 892

Bender,Peter: Bandenschmuggel ein hochaktuelles Fossil, ZfZ 2000, 259 ff.

Bender, Peter: Zoll- und Verbrauchsteuerstrafrecht, Regensburg 2007

Benford, Frank: The Law of Anomalous Numbers, Proceedings of the American Philosophical Society, 1938, 551–572

Berndt, Thomas / Jeker, Marc: Fraud Detection im Rahmen der Abschlussprüfung, BB 2007, 2615–2621

Beulke, Werner / Moosmayer, Klaus: Der Reformvorschlag des Bundesverbandes der Unternehmensjuristen zu den §§ 30, 130 OWiG – Plädoyer für ein modernes Unternehmenssanktionenrecht, CCZ 2014, 146

Biderman, Albert D. / Reiss, Albert J. jr.: Definition and Criteria for a Selection of Prospective Federal Sources of White-Collar Crime Data, Washington 1980

Biegelmann, Martin T. / Biegelmann, Daniel R.: Building a World-Class Compliance Program, New Jersey 2008

Birnbaum, Günter: Stichwort „Churning“, wistra 1991, 253 ff.

Bisle, Michael: „Chi-Quadrat-Test“ und Zeitreihenvergleich: Keine Schätzung bei ordnungsgemäßer Buchführung, PStR, 2012, 15–17

Bittner, Thomas / Jann, Anna-Katharina: Verschärfung der Verrechnungspreisvorschriften in Indien, IWB 13/2012, 468

Bittner, Thomas / Totzek, Alexander: Verrechnungspreisvorschriften in Italien Ende 2013, IWB 5/2014, 168

Bleihauer, Hans-Jürgen: Grundlagen der Abgabenerhebung / Zolltarif in: Witte, Peter / Wolffgang, Hans-Michael (Hrsg.): Lehrbuch des Europäischen Zollrechts, Herne 2003

Blenkers, Michael: Chi-Test – oder „Jeder Mensch hat seine Lieblingszahl“, StBp 2003, 261–264

Börsenzeitung (Hrsg.): Mit Compliance Geschäftsrisiken mindern. Hohe EU-Bußgelder fördern Regelsysteme in Unternehmen – Keine Politik „mit Augenzwinkern“, Ausgabe 23/2010, 12

Bollermann, Julia / Dybeli, Amela: Die steuerlichen Rahmenbedingungen in Albanien, IWB 12/2014, 457

Booth, Wayne: The Rhetoric of Fiction, 2. Aufl., Chicago / London, 1983

Bortz, Jürgen / Döring, Nicola: Forschungsmethoden und Evaluation, 3. Aufl., Berlin 2002

Brambusch, Jens: Die Konkurrenz hört mit, impulse vom 14.05.2009, 10

Brammsen, Joerg: Vorstandsuntreue – Aktienrechtliche Unternehmensführung auf dem Prüfstand des § 266 StGB, wistra 2009, 89 ff.

Brenner, Karl: Gewinnverfall, eine vernachlässigte Strafvorschrift, DRiZ 1977, 203 ff.

Brombacher, Judith: Effectiveness of Anti Fraud Management Systems, Vortrag auf der 2009 ACFE European Conference, London 2009

Brown, Martin: Stand und Entwicklungstendenzen des Supply Chain Management in der deutschen Grundstoffindustrie, Dissertation, Kassel 2009

Bruch, Gregory S.: The Long Arm of the Law: Recent US Enforcement of the Foreign Corrupt Practices Act by the Securities Exchange Commission, 10th International Anti-Corruption Conference, Prag 2001

Büssow, Thomas / Taetzner, Tobias: Sarbanes-Oxley Act Section 404 – Internes Kontrollsystem zur Sicherstellung einer effektiven Finanzberichterstattung im Steuerbereich von Unternehmen – Pflicht oder Kür? BB 2005, 2437 ff.

Bumiller, Elisabeth: Bush Signs Bill Aimed at Fraud in Corporations, New York Times, 31. Juli 2002, A1

Bundeskriminalamt (Hrsg.): Lagebericht zur Wirtschaftskriminalität, 2013

Bundeskriminalamt (Hrsg.): Polizeiliche Kriminalstatistik, 2013

Bundesministerium für wirtschaftliche Zusammenarbeit und Entwicklung (Hrsg.): Der UN Global Compact. Gesellschaftlich verantwortungsvolles unternehmerisches Handeln

Bundessteuerberaterkammer (Hrsg.): Deutsches Steuerrecht 2012, Beihefter zu Heft 22, 772

Bundessteuerberaterkammer (Hrsg.): Anwendungshinweise zum Geldwäschegesetz, beschlossen am 21. April 2009

Busch, Dagmar: Unreliable Narration aus narratologischer Sicht: Bausteine für ein erzähltheoretisches Analyseraster in: Nünning, Ansgar (Hrsg.): Unreliable Narration, Trier 1998

Busse, Caspar / Ott, Klaus: Schnell und viel. Der MAN-Konzern zahlt in der Korruptionsaffäre eine Geldbuße von 150 Millionen Euro, SZ 11.12.2009, 17

Bussmann, Kai: Kriminalprävention durch Business-Ethics Ursachen von Wirtschaftskriminalität und die besondere Bedeutung von Werten, zfwu 2004, 35–50

Bussmann, Kai - D: Business Ethics und Wirtschaftsstrafrecht – Zu einer Kriminologie des Managements, MschrKrim 2003, 89 (107)

Campos Nave, José A.: Die erforderliche Veränderung von Corporate Compliance-Organisationen im Hinblick auf gestiegene Verantwortlichkeiten des Compliance Officers , BB 2009, 2546 (2551)

Casabona, Patrick A. / Grego, Michael J.: SAS 99 – Consideration of Fraud in a Financial Statement Audit: A Revision of Statement on Auditing Standards 82, Entrepreneur Magazine, Spring 2003

CDU, CSU, FDP (Hrsg.): Koalitionsvertrag zwischen CDU, CSU und FDP: Wachstum. Bildung. Zusammenhalt, 2009, 17. Legislaturperiode

Cialdini, Robert B.: Influence, The Psychology of Persuasion, New York 1993

Clinard, Marshall B / Quinney, Richard: Criminal Behavior Systems. A Typology, New York 1973

Creifelds, Carl (Hrsg.): Rechtswörterbuch, 19. Aufl., München 2007

Cressey, Donald R.: Other People's Money: A Study in the Social Psychology of Embezzlement, Montclair 1973

Dagnese, Napoleão: Neue Verrechnungspreisregeln in Brasilien, IWB 7/2013, 257

Dannecker, Gerhard / Leitner, Roman (Hrsg.): Schmiergelder – Strafbarkeit und steuerliche Abzugsverbote in Österreich und Deutschland, Wien 2002

Dannecker, Gerhard: Die Entwicklung des Wirtschaftsstrafrechts in Deutschland in: Wabnitz, Heinz-Bernd / Janovsky, Thomas (Hrsg.): Handbuch des Wirtschafts- und Steuerstrafrechts, 3. Aufl., München 2007

Deakin, Simon / Konzelmann, Suzanne J.: Learning From Enron, Working Paper ESRC Centre for Business Research (University of Cambridge), Cambridge / London, Nr. 274, September 2003

DePaulo, Bella / Lindsay, James / Malone, Brian E. / Muhlenbruck, Laura / Charlton, Kelly / Cooper, Harris: Cues to Deception, PB, 2003, 74–118

Deutscher Bundestag (Hrsg.): Entwurf eines Jahressteuergesetzes 1996 – Stellungnahme des Bundesrates und Gegenäußerung der Bundesregierung zu der Stellungnahme des Bundesrates, BT-Drs 13/1686 vom 13.06.1995

DiBianco, Gary / Lawrence, Andrew M.: Investigation and Reporting Obligations under Section 10A of the Securities Exchange Act: What Happens when the Whistle is Blown?, Securities Fraud National Institute, 29.09.2006

Dieners, Peter: Auditierung und Zertifizierung von Compliance-Organisationen in der Immobilienwirtschaft. Berichte, CCZ 2009, 113–115

Diergarten, Achim: Geldwäsche: Kommentar, 3. Aufl., Stuttgart 2013

Dierlamm, Alfred: Compliance-Anreiz-Gesetz (CompAG) – Ein Vorschlag des Deutschen Instituts für Compliance – DICO e.V. für den Entwurf eines Gesetzes zur Schaffung von Anreizen für Compliance-Maßnahmen in Betrieben und Unternehmen, CCZ 2014, 194

Diller, Markus / Schmid, Peter / Späth, Thomas / Kühne, Daniela: Zifferntests in der Betriebsprüfung – Chancen und Risiken, in: DStR 2015, S. 311–317

Dlugosz, Stephan / Müller - Funk, Ulrich: The Value of the Last Digit, 2009

Dlugosz, Stephan / Müller - Funk, Ulrich: Ziffernanalyse zur Betrugserkennung in Finanzverwaltungen – Prüfung von Kassenbelegen, Nr. 133, Arbeitsberichte des Instituts für Wirtschaftsinformatik, Juli 2012

Drenseck, Walter: § 48 EStG in: Schmidt, Ludwig et al. (Hrsg.): Einkommensteuergesetz, Kommentar, 28. Aufl., München 2009

Drygala, Tim / Drygala, Anja: Wer braucht ein Frühwarnsystem?, ZIP 2000, 297 ff.

Dühnfort, Alexander: Umsatzsteuerbetrug durch Karussellgeschäfte, ZFRC 3/2012, 180 ff.

Ehlscheid, Dirk / Pfeiffer, Brigitte: Handbuch Geldwäscheprävention, Verschleierungstechniken, Normen und Institutionen, Länderrisiken, Neuwied / Bonn 2012

Eickemeyer, John: Auditors Facing Heightened Section 10A Enforcement, Review of Securities & Commodities Regulation, 2010, Vol. 39, No. 7, 53–61

Eidgenössisches Finanzdepartement EFD, Staatssekretariat für internationale Finanzfragen SIF: Umsetzung der 2012 revidierten Empfehlungen der Groupe d'action financière – Erläuternder Bericht zur Vernehmlassungsvorlage, 27. Februar 2013

Eigendorf, Jörg: Der mühevolle Weg zur Tugend, Welt am Sonntag, 52/2009, 29

Ellrott, Helmut: § 284 in: Förschle et al., Beck'scher Bilanzkommentar – Handels- und Steuerbilanz, 7. Aufl., München 2009

EMB-Wertemanagement Bau e. V. (Hrsg.): EMB-Wertemanagement Bau, Augsburg 2007

Emmerich, Gerhard / Schaum, Wolfgang: Auswirkungen des Sarbanes-Oxley Act auf deutsche Abschlussprüfer, WPg 13/2003, 677–691

Europäische Kommission (Hrsg.): Bericht der Kommission an den Rat gemäß Art. 9 des Rahmenbeschluss 2003/568/JI des Rates vom 22. Juli 2003 zur Bekämpfung der Bestechung im privaten Sektor, KOM (2007), 328

Falck, Oliver / Heblich, Stephan: Corporate Social Responsibility: Einbettung des Unternehmens in das Wirtschaftssystem, Diskussionsbeitrag Nr. V-45-06, 2006, Passauer Diskussionspapier, Volkswirtschaftliche Reihe

Falck, Oliver / Heblich, Stephan: Corporate social responsibility: Doing Well by Doing Good, Business Horizons 2007, H. 50, 247–254

Fersch, Klaus D.: Die wirtschaftliche und strafrechtliche Bedeutung nachträglicher Präferenzprüfungen im Osthandel, RIW 1990, 386 ff.

Filippi, Roland: Compliance und Wertemanagement in einem mittelständischen Bauunternehmen – Ein Praxisbericht in: Wieland, Josef et al. (Hrsg.): Handbuch nachhaltiges Compliance-Management. Konzeptionelle Grundlagen, praktische Erfolgsfaktoren, globale Herausforderungen, Berlin 2010

Financial Action Task Force (FATF) (Hrsg.): Trade-Based Money Laundering, 23.06.2006

Financial Action Task Force (FATF) (Hrsg.): FATF Report – Money Laundering and Terrorist Financing Vulnerabilities of Legal Professionals, Juni 2013

Fischer, Thomas: Strafgesetzbuch und Nebengesetze, 61. Aufl., München 2014

Fleischer, Holger (Hrsg.): Handbuch des Vorstandsrechts, München 2006

Fleischhauer, Jan / Hawranek, Dietmar: Aktion Reißwolf, Der Spiegel 21.01.2002, 92

Fleischhauer, Jan: Hauptsache groß, Der Spiegel 01.07.2002, 89

Fludernik, Monika: Unreliability vs. Discordance. Kritische Betrachtungen zum literaturwissenschaftlichen Konzept der erzählerischen Unzuverlässigkeit in: Liptay, Fabienne/Wolf, Yvonne (Hrsg.): Was stimmt denn jetzt? Unzuverlässiges Erzählen in Literatur und Film, München 2005

Fockenbrock, Dieter: Interview mit Klaus-Peter Müller. „Ich räume ein, dass wir zu oft geschwiegen haben", Handelsblatt 2009, Ausgabe Nr. 221, 16.11.2009, 4(5)

Foley & Lardner LLP (Hrsg.): FCPA enforcement – The FCPA explained, www.fcpaenforcement.com

Förschle, Gerhart: § 243 in: Förschle et al. (Hrsg.): Beck'scher Bilanzkommentar – Handels- und Steuerbilanz, 7. Aufl., München 2009

Gach, Bernt / Rützel, Stefan: Verschwiegenheitspflicht und Behördenanzeigen von Arbeitsnehmern, BB 39/1997, 1959–1965

Garner, Bryan (Hrsg.): Black's Law Dictionary, 8th Ed., Eagan 2004

Gebbers, Harald: Analyse der Rechtsprechung zum Chi-Quadrat-Test in der Außenprüfung – Anwendung zur Prüfung von Erlösen und Fahrtenbüchern, StBp 8/2008, 209–214 und StBp 10/2008, 290–296

Geiselmann, R. Edward / Fisher, Ronald P.: Ten Years of Cognitive Interviewing in: Payne, David G. / Conrad, Frederick G. (Hrsg.): A synthesis of Basic and Applied Approaches to Human Memory, New Jersey 1997

Goette, Wulf / Habersack, Mathias / Kalls, Susanne: Münchener Kommentar zum Aktiengesetz, Band 2, 3. Aufl., München 2008

Göhler, Erich / Gürtler, Franz / Seitz, Helmut: Gesetz über Ordnungswidrigkeiten, Beck'scher Kurz-Kommentar, Band 18, 15. Aufl., München 2009

Görg, Sabine: Geldwäschebezogene Terrorismusbekämpfung, Praktische Wirkung und kriminalpolitische Angemessenheit der Bekämpfungsmaßnahmen, Europäische Hochschulschriften, Frankfurt 2010

Golden, Thomas W. / Skalak, Steven L. / Clayton, Mona M.: A Guide to Forensic Accounting Investigation, Hoboken 2006

Goldstein, Elmar: Betriebsprüfung, München 2009

Greive, Martin: Umsatzsteuer-Karussell kostet den Fiskus Milliarden, Welt 27.02.2014

Grottke, Markus: Geheimhaltung und Unternehmenspublizität während der Finanzkrise – berechtigte und unberechtigte Grenzziehungen aus der Perspektive des öffentlichen Raums in: Gräf, Dennis / Halft, Stefan / Schmöller, Verena (Hrsg.): Privatheit – Formen und Funktionen, Passau 2011

Grottke, Markus: Die strukturale Lageberichtsanalyse als Bestandteil einer offenen, erweiterten Jahresabschlussanalyse, Köln 2012

Grottke, Markus: Die Analyse und Prüfung des Lageberichts durch den Aufsichtsrat – praktische Hinweise für Aufsichtsratsmitglieder, StB 2013, 539–544

Grunst, Bettina: Grundlagen des Wirtschafts- und Steuerstrafrechts in: Volk, Klaus (Hrsg.): Münchener Anwalts Handbuch – Verteidigung in Wirtschafts- und Steuerstrafsachen, München 2006

Grusen, Michael / Kubicek, Matthias: Der Sarbanes-Oxley Act, Corporate Governance und das deutsche Aktienrecht (Teil II), AG 2003, 393, 396 ff.

Haas, Peter / Müller, Ulrike: Steuerstrafrecht und Steuerstrafverfahren, Wiesbaden 2009

Hardt, Christoph / Heide, Dana: Compliance. Nach Razzia verstärkt Metro Prävention weiter, Handelsblatt 2010

Harnischmacher, Robert F. J.: Geldwäsche – Money Laundering, Die Kriminalpolizei 12/2009

Hartmann, Britta: Von der Macht erster Eindrücke. Falsche Fährten als textpragmatisches Krisenexperiment in: Liptay, Fabienne/Wolf, Yvonne (Hrsg.): Was stimmt denn jetzt? Unzuverlässiges Erzählen in Literatur und Film, München 2005

Haueisen, Gunter K.: Unternehmensethik als Steuerungsproblem, München 2000

Hauschka, Christoph E. / Greeve, Gina: Compliance in der Korruptionsprävention – was müssen, was sollen, was können die Unternehmen tun?, BB 4/2007, 165–173

Hauschka, Christoph E.: Corporate Compliance Handbuch, 2006

Hegnon, Oliver: Aufsicht als Leitungspflicht, CCZ 2009, 57–58

Heißner, Stefan: Die Bekämpfung von Wirtschaftskriminalität, Berlin 2001

Hellio, François / Daluzeau, Xavier / Jolk, Christophe: Neue Auskunftspflichten für Verrechnungspreise in Frankreich, IWB 15/2014, 575

Hellmann, Uwe / Beckemper, Katharina: Wirtschaftsstrafrecht, 2. Aufl., Stuttgart 2008

Hense, Burkhard: Rechtsfolgen nichtiger Jahresabschlüsse und deren Konsequenzen auf Folgeabschlüsse, WPG 1993, 716 ff.

Herchen, Oliver: Corporate Social Responsibility. Wie Unternehmen mit ihrer ethischen Verantwortung umgehen, Norderstedt 2007

Herzog, Felix / Achtelik, Olaf: Einleitung zum Kommentar in: Herzog, Felix / Achtelik, Olaf (Hrsg.): Geldwäschegesetz (GwG), 2. Aufl., Bremen / Berlin 2014

Hess, Gerhard: Das EMB-Wertemanagement Bau – Prototyp eines wertegetriebenen Compliance Management Systems in: v. Heiermann, Wolfgang et. al. (Hrsg.): Baurecht als Herausforderung, Festschrift für Horst Franke, Neuwied 2009

Hill, Theodore: A Statistical Derivation of the Significant-Digit Law, Statistical Science 1995, 354–363

Hof, Renate: Das Spiel des Unreliable Narrator. Aspekte unglaubwürdigen Erzählens im Werk von Vladimier Nabokov, München 1984

Hoffmann, Wolf-Dieter / Lüdenbach, Norbert: NWB Kommentar Bilanzierung Handels und Steuerrecht, Herne 2009

Hofmann, Rolf / Hofmann, Ingo: Prüfungshandbuch. Leitfaden für eine Überwachungs- und Revisionskonzeption in der Corporate Governance, 5. Aufl., Berlin 2005

Hofmann, Stefan: Handbuch Anti-Fraud-Management. Bilanzbetrug erkennen – vorbeugen – bekämpfen, Berlin 2008

Homann, Karl / Blome-Drees, Franz: Wirtschafts- und Unternehmensethik, Göttingen 1992

Homann, Karl: Die Bedeutung von Dilemmastrukturen für die Ethik in: Lütge, Christoph (Hrsg.): Vorteile und Anreize, Tübingen 2002

Homann, Karl: Globalisierung aus Wirtschaftsethischer Sicht in: Homann, Karl / Koslowski, Peter / Lütge, Christoph (Hrsg.): Wirtschaftsethik der Globalisierung, 6. Jahrestagung des Forums für Wirtschaftsethik der Deutschen Gesellschaft für Philosophie, Tübingen 2005

Hosp, Thomas: Abkommen betreffend Informationsaustausch in Steuersachen zwischen den USA und Liechtenstein, Liechtenstein-Journal 2/2009, 48–51

Hüffer, Uwe: Hüffer Aktiengesetz, 8. Aufl., München 2008

Huntington, Ina / Davies, David / Lohse, Dieter: Wirtschaftskriminalität im Unternehmen – Betrug erkennen und bekämpfen, Frankfurt 1999

Inbau, Fred E. / Reid, John E. / Buckley, Joseph P.: Criminal Interrogation and Confession, Baltimore 1986

Ingarden, Roman: Vom Erkennen des literarischen Kunstwerks, Tübingen 1997

Initiative Corporate Governance der Deutschen Immobilienwirtschaft e.V. (Hrsg.): Pflichtenheft zum Compliance Management in der Immobilienwirtschaft. Duties Record Book on Compliance Management in the Real Estate Sector, Berlin 2009

Institut der Wirtschaftsprüfer in Deutschland e. V. (Hrsg.): WP Handbuch 2006 Wirtschaftsprüfung, Rechnungslegung, Beratung, Band I, Düsseldorf 2006

Institut der Wirtschaftsprüfer in Deutschland e. V. (Hrsg.): IDW Prüfungsstandard 210 zur Aufdeckung von Unregelmäßigkeiten im Rahmen der Abschlussprüfung, WPg 22/2006, 1422–1433

Institut der Wirtschaftsprüfer in Deutschland e. V. (Hrsg.): IDW Prüfungsstandard 261 zur Feststellung und Beurteilung von Fehlerrisiken und Reaktionen des Abschlussprüfers auf die beurteilten Fehlerrisiken, WPg 22/2006, 1433–1464

Institut der Wirtschaftsprüfer in Deutschland e. V. (Hrsg.): Die Geschichte des Berufsstands und des IDW, 04.08.2010

International Chamber of Commerse (Hrsg.): ICC Guidelines on Whistleblowing, Paris 2008

Jahn, Manfred: Package Deals, Exklusionen, Randzonen – das Phänomen der Unverlässlichkeit in den Erzählsituationen in: Nünning, Ansgar (Hrsg.): Unreliable Narration, Trier 1998

Jäger, Axel / Rödl Christian / Campos Nave, José A.: Praxishandbuch Corporate Compliance, Nürnberg 2009

Jähnke, Burkhard / Laufhütte, Heinrich Wilhelm / Odersky, Walter: Leipziger Kommentar zum StGB, Band 1/2, 11. Aufl., Berlin 2003

Jung, Claude G.: Präventionskonzept zum Schutz vor Wirtschaftskriminalität, Der Schweizer Treuhänder 1–2/2005, 44 (50)

Kaiser, Günther: Strafrechtliche Gewinnabschöpfung im Dilemma zwischen Rechtsstaatlichkeit und Effektivität, ZRP 1999, 144 f.

Kargl, Walter: Die Mißbrauchskonzeption der Untreue (§ 266 StGB), ZStW 2001, 577 ff.

Keller Alexander / Sauer, Dirk: Zum Unrecht der sogenannten Bankenuntreue, wistra 2002, 369

Keohane, Robert O.: Global Governance and Democratic Accountability, Draft Online Paper Duke University, 2002

Kersting, Christian: Auswirkungen des Sarbanes-Oxley-Gesetzes in Deutschland – Können deutsche Unternehmen das Gesetz befolgen?, ZIP 2003, 233

Kießling, Axel / Kießling, Erik: Kontrolle durch Interne Revision im Kreditinstituten, WM 2003, 513, 523

Kindshofer, Alexandra: Ein neues Betätigungsgebiet für Steuerverkürzung?, PStR 3/2007, 160 f.

Klink, Daniel: Der Ehrbare Kaufmann. Das ursprüngliche Leitbild der Betriebswirtschaftslehre und individuelle Grundlage für die Corporate Governance Forschung, ZfB 2008, 57–79

Klitgaard, Robert: Controlling Corruption, Berkeley 1988

Knapp, Eckhard: Interne Revision und Corporate Governance – Aufgaben und Entwicklungen für die Überwachung, Berlin 2008

Koch, Tanja: Neues Verrechnungspreisgesetz in Australien, IWB 6/2014, 209

Köhler, Michael: Strafrecht – Allgemeiner Teil, Berlin 1997

Kolbe, Sebastian: Unkündbarkeit für Korruptionstäter, NZA 2009, 228–232

Kommission der Europäischen Gemeinschaften (Hrsg.): Grünbuch Europäische Rahmenbedingungen für die soziale Verantwortung der Unternehmen, Brüssel 2001

Koss, Claus: Nichtigkeit des Jahresabschlusses von Gesellschaften mit beschränkter Haftung in: Niemann, Walter et al. (Hrsg.): Jahres- und Konzernabschluss nach Handels- und Steuerrecht, 13. Aufl., München 2010

KPMG AG Wirtschaftsprüfungsgesellschaft (Hrsg.): Compliance Management Systeme, Köln 2007

KPMG AG Wirtschaftsprüfungsgesellschaft (Hrsg.): Anti Fraud Management – Best Practice der Prävention gegen Wirtschaftskriminalität, Köln 2006

KPMG AG Wirtschaftsprüfungsgesellschaft (Hrsg.): Studie zur Wirtschaftskriminalität in Deutschland, Köln 2012

KPMG AG Wirtschaftsprüfungsgesellschaft (Hrsg.): Wirtschaftskriminalität in Deutschland 2014, Köln 2014

KPMG AG Wirtschaftsprüfungsgesellschaft / Bundesverband der Deutschen Industrie e. V. (Hrsg.): Sichere Geschäfte? Wirtschaftskriminalität – Risiken für mittelständische Unternehmen, Köln 2009

KPMG Deutsche Treuhand-Gesellschaft Aktiengesellschaft Wirtschaftsprüfungsgesellschaft (Hrsg.): Compliance-Management in Deutschland – Ergebnisse einer EMNID-Umfrage, Köln 2007

KPMG Gruppe Österreich (Hrsg.): Audit Committee News. Fachpublikation für Aufsichtsräte, Nr.1, Dezember 2006

KPMG's Audit Committee Institute(ACI) (Hrsg.): Audit Committee Quarterly II/2009, Berlin2009

KPMG's Audit Committee Institute(ACI) (Hrsg.): Audit Committee Quarterly IV/2009, Berlin 2009

KPMG's Audit Committee Institute(ACI) (Hrsg.): Auf einen Blick: Corporate Governance nach dem BilMoG, Berlin 2009

KPMG's Audit Committee Institute (ACI) (Hrsg.): Audit Committee Quarterly I/2010, Berlin 2010

Kratzsch, Alexander / Rahe, Sebastian: Mathematisch-statistische Methoden in der Betriebsprüfung, StB 2010, 162–168 und 191–199

Kreindler, Richard: Mit rechtzeitiger Beratung Verstöße gegen FCPA vermeiden, Börsen-Zeitung, 16.11.2007

Kropf, Bruno / Semler, Johannes: Münchener Kommentar zum Aktiengesetz, Band 5a, München 2003

Krüger, Ralph / Schult, Bernd / Vedder, Rainer: Digitale Betriebsprüfung: GDPdU in der Praxis – Grundsätze zum Datenzugriff und zur Prüfbarkeit digitaler Unternehmen, Wiesbaden 2010

Kubaile, Heiko: Steuerhinterziehungsbekämpfungsgesetz; Der deutsche Gesetzgeber macht ernst, PIStB, 09/2009, 243 ff.

Kuckhoff, Harald / Schreiber, Rolf: Verrechnungspreise in der Betriebsprüfung, München 1997

Kühne, Daniela / Grottke, Markus: Forensic Tax Accounting: Psychologisch-textanalytische Instrumente zur Identifikation von Tax Fraud, BFuP 2014, 158–174

Kühnen, Sabine: Anmerkung zum Urteil des FG Rheinland-Pfalz v. 24.8.2011, Entscheidungen der Finanzgerichte 2012, Nr. 1, 11–12

Lahde, Maurice: Der unzuverlässige Erzähler in The Usual Suspects in: Liptay, Fabienne / Wolf, Yvonne (Hrsg.): Was stimmt denn jetzt? Unzuverlässiges Erzählen in Literatur und Film, München 2005

Lampe, Ernst-Joachim: Wirtschaftsstrafrecht in: Albers, Willi / Born Karl E. (Hrsg.): Handwörterbuch der Wirtschaftswissenschaft (HdWW), Band 9, Stuttgart 1982

Lanfermann, Georg / Maul, Silja: Auswirkungen des Sarbanes-Oxley Acts in Deutschland, DB 34/2002, 1725–1732

Lanfermann, Georg / Maul, Silja: SEC-Ausführungsregelungen zum Sarbanes-Oxley Act, DB 07/2003, 349–355

Le Coutre, Walter: Bilanzrecht und Gesellschaftsbilanzen, Wiesbaden 1950

Lembeck, Ulrich: Steuerrecht und Korruptionseindämmung – Inhalt, Grenzen, Spannungsfelder – in: Dölling, Dieter (Hrsg.): Handbuch der Korruptionsprävention, München 2007

Lensdorf, Lars: IT-Compliance – Maßnahmen zur Reduzierung von Haftungsrisiken von IT-Verantwortlichen, CR 2007, 413, 414

Lenz, Hansrudi: Bilanzpolitik, Bilanzfälschung und Bilanzprüfung – eine moralökonomische Analyse von Interessenkonflikten in: Aufderheide, Detlef / Dabrowski, Martin (Hrsg.): Corporate Governance und Korruption. Wirtschaftsethische und moralökonomische Perspektiven der Bestechung und ihrer Bekämpfung, 1. Aufl., Berlin 2005

Leonard, Axel: § 25d UStG Rn 1–4 in: Bunjes, Johann / Geist, Reinhold (Hrsg.): UStG – Kommentar, 10. Aufl., München 2011

Lindemann, Michael: Voraussetzungen und Grenzen legitimen Wirtschaftsstrafrechts, Tübingen 2012

Lucke, Eva Maria: Corruption as Business Practice or Joint Forces Against It? What Are the Challenges and Associated Solutions for Companies Working Together in Collective Action to Fight Corruption?, The World Bank Group (Hrsg.), 2009

Lucke, Eva Maria / Lütge, Christoph: Moralisches Verhalten in einem korrupten Markt – Anreize und Erfolgsfaktoren anhand einer Fallstudie aus Argentinien in: Ordo, Jahrbuch für die Ordnung von Wirtschaft und Gesellschaft, Band 62, Stuttgart 2011, 297–319

Lucke, Eva Maria: Private Sector Anticorruption Pacts – A Case Study From Argentina, Univ. Diplomarbeit, Universitätsbibliothek Passau 2008

Maier, Günter W. / Streicher, Bernhard / Jonas, Eva / Woschée, Ralph: Gerechtigkeitseinschätzungen in Organisationen – Die Validität einer deutschsprachigen Fassung des Fragebogens von Colquitt (2001), 23.06.2006

Mancur, Olson: The Logic of Collective Action: Public Goods and the Theory of Groups, Cambridge 1965

Mank, Katharina / Totzek, Alexander: Die neuen kanadischen Verwaltungsvorschriften für Verrechnungspreise, IWB 7/2013, 252

Manns, Sophia: Unreliable Narration in der russischen Literatur. F.M. Dostoevskijs Zapiski iz podpol'ja und V.V. Erofeevs Moskva-Petuški im Vergleich, Frankfurt am Main 2005

Marczewski, Donald C. / Akers, Michael D.: CPA's Perceptions of the Impact of SAS 99, The CPA Journal, June 2005

Mascolo, Georg / Schumann, Harald: Weltweiter Feldzug gegen die Korruption, Spiegel-Online 27.06.2001

Max-Planck-Institut für ausländisches und internationales Strafrecht (Hrsg.): Gefährdung von Rechtsanwälten, Steuerberatern, Notaren und Wirtschaftsprüfern durch Geldwäsche, Forschungsprojekt im Auftrag der Bundesministerien der Justiz und des Innern, Endbericht, Oktober 2004

McLean, Bethany / Elkind, Peter: The Smartest Guys in the Room, New York 2004

Meder, Thomas: Erzählungen mit schwarzen Löchern, in: Liptay, Fabienne / Wolf, Yvonne (Hrsg.): Was stimmt denn jetzt? Unzuverlässiges Erzählen in Literatur und Film, München 2005

Meffert, Heribert / Münstermann, Matthias: Corporate Social Responsibility: eine Bestandsaufnahme, Wissenschaftliche Gesellschaft für Marketing und Unternehmensführung e. V., Arbeitspapier Nr. 186, 20 ff., Münster 2005

Memon, Amina /, Vrij, Aldert / Bull, Ray: Psychology and Law: Truthfulness, Accuracy and Credibility, Maidenhead 1998

Merkl, Georg: Neue Vorschriften der SEC und des PCAOB zum IKS. Änderungen bei der Umsetzung von Artikel 404 des SOX, Der Schweizer Treuhänder 2007, 38–48

Mertin, Dietz / Schmidt, Stefan: Die Aufdeckung von Unregelmäßigkeiten im Rahmen der Abschlussprüfung nach dem überarbeiteten ISA 240, WPg 22/2001, 1303–1311

Mertin, Dietz: Zur Fortentwicklung der International Standards on Auditing and Assurance, WPg 1–2/2003, 1–9

Meyer, Jörg: Forensische Datenanalyse, Berlin 2012

Mitsch, Wolfgang: Recht der Ordnungswidrigkeiten, 2. Aufl., Berlin 2005

Mittelsdorf, Kathleen: Unternehmensstrafrecht im Kontext, Heidelberg 2007

Mochty, Ludwig: Die Aufdeckung von Manipulationen im Rechnungswesen – Was leistet Benford's Law?, WPg 2002, 725–736

Möhrenschläger, Manfred: Die strafrechtliche Bekämpfung internationaler Korruption auf internationaler und nationaler Ebene in: Dölling, Dieter (Hrsg.): Handbuch der Korruptionsprävention, München 2007

Möllering, Jürgen: Prävention von Korruption durch Verbände in: Dölling, Dieter (Hrsg.): Handbuch der Korruptionsprävention, München 2007

Müller-Gugenberger, Christian / Bieneck, Klaus: Wirtschaftsstrafrecht, 3. Aufl., Köln 2000

Müller-Gugenberger, Christian / Bieniek, Klaus: Europäisches Wirtschaftsstrafrecht, 4. Aufl., Köln 2006

Naef, Francesco / Clerici, Michele: Steuerstraftaten als Vortaten zur Geldwäscherei – Der Weg in la Terreur, Jusletter, 07.04.2014

Niehus, Christoph H.: Korruption und Unternehmensführung – Institutionenökonomische Analysen und 20 Interventionen, institutionelle und evolutorische Ökonomik, Band 30, Marburg 2007

Niemann, Walter: Nichtigkeit des Jahresabschlusses von Aktiengesellschaften in: Niemann et al. (Hrsg.): Jahres- und Konzernabschluss nach Handels- und Steuerrecht, 13. Aufl., München 2010

Nietzer, Wolf M.: Die rechtliche Behandlung von Schmiergeldzahlungen in den USA („Foreign Corrupt Practices Act") und Deutschland, DAJV-Newsletter 2/1998, 43 f.

Nigrini, Mark: A Taxpayer Compliance Application of Benford's Law, Journal of the American Taxation Association 1996, 72–91

Nigrini, Mark: Forensic Analytics – Methods and Techniques for Forensic Accounting Investigations, Hoboken 2011

Nünning, Ansgar: Reconceptualizing Unreliable Narration – Synthesizing Cognitive and Rhetorical Approaches in: Phelan, James / Rabinowitz, Peter (Hrsg.): A Companion to Narrative Theory, Malden 2005

Nünning, Ansgar: Unreliable Narration zur Einführung – Grundzüge einer kognitiv-narratologischen Theorie und Analyse unglaubwürdigen Erzählens in: Nünning, Ansgar (Hrsg.): Unreliable Narration, Trier 1998

Nürnberger, Silke: Die zukünftige Europäische Staatsanwaltschaft – Eine Einführung, ZJS 5/2009

Olbers, Lucie Anne Mary: Korruptionsbekämpfung durch die Weltbank – Datenschutzrechtliche Aspekte der Kooperation eines betroffenen Unternehmens, BB 15/2010, 844–848

Organisation for Economic Co-operation and Development – OECD (Hrsg.): Commentaries on the Convention on Combating Bribery of Foreign Public Officials in International Business Transactions, 37 I.L.M. 8, 1998

Organisation for Economic Co-operation and Development – OECD (Hrsg.): No Longer Business as Usual – Fighting Bribery and Corruption, 2000

Organisation for Economic Co-operation and Development – OECD (Hrsg.): Leitsätze für multinationale Unternehmen, Neufassung 2000

Organisation for Economic Co-operation and Development – OECD (Hrsg.): Private Initiatives for Corporate Responsibility – An Analysis, OECD Working Papers on International Investment 2001

Organisation for Economic Co-operation and Development – OECD (Hrsg.): CTPA / Zentrum für Steuerpolitik und Verwaltung, Handbuch „Geldwäsche“ für den Innen- und Außendienst der Steuerverwaltung, Zentrum für Steuerpolitik und Verwaltung, 2009

Organisation for Economic Co-operation and Development – OECD (Hrsg.): Handbuch ‚Bestechung‘ für die Betriebsprüferpraxis, 2009

Organisation for Economic Co-operation and Development – OECD (Hrsg.): Commentaries on the Convention on Combating Bribery of Officials in International Business Transactions in: Convention on Combating Bribery of Foreign Public Officials in International Business Transactions and Related Documents, 2010

Organisation for Economic Co-operation and Development – OECD (Hrsg.): Promoting Transparency and Exchange of Information for Tax Purposes – A Background Information Brief, 2010

Padilla, Jorge Díaz: Case Story – FIDIC Business Integrity Management System in: UN Global Compact (Hrsg.): Business Against Corruption – Case Stories and Examples, Implementation of the 10th United Nations Global Compact Principle Against Corruption, 2006, 146–151

Paetzmann, Karsten: Das neue Corporate-Governance-Statement nach § 289a HGB. Anforderungen an den Inhalt und Besonderheiten hinsichtlich der Abschlussprüfung, ZCG 2009, 64–66

Palandt, Otto: Bürgerliches Gesetzbuch, 69. Aufl., München 2010

Palazzo, Guido / Rasche, Andreas: CSR-Compliance – Globale Unternehmensverantwortung zwischen Hard und Soft Law in: Wieland, Josef et al. (Hrsg.): Handbuch nachhaltiges Compliance-Management. Konzeptionelle Grundlagen, praktische Erfolgsfaktoren, globale Herausforderungen, Berlin 2010

Passarge, Malte: Besteht tatsächlich ein Anspruch des Arbeitgebers auf Herausgabe von Schmiergeldzahlungen gegen seinen Arbeitnehmer aus §§ 667 2. Alt., 675 BGB?, CCZ 2009, 180–185

Pellens, Bernhard / Schmidt, André: Verhalten und Präferenzen deutscher Aktionäre. Reihe Studien des deutschen Aktieninstituts, Wiesbaden 2014

Peemöller, Volker H. / Hofmann, Stefan: Bilanzskandale – Delikte und Gegenmaßnahmen, Berlin 2005

Peetzke, Albert / Staab, Wolfgang: Beratungsstrategien in der digitalen Betriebsprüfung, Köln 2006

Perino, Michael A.: Did the Private Securities Litigation Reform Act Work?, University of Illinois Law Review, Vol. 2003, 913–978

Perron, Walter: § 266 Untreue in: Schönke, Adolf / Schröder, Horst (Hrsg.): Kommentar Strafgesetzbuch, 27. Aufl., München 2006

Peter, Frank K. / Kramer, Ralph: Steuerstrafrecht, Wiesbaden 2009

Pfitzer, Norbert / Oser, Peter / Orth, Christian: Deutscher Corporate Governance Kodex. Ein Handbuch für Entscheidungsträger, 2. Aufl., Stuttgart 2005

Pierson, Stuart F. / Howard Jr., Roscoe C.: The Travel Act – FCPA's Sidekick Can Ride Alone – Globally, Martindale-Hubbell 2009

Pies, Ingo (2008a): Wie bekämpft man Korruption? Lektionen der Wirtschafts- und Unternehmensethik für eine „Ordnungspolitik zweiter Ordnung", Ökonomik und Ethik, Bd. 4, Berlin 2008

Pies, Ingo (2008b): Korruptionsprävention: Wie aktiviert man die Selbstheilungskräfte des Marktes?, Wittenberg-Zentrum für Globale Ethik, Lutherstadt Wittenberg 2008

Pies, Ingo / Sass, Peter / Meyer von Schwabedissen, Henry: Prävention von Wirtschaftskriminalität – Zur Theorie und Praxis der Korruptionsbekämpfung in: Lehrstuhl für Wirtschaftsethik Martin-Luther-Universität Halle-Wittenberg (Hrsg.): Wirtschaftsethik-Studie Nr. 2005-2, Halle (Saale) 2005

Pieth, Mark: Internationale Harmonisierung von Strafrecht als Antwort auf transnationale Wirtschaftskriminalität, ZStW, 109/1997, 756–776

Pieth, Mark: Funktionale Äquivalenz – Praktische Rechtsvergleichung und internationale Harmonisierung von Wirtschaftsrecht, ZFR 119/2000, 477–489

Pieth, Mark: Das OECD-Übereinkommen über die Bekämpfung der Bestechung ausländischer Amtsträger im internationalen Geschäftsverkehr in: Dölling, Dieter (Hrsg.), Handbuch der Korruptionsprävention, München 2007

Pieth, Mark: Collective Action and Corruption in: Pieth Mark (Hrsg.): Collective Action – Innovative Strategies to Prevent Corruption, Zürich / St. Gallen 2012

Posch, Peter: Ziffernanalyse, 2. Aufl., München 2010

Poseck, Roman: Die strafrechtliche Haftung der Mitglieder des Aufsichtsrats einer AG, Baden-Baden 1999

PricewaterhouseCoopers AG Wirtschaftsprüfungsgesellschaft (PwC) (Hrsg.): Integrität durch Selbststeuerung in Crisis Management, Frankfurt am Main 2008

PricewaterhouseCoopers AG Wirtschaftsprüfungsgesellschaft (PwC) / Martin-Luther-Universität Halle-Wittenberg (Hrsg.): Wirtschaftskriminalität 2009. Sicherheitslage in deutschen Großunternehmen, Frankfurt am Main und Halle an der Saale 2009

PricewaterhouseCoopers AG Wirtschaftsprüfungsgesellschaft (PwC) / Martin-Luther-Universität Halle-Wittenberg (Hrsg.) : Compliance und Unternehmenskultur. Zur aktuellen Situation in deutschen Großunternehmen, Frankfurt am Main und Halle an der Saale 2010

Probst, Jonas: Umsatzsteuerhinterziehung, Hamburg 2008

Probst, Susanne: Transnationale Regulierung der Rechnungslegung – International Accounting Standards Committee Foundation und Deutsches Rechnungslegungs Standards Committee in: Tietje, Christian / Kraft, Gerhard / Sethe, Rolf (Hrsg.): Beiträge zum Transnationalen Wirtschaftsrecht, Martin-Luther Universität Halle-Wittenberg, Heft 51, Februar 2006

Quick, Rainer / Wolz, Matthias: Bilanzierung in Fällen, 4. Aufl., Stuttgart 2009

Ransiek, Peter: Risiko, Pflichtwidrigkeit und Vermögensnachteil bei der Untreue, ZStW, 116 /2004, 634–679

Rau, Simon: Statistisch-mathematische Methoden der steuerlichen Betriebsprüfung und die Strukturanalyse als ergänzende Methode, Lohmar / Köln 2012

Regierungskommission Deutscher Corporate Governance Kodex(DCGK): Deutscher Corporate Governance Kodex, 18.06.2009

Regierungskommission Deutscher Corporate Governance Kodex (DCGK): Pressemitteilung vom 23.04.2010

Reinhard-Salcinovic, Anne: Informelle Strategien zur Korruptionsbekämpfung – Der Einfluss von Nichtregierungsorganisationen am Beispiel von Transparency International in: Tietje, Christian / Kraft, Gerhard / Sethe, Rolf (Hrsg.): Beiträge zum Transnationalen Wirtschaftsrecht, Martin-Luther Universität Halle-Wittenberg, Heft 55, Mai 2006

Retemeyer, Alexander / Möller, Thomas: Zollstraftaten und Zollordnungswidrigkeiten, AW-Prax 2009, 340 ff.

Reuters Deutscher Textdienst (Hrsg.): Oberstes US-Gericht kippt Teile von Wirtschaftsprüfer-Gesetz, 28.06.2010

Richter, Hans: Grundbegriffe in: Müller-Gugenberger, Christian (Hrsg.): Wirtschaftsstrafrecht – Eine Gesamtdarstellung des deutschen Wirtschaftsstraf- und -ordnungswidrigkeitenrechts, Münster 1987

Richter, Hans: Geschichtliche Entwicklung in: Müller-Guggenberger, Christian / Bieneck, Klaus (Hrsg.): Wirtschaftsstrafrecht – Handbuch des Wirtschaftsstraf- und -ordnungswidrigkeitenrechts, 4. Aufl., Köln 2006

Ringleb, Henrik-Michael / Kremer, Thomas / Lutter, Marcus / von Werder, Axel: Kommentar zum Deutschen Corporate Governance Kodex, 3.Aufl., München 2008

Rixen, Thomas: Internationale Kooperation im asymmetrischen Gefangenendilemma – Das OECD Projekt gegen schädlichen Steuerwettbewerb, Discussion-Paper Nr. 12, International Tax Coordination SFB, Wirtschaftsuniversität Wien 2005

Roberts, Judith L.: Revision of the Foreign Corrupt Practices Act by the 1988 Omnibus Trade Bill – Will it Reduce the Compliance Burdens and Anticompetitive Impact?, BYU Law Review 1989, 491–506

Rochow, Marius: Die Maßnahmen von OECD und Europarat zur Bekämpfung der Bestechung in: Tietje, Christian / Kraft, Gerhard / Sethe, Rolf (Hrsg.): Beiträge zum Transnationalen Wirtschaftsrecht, Martin-Luther Universität Halle-Wittenberg, Heft 56, Mai 2006

Rogall, Klaus: Verbandsgeldbuße in: Senge, Lothar (Hrsg.): Karlsruher Kommentar zum Gesetz über Ordnungswidrigkeiten, 3. Aufl., München 2006

Rogmann, Achim: Zollwert im Binnenmarkt, ZfZ 2000, 22 ff.

Rohde-Liebenau, Björn: Eine Hotline allein ist noch kein Whistleblowing-System, BB 46/2008, M16

Rottmann, Horst / Auer, Benjamin: Statistik und Ökonometrie für Wirtschaftswissenschaftler, 2. Aufl., Wiesbaden 2008

Rudolphi, Hans Joachim / Horn, Eckhard / Günther, Hans-Ludwig / Samson, Erich: Systematischer Kommentar zum Strafgesetzbuch, Band 1, Allgemeiner Teil, Neuwied 2008

Rüsken, Reinhart: § 158 in Klein, Franz / Orlopp, Gerd / Brockmeyer, Hans Bernhard / Gersc, Eva-Maria / Jäger, Markus / Rätke, Bernd / Ratschow, Eckart / Rüsken, Reinhart (Hrsg.): Abgabenordnung, 11. Aufl., München 2012

Ruhnke, Klaus: Bedeutung internationaler Prüfungsnormen für die Erbringung von Prüfungsdienstleistungen auf nationaler Ebene, DB 05/1999, 237–244

Ruhnke, Klaus: Prüfung von Jahresabschlüssen nach internationalen Prüfungsnormen, DB 22/2006, 1169–1175

Ruter, Rudolf X. / Hofmann, Stefan: Corporate Social Responsibility – Zusammenhänge mit dem Risiko- und Anti-Fraud-Management. Nachhaltigkeitsmanagement als Ansatz zur Fraud-Prävention und Wertschöpfung im Unternehmen, ZCG 2009, 13–19

Sacerdoti, Giorgio: To Bribe or not to Bribe? in: Organisation for Economic Co-operation and Development – OECD (Hrsg.): No Longer Business as Usual – Fighting Bribery and Corruption, 2000

Sächsischer Rechnungshof: Sonderbericht nach § 99 SäHO, 2009

Säcker, Franz Jürgen / Rixecker, Roland / Rebmann, Kurt: Münchener Kommentar zum BGB: Schuldrecht, Allgemeiner Teil, Band 2, 5. Aufl., München 2006

Saliger, Frank: Wider die Ausweitung des Untreuetatbestandes, ZStW 2000, 589 ff.

Sandler, Todd M.: Collective Action. Theory and Applications, New York 1992

Schaefer, Torsten: Das Umsatzsteuerkarussell, NJW-Spezial 2007, Heft 5, 231

Schaupensteiner, Wolfgang: Corporate Governance und Compliance – Wirksamkeit von betriebsinternen Massnahmen zur Bekämpfung der Wirtschaftskriminalität, Vortrag anlässlich der BKA-Herbsttagung 2008

Schifferes, Steve: Globalisation Shakes the World, BBC News, 21.01.2007

Schilling, Daniel: Fragmentarisch oder umfassend?, Frankfurt am Main 2009

Schindler, Joachim / Gärtner, Michael: Verantwortung des Abschlussprüfers zur Berücksichtigung von Verstößen (Fraud) im Rahmen der Abschlussprüfung – Eine Einführung in ISA 240 (rev.), WPg 2004, 1233–1242

Schmidt, Bernd: Vertrauen ist gut, Compliance ist besser!, BB 2009, 1295 ff.

Schmidt, Jens: Verteidigung von Ausländern – Praxis der Strafverteidigung, 2. Aufl., Heidelberg 2005

Schmidt, Karsten (Hrsg.): Münchener Kommentar zum Handelsgesetzbuch, Band 1, 2. Aufl., München, 2005

Schneider, Hendrik: Person und Situation – Über die Bedeutung personaler und situativer Risikofaktoren bei wirtschaftskriminellem Handeln in: Löhr, Albert / Burkatzki, Eckhard (Hrsg.): Wirtschaftskriminalität und Ethik, DNWE Schriftenreihe Folge 16, München und Mehring 2008 135–153

Schneider, Markus / Bärsch, Sven-Eric: Die neue Fremdvergleichsordnung in den Niederlanden, IWB 15/2014, 560

Schönke, Adolf / Schröder, Horst: Kommentar Strafgesetzbuch, 27. Aufl., München 2006

Schröder, Christian: Untreue durch Investitionen in ABS-Anleihen, NJW 2010, 1169 ff.

Schubert, Klaus / Klein, Martina: Das Politiklexikon, 4. Aufl., Bonn 2006

Schulte, Martin / Görts, Cornelius: Die SEC-Untersuchung nach dem Foreign Corrupt Practices Act, RIW 08/2006, 561–568

Schulz von Thun, Friedemann: Miteinander reden 3 – Das ‚innere Team‘ und situationsgerechte Kommunikation, Reinbek 1998

Schulze, Reiner / Dörner, Heinrich / Ebert, Ina: Bürgerliches Gesetzbuch, 5. Aufl., Baden-Baden, 2007

Schuster, Silvia: § 158 AO in: Hübschmann, Walter / Hepp, Ernst / Spitaler, Armin (Hrsg.): Abgabenordnung, Finanzgerichtsordnung, Kommentar, Köln 2012

Schünemann, Bernd: Haushaltsuntreue als dogmatisches und kriminalpolitisches Problem, StV 2003, 463 ff.

Schünemann, Bernd: Organuntreue, Berlin 2004

Schwanitz, Dietrich: Bildung. Alles was man wissen muss, 12. Aufl., München 2002

Schweinitz, Jörg: Die Ambivalenz des Augenscheins am Ende einer Affäre. Über Unzuverlässiges Erzählen, doppelte Fokalisierung und die Kopräsenz narrativer Instanzen im Film in: Liptay, Fabienne / Wolf, Yvonne (Hrsg.): Was stimmt denn jetzt? Unzuverlässiges Erzählen in Literatur und Film, München 2005

Securities and Exchange Commission (SEC) (Hrsg.): Release 33-5466, Division of Corporation Finances Views and Comments on Disclosures Relating to the Making of Illegal Campaign Contributions by Public Companies and / or Their Officers and Directors, Washington 1974

Securities and Exchange Commission (SEC) (Hrsg.): Release 33-9106, Commission Guidance Regarding Disclosure Related to Climate Change, Washington 2010

Seer, Roman: § 158 AO in: Tipke, Klaus / Kruse, Heinrich Wilhelm (Hrsg.): AO / FGO, Köln 2012

Sell, Kirsten: Die Aufdeckung von Bilanzdelikten bei der Abschlussprüfung, Düsseldorf 1999

Senderowitz, Stephen J. / Ugarte, Ricardo E. E. / Cortez, Marlén: Die Durchsetzung US-amerikanischer Wertpapiergesetze auf internationaler Ebene – Ausweitung auf deutsche Unternehmen, Wistra 8/2008, 281–285

Senge, Lothar (Hrsg.): Karlsruher Kommentar zum OWiG, 3. Aufl., München 2006

Shinde, Sonia: Krisen-Angst macht aus Mitarbeitern Kriminelle, Handelsblatt vom 21.04.2009, 17

Sieber, Ulrich: Compliance-Programme im Unternehmensstrafrecht – Ein neues Konzept zur Kontrolle von Wirtschaftskriminalität in: Sieber, Ulrich / Dannecker, Gerhard u. a. (Hrsg.): Strafrecht und Wirtschaftsstrafrecht – Dogmatik, Rechtsvergleich, Rechtsstaatsachen – Festschrift für Klaus Tiedemann, Köln 2008

Sigmund, Thomas: Verpfeifen im Betrieb wird doch nicht leichter, Handelsblatt, 04.02.2009

Sonnenberg, Sebastian / Last, Christina: Europäisches Strafrecht, Deutscher Bundestag – Wissenschaftliche Dienste Nr. 18/08, Berlin 2008

Sosna, Christian: Statistische Ziffernanalyse, StBp 9/2004, 249–253

Spindler, Gerald: AktG in: Schmidt, Karsten / Lutter, Marcus, AktG (Hrsg.): Aktiengesetz. Kommentar, 1. Aufl., Köln 2008

Steck, Peter: Aussagenanalyse in: Hermanutz, Max / Litzcke, Sven Max (Hrsg.): Vernehmung in Theorie und Praxis. Wahrheit – Irrtum – Lüge, 2. Aufl., Stuttgart 2009

Stipo, Francesco: World Federalist Manifesto. Guide to Political Globalization, Miami 2007

Strauß, Gerhard / Kämper, Heidrun / Nortmeyer, Isolde / Schmidt, Herbert / Vietze, Oda: Deutsches Fremdwörterbuch / Eau de Cologne – Futurismus, Bd. 5., Berlin / New York 2004

Sturminger, Alfred: Die Korruption in der Weltgeschichte, München 1982

Suchanek, Andreas: Ökonomische Ethik, 2. Aufl., Tübingen 2007

Sutherland, Edwin H.: White Collar Crime, New York 1949

The Institute of Internal Auditors / The American Institute of Certified Public Accountants / Association of Certified Fraud Examiners (Hrsg.): Managing the Business Risk of Fraud – A Practical Guide, Altamonte Springs/Washington D.C./Austin 2008

Thomann, Detlef / Bantleon, Ulrich: Grundlegendes zum Thema „Fraud und dessen Vorbeugung", DStR Heft 38/2006, 4

Thomé, Martin: Normen, Werte, Orientierung, zfwu 2004, 51–54

Tiedemann, Klaus: Welche strafrechtlichen Mittel empfehlen sich für eine wirksamere Bekämpfung der Wirtschaftskriminalität? in: Ständige Deputation des Deutschen Juristentages (Hrsg.), Verhandlungen des 49. Deutschen Juristentages, Band I (Gutachten), München 1972

Tiedemann, Klaus: Wirtschaftsgesetzgebung und Wirtschaftskriminalität, NJW 1972, 657

Tiedemann, Klaus: Wirtschaftsstrafrecht, BT, Köln 2008

Tilch, Horst / Arloth, Frank: Deutsches Rechtslexikon, 3. Aufl., München 2001

Tivig, Andrea / Maurer, Andreas: Die EU-Antikorruptionspolitik – Erfolgsbedingungen einer Korruptionsbekämpfung auf mehreren Ebenen in: Deutsches Institut für Internationale Politik und Sicherheit (Hrsg.): Diskussionspapier Forschungsgruppe EU-Integration Stiftung Wissenschaft und Politik, Berlin 2006

Transparency International Deutschland e.V. (Hrsg.): Arbeitspapier Auslandbestechung, 26.09.2007

Transparency International Deutschland e.V. (Hrsg.): Scheinwerfer – Themenschwerpunkt: Strafverfolgung, 14. Jahrgang, 2009, Nr. 42

Trede, Mark / Watrin, Christoph / Ullmann, Robert: Ziffernanalyse und Chi-Quadrat-Test in der steuerlichen Anwendung, DBW 2009, 701–716

Trees, Wolfgang: Schmuggler, Zöllner und die Kaffeepanzer. Die wilden Nachkriegsjahre an der deutschen Westgrenze, Aachen 2000

Trossen, Nils: Anmerkung zum Urteil des FG Münster vom 14.08.2003, AZ: 8V 2651/03 E, U, Entscheidungen der Finanzgerichte 2004, Nr. 1, 11–12

Unger, Brigitte et al.: The Amounts and the Effects of Money Laundering, Report for the Ministry of Finance, Utrecht School of Economics, Utrecht 2006

United States Department of Justice (Hrsg.): Lay-Person's Guide to FCPA, Juni 2010

United States General Accounting Office (Hrsg.): Securities Exchange Act: Review of Reporting Under Section, 10A GAO-03-982R, 03.09.2003

United States House of Representatives – US Congress (Hrsg.): Public Law, 107th Congress, 107–204, US Statutes at Large, 116 Stat. 745

Vahlenkamp, Werner / Knauß, Ina: Korruption: Ein unscharfes Phänomen als Gegenstand zielgerichteter Prävention, BKA-Forschungsreihe, Band 33, Wiesbaden1995

Vogel, Joachim: Geldwäsche – ein europaweit harmonisierter Straftatbestand?, ZStW 1997, Band 109, Heft 2, 335

Vögele, Alexander / Brem, Markus: Die neue Rechtsverordnung zu § 90 Abs. 3 AO – Systematik zu Aufbau und Struktur der Verrechnungspreisdokumentation, IStR 2004, Heft 2, 48ff.

von Bubnoff, Eckhart: Der Europäische Haftbefehl – Ein Leitfaden für die Auslieferungspraxis, Heidelberg 2005

von Groll, Rüdiger: § 76, in: Gräber et al. (Hrsg.): Finanzgerichtsordnung, 5. Aufl., München 2002

von Groll, Rüdiger: § 96, in: Gräber et al. (Hrsg.): Finanzgerichtsordnung, 5. Aufl., München 2002

von Schorlemer, Sabine (Hrsg.): Praxishandbuch UNO: die Vereinten Nationen im Lichte der globalen Herausforderungen, Berlin 2002

von Wedelstädt, Alexander: Umsetzung des Steuerhinterziehungsbekämpfungsgesetzes durch die Steuerhinterziehungsbekämpfungsverordnung, DB 43/2009, 2283–2286

Vrij, Aldert: Detecting Lies and Deceit, 2. Aufl., Chichester 2009

Wagner, Jens: Internal Investigations und ihre Verankerung im Recht der AG, CCZ 1/2009, 8–17

Wahrig-Burfeind, Renate (Hrsg.): Wahrig Deutsches Wörterbuch, 8. Aufl., München 2006

Warius, Silke: § 4 Durchführung der Identifizierung in: Herzog, Felix / Achtelik, Olaf (Hrsg.): Geldwäschegesetz (GwG), 2. Aufl., Bremen / Berlin 2014

Watrin, Christoph / Ullmann, Robert: Ziffernanalyse in der steuerlichen Betriebsprüfung – Voraussetzungen, Funktionsweise, Anwendungsmöglichkeiten, WPg 2/2009, 98–106

Webb, Philippa: The United Nations Convention Against Corruption. Global Achievement or Missed Opportunity?, Journal of International Economic Law, 08/2005, 191–229

Wells, Joseph T.: Enemies Within – Asset Misappropriation Comes in Many Forms, Austin 2001

Wells, Joseph T.: Corporate Fraud Handbook – Prevention and Detection, 2. Aufl., New York 2007

Werder, Axel / Talaulicar, Till : Kodex Report 2010 – Die Akzeptanz der der Empfehlungen und Anregungen des Deutschen Corporate Governance Kodex, DB 2010, 853–861

Wessels, Johannes / Hillenkamp, Thomas: Strafrecht, BT 2, 30. Aufl., Heidelberg 2007

Whistleblower Netzwerk: Ombudsleute, 15.01.2008

Wiehen, Michael: Werte als Faktor der Korruptionsprävention in: Wieland, Josef / Behrent, Michael (Hrsg.): Handbuch Wertemanagement – Erfolgsstrategien einer modernen Corporate Governance, Hamburg 2004

Wiehen, Michael / Schöne, Anja: Erfolgreicher Integritätspakt im zweiten Anlauf – Flughafen Berlin Brandenburg International in: Transparency International (Hrsg.): Scheinwerfer – Themenschwerpunkt Strafverfolgung, 14. Jahrgang, 2009, Nr. 42, 15–16

Wieland, Josef / Behrent, Michael (Hrsg.): Handbuch Wertemanagement – Erfolgsstrategien einer modernen Corporate Governance, Hamburg 2004

Wieland, Josef / Steinmeyer, Roland / Grüninger, Stephan (Hrsg.): Handbuch nachhaltiges Compliance-Management – Konzeptionelle Grundlagen, praktische Erfolgsfaktoren, globale Herausforderungen, Berlin 2010

Wieland, Josef: Korruptionsprävention durch Selbstbindung? in Arnold, Volker et al. (Hrsg.): Wirtschaftsethische Perspektiven VI. Korruption, Strafe und Vertrauen, Verteilungs- und Steuergerechtigkeit, Umweltethik, Ordnungsfragen, Berlin 2002

Windolph, Jürgen: Risikomanagement und Risk Control durch das Unternehmensmanagement nach dem Gesetz zur Kontrolle und Transparenz im Unternehmensbereich (KonTraG) – ius cogens für die treuhänderische Sorge i. S. von § 266 StGB – Untreue?, NStZ 2000, 522 ff.

Winkeljohann, Norbert / Schellhorn, Mathias: § 264 in: Förschle, Gerhart et al. (Hrsg.): Beck'scher Bilanzkommentar – Handels- und Steuerbilanz, 7. Aufl., München 2009

Winter, Heike: Risikomanagement und effektive Corporate Governance, Wiesbaden 2004

Wirtschaftsprüferkammer (Hrsg.): Auslegungs- und Anwendungshinweise zum Geldwäschegesetz vom 13. August 2008, zuletzt geändert durch Gesetz vom 22.12.2011

Wirtschaftsprüferkammer (Hrsg.): WPK Magazin 2/2012, 30 ff.

Wisskirchen, Gerlind / Körber, Anke / Bissels, Alexander: Whistleblowing und Ethikhotlines – Probleme des deutschen Arbeits- und Datenschutzrechts, BB 28/2006, 1567–1572

Wolf, Sebastian: Der Beitrag internationaler und supranationaler Organisationen zur Korruptionsbekämpfung in den Mitgliedsstaaten in: Deutsches Forschungsinstitut für öffentliche Verwaltung Speyer (Hrsg.): Speyer Forschungsberichte, 253

Wolf, Sebastian: Internationale Korruptionsbekämpfung, KJ 2008, 366–377

World Bank Institute (Hrsg.): Fighting Corruption through Collective Action – A guide for business – A joint effort with business, NGOS and Multilaterals, 2009

Wünsch, Doris: § 90 in: Pahlke, Armin / König, Ulrich (Hrsg.): Abgabenordnung, Kommentar, 2. Aufl., München 2009

Zeune, Gary D.: SAS 99 – Friend or Foe? How not to Get Sued under the New Fraud Auditing Standard, Of Mutual Interest, Winter 2003

Zindera, Sabine: Collective Action – Der gemeinsame Kampf gegen Korruption in : Wieland, Josef et al. (Hrsg.): Handbuch nachhaltiges Compliance-Management. Konzeptionelle Grundlagen, praktische Erfolgsfaktoren, globale Herausforderungen, Berlin 2010

Sachverzeichnis

K

L

M

N

O

P

R

S

The manufacturer's authorised representative in the EU is Springer Nature Customer Service Centre GmbH, Europaplatz 3, 69115 Heidelberg, Germany. If you have any concerns regarding our products, please contact ProductSafety@springernature.com

Printed and bound by CPI Group (UK) Ltd, Croydon, CR0 4YY
21/10/2026
02237174-0018